新税法

政策解析与案例精讲

翟继光　编著

图书在版编目(CIP)数据

新税法政策解析与案例精讲 / 翟继光编著. —北京：企业管理出版社，2020.1
ISBN 978-7-5164-2101-7

Ⅰ.①新… Ⅱ.①翟… Ⅲ.①税法-法律解释-中国 Ⅳ.①D922.220.5

中国版本图书馆 CIP 数据核字（2019）第 299559 号

书　　名：	新税法政策解析与案例精讲
作　　者：	翟继光
责任编辑：	陈　静
书　　号：	ISBN 978-7-5164-2101-7
出版发行：	企业管理出版社
地　　址：	北京市海淀区紫竹院南路 17 号　　邮编：100048
网　　址：	http：//www.emph.cn
电　　话：	编辑部（010）68701661　　发行部（010）68701816
电子信箱：	78982468@qq.com
印　　刷：	三河市中晟雅豪印务有限公司
经　　销：	新华书店
规　　格：	787 毫米×1092 毫米　　16 开本　　23.5 印张　　612 千字
版　　次：	2020 年 1 月第 1 版　　2020 年 1 月第 1 次印刷
定　　价：	69.00 元

版权所有　　翻印必究　·　印装有误　　负责调换

  我国当前正处于大规模税制改革的阶段,税收制度变化的速度比较快。每年都有较大的税收政策出台,每月都有较小的税收政策出台。为了帮助广大会计人员以及税法爱好者能够及时了解和掌握最新税收政策的变化,我们特编写了《新税法政策解析与案例精讲》一书。

  本书以我国现行的 18 个税种以及相关征管制度为基础编写,考虑到船舶吨税涉及的纳税人数量较少,关税的专业性太强,涉及的纳税人数量也比较少,本书不再介绍船舶吨税和关税。考虑到个别税种内容过少,部分章节合并介绍两个税种的内容。根据上述章节设计的思路,本书分为 14 章,分别阐述税收制度基础理论、增值税制度、消费税制度、城市维护建设税与烟叶税制度、个人所得税制度、企业所得税制度、土地增值税制度、资源税与契税制度、车船税与房产税制度、城镇土地使用税与耕地占用税制度、印花税制度、车辆购置税制度、环境保护税制度以及税收征管法律制度。

  除第 1 章外,每章均包括本章导读、政策解析、案例精讲/实务操作、疑难问答以及本章小结几个部分。其中,"本章导读"全面介绍该章的主要内容以及所依据的主要法律法规;"政策解析"全面阐述相关税收制度,是本书的主体部分,对于其中比较具体的解释性规定以及最新的税收优惠政策,我们列举了所依据的规范性文件,以方便读者查找与核对;"案例精讲/实务操作"以最近几年发生的相关案例为主,个别税种没有相关案例,则讲解相关实务操作的方法;"疑难问答"以实务中较多纳税人遇到且现行政策已经给出明确答复的疑难问题为主,对于主管机关尚未给予答复的疑难问题,由于存在诸多不确定性,本书不再列举,也不予以解答;"本章小结"简单总结该章的主要知识点。

  本书适宜作为广大财务会计人员了解和掌握最新税收制度的科普读本,也适宜为高等院校和科研机构的本科生、研究生学习掌握我国现行税法的教材。

  由于税收制度变化较快,本书依据的法律法规及其他规范性文件,截止 2019 年 12 月 10 日。由于我国税法体系过于庞大,相关法律法规及规范性文件数量过多,书中难免有疏漏或过时的内容,敬请广大读者和相关专家批评指正。

翟继光

第1章 税收制度概述 ········· 001

- 本章导读 ········· 001
- 政策解析 ········· 001
  - 1.1 税收的概念与分类 ········· 001
  - 1.2 税收制度的基本要素 ········· 002
  - 1.3 税收制度的基本原则 ········· 009
- 本章小结 ········· 010

第2章 增值税 ········· 011

- 本章导读 ········· 011
- 政策解析 ········· 011
  - 2.1 增值税的纳税人和扣缴义务人 ········· 011
  - 2.2 增值税的征税范围 ········· 015
  - 2.3 增值税的税率和征收率 ········· 024
  - 2.4 增值税应纳税额的计算 ········· 027
  - 2.5 增值税的税收优惠 ········· 041
  - 2.6 增值税的征收管理 ········· 054
  - 2.7 增值税专用发票管理 ········· 056
  - 2.8 出口退税制度 ········· 059
- 案例精讲 ········· 061
- 疑难问答 ········· 069
- 本章小结 ········· 071

第3章 消费税 ··· 072

- 本章导读 ··· 072
- 政策解析 ··· 072
  - 3.1 消费税的纳税人 ·· 072
  - 3.2 消费税的征税范围 ·· 072
  - 3.3 消费税的税目 ··· 073
  - 3.4 消费税的税率 ··· 078
  - 3.5 消费税应纳税额的计算 ··· 079
  - 3.6 消费税的税收优惠 ·· 083
  - 3.7 消费税的征收管理 ·· 083
- 实务操作 ··· 084
- 疑难问答 ··· 085
- 本章小结 ··· 086

第4章 城市维护建设税与烟叶税 ·· 087

- 本章导读 ··· 087
- 政策解析 ··· 087
  - 4.1 城市维护建设税的纳税人 ·· 087
  - 4.2 城市维护建设税应纳税额的计算 ······························· 087
  - 4.3 城市维护建设税的税收优惠 ······································ 088
  - 4.4 城市维护建设税的征收管理 ······································ 089
  - 4.5 烟叶税的纳税人与征税范围 ······································ 089
  - 4.6 烟叶税应纳税额的计算 ··· 089
  - 4.7 烟叶税的征收管理 ·· 089
- 实务操作 ··· 090
- 疑难问答 ··· 090
- 本章小结 ··· 090

第5章 个人所得税 ·· 091

- 本章导读 ··· 091
- 政策解析 ··· 091
  - 5.1 个人所得税的纳税人 ··· 091
  - 5.2 居民个人和非居民个人的纳税义务 ··························· 092
  - 5.3 个人所得税的征税对象与税率 ·································· 092
  - 5.4 个人所得税应纳税所得额的计算 ······························ 095

  5.5 个人所得税应纳税额的计算 …… 098
  5.6 个人所得税的征收与管理 …… 107
  5.7 个人所得税的税收优惠 …… 115
- 实务操作 …… 124
- 案例精讲 …… 125
- 疑难问答 …… 134
- 本章小结 …… 135

第6章 企业所得税 …… 136

- 本章导读 …… 136
- 政策解析 …… 136
  6.1 企业所得税的纳税人 …… 136
  6.2 企业所得税的征税对象 …… 139
  6.3 企业所得税的税率 …… 140
  6.4 企业所得税应纳税所得额的计算 …… 140
  6.5 资产的税务处理 …… 159
  6.6 企业所得税应纳税额的计算 …… 171
  6.7 企业所得税的税收优惠 …… 175
  6.8 企业所得税特别纳税调整 …… 194
  6.9 企业所得税的征收管理 …… 201
- 案例精讲 …… 208
- 疑难问答 …… 216
- 本章小结 …… 217

第7章 土地增值税 …… 218

- 本章导读 …… 218
- 政策解析 …… 218
  7.1 土地增值税的纳税人 …… 218
  7.2 土地增值税的征税范围 …… 218
  7.3 土地增值税的税率 …… 219
  7.4 土地增值税的计税依据 …… 219
  7.5 土地增值税应纳税额的计算 …… 222
  7.6 土地增值税的税收优惠 …… 223
  7.7 土地增值税的征收管理 …… 225
  7.8 土地增值税的清算 …… 226

- 实务操作 ············ 231
- 疑难问答 ············ 232
- 本章小结 ············ 233

第 8 章 资源税与契税 ············ 234

- 本章导读 ············ 234
- 政策解析 ············ 234
  - 8.1 资源税的纳税人与征税范围 ············ 234
  - 8.2 资源税的税目与税率 ············ 235
  - 8.3 资源税的计税依据与应纳税额的计算 ············ 238
  - 8.4 资源税的税收优惠 ············ 240
  - 8.5 资源税的征收管理 ············ 241
  - 8.6 契税的纳税人与征税范围 ············ 242
  - 8.7 契税的税率与计税依据 ············ 243
  - 8.8 契税应纳税额的计算 ············ 245
  - 8.9 契税的税收优惠 ············ 245
  - 8.10 契税的征收管理 ············ 247
- 案例精讲 ············ 248
- 疑难问答 ············ 253
- 本章小结 ············ 254

第 9 章 车船税与房产税 ············ 255

- 本章导读 ············ 255
- 政策解析 ············ 255
  - 9.1 车船税的纳税人与征收范围 ············ 255
  - 9.2 车船税的税目与税率 ············ 255
  - 9.3 车船税的税收优惠 ············ 258
  - 9.4 车船税的征收管理 ············ 259
  - 9.5 房产税的纳税人与征税范围 ············ 260
  - 9.6 房产税的计税依据 ············ 261
  - 9.7 房产税的税率与应纳税额的计算 ············ 261
  - 9.8 房产税的税收优惠 ············ 262
  - 9.9 房产税的征收管理 ············ 264
- 案例精讲 ············ 265
- 疑难问答 ············ 265
- 本章小结 ············ 266

第 10 章 城镇土地使用税与耕地占用税 ··· **267**

- 本章导读 ··· 267
- 政策解析 ··· 267
  - 10.1 城镇土地使用税的纳税人与征税范围 ··· 267
  - 10.2 城镇土地使用税的税率 ·· 268
  - 10.3 城镇土地使用税的计税依据与应纳税额的计算 ··································· 268
  - 10.4 城镇土地使用税的税收优惠 ·· 268
  - 10.5 城镇土地使用税的征收管理 ·· 272
  - 10.6 耕地占用税的纳税人与征税范围 ··· 272
  - 10.7 耕地占用税应纳税额的计算 ·· 273
  - 10.8 耕地占用税的税收优惠 ·· 273
  - 10.9 耕地占用税的征收管理 ·· 274
- 案例精讲 ··· 274
- 疑难问答 ··· 277
- 本章小结 ··· 278

第 11 章 印花税 ·· **279**

- 本章导读 ··· 279
- 政策解析 ··· 279
  - 11.1 印花税的纳税人 ··· 279
  - 11.2 印花税的征税范围 ·· 280
  - 11.3 印花税的税率 ·· 283
  - 11.4 印花税的计税依据 ·· 285
  - 11.5 印花税应纳税额的计算 ·· 287
  - 11.6 印花税的税收优惠 ·· 288
  - 11.7 印花税的征收管理 ·· 290
- 实务操作 ··· 292
- 疑难问答 ··· 292
- 本章小结 ··· 293

第 12 章 车辆购置税 ·· **294**

- 本章导读 ··· 294
- 政策解析 ··· 294
  - 12.1 车辆购置税的纳税人与征税范围 ··· 294
  - 12.2 车辆购置税的计税价格 ·· 294

12.3　车辆购置税的税率与应纳税额的计算 … 295
　　12.4　车辆购置税的税收优惠 … 295
　　12.5　车辆购置税的征收管理 … 296
● 案例精讲 … 299
● 疑难问答 … 303
● 本章小结 … 304

第13章　环境保护税　305

● 本章导读 … 305
● 政策解析 … 305
　　13.1　环境保护税的纳税人 … 305
　　13.2　环境保护税的征税范围 … 305
　　13.3　环境保护税的税率 … 306
　　13.4　环境保护税的计税依据和应纳税额 … 306
　　13.5　环境保护税的税收优惠 … 308
　　13.6　环境保护税的征收管理 … 308
● 案例精讲 … 310
● 疑难问答 … 311
● 本章小结 … 312

第14章　税收征管法　313

● 本章导读 … 313
● 政策解析 … 313
　　14.1　税收征管体制 … 313
　　14.2　税务管理制度 … 317
　　14.3　税款征收制度 … 328
　　14.4　税务检查制度 … 338
　　14.5　税收法律责任 … 347
　　14.6　税务救济制度 … 350
● 案例精讲 … 360
● 疑难问答 … 364
● 本章小结 … 366

第 1 章　税收制度概述

本章导读

本章介绍了税收的概念与分类、税收制度的基本要素以及税收制度的基本原则。按照征税对象的不同，税收可以划分为货物和劳务税、所得税、财产税、行为税等。税收制度的基本要素是指构成税收制度的基本要件，包括纳税人、征税对象、税率、纳税环节、纳税期限、纳税地点、税收优惠等。税收制度的基本原则是指国家在一定的政治、经济、历史条件下指导税收制度设计的基本准则。税收制度的基本原则包括税收法定原则、税收公平原则和税收效率原则。

政策解析

1.1　税收的概念与分类

1.1.1　税收的概念与特征

税收是政府为满足社会成员的公共需要而凭借政治权力无偿征收的实物或者货币。在现代市场经济国家，财政收入的形式主要有税收收入、国有资产收益、国债收入和行政规费收入以及其他收入等，其中税收收入是最主要的财政收入形式。税收是政府运转的经济基础，也是国家调节宏观经济的重要手段。税收作为一种分配形式，本质上体现着国家与纳税人之间的分配关系。

税收的特征是税收区别于其他事物的本质属性。通常而言，税收具有强制性、无偿性和固定性三个基本特征。

1. 强制性

税收的强制性是指税收的征收是不以纳税人的意志甚至不以征税机关的意志为转移的，而是以征税主体即国家的意志为转移的。因此，税收的强制性又称为单方意志性。税收的强制性是与税收的国家主体性和政权依赖性相联系的。正因为税收具有国家主体性和政权依赖性，税收才具有强制性。因此，也可以说税收的强制性是税收的国家主体性和政权依赖性的附属性质。

2. 无偿性

税收的无偿性是指税收的征收不是等价有偿的交换，国家征税无需对纳税人进行直接的利益返还。税收的无偿性是与税收的政权依赖性、强制性等性质相联系的，正因为税收的征收所依赖的是政治权力而非财产权利，是强制性的而非自愿性的，税收才具备无偿性的特征。

3. 固定性

税收的固定性是指税收的征收是长期的、按照一定的标准进行的，而这种标准是相对稳定的。税收的固定性是财政收入稳定性的要求，国家存在和实现其职能所需要的财政收入是基本固定的，因此，作为财政收入最主要来源的税收也应当具有固定性，这样才能确保国家财政收入的稳定。税收的固定性是相对的，而不是绝对的，历史上很多税收在征收之初都是临时税，是为了应付国家的某种特殊情形的需要，在这种特殊情形消失以后，临时税一般都被取消。但即使是临时税，在征收的期间内，仍具有固定性。

1.1.2 税收的分类

根据不同的分类标准可以对税收进行不同的分类，其中比较重要的分类标准是征税对象和税负的转嫁。

1. 根据征税对象的分类

按照征税对象的不同，税收可以划分为货物和劳务税、所得税、财产税、行为税等。

货物和劳务税，是指以货物和劳务的销售收入额为征税对象的各种税收的统称。货物和劳务税由于是对货物和劳务的流转额征收的，因此也被称为流转税。我国现行货物和劳务税包括增值税、消费税和关税。城市维护建设税作为增值税的附加税，一般也归入货物和劳务税之中。

所得税是指以纳税人的纯收益额或所得额为征税对象的各种税收的统称。我国现行所得税包括企业所得税和个人所得税。

财产税是指以特定财产为征税对象的各种税收的统称。我国现行财产税包括房产税、契税、车船税、车辆购置税、资源税、城镇土地使用税、耕地占用税以及土地增值税。

行为税是指以特定行为为征税对象的各种税收的统称。我国现行行为税包括印花税、环境保护税以及船舶吨税。

2. 根据税负转嫁的分类

按照税负是否转嫁划分，税收可以划分为间接税和直接税。税负转嫁是指商品交换过程中，纳税人通过提高销售价格或压低购进价格的方法，将税负转嫁给购买者或供应者的一种经济现象，一般包括前转和后转两种基本形式。直接税是纳税人与负税人为同一主体、税负无法转嫁的税，主要包括所得税和财产税。间接税是纳税人与负税人不是同一主体、税负可以转嫁的税，主要包括货物和劳务税以及行为税。

1.2 税收制度的基本要素

1.2.1 税收制度及其基本要素

税收制度简称"税制"，是国家各项税收法规和征收管理制度的总称。税收制度的基本要素是指构成税收制度的基本要件，包括纳税人、征税对象、税率、纳税环节、纳税期限、纳税地点、税收优惠等。

1.2.2 纳税人

纳税人是税法规定的负有纳税义务的单位和个人。在一些税收制度中，除纳税人以外，还设置了扣缴义务人。扣缴义务人包括代扣代缴义务人和代收代缴义务人，是指税法规定的负有代扣代缴税款或者代收代缴税款义务的单位和个人。

1.2.2.1 权利

纳税人在履行纳税义务过程中，依法享有下列权利。

1. 知情权

纳税人有权向税务机关了解国家税收法律、行政法规的规定以及与纳税程序有关的情况，包括：现行税收法律、行政法规和税收政策规定；办理税收事项的时间、方式、步骤以及需要提交的资料；应纳税额核定及其他税务行政处理决定的法律依据、事实依据和计算方法；与税务机关在纳税、处罚和采取强制执行措施时发生争议或纠纷时，纳税人可以采取的法律救济途径及需要满足的条件。

2. 保密权

纳税人有权要求税务机关为纳税人的情况保密。税务机关将依法为纳税人的商业秘密和个人隐私保密，主要包括纳税人的技术信息、经营信息和纳税人、主要投资人以及经营者不愿公开的个人事项。上述事项，如无法律、行政法规明确规定或者纳税人的许可，税务机关将不会对外部门、社会公众和其他个人提供。但根据法律规定，税收违法行为信息不属于保密范围。

3. 税收监督权

纳税人对税务机关违反税收法律、行政法规的行为，如税务人员索贿受贿、徇私舞弊、玩忽职守，不征或者少征应征税款，滥用职权多征税款或者故意刁难等，可以进行检举和控告。同时，纳税人对其他纳税人的税收违法行为也有权进行检举。

4. 纳税申报方式选择权

纳税人可以直接到办税服务厅办理纳税申报或者报送代扣代缴、代收代缴税款报告表，也可以按照规定采取邮寄、数据电文或者其他方式办理上述申报、报送事项。但采取邮寄或数据电文方式办理上述申报、报送事项的，需经纳税人的主管税务机关批准。

纳税人如采取邮寄方式办理纳税申报，应当使用统一的纳税申报专用信封，并以邮政部门收据作为申报凭据。邮寄申报以寄出的邮戳日期为实际申报日期。

数据电文方式是指税务机关确定的电话语音、电子数据交换和网络传输等电子方式。纳税人如采用电子方式办理纳税申报，应当按照税务机关规定的期限和要求保存有关资料，并定期书面报送给税务机关。

5. 申请延期申报权

纳税人如不能按期办理纳税申报或者报送代扣代缴、代收代缴税款报告表，应当在规定的期限内向税务机关提出书面延期申请，经核准，可在核准的期限内办理。经核准延期办理申报、报送事项的，应当在税法规定的纳税期内按照上期实际缴纳的税额或者税务机关核定的税额预缴税款，并在核准的延期内办理税款结算。

6. 申请延期缴纳税款权

如纳税人因有特殊困难，不能按期缴纳税款的，经省、自治区、直辖市税务局批准，可以延期缴纳税款，但是最长不得超过三个月。计划单列市税务局可以参照省级税务机关的批准权限，审批纳税人的延期缴纳税款申请。

纳税人满足以下任何一个条件，均可以申请延期缴纳税款：一是因不可抗力，导致纳税人发生较大损失，正常生产经营活动受到较大影响的；二是当期货币资金在扣除应付职工工资、社会保险费后，不足以缴纳税款的。

7. 申请退还多缴税款权

对纳税人超过应纳税额缴纳的税款，税务机关发现后，将自发现之日起 10 日内办理退还手续；如纳税人自结算缴纳税款之日起三年内发现的，可以向税务机关要求退还多缴的税款并加算银行同期存款利息。税务机关将自接到纳税人退还申请之日起 30 日内查实并办理退还手续，涉及从国库中退库的，依照法律、行政法规有关国库管理的规定退还。

8. 依法享受税收优惠权

纳税人可以依照法律、行政法规的规定书面申请减税、免税。减税、免税的申请须经法律、行政法规规定的减税、免税审查批准机关审批。减税、免税期满，应当自期满次日起恢复纳税。减税、免税条件发生变化的，应当自发生变化之日起 15 日内向税务机关报告；不再符合减税、免税条件的，应当依法履行纳税义务。如纳税人享受的税收优惠需要备案的，应当按照税收法律、行政法规和有关政策规定，及时办理事前或事后备案。

9. 委托税务代理权

纳税人有权就以下事项委托税务代理人代为办理：办理、变更或者注销税务登记，除增值税专用发票外的发票领购手续，纳税申报或扣缴税款报告，税款缴纳和申请退税，制作涉税文书，审查纳税情况，建账建制，办理财务、税务咨询，申请税务行政复议，提起税务行政诉讼以及国家税务总局规定的其他业务。

10. 陈述与申辩权

纳税人对税务机关做出的决定，享有陈述权、申辩权。如果纳税人有充分的证据证明自己的行为合法，税务机关就不得对纳税人实施行政处罚；即使纳税人的陈述或申辩不充分合理，税务机关也会向纳税人解释实施行政处罚的原因。税务机关不会因纳税人的申辩而加重处罚。

11. 对未出示税务检查证和税务检查通知书的拒绝检查权

税务机关派出的人员进行税务检查时，应当向纳税人出示税务检查证和税务检查通知书；对未出示税务检查证和税务检查通知书的，纳税人有权拒绝检查。

12. 税收法律救济权

纳税人对税务机关做出的决定，依法享有申请行政复议、提起行政诉讼、请求国家赔偿等权利。

纳税人、纳税担保人同税务机关在纳税上发生争议时，必须先依照税务机关的纳税决定缴纳或者解缴税款及滞纳金或者提供相应的担保，然后可以依法申请行政复议；对行政复议决定不服的，可以依法向人民法院起诉。如纳税人对税务机关的处罚决定、强制执行措施或者税收保全措施不服的，可以依法申请行政复议，也可以依法向人民法院起诉。

当税务机关的职务违法行为给纳税人和其他税务当事人的合法权益造成侵害时，纳税人和其他税务当事人可以要求税务行政赔偿。职务违法行为主要包括：一是纳税人在限期内已缴纳税款，税务机关未立即解除税收保全措施，使纳税人的合法权益遭受损失的；二是税务机关滥用职权违法采取税收保全措施、强制执行措施或者采取税收保全措施、强制执行措施不当，使纳税人或者纳税担保人的合法权益遭受损失的。

13. 依法要求听证的权利

对纳税人做出规定金额以上罚款的行政处罚之前，税务机关会向纳税人送达《税务行政处罚事项告知书》，告知纳税人已经查明的违法事实、证据、行政处罚的法律依据和拟将给予的行政处罚。对此，纳税人有权要求举行听证。税务机关将应纳税人的要求组织听证。如纳税人认为税务机关指定的听证主持人与本案有直接利害关系，纳税人有权申请主持人回避。

对应当进行听证的案件，税务机关不组织听证，行政处罚决定不能成立。但纳税人放弃听证权利或者被正当取消听证权利的除外。

14. 索取有关税收凭证的权利

税务机关征收税款时，必须给纳税人开具完税凭证。扣缴义务人代扣、代收税款时，纳税人要求扣缴义务人开具代扣、代收税款凭证时，扣缴义务人应当开具。

税务机关扣押商品、货物或者其他财产时，必须开付收据；查封商品、货物或者其他财产时，必须开付清单。

1.2.2.2 义务

依照宪法、税收法律和行政法规的规定，纳税人在纳税过程中负有以下义务。

1. 依法进行税务登记的义务

纳税人应当自领取营业执照之日起 30 日内，持有关证件，向税务机关申报办理税务登记。

税务登记主要包括领取营业执照后的设立登记，税务登记内容发生变化后的变更登记，依法申请停业、复业登记，依法终止纳税义务的注销登记等。

在各类税务登记管理中，纳税人应该根据税务机关的规定分别提交相关资料，及时办理。同时，纳税人应当按照税务机关的规定使用税务登记证件。税务登记证件不得转借、涂改、损毁、买卖或者伪造。

2. 依法设置账簿、保管账簿和有关资料以及依法开具、使用、取得和保管发票的义务

纳税人应当按照有关法律、行政法规和国务院财政、税务主管部门的规定设置账簿，根据合法、有效凭证记账，进行核算；从事生产、经营的，必须按照国务院财政、税务主管部门规定的保管期限保管账簿、记账凭证、完税凭证及其他有关资料；账簿、记账凭证、完税凭证及其他有关资料不得伪造、变造或者擅自损毁。此外，纳税人在购销商品、提供或者接受经营服务以及从事其他经营活动中，应当依法开具、使用、取得和保管发票。

3. 财务会计制度和会计核算软件备案的义务

纳税人的财务、会计制度或者财务、会计处理办法和会计核算软件，应当报送税务机关备案。纳税人的财务、会计制度或者财务、会计处理办法与国务院或者国务院财政、税务主管部门有关税收的规定抵触的，应依照国务院或者国务院财政、税务主管部门有关税收的规定计算应纳税款、代扣代缴和代收代缴税款。

4. 按照规定安装、使用税控装置的义务

国家根据税收征收管理的需要，积极推广使用税控装置。纳税人应当按照规定安装、使用税控装置，不得损毁或者擅自改动税控装置。如纳税人未按规定安装、使用税控装置，或者损毁或者擅自改动税控装置的，税务机关将责令纳税人限期改正，并可根据情节轻重处以规定数额内的罚款。

5. 按时、如实申报的义务

纳税人必须依照法律、行政法规规定或者税务机关依照法律、行政法规的规定确定的申报期限、申报内容如实办理纳税申报，报送纳税申报表、财务会计报表以及税务机关根据实际需要要求纳税人报送的其他纳税资料。

扣缴义务人必须依照法律、行政法规规定或者税务机关依照法律、行政法规的规定确定的申报期限、申报内容如实报送代扣代缴、代收代缴税款报告表以及税务机关根据实际需要要求纳税人报送的其他有关资料。

纳税人即使在纳税期内没有应纳税款，也应当按照规定办理纳税申报。享受减税、免税待遇的，在减税、免税期间应当按照规定办理纳税申报。

6. 按时缴纳税款的义务

纳税人应当按照法律、行政法规规定或者税务机关依照法律、行政法规的规定确定的期限，缴纳或者解缴税款。

未按照规定期限缴纳税款或者未按照规定期限解缴税款的，税务机关除责令限期缴纳外，从滞纳税款之日起，按日加收滞纳税款万分之五的滞纳金。

7. 代扣、代收税款的义务

扣缴义务人按照法律、行政法规规定负有代扣代缴、代收代缴税款义务，必须依照法律、行政法规的规定履行代扣、代收税款的义务。扣缴义务人依法履行代扣、代收税款义务时，纳税人不得拒绝。纳税人拒绝的，扣缴义务人应当及时报告税务机关处理。

8. 接受依法检查的义务

纳税人有接受税务机关依法进行税务检查的义务，应主动配合税务机关按法定程序进行的税务检查，如实地向税务机关反映自己的生产经营情况和执行财务制度的情况，并按有关规定提供报表和资料，不得隐瞒和弄虚作假，不能阻挠、刁难税务机关的检查和监督。

9. 及时提供信息的义务

纳税人除通过税务登记和纳税申报向税务机关提供与纳税有关的信息外，还应及时提供其他信息。如纳税人有歇业、经营情况变化、遭受各种灾害等特殊情况的，应及时向税务机关说明，以便税务机关依法妥善处理。

10. 报告其他涉税信息的义务

为了保障国家税收能够及时、足额征收入库，税收法律还规定了纳税人有义务向税务机关报告如下涉税信息。

（1）纳税人有义务就纳税人与关联企业之间的业务往来，向当地税务机关提供有关的价格、费用标准等资料。纳税人有欠税情形而以财产设定抵押、质押的，应当向抵押权人、质权人说明纳税人的欠税情况。

（2）企业合并、分立的报告义务。纳税人有合并、分立情形的，应当向税务机关报告，并依法缴清税款。合并时未缴清税款的，应当由合并后的纳税人继续履行未履行的纳税义务；分立时未缴清税款的，分立后的纳税人对未履行的纳税义务应当承担连带责任。

（3）报告全部账号的义务。如纳税人从事生产、经营，应当按照国家有关规定，持税务登记证件，在银行或者其他金融机构开立基本存款账户和其他存款账户，并自开立基本存款账户或者其他存款账户之日起15日内，向纳税人的主管税务机关书面报告全部账号；发生变化的，应当自变化之日起15日内，向纳税人的主管税务机关书面报告。

（4）处分大额财产报告的义务。如纳税人的欠缴税款数额在5万元以上，纳税人在处分不动产或者大额资产之前，应当向税务机关报告。

1.2.3　征税对象

征税对象是国家征税直接针对的事物，包括所得、财产和行为等。征税对象主要回答对什么征税的问题，它是一种税区别于另一种税的主要标志，是各种税命名的主要依据。如车船税的征税对象是车船，房产税的征税对象是房产，个人所得税的征税对象是个人所得等。征税对象可以从质和量两个方面具体细分为税目和计税依据。

税目是税法规定的属于征税范围的具体项目，是征税对象的具体化。税目体现了征税的广度，反映了各税种具体征税对象的种类和范围。

计税依据，也称为税基，是据以计算应纳税额的基数。计算税款的方法主要有从价计征和从量计征。从价计征的计税依据通常是交易的价格，如销售额。从量计征的计税依据通常是征税对象的质量、体积、数量等。

1.2.4　税率

税率是应纳税额与计税依据之间的数量关系，是计算应纳税额、衡量税收负担的尺度。税率体现征税的深度，是税收制度的中心环节。税率的高低，直接关系到国家财政收入和纳税人的税收负担，同时也反映国家经济政策的要求。根据具体形式，税率可划分为比例税率、定额税率和累进税率三种基本类型。

1. 比例税率

比例税率是指对同一征税对象，不论数额大小，均按同一比例计征的税率，一般适用于商品流转额的课税。比例税率具有计算简便、利于征管、效率较高的优点。缺点是在一定条件下，不利于税收负担公平，即在税收负担上具有累退性，即收入越高的人，税收负担率越低。比例税率一般适用于对货物和劳务的征税。比例税率分为统一比例税率、差别比例税率和幅度比例税率三种形式。

差别比率税率有三种类型：①行业差别比例税率，即按不同行业差别规定不同的税率；②产品差别比例税率，即按产品的不同规定不同的税率；③地区差别比例税率，即对不同地区实行不同的税率。

幅度比例税率是指国家只规定最低税率和最高税率，各地可在此幅度内自行确定一个具体适用的比例税率。

2. 定额税率

定额税率是指对每一单位的征税对象直接规定固定税额的一种税率，它是税率的一种特殊形式。在我国，目前定额税率主要在财产课税、资源课税中使用。具体运用时，又可分为地区差别定额税率、幅度定额税率和分类分级定额税率等形式。

（1）地区差别定额税率是指根据不同地区的自然资源、成本水平和盈利状况等情形，分别制订不同的税额。

（2）幅度定额税率是指税法统一规定税额幅度，各地区在规定的幅度内自行规定本地具体适用的定额税率。

（3）分类分级定额税率是指按照征税对象的不同种类和不同等级，分别规定不同税额的定额税率。

3. 累进税率

累进税率是指随着征税对象数额或相对比例的增大而逐级提高税率的一种递增等级税率。即按征税对象数额或相对比例的大小，划分为若干不同的征税等级，规定若干个高低不同的等级税率。根据累进的依据不同，累进税率又可分为全额累进税率、超额累进税率、全率累进税率和超率累进税率等。

（1）全额累进税率是指按征税对象的绝对数额划分征税等级，就纳税人的征税对象全部数额按与之相对应的等级税率计征的一种累进税率，即一定征税对象的税额只适用一个等级的税率。

（2）超额累进税率是指按征税对象的绝对数额划分征税等级，就纳税人征税对象全部数额中符合不同等级部分的数额，分别按与之相适应的各等级税率计征的一种累进税率，即一定征税对象的税额会同时适用几个等级的税率。目前我国个人所得税中采用了超额累进税率。超额累进税率下税款的计算比较复杂，征税对象包括的等级越多，计算的步骤也越多。为解决这一难题，在实际工作中引进了"速算扣除数"，通过预先计算出的速算扣除数，即可直接计算应纳税额，不必再分级分段计算。采用速算扣除数计算应纳税额的公式：

应纳税额=应税所得额×适用税率-速算扣除数

速算扣除数是为简化计算过程而按全额累进税率计算超额累进税额时所使用的扣除数额，反映的是按全额累进税率和按超额累进税率计算的应纳税额的差额。

（3）全率累进税率是指按征税对象的相对比例划分征税等级，就纳税人的征税对象全部数额按与之相适应的等级税率计征的一种累进税率。目前，我国现行的税制中没有采用全率累进税率的税种。

（4）超率累进税率是指按征税对象的相对比例划分征税等级，就纳税人的征税对象全部数额中符合不同等级部分的数额，分别按与之相适应的各等级税率计征的一种累进税率。它以征税对象的某种比率作为累进依据。我国目前征收的土地增值税采用的就是超率累进税率。

1.2.5 纳税环节

纳税环节是指应税商品从生产制造到消费过程中应当纳税的阶段。合理确定纳税环节，有利于商品的流通和资金的周转，有利于保证国家取得财政收入。不同税种的纳税环节是不同的，增值税一般在生产、批发、零售的各个环节征收，消费税一般仅在生产销售环节征收，所得税一般在纳税人取得所得以后征收。

1.2.6 纳税期限

纳税期限是指税收法律、行政法规规定的或征税机关依据法律、行政法规核定的纳税人计算应纳税款的时间界限。纳税期限的确定主要处于征纳效率的考虑，如果要求纳税人每发生一次纳税义务就必须纳税，则无论是纳税人还是税务机关都会在此问题上耗费大量的时间和精力，而确定一个纳税期限，该限内发生的所有纳税义务均一次征收和缴纳，这样就大量节约了征纳成本。例如，增值税和消费税一般以一个月为纳税期限；关税比较特殊，一般按次纳税；企业所得税一般以一年为纳税期限，实行按月或按季预缴、年终汇算清缴、多退少补的征收办法；个人所得税一般以一年、一次或一个月为纳税期限。其中，居民个人取得综合所得，实行按月预缴、年终汇算清缴、多退少补的征收办法。

1.2.7 纳税地点

纳税地点是指法律、行政法规规定的纳税人申报缴纳税款的地点。确定纳税地点，不仅要考虑到纳税人便于纳税和税务机关有效征管，而且要特别考虑税收管辖权的行使问题。因为纳税地点的确定涉及税收利益和国家主权。通常情形下，税收实行属地管辖，纳税地点为纳税人的住所地或生产经营所在地，在特殊情形下，纳税地点可以是口岸地、销售行为地、财产所在地等。

1.2.8 税收优惠

税收优惠是指税法根据国家一定时期政治、经济和社会发展的需要，对某类纳税人或者某些征税对象给予的税收优惠。税收优惠具体包括减税、免税、起征点、免征额、加速折旧、亏损结转等。

减税是指减少部分应纳税款。免税是指免征全部应纳税款。减免税可以分为三种：法定减免、特案减免和临时减免。法定减免是指税法中直接规定具体的减税免税项目。特案减免是指根据税法授权做出的减免，这种减免可以在税法授权范围内自由裁量。临时减免是指当突发事件或自然灾害等特殊情况出现时给予的税收减免。

起征点是指税法规定的征税对象达到某一征税数额时开始征税的临界点。征税对象的数额未达到起征点的，不征税；达到或者超过起征点的，就全部征税对象征税。免征额是指税法规定的从征税对象中预先扣除免予征税的数额。起征点和免税额是两个不同的概念，需要特别注意。二者的主要区别在于，当征税对象超过起征点时，就征税对象的全额征税，而当征税对象超过免税额时，仅就超过的部分征税。因此，起征点制度类似于全额累进税率制度，而免税额制度类似于扣除制度。目前，我国个人所得税法中规定的各项扣除属于免税额，在增值税制度中存在起征点。

加速折旧是第二次世界大战后，一些西方国家采用的一种固定资产折旧方法。它主要采取缩短折旧年限，提高折旧率的办法，加快固定资产的折旧速度，减少所得税的税基。加速折旧的方法有"双倍余额递减法""年数总和法"等。采用加速折旧方法，不仅可以加速投资的回收，而且还可以使固定资产无形损耗得以及时补偿，并且推迟部分所得税的缴纳和股利的分配，从而给纳税人带来更多的利益，以刺激资本的投资。因此，它是一种特殊的税收优惠措施。

亏损结转是指当年经营亏损在次年或其他年度经营盈利中抵补。按照国际惯例，为了鼓励投资者进行长期投资，各国税法大多规定，允许企业将年度亏损结转抵扣一定期限内的年度盈余以后，就其差额计征所得税。

税收优惠之所以能够成为税法制度的构成要素，是因为它可以体现国家政策，可以达到鼓励什么、限制什么的目的，可以弥补税收法律制度的不足，把税法的严肃性、原则性与现实需要的特殊性、灵活性结合起来，更好地发挥税收的调节作用。

1.3 税收制度的基本原则

税收制度的基本原则是指国家在一定的政治、经济历史条件下指导税收制度设计的基本准则。税收制度的基本原则包括税收法定原则、税收公平原则和税收效率原则。

1.3.1 税收法定原则

税收法定是世界各国公认的税收制度的首要原则，其基本要求是税收要素法定、税收要素明确和税收要素合宪。税收要素法定也被称为法律保留，是指由狭义的法律来规定税收要素，不允许其他规范性文件对税收要素进行规定。其在实务中的基本表现就是通过法律来征税，禁止由行政机关直接开征新税。税收要素明确也被称为禁止空白授权立法，是指法律对税收要素的规定应足够明确，严格限制对行政机关的空白授权立法。税收要素合宪是指立法机关对税收要素的规定，应符合宪法的原则及具体条款的明确规定。

税收法定是现代民主、法治、宪政在税收领域的集中体现，也是国家治理现代化的重要保证。税收法定使得纳税人成为税收立法的主人，纳税人既是税款的承担者，也是税款的享受者。这种合二为一的特殊身份，使得纳税人不可能为了提高对税款的享受而增加自身的税收负担，也不可能为了减轻自身的税收负担而降低对税款的享受。税收法定确保了税收"取之于民，用之于民"，能确保国家的整体税负处于纳税人选择的最优水平。从国家治理现代化的角度看，税收法定大大提高了税收制度的合法性与合理性，提高了纳税人的遵从度，由此可以大大降低税收征管的成本，最终提升执政党执政的合法性和稳定性。

1.3.2 税收公平原则

税收公平原则包括横向公平和纵向公平。横向公平是指经济能力或纳税能力相同的人应当缴纳数额相同的税收。纵向公平是指经济能力或纳税能力不同的人，应当缴纳不同的税收。

税收公平原则有两个标准：受益原则与能力原则。受益原则是根据人们从国家所提供的公共物品中获益的多少来分配税收负担，多受益者多纳税，少受益者少纳税。能力原则是根据人们承担税收负担的能力的大小来分配税收负担，能力大者多纳税，能力小者少纳税。在上述两个原则中又有主观说与客观说两种不同的标准。主观说主张以纳税人自己所感受到的受益的大小或者以纳税人自己所感受到的能力的大小为标准；客观说强调按照社会的、一般的原则来确定纳税人受益的大小以及纳税人税收负担能力的大小。现代各国税收法律制度以及学者的观点以客观能力原则为主导。

在客观能力原则之下，税收公平原则实质就是量能课税原则，也就是根据纳税人承担税收负担的能力来向纳税人课征不同数量的税款。能够从客观的角度衡量纳税人税收负担能力的标准主要有所得、财产和消费三类。因此，一个公平的税收制度应当建立在对纳税人的所得、财产和消费进行征税的基础之上，对其他方面的征税都无法体现公平原则，如按照"人头"征税的人头税等。

凡是所得、财产或者消费数额较大的纳税人，其税收负担能力也较大，应当承担较重的税收负担，反之，则应当承担较轻的税收负担。在所得、财产和消费三者中，消费衡量纳税人税收负担能力的准确性较差，因为所得和财产多的人不一定消费也多。因此，在设计相关税收制度时，对消费征税的税种一般采取比例税率，而对所得和财产征税的税种一般采取累进税率，以充分发挥所得和财产体现纳税人税收负担能力的特性。

1.3.3　税收效率原则

税收效率原则包括税收行政效率和税收经济效率。

1. 税收行政效率

税收行政效率是指用最低的行政成本完成税收征管的任务，可以用税收成本率即税收行政成本占税收收入的比率来反映。

税收行政成本是指在税制实施过程中征税机关和纳税人发生的各类费用和损失，包括征税成本和纳税成本。征税成本指征税机关为履行职责，依法征税而发生的各种费用，包括人员工资和福利费用，设备、设施费用，办公费用等。狭义的税收行政成本即指征税成本。纳税成本是指纳税人为履行纳税义务，依法纳税所发生的各种费用，包括纳税人用于申报纳税花费的时间和交通费用；纳税人被征税机关访问和稽查花费的时间和费用；纳税人雇佣会计师、税务顾问代理涉税事务支付的费用；由于纳税事务引起的心理负担；纳税人为合法避税而进行税收筹划所花费的时间、金钱等。

征税成本较易计算，即使有些数字不能直接显示，也可通过估算获得。因此可用征税成本占已征税额的比重来评估其效率，比重越低，则效率越高，反之则越低。但纳税成本的计算相对较难，如纳税人花费的时间、心理方面的负担等，很难用货币来计量，也有人将其称为"税收隐蔽费用"。所以，对税收行政成本的考察，基本上是从征税成本上进行的。

2. 税收经济效率

税收经济效率是指既定税收收入下的超额负担最小化和额外收益最大化。税收在将社会资源从纳税人转移到政府部门的过程中，势必会对经济造成影响。如果这种影响限于征税数额本身，为税收的正常影响。如果除这种正常影响之外，经济活动因此受到干扰和阻碍，社会利益因此受到削弱，便产生了税收的额外负担；如果除正常影响之外，经济活动还因此得到了促进，社会利益因此而增加，便产生了税收的额外收益。

降低税收额外负担的根本途径，在于尽可能保持税收对市场机制运行的"中性"。所谓税收中性，包括两方面的含义：其一，政府征税使社会所付出的代价应以征税数额为限，除此之外，不应该让纳税人或社会承受其他的经济牺牲或额外负担；其二，政府征税应该避免对市场机制运行发生不良影响，特别是不能超越市场成为影响资源配置和经济决策的决定性力量。

●本章小结●

税收是政府为满足社会成员的公共需要而凭借政治权力无偿征收的实物或者货币。税收具有强制性、无偿性和固定性三个基本特征。按照征税对象的不同，税收可以划分为货物和劳务税、所得税、财产税、行为税等。按照税负是否转嫁划分，税收可以划分为间接税和直接税。纳税人是税法规定的负有纳税义务的单位和个人，纳税人享有法定权利，承担法定义务。征税对象是国家征税直接针对的事物，包括所得、财产和行为等。税率是应纳税额与计税依据之间的数量关系。税收法定是世界各国公认的税收制度的首要原则，其基本要求是税收要素法定、税收要素明确和税收要素合宪。税收公平原则包括横向公平和纵向公平。税收效率原则包括税收行政效率和税收经济效率。

第2章 增值税

本章导读

我国自1984年对部分货物开征增值税,自1994年全面开征增值税,2009年实现增值税转型,2012年开始推开营业税改征增值税(以下简称"营改增")试点,2016年5月1日全面营改增。本章阐述了增值税的纳税人和扣缴义务人、征税范围、税率和征收率、应纳税额的计算、税收优惠、征收管理以及增值税专用发票管理等基本制度。其中,需要重点掌握的是增值税应纳税额的计算、税收优惠、征收管理等基本制度。增值税是典型的价外税,这是其与其他税种相比最明显的特征。

本章阐述的制度主要依据《中华人民共和国增值税暂行条例》(1993年12月13日国务院令第134号公布,2008年11月5日国务院第34次常务会议修订通过,根据2016年2月6日《国务院关于修改部分行政法规的决定》第一次修订,根据2017年11月19日《国务院关于废止〈中华人民共和国营业税暂行条例〉和修改〈中华人民共和国增值税暂行条例〉的决定》第二次修订)、《中华人民共和国增值税暂行条例实施细则》(2008年12月18日财政部 国家税务总局令第50号公布,根据2011年10月28日《关于修改〈中华人民共和国增值税暂行条例实施细则〉和〈中华人民共和国营业税暂行条例实施细则〉的决定》修订)以及《财政部 国家税务总局关于全面推开营业税改征增值税试点的通知》(财税〔2016〕36号)。

政策解析

2.1 增值税的纳税人和扣缴义务人

2.1.1 增值税纳税人的范围

在中华人民共和国境内销售货物或者加工、修理修配劳务(以下简称"劳务"),销售服务、无形资产、不动产以及进口货物的单位和个人,为增值税的纳税人。

上述单位,是指企业、行政单位、事业单位、军事单位、社会团体及其他单位。个人,是指个体工商户和其他个人。

单位以承包、承租、挂靠方式经营的,承包人、承租人、挂靠人(以下统称"承包人")以发包人、出租人、被挂靠人(以下统称"发包人")名义对外经营并由发包人承担相关法律责任的,以该发包人为纳税人。否则,以承包人为纳税人。

在中国境内销售货物,或者提供加工、修理修配劳务、服务、无形资产、不动产,是指:

(1)销售货物的起运地或者所在地在境内;

(2)销售劳务的应税劳务发生地在境内;

(3)服务(租赁不动产除外)或者无形资产(自然资源使用权除外)的销售方或者购买方在境内;

(4) 所销售或者租赁的不动产在境内；

(5) 所销售自然资源使用权的自然资源在境内。

两个或者两个以上的纳税人，经财政部和国家税务总局批准可以视为一个纳税人合并纳税。

在有关税收法律制订以前，外商投资企业和外国企业自 1994 年 1 月 1 日起适用国务院发布的《增值税暂行条例》，依法缴纳增值税。外商投资企业是指在中国境内设立的中外合资经营企业、中外合作经营企业和外资企业。外国企业是指在中国境内设立机构、场所，从事生产、经营和虽未设立机构、场所，而有来源于中国境内所得的外国公司、企业和其他经济组织。

● 《全国人民代表大会常务委员会关于外商投资企业和外国企业适用增值税、消费税、营业税等税收暂行条例的决定》（1993 年 12 月 29 日第八届全国人民代表大会常务委员会第五次会议通过）

2.1.2 增值税小规模纳税人

1. 增值税纳税人的分类

增值税的纳税人分为一般纳税人和小规模纳税人。应税行为的年应征增值税销售额（以下称"应税销售额"）超过财政部和国家税务总局规定标准的纳税人为一般纳税人，未超过规定标准的纳税人为小规模纳税人。

2. 小规模纳税人的标准

自 2018 年 5 月 1 日起，增值税小规模纳税人标准为年应征增值税销售额 500 万元及以下。年应税销售额是指纳税人在连续不超过 12 个月或四个季度的经营期内累计应征增值税销售额，包括纳税申报销售额、稽查查补销售额、纳税评估调整销售额。

● 《财政部 税务总局关于统一增值税小规模纳税人标准的通知》（财税〔2018〕33 号）

年应税销售额超过小规模纳税人标准的其他个人按小规模纳税人纳税；非企业性单位、不经常发生应税行为的企业可选择按小规模纳税人纳税。

小规模纳税人会计核算健全，能够提供准确税务资料的，可以向主管税务机关办理登记，不作为小规模纳税人，依照有关规定计算应纳税额。会计核算健全是指能够按照国家统一的会计制度规定设置账簿，根据合法、有效凭证核算。

3. 小规模纳税人开具增值税专用发票的改革

传统上，小规模纳税人不能自行开具增值税专用发票，需要使用增值税专用发票时，可以到税务机关代开。

自 2019 年 3 月 1 日起，扩大小规模纳税人自行开具增值税专用发票试点范围。将小规模纳税人自行开具增值税专用发票试点范围由住宿业、鉴证咨询业、建筑业、工业、信息传输、软件和信息技术服务业，扩大至租赁和商务服务业，科学研究和技术服务业，居民服务、修理和其他服务业。上述 8 个行业小规模纳税人（以下称"试点纳税人"）发生增值税应税行为，需要开具增值税专用发票的，可以自愿使用增值税发票管理系统自行开具。

● 《国家税务总局关于扩大小规模纳税人自行开具增值税专用发票试点范围等事项的公告》（国家税务总局公告 2019 年第 8 号）

试点纳税人销售其取得的不动产，需要开具增值税专用发票的，应当按照有关规定向税务机关申请代开。

试点纳税人应当就开具增值税专用发票的销售额计算增值税应纳税额，并在规定的纳税申报期内向主管税务机关申报缴纳。在填写增值税纳税申报表时，应当将当期开具增值税专用发票的销售额，按照 3% 和 5% 的征收率，分别填写在《增值税纳税申报表》（小规模纳税人适用)第2栏和第5栏"税务机关代开的增值税专用发票不含税销售额"的"本期数"相应栏次中。

自2020年2月1日起,增值税小规模纳税人(其他个人除外)发生增值税应税行为,需要开具增值税专用发票的,可以自愿使用增值税发票管理系统自行开具。选择自行开具增值税专用发票的小规模纳税人,税务机关不再为其代开增值税专用发票。

> 《国家税务总局关于增值税发票管理等有关事项的公告》(国家税务总局公告2019年第33号)

增值税小规模纳税人应当就开具增值税专用发票的销售额计算增值税应纳税额,并在规定的纳税申报期内向主管税务机关申报缴纳。在填写增值税纳税申报表时,应当将当期开具增值税专用发票的销售额,按照3%和5%的征收率,分别填写在《增值税纳税申报表》(小规模纳税人适用)第2栏和第5栏"税务机关代开的增值税专用发票不含税销售额"的"本期数"相应栏次中。

2.1.3 增值税一般纳税人

1. 增值税一般纳税人资格登记

一般纳税人是指年应税销售额超过财政部、国家税务总局规定的小规模纳税人标准的企业和企业性单位。

> 《增值税一般纳税人登记管理办法》(国家税务总局令第43号)

自2015年3月30日起,增值税一般纳税人资格实行登记制,登记事项由增值税纳税人向其主管税务机关办理。

下列纳税人不办理一般纳税人登记:

(1)按照规定,选择按照小规模纳税人纳税的;

(2)年应税销售额超过规定标准的其他个人。

纳税人自一般纳税人生效之日起,按照增值税一般计税方法计算应纳税额,并可以按照规定领用增值税专用发票,财政部、国家税务总局另有规定的除外。生效之日是指纳税人办理登记的当月1日或者次月1日,由纳税人在办理登记手续时自行选择。

纳税人登记为一般纳税人后,不得转为小规模纳税人,国家税务总局另有规定的除外。

有下列情形之一者,应按销售额依照增值税税率计算应纳税额,不得抵扣进项税额,也不得使用增值税专用发票:

(1)一般纳税人会计核算不健全,或者不能够提供准确税务资料的;

(2)除年应税销售额超过小规模纳税人标准的其他个人,非企业性单位、不经常发生应税行为的企业,可选择按小规模纳税人纳税外,纳税人销售额超过小规模纳税人标准,未申请办理一般纳税人认定手续的。

2. 综合保税区一般纳税人资格试点

自2019年8月8日,综合保税区增值税一般纳税人资格试点(以下简称"一般纳税人资格试点")实行备案管理。符合下列条件的综合保税区,由所在地省级税务、财政部门和直属海关将一般纳税人资格试点实施方案(包括综合保税区名称、企业申请需求、政策实施准备条件等情况)向国家税务总局、财政部和海关总署备案后,可以开展一般纳税人资格试点:

> 《国家税务总局 财政部 海关总署关于在综合保税区推广增值税一般纳税人资格试点的公告》(国家税务总局公告2019年第29号)

(1)综合保税区内企业确有开展一般纳税人资格试点的需求;

(2)所在地市(地)级人民政府牵头建立了综合保税区行政管理机构、税务、海关等部门协同推进试点的工作机制;

(3)综合保税区主管税务机关和海关建立了一般纳税人资格试点工作相关的联合监管和信息共享机制；

(4)综合保税区主管税务机关具备在综合保税区开展工作的条件，明确专门机构或人员负责纳税服务、税收征管等相关工作。

综合保税区完成备案后，区内符合增值税一般纳税人登记管理有关规定的企业，可自愿向综合保税区所在地主管税务机关、海关申请成为试点企业，并按规定向主管税务机关办理增值税一般纳税人资格登记。

试点企业自增值税一般纳税人资格生效之日起，适用下列税收政策：

第一，试点企业进口自用设备(包括机器设备、基建物资和办公用品)时，暂免征收进口关税和进口环节增值税、消费税(以下简称"进口税收")。

上述暂免进口税收按照该进口自用设备海关监管年限平均分摊到各个年度，每年年终对本年暂免的进口税收按照当年内外销比例进行划分，对外销比例部分执行试点企业所在海关特殊监管区域的税收政策，对内销比例部分比照执行海关特殊监管区域外(以下简称"区外")税收政策补征税款。

第二，除进口自用设备外，购买的下列货物适用保税政策：

(1)从境外购买并进入试点区域的货物；

(2)从海关特殊监管区域(试点区域除外)或海关保税监管场所购买并进入试点区域的保税货物；

(3)从试点区域内非试点企业购买的保税货物；

(4)从试点区域内其他试点企业购买的未经加工的保税货物。

第三，销售的下列货物，向主管税务机关申报缴纳增值税、消费税：

(1)向境内区外销售的货物；

(2)向保税区、不具备退税功能的保税监管场所销售的货物(未经加工的保税货物除外)；

(3)向试点区域内其他试点企业销售的货物(未经加工的保税货物除外)。

试点企业销售上述货物中含有保税货物的，按照保税货物进入海关特殊监管区域时的状态向海关申报缴纳进口税收，并按照规定补缴缓税利息。

第四，向海关特殊监管区域或者海关保税监管场所销售的未经加工的保税货物，继续适用保税政策。

第五，销售的下列货物(未经加工的保税货物除外)，适用出口退(免)税政策，主管税务机关凭海关提供的与之对应的出口货物报关单电子数据审核办理试点企业申报的出口退(免)税。

(1)离境出口的货物；

(2)向海关特殊监管区域(试点区域、保税区除外)或海关保税监管场所(不具备退税功能的保税监管场所除外)销售的货物；

(3)向试点区域内非试点企业销售的货物。

第六，未经加工的保税货物离境出口实行增值税、消费税免税政策。

第七，除财政部、海关总署、国家税务总局另有规定外，试点企业适用区外关税、增值税、消费税的法律、法规等现行规定。

区外销售给试点企业的加工贸易货物，继续按现行税收政策执行；销售给试点企业的其他货物(包括水、蒸汽、电力、燃气)不再适用出口退税政策，按照规定缴纳增值税、消费税。

2.1.4 增值税扣缴义务人

中华人民共和国境外的单位或者个人在境内销售劳务,在境内未设有经营机构的,以其境内代理人为扣缴义务人;在境内没有代理人的,以购买方为扣缴义务人。

2.2 增值税的征税范围

增值税的征税范围包括在中国境内销售货物或者加工、修理修配劳务,销售服务、无形资产、不动产以及进口货物。

2.2.1 销售货物

在中国境内销售货物。货物是指有形动产,包括电力、热力、气体在内。销售货物是指有偿转让货物的所有权。有偿是指从购买方取得货币、货物或者其他经济利益。

2.2.2 销售劳务

在中国境内销售加工、修理修配劳务。加工是指受托加工货物,即委托方提供原料及主要材料,受托方按照委托方的要求,制造货物并收取加工费的业务。修理修配是指受托对损伤和丧失功能的货物进行修复,使其恢复原状和功能的业务。

销售加工、修理修配劳务(以下称"应税劳务")是指有偿提供加工、修理修配劳务。单位或者个体工商户聘用的员工为本单位或者雇主提供加工、修理修配劳务,不包括在内。

2.2.3 销售服务

销售服务是指提供交通运输服务、邮政服务、电信服务、建筑服务、金融服务、现代服务和生活服务。

2.2.3.1 交通运输服务

交通运输服务是指利用运输工具将货物或者旅客送达目的地,使其空间位置得到转移的业务活动,包括陆路运输服务、水路运输服务、航空运输服务和管道运输服务。

1. 陆路运输服务

陆路运输服务是指通过陆路(地上或者地下)运送货物或者旅客的运输业务活动,包括铁路运输服务和其他陆路运输服务。

(1)铁路运输服务是指通过铁路运送货物或者旅客的运输业务活动。

(2)其他陆路运输服务是指铁路运输以外的陆路运输业务活动,包括公路运输、缆车运输、索道运输、地铁运输、城市轻轨运输等。

出租车公司向使用本公司自有出租车的出租车司机收取的管理费用,按照陆路运输服务缴纳增值税。

2. 水路运输服务

水路运输服务是指通过江、河、湖、川等天然、人工水道或者海洋航道运送货物或者旅客的运输业务活动。

水路运输的程租、期租业务,属于水路运输服务。

程租业务是指运输企业为租船人完成某一特定航次的运输任务并收取租赁费的业务。

期租业务是指运输企业将配备有操作人员的船舶承租给他人使用一定期限,承租期内听候承租方调遣,不论是否经营,均按天向承租方收取租赁费,发生的固定费用均由船东负担的业务。

3. 航空运输服务

航空运输服务是指通过空中航线运送货物或者旅客的运输业务活动。

航空运输的湿租业务属于航空运输服务。

湿租业务是指航空运输企业将配备有机组人员的飞机承租给他人使用一定期限，承租期内听候承租方调遣，不论是否经营，均按一定标准向承租方收取租赁费，发生的固定费用均由承租方承担的业务。

航天运输服务按照航空运输服务缴纳增值税。

航天运输服务是指利用火箭等载体将卫星、空间探测器等空间飞行器发射到空间轨道的业务活动。

4. 管道运输服务

管道运输服务是指通过管道设施输送气体、液体、固体物质的运输业务活动。

无运输工具承运业务按照交通运输服务缴纳增值税。

无运输工具承运业务是指经营者以承运人身份与托运人签订运输服务合同，收取运费并承担承运人责任，然后委托实际承运人完成运输服务的经营活动。

2.2.3.2 邮政服务

邮政服务是指中国邮政集团公司及其所属邮政企业提供邮件寄递、邮政汇兑和机要通信等邮政基本服务的业务活动，包括邮政普遍服务、邮政特殊服务和其他邮政服务。

1. 邮政普遍服务

邮政普遍服务是指函件、包裹等邮件寄递，以及邮票发行、报刊发行和邮政汇兑等业务活动。

函件是指信函、印刷品、邮资封片卡、无名址函件和邮政小包等。

包裹是指按照封装上的名址递送给特定个人或者单位的独立封装的物品，其重量不超过五十千克，任何一边的尺寸不超过一百五十厘米，长、宽、高合计不超过三百厘米。

2. 邮政特殊服务

邮政特殊服务是指义务兵平常信函、机要通信、盲人读物和革命烈士遗物的寄递等业务活动。

3. 其他邮政服务

其他邮政服务是指邮册等邮品销售、邮政代理等业务活动。

2.2.3.3 电信服务

电信服务是指利用有线、无线的电磁系统或者光电系统等各种通信网络资源，提供语音通话服务，传送、发射、接收或者应用图像、短信等电子数据和信息的业务活动，包括基础电信服务和增值电信服务。

1. 基础电信服务

基础电信服务是指利用固网、移动网、卫星、互联网，提供语音通话服务的业务活动，以及出租或者出售带宽、波长等网络元素的业务活动。

2. 增值电信服务

增值电信服务是指利用固网、移动网、卫星、互联网、有线电视网络，提供短信和彩信服务、电子数据和信息的传输及应用服务、互联网接入服务等业务活动。

卫星电视信号落地转接服务，按照增值电信服务缴纳增值税。

自 2016 年 2 月 1 日起，纳税人通过楼宇、隧道等室内通信分布系统，为电信企业提供的语音通话和移动互联网等无线信号室分系统传输服务，分别按照基础电信服务和增值电信服务缴纳增值税。

●《关于营业税改征增值税试点期间有关增值税问题的公告》（国家税务总局公告 2015 年第 90 号）

2.2.3.4 建筑服务

建筑服务是指各类建筑物、构筑物及其附属设施的建造、修缮、装饰，线路、管道、设备、设施等的安装以及其他工程作业的业务活动，包括工程服务、安装服务、修缮服务、装饰服务和其他建筑服务。

1. 工程服务

工程服务是指新建、改建各种建筑物、构筑物的工程作业，包括与建筑物相连的各种设备或者支柱、操作平台的安装或者装设工程作业，以及各种窑炉和金属结构工程作业。

2. 安装服务

安装服务是指生产设备、动力设备、起重设备、运输设备、传动设备、医疗实验设备以及其他各种设备、设施的装配、安置工程作业，包括与被安装设备相连的工作台、梯子、栏杆的装设工程作业，以及被安装设备的绝缘、防腐、保温、油漆等工程作业。

固定电话、有线电视、宽带、水、电、燃气、暖气等经营者向用户收取的安装费、初装费、开户费、扩容费以及类似收费，按照安装服务缴纳增值税。

3. 修缮服务

修缮服务是指对建筑物、构筑物进行修补、加固、养护、改善，使之恢复原来的使用价值或者延长其使用期限的工程作业。

4. 装饰服务

装饰服务是指对建筑物、构筑物进行修饰装修，使之美观或者具有特定用途的工程作业。

5. 其他建筑服务

其他建筑服务是指上列工程作业之外的各种工程作业服务，如钻井（打井）、拆除建筑物或者构筑物、平整土地、园林绿化、疏浚（不包括航道疏浚）、建筑物平移、搭脚手架、爆破、矿山穿孔、表面附着物（包括岩层、土层、沙层等）剥离和清理等工程作业。

2.2.3.5 金融服务

金融服务是指经营金融保险的业务活动，包括贷款服务、直接收费金融服务、保险服务和金融商品转让。

1. 贷款服务

贷款是指将资金贷与他人使用而取得利息收入的业务活动。

各种占用、拆借资金取得的收入，包括金融商品持有期间（含到期）利息（保本收益、报酬、资金占用费、补偿金等）收入、信用卡透支利息收入、买入返售金融商品利息收入、融资融券收取的利息收入，以及融资性售后回租、押汇、罚息、票据贴现、转贷等业务取得的利息及利息性质的收入，按照贷款服务缴纳增值税。

融资性售后回租是指承租方以融资为目的，将资产出售给从事融资性售后回租业务的企业后，从事融资性售后回租业务的企业将该资产出租给承租方的业务活动。

以货币资金投资收取的固定利润或者保底利润，按照贷款服务缴纳增值税。

2. 直接收费金融服务

直接收费金融服务是指为货币资金融通及其他金融业务提供相关服务并且收取费用的业务活动，包括提供货币兑换、账户管理、电子银行、信用卡、信用证、财务担保、资产管理、信托管理、基金管理、金融交易场所（平台）管理、资金结算、资金清算、金融支付等服务。

3. 保险服务

保险服务，是指投保人根据合同约定，向保险人支付保险费，保险人对于合同约定的可能发生的事故因其发生所造成的财产损失承担赔偿保险金责任,或者当被保险人死亡、伤残、疾病或者达到合同约定的年龄、期限等条件时承担给付保险金责任的商业保险行为,包括人身保险服务和财产保险服务。

人身保险服务是指以人的寿命和身体为保险标的的保险业务活动。

财产保险服务是指以财产及其有关利益为保险标的的保险业务活动。

4. 金融商品转让

金融商品转让是指转让外汇、有价证券、非货物期货和其他金融商品所有权的业务活动。

其他金融商品转让包括基金、信托、理财产品等各类资产管理产品和各种金融衍生品的转让。

2.2.3.6 现代服务

现代服务是指围绕制造业、文化产业、现代物流产业等提供技术性、知识性服务的业务活动,包括研发和技术服务、信息技术服务、文化创意服务、物流辅助服务、租赁服务、鉴证咨询服务、广播影视服务、商务辅助服务和其他现代服务。

1. 研发和技术服务

研发和技术服务包括研发服务、合同能源管理服务、工程勘察勘探服务和专业技术服务。

(1)研发服务,也称技术开发服务,是指就新技术、新产品、新工艺或者新材料及其系统进行研究与试验开发的业务活动。

(2)合同能源管理服务是指节能服务公司与用能单位以契约形式约定节能目标,节能服务公司提供必要的服务,用能单位以节能效果支付节能服务公司投入及其合理报酬的业务活动。

(3)工程勘察勘探服务是指在采矿、工程施工前后,对地形、地质构造、地下资源蕴藏情况进行实地调查的业务活动。

(4)专业技术服务是指气象服务、地震服务、海洋服务、测绘服务、城市规划、环境与生态监测服务等专项技术服务。

2. 信息技术服务

信息技术服务是指利用计算机、通信网络等技术对信息进行生产、收集、处理、加工、存储、运输、检索和利用,并提供信息服务的业务活动,包括软件服务、电路设计及测试服务、信息系统服务、业务流程管理服务和信息系统增值服务。

(1)软件服务是指提供软件开发服务、软件维护服务、软件测试服务的业务活动。

(2)电路设计及测试服务是指提供集成电路和电子电路产品设计、测试及相关技术支持服务的业务活动。

(3)信息系统服务是指提供信息系统集成、网络管理、网站内容维护、桌面管理与维护、信息系统应用、基础信息技术管理平台整合、信息技术基础设施管理、数据中心、托管中心、信息安全服务、在线杀毒、虚拟主机等业务活动,包括网站对非自有的网络游戏提供的网络运营服务。

(4)业务流程管理服务是指依托信息技术提供的人力资源管理、财务经济管理、审计管理、税务管理、物流信息管理、经营信息管理和呼叫中心等服务的活动。

(5)信息系统增值服务是指利用信息系统资源为用户附加提供的信息技术服务,包括数据处理、分析和整合、数据库管理、数据备份、数据存储、容灾服务、电子商务平台等。

自2016年2月1日起,纳税人通过蜂窝数字移动通信用塔(杆)及配套设施,为电信企业提供的基站天线、馈线及设备环境控制、动环监控、防雷消防、运行维护等塔类站址管理业务,按照"信息技术基础设 ●《关于营业税改征增值税试点期间有关增值税问题的公告》(国家税务总局公告2015年第90号)

施管理服务"缴纳增值税。

3. 文化创意服务

文化创意服务包括设计服务、知识产权服务、广告服务和会议展览服务。

（1）设计服务是指把计划、规划、设想通过文字、语言、图画、声音、视觉等形式传递出来的业务活动，包括工业设计、内部管理设计、业务运作设计、供应链设计、造型设计、服装设计、环境设计、平面设计、包装设计、动漫设计、网游设计、展示设计、网站设计、机械设计、工程设计、广告设计、创意策划、文印晒图等。

（2）知识产权服务是指处理知识产权事务的业务活动，包括对专利、商标、著作权、软件、集成电路布图设计的登记、鉴定、评估、认证、检索服务。

（3）广告服务是指利用图书、报纸、杂志、广播、电视、电影、幻灯、路牌、招贴、橱窗、霓虹灯、灯箱、互联网等各种形式为客户的商品、经营服务项目、文体节目或者通告、声明等委托事项进行宣传和提供相关服务的业务活动，包括广告代理和广告的发布、播映、宣传、展示等。

（4）会议展览服务是指为商品流通、促销、展示、经贸洽谈、民间交流、企业沟通、国际往来等举办或者组织安排的各类展览和会议的业务活动。

4. 物流辅助服务

物流辅助服务包括航空服务、港口码头服务、货运客运场站服务、打捞救助服务、装卸搬运服务、仓储服务和收派服务。

（1）航空服务包括航空地面服务和通用航空服务。航空地面服务是指航空公司、飞机场、民航管理局、航站等向在境内航行或者在境内机场停留的境内外飞机或者其他飞行器提供的导航等劳务性地面服务的业务活动，包括旅客安全检查服务、停机坪管理服务、机场候机厅管理服务、飞机清洗消毒服务、空中飞行管理服务、飞机起降服务、飞行通信服务、地面信号服务、飞机安全服务、飞机跑道管理服务、空中交通管理服务等。通用航空服务是指为专业工作提供飞行服务的业务活动，包括航空摄影、航空培训、航空测量、航空勘探、航空护林、航空吊挂播撒、航空降雨、航空气象探测、航空海洋监测、航空科学实验等。

（2）港口码头服务是指港务船舶调度服务、船舶通信服务、航道管理服务、航道疏浚服务、灯塔管理服务、航标管理服务、船舶引航服务、理货服务、系解缆服务、停泊和移泊服务、海上船舶溢油清除服务、水上交通管理服务、船只专业清洗消毒检测服务和防止船只漏油服务等为船只提供服务的业务活动。港口设施经营人收取的港口设施保安费按照港口码头服务缴纳增值税。

（3）货运客运场站服务是指货运客运场站提供货物配载服务、运输组织服务、中转换乘服务、车辆调度服务、票务服务、货物打包整理、铁路线路使用服务、加挂铁路客车服务、铁路行包专列发送服务、铁路到达和中转服务、铁路车辆编解服务、车辆挂运服务、铁路接触网服务、铁路机车牵引服务等业务活动。

（4）打捞救助服务是指提供船舶人员救助、船舶财产救助、水上救助和沉船沉物打捞服务的业务活动。

（5）装卸搬运服务是指使用装卸搬运工具或者人力、畜力将货物在运输工具之间、装卸现场之间或者运输工具与装卸现场之间进行装卸和搬运的业务活动。

（6）仓储服务是指利用仓库、货场或者其他场所代客贮放、保管货物的业务活动。

（7）收派服务是指接受寄件人委托，在承诺的时限内完成函件和包裹的收件、分拣、派送服务的业务活动。收件服务是指从寄件人收取函件和包裹，并运送到服务提供方同城的集散中心的业务活动。分拣服务是指服务提供方在其集散中心对函件和包裹进行归类、分发的业务活动。派送服务是指服务提供方从其集散中心将函件和包裹送达同城的收件人的业务活动。

5. 租赁服务

租赁服务包括融资租赁服务和经营租赁服务。

(1)融资租赁服务是指具有融资性质和所有权转移特点的租赁活动。即出租人根据承租人所要求的规格、型号、性能等条件购入有形动产或者不动产租赁给承租人，合同期内租赁物所有权属于出租人，承租人只拥有使用权，合同期满付清租金后，承租人有权按照残值购入租赁物，以拥有其所有权。不论出租人是否将租赁物销售给承租人，均属于融资租赁。按照标的物的不同，融资租赁服务可分为有形动产融资租赁服务和不动产融资租赁服务。融资性售后回租不按照本税目缴纳增值税。

(2)经营租赁服务是指在约定时间内将有形动产或者不动产转让他人使用且租赁物所有权不变更的业务活动。按照标的物的不同，经营租赁服务可分为有形动产经营租赁服务和不动产经营租赁服务。将建筑物、构筑物等不动产或者飞机、车辆等有形动产的广告位出租给其他单位或者个人用于发布广告，按照经营租赁服务缴纳增值税。车辆停放服务、道路通行服务(包括过路费、过桥费、过闸费等)等按照不动产经营租赁服务缴纳增值税。水路运输的光租业务、航空运输的干租业务，属于经营租赁。光租业务是指运输企业将船舶在约定的时间内出租给他人使用，不配备操作人员，不承担运输过程中发生的各项费用，只收取固定租赁费的业务活动。干租业务是指航空运输企业将飞机在约定的时间内出租给他人使用，不配备机组人员，不承担运输过程中发生的各项费用，只收取固定租赁费的业务活动。

6. 鉴证咨询服务

鉴证咨询服务包括认证服务、鉴证服务和咨询服务。

(1)认证服务是指具有专业资质的单位利用检测、检验、计量等技术，证明产品、服务、管理体系符合相关技术规范、相关技术规范的强制性要求或者标准的业务活动。

(2)鉴证服务是指具有专业资质的单位受托对相关事项进行鉴证，发表具有证明力的意见的业务活动，包括会计鉴证、税务鉴证、法律鉴证、职业技能鉴定、工程造价鉴证、工程监理、资产评估、环境评估、房地产土地评估、建筑图纸审核、医疗事故鉴定等。

(3)咨询服务是指提供信息、建议、策划、顾问等服务的活动，包括金融、软件、技术、财务、税收、法律、内部管理、业务运作、流程管理、健康等方面的咨询。翻译服务和市场调查服务按照咨询服务缴纳增值税。

7. 广播影视服务

广播影视服务包括广播影视节目(作品)的制作服务、发行服务和播映(含放映，下同)服务。

(1)广播影视节目(作品)制作服务是指进行专题(特别节目)、专栏、综艺、体育、动画片、广播剧、电视剧、电影等广播影视节目和作品制作的服务。其具体包括与广播影视节目和作品相关的策划、采编、拍摄、录音、音视频文字图片素材制作、场景布置、后期的剪辑、翻译(编译)、字幕制作、片头、片尾、片花制作、特效制作、影片修复、编目和确权等业务活动。

(2)广播影视节目(作品)发行服务是指以分账、买断、委托等方式，向影院、电台、电视台、网站等单位和个人发行广播影视节目(作品)以及转让体育赛事等活动的报道及播映权的业务活动。

（3）广播影视节目（作品）播映服务是指在影院、剧院、录像厅及其他场所播映广播影视节目（作品），以及通过电台、电视台、卫星通信、互联网、有线电视等无线或者有线装置播映广播影视节目（作品）的业务活动。

8. 商务辅助服务

商务辅助服务包括企业管理服务、经纪代理服务、人力资源服务和安全保护服务。

（1）企业管理服务是指提供总部管理、投资与资产管理、市场管理、物业管理、日常综合管理等服务的业务活动。

（2）经纪代理服务是指各类经纪、中介、代理服务，包括金融代理、知识产权代理、货物运输代理、代理报关、法律代理、房地产中介、职业中介、婚姻中介、代理记账、拍卖等。货物运输代理服务是指接受货物收货人、发货人、船舶所有人、船舶承租人或者船舶经营人的委托，以委托人的名义，为委托人办理货物运输、装卸、仓储和船舶进出港口、引航、靠泊等相关手续的业务活动。代理报关服务是指接受进出口货物的收货人、发货人委托，代为办理报关手续的业务活动。

（3）人力资源服务是指提供公共就业、劳务派遣、人才委托招聘、劳动力外包等服务的业务活动。

（4）安全保护服务是指提供保护人身安全和财产安全，维护社会治安等的业务活动，包括场所住宅保安、特种保安、安全系统监控以及其他安保服务。

9. 其他现代服务

其他现代服务是指除研发和技术服务、信息技术服务、文化创意服务、物流辅助服务、租赁服务、鉴证咨询服务、广播影视服务和商务辅助服务以外的现代服务。

2.2.3.7 生活服务

生活服务是指为满足城乡居民日常生活需求提供的各类服务活动，包括文化体育服务、教育医疗服务、旅游娱乐服务、餐饮住宿服务、居民日常服务和其他生活服务。

1. 文化体育服务

文化体育服务包括文化服务和体育服务。

（1）文化服务是指为满足社会公众文化生活需求提供的各种服务，包括：文艺创作、文艺表演、文化比赛，图书馆的图书和资料借阅，档案馆的档案管理，文物及非物质遗产保护，组织举办宗教活动、科技活动、文化活动，提供游览场所。

（2）体育服务是指组织举办体育比赛、体育表演、体育活动，以及提供体育训练、体育指导、体育管理的业务活动。

2. 教育医疗服务

教育医疗服务包括教育服务和医疗服务。

（1）教育服务是指提供学历教育服务、非学历教育服务、教育辅助服务的业务活动。学历教育服务是指根据教育行政管理部门确定或者认可的招生和教学计划组织教学，并颁发相应学历证书的业务活动，包括初等教育、初级中等教育、高级中等教育、高等教育等。非学历教育服务包括学前教育、各类培训、演讲、讲座、报告会等。教育辅助服务包括教育测评、考试、招生等服务。

（2）医疗服务是指提供医学检查、诊断、治疗、康复、预防、保健、接生、计划生育、防疫服务等方面的服务，以及与这些服务有关的提供药品、医用材料器具、救护车、病房住宿和伙食的业务。

3. 旅游娱乐服务

旅游娱乐服务包括旅游服务和娱乐服务。

(1)旅游服务是指根据旅游者的要求，组织安排交通、游览、住宿、餐饮、购物、文娱、商务等服务的业务活动。

(2)娱乐服务是指为娱乐活动同时提供场所和服务的业务，具体包括歌厅、舞厅、夜总会、酒吧、台球、高尔夫球、保龄球、游艺(包括射击、狩猎、跑马、游戏机、蹦极、卡丁车、热气球、动力伞、射箭、飞镖)。

4. 餐饮住宿服务

餐饮住宿服务包括餐饮服务和住宿服务。

(1)餐饮服务是指通过同时提供饮食和饮食场所的方式为消费者提供饮食消费服务的业务活动。

(2)住宿服务是指提供住宿场所及配套服务等的活动，包括宾馆、旅馆、旅社、度假村和其他经营性住宿场所提供的住宿服务。

5. 居民日常服务

居民日常服务是指主要为满足居民个人及其家庭日常生活需求提供的服务，包括市容市政管理、家政、婚庆、养老、殡葬、照料和护理、救助救济、美容美发、按摩、桑拿、氧吧、足疗、沐浴、洗染、摄影扩印等服务。

6. 其他生活服务

其他生活服务是指除文化体育服务、教育医疗服务、旅游娱乐服务、餐饮住宿服务和居民日常服务之外的生活服务。

2.2.4　销售无形资产与不动产

1. 销售无形资产

销售无形资产是指转让无形资产所有权或者使用权的业务活动。无形资产是指不具实物形态，但能带来经济利益的资产，包括技术、商标、著作权、商誉、自然资源使用权和其他权益性无形资产。

技术包括专利技术和非专利技术。

自然资源使用权，包括土地使用权、海域使用权、探矿权、采矿权、取水权和其他自然资源使用权。

其他权益性无形资产，包括基础设施资产经营权、公共事业特许权、配额、经营权(包括特许经营权、连锁经营权、其他经营权)、经销权、分销权、代理权、会员权、席位权、网络游戏虚拟道具、域名、名称权、肖像权、冠名权、转会费等。

2. 销售不动产

销售不动产是指转让不动产所有权的业务活动。不动产是指不能移动或者移动后会引起性质、形状改变的财产，包括建筑物、构筑物等。

建筑物包括住宅、商业营业用房、办公楼等可供居住、工作或者进行其他活动的建造物。

构筑物包括道路、桥梁、隧道、水坝等建造物。

转让建筑物有限产权或者永久使用权的，转让在建的建筑物或者构筑物所有权的，以及在转让建筑物或者构筑物时一并转让其所占土地的使用权的，按照销售不动产缴纳增值税。

2.2.5　进口货物

进口货物是指进入中国境内的货物。对于进口货物，除依法征收关税外，还应在进口环节征收增值税。

2.2.6 非经营活动与不征收增值税项目

1. 非经营活动

销售服务、无形资产或者不动产,是指有偿提供服务、有偿转让无形资产或者不动产,但属于下列非经营活动的情形除外。

(1)行政单位收取的同时满足以下条件的政府性基金或者行政事业性收费:由国务院或者财政部批准设立的政府性基金,由国务院或者省级人民政府及其财政、价格主管部门批准设立的行政事业性收费;收取时开具省级以上(含省级)财政部门监(印)制的财政票据;所收款项全额上缴财政。

(2)单位或者个体工商户聘用的员工为本单位或者雇主提供取得工资的服务。

(3)单位或者个体工商户为聘用的员工提供服务。

(4)财政部和国家税务总局规定的其他情形。

2. 不征收增值税项目

不征收增值税项目如下:

(1)根据国家指令无偿提供的铁路运输服务、航空运输服务,属于规定的用于公益事业的服务;

(2)存款利息;

(3)被保险人获得的保险赔付;

(4)房地产主管部门或者其指定机构、公积金管理中心、开发企业以及物业管理单位代收的住宅专项维修资金;

(5)在资产重组过程中,通过合并、分立、出售、置换等方式,将全部或者部分实物资产以及与其相关联的债权、负债和劳动力一并转让给其他单位和个人,其中涉及的不动产、土地使用权转让行为。

2.2.7 境内的确定标准

在境内销售货物是指销售货物的起运地或者所在地在境内。在境内销售加工、修理修配劳务是指提供的应税劳务发生在境内。

在境内销售服务、无形资产或者不动产,是指:

(1)服务(租赁不动产除外)或者无形资产(自然资源使用权除外)的销售方或者购买方在境内;

(2)所销售或者租赁的不动产在境内;

(3)所销售自然资源使用权的自然资源在境内;

(4)财政部和国家税务总局规定的其他情形。

下列情形不属于在境内销售服务或者无形资产:

(1)境外单位或者个人向境内单位或者个人销售完全在境外发生的服务;

(2)境外单位或者个人向境内单位或者个人销售完全在境外使用的无形资产;

(3)境外单位或者个人向境内单位或者个人出租完全在境外使用的有形动产;

(4)财政部和国家税务总局规定的其他情形。

2.2.8 视同销售

单位或者个体工商户的下列行为,视同销售货物:

(1)将货物交付其他单位或者个人代销;

(2) 销售代销货物;

(3) 设有两个以上机构并实行统一核算的纳税人,将货物从一个机构移送其他机构用于销售,但相关机构设在同一县(市)的除外;

(4) 将自产或者委托加工的货物用于非应税项目;

(5) 将自产、委托加工的货物用于集体福利或者个人消费;

(6) 将自产、委托加工或者购进的货物作为投资,提供给其他单位或者个体工商户;

(7) 将自产、委托加工或者购进的货物分配给股东或者投资者;

(8) 将自产、委托加工或者购进的货物无偿赠送其他单位或者个人。

下列情形视同销售服务、无形资产或者不动产:

(1) 单位或者个体工商户向其他单位或者个人无偿提供服务,但用于公益事业或者以社会公众为对象的除外;

(2) 单位或者个人向其他单位或者个人无偿转让无形资产或者不动产,但用于公益事业或者以社会公众为对象的除外;

(3) 财政部和国家税务总局规定的其他情形。

2.2.9 混合销售与兼营

一项销售行为如果既涉及货物又涉及服务,为混合销售行为。除另有规定外,从事货物的生产、批发或者零售的企业、企业性单位和个体工商户的混合销售行为,按照销售货物缴纳增值税;其他单位和个人的混合销售行为,按照销售服务缴纳增值税。从事货物的生产、批发或者零售的企业、企业性单位和个体工商户,包括以从事货物的生产、批发或者零售为主,并兼营销售服务的单位和个体工商户在内。

试点纳税人销售货物、加工修理修配劳务、服务、无形资产或者不动产适用不同税率或者征收率的,应当分别核算适用不同税率或者征收率的销售额,未分别核算销售额的,按照以下方法适用税率或者征收率:

(1) 兼有不同税率的销售货物、加工修理修配劳务、服务、无形资产或者不动产,从高适用税率;

(2) 兼有不同征收率的销售货物、加工修理修配劳务、服务、无形资产或者不动产,从高适用征收率;

(3) 兼有不同税率和征收率的销售货物、加工修理修配劳务、服务、无形资产或者不动产,从高适用税率。

2.3 增值税的税率和征收率

2.3.1 增值税的税率

1. 增值税17%的基本税率

纳税人销售货物、劳务、有形动产租赁服务或者进口货物,除另有规定外,税率为17%。

自2018年5月1日起,上述17%的税率降低为16%。

自2019年4月1日起,上述16%的税率降低为13%。

2. 增值税11%的低税率

纳税人销售交通运输、邮政、基础电信、建筑、不动产租赁服务,销售不动产,转让土地使用权,销售或者进口下列货物,税率为11%:

● 《财政部 税务总局关于调整增值税税率的通知》(财税〔2018〕32号);《财政部 税务总局 海关总署关于深化增值税改革有关政策的公告》(财政部 税务总局 海关总署公告2019年第39号)

(1)粮食等农产品、食用植物油、食用盐；

(2)自来水、暖气、冷气、热水、煤气、石油液化气、天然气、二甲醚、沼气、居民用煤炭制品；

(3)图书、报纸、杂志、音像制品、电子出版物；

(4)饲料、化肥、农药、农机、农膜；

(5)国务院规定的其他货物。

自2018年5月1日起，上述11%的税率降低为10%。

自2019年4月1日起，上述10%的税率降低为9%。

3. 增值税6%的低税率

纳税人销售服务、无形资产，除另有规定外，税率为6%。

4. 增值税零税率

纳税人出口货物，税率为零；但是，国务院另有规定的除外。

境内单位和个人跨境销售国务院规定范围内的服务、无形资产，税率为零。

中华人民共和国境内(以下称"境内")的单位和个人销售的下列服务和无形资产，适用增值税零税率。

(1)国际运输服务。国际运输服务是指在境内载运旅客或者货物出境；在境外载运旅客或者货物入境；在境外载运旅客或者货物。

(2)航天运输服务。

(3)向境外单位提供的完全在境外消费的下列服务：研发服务；合同能源管理服务；设计服务；广播影视节目(作品)的制作和发行服务；软件服务；电路设计及测试服务；信息系统服务；业务流程管理服务；离岸服务外包业务。离岸服务外包业务包括信息技术外包服务(ITO)、技术性业务流程外包服务(BPO)、技术性知识流程外包服务(KPO)，其所涉及的具体业务活动，按照《销售服务、无形资产、不动产注释》相对应的业务活动执行；转让技术。

(4)财政部和国家税务总局规定的其他服务。

5. 混合销售与兼营税率的适用

纳税人兼营不同税率的项目，应当分别核算不同税率项目的销售额；未分别核算销售额的，从高适用税率。

2.3.2 增值税的征收率

1. 征收率的一般规定

小规模纳税人发生应税销售行为，实行按照销售额和征收率计算应纳税额的简易办法，并不得抵扣进项税额。小规模纳税人增值税征收率为3%，国务院另有规定的除外。

(1)一般纳税人销售自己使用过的属于《增值税暂行条例》规定不得抵扣且未抵扣进项税额的固定资产，按照简易办法依照3%征收率减按2%征收增值税。

(2)一般纳税人销售自己使用过的其他固定资产(以下简称"已使用过的固定资产")，应区分不同情形征收增值税。

①销售自己使用过的2009年1月1日以后购进或者自制的固定资产(仅指固定资产中的有形动产，不包括不动产，下同)，按照适用税率征收增值税。

②2008年12月31日以前未纳入扩大增值税抵扣范围试点的纳税人，销售自己使用过的2008年12月31日以前购进或者自制的固定资产，按照简易办法依照3%征收率减按2%征收增值税。

③2008年12月31日以前已纳入扩大增值税抵扣范围试点的纳税人,销售自己使用过的在本地区扩大增值税抵扣范围试点以前购进或者自制的固定资产,按照简易办法依照3%征收率减按2%征收增值税;销售自己使用过的在本地区扩大增值税抵扣范围试点以后购进或者自制的固定资产,按照适用税率征收增值税。已使用过的固定资产是指纳税人根据财务会计制度已经计提折旧的固定资产。

(3)一般纳税人销售自己使用过的除固定资产以外的物品,应当按照适用税率征收增值税。

(4)小规模纳税人(除其他个人外,下同)销售自己使用过的固定资产,减按2%征收率征收增值税。小规模纳税人销售自己使用过的除固定资产以外的物品,应按3%的征收率征收增值税。

(5)纳税人销售旧货,按照简易办法依照3%征收率减按2%征收增值税。旧货是指进入二次流通的具有部分使用价值的货物(含旧汽车、旧摩托车和旧游艇),但不包括自己使用过的物品。

(6)一般纳税人销售自产的下列货物,可选择按照简易办法依照3%征收率计算缴纳增值税:

①县级及县级以下小型水力发电单位生产的电力。小型水力发电单位是指各类投资主体建设的装机容量为5万千瓦以下(含5万千瓦)的小型水力发电单位;

②建筑用和生产建筑材料所用的砂、土、石料;

③以自己采掘的砂、土、石料或其他矿物连续生产的砖、瓦、石灰(不含黏土实心砖、瓦);

④用微生物、微生物代谢产物、动物毒素、人或动物的血液或组织制成的生物制品;

⑤自来水;

⑥商品混凝土(仅限于以水泥为原料生产的水泥混凝土)。

一般纳税人选择简易办法计算缴纳增值税后,36个月内不得变更。

(7)一般纳税人销售货物属于下列情形之一的,暂按简易办法依照3%征收率计算缴纳增值税:

①寄售商店代销寄售物品(包括居民个人寄售的物品在内);

②典当业销售死当物品。

(8)一般纳税人为建筑工程老项目提供的建筑服务,可以选择简易办法依照3%的征收率征收增值税。

建筑工程老项目,是指:

①《建筑工程施工许可证》注明的合同开工日期在2016年4月30日前的建筑工程项目;

②未取得《建筑工程施工许可证》的,建筑工程承包合同注明的开工日期在2016年4月30日前的建筑工程项目。

2. 征收率的特殊规定

(1)小规模纳税人转让其取得的不动产,按照5%的征收率征收增值税。

(2)一般纳税人转让其2016年4月30日前取得的不动产,可以选择适用简易计税方法计税,按照5%的征收率征收增值税。

(3)小规模纳税人出租其取得的不动产(不含个人出租住房),按照5%的征收率征收增值税。

(4)一般纳税人出租其2016年4月30日前取得的不动产,可以选择适用简易计税方法计税,按照5%的征收率征收增值税。

(5)房地产开发企业(一般纳税人)销售自行开发的房地产老项目,选择适用简易计税方法计税,按照5%的征收率征收增值税。房地产老项目是指《建筑工程施工许可证》注明的合同开工日期在2016年4月30日前的房地产项目。

(6)房地产开发企业(小规模纳税人)销售自行开发的房地产老项目,按照5%的征收率征收增值税。

(7)纳税人提供劳务派遣服务,选择差额纳税的,按照5%的征收率征收增值税。

2.4 增值税应纳税额的计算

2.4.1 一般计税方法应纳税额的计算

除另有规定外,纳税人销售货物、劳务、服务、无形资产、不动产(以下统称"应税销售行为"),应纳税额为当期销项税额抵扣当期进项税额后的余额。应纳税额计算公式:

应纳税额=当期销项税额-当期进项税额

当期销项税额小于当期进项税额不足抵扣时,其不足部分可以结转下期继续抵扣。

纳税人发生应税销售行为,按照销售额和规定的税率计算收取的增值税额,为销项税额。销项税额计算公式:

销项税额=销售额×税率

2.4.1.1 销售额的确定

1. 销售额的概念和范围

销售额为纳税人发生应税销售行为收取的全部价款和价外费用,但是不包括收取的销项税额。

价外费用包括价外向购买方收取的手续费、补贴、基金、集资费、返还利润、奖励费、违约金、滞纳金、延期付款利息、赔偿金、代收款项、代垫款项、包装费、包装物租金、储备费、优质费、运输装卸费以及其他各种性质的价外收费。但下列项目不包括在内:

(1)受托加工应征消费税的消费品所代收代缴的消费税。

(2)同时符合以下条件的代垫运输费用:承运部门的运输费用发票开具给购买方的;纳税人将该项发票转交给购买方的。

(3)同时符合以下条件代为收取的政府性基金或者行政事业性收费:由国务院或者财政部批准设立的政府性基金,由国务院或者省级人民政府及其财政、价格主管部门批准设立的行政事业性收费;收取时开具省级以上财政部门印制的财政票据;所收款项全额上缴财政。

(4)销售货物的同时代办保险等而向购买方收取的保险费,以及向购买方收取的代购买方缴纳的车辆购置税、车辆牌照费。

纳税人发生应税销售行为的价格明显偏低并无正当理由的,由主管税务机关核定其销售额。

2. 含税销售额的换算

一般纳税人销售货物或者应税劳务,采用销售额和销项税额合并定价方法的,按下列公式计算销售额:

销售额=含税销售额÷(1+税率)

3. 视同销售的销售额

纳税人有价格明显偏低并无正当理由或者有视同销售货物行为而无销售额者,按下列顺序确定销售额：

(1) 按纳税人最近时期同类货物的平均销售价格确定；

(2) 按其他纳税人最近时期同类货物的平均销售价格确定；

(3) 按组成计税价格确定。组成计税价格的公式：

组成计税价格 = 成本 × (1 + 成本利润率)

属于应征消费税的货物，其组成计税价格中应加计消费税额。

公式中的成本是指，销售自产货物的为实际生产成本，销售外购货物的为实际采购成本。公式中的成本利润率为10%。

4. 特殊销售方式的销售额

纳税人采取折扣方式销售货物，如果销售额和折扣额在同一张发票上分别注明的，可按折扣后的销售额征收增值税；如果将折扣额另开发票，不论其在财务上如何处理，均不得从销售额中减除折扣额。纳税人采取折扣方式销售货物，销售额和折扣额在同一张发票上分别注明（即销售额和折扣额在同一张发票上的"金额"栏分别注明）的，可按折扣后的销售额征收增值税；未在同一张发票"金额"栏注明折扣额，而仅在发票的"备注"栏注明折扣额的，折扣额不得从销售额中减除。

纳税人采取以旧换新方式销售货物，应按新货物的同期销售价格确定销售额。以旧换新销售是指纳税人在销售过程中，折价收回同类旧货物，并以折价款部分冲减货物价款的一种销售方式。但是，对金银首饰以旧换新业务，应按照销售方实际收取的不含增值税的全部价款征收增值税。

采取以物易物方式销售货物。以物易物是指购销双方不是以货币结算，而是以同等价款的货物相互结算，实现货物购销的一种方式。以物易物双方都应作购销处理，以各自发出的货物核算销售额并计算销项税额，以各自收到的货物按规定核算购货额并计算进项税额。应注意的是，在以物易物活动中，应分别开具合法的票据，如收到的货物不能取得相应的增值税专用发票或其他合法票据的，不能抵扣进项税额。

5. 包装物押金的处理

纳税人为销售货物而出租、出借包装物收取的押金，单独记账核算的，且时间在一年以内，又未过期的，不并入销售额，税法另有规定的除外。属于应并入销售额征税的押金，在将包装物押金并入销售额征税时，需要先将该押金换算为不含税价，再并入销售额征税。包装物押金不应混同于包装物租金，包装物租金在销货时，应作为价外费用并入销售额计算销项税额。

2.4.1.2 营改增行业销售额的确定

1. 贷款服务

贷款服务，以提供贷款服务取得的全部利息及利息性质的收入为销售额。

金融企业发放贷款后，自结息日起90天内发生的应收未收利息按现行规定缴纳增值税，自结息日起90天后发生的应收未收利息暂不缴纳增值税，待实际收到利息时按规定缴纳增值税。上述所称金融企业是指银行（包括国有、集体、股份制、合资、外资银行以及其他所有制形式的银行）、城市信用社、农村信用社、信托投资公司、财务公司。

2. 直接收费金融服务

直接收费金融服务，以提供直接收费金融服务收取的手续费、佣金、酬金、管理费、服务费、经手费、开户费、过户费、结算费、转托管费等各类费用为销售额。

3. 金融商品转让

金融商品转让，按照卖出价扣除买入价后的余额为销售额。

转让金融商品出现的正负差，按盈亏相抵后的余额为销售额。若相抵后出现负差，可结转下一纳税期与下期转让金融商品销售额相抵，但年末时仍出现负差的，不得转入下一个会计年度。

金融商品的买入价，可以选择按照加权平均法或者移动加权平均法进行核算，选择后36个月内不得变更。

金融商品转让，不得开具增值税专用发票。

4. 经纪代理服务

经纪代理服务，以取得的全部价款和价外费用，扣除向委托方收取并代为支付的政府性基金或者行政事业性收费后的余额为销售额。向委托方收取的政府性基金或者行政事业性收费，不得开具增值税专用发票。

5. 航空运输企业

航空运输企业的销售额，不包括代收的机场建设费和代售其他航空运输企业客票而代收转付的价款。

6. 客运场站服务

试点纳税人中的一般纳税人提供客运场站服务，以其取得的全部价款和价外费用，扣除支付给承运方运费后的余额为销售额。

7. 旅游服务

试点纳税人提供旅游服务，可以选择以取得的全部价款和价外费用，扣除向旅游服务购买方收取并支付给其他单位或者个人的住宿费、餐饮费、交通费、签证费、门票费和支付给其他接团旅游企业的旅游费用后的余额为销售额。

选择上述办法计算销售额的试点纳税人，向旅游服务购买方收取并支付的上述费用，不得开具增值税专用发票，可以开具普通发票。

8. 建筑服务

试点纳税人提供建筑服务适用简易计税方法的，以取得的全部价款和价外费用扣除支付的分包款后的余额为销售额。

9. 销售房地产

房地产开发企业中的一般纳税人销售其开发的房地产项目（选择简易计税方法的房地产老项目除外），以取得的全部价款和价外费用，扣除受让土地时向政府部门支付的土地价款后的余额为销售额。

房地产老项目是指《建筑工程施工许可证》注明的合同开工日期在2016年4月30日前的房地产项目。

10. 有效凭证

试点纳税人按照上述规定从全部价款和价外费用中扣除的价款，应当取得符合法律、行政法规和国家税务总局规定的有效凭证，否则，不得扣除。

上述凭证是指：

（1）支付给境内单位或者个人的款项，以发票为合法有效凭证；

（2）支付给境外单位或者个人的款项，以该单位或者个人的签收单据为合法有效凭证，税务机关对签收单据有疑义的，可以要求其提供境外公证机构的确认证明；

（3）缴纳的税款，以完税凭证为合法有效凭证；

(4)扣除的政府性基金、行政事业性收费或者向政府支付的土地价款,以省级以上(含省级)财政部门监(印)制的财政票据为合法有效凭证;

(5)国家税务总局规定的其他凭证。

纳税人取得的上述凭证属于增值税扣税凭证的,其进项税额不得从销项税额中抵扣。

2.4.1.3 销售额确定的特殊规定

1. 销售退回或折让

一般纳税人因销售货物退回或者折让而退还给购买方的增值税额,应从发生销售货物退回或者折让当期的销项税额中扣减;因购进货物退出或者折让而收回的增值税额,应从发生购进货物退出或者折让当期的进项税额中扣减。

一般纳税人销售货物或者应税劳务,开具增值税专用发票后,发生销售货物退回或者折让、开票有误等情形,应按国家税务总局的规定开具红字增值税专用发票。未按规定开具红字增值税专用发票的,增值税额不得从销项税额中扣减。

2. 外币销售额的折算

销售额以人民币计算。纳税人以人民币以外的货币结算销售额的,应当折合成人民币计算。

纳税人按人民币以外的货币结算销售额的,其销售额的人民币折合率可以选择销售额发生的当天或者当月1日的人民币汇率中间价。纳税人应事先确定采用何种折合率,确定后一年内不得变更。

2.4.1.4 准予抵扣的进项税额

纳税人购进货物、劳务、服务、无形资产、不动产支付或者负担的增值税额,为进项税额。

1. 一般规定

下列进项税额准予从销项税额中抵扣。

(1)从销售方取得的增值税专用发票上注明的增值税额。

(2)从海关取得的海关进口增值税专用缴款书上注明的增值税额。

(3)购进农产品,除取得增值税专用发票或者海关进口增值税专用缴款书外,按照农产品收购发票或者销售发票上注明的农产品买价和规定的扣除率计算的进项税额,国务院另有规定的除外。进项税额计算公式:

进项税额=买价×扣除率

(4)自境外单位或者个人购进劳务、服务、无形资产或者境内的不动产,从税务机关或者扣缴义务人取得的代扣代缴税款的完税凭证上注明的增值税额。

原增值税一般纳税人自用的应征消费税的摩托车、汽车、游艇,其进项税额准予从销项税额中抵扣。

2. 农产品抵扣

农产品抵扣制度中的买价,包括纳税人购进农产品在农产品收购发票或者销售发票上注明的价款和按规定缴纳的烟叶税。

自2018年5月1日起,纳税人购进农产品,原适用11%扣除率的,扣除率调整为10%。纳税人购进用于生产销售或委托加工16%税率货物的农产品,按照12%的扣除率计算进项税额。

● 《财政部 税务总局关于调整增值税税率的通知》(财税〔2018〕32号)

自2019年4月1日起,纳税人购进农产品,原适用10%扣除率的,扣除率调整为9%。纳税人购进用于生产或者委托加工13%税率货物的农产品,按照10%的扣除率计算进项税额。

● 《财政部 税务总局 海关总署关于深化增值税改革有关政策的公告》(财政部 税务总局 海关总署公告2019年第39号)

自2012年7月1日起,以购进农产品为原料生产销售液体乳及乳制品、酒及酒精、植物油的增值税一般纳税人,纳入农产品增值税进项税额核定扣除试点范围,其购进农产品无论是否用于生产上述产品,增值税进项税额均按照《农产品增值税进项税额核定扣除试点实施办法》的规定抵扣。试点纳税人以购进农产品为原料生产货物的,农产品增值税进项税额核定的方法包括:投入产出法、成本法和参照法。

● 《国家税务总局关于在部分行业试行农产品增值税进项税额核定扣除办法有关问题的公告》(国家税务总局公告2012年第35号)

3. 国内旅客运输服务进项税额抵扣

自2019年4月1日,纳税人购进国内旅客运输服务,其进项税额允许从销项税额中抵扣。纳税人未取得增值税专用发票的,暂按照以下规定确定进项税额。

● 《财政部 税务总局 海关总署关于深化增值税改革有关政策的公告》(财政部 税务总局 海关总署公告2019年第39号)

(1)取得增值税电子普通发票的,为发票上注明的税额。

(2)取得注明旅客身份信息的航空运输电子客票行程单的,按照下列公式计算进项税额:

航空旅客运输进项税额=(票价+燃油附加费)÷(1+9%)×9%

(3)取得注明旅客身份信息的铁路车票的,按照下列公式计算进项税额:

铁路旅客运输进项税额=票面金额÷(1+9%)×9%

(4)取得注明旅客身份信息的公路、水路等其他客票的,按照下列公式计算进项税额:

公路、水路等其他旅客运输进项税额=票面金额÷(1+3%)×3%

4. 抵扣凭证的要求

纳税人购进货物、劳务、服务、无形资产、不动产,取得的增值税扣税凭证不符合法律、行政法规或者国务院税务主管部门有关规定的,其进项税额不得从销项税额中抵扣。增值税扣税凭证是指增值税专用发票、海关进口增值税专用缴款书、农产品收购发票和农产品销售发票以及运输费用结算单据。

纳税人凭完税凭证抵扣进项税额的,应当具备书面合同、付款证明和境外单位的对账单或者发票。资料不全的,其进项税额不得从销项税额中抵扣。

2.4.1.5 不得抵扣的进项税额及其他特殊规定

1. 一般规定

下列项目的进项税额不得从销项税额中抵扣。

(1)用于简易计税方法计税项目、免征增值税项目、集体福利或者个人消费的购进货物、劳务、服务、无形资产和不动产;上述个人消费包括纳税人的交际应酬消费。

自2018年1月1日起,纳税人租入固定资产、不动产,既用于一般计税方法计税项目,又用于简易计税方法计税项目、免征增值税项目、集体福利或者个人消费的,其进项税额准予从销项税额中全额抵扣。

● 《财政部 税务总局关于租入固定资产进项税额抵扣等增值税政策的通知》(财税〔2017〕90号)

(2)非正常损失的购进货物,以及相关的劳务和交通运输服务。非正常损失是指因管理不善造成货物被盗、丢失、霉烂变质,以及因违反法律法规造成货物或者不动产被依法没收、销毁、拆除的情形。

(3)非正常损失的在产品、产成品所耗用的购进货物(不包括固定资产)、劳务和交通运输服务。

(4)纳税人接受贷款服务向贷款方支付的与该笔贷款直接相关的投融资顾问费、手续费、咨询费等费用,其进项税额不得从销项税额中抵扣。

(5)购进的贷款服务、餐饮服务、居民日常服务和娱乐服务。

(6)非正常损失的不动产,以及该不动产所耗用的购进货物、设计服务和建筑服务。

(7)非正常损失的不动产在建工程所耗用的购进货物、设计服务和建筑服务。

(8)国务院规定的其他项目。

2. 兼营模式下不得抵扣进项税额的计算

适用一般计税方法的纳税人,兼营简易计税方法计税项目、免征增值税项目而无法划分不得抵扣的进项税额,按照下列公式计算不得抵扣的进项税额:

不得抵扣的进项税额=当期无法划分的全部进项税额×(当期简易计税方法计税项目销售额+免征增值税项目销售额)÷当期全部销售额

主管税务机关可以按照上述公式依据年度数据对不得抵扣的进项税额进行清算。

3. 进项税额的扣减

已抵扣进项税额的购进服务,发生进项税额不得从销项税额中抵扣的情形(简易计税方法计税项目、免征增值税项目除外)的,应当将该进项税额从当期进项税额中扣减;无法确定该进项税额的,按照当期实际成本计算应扣减的进项税额。

已抵扣进项税额的无形资产或者不动产,发生进项税额不得从销项税额中抵扣的情形的,按照下列公式计算不得抵扣的进项税额:

不得抵扣的进项税额=无形资产或者不动产净值×适用税率

无形资产或者不动产净值是指纳税人根据财务会计制度计提折旧或摊销后的余额。

纳税人适用一般计税方法计税的,因销售折让、中止或者退回而退还给购买方的增值税额,应当从当期的销项税额中扣减;因销售折让、中止或者退回而收回的增值税额,应当从当期的进项税额中扣减。

4. 不动产抵扣的特殊规定

适用一般计税方法的试点纳税人,2016年5月1日后取得并在会计制度上按固定资产核算的不动产或者2016年5月1日后取得的不动产在建工程,其进项税额应自取得之日起分两年从销项税额中抵扣,第一年抵扣比例为60%,第二年抵扣比例为40%。

取得不动产,包括以直接购买、接受捐赠、接受投资入股、自建以及抵债等各种形式取得不动产,不包括房地产开发企业自行开发的房地产项目。

融资租入的不动产以及在施工现场修建的临时建筑物、构筑物,其进项税额不适用上述分两年抵扣的规定。

自2019年4月1日起,纳税人取得不动产或者不动产在建工程的进项税额不再分两年抵扣。此前按照规定尚未抵扣完毕的待抵扣进项税额,可自2019年4月税款所属期起从销项税额中抵扣。

● 《财政部 税务总局 海关总署关于深化增值税改革有关政策的公告》(财政部 税务总局 海关总署公告2019年第39号)

● 《国家税务总局关于深化增值税改革有关事项的公告》(国家税务总局公告2019年第14号)

5. 用途改变后相关进项税额的计算

按照规定不得抵扣且未抵扣进项税额的固定资产、无形资产、不动产,发生用途改变,用于允许抵扣进项税额的应税项目,可在用途改变的次月按照下列公式计算可以抵扣的进项税额:

可以抵扣的进项税额=固定资产、无形资产、不动产净值/(1+适用税率)×适用税率

上述可以抵扣的进项税额应取得合法有效的增值税扣税凭证。

自2019年4月1日起,已抵扣进项税额的不动产,发生非正常损失,或者改变用途,专用于简易计税方法计税项目、免征增值税项目、集体福利或者个人消费的,按照下列公式计算不得抵扣的进项税额,并从当期进项税额中扣减:

不得抵扣的进项税额=已抵扣进项税额×不动产净值率

不动产净值率=(不动产净值÷不动产原值)×100%

按照规定不得抵扣进项税额的不动产，发生用途改变，用于允许抵扣进项税额项目的，按照下列公式在改变用途的次月计算可抵扣进项税额：

可抵扣进项税额=增值税扣税凭证注明或计算的进项税额×不动产净值率

6. 一般纳税人销售不动产的特殊规定

一般纳税人销售其2016年4月30日前取得的不动产(不含自建)，适用一般计税方法计税的，以取得的全部价款和价外费用为销售额计算应纳税额。上述纳税人应以取得的全部价款和价外费用减去该项不动产购置原价或者取得不动产时的作价后的余额，按照5%的预征率在不动产所在地预缴税款后，向机构所在地主管税务机关进行纳税申报。

房地产开发企业中的一般纳税人销售房地产老项目，以及一般纳税人出租其2016年4月30日前取得的不动产，适用一般计税方法计税的，应以取得的全部价款和价外费用，按照3%的预征率在不动产所在地预缴税款后，向机构所在地主管税务机关进行纳税申报。

一般纳税人销售其2016年4月30日前自建的不动产，适用一般计税方法计税的，应以取得的全部价款和价外费用为销售额计算应纳税额。纳税人应以取得的全部价款和价外费用，按照5%的预征率在不动产所在地预缴税款后，向机构所在地主管税务机关进行纳税申报。

2.4.1.6 进项税额的抵扣期限

自2017年7月1日起，增值税一般纳税人取得的2017年7月1日及以后开具的增值税专用发票和机动车销售统一发票，应自开具之日起360日内认证或登录增值税发票选择确认平台进行确认，并在规定的纳税申报期内，向主管国税机关申报抵扣进项税额。

增值税一般纳税人取得的2017年7月1日及以后开具的海关进口增值税专用缴款书，应自开具之日起360日内向主管国税机关报送《海关完税凭证抵扣清单》，申请稽核比对。

2.4.1.7 进项税额加计抵减

1. 加计10%抵减

自2019年4月1日至2021年12月31日，允许生产、生活性服务业纳税人按照当期可抵扣进项税额加计10%，抵减应纳税额(以下称"加计抵减政策")。生产、生活性服务业纳税人，是指提供邮政服务、电信服务、现代服务、生活服务(以下称"四项服务")取得的销售额占全部销售额的比重超过50%的纳税人。2019年3月31日前设立的纳税人，自2018年4月至2019年3月期间的销售额(经营期不满12个月的，按照实际经营期的销售额)符合上述规定条件的，自2019年4月1日起适用加计抵减政策。2019年4月1日后设立的纳税人，自设立之日起3个月的销售额符合上述规定条件的，自登记为一般纳税人之日起适用加计抵减政策。纳税人确定适用加计抵减政策后，当年内不再调整，以后年度是否适用，根据上年度销售额计算确定。纳税人可计提但未计提的加计抵减额，可在确定适用加计抵减政策当期一并计提。

● 《财政部 税务总局 海关总署关于深化增值税改革有关政策的公告》(财政部 税务总局 海关总署公告2019年第39号)

纳税人应按照当期可抵扣进项税额的10%计提当期加计抵减额。按照现行规定不得从销项税额中抵扣的进项税额，不得计提加计抵减额；已计提加计抵减额的进项税额，按规定做进项税额转出的，应在进项税额转出当期，相应调减加计抵减额。计算公式如下：

当期计提加计抵减额=当期可抵扣进项税额×10%

当期可抵减加计抵减额＝上期末加计抵减额余额＋当期计提加计抵减额－当期调减加计抵减额

纳税人应按照现行规定计算一般计税方法下的应纳税额（以下称"抵减前的应纳税额"）后，区分以下情形加计抵减。

（1）抵减前的应纳税额等于零的，当期可抵减加计抵减额全部结转下期抵减。

（2）抵减前的应纳税额大于零，且大于当期可抵减加计抵减额的，当期可抵减加计抵减额全额从抵减前的应纳税额中抵减。

（3）抵减前的应纳税额大于零，且小于或等于当期可抵减加计抵减额的，以当期可抵减加计抵减额抵减应纳税额至零。未抵减完的当期可抵减加计抵减额，结转下期继续抵减。

纳税人出口货物劳务、发生跨境应税行为不适用加计抵减政策，其对应的进项税额不得计提加计抵减额。

纳税人兼营出口货物劳务、发生跨境应税行为且无法划分不得计提加计抵减额的进项税额，按照以下公式计算：

不得计提加计抵减额的进项税额＝当期无法划分的全部进项税额×当期出口货物劳务和发生跨境应税行为的销售额÷当期全部销售额

2. 加计15%抵减

自2019年10月1日至2021年12月31日，允许生活性服务业纳税人按照当期可抵扣进项税额加计15%，抵减应纳税额（以下称"加计抵减15%政策"）。生活性服务业纳税人是指提供生活服务取得的销售额占全部销售额的比重超过50%的纳税人。

● 《财政部 税务总局关于明确生活性服务业增值税加计抵减政策的公告》（财政部 税务总局公告2019年第87号）

2019年9月30日前设立的纳税人，自2018年10月至2019年9月期间的销售额（经营期不满12个月的，按照实际经营期的销售额）符合上述规定条件的，自2019年10月1日起适用加计抵减15%政策。2019年10月1日后设立的纳税人，自设立之日起3个月的销售额符合上述规定条件的，自登记为一般纳税人之日起适用加计抵减15%政策。纳税人确定适用加计抵减15%政策后，当年内不再调整，以后年度是否适用，根据上年度销售额计算确定。

生活性服务业纳税人应按照当期可抵扣进项税额的15%计提当期加计抵减额。按照现行规定不得从销项税额中抵扣的进项税额，不得计提加计抵减额；已按照15%计提加计抵减额的进项税额，按规定做进项税额转出的，应在进项税额转出当期，相应调减加计抵减额。计算公式如下：

当期计提加计抵减额＝当期可抵扣进项税额×15%

当期可抵减加计抵减额＝上期末加计抵减额余额＋当期计提加计抵减额－当期调减加计抵减额

2.4.1.8 期末留抵税额退税

1. 基本制度

自2019年4月1日起，试行增值税期末留抵税额退税制度。

● 《财政部 税务总局 海关总署关于深化增值税改革有关政策的公告》（财政部 税务总局 海关总署公告2019年第39号）

同时符合以下条件的纳税人，可以向主管税务机关申请退还增量留抵税额：

（1）自2019年4月税款所属期起，连续六个月（按季纳税的，连续两个季度）增量留抵税额均大于零，且第六个月增量留抵税额不低于50万元；

（2）纳税信用等级为A级或者B级；

（3）申请退税前36个月未发生骗取留抵退税、出口退税或虚开增值税专用发票情形的；

(4)申请退税前36个月未因偷税被税务机关处罚两次及以上的;

(5)自2019年4月1日起未享受即征即退、先征后返(退)政策的。

增量留抵税额是指与2019年3月底相比新增加的期末留抵税额。

纳税人当期允许退还的增量留抵税额,按照以下公式计算:

允许退还的增量留抵税额=增量留抵税额×进项构成比例×60%

进项构成比例,为2019年4月至申请退税前一税款所属期内已抵扣的增值税专用发票(含税控机动车销售统一发票)、海关进口增值税专用缴款书、解缴税款完税凭证注明的增值税额占同期全部已抵扣进项税额的比重。

纳税人应在增值税纳税申报期内,向主管税务机关申请退还留抵税额。

纳税人出口货物劳务、发生跨境应税行为,适用免抵退税办法的,办理免抵退税后,仍符合规定条件的,可以申请退还留抵税额;适用免退税办法的,相关进项税额不得用于退还留抵税额。

纳税人取得退还的留抵税额后,应相应调减当期留抵税额。

以虚增进项、虚假申报或其他欺骗手段,骗取留抵退税款的,由税务机关追缴其骗取的退税款,并按照《中华人民共和国税收征收管理法》等有关规定处理。

2. 相关事项管理

自2019年5月1日起,同时符合以下条件(以下称"符合留抵退税条件")的纳税人,可以向主管税务机关申请退还增量留抵税额:

●《国家税务总局关于办理增值税期末留抵税额退税有关事项的公告》(国家税务总局公告2019年第20号)

(1)自2019年4月税款所属期起,连续六个月(按季纳税的,连续两个季度)增量留抵税额均大于零,且第六个月增量留抵税额不低于50万元;

(2)纳税信用等级为A级或者B级;

(3)申请退税前36个月未发生骗取留抵退税、出口退税或虚开增值税专用发票情形的;

(4)申请退税前36个月未因偷税被税务机关处罚两次及以上的;

(5)自2019年4月1日起未享受即征即退、先征后返(退)政策的。

增量留抵税额,是指与2019年3月底相比新增加的期末留抵税额。

纳税人当期允许退还的增量留抵税额,按照以下公式计算:

允许退还的增量留抵税额=增量留抵税额×进项构成比例×60%

进项构成比例,为2019年4月至申请退税前一税款所属期内已抵扣的增值税专用发票(含税控机动车销售统一发票)、海关进口增值税专用缴款书、解缴税款完税凭证注明的增值税额占同期全部已抵扣进项税额的比重。

纳税人申请办理留抵退税,应于符合留抵退税条件的次月起,在增值税纳税申报期(以下称"申报期")内,完成本期增值税纳税申报后,通过电子税务局或办税服务厅提交《退(抵)税申请表》。

纳税人出口货物劳务、发生跨境应税行为,适用免抵退税办法的,可以在同一申报期内,既申报免抵退税又申请办理留抵退税。

申请办理留抵退税的纳税人,出口货物劳务、跨境应税行为适用免抵退税办法的,应当按期申报免抵退税。当期可申报免抵退税的出口销售额为零的,应办理免抵退税零申报。

纳税人既申报免抵退税又申请办理留抵退税的,税务机关应先办理免抵退税。办理免抵退税后,纳税人仍符合留抵退税条件的,再办理留抵退税。

税务机关按照"窗口受理、内部流转、限时办结、窗口出件"的原则办理留抵退税。税务机关对纳税人是否符合留抵退税条件、当期允许退还的增量留抵税额等进行审核确认，并将审核结果告知纳税人。

纳税人在办理留抵退税期间发生下列情形的，按照以下规定确定允许退还的增量留抵税额。

(1) 因纳税申报、稽查查补和评估调整等原因，造成期末留抵税额发生变化的，按最近一期《增值税纳税申报表（一般纳税人适用）》期末留抵税额确定允许退还的增量留抵税额。

(2) 纳税人在同一申报期既申报免抵退税又申请办理留抵退税的，或者在纳税人申请办理留抵退税时存在尚未经税务机关核准的免抵退税应退税额的，应待税务机关核准免抵退税应退税额后，按最近一期《增值税纳税申报表（一般纳税人适用）》期末留抵税额，扣减税务机关核准的免抵退税应退税额后的余额确定允许退还的增量留抵税额。税务机关核准的免抵退税应退税额，是指税务机关当期已核准，但纳税人尚未在《增值税纳税申报表（一般纳税人适用）》第15栏"免、抵、退应退税额"中填报的免抵退税应退税额。

(3) 纳税人既有增值税欠税，又有期末留抵税额的，按最近一期《增值税纳税申报表（一般纳税人适用）》期末留抵税额，抵减增值税欠税后的余额确定允许退还的增量留抵税额。

在纳税人办理增值税纳税申报和免抵退税申报后、税务机关核准其免抵退税应退税额前，核准其前期留抵退税的，以最近一期《增值税纳税申报表（一般纳税人适用）》期末留抵税额，扣减税务机关核准的留抵退税额后的余额，计算当期免抵退税应退税额和免抵税额。税务机关核准的留抵退税额是指税务机关当期已核准，但纳税人尚未在《增值税纳税申报表附列资料（二）（本期进项税额明细）》第22栏"上期留抵税额退税"填报的留抵退税额。

纳税人不符合留抵退税条件的，不予留抵退税。税务机关应自受理留抵退税申请之日起10个工作日内完成审核，并向纳税人出具不予留抵退税的《税务事项通知书》。

税务机关在办理留抵退税期间，发现符合留抵退税条件的纳税人存在以下情形，暂停为其办理留抵退税：

(1) 存在增值税涉税风险疑点的；
(2) 被税务稽查立案且未结案的；
(3) 增值税申报比对异常未处理的；
(4) 取得增值税异常扣税凭证未处理的；
(5) 国家税务总局规定的其他情形。

上述列举的增值税涉税风险疑点等情形已排除，且相关事项处理完毕后，按以下规定办理。

(1) 纳税人仍符合留抵退税条件的，税务机关继续为其办理留抵退税，并自增值税涉税风险疑点等情形排除且相关事项处理完毕之日起5个工作日内完成审核，向纳税人出具准予留抵退税的《税务事项通知书》。

(2) 纳税人不再符合留抵退税条件的，不予留抵退税。税务机关应自增值税涉税风险疑点等情形排除且相关事项处理完毕之日起5个工作日内完成审核，向纳税人出具不予留抵退税的《税务事项通知书》。

税务机关对发现的增值税涉税风险疑点进行排查的具体处理时间，由各省（自治区、直辖市和计划单列市）税务局确定。

税务机关对增值税涉税风险疑点进行排查时，发现纳税人涉嫌骗取出口退税、虚开增值税专用发票等增值税重大税收违法行为的，终止为其办理留抵退税，并自做出终止办理留抵退税决定之日起5个工作日内，向纳税人出具终止办理留抵退税的《税务事项通知书》。税务机关对纳税人涉嫌增值税重大税收违法行为核查处理完毕后，纳税人仍符合留抵退税条件的，可按照上述规定重新申请办理留抵退税。

纳税人应在收到税务机关准予留抵退税的《税务事项通知书》当期，以税务机关核准的允许退还的增量留抵税额冲减期末留抵税额，并在办理增值税纳税申报时，相应填写《增值税纳税申报表附列资料（二）（本期进项税额明细）》第22栏"上期留抵税额退税"。

纳税人以虚增进项、虚假申报或其他欺骗手段骗取留抵退税的，由税务机关追缴其骗取的退税款，并按照《中华人民共和国税收征收管理法》等有关规定处理。

3. 部分先进制造业增值税期末留抵退税

自2019年6月1日起，同时符合以下条件的部分先进制造业纳税人，可以自2019年7月及以后纳税申报期向主管税务机关申请退还增量留抵税额：

● 《财政部 税务总局关于明确部分先进制造业增值税期末留抵退税政策的公告》（财政部 税务总局公告2019年第84号）

（1）增量留抵税额大于零；

（2）纳税信用等级为A级或者B级；

（3）申请退税前36个月未发生骗取留抵退税、出口退税或虚开增值税专用发票情形；

（4）申请退税前36个月未因偷税被税务机关处罚两次及以上；

（5）自2019年4月1日起未享受即征即退、先征后返（退）政策。

部分先进制造业纳税人是指按照《国民经济行业分类》，生产并销售非金属矿物制品、通用设备、专用设备及计算机、通信和其他电子设备销售额占全部销售额的比重超过50%的纳税人。上述销售额比重根据纳税人申请退税前连续12个月的销售额计算确定；申请退税前经营期不满12个月但满3个月的，按照实际经营期的销售额计算确定。增量留抵税额是指与2019年3月31日相比新增加的期末留抵税额。

部分先进制造业纳税人当期允许退还的增量留抵税额，按照以下公式计算：

允许退还的增量留抵税额＝增量留抵税额×进项构成比例

进项构成比例为2019年4月至申请退税前一税款所属期内已抵扣的增值税专用发票（含税控机动车销售统一发票）、海关进口增值税专用缴款书、解缴税款完税凭证注明的增值税额占同期全部已抵扣进项税额的比重。

4. 调整完善增值税留抵退税地方分担机制及预算管理

自2019年9月1日起，调整完善增值税留抵退税地方分担机制及预算管理，实行以下制度。

● 《人民银行税务总局财政部关于调整完善增值税留抵退税地方分担机制及预算管理有关事项的通知》（财预〔2019〕205号）

（1）关于地方分担机制。

自2019年9月1日起，增值税留抵退税地方分担的50%部分，15%由企业所在地分担，35%由各地按增值税分享额占地方分享总额比重分担，该比重由财政部根据上年各地区实际分享增值税收入情况计算确定。具体操作时，15%部分由企业所在省份直接退付，35%部分先由企业所在地省级财政垫付，垫付少于应分担的部分由企业所在地省级财政通过调库方式按月调给中央财政，垫付多于应分担的部分由中央财政通过调库方式按月调给企业所在地省级财政。各地区省级财政部门要结合省以下财政体制及财力状况，合理确定省以下留抵退税分担机制，提高效率，切实减轻基层财政退税压力，确保留抵退税及时退付。

（2）关于预算科目设置。

自2019年起，在《政府收支分类科目》"国内增值税"（1010101项）科目下增设"101010136增值税留抵退税"目级科目，为中央与地方共用收入退库科目，反映税务部门按照增值税留抵退税政策退还的增值税;增设"101010137增值税留抵退税省级调库"目级科目,为中央与地方共用收入科目,反映通过调库方式调整企业所在地省级财政垫付多(或少)于应分担的35%部分增值税留抵退税;增设"101010138增值税留抵退税省级以下调库"目级科目,为地方收入科目,反映通过调库方式调整企业所在地市县财政垫付多(或少)于应分担的增值税留抵退税。在"改征增值税"(1010104项)科目下增设"101010426改征增值税留抵退税"目级科目,为中央与地方共用收入退库科目,反映税务部门按照增值税留抵退税政策退还的改征增值税;增设"101010427改征增值税留抵退税省级调库"目级科目,为中央与地方共用收入科目,反映通过调库方式调整企业所在地省级财政垫付多(或少)于应分担的35%部分改征增值税留抵退税;增设"101010428改征增值税留抵退税省级以下调库"目级科目,为地方收入科目,反映通过调库方式调整企业所在地市县财政垫付多(或少)于应分担的改征增值税留抵退税。将"改征增值税国内退税"(101010429目)科目名称修改为"其他改征增值税国内退税"。

(3)关于退库业务办理。

①税务机关办理增值税留抵退税业务,税收收入退还书预算科目填列"增值税留抵退税"(101010136目)或"改征增值税留抵退税"(101010426目),预算级次按照中央50%、省级35%、15%部分按各省确定的省以下增值税留抵退税分担机制填列。

②对自2019年9月1日至本办法印发日期之间发生的留抵退税相应作调库处理。税务机关根据2019年9月1日后已办理留抵退税的情况,开具更正(调库)通知书,填列"增值税留抵退税"(101010136目)、"改征增值税留抵退税"(101010426目)以及原增值税留抵已退税款使用的科目。各级国库依据税务部门开具的更正(调库)通知书等凭证和文件审核办理相关业务。

(4)关于财政调库。

增值税留抵退税财政调库,根据地方应调库数额,分别由省级财政部门和财政部监管局发起,统一由省级国库按规定就地办理。其中,企业所在地省级财政垫付少于应分担的部分,由省级财政部门通过调库方式按月调为中央级;企业所在地省级财政垫付多于应分担的部分,由财政部监管局通过调库方式按月调为省级。地方应调库数额由财政部根据上年各地增值税分享比重、省级财政部门垫付部分及留抵退税地方分担35%部分的数额计算。

①省级财政部门调库。

每月前10个工作日内,企业所在地省级财政部门根据财政部提供的本地区少垫付的应调库数额,向省级国库按目级科目开具更正(调库)通知书,通过"增值税留抵退税省级调库"(101010137目)科目和"改征增值税留抵退税省级调库"(101010427目)科目,将少垫付部分由省级调整至中央级。

②财政部监管局调库。

在每月省级财政部门完成调库后的5个工作日内,财政部监管局根据财政部提供的当地多垫付的应调库数额,向省级国库按目级科目开具更正(调库)通知书,通过"增值税留抵退税省级调库"(101010137目)科目和"改征增值税留抵退税省级调库"(101010427目)科目,将相关地区多垫付部分由中央级调整至省级。

每年1月,省级财政部门和财政部监管局对上年12月发生的增值税留抵退税35%部分进行调库,调库收入统一作为本年度的收入处理,不计入上年收入。各省级国库在上年12月31日向中央总金库报解最后一份中央预算收入日报表后,整理期发生的增值税留抵退税,统一作为本年度的收入处理。

(5)加强留抵退税监管。

财政部各地监管局以抽审的方式对留抵退税政策执行情况进行监督管理。省级财政、税务、国库部门按照要求予以配合。每个季度,省级税务部门将全省留抵退税清单、省级国库部门将调(退)库清单或报表提供财政部当地监管局。财政部各地监管局发现虚报留抵税额、未按规定审核、未按规定调(退)库、未及时保障退库资金到位等问题,应及时向相关部门提出处理建议并上报财政部。每年财政部各地监管局须向财政部提交监管报告。

2.4.2 简易计税方法应纳税额的计算

2.4.2.1 一般规定

简易计税方法的应纳税额是指按照销售额和增值税征收率计算的增值税额,不得抵扣进项税额。应纳税额计算公式:

应纳税额=销售额×征收率

2.4.2.2 小规模纳税人应纳税额的计算

小规模纳税人发生应税销售行为,实行按照销售额和征收率计算应纳税额的简易办法,并不得抵扣进项税额。应纳税额计算公式:

应纳税额=销售额×征收率

小规模纳税人的销售额不包括其应纳税额。小规模纳税人销售货物或者应税劳务采用销售额和应纳税额合并定价方法的,按下列公式计算销售额:

销售额=含税销售额÷(1+征收率)

小规模纳税人因销售货物退回或者折让退还给购买方的销售额,应从发生销售货物退回或者折让当期的销售额中扣减。

2.4.2.3 选择简易计税方法

一般纳税人发生下列应税行为可以选择适用简易计税方法计税。

(1)公共交通运输服务。公共交通运输服务包括轮客渡、公交客运、地铁、城市轻轨、出租车、长途客运、班车。班车是指按固定路线、固定时间运营并在固定站点停靠的运送旅客的陆路运输服务。

(2)经认定的动漫企业为开发动漫产品提供的动漫脚本编撰、形象设计、背景设计、动画设计、分镜、动画制作、摄制、描线、上色、画面合成、配音、配乐、音效合成、剪辑、字幕制作、压缩转码(面向网络动漫、手机动漫格式适配)服务,以及在境内转让动漫版权(包括动漫品牌、形象或者内容的授权及再授权)。

(3)电影放映服务、仓储服务、装卸搬运服务、收派服务和文化体育服务。

(4)以纳入营改增试点之日前取得的有形动产为标的物提供的经营租赁服务。

(5)在纳入营改增试点之日前签订的尚未执行完毕的有形动产租赁合同。

2.4.2.4 建筑服务应纳税额的计算

(1)一般纳税人以清包工方式提供的建筑服务,可以选择适用简易计税方法计税。以清包工方式提供建筑服务是指施工方不采购建筑工程所需的材料或只采购辅助材料,并收取人工费、管理费或者其他费用的建筑服务。

(2)一般纳税人为甲供工程提供的建筑服务,可以选择适用简易计税方法计税。甲供工程是指全部或部分设备、材料、动力由工程发包方自行采购的建筑工程。

(3)一般纳税人为建筑工程老项目提供的建筑服务,可以选择适用简易计税方法计税。建筑工程老项目是指:《建筑工程施工许可证》注明的合同开工日期在2016年4月30日前的建筑工程项目；未取得《建筑工程施工许可证》的，建筑工程承包合同注明的开工日期在 2016 年 4 月 30 日前的建筑工程项目。

（4）一般纳税人跨县（市）提供建筑服务，适用一般计税方法计税的，应以取得的全部价款和价外费用为销售额计算应纳税额。纳税人应以取得的全部价款和价外费用扣除支付的分包款后的余额，按照 2% 的预征率在建筑服务发生地预缴税款后，向机构所在地主管税务机关进行纳税申报。

（5）一般纳税人跨县（市）提供建筑服务，选择适用简易计税方法计税的，应以取得的全部价款和价外费用扣除支付的分包款后的余额为销售额，按照 3% 的征收率计算应纳税额。纳税人应按照上述计税方法在建筑服务发生地预缴税款后，向机构所在地主管税务机关进行纳税申报。

（6）试点纳税人中的小规模纳税人（以下称"小规模纳税人"）跨县（市）提供建筑服务，应以取得的全部价款和价外费用扣除支付的分包款后的余额为销售额，按照 3% 的征收率计算应纳税额。纳税人应按照上述计税方法在建筑服务发生地预缴税款后，向机构所在地主管税务机关进行纳税申报。

2.4.2.5　销售不动产应纳税额的计算

（1）一般纳税人销售其 2016 年 4 月 30 日前取得（不含自建）的不动产，可以选择适用简易计税方法，以取得的全部价款和价外费用减去该项不动产购置原价或者取得不动产时的作价后的余额为销售额，按照 5% 的征收率计算应纳税额。纳税人应按照上述计税方法在不动产所在地预缴税款后，向机构所在地主管税务机关进行纳税申报。

（2）一般纳税人销售其 2016 年 4 月 30 日前自建的不动产，可以选择适用简易计税方法，以取得的全部价款和价外费用为销售额，按照 5% 的征收率计算应纳税额。纳税人应按照上述计税方法在不动产所在地预缴税款后，向机构所在地主管税务机关进行纳税申报。

（3）一般纳税人销售其 2016 年 5 月 1 日后取得（不含自建）的不动产，应适用一般计税方法，以取得的全部价款和价外费用为销售额计算应纳税额。纳税人应以取得的全部价款和价外费用减去该项不动产购置原价或者取得不动产时的作价后的余额，按照 5% 的预征率在不动产所在地预缴税款后，向机构所在地主管税务机关进行纳税申报。

（4）一般纳税人销售其 2016 年 5 月 1 日后自建的不动产，应适用一般计税方法，以取得的全部价款和价外费用为销售额计算应纳税额。纳税人应以取得的全部价款和价外费用，按照 5% 的预征率在不动产所在地预缴税款后，向机构所在地主管税务机关进行纳税申报。

（5）小规模纳税人销售其取得（不含自建）的不动产（不含个体工商户销售购买的住房和其他个人销售不动产），应以取得的全部价款和价外费用减去该项不动产购置原价或者取得不动产时的作价后的余额为销售额，按照 5% 的征收率计算应纳税额。纳税人应按照上述计税方法在不动产所在地预缴税款后，向机构所在地主管税务机关进行纳税申报。

（6）小规模纳税人销售其自建的不动产，应以取得的全部价款和价外费用为销售额，按照 5% 的征收率计算应纳税额。纳税人应按照上述计税方法在不动产所在地预缴税款后，向机构所在地主管税务机关进行纳税申报。

（7）房地产开发企业中的一般纳税人，销售自行开发的房地产老项目，可以选择适用简易计税方法按照 5% 的征收率计税。

（8）房地产开发企业中的小规模纳税人，销售自行开发的房地产项目，按照 5% 的征收率计税。

（9）房地产开发企业采取预收款方式销售所开发的房地产项目，在收到预收款时按照3%的预征率预缴增值税。

（10）个体工商户销售购买的住房，应按照规定征免增值税。纳税人应按照上述计税方法在不动产所在地预缴税款后，向机构所在地主管税务机关进行纳税申报。

（11）其他个人销售其取得（不含自建）的不动产（不含其购买的住房），应以取得的全部价款和价外费用减去该项不动产购置原价或者取得不动产时的作价后的余额为销售额，按照5%的征收率计算应纳税额。

2.4.2.6　不动产经营租赁服务应纳税额的计算

（1）一般纳税人出租其2016年4月30日前取得的不动产，可以选择适用简易计税方法，按照5%的征收率计算应纳税额。纳税人出租其2016年4月30日前取得的与机构所在地不在同一县（市）的不动产，应按照上述计税方法在不动产所在地预缴税款后，向机构所在地主管税务机关进行纳税申报。

（2）公路经营企业中的一般纳税人收取试点前开工的高速公路的车辆通行费，可以选择适用简易计税方法，减按3%的征收率计算应纳税额。试点前开工的高速公路是指相关施工许可证明上注明的合同开工日期在2016年4月30日前的高速公路。

（3）一般纳税人出租其2016年5月1日后取得的、与机构所在地不在同一县（市）的不动产，应按照3%的预征率在不动产所在地预缴税款后，向机构所在地主管税务机关进行纳税申报。

（4）小规模纳税人出租其取得的不动产（不含个人出租住房），应按照5%的征收率计算应纳税额。纳税人出租与机构所在地不在同一县（市）的不动产，应按照上述计税方法在不动产所在地预缴税款后，向机构所在地主管税务机关进行纳税申报。

（5）其他个人出租其取得的不动产（不含住房），应按照5%的征收率计算应纳税额。

（6）个人出租住房，应按照5%的征收率减按1.5%计算应纳税额。

2.4.3　进口货物应纳税额的计算

纳税人进口货物，按照组成计税价格和规定的税率计算应纳税额。组成计税价格和应纳税额计算公式：

组成计税价格＝关税完税价格＋关税＋消费税

应纳税额＝组成计税价格×税率

2.4.4　其他规定

有下列情形之一者，应按销售额依照增值税税率计算应纳税额，不得抵扣进项税额，也不得使用增值税专用发票：

（1）一般纳税人会计核算不健全，或者不能够提供准确税务资料的；

（2）除另有规定外，纳税人销售额超过小规模纳税人标准，未申请办理一般纳税人认定手续的。

2.5　增值税的税收优惠

2.5.1　法定免税项目

下列项目免征增值税。

（1）农业生产者销售的自产农产品。农业是指种植业、养殖业、林业、牧业、水产业。农业生产者包括从事农业生产的单位和个人。农产品是指初级农产品。

（2）避孕药品和用具。

(3)古旧图书。古旧图书是指向社会收购的古书和旧书。

(4)直接用于科学研究、科学试验和教学的进口仪器、设备。

(5)外国政府、国际组织无偿援助的进口物资和设备。

(6)由残疾人的组织直接进口供残疾人专用的物品。

(7)销售的自己使用过的物品。自己使用过的物品是指其他个人自己使用过的物品。

2.5.2 营改增试点免税项目

下列项目免征增值税。

(1)托儿所、幼儿园提供的保育和教育服务。

托儿所、幼儿园是指经县级以上教育部门审批成立、取得办园许可证的实施0~6岁学前教育的机构,包括公办和民办的托儿所、幼儿园、学前班、幼儿班、保育院、幼儿院。

公办托儿所、幼儿园免征增值税的收入是指,在省级财政部门和价格主管部门审核报省级人民政府批准的收费标准以内收取的教育费、保育费。

民办托儿所、幼儿园免征增值税的收入是指,在报经当地有关部门备案并公示的收费标准范围内收取的教育费、保育费。

超过规定收费标准的收费,以开办实验班、特色班和兴趣班等为由另外收取的费用以及与幼儿入园挂钩的赞助费、支教费等超过规定范围的收入,不属于免征增值税的收入。

(2)养老机构提供的养老服务。

养老机构是指依照民政部《养老机构设立许可办法》(民政部令第48号)设立并依法办理登记的为老年人提供集中居住和照料服务的各类养老机构。养老服务是指上述养老机构按照民政部《养老机构管理办法》(民政部令第49号)的规定,为收住的老年人提供的生活照料、康复护理、精神慰藉、文化娱乐等服务。

(3)残疾人福利机构提供的育养服务。

(4)婚姻介绍服务。

(5)殡葬服务。殡葬服务是指收费标准由各地价格主管部门会同有关部门核定,或者实行政府指导价管理的遗体接运(含抬尸、消毒)、遗体整容、遗体防腐、存放(含冷藏)、火化、骨灰寄存、吊唁设施设备租赁、墓穴租赁及管理等服务。

(6)残疾人员本人为社会提供的服务。

(7)医疗机构提供的医疗服务。

医疗机构是指依据国务院《医疗机构管理条例》(国务院令第149号)及原卫生部《医疗机构管理条例实施细则》(卫生部令第35号)的规定,经登记取得《医疗机构执业许可证》的机构,以及军队、武警部队各级各类医疗机构。具体包括:各级各类医院、门诊部(所)、社区卫生服务中心(站)、急救中心(站)、城乡卫生院、护理院(所)、疗养院、临床检验中心,各级政府及有关部门举办的卫生防疫站(疾病控制中心)、各种专科疾病防治站(所)、各级政府举办的妇幼保健所(站)、母婴保健机构、儿童保健机构,各级政府举办的血站(血液中心)等医疗机构。

本项所称的医疗服务是指医疗机构按照不高于地(市)级以上价格主管部门会同同级卫生主管部门及其他相关部门制订的医疗服务指导价格(包括政府指导价和按照规定由供需双方协商确定的价格等)为就医者提供《全国医疗服务价格项目规范》所列的各项服务,以及医疗机构向社会提供卫生防疫、卫生检疫的服务。

(8)从事学历教育的学校提供的教育服务。

学历教育是指受教育者经过国家教育考试或者国家规定的其他入学方式，进入国家有关部门批准的学校或者其他教育机构学习，获得国家承认的学历证书的教育形式。学历教育具体包括：初等教育（普通小学、成人小学）；初级中等教育（普通初中、职业初中、成人初中）；高级中等教育[普通高中、成人高中和中等职业学校（包括普通中专、成人中专、职业高中、技工学校）]；高等教育[普通本专科、成人本专科、网络本专科、研究生（博士、硕士）、高等教育自学考试、高等教育学历文凭考试]。

从事学历教育的学校是指：普通学校；经地（市）级以上人民政府或者同级政府的教育行政部门批准成立、国家承认其学员学历的各类学校；经省级及以上人力资源社会保障行政部门批准成立的技工学校、高级技工学校；经省级人民政府批准成立的技师学院。上述学校均包括符合规定的从事学历教育的民办学校，但不包括职业培训机构等国家不承认学历的教育机构。

提供教育服务免征增值税的收入是指对列入规定招生计划的在籍学生提供学历教育服务取得的收入，具体包括：经有关部门审核批准并按规定标准收取的学费、住宿费、课本费、作业本费、考试报名费收入，以及学校食堂提供餐饮服务取得的伙食费收入。除此之外的收入，包括学校以各种名义收取的赞助费、择校费等，不属于免征增值税的范围。学校食堂是指依照《学校食堂与学生集体用餐卫生管理规定》（教育部令第14号）管理的学校食堂。

(9)学生勤工俭学提供的服务。

(10)农业机耕、排灌、病虫害防治、植物保护、农牧保险以及相关技术培训业务，家禽、牲畜、水生动物的配种和疾病防治。

农业机耕是指在农业、林业、牧业中使用农业机械进行耕作（包括耕耘、种植、收割、脱粒、植物保护等）的业务；排灌是指对农田进行灌溉或者排涝的业务；病虫害防治是指从事农业、林业、牧业、渔业的病虫害测报和防治的业务；农牧保险是指为种植业、养殖业、牧业种植和饲养的动植物提供保险的业务；相关技术培训是指与农业机耕、排灌、病虫害防治、植物保护业务相关以及为使农民获得农牧保险知识的技术培训业务；家禽、牲畜、水生动物的配种和疾病防治业务的免税范围，包括与该项服务有关的提供药品和医疗用具的业务。

(11)纪念馆、博物馆、文化馆、文物保护单位管理机构、美术馆、展览馆、书画院、图书馆在自己的场所提供文化体育服务取得的第一道门票收入。

(12)寺院、宫观、清真寺和教堂举办文化、宗教活动的门票收入。

(13)行政单位之外的其他单位收取的符合规定条件的政府性基金和行政事业性收费。

(14)个人转让著作权。

(15)个人销售自建自用住房。

(16)台湾航运公司、航空公司从事海峡两岸海上直航、空中直航业务在大陆取得的运输收入。台湾航运公司是指取得交通运输部颁发的"台湾海峡两岸间水路运输许可证"且该许可证上注明的公司登记地址在台湾的航运公司。台湾航空公司是指取得中国民用航空局颁发的"经营许可"或者依据《海峡两岸空运协议》和《海峡两岸空运补充协议》规定，批准经营两岸旅客、货物和邮件不定期（包机）运输业务，且公司登记地址在台湾的航空公司。

(17)纳税人提供的直接或者间接国际货物运输代理服务。纳税人提供直接或者间接国际货物运输代理服务，向委托方收取的全部国际货物运输代理服务收入，以及向国际运输承运人支付的国际运输费用，必须通过金融机构进行结算。纳税人为大陆与香港、澳门、台湾地区之间的货物运输提供的货物运输代理服务参照国际货物运输代理服务有关规定执行。委托方索取发票的，纳税人应当就国际货物运输代理服务收入向委托方全额开具增值税普通发票。

(18)国家助学贷款利息收入。

(19)国债、地方政府债利息收入。

(20)人民银行对金融机构的贷款利息收入。

(21)住房公积金管理中心用住房公积金在指定的委托银行发放的个人住房贷款利息收入。

(22)外汇管理部门在从事国家外汇储备经营过程中，委托金融机构发放的外汇贷款利息收入。

(23)统借统还业务中，企业集团或企业集团中的核心企业以及集团所属财务公司按不高于支付给金融机构的借款利率水平或者支付的债券票面利率水平，向企业集团或者集团内下属单位收取的利息收入。统借方向资金使用单位收取的利息，高于支付给金融机构借款利率水平或者支付的债券票面利率水平的，应全额缴纳增值税。

统借统还业务是指：企业集团或者企业集团中的核心企业向金融机构借款或对外发行债券取得资金后，将所借资金分拨给下属单位（包括独立核算单位和非独立核算单位，下同），并向下属单位收取用于归还金融机构或债券购买方本息的业务；企业集团向金融机构借款或对外发行债券取得资金后，由集团所属财务公司与企业集团或者集团内下属单位签订统借统还贷款合同并分拨资金，并向企业集团或者集团内下属单位收取本息，再转付企业集团，由企业集团统一归还金融机构或债券购买方的业务。

(24)被撤销金融机构以货物、不动产、无形资产、有价证券、票据等财产清偿债务。被撤销金融机构是指经人民银行、银保监会依法决定撤销的金融机构及其分设于各地的分支机构，包括被依法撤销的商业银行、信托投资公司、财务公司、金融租赁公司、城市信用社和农村信用社。除另有规定外，被撤销金融机构所属、附属企业，不享受被撤销金融机构增值税免税政策。

(25)保险公司开办的一年期以上人身保险产品取得的保费收入。

一年期以上人身保险是指保险期间为一年期及以上返还本利的人寿保险、养老年金保险，以及保险期间为一年期及以上的健康保险。

人寿保险是指以人的寿命为保险标的的人身保险。

养老年金保险是指以养老保障为目的，以被保险人生存为给付保险金条件，并按约定的时间间隔分期给付生存保险金的人身保险。养老年金保险应当同时符合下列条件：保险合同约定给付被保险人生存保险金的年龄不得小于国家规定的退休年龄；相邻两次给付的时间间隔不得超过一年。

健康保险是指以因健康原因导致损失为给付保险金条件的人身保险。

(26)下列金融商品转让收入：合格境外投资者（QFII）委托境内公司在我国从事证券买卖业务；香港市场投资者（包括单位和个人）通过沪港通买卖上海证券交易所上市 A 股；对香港市场投资者（包括单位和个人）通过基金互认买卖内地基金份额；证券投资基金（封闭式证券投资基金，开放式证券投资基金）管理人运用基金买卖股票、债券；个人从事金融商品转让业务。

(27)金融同业往来利息收入。

金融机构与人民银行所发生的资金往来业务，包括人民银行对一般金融机构贷款，以及人民银行对商业银行的再贴现等。

银行联行往来业务。同一银行系统内部不同行、处之间所发生的资金账务往来业务。

金融机构间的资金往来业务是指经人民银行批准，进入全国银行间同业拆借市场的金融机构之间通过全国统一的同业拆借网络进行的短期（一年以下含一年）无担保资金融通行为。

金融机构是指：银行(包括人民银行、商业银行、政策性银行)；信用合作社；证券公司；金融租赁公司、证券基金管理公司、财务公司、信托投资公司、证券投资基金；保险公司；其他经人民银行、银保监会、证监会批准成立且经营金融保险业务的机构等。

(28)同时符合下列条件的担保机构从事中小企业信用担保或者再担保业务取得的收入(不含信用评级、咨询、培训等收入)三年内免征增值税：已取得监管部门颁发的融资性担保机构经营许可证，依法登记注册为企(事)业法人，实收资本超过2000万元；平均年担保费率不超过银行同期贷款基准利率的50%，平均年担保费率=本期担保费收入/(期初担保余额+本期增加担保金额)×100%；连续合规经营两年以上，资金主要用于担保业务，具备健全的内部管理制度和为中小企业提供担保的能力，经营业绩突出，对受保项目具有完善的事前评估、事中监控、事后追偿与处置机制；为中小企业提供的累计担保贷款额占其两年累计担保业务总额的80%以上，单笔800万元以下的累计担保贷款额占其累计担保业务总额的50%以上；对单个受保企业提供的担保余额不超过担保机构实收资本总额的10%，且平均单笔担保责任金额最多不超过3000万元人民币；担保责任余额不低于其净资产的3倍，且代偿率不超过2%。

(29)国家商品储备管理单位及其直属企业承担商品储备任务，从中央或者地方财政取得的利息补贴收入和价差补贴收入。

国家商品储备管理单位及其直属企业是指接受中央、省、市、县四级政府有关部门(或者政府指定管理单位)委托，承担粮(含大豆)、食用油、棉、糖、肉、盐(限于中央储备)等6种商品储备任务，并按有关政策收储、销售上述6种储备商品，取得财政储备经费或者补贴的商品储备企业。利息补贴收入是指国家商品储备管理单位及其直属企业因承担上述商品储备任务从金融机构贷款，并从中央或者地方财政取得的用于偿还贷款利息的贴息收入。价差补贴收入包括销售价差补贴收入和轮换价差补贴收入。销售价差补贴收入是指按照中央或者地方政府指令销售上述储备商品时，由于销售收入小于库存成本而从中央或者地方财政获得的全额价差补贴收入。轮换价差补贴收入是指根据要求定期组织政策性储备商品轮换而从中央或者地方财政取得的商品新陈品质价差补贴收入。

(30)纳税人提供技术转让、技术开发和与之相关的技术咨询、技术服务。

技术转让、技术开发是指《销售服务、无形资产、不动产注释》中"转让技术""研发服务"范围内的业务活动。技术咨询是指就特定技术项目提供可行性论证、技术预测、专题技术调查、分析评价报告等业务活动。

与技术转让、技术开发相关的技术咨询、技术服务是指转让方(或者受托方)根据技术转让或者开发合同的规定，为帮助受让方(或者委托方)掌握所转让(或者委托开发)的技术，而提供的技术咨询、技术服务业务，且这部分技术咨询、技术服务的价款与技术转让或者技术开发的价款应当在同一张发票上开具。

试点纳税人申请免征增值税时，须持技术转让、开发的书面合同，到纳税人所在地省级科技主管部门进行认定，并持有关的书面合同和科技主管部门审核意见证明文件报主管税务机关备查。

(31)同时符合下列条件的合同能源管理服务：节能服务公司实施合同能源管理项目相关技术，应当符合国家质量监督检验检疫总局和国家标准化管理委员会发布的《合同能源管理技术通则》(GB/T 24915—2010)规定的技术要求；节能服务公司与用能企业签订节能效益分享型合同，其合同格式和内容，符合《合同法》和《合同能源管理技术通则》(GB/T 24915—2010)等规定。

(32)政府举办的从事学历教育的高等、中等和初等学校(不含下属单位)，举办进修班、培训班取得的全部归该学校所有的收入。全部归该学校所有是指举办进修班、培训班取得的全部收入进入该学校统一账户，并纳入预算全额上缴财政专户管理，同时由该学校对有关票据进行统一管理和开具。举办进修班、培训班取得的收入进入该学校下属部门自行开设账户的，不予免征增值税。

（33）政府举办的职业学校设立的主要为在校学生提供实习场所，并由学校出资自办、由学校负责经营管理、经营收入归学校所有的企业，从事《销售服务、无形资产或者不动产注释》中"现代服务"（不含融资租赁服务、广告服务和其他现代服务）、"生活服务"（不含文化体育服务、其他生活服务和桑拿、氧吧）业务活动取得的收入。

（34）家政服务企业由员工制家政服务员提供家政服务取得的收入。

家政服务企业是指在企业营业执照的规定经营范围中包括家政服务内容的企业。

员工制家政服务员是指同时符合下列3个条件的家政服务员：依法与家政服务企业签订半年及半年以上的劳动合同或者服务协议，且在该企业实际上岗工作；家政服务企业为其按月足额缴纳了企业所在地人民政府根据国家政策规定的基本养老保险、基本医疗保险、工伤保险、失业保险等社会保险；对已享受新型农村养老保险和新型农村合作医疗等社会保险或者下岗职工原单位继续为其缴纳社会保险的家政服务员，如果本人书面提出不再缴纳企业所在地人民政府根据国家政策规定的相应的社会保险，并出具其所在乡镇或者原单位开具的已缴纳相关保险的证明，可视同家政服务企业已为其按月足额缴纳了相应的社会保险；家政服务企业通过金融机构向其实际支付不低于企业所在地适用的经省级人民政府批准的最低工资标准的工资。

（35）福利彩票、体育彩票的发行收入。

（36）军队空余房产租赁收入。

（37）为了配合国家住房制度改革，企业、行政事业单位按房改成本价、标准价出售住房取得的收入。

（38）将土地使用权转让给农业生产者用于农业生产。

（39）涉及家庭财产分割的个人无偿转让不动产、土地使用权。家庭财产分割包括下列情形：离婚财产分割；无偿赠予配偶、父母、子女、祖父母、外祖父母、孙子女、外孙子女、兄弟姐妹；无偿赠予对其承担直接抚养或者赡养义务的抚养人或者赡养人；房屋产权所有人死亡，法定继承人、遗嘱继承人或者受遗赠人依法取得房屋产权。

（40）土地所有者出让土地使用权和土地使用者将土地使用权归还给土地所有者。

（41）县级以上地方人民政府或自然资源行政主管部门出让、转让或收回自然资源使用权（不含土地使用权）。

（42）随军家属就业。

为安置随军家属就业而新开办的企业，自领取税务登记证之日起，其提供的应税服务三年内免征增值税。享受税收优惠政策的企业，随军家属必须占企业总人数的60%（含）以上，并有军（含）以上政治和后勤机关出具的证明。

从事个体经营的随军家属，自办理税务登记事项之日起，其提供的应税服务三年内免征增值税。随军家属必须有师以上政治机关出具的可以表明其身份的证明。

按照上述规定，每一名随军家属可以享受一次免税政策。

（43）军队转业干部就业。

从事个体经营的军队转业干部，自领取税务登记证之日起，其提供的应税服务三年内免征增值税。

为安置自主择业的军队转业干部就业而新开办的企业,凡安置自主择业的军队转业干部占企业总人数60%(含)以上的,自领取税务登记证之日起,其提供的应税服务三年内免征增值税。享受上述优惠政策的自主择业的军队转业干部必须持有师以上部队颁发的转业证件。

2.5.3 增值税即征即退

1. 销售资源综合利用产品和劳务增值税即征即退

自2015年7月1日起,纳税人销售自产的资源综合利用产品和提供资源综合利用劳务(以下称"销售综合利用产品和劳务"),可享受增值税即征即退政策。具体综合利用的资源名称、综合利用产品和劳务名称、技术标准和相关条件、退税比例等按照《财政部 税务总局关于印发<资源综合利用产品和劳务增值税优惠目录>的通知》(财税〔2015〕78号)所附《资源综合利用产品和劳务增值税优惠目录》(以下简称《目录》)的相关规定执行。

《财政部 税务总局关于印发<资源综合利用产品和劳务增值税优惠目录>的通知》(财税〔2015〕78号)

纳税人从事《目录》所列的资源综合利用项目,其申请享受本通知规定的增值税即征即退政策时,应同时符合下列条件。

(1)属于增值税一般纳税人。

(2)销售综合利用产品和劳务,不属于国家发展改革委《产业结构调整指导目录》中的禁止类、限制类项目。

(3)销售综合利用产品和劳务,不属于环境保护部《环境保护综合名录》中的"高污染、高环境风险"产品或者重污染工艺。

(4)综合利用的资源,属于环境保护部《国家危险废物名录》列明的危险废物的,应当取得省级及以上环境保护部门颁发的《危险废物经营许可证》,且许可经营范围包括该危险废物的利用。

(5)纳税信用等级不属于税务机关评定的C级或D级。

纳税人在办理退税事宜时,应向主管税务机关提供其符合本条规定的上述条件以及《目录》规定的技术标准和相关条件的书面声明材料,未提供书面声明材料或者出具虚假材料的,税务机关不得给予退税。

已享受上述增值税即征即退政策的纳税人,自不符合规定条件以及《目录》规定的技术标准和相关条件的次月起,不再享受上述增值税即征即退政策。

已享受上述增值税即征即退政策的纳税人,因违反税收、环境保护的法律法规受到处罚(警告或单次1万元以下罚款除外)的,自处罚决定下达的次月起36个月内,不得享受上述增值税即征即退政策。

纳税人应当单独核算适用增值税即征即退政策的综合利用产品和劳务的销售额和应纳税额。未单独核算的,不得享受上述增值税即征即退政策。

自2019年9月1日起,纳税人销售自产磷石膏资源综合利用产品,可享受增值税即征即退政策,退税比例为70%。

《财政部 税务总局关于资源综合利用增值税政策的公告》(财政部 税务总局公告2019年第90号)

磷石膏资源综合利用产品,包括墙板、砂浆、砌块、水泥添加剂、建筑石膏、α型高强石膏、Ⅱ型无水石膏、嵌缝石膏、黏结石膏、现浇混凝土空心结构用石膏模盒、抹灰石膏、机械喷涂抹灰石膏、土壤调理剂、喷筑墙体石膏、装饰石膏材料、磷石膏制硫酸,且产品原料40%以上来自磷石膏。

纳税人利用磷石膏生产水泥、水泥熟料,继续按照《财政部 国家税务总局关于印发〈资源综合利用产品和劳务增值税优惠目录〉的通知》(财税〔2015〕78号,以下称"财税〔2015〕78号文件")附件《资源综合利用产品和劳务增值税优惠目录》2.2"废渣"项目执行。

自 2019 年 9 月 1 日起，将财税〔2015〕78 号文件附件《资源综合利用产品和劳务增值税优惠目录》3.12"废玻璃"项目退税比例调整为 70%。

2. 动漫产业增值税即征即退

自 2018 年 1 月 1 日至 2018 年 4 月 30 日，对动漫企业增值税一般纳税人销售其自主开发生产的动漫软件，按照 17% 的税率征收增值税后，对其增值税实际税负超过 3% 的部分，实行即征即退政策。

> 《财政部 税务总局关于延续动漫产业增值税政策的通知》（财税〔2018〕38 号）

自 2018 年 5 月 1 日至 2020 年 12 月 31 日，对动漫企业增值税一般纳税人销售其自主开发生产的动漫软件，按照 16% 的税率征收增值税后，对其增值税实际税负超过 3% 的部分，实行即征即退政策。

动漫软件出口免征增值税。

3. 其他领域增值税即征即退

一般纳税人提供管道运输服务，对其增值税实际税负超过 3% 的部分实行增值税即征即退政策。

经人民银行、银监会或者商务部批准从事融资租赁业务的试点纳税人中的一般纳税人，提供有形动产融资租赁服务和有形动产融资性售后回租服务，对其增值税实际税负超过 3% 的部分实行增值税即征即退政策。商务部授权的省级商务主管部门和国家经济技术开发区批准的从事融资租赁业务和融资性售后回租业务的试点纳税人中的一般纳税人，2016 年 5 月 1 日后实收资本达到 1.7 亿元的，从达到标准的当月起按照上述规定执行；2016 年 5 月 1 日后实收资本未达到 1.7 亿元但注册资本达到 1.7 亿元的，在 2016 年 7 月 31 日前仍可按照上述规定执行，2016 年 8 月 1 日后开展的有形动产融资租赁业务和有形动产融资性售后回租业务不得按照上述规定执行。

上述所称增值税实际税负是指纳税人当期提供应税服务实际缴纳的增值税额占纳税人当期提供应税服务取得的全部价款和价外费用的比例。

2.5.4 个人转让住房与宣传文化增值税优惠

1. 个人转让住房增值税优惠

个人将购买不足两年的住房对外销售的，按照 5% 的征收率全额缴纳增值税；个人将购买两年以上（含两年）的住房对外销售的，免征增值税。上述政策适用于北京市、上海市、广州市和深圳市之外的地区。

个人将购买不足两年的住房对外销售的，按照 5% 的征收率全额缴纳增值税；个人将购买两年以上（含两年）的非普通住房对外销售的，以销售收入减去购买住房价款后的差额按照 5% 的征收率缴纳增值税；个人将购买两年以上（含两年）的普通住房对外销售的，免征增值税。上述政策仅适用于北京市、上海市、广州市和深圳市。

2. 宣传文化增值税优惠

自 2018 年 1 月 1 日起至 2020 年 12 月 31 日，执行下列增值税先征后退政策。

> 《财政部 税务总局关于延续宣传文化增值税优惠政策的通知》（财税〔2018〕53 号）

对下列出版物在出版环节执行增值税 100% 先征后退的政策。

（1）中国共产党和各民主党派的各级组织的机关报纸和机关期刊，各级人大、政协、政府、工会、共青团、妇联、残联、科协的机关报纸和机关期刊，新华社的机关报纸和机关期刊，军事部门的机关报纸和机关期刊。上述各级组织不含其所属部门。机关报纸和机关期刊增值税先征后退范围掌握在一个单位一份报纸和一份期刊以内。

(2)专为少年儿童出版发行的报纸和期刊,中小学的学生课本。

(3)专为老年人出版发行的报纸和期刊。

(4)少数民族文字出版物。

(5)盲文图书和盲文期刊。

(6)经批准在内蒙古、广西、西藏、宁夏、新疆五个自治区内注册的出版单位出版的出版物。

(7)列入《财政部 税务总局关于延续宣传文化增值税优惠政策的通知》附件1的图书、报纸和期刊。

对下列出版物在出版环节执行增值税先征后退50%的政策。

(1)各类图书、期刊、音像制品、电子出版物,但上述规定执行增值税100%先征后退的出版物除外。

(2)列入《财政部 税务总局关于延续宣传文化增值税优惠政策的通知》附件2的报纸。

对下列印刷、制作业务执行增值税100%先征后退的政策。

(1)对少数民族文字出版物的印刷或制作业务。

(2)列入《财政部 税务总局关于延续宣传文化增值税优惠政策的通知》附件3的新疆维吾尔自治区印刷企业的印刷业务。

自2018年1月1日起至2020年12月31日,免征图书批发、零售环节增值税。

自2018年1月1日起至2020年12月31日,对科普单位的门票收入,以及县级及以上党政部门和科协开展科普活动的门票收入免征增值税。

已按软件产品享受增值税退税政策的电子出版物不得再按上述规定申请增值税先征后退政策。

2.5.5 跨境行为免征增值税

境内的单位和个人销售的下列服务和无形资产免征增值税,但财政部和国家税务总局规定适用增值税零税率的除外。

(1)下列服务:工程项目在境外的建筑服务;工程项目在境外的工程监理服务;工程、矿产资源在境外的工程勘察勘探服务;会议展览地点在境外的会议展览服务;存储地点在境外的仓储服务;标的物在境外使用的有形动产租赁服务;在境外提供的广播影视节目(作品)的播映服务;在境外提供的文化体育服务、教育医疗服务、旅游服务。

(2)为出口货物提供的邮政服务、收派服务、保险服务。为出口货物提供的保险服务,包括出口货物保险和出口信用保险。

(3)向境外单位提供的完全在境外消费的下列服务和无形资产:电信服务;知识产权服务;物流辅助服务(仓储服务、收派服务除外);鉴证咨询服务;专业技术服务;商务辅助服务;广告投放地在境外的广告服务;无形资产。

(4)以无运输工具承运方式提供的国际运输服务。

(5)为境外单位之间的货币资金融通及其他金融业务提供的直接收费金融服务,且该服务与境内的货物、无形资产和不动产无关。

(6)财政部和国家税务总局规定的其他服务。

2.5.6 起征点与小微企业免增值税政策

1. 起征点

纳税人销售额未达到国务院财政、税务主管部门规定的增值税起征点的,免征增值税;达到起征点的，依照规定全额计算缴纳增值税。

增值税起征点的适用范围限于个人。增值税起征点的幅度规定如下：

（1）销售货物的，为月销售额5000～20000元；

（2）销售应税劳务的，为月销售额5000～20000元；

（3）按次纳税的，为每次（日）销售额300～500元。

上述所称销售额是指小规模纳税人的销售额。省、自治区、直辖市财政厅（局）和税务局应在规定的幅度内，根据实际情况确定本地区适用的起征点，并报财政部、国家税务总局备案。

2. 小微企业免增值税政策

自2019年1月1日至2021年12月31日，对月销售额10万元以下（含本数）的增值税小规模纳税人，免征增值税。

《财政部 税务总局关于实施小微企业普惠性税收减免政策的通知》（财税〔2019〕13号）；《国家税务总局关于小规模纳税人免征增值税政策有关征管问题的公告》（国家税务总局公告2019年第4号）

小规模纳税人发生增值税应税销售行为，合计月销售额未超过10万元（以1个季度为1个纳税期的，季度销售额未超过30万元，下同）的，免征增值税。小规模纳税人发生增值税应税销售行为，合计月销售额超过10万元，但扣除本期发生的销售不动产的销售额后未超过10万元的，其销售货物、劳务、服务、无形资产取得的销售额免征增值税。

适用增值税差额征税政策的小规模纳税人，以差额后的销售额确定是否可以享受免征增值税政策。《增值税纳税申报表（小规模纳税人适用）》中的"免税销售额"相关栏次，填写差额后的销售额。

按固定期限纳税的小规模纳税人可以选择以1个月或1个季度为纳税期限，一经选择，一个会计年度内不得变更。

其他个人，采取一次性收取租金形式出租不动产取得的租金收入，可在对应的租赁期内平均分摊，分摊后的月租金收入未超过10万元的，免征增值税。

转登记日前连续12个月（以1个月为1个纳税期）或者连续4个季度（以1个季度为1个纳税期）累计销售额未超过500万元的一般纳税人，在2019年12月31日前，可选择转登记为小规模纳税人。

按照现行规定应当预缴增值税税款的小规模纳税人，凡在预缴地实现的月销售额未超过10万元的，当期无需预缴税款。

小规模纳税人月销售额未超过10万元的，当期因开具增值税专用发票已经缴纳的税款，在增值税专用发票全部联次追回或者按规定开具红字专用发票后，可以向主管税务机关申请退还。

小规模纳税人月销售额超过10万元的，使用增值税发票管理系统开具增值税普通发票、机动车销售统一发票、增值税电子普通发票。已经使用增值税发票管理系统的小规模纳税人，月销售额未超过10万元的，可以继续使用现有税控设备开具发票；已经自行开具增值税专用发票的，可以继续自行开具增值税专用发票，并就开具增值税专用发票的销售额计算缴纳增值税。

2.5.7 其他增值税临时优惠政策

自2018年1月1日起至2023年12月31日止，对纳税人从事大型民用客机发动机、中大功率民用涡轴涡桨发动机研制项目而形成的增值税期末留抵税额予以退还。自2019年1月1日至2020年12月31日止，对纳税人生产销售新支线飞机暂减按5%征收增值税，并对其因生产销售新支线飞机而形成的增值税期末留抵税额予以退还。自2019年1

《财政部 税务总局关于民用航空发动机、新支线飞机和大型客机税收政策的公告》（财政部 税务总局公告2019年第88号）

月1日起至2020年12月31日止,对纳税人从事大型客机研制项目而形成的增值税期末留抵税额予以退还。

大型民用客机发动机、中大功率民用涡轴涡桨发动机、新支线飞机和大型客机,指上述发动机、民用客机的整机,具体标准如下。

(1)大型民用客机发动机是指:①单通道干线客机发动机,起飞推力12000~16000kgf;②双通道干线客机发动机,起飞推力28000~35000kgf。

(2)中大功率民用涡轴涡桨发动机是指:①中等功率民用涡轴发动机,起飞功率1000~3000kW;②大功率民用涡桨发动机,起飞功率3000kW以上。

(3)新支线飞机是指空载重量大于25吨且小于45吨、座位数量少于130个的民用客机。

(4)大型客机是指空载重量大于45吨的民用客机。

纳税人符合规定的增值税期末留抵税额,可在初次申请退税时予以一次性退还。纳税人收到退税款项的当月,应将退税额从增值税进项税额中转出。未按规定转出的,按《税收征收管理法》有关规定承担相应法律责任。退还的增值税税额由中央和地方按照现行增值税分享比例共同负担。纳税人已缴纳的应予减免的税款,从其应纳的相应税款中抵扣或者予以退税。

自2018年9月1日至2020年12月31日,对金融机构向小型企业、微型企业和个体工商户发放小额贷款取得的利息收入,免征增值税。金融机构可以选择以下两种方法之一适用免税:①对金融机构向小型企业、微型企业和个体工商户发放的,利率水平不高于人民银行同期贷款基准利率150%(含本数)的单笔小额贷款取得的利息收入,免征增值税;高于人民银行同期贷款基准利率150%的单笔小额贷款取得的利息收入,按照现行政策规定缴纳增值税。②对金融机构向小型企业、微型企业和个体工商户发放单笔小额贷款取得的利息收入中,不高于该笔贷款按照人民银行同期贷款基准利率150%(含本数)计算的利息收入部分,免征增值税;超过部分按照现行政策规定缴纳增值税。金融机构可按会计年度在以上两种方法之间选定其一作为该年的免税适用方法,一经选定,该会计年度内不得变更。

●《财政部 税务总局关于金融机构小微企业贷款利息收入免征增值税政策的通知》(财税〔2018〕91号)

自2019年1月1日至2023年12月31日,对电影主管部门(包括中央、省、地市及县级)按照各自职能权限批准从事电影制片、发行、放映的电影集团公司(含成员企业)、电影制片厂及其他电影企业取得的销售电影拷贝(含数字拷贝)收入、转让电影版权(包括转让和许可使用)收入、电影发行收入以及在农村取得的电影放映收入,免征增值税。一般纳税人提供的城市电影放映服务,可以按现行政策规定,选择按照简易计税办法计算缴纳增值税。对广播电视运营服务企业收取的有线数字电视基本收视维护费和农村有线电视基本收视费,免征增值税。

●《财政部 税务总局关于继续实施支持文化企业发展增值税政策的通知》(财税〔2019〕17号)

自2019年1月1日至2022年12月31日,对单位或者个体工商户将自产、委托加工或购买的货物通过公益性社会组织、县级及以上人民政府及其组成部门和直属机构,或者直接无偿捐赠给目标脱贫地区的单位和个人,免征增值税。在政策执行期限内,目标脱贫地区实现脱贫的,可继续适用上述政策。"目标脱贫地区"包括832个国家扶贫开发工作重点县、集中连片特困地区县(新疆阿克苏地区6县1市享受片区政策)和

●《财政部 税务总局 国务院扶贫办关于扶贫货物捐赠免征增值税政策的公告》(财政部 税务总局 国务院扶贫办公告2019年第55号)

建档立卡贫困村。在 2015 年 1 月 1 日至 2018 年 12 月 31 日期间已发生的符合上述条件的扶贫货物捐赠，可追溯执行上述增值税政策。

自 2019 年 1 月 1 日至 2020 年 12 月 31 日，继续对国产抗艾滋病病毒药品免征生产环节和流通环节增值税。享受上述免征增值税政策的国产抗艾滋病病毒药品，须为各省(自治区、直辖市)艾滋病药品管理部门按照政府采购有关规定采购的，并向艾滋病病毒感染者和病人免费提供的抗艾滋病病毒药品。药品生产企业和流通企业应将药品供货合同留存，以备税务机关查验。抗艾滋病病毒药品的生产企业和流通企业应分别核算免税药品和其他货物的销售额；未分别核算的，不得享受增值税免税政策。

● 《财政部 税务总局关于延续免征国产抗艾滋病病毒药品增值税政策的公告》(财政部 税务总局公告 2019 年第 73 号)

自 2019 年 1 月 1 日起至 2020 年 12 月 31 日，对边销茶生产企业销售自产的边销茶及经销企业销售的边销茶免征增值税。边销茶是指以黑毛茶、老青茶、红茶末、绿茶为主要原料，经过发酵、蒸制、加压或者压碎、炒制，专门销往边疆少数民族地区的紧压茶、方包茶(马茶)。

● 《财政部 税务总局关于继续执行边销茶增值税政策的公告》(财政部 税务总局公告 2019 年第 83 号)

自 2019 年 1 月 1 日至 2020 年供暖期结束，对供热企业向居民个人(以下称"居民")供热取得的采暖费收入免征增值税。向居民供热取得的采暖费收入，包括供热企业直接向居民收取的、通过其他单位向居民收取的和由单位代居民缴纳的采暖费。免征增值税的采暖费收入，应当按照规定单独核算。通过热力产品经营企业向居民供热的热力产品生产企业，应当根据热力产品经营企业实际从居民取得的采暖费收入占该经营企业采暖费总收入的比例，计算免征的增值税。供暖期是指当年下半年供暖开始至次年上半年供暖结束的期间。供热企业是指热力产品生产企业和热力产品经营企业。热力产品生产企业包括专业供热企业、兼营供热企业和自供热单位。

● 《财政部 税务总局关于延续供热企业增值税、房产税、城镇土地使用税优惠政策的通知》(财税〔2019〕38 号)

自 2019 年 1 月 1 日至 2020 年 12 月 31 日，继续对内资研发机构和外资研发中心采购国产设备全额退还增值税。

适用采购国产设备全额退还增值税政策的内资研发机构和外资研发中心包括：

● 《财政部 商务部 税务总局关于继续执行研发机构采购设备增值税政策的公告》(财政部公告 2019 年第 91 号)

(1)科技部会同财政部、海关总署和税务总局核定的科技体制改革过程中转制为企业和进入企业的主要从事科学研究和技术开发工作的机构；

(2)国家发展改革委会同财政部、海关总署和税务总局核定的国家工程研究中心；

(3)国家发展改革委会同财政部、海关总署、税务总局和科技部核定的企业技术中心；

(4)科技部会同财政部、海关总署和税务总局核定的国家重点实验室(含企业国家重点实验室)和国家工程技术研究中心；

(5)科技部核定的国务院部委、直属机构所属从事科学研究工作的各类科研院所，以及各省、自治区、直辖市、计划单列市科技主管部门核定的本级政府所属从事科学研究工作的各类科研院所；

(6)科技部会同民政部核定或者各省、自治区、直辖市、计划单列市及新疆生产建设兵团科技主管部门会同同级民政部门核定的科技类民办非企业单位；

(7)工业和信息化部会同财政部、海关总署、税务总局核定的国家中小企业公共服务示范

平台(技术类);

(8)国家承认学历的实施专科及以上高等学历教育的高等学校(以教育部门户网站公布名单为准);

(9)符合规定的外资研发中心;

(10)财政部会同国务院有关部门核定的其他科学研究机构、技术开发机构和学校。

外资研发中心,根据其设立时间,应分别满足下列条件。

(1)2009年9月30日及其之前设立的外资研发中心,应同时满足下列条件。

①研发费用标准:对外资研发中心,作为独立法人的,其投资总额不低于500万美元;作为公司内设部门或分公司的非独立法人的,其研发总投入不低于500万美元;企业研发经费年支出额不低于1000万元。

②专职研究与试验发展人员不低于90人。

③设立以来累计购置的设备原值不低于1000万元。

(2)2009年10月1日及其之后设立的外资研发中心,应同时满足下列条件。

①研发费用标准:作为独立法人的,其投资总额不低于800万美元;作为公司内设部门或分公司的非独立法人的,其研发总投入不低于800万美元。

②专职研究与试验发展人员不低于150人。

③设立以来累计购置的设备原值不低于2000万元。

外资研发中心须经商务主管部门会同有关部门按照上述条件进行资格审核认定。在2018年12月31日(含)以前,初次取得退税资格或通过资格复审未满两年的,可继续享受至两年期满。

上述条件中的相关含义如下。

(1)"投资总额"是指商务主管部门发放的外商投资企业批准证书或设立、变更备案回执等文件所载明的金额。

(2)"研发总投入"是指外商投资企业专门为设立和建设本研发中心而投入的资产,包括即将投入并签订购置合同的资产(应提交已采购资产清单和即将采购资产的合同清单)。

(3)"研发经费年支出额"是指近两个会计年度研发经费年均支出额;不足两个完整会计年度的,可按外资研发中心设立以来任意连续12个月的实际研发经费支出额计算;现金与实物资产投入应不低于60%。

(4)"专职研究与试验发展人员"是指企业科技活动人员中专职从事基础研究、应用研究和试验发展三类项目活动的人员,包括直接参加上述三类项目活动的人员以及相关专职科技管理人员和为项目提供资料文献、材料供应、设备的直接服务人员,上述人员须与外资研发中心或其所在外商投资企业签订一年以上劳动合同,以外资研发中心提交申请的前一日人数为准。

(5)"设备"是指为科学研究、教学和科技开发提供必要条件的实验设备、装置和器械。在计算累计购置的设备原值时,应将进口设备和采购国产设备的原值一并计入,包括已签订购置合同并于当年内交货的设备(应提交购置合同清单及交货期限),上述采购国产设备应属于《科技开发、科学研究和教学设备清单》所列设备。对执行中国产设备范围存在异议的,由主管税务机关逐级上报税务总局商财政部核定。

经核定的内资研发机构、外资研发中心,发生重大涉税违法失信行为的,不得享受退税政策。

自 2019 年 2 月 1 日至 2020 年 12 月 31 日，医疗机构接受其他医疗机构委托，按照不高于地(市)级以上价格主管部门会同同级卫生主管部门及其他相关部门制订的医疗服务指导价格(包括政府指导价和按照规定由供需双方协商确定的价格等)，提供《全国医疗服务价格项目规范》所列的各项服务，可免征增值税。

《财政部 税务总局关于明确养老机构免征增值税等政策的通知》(财税〔2019〕20 号)

自 2019 年 2 月 1 日至 2020 年 12 月 31 日，对企业集团内单位(含企业集团)之间的资金无偿借贷行为，免征增值税。

自 2019 年 11 月 11 日，对奥林匹克转播服务公司、奥林匹克频道服务公司、国际奥委会电视与市场开发服务公司、奥林匹克文化与遗产基金、官方计时公司取得的与北京冬奥会有关的收入，免征增值税。对国际赞助计划、全球供应计划、全球特许计划的赞助商、供应商、特许商及其分包商根据协议向北京 2022 年冬奥会和冬残奥会组织委员会(以下简称"北京冬奥组委")提供指定货物或服务，免征增值税。国际奥委会及其相关实体的境内机构因赞助、捐赠北京冬奥会以及根据协议出售的货物或服务免征增值税的，对应的进项税额可用于抵扣本企业其他应税项目所对应的销项税额，对在 2022 年 12 月 31 日仍无法抵扣的留抵税额可予以退还。国际奥委会及其相关实体在 2019 年 6 月 1 日至 2022 年 12 月 31 日期间，因从事与北京冬奥会相关的工作而在中国境内发生的指定清单内的货物或服务采购支出，对应的增值税进项税额可由国际奥委会及其相关实体凭发票及北京冬奥组委开具的证明文件，按照发票上注明的税额，向税务总局指定的部门申请退还。对国际奥委会及其相关实体的外籍雇员、官员、教练员、训练员以及其他代表在 2019 年 6 月 1 日至 2022 年 12 月 31 日期间临时来华，从事与北京冬奥会相关的工作，取得由北京冬奥组委支付或认定的收入，免征增值税。

《财政部 税务总局 海关总署关于北京 2022 年冬奥会和冬残奥会税收优惠政策的公告》(财政部公告 2019 年第 92 号)

2.5.8 税收优惠管理

纳税人兼营免税、减税项目的，应当分别核算免税、减税项目的销售额；未分别核算销售额的，不得免税、减税。

纳税人销售货物或者应税劳务适用免税规定的，可以放弃免税，依照规定缴纳增值税。放弃免税后，36 个月内不得再申请免税。

2.6　增值税的征收管理

2.6.1　纳税义务发生时间

1. 一般规定

增值税纳税义务发生时间如下。

(1)发生应税销售行为，为收讫销售款项或者取得索取销售款项凭据的当天；先开具发票的，为开具发票的当天。

(2)进口货物，为报关进口的当天。

增值税扣缴义务发生时间为纳税人增值税纳税义务发生的当天。

2. 收讫销售款项或者取得索取销售款项凭据当天的确定

收讫销售款项或者取得索取销售款项凭据的当天，按销售结算方式的不同，具体为：

(1)采取直接收款方式销售货物,不论货物是否发出,均为收到销售款或者取得索取销售款凭据的当天。

(2)采取托收承付和委托银行收款方式销售货物,为发出货物并办妥托收手续的当天。

(3)采取赊销和分期收款方式销售货物,为书面合同约定的收款日期的当天,无书面合同的或者书面合同没有约定收款日期的,为货物发出的当天。

(4)采取预收货款方式销售货物,为货物发出的当天,但生产销售生产工期超过12个月的大型机械设备、船舶、飞机等货物,为收到预收款或者书面合同约定的收款日期的当天。

(5)委托其他纳税人代销货物,为收到代销单位的代销清单或者收到全部或者部分货款的当天。未收到代销清单及货款的,为发出代销货物满180天的当天。

(6)销售应税劳务,为提供劳务同时收讫销售款或者取得索取销售款的凭据的当天。

(7)纳税人发生视同销售货物行为,为货物移送的当天。

2.6.2 征收机关

增值税由税务机关征收,进口货物的增值税由海关代征。

个人携带或者邮寄进境自用物品的增值税,连同关税一并计征。

2.6.3 纳税地点

增值税纳税地点如下。

(1)固定业户应当向其机构所在地的主管税务机关申报纳税。总机构和分支机构不在同一县(市)的,应当分别向各自所在地的主管税务机关申报纳税;经国务院财政、税务主管部门或者其授权的财政、税务机关批准,可以由总机构汇总向总机构所在地的主管税务机关申报纳税。

(2)固定业户到外县(市)销售货物或者劳务,应当向其机构所在地的主管税务机关报告外出经营事项,并向其机构所在地的主管税务机关申报纳税;未报告的,应当向销售地或者劳务发生地的主管税务机关申报纳税;未向销售地或者劳务发生地的主管税务机关申报纳税的,由其机构所在地的主管税务机关补征税款。

(3)非固定业户销售货物或者劳务,应当向销售地或者劳务发生地的主管税务机关申报纳税;未向销售地或者劳务发生地的主管税务机关申报纳税的,由其机构所在地或者居住地的主管税务机关补征税款。

(4)进口货物,应当向报关地海关申报纳税。

(5)其他个人提供建筑服务,销售或者租赁不动产,转让自然资源使用权,应向建筑服务发生地、不动产所在地、自然资源所在地税务机关申报纳税。

(6)扣缴义务人应当向其机构所在地或者居住地的主管税务机关申报缴纳其扣缴的税款。

2.6.4 纳税期限

增值税的纳税期限分别为1日、3日、5日、10日、15日、1个月或者1个季度。纳税人的具体纳税期限,由主管税务机关根据纳税人应纳税额的大小分别核定;不能按照固定期限纳税的,可以按次纳税。

纳税人以1个月或者1个季度为1个纳税期的,自期满之日起15日内申报纳税;以1日、3日、5日、10日或者15日为1个纳税期的,自期满之日起5日内预缴税款,于次月1日起15日内申报纳税并结清上月应纳税款。

以1个季度为纳税期限的规定适用于小规模纳税人、银行、财务公司、信托投资公司、信用社,以及财政部和国家税务总局规定的其他纳税人。具体纳税期限,由主管税务机关根据其应纳税额的大小分别核定。

扣缴义务人解缴税款的期限，依照上述规定执行。

纳税人进口货物，应当自海关填发海关进口增值税专用缴款书之日起15日内缴纳税款。

按固定期限纳税的小规模纳税人可以选择以1个月或1个季度为纳税期限，一经选择，一个会计年度内不得变更。● 《国家税务总局关于小规模纳税人免征增值税政策有关征管问题的公告》（国家税务总局公告2019年第4号）

2.7 增值税专用发票管理

2.7.1 一般规定

纳税人发生应税销售行为，应当向索取增值税专用发票的购买方开具增值税专用发票，并在增值税专用发票上分别注明销售额和销项税额。

属于下列情形之一的，不得开具增值税专用发票：

(1)应税销售行为的购买方为消费者个人的；

(2)发生应税销售行为适用免税规定的。

2.7.2 增值税专用发票的使用

增值税专用发票（以下简称"专用发票"）是指一般纳税人销售货物或者提供应税劳务开具的发票，是购买方支付增值税额并可按照增值税有关规定据以抵扣增值税进项税额的凭证。

一般纳税人应通过增值税防伪税控系统（以下简称"防伪税控系统"）使用专用发票。使用，包括领购、开具、缴销、认证纸质专用发票及其相应的数据电文。

专用发票由基本联次或者基本联次附加其他联次构成，基本联次为3联。

(1)记账联：作为销售方记账凭证。

(2)抵扣联：作为购买方扣税凭证。

(3)发票联：作为购买方记账凭证。

其他联次的用途，由一般纳税人自行确定。

专用发票实行最高开票限额管理。最高开票限额是指单份专用发票开具的销售额合计数不得达到的上限额度。一般纳税人申请最高开票限额时，需填报《最高开票限额申请表》。最高开票限额由一般纳税人申请，税务机关依法审批。

为了简化增值税发票领用和使用程序，自2014年5月1日起，一般纳税人申请专用发票（包括增值税专用发票和货物运输业增值税专用发票）最高开票限额不超过10万元的，主管税务机关不需事前进行实地查验。各省国税机关可在此基础上适当扩大不需事前实地查验的范围，实地查验的范围和方法由各省国税机关确定。

一般纳税人领购专用设备后，凭《最高开票限额申请表》《发票领购簿》到主管税务机关办理初始发行。

一般纳税人凭《发票领购簿》、IC卡和经办人身份证明领购专用发票。一般纳税人有下列情形之一的，不得领购开具专用发票：

(1)会计核算不健全，不能向税务机关准确提供增值税销项税额、进项税额、应纳税额数据及其他有关增值税税务资料的；

(2)有《税收征管法》规定的税收违法行为，拒不接受税务机关处理的；

(3)有下列行为之一，经税务机关责令限期改正而仍未改正的：虚开增值税专用发票；私自印制专用发票；向税务机关以外的单位和个人买取专用发票；借用他人专用发票；未按规定开具专用发票；未按规定保管专用发票和专用设备；未按规定申请办理防伪税控系统变更发行；未按规定接受税务机关检查。有上列情形的，如已领购专用发票，主管税务机关应暂扣其结存的专用发票和IC卡。

商业企业一般纳税人零售的烟、酒、食品、服装、鞋帽、化妆品等消费品不得开具专用发票。

专用发票应按下列要求开具：
(1)项目齐全，与实际交易相符；
(2)字迹清楚，不得压线、错格；
(3)发票联和抵扣联加盖财务专用章或者发票专用章；
(4)按照增值税纳税义务的发生时间开具。

对不符合上列要求的专用发票，购买方有权拒收。

自2020年2月1日起，增值税小规模纳税人(其他个人除外)发生增值税应税行为，需要开具增值税专用发票的，可以自愿使用增值税发票管理系统自行开具。选择自行开具增值税专用发票的小规模纳税人，税务机关不再为其代开增值税专用发票。

2.7.3 增值税发票管理改革

自2019年10月1日起，符合《财政部 税务总局关于明确生活性服务业增值税加计抵减政策的公告》(财政部 税务总局公告2019年第87号)规定的生活性服务业纳税人，应在年度首次确认适用15%加计抵减政策时，通过电子税务局(或前往办税服务厅)提交《适用15%加计抵减政策的声明》。

● 《国家税务总局关于增值税发票管理等有关事项的公告》(国家税务总局公告2019年第33号)

增值税一般纳税人取得海关进口增值税专用缴款书(以下简称"海关缴款书")后如需申报抵扣或出口退税，按以下方式处理。

(1)增值税一般纳税人取得仅注明一个缴款单位信息的海关缴款书，应当登录本省(区、市)增值税发票选择确认平台(以下简称"选择确认平台")查询、选择用于申报抵扣或出口退税的海关缴款书信息。通过选择确认平台查询到的海关缴款书信息与实际情况不一致或未查询到对应信息的，应当上传海关缴款书信息，经系统稽核比对相符后，纳税人登录选择确认平台查询、选择用于申报抵扣或出口退税的海关缴款书信息。

(2)增值税一般纳税人取得注明两个缴款单位信息的海关缴款书，应当上传海关缴款书信息，经系统稽核比对相符后，纳税人登录选择确认平台查询、选择用于申报抵扣或出口退税的海关缴款书信息。

稽核比对结果为不符、缺联、重号、滞留的异常海关缴款书按以下方式处理。

(1)对于稽核比对结果为不符、缺联的海关缴款书，纳税人应当持海关缴款书原件向主管税务机关申请数据修改或核对。属于纳税人数据采集错误的，数据修改后再次进行稽核比对；不属于数据采集错误的，纳税人可向主管税务机关申请数据核对，主管税务机关会同海关进行核查。经核查，海关缴款书票面信息与纳税人实际进口货物业务一致的，纳税人登录选择确认平台查询、选择用于申报抵扣或出口退税的海关缴款书信息。

(2)对于稽核比对结果为重号的海关缴款书，纳税人可向主管税务机关申请核查。经核查，海关缴款书票面信息与纳税人实际进口货物业务一致的，纳税人登录选择确认平台查询、选择用于申报抵扣或出口退税的海关缴款书信息。

(3)对于稽核比对结果为滞留的海关缴款书，可继续参与稽核比对，纳税人不需申请数据核对。

增值税一般纳税人取得的 2017 年 7 月 1 日及以后开具的海关缴款书，应当自开具之日起 360 日内通过选择确认平台进行选择确认或申请稽核比对。

2.7.4 异常增值税扣税凭证管理

1. 异常增值税扣税凭证的范围

自 2020 年 2 月 1 日起，符合下列情形之一的增值税专用发票，列入异常凭证范围：

● 《国家税务总局关于异常增值税扣税凭证管理等有关事项的公告》（国家税务总局公告 2019 年第 38 号）

（1）纳税人丢失、被盗税控专用设备中未开具或已开具未上传的增值税专用发票；

（2）非正常户纳税人未向税务机关申报或未按规定缴纳税款的增值税专用发票；

（3）增值税发票管理系统稽核比对发现"比对不符""缺联""作废"的增值税专用发票；

（4）经税务总局、省税务局大数据分析发现，纳税人开具的增值税专用发票存在涉嫌虚开、未按规定缴纳消费税等情形的；

（5）属于《国家税务总局关于走逃（失联）企业开具增值税专用发票认定处理有关问题的公告》（国家税务总局公告 2016 年第 76 号）第二条第（一）项规定情形的增值税专用发票。

2. 对应开具的增值税专票列入异常凭证的范围

增值税一般纳税人申报抵扣异常凭证，同时符合下列情形的，其对应开具的增值税专用发票列入异常凭证范围：

（1）异常凭证进项税额累计占同期全部增值税专用发票进项税额 70%（含）以上的；

（2）异常凭证进项税额累计超过 5 万元的。

纳税人尚未申报抵扣、尚未申报出口退税或已作进项税额转出的异常凭证，其涉及的进项税额不计入异常凭证进项税额的计算。

3. 列入异常凭证范围后的处理

增值税一般纳税人取得的增值税专用发票列入异常凭证范围的，应按照以下规定处理。

（1）尚未申报抵扣增值税进项税额的，暂不允许抵扣。已经申报抵扣增值税进项税额的，除另有规定外，一律作进项税额转出处理。

（2）尚未申报出口退税或者已申报但尚未办理出口退税的，除另有规定外，暂不允许办理出口退税。适用增值税免抵退税办法的纳税人已经办理出口退税的，应根据列入异常凭证范围的增值税专用发票上注明的增值税额作进项税额转出处理；适用增值税免退税办法的纳税人已经办理出口退税的，税务机关应按照现行规定对列入异常凭证范围的增值税专用发票对应的已退税款追回。

纳税人因骗取出口退税停止出口退（免）税期间取得的增值税专用发票列入异常凭证范围的，按照第（1）项规定执行。

（3）消费税纳税人以外购或委托加工收回的已税消费品为原料连续生产应税消费品，尚未申报扣除原料已纳消费税税款的，暂不允许抵扣；已经申报抵扣的，冲减当期允许抵扣的消费税税款，当期不足冲减的应当补缴税款。

（4）纳税信用 A 级纳税人取得异常凭证且已经申报抵扣增值税、办理出口退税或抵扣消费税的，可以自接到税务机关通知之日起 10 个工作日内，向主管税务机关提出核实申请。经税务机关核实，符合现行增值税进项税额抵扣、出口退税或消费税抵扣相关规定的，可不作进项税额转出、追回已退税款、冲减当期允许抵扣的消费税税款等处理。纳税人逾期未提出核实申请的，应于期满后按照第（1）项、第（2）项、第（3）项规定做相关处理。

（5）纳税人对税务机关认定的异常凭证存有异议，可以向主管税务机关提出核实申请。经税务机关核实，符合现行增值税进项税额抵扣或出口退税相关规定的，纳税人可继续申报抵扣或者重新申报出口退税；符合消费税抵扣规定且已缴纳消费税税款的，纳税人可继续申报抵扣消费税税款。

4. 其他管理制度

经税务总局、省税务局大数据分析发现存在涉税风险的纳税人，不得离线开具发票，其开票人员在使用开票软件时，应当按照税务机关指定的方式进行人员身份信息实名验证。

新办理增值税一般纳税人登记的纳税人，自首次开票之日起三个月内不得离线开具发票，按照有关规定不使用网络办税或不具备风险条件的特定纳税人除外。

2.8 出口退税制度

2.8.1 一般规定

纳税人出口货物适用退(免)税规定的，应当向海关办理出口手续，凭出口报关单等有关凭证，在规定的出口退(免)税申报期内按月向主管税务机关申报办理该项出口货物的退(免)税；境内单位和个人跨境销售服务和无形资产适用退(免)税规定的，应当按期向主管税务机关申报办理退(免)税。出口货物办理退税后发生退货或者退关的，纳税人应当依法补缴已退的税款。

2.8.2 适用增值税退(免)税政策的出口货物劳务

适用增值税退(免)税政策的出口货物劳务是指下列企业出口的货物劳务，除另有规定外，给予免税并退税。

1. 出口企业出口货物

出口货物是指企业向海关报关后实际离境并销售给境外单位或个人的货物，分为自营出口货物和委托出口货物两类。出口企业是指依法办理工商登记、税务登记、对外贸易经营者备案登记，自营或委托出口货物的单位或个体工商户，以及依法办理工商登记、税务登记但未办理对外贸易经营者备案登记，委托出口货物的生产企业。

2. 出口企业或其他单位视同出口货物

以下特殊情况下，出口企业可按视同出口货物处理，适用增值税退(免)税政策。

(1) 出口企业对外援助、对外承包、境外投资的出口货物。

(2) 出口企业经海关报关进入国家批准的出口加工区、保税物流园区、保税港区、综合保税区等并销售给境外单位、个人的货物。

(3) 免税品经营企业销售的货物(国家规定不允许经营和限制出口的货物、卷烟和超出免税品经营企业《企业法人营业执照》规定经营范围的货物除外)。例如，中国免税品(集团)有限责任公司向海关报关运入海关监管仓库，专供其经国家批准设立的统一经营、统一组织进货、统一制订零售价格、统一管理的免税店销售的货物。

(4) 出口企业或其他单位销售给用于国际金融组织或外国政府贷款国际招标建设项目的中标机电产品。

(5) 生产企业向海上石油天然气开采企业销售的自产的海洋工程结构物。

(6) 出口企业或其他单位销售给国际运输企业用于国际运输工具上的货物。

(7) 出口企业或其他单位销售给特殊区域内生产企业生产耗用且不向海关报关而输入特殊区域的水、电力、燃气。

3. 出口企业对外提供加工修理修配劳务

出口企业对外提供加工修理修配劳务是指对进境复出口货物或从事国际运输的运输工具进行的加工修理修配，适用增值税退(免)税政策。

2.8.3 适用增值税免税政策的出口货物劳务

适用增值税免税政策的出口货物劳务，是指下列企业出口的货物劳务，除另有规定外，给予免税，但不予退税。

1. 出口企业或其他单位出口以下货物免征增值税

(1)增值税小规模纳税人出口的货物。

(2)避孕药品和用具，古旧图书。

(3)软件产品。

(4)含黄金、铂金成分的货物，钻石及其饰品。

(5)国家计划内出口的卷烟。

(6)已使用过的设备。其具体范围是指购进时未取得增值税专用发票、海关进口增值税专用缴款书但其他相关单证齐全的已使用过的设备。

(7)非出口企业委托出口的货物。

(8)非列名生产企业出口的非视同自产货物。

(9)农业生产者自产农产品。农产品的具体范围按照《农业产品征税范围注释》的规定执行。

(10)油画、花生果仁、黑大豆等财政部和国家税务总局规定的出口免税的货物。

(11)外贸企业取得普通发票、废旧物资收购凭证、农产品收购发票、政府非税收入票据的货物。

(12)来料加工复出口的货物。

(13)特殊区域内的企业出口的特殊区域内的货物。

(14)以人民币现金作为结算方式的边境地区出口企业从所在省(自治区)的边境口岸出口到接壤国家的一般贸易和边境小额贸易出口货物。

(15)以旅游购物贸易方式报关出口的货物。

2. 出口企业或其他单位视同出口下列货物劳务免征增值税

(1)国家批准设立的免税店销售的免税货物。

(2)特殊区域内的企业为境外的单位或个人提供加工修理修配劳务。

(3)同一特殊区域、不同特殊区域内的企业之间销售特殊区域内的货物。

3. 出口企业或其他单位未按规定申报或未补齐增值税退(免)税凭证的以下出口货物劳务免征增值税

(1)未在国家税务总局规定的期限内申报增值税退(免)税的出口货物劳务。

(2)未在规定期限内申报开具《代理出口货物证明》的出口货物劳务。

(3)已申报增值税退(免)税，却未在国家税务总局规定的期限内向税务机关补齐增值税退(免)税凭证的出口货物劳务。

适用增值税免税政策的出口货物劳务，其进项税额不得抵扣和退税，应当转入成本。

2.8.4 不适用增值税退(免)税和免税政策的出口货物劳务

不适用增值税退(免)税和免税政策的出口货物劳务是指下列出口货物劳务既不免税也不退税。

(1)出口企业出口或视同出口财政部和国家税务总局根据国务院决定明确的取消出口退(免)税的货物,但不包括来料加工复出口货物、中标机电产品、列名原材料、输入特殊区域的水电气、海洋工程结构物。

(2)出口企业或其他单位销售给特殊区域内的生活消费用品和交通运输工具。

(3)出口企业或其他单位因骗取出口退税被税务机关停止办理增值税退(免)税期间出口的货物。

(4)出口企业或其他单位提供虚假备案单证的货物。

(5)出口企业或其他单位增值税退(免)税凭证有伪造或内容不实的货物。

(6)出口企业或其他单位未在国家税务总局规定期限内申报免税核销以及经主管税务机关审核不予免税核销的出口卷烟。

(7)出口企业或其他单位具有其他特殊情形的出口货物劳务。

2.8.5 增值税退(免)税办法

增值税退(免)税办法主要包括免抵退税办法以及免退税办法。

1. 适用免抵退税办法的情形

(1)生产企业出口自产货物和视同自产货物。

(2)对外提供加工修理修配劳务。

(3)税法规定的列名生产企业出口非自产货物。

实行免、抵、退税办法的"免"税是指对生产企业出口的自产货物,免征本企业生产销售环节增值税;"抵"税是指生产企业出口自产货物所耗用的原材料、零部件、燃料、动力等所含应予退还的进项税额,抵顶内销货物的应纳税额;"退"税是指生产企业出口的自产货物在当月内应抵顶的进项税额大于应纳税额时,对未抵顶完的部分予以退税。

2. 适用免退税办法的情形

不具有生产能力的出口企业(外贸企业)或其他单位出口货物劳务。

免退税办法是指免征出口销售环节增值税,并退还已出口货物购进时所发生的进项税额。

2.8.6 出口退税率

出口货物的退税率是出口货物的实际退税额与退税计税依据的比例。财政部、国家税务总局专门对不同的出口货物的增值税退税率做了规定,并不定期进行调整。出口企业应将不同税率的货物分开核算和申报,未分开报关、核算或划分不清的,一律从低适用退税率计算退免税。

>>案例精讲

案例一:逾期申报增值税处罚案

2013年10月15日,北京某公司(以下称"原告")不服北京市海淀区国家税务局第九税务所(以下称"被告")做出的《行政处罚决定书》,向北京市海淀区国家税务局(以下称"复议机关")提出行政复议申请,复议机关依法受理了该申请。原告请求撤销被告做出的《行政处罚决定书》。复议机关最终维持了被告做出的具体行政行为。原告不服,向北京市海淀区人民法院提起诉讼,法院维持了被告和复议机关的决定。

原告起诉称:第一,被告没有尽到告知义务,原告无过错,被告做出的处罚没有法律依据。《中华人民共和国税收征收管理法》(以下简称《税收征收管理法》)中规定纳税人有权了解与纳税程序有关的情况。被告做出的处罚决定认定原告"2013年8月增值税逾期未申报",而原告在受罚后补报的是"无增值税申报",被告的认定与事实不符。被告在告知事项中没有告知原告申报2013年8月的增值税,也没有告知原告要申报"无增值税申报"。

第二,原告是新办企业,原告从何时起成为增值税纳税人是认定处罚决定是否合法的关键。根据《中华人民共和国增值税暂行条例》(以下简称"《增值税暂行条例》")的相关规定,原告至2013年9月27日没有取得税控机和发票,没有发生纳税义务,不是增值税纳税人。而被告做出行政处罚依据的《税收征收管理法》第二十五条、第六十二条中的规定,这些法律适用的对象必须是纳税人。被告用约束增值税纳税人的法律规定,处罚不存在的事物或非增值税纳税人,没有法律依据。

原告提供一份证据:电子缴税付款凭证,证明原告已经缴纳了罚款100元。

被告答辩称:第一,被告做出的处罚决定事实清楚,证据确凿,法律适用正确,程序合法,过罚相当。原告于2013年8月21日到北京市海淀区国家税务局(以下简称"海淀国税局")办理税务登记,核定税种为增值税,通过《北京市海淀区国家税务局告知事项》告知原告"自2013年9月起,1日至15日内申报流转税(增值税、消费税等)(按月申报)",原告于同日签收。海淀国税局于同日向原告送达《纳税申报通知单》,告知原告到被告处办理备案,原告于8月29日到被告处办理了新户备案手续。9月17日,经被告在"税收征管信息系统"查询确认,原告未按照规定的期限对所属期为"2013年8月"的增值税进行纳税申报,其行为违反了《税收征收管理法》第二十五条的规定。9月27日,被告依据《税收征收管理法》第六十二条的规定,对原告做出罚款100元的行政处罚。

第二,原告的复议请求没有事实和法律依据,不能成立。根据《财政部 国家税务总局关于在全国开展交通运输业和部分现代服务业营业税改征增值税试点税收政策的通知》(财税〔2013〕37号)的规定,海淀国税局认定原告为增值税纳税人符合税法规定;根据《增值税暂行条例》第二十三条的规定,原告知道也应当知道其2013年9月应对8月的增值税进行申报;根据海淀国税局的告知事项及《税收征收管理法》第二十五条的规定,原告也应当知道会计期间和纳税期间同样为自然月。原告混淆了发生增值税纳税义务的时间与纳税申报期限的概念。原告在办理税务登记后,无论是否实际发生增值税纳税义务,都必须履行在申报期内进行纳税申报的义务。

被告提供了以下五份证据:第一,《税种登记表》《海淀国税局告知事项》,上述证据证明原告于2013年8月21日到海淀国税局办理税务登记,核定税种为增值税,海淀国税局告知原告应自2013年9月起,1日至15日内申报增值税,并告知原告依法履行申报义务和咨询途径;第二,《纳税申报通知单》《税种登记信息》,上述证据证明海淀国税局通知原告到被告处办理备案,且原告于8月29日到被告处办理了备案手续;第三,未结案违法违章案件信息,证明原告在2013年9月未在规定的期限内办理纳税申报,已构成违法;第四,《税务行政处罚事项告知书》、原告提交的陈述、被告执法人员出具的说明,上述证据证明被告告知了原告做出行政处罚的相关事项,原告进行了陈述与申辩;第五,《增值税纳税申报表》,证明原告在接受税务行政处罚后,于2013年9月30日进行了增值税纳税申报。

法院查明事实如下:原告于2013年8月21日在海淀国税局税务登记窗口办理税务登记,经核定税种为增值税。同时,海淀国税局向原告办税人员送达了《北京市海淀区国家税务局告知事项》,告知其"自2013年9月起,1日至15日内申报流转税(增值税、消费税等)(按月申报)"。2013年8月29日,原告到被告处办理新户报到手续。此后,原告因2013年8月增值税逾期未申报，被告于9月27日向原告做出《税务行政处罚决定书》（海九国简罚〔2013〕1014号），罚款金额100元。原告于9月30日进行了所属期为"2013年8月"的增值税纳税申报补报，并缴纳了罚款。

法院认为：《税收征收管理法》第四条规定，法律、行政法规规定负有纳税义务的单位和个人为纳税人。第二十五条规定，纳税人必须依照法律、行政法规规定或者税务机关依照法律、行政法规的规定确定的申报期限、申报内容如实办理纳税申报，报送纳税申报表、财务会计报表以及税务机关根据实际需要要求纳税人报送的其他纳税资料。《增值税暂行条例》第二十三条规定，纳税人的具体纳税期限，由主管税务机关根据纳税人应纳税额的大小分别核定。依据上述规定，海淀国税局根据原告的情况核定税种为增值税并办理税务登记后，无论是否发生增值税应税项目，原告即已成为增值税纳税人，负有在规定期限内办理纳税申报的义务。同时，海淀国税局告知了原告纳税申报的期限，履行了相应的告知义务。虽然原告在办理税务登记的当月没有发生增值税应税项目，但根据《中华人民共和国税收征收管理法实施细则》（以下简称《税收征收管理法实施细则》）第三十二条的规定，纳税人在纳税期内没有应纳税款的，也应当按照规定办理纳税申报，并在税务机关告知的期限内予以申报。因此，本案中，被告针对原告未按照规定的期限办理纳税申报的行为，依据《税收征收管理法》第六十二条的规定进行处罚，认定事实清楚，证据充分，适用法律正确，依法履行了相关程序。

1. 企业成为增值税纳税人的起点

根据《增值税暂行条例》第一条的规定，在中国境内销售货物或者提供加工、修理修配劳务以及进口货物的单位和个人，为增值税的纳税人，应当依法缴纳增值税。如果仅根据这一规定，本案中的原告并未"在中国境内销售货物或者提供加工、修理修配劳务以及进口货物"，因此，其并非增值税纳税人。原告阐述的理由具有一定合理性。

根据《税收征收管理法》第十五条的规定，企业，企业在外地设立的分支机构和从事生产、经营的场所，个体工商户和从事生产、经营的事业单位自领取营业执照之日起三十日内，持有关证件，向税务机关申报办理税务登记。税务机关应当于收到申报的当日办理登记并发给税务登记证件。根据这一规定，企业成立以后要及时进行税务登记，但并未规定企业何时成为增值税纳税人。理论界和实务界一般认为，企业自办理税务登记之日起成为纳税人，需要履行纳税申报的义务。

根据《税收征收管理法实施细则》第三十二条的规定，纳税人在纳税期内没有应纳税款的，也应当按照规定办理纳税申报。但问题的关键是纳税人的纳税期从何时开始？根据《增值税暂行条例》第二十三条的规定，增值税的纳税期限分别为1日、3日、5日、10日、15日、1个月或者1个季度。纳税人的具体纳税期限，由主管税务机关根据纳税人应纳税额的大小分别核定。在实务操作中，纳税人纳税期的开始之日为税务登记证上记载的日期（即颁发税务登记证的日期），税务机关会以通知的形式通知纳税人纳税期的开始之日。这种实务操作虽然符合税法原理，但并无明确的法律依据。

可供借鉴的法律依据为《中华人民共和国企业所得税法》（以下简称《企业所得税法》）第五十三条的规定："企业所得税按纳税年度计算。纳税年度自公历1月1日起至12月31日止。企业在一个纳税年度中间开业，或者终止经营活动，使该纳税年度的实际经营期不足十二个月的，应当以其实际经营期为一个纳税年度。企业依法清算时，应当以清算期间作为一个纳税年度。"这种规定非常明确，而且其强调的纳税期开始之日为实际经营期，并非办理税务登记之日，因为企业成立（即领取营业执照）之后，经营期就已经开始计算，但企业最迟可以在领取营业执照后的第三十天办理税务登记，因此，在企业所得税领域，不能认为企业的纳税期自领取税务登记证之日开始计算，而应当自领取营业执照之日开始计算。

综上，企业自办理税务登记证之日起成为纳税人，应当根据税务机关核定的税种和纳税期限办理纳税申报。但现行税法并未明确规定企业何时成为增值税纳税人，相关规定应当予以完善。

需要注意的是，我国税务登记证已经取消。根据《国家税务总局关于落实"三证合一"登记制度改革的通知》（税总函〔2015〕482号）的规定，2015年10月1日要在全国全面推行"三证合一、一照一码"登记改革。各地税务机关要加强与有关部门的沟通协调，做好各相关职能部门之间的分工配合，统筹做好改革前后的过渡衔接工作，确保现有登记模式向"三证合一、一照一码"登记模式平稳过渡。新设立企业、农民专业合作社（以下统称"企业"）领取由工商行政管理部门核发加载法人和其他组织统一社会信用代码（以下称"统一代码"）的营业执照后，无须再次进行税务登记，不再领取税务登记证。企业办理涉税事宜时，在完成补充信息采集后，凭加载统一代码的营业执照可代替税务登记证使用。除以上情形外，其他税务登记按照原有法律制度执行。改革前核发的原税务登记证件在过渡期继续有效。

2. 未发生增值税纳税义务也应当进行增值税纳税申报

纳税申报是指纳税人按照税法规定的期限和内容向税务机关提交有关纳税事项书面报告的法律行为，是纳税人履行纳税义务、承担法律责任的主要依据，是税务机关税收管理信息的主要来源和税务管理的一项重要制度。纳税申报是一种程序性义务，与是否产生纳税义务、是否需要实际缴纳税款并无直接关系，也就是说，纳税人有义务进行无税申报。

本案中的被告和复议机关均引用《税收征收管理法实施细则》第三十二条的规定做为对原告进行处罚的依据，一般而言，这是没有问题的。但本案争议的焦点是纳税人的纳税期是自2013年8月21日办理税务登记之日开始，还是自2013年9月1日开始。对该问题，前文已有分析。目前税法并未明确规定原告的纳税期自2013年8月21日开始，但税务机关根据税法的一般理论确定其增值税纳税期自2013年8月21日开始也是合理的，原告有义务遵守。特别是当被告已经明确告知原告自2013年9月开始履行增值税申报义务时，原告更有义务予以遵守。

3. 税务机关有义务告知纳税人无税申报的义务

对于新成立的纳税人而言，税务机关有义务告知纳税人进行纳税申报的义务。根据《税收征收管理法》第七条的规定，税务机关应当广泛宣传税收法律、行政法规，普及纳税知识，无偿地为纳税人提供纳税咨询服务。本案中税务机关的告知义务实际上也是其应当履行的基本职责，也属于履行广义上的"宣传税收法律、行政法规"的义务。

特别是对于新成立的纳税人具体税种纳税期的开始之日，由于税法往往没有明确规定，指望纳税人依靠自学税法或者自学税法理论来回答自己的纳税期从何时开始也是不现实的，因此，税务机关特别有义务告知新成立的纳税人其各类税种纳税期的开始之日以及其应当履行的纳税申报的义务。

本案中，税务机关告知原告的内容为"自2013年9月起，1日至15日内申报流转税（增值税、消费税等）（按月申报）"。这种表述方式是很容易产生误解的，原告非常容易理解为其纳税期自2013年9月1日才开始。如果这样理解，原告第一次进行纳税申报的截止日期应当为2013年10月15日（如果考虑国庆七天假期，一般截止日期为10月22日）。因此，本案原告在复议申请书中应注重从税务机关的告知书存在误导的角度来为自己的无过错辩护。建议税务机关对新成立的纳税人的告知书更加具体明确，尽量使用纳税人可以理解的语言。如明确告知其纳税期自2013年8月21日就开始了，在2013年9月15日之前必须申报2013年8月份的增值税，即使没有发生纳税义务，也应当进行无税申报，否则会受到税务机关的处罚。如果有类似的语言，相信本案中的原告也不会逾期申报增值税。

另外，最近几年，在推行网上纳税申报的地区，税务机关往往都会通过短信的方式提醒纳税人及时办理纳税申报，在纳税申报截止的最后一天，还会再次向纳税人发送短信提醒其该日是纳税申报的最后一天，提醒纳税人及时办理纳税申报。这些实践中的做法都是值得在广大税务机关中推广的。

4. 被告做出的处罚决定基本合理

根据《税收征收管理法》第六十二条的规定，纳税人未按照规定的期限办理纳税申报和报送纳税资料的，或者扣缴义务人未按规定的期限向税务机关报送代扣代缴、代收代缴税款报告表和有关资料的，由税务机关责令限期改正，可以处二千元以下的罚款；情节严重的，可以处二千元以上一万元以下的罚款。本案中的原告属于"未按照规定的期限办理纳税申报"，因此，税务机关应当责令限期改正，并"可以处二千元以下的罚款"。被告对原告处以100元罚款，符合法律规定。但《税收征收管理法》规定的处罚为"可以处二千元以下的罚款"，也就是说，法律允许税务机关根据自由裁量权对违法情节轻微的纳税人免于处罚。《中华人民共和国行政处罚法》(以下简称《行政处罚法》)第二十七条也规定："违法行为轻微并及时纠正，没有造成危害后果的，不予行政处罚。"本案中原告的情形可以适用本条规定，税务机关应当不予行政处罚。

根据《北京市国家税务局北京市地方税务局关于发布<税务行政处罚裁量权实施办法>的公告》(北京市国家税务局北京市地方税务局公告2014第7号)中的《项目违法行为处罚裁量权执行标准》的规定，纳税人未按照规定的期限办理纳税申报逾期15日以内的，可以处100元以下罚款，逾期15日以上1个月以下的，处100元以上200元以下罚款。很明显，对于由于无知而短期逾期办理纳税申报的行为可以不处罚，也可以处"100元以下罚款"。从和谐社会建设以及缓解税企矛盾的角度出发，本案中的被告如果对原告不予处罚，仅责令其限期改正，并对其进行一定的批评教育和税法普及，不仅会大大增进税企关系的和谐，而且也可以对企业起到更好的教育效果。目前，已经有一些税务机关遵循了凡是可以不处罚的，一概不处罚，凡是可以从轻或者减轻处罚的，一概从轻或者减轻处罚的原则，这种处罚原则是很值得广大税务机关借鉴的。

案例二：已证实虚开通知单的可复议性

原告上海甲贸易有限公司(以下简称"上海甲公司")与被告淮安市某区国家税务局行政复议决定一案，江苏省淮安市某区人民法院受理后，依法向被告送达了起诉状副本及应诉通知书。本案在诉讼过程中，根据国家税务总局的统一部署，原淮安市某区国家税务局和原淮安市淮安地方税务局合并成立国家税务总局淮安市某区税务局。原淮安市某区国家税务局的职权由国家税务总局淮安市某区税务局继续行使。根据《行政诉讼法》第26条第6款的规定，法院通知国家税务总局淮安市某区税务局(以下简称"某区税务局")作为本案被告参加诉讼。法院依法组成合议庭，于2018年12月25日公开开庭审理了本案。本案现已审理终结。

上海甲公司诉称，原告对某区国家税务局稽查局开具《已证实虚开通知单》行政行为不服，向被告申请行政复议，被告以属于内部行政行为为由决定不予受理，对此原告不服，具体陈述如下。

第一，未引用具体法律条款，应当视为没有法律依据。《不予受理行政复议申请决定书》援引《行政复议法》第6条，但第6条有11项规定，不知适用的是具体哪一项规定。

第二，没有对原告的复议请求进行审查。原告申请复议针对的对象是某区国家税务局稽查局认定上下游企业之间"增值税虚开"行政行为，并陈述了具体事实和理由。但是不予受理决定书看不到对上述内容的评价或认定。客观上，某区国家税务局稽查局已经认定淮安乙能源有限公司与上海甲公司之间虚开增值税发票行为，故而向上海市国家税务局第四稽查局发出《已证实虚开通知单》，并要求据此处理。不予受理行政复议决定没有针对原告的复议申请进行审查，回避了某区国家税务局稽查局是否认定原告与淮安乙能源有限公司是否存在增值税虚开的经营行为。

第三，不予受理决定中，缺少对事实的认定。

第四，退一步讲，不予受理行政复议申请决定援引了国家税务总局《税收违法案件发票协查管理办法（试行）》第9条的规定，恰恰反驳了被告自己的主张，证明了原告的主张。国家税务总局《税收违法案件发票协查管理办法（试行）》所讲的协查分为两类：第一类，即税务机关对外地企业的行为，掌握了疑点或线索，本税务机关的要求是其他地区税务机关有针对性地协助取证。第二类，即税务机关对外地企业的行为已经有了定性，本税务机关的重点要求是行政处罚结果。

第五，再退一步讲，在对外关系上，委托方与受托方是一体的，权利来源于委托方，责任归属于委托方。

第六，某区国家税务局稽查局行政行为程序违法、实体错误、法律依据不明。首先，行政行为程序违法，应予纠正。应该调查核实，客观上没有调查核实。"径行认定"淮安乙能源有限公司向原告开具的发票为"虚开"，程序违法；"径行认定虚开"，没有告知原告享有知情、陈述、申辩权利，剥夺了原告的合法权益，违反国家税务总局关于健全税收执法调查取证、告知、听证、集体讨论、决定、文书送达等制度规定。其次，实体错误。行政行为的法律依据不明确，将正常的经营业务错误认定为虚开，明显违法，应该予以纠正。原告与上下游企业均是正常的业务活动，如实申报了增值税等相关税费。行政行为的法律依据不明确。淮安乙能源有限公司的纳税申报符合税法规定。

综上所述，对原告的行政复议请求没有审查，对原告提出的事实与理由没有审查，不予受理决定书援引的法律条款不明、视为没有法律依据。故提起诉讼，请求人民法院：第一，撤销被告做出的淮安国税复不受〔2018〕2号《不予受理行政复议申请决定书》；对原某区国家税务局稽查局《已证实虚开通知单》行政行为予以审查。第二，本案诉讼费用由被告承担。

被告某区税务局辩称：答辩人做出的淮安国税复不受〔2018〕2号《不予受理行政复议申请决定书》，认定事实清楚、程序合法、法律适用得当、结论正确，依法应予维持。

第一，2018年6月15日，上海甲公司不服原淮安市某区国家税务局稽查局向原上海市国家税务局第四稽查局发出的《已证实虚开通知单》，申请行政复议。2018年6月18日答辩人收到申请书。同年6月21日答辩人向上海甲公司发出了事项告知书以及地址确认书。同年6月29日答辩人收到上海甲公司变更被申请人的申请书，同日答辩人做出了《不予受理行政复议申请决定书》。

第二，原淮安市某区国家税务局稽查局在系统内部发出的《已证实虚开通知单》，是国家税务局系统的内部行为，既不是行政处理行为，也不是行政处罚行为，不具有可诉性。在《已证实虚开通知单》的内容里，反映出经过检查确认的淮安乙能源有限公司虚开增值税发票的事实。根据《税收违法案件发票协查管理办法（试行）》第15条第（1）项的规定，原上海市国家税务局第四稽查局需要立案检查，该局检查的结果才是对上海甲公司做出处理或处罚的依据。如果上海甲公司对原上海市国家税务局第四稽查局的处理或处罚决定不服，可以提起行政复议或行政诉讼。所以《已证实虚开通知单》不可诉。

第三，原淮安市某区国家税务局稽查局向原上海市国家税务局第四稽查局发出的《已证实虚开通知单》，有法律依据。《税收违法案件发票协查管理办法（试行）》第9条第1款规定，已确定虚开案件的协查，委托方应当按照受托方一户一函的形式出具《已证实虚开通知单》及相关证据资料，并在所附发票清单上逐页加盖公章，随同《税收违法案件协查函》寄送受托方。

综上所述，《已证实虚开通知单》不具有可诉性，上海甲公司申请行政复议必然不被受理，答辩人做出的淮安国税复不受〔2018〕2号《不予受理行政复议申请决定书》事实清楚，法律依据充分。请求人民法院依法驳回上海甲公司的诉讼请求。

法院根据上列证据及当事人在庭审中的陈述，认定以下案件事实：

原淮安市某区国家税务局稽查局于2018年3月7日向原上海市国家税务局第四稽查局发出某区国税（稽）协〔2018〕001号《税收违法案件协查函》和《已证实虚开通知单》（协查编号为632080300180001）、277份发票明细等材料。其中《税收违法案件协查函》主要是就淮安乙能源有限公司涉嫌虚开增值税专用发票实施犯罪行为请求开展协查取证工作。《已证实虚开通知单》内容为："经查证，现将已证实虚开的发票277份、涉案发票金额241828623.28元告知你局，请按有关规定处理，并将有关情况及税务处理结果反馈我局。"另附发票清单。

原上海市国家税务局第四稽查局在税务内部系统收到上述材料后，即立案开展税务检查。2018年4月9日，上海市国家税务局第四稽查局向被告发出沪国税四税稽协复〔2018〕061号《关于淮安乙能源有限公司一案案件的协查回复函》并附《税务稽查案件协查报告》。主要内容为：第一，基本情况。主要说明原告公司的基本情况。第二，调查取证情况及发现的问题。经核，原告公司2015年6~12月收受淮安乙能源有限公司开具并已证实虚开的增值税专用发票共13份，金额：9437104.11元，税额：1604307.69元，具体有：原告公司收受淮安乙能源有限公司开具的"江苏增值税专用发票"13份；原告公司原业务经理的陈述；货物交付、资金支付情况；发票抵扣情况。第三，协查结论为：上海甲贸易有限公司确系有真实的货物交易及资金流向，但企业无法提供资金流与货物流一致的物流凭证。截至本次检查之日未见上海甲贸易有限公司将上述已定性虚开的13份增值税专用发票相关税金转出，违反了《增值税暂行条例》第9条、《国家税务总局关于纳税人虚开增值税专用发票征补税问题的公告》之规定。第四，处理、处罚情况：追缴相应税款滞纳金；未发现公司有偷税情形，故未加处罚款。

原告在原上海市国家税务局第四稽查局检查期间，获知协查编号为632080300180001的《已证实虚开通知单》，遂于2018年5月21日向被告申请行政复议，请求撤销上述《已证实虚开通知单》。被告某区国税局经审查，于2018年6月20日向原告发出变更被申请人的《行政复议告知书》，并于2018年6月28日做出淮安国税复不受〔2018〕2号《不予受理行政复议申请决定书》，内容为："被申请人向上海市国家税务局第四稽查局发出的《已证实虚开通知单》，系被申请人依据《税收违法案件发票协查管理办法（试行）》（税总发〔2013〕66号）第9条之规定向上海市国家税务局第四稽查局发出的系统内部协查信息。该协查信息不属于《中华人民共和国行政复议法》第6条、《税务行政复议规则》（国家税务总局令第39号）第14条规定的复议受案范围。根据《行政复议法》第17条、《税务行政复议规则》第45条第1款之规定，本机关决定不予受理"。原告不服，向法院提起行政诉讼。

法院认为，《最高人民法院关于适用<中华人民共和国行政诉讼法>的解释》第1条第2款规定："下列行为不属于人民法院行政诉讼受案范围：……（五）行政机关做出的不产生外部法律效力的行为……"，《行政复议法》第6条和《税务行政复议规则》第14条对行政复议的受案范围作了明确规定。

本案的争议焦点为：原淮安市某区国家税务局稽查局做出的《已证实虚开通知单》有无产生外部法律效力。

法院认为，《已证实虚开通知单》没有产生外部法律效力。

第一，《已证实虚开通知单》属于内部行政行为。国家税务总局《税收违法案件发票协查管理办法（试行）》第7条规定："委托方（查办税收违法案件的税务局稽查局）根据案件查办情况，确定协查对象，需要发起委托协查的，向受托方（有管辖权的税务局稽查局）发出《税收违法案件协查函》"，第9条规定："已确定虚开发票案件的协查，委托方应当按照受托方一户一函的形式出具《已证实虚开通知单》及相关证据资料，并在所附发票清单上逐页加盖公章，随同《税收违法案件协查函》寄送受托方"，根据上述规定，《已证实虚开通知单》是根据国家税务总局印发的《税收违法案件发票协查管理办法（试行）》及国家税务总局的相关通知精神，在税务系统内部通过国家税务总局的协查系统往来的内部函件。本案原告提供的《已证实虚开通知单》，是被告通过协查系统发给原上海市国家税务局第四稽查局的内部协查函件，仅供税务机关内部使用，并不直接送达行政相对人，对行政相对人的权利义务不产生直接影响，属于内部行政行为，原则上不具有可复议性或可诉性。

第二，本案《已证实虚开通知单》内部行政行为并未"外部化"，且未产生对外法律效力。国家税务总局《税收违法案件发票协查管理办法（试行）》第15条规定："有下列情形之一的，受托方应当按照《税务稽查工作规程》有关规定立案检查：（一）委托方已开具《已证实虚开通知单》的……"，根据上述规定，受票地企业是否构成违法及是否给予行政处罚，由受委托的税务机关依法进行查处。原上海市国家税务局第四稽查局接到被告发出的《税收违法案件协查函》《已证实虚开通知单》等文书材料后，根据上述规定进行立案检查，于2018年4月9日向本案被告发出《关于淮安乙能源有限公司一案案件的协查回复函》及《税务稽查案件协查报告》，认为：上海甲贸易有限公司确系有真实的货物交易及资金流向，但企业无法提供资金流与货物流一致的物流凭证。截至本次检查之日未见上海甲贸易有限公司将上述已定性虚开的13份增值税专用发票相关税金转出，违反了《增值税暂行条例》第9条、《国家税务总局关于纳税人虚开增值税专用发票征补税问题的公告》之规定。遂对本案原告做出追缴相应税款及滞纳金的决定。可见原上海市国家税务局第四稽查局仅将原淮安市某区国家税务局稽查局做出的《已证实虚开通知单》作为线索，对原告单位开展立案检查，经税务稽查后认为原告票面信息不符，故做出追缴相应税款及滞纳金的决定，并未直接凭《已证实虚开通知单》向本案原告做出处理处罚决定。故案涉《已证实虚开通知单》并未产生外部法律效力，对原告单位的权利义务未产生实际影响。

综上所述，原淮安市某区国家税务局稽查局向原上海市国家税务局第四稽查局发出的《已证实虚开通知单》系税务机关内部文书，属于内部行政行为，且未发生对外的法律效力，不具有可复议性或可诉性。故被告某区国税局向原告做出的淮安国税复不受〔2018〕2号《不予受理行政复议申请决定书》，不予受理原告的行政复议，符合相关法律法规的规定，并无不当。

2019年1月16日，法院根据《行政诉讼法》第69条之规定，判决驳回原告上海甲贸易有限公司的诉讼请求。本案案件受理费人民币50元，由原告上海甲贸易有限公司负担。

1. 行政机关做出的未发生对外法律效力的内部行政行为是否具有可复议性

行政机关做出的内部行政行为一般仅在内部产生法律效力，对外不具有法律效力，因此，内部行政行为通常不具有可复议性。根据《行政复议法》的立法宗旨，凡是影响当事人权利义务的具体行政行为原则上均在复议范围内。而不具有对外法律效力的内部行政行为通常情况下不会影响当事人的权利义务,因此,将行政机关做出的未发生对外法律效力的内部行政行为排除在行政复议范围外符合《行政复议法》的立法宗旨。但在具体案件中,应具体分析内部行政行为的法律效力及其是否影响当事人的权利义务。原则上,当事人就内部行政行为申请行政复议本身就表明该行为已经在事实上影响了当事人的权利义务,行政复议机关应在法律允许的范围内尽量受理。

2. 如何判断具体行政行为是否产生了外部法律效力

法律效力是法律上承认的、具有法律意义的效果及其力度。内部行政行为因其并不直接对外部主体做出,也不向外部主体送达,通常情况下不产生对外法律效力。但在特殊情况下,内部行政行为对外部主体的权利义务产生了影响,应认定其已经对外产生了事实上的法律效力。以本案为例,《已证实虚开通知单》虽然是内部行政行为,但其直接决定了是否启动对纳税人的稽查。无论纳税人是否有问题,启动对纳税人的税务稽查本身就会对其生产经营活动产生影响。《已证实虚开通知单》实际上是对双方当事人增值税发票开具行为的定性,其影响的并非开票方的利益,也同样影响受票方的利益。税务机关在未向受票方进行调查核实,未给予受票人任何申辩权的情形下,将双方的行为定性为虚开发票,实际上已经影响到受票方的权利义务。因此,应允许受票方对《已证实虚开通知单》的合法性进行质疑并有权申请相应救济。

疑难问答

1. 企业员工取得火车票,是否能够抵扣进项,按什么金额抵扣?其他凭证呢?

2019年4月1日起,纳税人购进国内旅客运输服务,其进项税额允许从销项税额中抵扣。
(1)取得增值税电子普通发票的,为发票上注明的税额。
(2)取得注明旅客身份信息的航空运输电子客票行程单的,为按照下列公式计算的进项税额:

航空旅客运输进项税额=(票价+燃油附加费)÷(1+9%)×9%

(3)取得注明旅客身份信息的铁路车票的,为按照下列公式计算的进项税额:

铁路旅客运输进项税额=票面金额÷(1+9%)×9%

(4)取得注明旅客身份信息的公路、水路等其他客票的,为按照下列公式计算的进项税额:

公路、水路等其他旅客运输进项税额=票面金额÷(1+3%)×3%

2. 新办或注销按季申报的小规模纳税人企业,实际经营期不足一个季度的,是按照实际经营期还是按季享受小微企业的优惠?

从有利于小规模纳税人享受优惠政策的角度出发,对于选择按季申报的小规模纳税人,不论是季度中间成立还是季度中间注销的,均按30万元判断是否享受优惠。

3. 小规模纳税人仅享受小微企业优惠免征增值税,是否需要填写增值税减免税申报表?

不需要。

4. 辅导期一般纳税人一个月内多次领购专用发票的,是否要预缴税款?

根据《增值税一般纳税人纳税辅导期管理办法》(国税发〔2010〕40号)第九条规定,辅导期纳税人一个月内多次领购专用发票的,应从当月第二次领购专用发票起,按照上一次已领购并开具的专用发票销售额的3%预缴增值税,未预缴增值税的,主管税务机关不得向其发售专用发票。预缴增值税时,纳税人应提供已领购并开具的专用发票记账联,主管税务机关根据其提供的专用发票记账联计算应预缴的增值税。

5. 增值税一般纳税人取得符合规定的通行费电子发票后如何抵扣？如何填写申报表？

根据《交通运输部 国家税务总局关于收费公路通行费增值税电子普通发票开具等有关事项的公告》(交通运输部 国家税务总局公告2017年第66号)第四条第一款和第二款规定，增值税一般纳税人取得符合规定的通行费电子发票后，应当自开具之日起360日内登录本省(区、市)增值税发票选择确认平台，查询、选择用于申报抵扣的通行费电子发票信息。

按照有关规定不使用网络办税的特定纳税人，可以持税控设备前往主管税务机关办税服务厅，由税务机关工作人员通过增值税发票选择确认平台(税务局端)为其办理通行费电子发票选择确认。

收费公路通行费增值税进项税额抵扣政策按照国务院财税主管部门有关规定执行。

增值税一般纳税人申报抵扣的通行费电子发票进项税额，在纳税申报时应当填写在《增值税纳税申报表附列资料(二)》(本期进项税额明细)中"认证相符的增值税专用发票"相关栏次中。

6. 一般纳税人接受国内旅客运输服务，取得符合条件的电子普通发票或者客票，如何填写增值税申报表？

纳税人购进国内旅客运输服务，取得增值税电子普通发票或注明旅客身份信息的航空、铁路等票据，按规定可抵扣的进项税额，在申报时填写在《增值税纳税申报表附列资料(二)》第8b栏"其他"中。同时，还需将扣税凭证上注明或按规定计算的金额和税额填入本表第10行"本期用于抵扣的旅客运输服务"栏。

7. 取得增值税电子普通发票，以及注明旅客身份信息的航空运输电子客票行程单、铁路车票、公路、水路等其他客票，其抵扣期限是多久？

自2019年4月1日起，纳税人购进国内旅客运输服务的进项税额允许抵扣。现行政策未对除增值税专用发票以外的国内旅客运输服务凭证设定抵扣期限。

8. 企业在外地预缴了增值税，本期申报增值税时无法带出预缴税额，怎么办？

预缴税额栏次先填零上传报表，携带一份正确的申报表、公章、经办人身份证及预缴税款银行回单或完税证明原件及复印件到办税服务厅改表。

9. 外国企业常驻代表机构如何缴纳增值税？

外国企业常驻代表机构(以下称"代表机构")在中国境内发生的应税行为，按照现行增值税政策规定缴纳增值税。代表机构发生跨境应税行为的，按照现行营改增关于跨境应税行为增值税征税或者免税政策规定执行。

10. 纳税人符合加计抵减政策条件，是否需要办理什么手续？

根据《国家税务总局关于深化增值税改革有关事项的公告》(国家税务总局公告2019年14号)第八条规定，按照《财政部 税务总局 海关总署关于深化增值税改革有关政策的公告》(财政部 税务总局 海关总署公告2019年第39号)规定，适用加计抵减政策的生产、生活性服务业纳税人，应在年度首次确认适用加计抵减政策时，通过电子税务局(或前往办税服务厅)提交《适用加计抵减政策的声明》。适用加计抵减政策的纳税人，同时兼营邮政服务、电信服务、现代服务、生活服务的，应按照四项服务中收入占比最高的业务在《适用加计抵减政策的声明》中勾选确定所属行业。

11. 适用加计抵减政策如何填写申报表(销项大于进项)？加计抵减的税额为什么主表没有体现？

计算可计提的加计抵减税额，填报《增值税纳税申报表附列资料(四)》(税额抵减情况表)

第二列"本期发生额",第四列和第六列可以自动带出。

按照国家税务总局公告 2019 年第 15 号附件 2《增值税纳税申报表(一般纳税人适用)》及其附列资料填写说明的规定,适用加计抵减政策的纳税人,应纳税额按以下公式填写:

本栏"一般项目"列"本月数"=第 11 栏"销项税额""一般项目"列"本月数"-第 18 栏"实际抵扣税额""一般项目"列"本月数"-"实际抵减额";

本栏"即征即退项目"列"本月数"=第 11 栏"销项税额""即征即退项目"列"本月数"-第 18 栏"实际抵扣税额""即征即退项目"列"本月数"-"实际抵减额"。

主表没有直接体现加计抵减税额的行次,第 19 行"应纳税额"等于主表第 11 行-主表第 18 行-《附列资料(四)》第 6 行本期实际抵减额。

12 纳税人可计提但未计提的加计抵减额,可在确定适用加计抵减政策当期一并计提,请问补提时是逐月调整申报表,还是一次性在当期计提?

《财政部 税务总局 海关总署关于深化增值税改革有关政策的公告》(财政部 税务总局 海关总署公告 2019 年第 39 号)第七条规定,纳税人可计提但未计提的加计抵减额,可在确定适用加计抵减政策当期一并计提。为简化核算,纳税人应在确定适用加计抵减政策的当期一次性将可计提但未计提的加计抵减额一并计提,不再调整以前的申报表。

本章小结

在中国境内销售货物或者加工、修理修配劳务,销售服务、无形资产、不动产以及进口货物的单位和个人,为增值税的纳税人。增值税的纳税人分为一般纳税人和小规模纳税人。增值税的征税范围包括在中国境内销售货物或者加工、修理修配劳务,销售服务、无形资产、不动产以及进口货物。现行增值税的税率包括 13%、9%、6%和零。小规模纳税人的征收率为 3%。一般计税方法下,应纳税额为当期销项税额抵扣当期进项税额后的余额。销售额为纳税人发生应税销售行为收取的全部价款和价外费用,但是不包括收取的销项税额。小规模纳税人发生应税销售行为,实行按照销售额和征收率计算应纳税额的简易办法,并不得抵扣进项税额。

第 3 章　消费税

> **本章导读**
>
> 我国自1994年开始征收消费税，目前尚未启动立法程序。本章阐述了消费税的纳税人、征税范围、税目、税率、应纳税额的计算、税收优惠以及征收管理等基本制度。读者需要重点掌握的是消费税的征税范围、税目、应纳税额的计算以及征收管理等制度。消费税与增值税在征税范围、计税依据、征收管理等方面存在诸多相似。
>
> 本章阐述的制度主要依据《中华人民共和国消费税暂行条例》（1993年12月13日中华人民共和国国务院令第135号发布，2008年11月5日国务院第34次常务会议修订通过）、《中华人民共和国消费税暂行条例实施细则》（财政部、国家税务总局令2008年第51号）以及《国家税务总局关于印发<消费税征收范围注释>的通知》（国税发〔1993〕153号）。

>> 政策解析

3.1　消费税的纳税人

在中华人民共和国境内生产、委托加工和进口《消费税暂行条例》规定的消费品（以下简称"应税消费品"）的单位和个人，以及国务院确定的销售应税消费品的其他单位和个人，为消费税的纳税人。

上述单位是指企业、行政单位、事业单位、军事单位、社会团体及其他单位。个人是指个体工商户及其他个人。在中华人民共和国境内是指生产、委托加工和进口属于应当缴纳消费税的消费品的起运地或者所在地在境内。

自2016年12月1日起，将超豪华小汽车销售给消费者的单位和个人为超豪华小汽车零售环节纳税人。

3.2　消费税的征税范围

3.2.1　生产应税消费品

纳税人生产的应税消费品，于纳税人销售时纳税。纳税人自产自用的应税消费品，用于连续生产应税消费品的，不纳税；用于其他方面的，于移送使用时纳税。

上述销售是指有偿转让应税消费品的所有权。有偿是指从购买方取得货币、货物或者其他经济利益。

上述用于连续生产应税消费品是指纳税人将自产自用的应税消费品作为直接材料生产最终应税消费品，自产自用应税消费品构成最终应税消费品的实体。用于其他方面是指纳税人将自产自用应税消费品用于生产非应税消费品、在建工程、管理部门、非生产机构、提供劳务、馈赠、赞助、集资、广告、样品、职工福利、奖励等方面。

单位和个人外购润滑油大包装经简单加工改成小包装或者外购润滑油不经加工只贴商标的行为,视同应税消费税品的生产行为。单位和个人发生的以上行为应当申报缴纳消费税。准予扣除外购润滑油已纳的消费税税款。

3.2.2 委托加工应税消费品

委托加工的应税消费品,除受托方为个人外,由受托方在向委托方交货时代收代缴税款。委托加工的应税消费品,委托方用于连续生产应税消费品的,所纳税款准予按规定抵扣。

上述委托加工的应税消费品是指由委托方提供原料和主要材料,受托方只收取加工费和代垫部分辅助材料加工的应税消费品。对于由受托方提供原材料生产的应税消费品,或者受托方先将原材料卖给委托方,然后再接受加工的应税消费品,以及由受托方以委托方名义购进原材料生产的应税消费品,不论在财务上是否作销售处理,都不得作为委托加工应税消费品,而应当按照销售自制应税消费品缴纳消费税。

委托加工的应税消费品直接出售的,不再缴纳消费税。委托个人加工的应税消费品,由委托方收回后缴纳消费税。委托方将收回的应税消费品,以不高于受托方的计税价格出售的,为直接出售,不再缴纳消费税;委托方以高于受托方的计税价格出售的,不属于直接出售,需按照规定申报缴纳消费税,在计税时准予扣除受托方已代收代缴的消费税。

● 《财政部 国家税务总局关于<中华人民共和国消费税暂行条例实施细则>有关条款解释的通知》(财法〔2012〕8号)

3.2.3 进口应税消费品

进口的应税消费品,于报关进口时纳税。

3.3 消费税的税目

3.3.1 烟

凡是以烟叶为原料加工生产的产品,不论使用何种辅料,均属于本税目的征收范围。本税目下设卷烟、雪茄烟、烟丝三个子目。

(1)卷烟,包括甲类卷烟和乙类卷烟。甲类卷烟是指每标准条(200支,下同)调拨价格在70元(不含增值税)以上(含70元)的卷烟;乙类卷烟是指每标准条调拨价格在70元(不含增值税)以下的卷烟。

(2)雪茄烟是指以晾晒烟为原料或者以晾晒烟和烤烟为原料,用烟叶或卷烟纸、烟草薄片作为烟支内包皮,在用烟叶作为烟支外包皮,经机器或手工卷制而成的烟草制品。按内包皮所用材料的不同可分为全叶卷雪茄烟和半叶卷雪茄烟。雪茄烟的征收范围包括各种规格、型号的雪茄烟。

(3)烟丝是指将烟叶切成丝状、粒状、片状、末状或其他形状,再加入辅料,经过发酵、储存,不经卷制即可供销售吸用的烟草制品。烟丝的征收范围包括以烟叶为原料加工生产的不经卷制的散装烟,如斗烟、莫合烟、烟末、水烟、黄红烟丝等。

3.3.2 酒

本税目下设白酒、黄酒、啤酒、其他酒四个子目。

(1)白酒包括粮食白酒和薯类白酒。

粮食白酒是指以高粱、玉米、大米、糯米、大麦、小麦、小米、青稞等各种粮食为原料,经过糖化、发酵后,采用蒸馏方法酿制的白酒。

薯类白酒是指以白薯(红薯、地瓜)、木薯、马铃薯(土豆)、芋头、山药等各种干鲜薯类为原料,经过糖化、发酵后,采用蒸馏方法酿制的白酒。用甜菜酿制的白酒,比照薯类白酒征税。

(2)黄酒。黄酒是指以糯米、粳米、籼米、大米、黄米、玉米、小麦、薯类等为原料,经加温、糖化、发酵、压榨酿制的酒。由于工艺、配料和含糖量的不同,黄酒分为干黄酒、半干黄酒、半甜黄酒、甜黄酒四类。黄酒的征收范围包括各种原料酿制的黄酒和酒度超过12度(含12度)的土甜酒。

(3)啤酒。啤酒是指以大麦或其他粮食为原料,加入啤酒花,经糖化、发酵、过滤酿制的含有二氧化碳的酒。啤酒按照杀菌方法的不同,可分为熟啤酒和生啤酒或鲜啤酒。啤酒的征收范围包括各种包装和散装的啤酒。无醇啤酒比照啤酒征税。

(4)其他酒。其他酒是指除粮食白酒、薯类白酒、黄酒、啤酒以外,酒度在1度以上的各种酒。其征收范围包括糠麸白酒、其他原料白酒、土甜酒、复制酒、果木酒、汽酒、药酒等。

①糠麸白酒是指用各种粮食的糠麸酿制的白酒。用稗子酿制的白酒比照糠麸酒征收。

②其他原料白酒是指用醋糟、糖渣、糖漏水、甜菜渣、粉渣、薯皮等各种下脚料、葡萄、桑葚、橡子仁等各种果实、野生植物等代用品,以及甘蔗、糖等酿制的白酒。

③土甜酒是指用糯米、大米、黄米等为原料,经加温、糖化、发酵(通过酒曲发酵),采用压榨酿制的酒度不超过12度的酒。酒度超过12度的应按黄酒征税。

④复制酒是指以白酒、黄酒、酒精为酒基,加入果汁、香料、色素、药材、补品、糖、调料等配制或泡制的酒,如各种配制酒、泡制酒、滋补酒等。

⑤果木酒是指以各种果品为主要原料,经发酵过滤酿制的酒。

⑥汽酒是指以果汁、香精、色素、酸料、酒(或酒精)、糖(或糖精)等调配,冲加二氧化碳制成的酒度在1度以上的酒。

⑦药酒是指按照医药卫生部门的标准,以白酒、黄酒为酒基,加入各种药材泡制或配制的酒。

3.3.3 高档化妆品

征收范围包括高档美容、修饰类化妆品,高档护肤类化妆品和成套化妆品。

高档美容、修饰类化妆品和高档护肤类化妆品是指生产(进口)环节销售(完税)价格(不含增值税)在10元/毫升(克)或15元/片(张)及以上的美容、修饰类化妆品和护肤类化妆品。

● 《财政部 国家税务总局关于调整化妆品消费税政策的通知》(财税〔2016〕103号)

3.3.4 贵重首饰及珠宝玉石

本税目征收范围包括各种金银珠宝首饰和经采掘、打磨、加工的各种珠宝玉石。

(1)金银珠宝首饰包括凡以金、银、白金、宝石、珍珠、钻石、翡翠、珊瑚、玛瑙等高贵稀有物质以及其他金属、人造宝石等制作的各种纯金银首饰及镶嵌首饰(含人造金银、合成金银首饰等)。

(2)珠宝玉石的种类包括钻石、珍珠、松石、青金石、欧泊石、橄榄石、长石、玉、石英、玉髓、石榴石、锆石、尖晶石、黄玉、碧玺、金绿玉、绿柱石、刚玉、琥珀、珊瑚、煤玉、龟甲、合成刚玉、合成宝石、双合石、玻璃仿制品。

3.3.5 鞭炮、焰火

鞭炮,又称爆竹,是用多层纸密裹火药,接以药引线,制成的一种爆炸品。

焰火,指烟火剂,一般系包扎品,内装药剂,点燃后烟火喷射,呈各种颜色,有的还变幻成各种景象,分平地小焰火和空中大焰火两类。

本税目征收范围包括各种鞭炮、焰火,通常分为十三类,即喷花类、旋转类、旋转升空类、火箭类、吐珠类、线香类、小礼花类、烟雾类、造型玩具类、爆竹类、摩擦炮类、组合烟花类和礼花弹类。

体育上用的发令纸和鞭炮药引线，不按本税目征收。

3.3.6 成品油

● 《财政部 国家税务总局关于提高成品油消费税税率的通知》（财税〔2008〕167号）

本税目包括汽油、柴油、石脑油、溶剂油、润滑油、燃料油、航空煤油七个子目。

1. 汽油

汽油是指用原油或其他原料加工生产的辛烷值不小于66的可用作汽油发动机燃料的各种轻质油。含铅汽油是指铅含量每升超过0.013克的汽油。汽油分为车用汽油和航空汽油。

2. 柴油

柴油是指用原油或其他原料加工生产的倾点或凝点在-50至30的可用作柴油发动机燃料的各种轻质油和以柴油组分为主、经调和精制可用作柴油发动机燃料的非标油。

以柴油、柴油组分调和生产的生物柴油也属于本税目征收范围。

3. 石脑油

石脑油又叫化工轻油，是以原油或其他原料加工生产的用于化工原料的轻质油。

石脑油的征收范围包括除汽油、柴油、航空煤油、溶剂油以外的各种轻质油。非标汽油、重整生成油、拔头油、戊烷原料油、轻裂解料（减压柴油VGO和常压柴油AGO）、重裂解料、加氢裂化尾油、芳烃抽余油均属轻质油，属于石脑油征收范围。

4. 溶剂油

溶剂油是用原油或其他原料加工生产的用于涂料、油漆、食用油、印刷油墨、皮革、农药、橡胶、化妆品生产和机械清洗、胶黏行业的轻质油。

橡胶填充油、溶剂油原料，属于溶剂油征收范围。

5. 润滑油

润滑油是用原油或其他原料加工生产的用于内燃机、机械加工过程的润滑产品。润滑油分为矿物性润滑油、植物性润滑油、动物性润滑油和化工原料合成润滑油。

润滑油的征收范围包括矿物性润滑油、矿物性润滑油基础油、植物性润滑油、动物性润滑油和化工原料合成润滑油。以植物性、动物性和矿物性基础油（或矿物性润滑油）混合掺配而成的"混合性"润滑油，不论矿物性基础油（或矿物性润滑油）所占比例高低，均属润滑油的征收范围。

6. 燃料油

燃料油也称重油、渣油，是用原油或其他原料加工生产，主要用作电厂发电、锅炉用燃料、加热炉燃料、冶金和其他工业炉燃料。腊油、船用重油、常压重油、减压重油、180CTS燃料油、7号燃料油、糠醛油、工业燃料、4-6号燃料油等油品的主要用途是作为燃料燃烧，属于燃料油征收范围。

7. 航空煤油

航空煤油也叫喷气燃料，是用原油或其他原料加工生产的用作喷气发动机和喷气推进系统燃料的各种轻质油。

3.3.7 摩托车

摩托车包括轻便摩托车和摩托车两种。对最大设计车速不超过50千米/小时，发动机气缸总工作容量不超过50毫升的三轮摩托车不征收消费税。对气缸容量250毫升（不含）以下的小排量摩托车不征收消费税。

3.3.8 小汽车

汽车是指由动力驱动,具有四个或四个以上车轮的非轨道承载的车辆。

本税目征收范围包括含驾驶员座位在内最多不超过9个座位(含)的,在设计和技术特性上用于载运乘客和货物的各类乘用车和含驾驶员座位在内的座位数在10至23座(含23座)的在设计和技术特性上用于载运乘客和货物的各类中轻型商用客车。

用排气量小于1.5升(含)的乘用车底盘(车架)改装、改制的车辆属于乘用车征收范围。用排气量大于1.5升的乘用车底盘(车架)或用中轻型商用客车底盘(车架)改装、改制的车辆属于中轻型商用客车征收范围。

含驾驶员人数(额定载客)为区间值的(如8~10人;17~26人)小汽车,按其区间值下限人数确定征收范围。

电动汽车不属于本税目征收范围。

车身长度大于7米(含),并且座位在10至23座(含)以下的商用客车,不属于中轻型商用客车征税范围,不征收消费税。

超豪华小汽车征收范围为每辆零售价格130万元(不含增值税)及以上的乘用车和中轻型商用客车,即乘用车和中轻型商用客车子税目中的超豪华小汽车。对超豪华小汽车,在生产(进口)环节按现行税率征收消费税基础上,在零售环节加征消费税,税率为10%。

《财政部 国家税务总局关于对超豪华小汽车加征消费税有关事项的通知》(财税〔2016〕129号)

3.3.9 高尔夫球及球具

高尔夫球及球具是指从事高尔夫球运动所需的各种专用装备,包括高尔夫球、高尔夫球杆及高尔夫球包(袋)等。

高尔夫球是指重量不超过45.93克、直径不超过42.67毫米的高尔夫球运动比赛、练习用球;高尔夫球杆是指被设计用来打高尔夫球的工具,由杆头、杆身和握把三部分组成;高尔夫球包(袋)是指专用于盛装高尔夫球及球杆的包(袋)。

本税目征收范围包括高尔夫球、高尔夫球杆、高尔夫球包(袋)。高尔夫球杆的杆头、杆身和握把属于本税目的征收范围。

3.3.10 高档手表

高档手表是指销售价格(不含增值税)每只在10000元(含)以上的各类手表。

本税目征收范围包括符合以上标准的各类手表。

3.3.11 游艇

游艇是指长度大于8米小于90米,船体由玻璃钢、钢、铝合金、塑料等多种材料制作,可以在水上移动的水上浮载体。按照动力划分,游艇分为无动力艇、帆艇和机动艇。

本税目征收范围包括艇身长度大于8米(含)小于90米(含),内置发动机,可以在水上移动,一般为私人或团体购置,主要用于水上运动和休闲娱乐等非营利活动的各类机动艇。

3.3.12 木制一次性筷子

木制一次性筷子,又称卫生筷子,是指以木材为原料经过锯段、浸泡、旋切、刨切、烘干、筛选、打磨、倒角、包装等环节加工而成的各类一次性使用的筷子。

本税目征收范围包括各种规格的木制一次性筷子。未经打磨、倒角的木制一次性筷子属于本税目征税范围。

3.3.13 实木地板

实木地板是指以木材为原料,经锯割、干燥、刨光、截断、开榫、涂漆等工序加工而成的块状或条状的地面装饰材料。实木地板按生产工艺不同，可分为独板(块)实木地板、实木指接地板、实木复合地板三类；按表面处理状态不同，可分为未涂饰地板(白坯板、素板)和漆饰地板两类。

本税目征收范围包括各类规格的实木地板、实木指接地板、实木复合地板及用于装饰墙壁、天棚的侧端面为榫、槽的实木装饰板。未经涂饰的素板属于本税目征税范围。

实木复合地板是以木材为原料，通过一定的工艺将木材刨切加工成单板(刨切薄木)或旋切加工成单板，然后将多层单板经过胶压复合等工艺生产的实木地板。目前，实木复合地板主要为三层实木复合地板和多层实木复合地板。

- 《财政部 国家税务总局关于消费税若干具体政策的通知》(财税〔2006〕125号)

3.3.14 电池

电池是一种将化学能、光能等直接转换为电能的装置，一般由电极、电解质、容器、极端，通常还有隔离层组成的基本功能单元，以及用一个或多个基本功能单元装配成的电池组。范围包括原电池、蓄电池、燃料电池、太阳能电池和其他电池。

- 《财政部 国家税务总局关于对电池、涂料征收消费税的通知》(财税〔2015〕16号)

原电池又称一次电池，是按不可以充电设计的电池。按照电极所含的活性物质分类，原电池包括锌原电池、锂原电池和其他原电池。

(1) 锌原电池。以锌做负极的原电池，包括锌二氧化锰原电池、碱性锌二氧化锰原电池、锌氧原电池(又称"锌空气原电池")、锌氧化银原电池(又称"锌银原电池")、锌氧化汞原电池(又称"汞电池""氧化汞原电池")等。

(2) 锂原电池。以锂做负极的原电池，包括锂二氧化锰原电池、锂亚硫酰氯原电池、锂二硫化铁原电池、锂二氧化硫原电池、锂氧原电池(又称"锂空气原电池")、锂氟化碳原电池等。

(3) 其他原电池。指锌原电池、锂原电池以外的原电池。

原电池又可分为无汞原电池和含汞原电池。汞含量低于电池重量的 0.0001%(扣式电池按 0.0005%)的原电池为无汞原电池；其他原电池为含汞原电池。

蓄电池又称二次电池，是按可充电、重复使用设计的电池；包括酸性蓄电池、碱性或其他非酸性蓄电池、氧化还原液流蓄电池和其他蓄电池。

(1) 酸性蓄电池。一种含酸性电解质的蓄电池，包括铅蓄电池(又称"铅酸蓄电池")等。铅蓄电池指含以稀硫酸为主电解质、二氧化铅正极和铅负极的蓄电池。

(2) 碱性或其他非酸性蓄电池。一种含碱性或其他非酸性电解质的蓄电池，包括金属锂蓄电池、锂离子蓄电池、金属氢化物镍蓄电池(又称"氢镍蓄电池"或"镍氢蓄电池")、镉镍蓄电池、铁镍蓄电池、锌氧化银蓄电池(又称"锌银蓄电池")、碱性锌二氧化锰蓄电池(又称"可充碱性锌二氧化锰电池")、锌氧蓄电池(又称"锌空气蓄电池")、锂氧蓄电池(又称"锂空气蓄电池")等。

(3) 氧化还原液流蓄电池。一种通过正负极电解液中不同价态离子的电化学反应来实现电能和化学能互相转化的储能装置，目前主要包括全钒液流电池。全钒液流电池是通过正负极电解液中不同价态钒离子的电化学反应来实现电能和化学能互相转化的储能装置。

(4) 其他蓄电池。除上述以外的蓄电池。

燃料电池指通过一个电化学过程，将连续供应的反应物和氧化剂的化学能直接转换为电能的电化学发电装置。

太阳能电池是将太阳光能转换成电能的装置，包括晶体硅太阳能电池、薄膜太阳能电池、化合物半导体太阳能电池等,但不包括用于太阳能发电储能用的蓄电池。

其他电池是除原电池、蓄电池、燃料电池、太阳能电池以外的电池。

3.3.15 涂料

涂料是指涂于物体表面能形成具有保护、装饰或特殊性能的固态涂膜的一类液体或固体材料之总称。

● 《财政部 国家税务总局关于对电池、涂料征收消费税的通知》(财税〔2015〕16号)

涂料由主要成膜物质、次要成膜物质等构成。按主要成膜物质涂料可分为油脂类、天然树脂类、酚醛树脂类、沥青类、醇酸树脂类、氨基树脂类、硝基类、过滤乙烯树脂类、烯类树脂类、丙烯酸酯类树脂类、聚酯树脂类、环氧树脂类、聚氨酯树脂类、元素有机类、橡胶类、纤维素类、其他成膜物类等。

3.4 消费税的税率

消费税的具体税率,参见消费税税目税率表(表3-1)的规定。

● 《财政部 国家税务总局关于调整消费税政策的通知》(财税〔2014〕93号);《财政部 国家税务总局关于调整卷烟消费税的通知》(财税〔2015〕60号)

表3-1 消费税税目税率表

税目	税率(税额)
一、烟	
1. 甲类卷烟	56%加每支0.003元(生产环节)
2. 乙类卷烟	36%加每支0.003元(生产环节)
3. 卷烟批发	11%加每支0.005元
4. 雪茄烟	36%
5. 烟丝	30%
二、酒	
1. 白酒	20%加0.5元/500克或500毫升
2. 黄酒	240元/吨
3. 甲类啤酒	250元/吨
4. 乙类啤酒	220元/吨
5. 其他酒	10%
三、高档化妆品	15%
四、贵重首饰及珠宝玉石	10%
1. 金银首饰、铂金首饰,钻石及钻石饰品	5%
2. 其他贵重首饰、珠宝玉石	10%
五、鞭炮、焰火	15%
六、成品油	
1. 汽油	1.52元/升
2. 柴油	1.20元/升
3. 石脑油	1.52元/升
4. 溶剂油	1.52元/升
5. 润滑油	1.52元/升

续表

税目	税率(税额)
6. 燃料油	1.20 元/升
7. 航空煤油	1.20 元/升
七、摩托车	
1. 气缸容量(排气量，下同)为 250 毫升的	3%
2. 气缸容量为 250 毫升以上的	10%
八、小汽车	
1. 乘用车	
气缸容量在 1.0 升(含 1.0 升)以下的	1%
气缸容量在 1.0 升以上至 1.5 升(含 1.5 升)的	3%
气缸容量在 1.5 升以上至 2.0 升(含 2.0 升)的	5%
气缸容量在 2.0 升以上至 2.5 升(含 2.5 升)的	9%
气缸容量在 2.5 升以上至 3.0 升(含 3.0 升)的	12%
气缸容量在 3.0 升以上至 4.0 升(含 4.0 升)的	25%
气缸容量在 4.0 升以上的	40%
2. 中轻型商用客车	5%
3. 超豪华小汽车	零售环节加征 10%
九、高尔夫球及球具	10%
十、高档手表	20%
十一、游艇	10%
十二、木制一次性筷子	5%
十三、实木地板	5%
十四、电池	4%
十五、涂料	4%

纳税人兼营不同税率的应税消费品，应当分别核算不同税率应税消费品的销售额、销售数量；未分别核算销售额、销售数量，或者将不同税率的应税消费品组成成套消费品销售的，从高适用税率。上述纳税人兼营不同税率的应当缴纳消费税的消费品，是指纳税人生产销售两种税率以上的应税消费品。

3.5 消费税应纳税额的计算

3.5.1 消费税应纳税额的计算公式

消费税实行从价定率、从量定额，或者从价定率和从量定额复合计税(以下简称"复合计税")的办法计算应纳税额。应纳税额计算公式：

(1)实行从价定率办法计算的应纳税额计算公式：

应纳税额＝销售额×比例税率

(2)实行从量定额办法计算的应纳税额计算公式：

应纳税额＝销售数量×定额税率

(3)实行复合计税办法计算的应纳税额计算公式:

应纳税额=销售额×比例税率+销售数量×定额税率

超豪华小汽车零售环节消费税应纳税额计算公式:

应纳税额=零售环节销售额(不含增值税,下同)×零售环节税率

国内汽车生产企业直接销售给消费者的超豪华小汽车,消费税税率按照生产环节税率和零售环节税率加总计算。消费税应纳税额计算公式:

应纳税额=销售额×(生产环节税率+零售环节税率)

3.5.2 销售额的确定

销售额为纳税人销售应税消费品向购买方收取的全部价款和价外费用。销售额不包括应向购货方收取的增值税税款。如果纳税人应税消费品的销售额中未扣除增值税税款或者因不得开具增值税专用发票而发生价款和增值税税款合并收取的,在计算消费税时,应当换算为不含增值税税款的销售额。其换算公式:

应税消费品的销售额=含增值税的销售额÷(1+增值税税率或者征收率)

应税消费品连同包装物销售的,无论包装物是否单独计价以及在会计上如何核算,均应并入应税消费品的销售额中缴纳消费税。如果包装物不作价随同产品销售,而是收取押金,此项押金则不应并入应税消费品的销售额中征税。但对因逾期未收回的包装物不再退还的或者已收取的时间超过12个月的押金,应并入应税消费品的销售额,按照应税消费品的适用税率缴纳消费税。对既作价随同应税消费品销售,又另外收取押金的包装物的押金,凡纳税人在规定的期限内没有退还的,均应并入应税消费品的销售额,按照应税消费品的适用税率缴纳消费税。

价外费用是指价外向购买方收取的手续费、补贴、基金、集资费、返还利润、奖励费、违约金、滞纳金、延期付款利息、赔偿金、代收款项、代垫款项、包装费、包装物租金、储备费、优质费、运输装卸费以及其他各种性质的价外收费。但下列项目不包括在内:

(1)同时符合以下条件的代垫运输费用:①承运部门的运输费用发票开具给购买方的;②纳税人将该项发票转交给购买方的。

(2)同时符合以下条件代为收取的政府性基金或者行政事业性收费:①由国务院或者财政部批准设立的政府性基金,由国务院或者省级人民政府及其财政、价格主管部门批准设立的行政事业性收费;②收取时开具省级以上财政部门印制的财政票据;③所收款项全额上缴财政。

纳税人销售的应税消费品,以人民币计算销售额。纳税人以人民币以外的货币结算销售额的,应当折合成人民币计算。纳税人销售的应税消费品,以人民币以外的货币结算销售额的,其销售额的人民币折合率可以选择销售额发生的当天或者当月1日的人民币汇率中间价。纳税人应在事先确定采用何种折合率,确定后一年内不得变更。

3.5.3 销售数量的确定

销售数量是指应税消费品的数量。具体为

(1)销售应税消费品的,为应税消费品的销售数量;

(2)自产自用应税消费品的,为应税消费品的移送使用数量;

(3)委托加工应税消费品的,为纳税人收回的应税消费品数量;

(4)进口应税消费品的,为海关核定的应税消费品进口征税数量。

实行从量定额办法计算应纳税额的应税消费品,计量单位的换算标准如表3-2所示。

表 3-2　应税消费品计量单位的换算标准

序号	应税消费品	计量单位的换算标准
1	黄酒	1 吨 = 962 升
2	啤酒	1 吨 = 988 升
3	汽油	1 吨 = 1388 升
4	柴油	1 吨 = 1176 升
5	航空煤油	1 吨 = 1246 升
6	石脑油	1 吨 = 1385 升
7	溶剂油	1 吨 = 1282 升
8	润滑油	1 吨 = 1126 升
9	燃料油	1 吨 = 1015 升

3.5.4　自产自用应税消费品的计税依据

纳税人自产自用的应税消费品，按照纳税人生产的同类消费品的销售价格计算纳税；没有同类消费品销售价格的，按照组成计税价格计算纳税。纳税人自产自用的应税消费品是指依照规定于移送使用时纳税的应税消费品。

（1）实行从价定率办法计算纳税的组成计税价格计算公式：

组成计税价格＝（成本＋利润）÷（1－比例税率）

（2）实行复合计税办法计算纳税的组成计税价格计算公式：

组成计税价格＝（成本＋利润＋自产自用数量×定额税率）÷（1－比例税率）

成本是指应税消费品的产品生产成本。利润是指根据应税消费品的全国平均成本利润率计算的利润。应税消费品全国平均成本利润率由国家税务总局确定，具体见表 3-3。

表 3-3　应税消费品全国平均成本利润率

货物名称	利润率	货物名称	利润率
1. 甲类卷烟	10%	11. 摩托车	6%
2. 乙类卷烟	5%	12. 高尔夫球及球具	10%
3. 雪茄烟	5%	13. 高档手表	20%
4. 烟丝	5%	14. 游艇	10%
5. 粮食白酒	10%	15. 木制一次性筷子	5%
6. 薯类白酒	5%	16. 实木地板	5%
7. 其他酒	5%	17. 乘用车	8%
8. 高档化妆品	5%	18. 中轻型商用客车	5%
9. 鞭炮、焰火	5%	19. 电池	4%
10. 贵重首饰及珠宝玉石	6%	20. 涂料	7%

3.5.5　委托加工应税消费品的计税依据

委托加工的应税消费品，按照受托方的同类消费品的销售价格计算纳税；没有同类消费品销售价格的，按照组成计税价格计算纳税。

（1）实行从价定率办法计算纳税的组成计税价格计算公式：

组成计税价格＝（材料成本＋加工费）÷（1－比例税率）

(2)实行复合计税办法计算纳税的组成计税价格计算公式：

组成计税价格=(材料成本+加工费+委托加工数量×定额税率)÷(1-比例税率)

材料成本是指委托方所提供加工材料的实际成本。委托加工应税消费品的纳税人，必须在委托加工合同上如实注明(或者以其他方式提供)材料成本，凡未提供材料成本的，受托方主管税务机关有权核定其材料成本。

加工费是指受托方加工应税消费品向委托方所收取的全部费用(包括代垫辅助材料的实际成本)。

自产自用以及委托加工同类消费品的销售价格是指纳税人或者代收代缴义务人当月销售的同类消费品的销售价格，如果当月同类消费品各期销售价格高低不同，应按销售数量加权平均计算。但销售的应税消费品有下列情况之一的，不得列入加权平均计算：

(1)销售价格明显偏低并无正当理由的；

(2)无销售价格的。

如果当月无销售或者当月未完结，应按照同类消费品上月或者最近月份的销售价格计算纳税。

3.5.6 进口应税消费品的计税依据

进口的应税消费品，按照组成计税价格计算纳税。

(1)实行从价定率办法计算纳税的组成计税价格计算公式：

组成计税价格=(关税完税价格+关税)÷(1-消费税比例税率)

(2)实行复合计税办法计算纳税的组成计税价格计算公式：

组成计税价格=(关税完税价格+关税+进口数量×消费税定额税率)÷(1-消费税比例税率)

关税完税价格是指海关核定的关税计税价格。

3.5.7 核定计税价格

纳税人应税消费品的计税价格明显偏低并无正当理由的，由主管税务机关核定其计税价格。应税消费品的计税价格的核定权限规定如下：

(1)卷烟、白酒和小汽车的计税价格由国家税务总局核定，送财政部备案；

(2)其他应税消费品的计税价格由省、自治区和直辖市国家税务局核定；

(3)进口的应税消费品的计税价格由海关核定。

3.5.8 已纳消费税的扣除

下列应税消费品准予从消费税应纳税额中扣除原料已纳的消费税税款：

(1)以外购或委托加工收回的已税烟丝生产的卷烟；

(2)以外购或委托加工收回的已税高档化妆品生产的高档化妆品；

(3)以外购或委托加工收回的已税珠宝玉石生产的贵重首饰及珠宝玉石；

(4)以外购或委托加工收回的已税鞭炮、焰火生产的鞭炮、焰火；

(5)以外购或委托加工收回的已税杆头、杆身和握把为原料生产的高尔夫球杆；

(6)以外购或委托加工收回的已税木制一次性筷子为原料生产的木制一次性筷子；

(7)以外购或委托加工收回的已税实木地板为原料生产的实木地板；

(8)以外购或委托加工收回的已税汽油、柴油、石脑油、燃料油、润滑油用于连续生产应税成品油。

对当期投入生产的原材料可抵扣的已纳消费税大于当期应纳消费税情形的，在目前消费税纳税申报表未增加上期留抵消费税填报栏目的情况下，采用按当期应纳消费税的数额申报抵扣，不足抵扣部分结转下一期申报抵扣的方式处理。

3.6 消费税的税收优惠

3.6.1 出口环节消费税优惠

对纳税人出口应税消费品，免征消费税；国务院另有规定的除外。出口应税消费品的免税办法，由国务院财政、税务主管部门规定。

出口的应税消费品办理退税后，发生退关，或者国外退货进口时予以免税的，报关出口者必须及时向其机构所在地或者居住地主管税务机关申报补缴已退的消费税税款。纳税人直接出口的应税消费品办理免税后，发生退关或者国外退货，进口时已予以免税的，经机构所在地或者居住地主管税务机关批准，可暂不办理补税，待其转为国内销售时，再申报补缴消费税。

3.6.2 其他环节消费税优惠

自2006年4月1日起，子午线轮胎免征消费税。

自2009年1月1日起，航空煤油暂缓征收消费税。

自2009年1月1日起，对用外购或委托加工收回的已税汽油生产的乙醇汽油免税。用自产汽油生产的乙醇汽油，按照生产乙醇汽油所耗用的汽油数量申报纳税。

● 《财政部 国家税务总局关于提高成品油消费税税率后相关成品油消费税政策的通知》(财税〔2008〕168号)

自2009年1月1日至2010年12月31日，对国产的用作乙烯、芳烃类产品原料的石脑油免征消费税，生产企业直接对外销售的不作为乙烯、芳烃类产品原料的石脑油应按规定征收消费税；对进口的用作乙烯、芳烃类产品原料的石脑油已缴纳的消费税予以返还。乙烯类产品具体是指乙烯、丙烯和丁二烯；芳烃类产品具体是指苯、甲苯、二甲苯。

对无汞原电池、金属氢化物镍蓄电池(又称"氢镍蓄电池"或"镍氢蓄电池")、锂原电池、锂离子蓄电池、太阳能电池、燃料电池和全钒液流电池免征消费税。

对施工状态下挥发性有机物(Volatile Organic Compounds，VOC)含量低于420克/升(含)的涂料免征消费税。

自2018年11月1日至2023年10月31日止，对以回收的废矿物油为原料生产的润滑油基础油、汽油、柴油等工业油料免征消费税。废矿物油是指工业生产领域机械设备及汽车、船舶等交通运输设备使用后失去或降低功效更换下来的废润滑油。

《财政部 国家税务总局关于对废矿物油再生油品免征消费税的通知》(财税〔2013〕105号)；《财政部 国家税务总局关于延长对废矿物油再生油品免征消费税政策实施期限的通知》(财税〔2018〕144号)

3.7 消费税的征收管理

3.7.1 消费税的征收机关

消费税由税务机关征收，进口的应税消费品的消费税由海关代征。

个人携带或者邮寄进境的应税消费品的消费税，连同关税一并计征。具体办法由国务院关税税则委员会会同有关部门制订。

3.7.2 消费税的纳税义务发生时间

消费税纳税义务发生时间，根据不同情形，分列如下。

(1)纳税人销售应税消费品的，按不同的销售结算方式分别为：

①采取赊销和分期收款结算方式的，为书面合同约定的收款日期的当天，书面合同没有约定收款日期或者无书面合同的，为发出应税消费品的当天；

②采取预收货款结算方式的，为发出应税消费品的当天；

③采取托收承付和委托银行收款方式的，为发出应税消费品并办妥托收手续的当天；

④采取其他结算方式的,为收讫销售款或者取得索取销售款凭据的当天。

(2)纳税人自产自用应税消费品的,为移送使用的当天。

(3)纳税人委托加工应税消费品的,为纳税人提货的当天。

(4)纳税人进口应税消费品的,为报关进口的当天。

3.7.3　消费税的纳税地点

纳税人销售的应税消费品,以及自产自用的应税消费品,除国务院财政、税务主管部门另有规定外,应当向纳税人机构所在地或者居住地的主管税务机关申报纳税。

纳税人到外县(市)销售或者委托外县(市)代销自产应税消费品的,于应税消费品销售后,向机构所在地或者居住地主管税务机关申报纳税。纳税人的总机构与分支机构不在同一县(市)的,应当分别向各自机构所在地的主管税务机关申报纳税;经财政部、国家税务总局或者其授权的财政、税务机关批准,可以由总机构汇总向总机构所在地的主管税务机关申报纳税。

委托加工的应税消费品,除受托方为个人外,由受托方向机构所在地或者居住地的主管税务机关解缴消费税税款。委托个人加工的应税消费品,由委托方向其机构所在地或者居住地主管税务机关申报纳税。

进口的应税消费品,由进口人或者其代理人向报关地海关申报纳税。

3.7.4　消费税的纳税期限

消费税的纳税期限分别为1日、3日、5日、10日、15日、1个月或者1个季度。纳税人的具体纳税期限,由主管税务机关根据纳税人应纳税额的大小分别核定;不能按照固定期限纳税的,可以按次纳税。

纳税人以1个月或者1个季度为1个纳税期的,自期满之日起15日内申报纳税;以1日、3日、5日、10日或者15日为1个纳税期的,自期满之日起5日内预缴税款,于次月1日起15日内申报纳税并结清上月应纳税款。

纳税人进口应税消费品,应当自海关填发海关进口消费税专用缴款书之日起15日内缴纳税款。

3.7.5　消费税的退还

纳税人销售的应税消费品,如因质量等原因由购买者退回时,经机构所在地或者居住地主管税务机关审核批准后,可退还已缴纳的消费税税款。

》实务操作

1. 甲公司本月销售排气量为150毫升的摩托车取得不含税收入500万元,销售排气量为250毫升的摩托车取得不含税收入800万元,计算甲公司该月应纳消费税税额并编制会计分录。

甲公司应纳消费税税额=800×3%=24(万元)

(1)业务发生时:

借:税金及附加　　　　　　　　　　　　　　　　　　　　　　　　　　240000

　　贷:应交税费——应交消费税　　　　　　　　　　　　　　　　　　　240000

(2)用银行存款缴纳消费税时:

借:应交税费——应交消费税　　　　　　　　　　　　　　　　　　　　240000

　　贷:银行存款　　　　　　　　　　　　　　　　　　　　　　　　　　240000

2. 甲公司提供原材料委托乙公司加工黄酒,本月共计收回黄酒10吨,计算乙公司该月应代收代缴的消费税税额并编制会计分录。

乙公司应代收代缴消费税税额＝240×10＝2400(元)

乙公司收到甲公司支付的税款时，编制如下会计分录。

借：银行存款   2400
　　贷：应交税费——应交消费税   2400

3. 甲公司进口甲类啤酒100吨，应纳消费税2.5万元，以银行存款缴纳，请为甲公司编制会计分录。

甲公司应编制会计分录如下。

借：材料采购   25000
　　贷：银行存款   25000

疑难问答

1. 果啤是否征收消费税？

经向中国酿酒协会啤酒分会了解，果啤是一种口味介于啤酒和饮料之间的低度酒精饮料，主要成分为啤酒和果汁。尽管果啤在口味和成分上与普通啤酒有所区别，但无论是从产品名称，还是从产品含啤酒的本质上看，果啤均属于啤酒，应按规定征收消费税。

《国家税务总局关于果啤征收消费税的批复》(国税函〔2005〕333号)

2. 对"沙滩车"之类的产品是否征收消费税？

沙滩车、雪地车、卡丁车、高尔夫车不属于消费税征收范围，不征收消费税。

《国家税务总局关于沙滩车等车辆征收消费税问题的批复》(国税函〔2007〕1071号)

3. 购进整车改装的专用汽车是否征收消费税？

《财政部 国家税务总局关于调整和完善消费税政策的通知》(财税〔2006〕33号)中有关用车辆底盘(车架)改装、改制的车辆征收消费税的规定是为了解决用不同种类车辆的底盘(车架)改装、改制的车辆应按照何种子目(乘用车或中轻型商用客车)征收消费税的问题，并非限定只对这类改装车辆征收消费税。对于购进乘用车和中轻型商用客车整车改装生产的汽车，应按规定征收消费税。

《国家税务总局关于购进整车改装汽车征收消费税问题的批复》(国税函〔2006〕772号)

4. 酒生产集团为解决下属企业之间糖化能力和包装能力不匹配，优化各企业间资源配置，将有糖化能力而无包装能力的企业生产的啤酒液销售(调拨)给异地企业进行灌装，对此如何征收消费税？

啤酒生产集团内部企业间调拨销售的啤酒液，应由啤酒液生产企业按现行规定申报缴纳消费税。购入方企业应依据取得的销售方销售啤酒液所开具的增值税专用发票上记载的销售数量、销售额、销售单价确认销售方啤酒液适用的消费税单位税额，单独建立外购啤酒液购入使用台账，计算外购啤酒液已纳消费税额。购入方使用啤酒液连续灌装生产并对外销售的啤酒，应依据其销售价格确定适用单位税额计算缴纳消费税，但其外购啤酒液已纳的消费税额，可以从其当期应纳消费税额中抵减。

《国家税务总局关于啤酒集团内部企业间销售(调拨)啤酒液征收消费税问题的批复》(国税函〔2003〕382号)

本章小结

消费税的纳税人是在中国境内生产、委托加工和进口应税消费品的单位和个人,以及国务院确定的销售应税消费品的其他单位和个人。消费税税目为15类应税消费品。消费税实行从价定率、从量定额,或者从价定率和从量定额复合计税的办法计算应纳税额。对纳税人出口应税消费品,免征消费税。消费税由税务机关征收,进口的应税消费品的消费税由海关代征。

第 4 章　城市维护建设税与烟叶税

> **本章导读**
>
> 我国自 1985 年开始征收城市维护建设税，目前《城市维护建设税法》正在立法进程中。本章阐述了城市维护建设税的纳税人、应纳税额的计算、税收优惠以及征收管理等基本制度。我国自 1958 年开征农业税，2006 年取消农业税，同时开征烟叶税，目前属于由全国人大及其常委会立法开征的八大税种之一。本章阐述了烟叶税的纳税人与征税范围、应纳税额的计算以及征收管理等基本制度。
>
> 本章阐述的制度主要依据《中华人民共和国城市维护建设税暂行条例》(1985 年 2 月 8 日国务院发布，根据 2011 年 1 月 8 日国务院令第 588 号《国务院关于废止和修改部分行政法规的决定》修订)、《中华人民共和国城市维护建设税法（征求意见稿）》(财政部 国家税务总局 2018 年 10 月 19 日公布) 以及《中华人民共和国烟叶税法》(2017 年 12 月 27 日第十二届全国人民代表大会常务委员会第三十一次会议通过)。

》政策解析

4.1　城市维护建设税的纳税人

4.1.1　现行规定

凡缴纳消费税和增值税的单位和个人，都是城市维护建设税的纳税人。

自 2010 年 12 月 1 日起，外商投资企业、外国企业及外籍个人适用国务院 1985 年发布的《城市维护建设税暂行条例》。1985 年以来国务院及国务院财税主管部门发布的有关城市维护建设税的法规、规章、政策同时适用于外商投资企业、外国企业及外籍个人。

> 《国务院关于统一内外资企业和个人城市维护建设税和教育费附加制度的通知》（国发〔2010〕35 号）

4.1.2　立法草案的规定

根据《城市维护建设税法（征求意见稿）》的规定，在中华人民共和国境内缴纳增值税、消费税的单位和个人，为城市维护建设税的纳税人。城市维护建设税扣缴义务人为负有增值税、消费税扣缴义务的单位和个人。

4.2　城市维护建设税应纳税额的计算

4.2.1　现行规定

城市维护建设税，以纳税人实际缴纳的消费税、增值税税额为计税依据，分别与消费税、增值税同时缴纳。经国家税务局正式审核批准的当期免抵的增值税税额应纳入城市维护建设税的计征范围，分别按规定的税率征收城市维护建设税。

> 《财政部 国家税务总局关于生产企业出口货物实行免抵退税办法后有关城市维护建设税教育费附加政策的通知》（财税〔2005〕25 号）

城市维护建设税税率如下：

(1) 纳税人所在地在市区的，税率为7%；

(2) 纳税人所在地在县城、镇的，税率为5%；

(3) 纳税人所在地不在市区、县城或镇的，税率为1%。

开采海洋石油资源的中外合作油(气)田所在地在海上，其城市维护建设税适用1%的税率。

关于市区、县城、镇的范围，应按行政区划作为划分标准。城市维护建设税的适用税率，应按纳税人所在地的规定税率执行。但对下列两种情况，可按缴纳增值税、消费税所在地的规定税率就地缴纳城市维护建设税：由受托方代征代扣增值税、消费税的单位和个人；流动经营等无固定纳税地点的单位和个人。

纳税单位或个人缴纳城市维护建设税的适用税率，一律按其纳税所在地的规定税率执行。县政府设在城市市区，其在市区办的企业，按市区的规定税率计算纳税。

- 《国家税务总局关于中外合作开采石油资源适用城市维护建设税教育费附加有关事宜的公告》(国家税务总局公告2010年第31号)
- 《财政部关于城市维护建设税几个具体业务问题的补充规定》(财政部[85]财税字第143号)
- 《财政部关于城市维护建设税几个具体问题的规定》(财政部1985年3月22日发布)

4.2.2 立法草案的规定

根据《城市维护建设税法(征求意见稿)》的规定，城市维护建设税的计税依据为纳税人实际缴纳的增值税、消费税税额，以及出口货物、劳务或者跨境销售服务、无形资产增值税免抵税额。对进口货物或者境外单位和个人向境内销售劳务、服务、无形资产缴纳的增值税、消费税税额，不征收城市维护建设税。对实行增值税期末留抵退税的纳税人，允许其从城市维护建设税的计税依据中扣除退还的增值税税额。

根据《城市维护建设税法(征求意见稿)》的规定，城市维护建设税的税率如下：纳税人所在地在市区的，税率为7%；纳税人所在地不在市区的，税率为5%。城市维护建设税的应纳税额按照纳税人实际缴纳的增值税、消费税税额和出口货物、劳务或者跨境销售服务、无形资产增值税免抵税额乘以税率计算。

4.3 城市维护建设税的税收优惠

4.3.1 现行规定

海关对进口产品代征的增值税、消费税，不征收城市维护建设税。对出口产品退还增值税、消费税的，不退还已纳的城市维护建设税。对由于减免增值税、消费税而发生的退税，同时退还已纳的城市维护建设税。

自2010年5月25日，对国家重大水利工程建设基金免征城市维护建设税。

享受增值税期末留抵退税政策的集成电路企业，其退还的增值税期末留抵税额，应在城市维护建设税的计税依据中予以扣除。

对实行增值税期末留抵退税的纳税人，允许其从城市维护建设税的计税依据中扣除退还的增值税税额。

4.3.2 立法草案的规定

根据《城市维护建设税法(征求意见稿)》的规定，对出口货物、劳务和跨境销售服务、无形资产以及因优惠政策退还增值税、消费税的，不退还已缴纳的城市维护建设税。城市维护建设税的免税、减税项目由

- 《财政部 国家税务总局关于免征国家重大水利工程建设基金的城市维护建设税和教育费附加的通知》(财税〔2010〕44号)
- 《财政部 税务总局关于集成电路企业增值税期末留抵退税有关城市维护建设税 教育费附加和地方教育附加政策的通知》(财税〔2017〕17号)
- 《财政部 税务总局关于增值税期末留抵退税有关城市维护建设税 教育费附加和地方教育附加政策的通知》(财税〔2018〕80号)

国务院规定。

4.4 城市维护建设税的征收管理

4.4.1 现行规定

城市维护建设税的征收、管理、纳税环节、奖罚等事项，比照消费税、增值税的有关规定办理。上述"征收、管理"，包括城市维护建设税的代扣代缴、代收代缴，一律比照增值税、消费税的有关规定办理。

> 《国务院办公厅对<中华人民共和国城市维护建设税暂行条例>第五条的解释的复函》（国办函〔2004〕23号）

纳税人在被查补增值税、消费税和被处以罚款时，依照《城市维护建设税暂行条例》的规定，应同时对其偷漏的城市维护建设税进行补税和罚款。

城市维护建设税应当保证用于城市的公用事业和公共设施的维护建设，具体安排由地方人民政府确定。开征城市维护建设税后，任何地区和部门，都不得再向纳税人摊派资金或物资。遇到摊派情况，纳税人有权拒绝执行。

4.4.2 立法草案的规定

根据《城市维护建设税法（征求意见稿）》的规定，城市维护建设税由税务机关依照有关规定征收管理。城市维护建设税纳税义务发生时间为缴纳增值税、消费税的当日。城市维护建设税扣缴义务发生时间为扣缴增值税、消费税的当日。城市维护建设税纳税地点为实际缴纳增值税、消费税的地点。扣缴义务人应当向其机构所在地或者居住地的主管税务机关申报缴纳其扣缴的税款。城市维护建设税按月或者按季计征。不能按固定期限计征的，可以按次计征。实行按月或者按季计征的，纳税人应当于月度或者季度终了之日起十五日内申报并缴纳税款。实行按次计征的，纳税人应当于纳税义务发生之日起十五日内申报并缴纳税款。扣缴义务人解缴税款的期限，依照上述规定执行。

4.5 烟叶税的纳税人与征税范围

在中华人民共和国境内，依照《中华人民共和国烟草专卖法》的规定收购烟叶的单位为烟叶税的纳税人。烟叶是指烤烟叶、晾晒烟叶。

4.6 烟叶税应纳税额的计算

烟叶税的计税依据为纳税人收购烟叶实际支付的价款总额。纳税人收购烟叶实际支付的价款总额包括纳税人支付给烟叶生产销售单位和个人的烟叶收购价款和价外补贴。其中，价外补贴统一按烟叶收购价款的10%计算。价款总额的计算公式：

> 《财政部 国家税务总局关于明确烟叶税计税依据的通知》（财税〔2018〕75号）

实际支付的价款总额＝收购价款×（1＋10%）

烟叶税的税率为20%。烟叶税的应纳税额按照纳税人收购烟叶实际支付的价款总额乘以税率计算。应纳税额的计算公式：

应纳税额＝实际支付的价款总额×税率＝收购价款×（1＋10%）×税率

4.7 烟叶税的征收管理

烟叶税由税务机关依照《烟叶税法》和《税收征收管理法》的有关规定征收管理。纳税人应当向烟叶收购地的主管税务机关申报缴纳烟叶税。烟叶税的纳税义务发生时间为纳税人收购烟叶的当日。烟叶税按月计征，纳税人应当于纳税义务发生月终了之日起15日内申报并缴纳税款。

>> 实务操作

位于市区的甲公司 2019 年 1 月实际缴纳增值税 50 万元，实际缴纳消费税 100 万元。计算甲公司该月应纳的城市维护建设税并编制相关会计分录。

甲公司应纳城市维护建设税税额 =（50+100）×7% = 10.5（万元）

（1）计算结转应纳城市维护建设税时的会计分录如下。

借：税金及附加　　　　　　　　　　　　　　　　　　　　　　　105000
　　贷：应交税费——应交城市维护建设税　　　　　　　　　　　　　　105000

（2）以银行存款实际缴纳税款时的会计分录如下。

借：应交税费——应交城市维护建设税　　　　　　　　　　　　　　105000
　　贷：银行存款　　　　　　　　　　　　　　　　　　　　　　　　105000

>> 疑难问答

1. 撤县建市城市维护建设税具体适用税率如何确定？

《城市维护建设税暂行条例》对市区、县城和镇等分别规定了不同的城市维护建设税税率。撤县建市后，纳税人所在地在市区的，城市维护建设税适用税率为 7%；纳税人所在地在市区以外其他镇的，城市维护建设税适用税率仍为 5%。

● 《国家税务总局关于撤县建市城市维护建设税具体适用税率的批复》（税总函〔2016〕280 号）

2. "营改增"后纳税人跨地区提供建筑服务，如何缴纳城市维护建设税？

自 2016 年 5 月 1 日起，纳税人跨地区提供建筑服务、销售和出租不动产的，应在建筑服务发生地、不动产所在地预缴增值税时，以预缴增值税税额为计税依据，并按预缴增值税所在地的城市维护建设税适用税率就地计算缴纳城市维护建设税。预缴增值税的纳税人在其机构所在地申报缴纳增值税时，以其实际缴纳的增值税税额为计税依据，并按机构所在地的城市维护建设税适用税率就地计算缴纳城市维护建设税。

● 《财政部 国家税务总局关于纳税人异地预缴增值税有关城市维护建设税和教育费附加政策问题的通知》（财税〔2016〕74 号）

本章小结

城市维护建设税的纳税人是缴纳消费税和增值税的单位和个人。城市维护建设税，以纳税人实际缴纳的消费税、增值税税额为计税依据，分别与消费税、增值税同时缴纳。纳税人所在地在市区的，税率为 7%；在县城、镇的，税率为 5%；在其他地区的，税率为 1%。烟叶税的纳税人是在中国境内，依照《中华人民共和国烟草专卖法》的规定收购烟叶的单位。烟叶税的税率为 20%。烟叶税的应纳税额按照纳税人收购烟叶实际支付的价款总额乘以税率计算。

第5章 个人所得税

本章导读

个人所得税是以个人取得的各类所得为征税对象的一种税。我国个人所得税是立法最早的一个税种。本章主要阐述了个人所得税的纳税人、居民个人和非居民个人的纳税义务、征税对象与税率、应纳税所得额的计算、应纳税额的计算以及个人所得税的征收与管理。我国个人所得税自1980年起一直实行分类所得税制,自2019年起实现了四类所得综合征收,往分类与综合相结合的税制迈进了一步。

本章阐述的制度主要依据《中华人民共和国个人所得税法》(1980年9月10日第五届全国人民代表大会第三次会议通过,经过1993年10月31日、1999年8月30日、2005年10月27日、2007年6月29日、2007年12月29日、2011年6月30日、2018年8月31日七次修正)、《中华人民共和国个人所得税法实施条例》(1994年1月28日中华人民共和国国务院令第142号发布,经过2005年12月19日、2008年2月18日、2011年7月19日、2018年12月18日四次修订)、《个人所得税专项附加扣除暂行办法》(国发〔2018〕41号)、《个体工商户个人所得税计税办法》(国家税务总局令第35号)以及《个人所得税扣缴申报管理办法(试行)》(国家税务总局公告2018年第61号)。

>> 政策解析

5.1 个人所得税的纳税人

5.1.1 一般规定

个人所得税的纳税人分为居民个人和非居民个人。居民个人是指在中国境内有住所,或者无住所而一个纳税年度内在中国境内居住累计满183天的个人。非居民个人是指在中国境内无住所又不居住,或者无住所而一个纳税年度内在中国境内居住累计不满183天的个人。

上述纳税年度,自公历1月1日起至12月31日止。上述在中国境内有住所,是指因户籍、家庭、经济利益关系而在中国境内习惯性居住。所谓习惯性居住,是判定纳税义务人是居民或非居民的一个法律意义上的标准,不是指实际居住或在某一个特定时期内的居住地。如因学习、工作、探亲、旅游等而在中国境外居住的,在其原因消除之后,必须回到中国境内居住的个人,则中国即为该纳税人习惯性居住地。

● 《征收个人所得税若干问题的规定》(国税发〔1994〕89号)

5.1.2 特殊规定

确认财产租赁所得的纳税义务人,应以产权凭证为依据。无产权凭证的,由主管税务机关根据实际情况确定纳税义务人。产权所有人死亡,在未办理产权继承手续期间,该财产出租而有租金收入的,以领取租金的个人为纳税义务人。

5.2 居民个人和非居民个人的纳税义务

5.2.1 居民个人的纳税义务

居民个人从中国境内和境外取得的所得，依照《个人所得税法》规定缴纳个人所得税。在中国境内无住所的个人，在中国境内居住累计满183天的年度连续不满六年的，经向主管税务机关备案，其来源于中国境外且由境外单位或者个人支付的所得，免予缴纳个人所得税；在中国境内居住累计满183天的任一年度中有一次离境超过30天的，其在中国境内居住累计满183天的年度的连续年限重新起算。

5.2.2 非居民个人的纳税义务

非居民个人从中国境内取得的所得，依照《个人所得税法》规定缴纳个人所得税。在中国境内无住所的个人，在一个纳税年度内在中国境内居住累计不超过90天的，其来源于中国境内的所得，由境外雇主支付并且不由该雇主在中国境内的机构、场所负担的部分，免予缴纳个人所得税。

5.2.3 所得来源地的判断

从中国境内和境外取得的所得，分别是指来源于中国境内的所得和来源于中国境外的所得。

除国务院财政、税务主管部门另有规定外，下列所得，不论支付地点是否在中国境内，均为来源于中国境内的所得：

（1）因任职、受雇、履约等在中国境内提供劳务取得的所得；

（2）将财产出租给承租人在中国境内使用而取得的所得；

（3）许可各种特许权在中国境内使用而取得的所得；

（4）转让中国境内的不动产等财产或者在中国境内转让其他财产取得的所得；

（5）从中国境内企业、事业单位、其他组织以及居民个人取得的利息、股息、红利所得。

5.3 个人所得税的征税对象与税率

5.3.1 个人所得税的征税对象

1. 关于征税对象的一般规定

下列各项个人所得，应当缴纳个人所得税：

（1）工资、薪金所得；

（2）劳务报酬所得；

（3）稿酬所得；

（4）特许权使用费所得；

（5）经营所得；

（6）利息、股息、红利所得；

（7）财产租赁所得；

（8）财产转让所得；

（9）偶然所得。

居民个人取得第一项至第四项所得（以下称"综合所得"），按纳税年度合并计算个人所得税；非居民个人取得第一项至第四项所得，按月或者按次分项计算个人所得税。纳税人取得第五项至第九项所得，依照《个人所得税法》规定分别计算个人所得税。

2. 工资、薪金所得

工资、薪金所得是指个人因任职或者受雇取得的工资、薪金、奖金、年终加薪、劳动分红、津贴、补贴以及与任职或者受雇有关的其他所得。

下列不属于工资、薪金性质的补贴、津贴或者不属于纳税人本人工资、薪金所得项目的收入，不征税：

(1)独生子女补贴；

(2)执行公务员工资制度未纳入基本工资总额的补贴、津贴差额和家属成员的副食品补贴；

(3)托儿补助费；

(4)差旅费津贴、误餐补助。

● 《征收个人所得税若干问题的规定》(国税发〔1994〕089号)

3. 劳务报酬所得

劳务报酬所得是指个人从事劳务取得的所得，包括从事设计、装潢、安装、制图、化验、测试、医疗、法律、会计、咨询、讲学、翻译、审稿、书画、雕刻、影视、录音、录像、演出、表演、广告、展览、技术服务、介绍服务、经纪服务、代办服务以及其他劳务取得的所得。

4. 稿酬所得

稿酬所得是指个人因其作品以图书、报刊等形式出版、发表而取得的所得。

任职、受雇于报刊、杂志等单位的记者、编辑等专业人员，因在本单位的报纸、杂志上发表作品取得的所得，属于因任职、受雇而取得的所得，应与其当月工资收入合并，按"工资、薪金所得"项目征收个人所得税。除上述专业人员以外，其他人员在本单位的报刊、杂志上发表作品取得的所得，应按"稿酬所得"项目征收个人所得税。出版社的专业作者撰写、编写或翻译的作品，由本社以图书形式出版而取得的稿费收入，应按"稿酬所得"项目计算缴纳个人所得税。

● 《国家税务总局关于个人所得税若干业务问题的批复》(国税函〔2002〕146号)

5. 特许权使用费所得

特许权使用费所得是指个人提供专利权、商标权、著作权、非专利技术以及其他特许权的使用权取得的所得；提供著作权的使用权取得的所得，不包括稿酬所得。

作者将自己的文字作品手稿原件或复印件拍卖取得的所得，按照"特许权使用费"所得项目缴纳个人所得税。对个人财产拍卖所得征收个人所得税时，以该项财产最终拍卖成交价格为其转让收入额。

● 《国家税务总局关于加强和规范个人取得拍卖收入征收个人所得税有关问题的通知》(国税发〔2007〕38号)

6. 经营所得

经营所得是指：个体工商户从事生产、经营活动取得的所得，个人独资企业投资人、合伙企业的个人合伙人来源于境内注册的个人独资企业、合伙企业生产、经营的所得；个人依法从事办学、医疗、咨询以及其他有偿服务活动取得的所得；个人对企业、事业单位承包经营、承租经营以及转包、转租取得的所得；个人从事其他生产、经营活动取得的所得。

7. 利息、股息、红利所得

利息、股息、红利所得是指个人拥有债权、股权等而取得的利息、股息、红利所得。

股份制企业用资本公积金转增股本不属于股息、红利性质的分配，对个人取得的转增股本数额，不作为个人所得，不征收个人所得税。股份制企业用盈余公积金派发红股属于股息、红利性质的分配，对个人取

● 《国家税务总局关于股份制企业转增股本和派发红股征免个人所得税的通知》(国税发〔1997〕198号)

得的红股数额，应作为个人所得征税。

除个人独资企业、合伙企业以外的其他企业的个人投资者，以企业资金为本人、家庭成员及其相关人员支付与企业经营无关的消费性支出及购买汽车、住房等财产性支出，视为企业对个人投资者的红利分配，依照"利息、股息、红利所得"项目计征个人所得税。企业的上述支出不允许在所得税前扣除。

●《财政部 国家税务总局关于规范个人投资者个人所得税征收管理的通知》（财税〔2003〕158号）

8. 财产租赁所得

财产租赁所得是指个人出租不动产、机器设备、车船以及其他财产取得的所得。

酒店产权式经营业主（以下简称"业主"）在约定的时间内提供房产使用权与酒店进行合作经营，如房产产权并未归属新的经济实体，业主按照约定取得的固定收入和分红收入均应视为租金收入，根据有关税收法律、行政法规的规定，按照财产租赁所得项目征收个人所得税。

●《国家税务总局关于酒店产权式经营业主税收问题的批复》（国税函〔2006〕478号）

9. 财产转让所得

财产转让所得是指个人转让有价证券、股权、合伙企业中的财产份额、不动产、机器设备、车船以及其他财产取得的所得。股权成功转让后，转让方个人因受让方个人未按规定期限支付价款而取得的违约金收入，属于因财产转让而产生的收入。

转让方个人取得的该违约金应并入财产转让收入，按照"财产转让所得"项目计算缴纳个人所得税，税款由取得所得的转让方个人向主管税务机关自行申报缴纳。

●《国家税务总局关于个人股权转让过程中取得违约金收入征收个人所得税问题的批复》（国税函〔2006〕866号）

10. 偶然所得

偶然所得是指个人得奖、中奖、中彩以及其他偶然性质的所得。个人为单位或他人提供担保获得收入，按照"偶然所得"项目计算缴纳个人所得税。房屋产权所有人将房屋产权无偿赠予他人的，受赠人因无偿受赠房屋取得的受赠收入，按照"偶然所得"项目计算缴纳个人所得税。

企业在业务宣传、广告等活动中，随机向本单位以外的个人赠送礼品（包括网络红包，下同），以及企业在年会、座谈会、庆典以及其他活动中向本单位以外的个人赠送礼品，个人取得的礼品收入，按照"偶然所得"项目计算缴纳个人所得税，但企业赠送的具有价格折扣或折让性质的消费券、代金券、抵用券、优惠券等礼品除外。

●《财政部 税务总局关于个人取得有关收入适用个人所得税应税所得项目的公告》（财政部 税务总局公告2019年第74号）

5.3.2 个人所得税的税率

1. 综合所得适用的税率

综合所得，适用3%至45%的超额累进税率，具体税率表见表5-1。

表5-1 个人所得税税率表一

级数	全年应纳税所得额	税率(%)	速算扣除数
1	不超过36000元的	3	0
2	超过36000元至144000元的部分	10	2520
3	超过144000元至300000元的部分	20	16920
4	超过300000元至420000元的部分	25	31920
5	超过420000元至660000元的部分	30	52920

续表

级数	全年应纳税所得额	税率(%)	速算扣除数
6	超过660000元至960000元的部分	35	85920
7	超过960000元的部分	45	181920

表5-1所称全年应纳税所得额是指依照《个人所得税法》第六条的规定，居民个人取得综合所得以每一纳税年度收入额减除费用60000元以及专项扣除、专项附加扣除和依法确定的其他扣除后的余额。非居民个人取得工资、薪金所得，劳务报酬所得，稿酬所得和特许权使用费所得，依照该表按月换算后计算应纳税额。

2. 经营所得适用的税率

经营所得适用5%至35%的超额累进税率，具体税率表见表5-2。

表5-2 个人所得税税率表二

级数	全年应纳税所得额	税率(%)	速算扣除数
1	不超过30000元的	5	0
2	超过30000元至90000元的部分	10	1500
3	超过90000元至300000元的部分	20	10500
4	超过300000元至500000元的部分	30	40500
5	超过500000元的部分	35	65500

表5-2所称全年应纳税所得额是指依照《个人所得税法》第六条的规定，以每一纳税年度的收入总额减除成本、费用以及损失后的余额。

3. 其他所得适用的税率

利息、股息、红利所得，财产租赁所得，财产转让所得和偶然所得，适用比例税率，税率为20%。

5.4 个人所得税应纳税所得额的计算

5.4.1 居民个人综合所得应纳税所得额的计算

1. 一般规定

居民个人的综合所得，以每一纳税年度的收入额减除费用60000元以及专项扣除、专项附加扣除和依法确定的其他扣除后的余额，为应纳税所得额。专项扣除包括居民个人按照国家规定的范围和标准缴纳的基本养老保险、基本医疗保险、失业保险等社会保险费和住房公积金等；专项附加扣除包括子女教育、继续教育、大病医疗、住房贷款利息或者住房租金、赡养老人等支出。依法确定的其他扣除，包括个人缴付符合国家规定的企业年金、职业年金，个人购买符合国家规定的商业健康保险、税收递延型商业养老保险的支出，以及国务院规定可以扣除的其他项目。专项扣除、专项附加扣除和依法确定的其他扣除，以居民个人一个纳税年度的应纳税所得额为限额；一个纳税年度扣除不完的，不结转以后年度扣除。

居民个人取得工资、薪金所得时，可以向扣缴义务人提供专项附加扣除有关信息，由扣缴义务人扣缴税款时减除专项附加扣除。纳税人同时从两处以上取得工资、薪金所得，并由扣缴义务人减除专项附加扣除的，对同一专项附加扣除项目，在一个纳税年度内只能选择从一处取得的所得中减除。居民个人取得劳务报酬所得、稿酬所得、特许权使用费所得，应当在汇算清缴时向税务机关提供有关信息，减除专项附加扣除。

2. 子女教育支出

纳税人的子女接受全日制学历教育的相关支出，按照每个子女每月1000元的标准定额扣除。学历教育包括义务教育（小学、初中教育）、高中阶段教育（普通高中、中等职业、技工教育）、高等教育（大学专科、大学本科、硕士研究生、博士研究生教育）。年满3岁至小学入学前处于学前教育阶段的子女，按上述规定执行。父母可以选择由其中一方按扣除标准的100%扣除，也可以选择由双方分别按扣除标准的50%扣除，具体扣除方式在一个纳税年度内不能变更。纳税人子女在中国境外接受教育的，纳税人应当留存境外学校录取通知书、留学签证等相关教育的证明资料备查。

3. 继续教育支出

纳税人在中国境内接受学历（学位）继续教育的支出，在学历（学位）教育期间按照每月400元定额扣除。同一学历（学位）继续教育的扣除期限不能超过48个月。纳税人接受技能人员职业资格继续教育、专业技术人员职业资格继续教育的支出，在取得相关证书的当年，按照3600元定额扣除。个人接受本科及以下学历（学位）继续教育，符合本办法规定扣除条件的，可以选择由其父母扣除，也可以选择由本人扣除。纳税人接受技能人员职业资格继续教育、专业技术人员职业资格继续教育的，应当留存相关证书等资料备查。

4. 大病医疗支出

在一个纳税年度内，纳税人发生的与基本医保相关的医药费用支出，扣除医保报销后个人负担（指医保目录范围内的自付部分）累计超过15000元的部分，由纳税人在办理年度汇算清缴时，在80000元限额内据实扣除。纳税人发生的医药费用支出可以选择由本人或者其配偶扣除；未成年子女发生的医药费用支出可以选择由其父母一方扣除。纳税人及其配偶、未成年子女发生的医药费用支出，按上述规定分别计算扣除额。纳税人应当留存医药服务收费及医保报销相关票据原件（或者复印件）等资料备查。医疗保障部门应当向患者提供在医疗保障信息系统记录的本人年度医药费用信息查询服务。

5. 住房贷款利息支出

纳税人本人或者配偶单独或者共同使用商业银行或者住房公积金个人住房贷款为本人或者其配偶购买中国境内住房，发生的首套住房贷款利息支出，在实际发生贷款利息的年度，按照每月1000元的标准定额扣除，扣除期限最长不超过240个月。纳税人只能享受一次首套住房贷款的利息扣除。首套住房贷款是指购买住房享受首套住房贷款利率的住房贷款。经夫妻双方约定，可以选择由其中一方扣除，具体扣除方式在一个纳税年度内不能变更。夫妻双方婚前分别购买住房发生的首套住房贷款，其贷款利息支出，婚后可以选择其中一套购买的住房，由购买方按扣除标准的100%扣除，也可以由夫妻双方对各自购买的住房分别按扣除标准的50%扣除，具体扣除方式在一个纳税年度内不能变更。纳税人应当留存住房贷款合同、贷款还款支出凭证备查。

6. 住房租金支出

纳税人在主要工作城市没有自有住房而发生的住房租金支出，可以按照以下标准定额扣除：直辖市、省会（首府）城市、计划单列市以及国务院确定的其他城市，扣除标准为每月1500元；除上述所列城市以外，市辖区户籍人口超过100万的城市，扣除标准为每月1100元；市辖区户籍人口不超过100万的城市，扣除标准为每月800元。纳税人的配偶在纳税人的主要工作城市有自有住房的，视同纳税人在主要工作城市有自有住房。主要工作城市是指纳税人任职受雇的直辖市、计划单列市、副省级城市、地级市（地区、州、盟）全部行政区域范围；纳税人无任职受雇单位的,为受理其综合所得汇算清缴的税务机关所在城市。夫妻双方主要工作城市相同的,只能由一方扣除住房租金支出。住房租金支出由签订租赁住房合同的承租人扣除。纳税人及其配偶在一个纳税年度内不能同时分别享受住房贷款利息和住房租金专项附加扣除。纳税人应当留存住房租赁合同、协议等有关资料备查。

7. 赡养老人支出

纳税人赡养一位及以上被赡养人的赡养支出,统一按照以下标准定额扣除:纳税人为独生子女的,按照每月2000元的标准定额扣除;纳税人为非独生子女的,由其与兄弟姐妹分摊每月2000元的扣除额度,每人分摊的额度不能超过每月1000元。可以由赡养人均摊或者约定分摊,也可以由被赡养人指定分摊。约定或者指定分摊的须签订书面分摊协议,指定分摊优先于约定分摊。具体分摊方式和额度在一个纳税年度内不能变更。被赡养人是指年满60岁的父母,以及子女均已去世的年满60岁的祖父母、外祖父母。

8. 收入额计算的特殊规定

劳务报酬所得、稿酬所得、特许权使用费所得以收入减除20%的费用后的余额为收入额。稿酬所得的收入额减按70%计算。

5.4.2 经营所得应纳税所得额的计算

经营所得,以每一纳税年度的收入总额减除成本、费用以及损失后的余额,为应纳税所得额。成本、费用是指生产、经营活动中发生的各项直接支出和分配计入成本的间接费用以及销售费用、管理费用、财务费用;损失是指生产、经营活动中发生的固定资产和存货的盘亏、毁损、报废损失,转让财产损失,坏账损失,自然灾害等不可抗力因素造成的损失以及其他损失。

取得经营所得的个人,没有综合所得的,计算其每一纳税年度的应纳税所得额时,应当减除费用6万元、专项扣除、专项附加扣除以及依法确定的其他扣除。专项附加扣除在办理汇算清缴时减除。

从事生产、经营活动,未提供完整、准确的纳税资料,不能正确计算应纳税所得额的,由主管税务机关核定应纳税所得额或者应纳税额。

5.4.3 财产租赁所得应纳税所得额的计算

财产租赁所得,每次收入不超过4000元的,减除费用800元;4000元以上的,减除20%的费用,其余额为应纳税所得额。

个人将承租房屋转租取得的租金收入,属于个人所得税应税所得,应按"财产租赁所得"项目计算缴纳个人所得税。取得转租收入的个人向房屋出租方支付的租金,凭房屋租赁合同和合法支付凭据允许在计算个人所得税时,从该项转租收入中扣除。

有关财产租赁所得个人所得税前扣除税费的扣除次序为:

(1)财产租赁过程中缴纳的税费;

(2)向出租方支付的租金;

(3)由纳税人负担的租赁财产实际开支的修缮费用;

(4)税法规定的费用扣除标准。

● 《国家税务总局关于个人转租房屋取得收入征收个人所得税问题的通知》(国税函〔2009〕639号)

5.4.4 财产转让所得应纳税所得额的计算

财产转让所得以转让财产的收入额减除财产原值和合理费用后的余额,为应纳税所得额。财产原值按照下列方法确定:有价证券,为买入价以及买入时按照规定交纳的有关费用;建筑物,为建造费或者购进价格以及其他有关费用;土地使用权,为取得土地使用权所支付的金额、开发土地的费用以及其他有关费用；机器设备、车船，为购进价格、运输费、安装费以及其他有关费用。其他财产，参照上述规定的方法确定财产原值。纳税人未提供完整、准确的财产原值凭证，不能按照上述规定的方法确定财产原值的，由主管税务机关核定财产原值。合理费用是指卖出财产时按照规定支付的有关税费。

5.4.5 其他所得应纳税所得额的计算

利息、股息、红利所得和偶然所得，以每次收入额为应纳税所得额。

5.4.6 公益捐赠扣除

个人将其所得对教育、扶贫、济困等公益慈善事业进行捐赠，捐赠额未超过纳税人申报的应纳税所得额30%的部分，可以从其应纳税所得额中扣除；国务院规定对公益慈善事业捐赠实行全额税前扣除的，从其规定。个人将其所得对教育、扶贫、济困等公益慈善事业进行捐赠，是指个人将其所得通过中国境内的公益性社会组织、国家机关向教育、扶贫、济困等公益慈善事业的捐赠。应纳税所得额是指计算扣除捐赠额之前的应纳税所得额。

个人通过非营利性的社会团体和国家机关（包括中国红十字会）向红十字事业的捐赠，在计算缴纳个人所得税时准予全额扣除。纳税人通过中国境内非营利的社会团体、国家机关向教育事业的捐赠，准予在个人所得税前全额扣除。

> 《财政部 国家税务总局关于企业等社会力量向红十字事业捐赠有关所得税政策问题的通知》（财税〔2000〕30号）；《财政部 国家税务总局关于教育税收政策的通知》（财税〔2004〕39号）

5.5 个人所得税应纳税额的计算

5.5.1 居民个人综合所得应纳税额的计算

1. 一般规定

居民个人取得工资、薪金所得，劳务报酬所得，稿酬所得，特许权使用费所得（即综合所得），按纳税年度合并计算个人所得税。居民个人从中国境内和境外取得的综合所得、经营所得，应当分别合并计算应纳税额；从中国境内和境外取得的其他所得，应当分别单独计算应纳税额。

2. 货币单位的换算

各项所得的计算，以人民币为单位。所得为人民币以外的货币的，按照人民币汇率中间价折合成人民币缴纳税款。所得为人民币以外货币的，按照办理纳税申报或者扣缴申报的上一月最后一日人民币汇率中间价，折合成人民币计算应纳税所得额。年度终了后办理汇算清缴的，对已经按月、按季或者按次预缴税款的人民币以外货币所得，不再重新折算；对应当补缴税款的所得部分，按照上一纳税年度最后一日人民币汇率中间价，折合成人民币计算应纳税所得额。

3. 所得的形式与计算

个人所得的形式，包括现金、实物、有价证券和其他形式的经济利益；所得为实物的，应当按照取得的凭证上所注明的价格计算应纳税所得额，无凭证的实物或者凭证上所注明的价格明显偏低的，参照市场价格核定应纳税所得额；所得为有价证券的，根据票面价格和市场价格核定应纳税所得额；所得为其他形式的经济利益的，参照市场价格核定应纳税所得额。

4. 外国税收抵免

居民个人从中国境外取得的所得，可以从其应纳税额中抵免已在境外缴纳的个人所得税税额，但抵免额不得超过该纳税人境外所得依照《个人所得税法》规定计算的应纳税额。已在境外缴纳的个人所得税税额是指居民个人来源于中国境外的所得，依照该所得来源国家

(地区)的法律应当缴纳并且实际已经缴纳的所得税税额。纳税人境外所得依照《个人所得税法》规定计算的应纳税额是居民个人抵免已在境外缴纳的综合所得、经营所得以及其他所得的所得税税额的限额(以下简称"抵免限额")。除国务院财政、税务主管部门另有规定外,来源于中国境外一个国家(地区)的综合所得抵免限额、经营所得抵免限额以及其他所得抵免限额之和,为来源于该国家(地区)所得的抵免限额。居民个人在中国境外一个国家(地区)实际已经缴纳的个人所得税税额,低于依照上述规定计算出的来源于该国家(地区)所得的抵免限额的,应当在中国缴纳差额部分的税款;超过来源于该国家(地区)所得的抵免限额的,其超过部分不得在本纳税年度的应纳税额中抵免,但是可以在以后纳税年度来源于该国家(地区)所得的抵免限额的余额中补扣。补扣期限最长不得超过五年。居民个人申请抵免已在境外缴纳的个人所得税税额,应当提供境外税务机关出具的税款所属年度的有关纳税凭证。

5.5.2 非居民个人综合所得应纳税额的计算

非居民个人取得工资、薪金所得,劳务报酬所得,稿酬所得,特许权使用费所得,按月或者按次分项计算个人所得税。劳务报酬所得、稿酬所得、特许权使用费所得,属于一次性收入的,以取得该项收入为一次;属于同一项目连续性收入的,以一个月内取得的收入为一次。"同一项目"是指劳务报酬所得列举具体劳务项目中的某一单项,个人兼有不同的劳务报酬所得,应当分别减除费用,计算缴纳个人所得税。

5.5.3 经营所得应纳税额的计算

5.5.3.1 应纳税所得额的计算与核算原则

个体工商户的生产、经营所得,以每一纳税年度的收入总额,减除成本、费用、税金、损失、其他支出以及允许弥补的以前年度亏损后的余额,为应纳税所得额。

除另有规定外,个体工商户应纳税所得额的计算,以权责发生制为原则,属于当期的收入和费用,不论款项是否收付,均作为当期的收入和费用;不属于当期的收入和费用,即使款项已经在当期收付,均不作为当期收入和费用。

个体工商户发生的支出应当区分收益性支出和资本性支出。收益性支出在发生当期直接扣除;资本性支出应当分期扣除或者计入有关资产成本,不得在发生当期直接扣除。

5.5.3.2 各项支出的计算

1. 不得扣除支出

个体工商户下列支出不得扣除:
(1)个人所得税税款;
(2)税收滞纳金;
(3)罚金、罚款和被没收财物的损失;
(4)不符合扣除规定的捐赠支出;
(5)赞助支出,即个体工商户发生的与生产经营活动无关的各种非广告性质支出;
(6)用于个人和家庭的支出;
(7)与取得生产经营收入无关的其他支出;
(8)个体工商户代其从业人员或者他人负担的税款;
(9)国家税务总局规定不准扣除的支出。

2. 混合支出

个体工商户生产经营活动中,应当分别核算生产经营费用和个人、家庭费用。对于生产经营与个人、家庭生活混用难以分清的费用，其40%视为与生产经营有关费用，准予扣除。

3. 亏损结转

个体工商户纳税年度发生的亏损，准予向以后年度结转，用以后年度的生产经营所得弥补，但结转年限最长不得超过五年。

4. 存货与资产的税务处理

个体工商户使用或者销售存货，按照规定计算的存货成本，准予在计算应纳税所得额时扣除。

个体工商户转让资产，该项资产的净值，准予在计算应纳税所得额时扣除。

5. 工资薪金与劳动保护支出

个体工商户实际支付给从业人员的、合理的工资薪金支出，准予扣除。个体工商户业主的费用扣除标准，依照相关法律、法规和政策规定执行。个体工商户业主的工资薪金支出不得税前扣除。

个体工商户按照国务院有关主管部门或者省级人民政府规定的范围和标准为其业主和从业人员缴纳的基本养老保险费、基本医疗保险费、失业保险费、生育保险费、工伤保险费和住房公积金，准予扣除。个体工商户为从业人员缴纳的补充养老保险费、补充医疗保险费，分别在不超过从业人员工资总额5%标准内的部分据实扣除；超过部分，不得扣除。个体工商户业主本人缴纳的补充养老保险费、补充医疗保险费，以当地（地级市）上年度社会平均工资的3倍为计算基数，分别在不超过该计算基数5%标准内的部分据实扣除；超过部分，不得扣除。

个体工商户发生的合理的劳动保护支出，准予扣除。

6. 保险费支出

除个体工商户依照国家有关规定为特殊工种从业人员支付的人身安全保险费和财政部、国家税务总局规定可以扣除的其他商业保险费外，个体工商户业主本人或者为从业人员支付的商业保险费，不得扣除。

个体工商户参加财产保险，按照规定缴纳的保险费，准予扣除。

7. 借款费用与利息支出

个体工商户在生产经营活动中发生的合理的不需要资本化的借款费用，准予扣除。个体工商户为购置、建造固定资产、无形资产和经过12个月以上的建造才能达到预定可销售状态的存货发生借款的，在有关资产购置、建造期间发生的合理的借款费用，应当作为资本性支出计入有关资产的成本，并依照相关规定扣除。

个体工商户在生产经营活动中发生的下列利息支出，准予扣除：向金融企业借款的利息支出；向非金融企业和个人借款的利息支出，不超过按照金融企业同期同类贷款利率计算的数额的部分。

8. 工会经费、职工福利费、职工教育经费支出

个体工商户向当地工会组织拨缴的工会经费、实际发生的职工福利费支出、职工教育经费支出分别在工资薪金总额的2%、14%、2.5%的标准内据实扣除。工资薪金总额是指允许在当期税前扣除的工资薪金支出数额。职工教育经费的实际发生数额超出规定比例当期不能扣除的数额，准予在以后纳税年度结转扣除。个体工商户业主本人向当地工会组织缴纳的工会经费、实际发生的职工福利费支出、职工教育经费支出，以当地（地级市）上年度社会平均工资的3倍为计算基数，在上述规定比例内据实扣除。

9. 业务招待费、开办费支出

个体工商户发生的与生产经营活动有关的业务招待费，按照实际发生额的60%扣除，但最高不得超过当年销售(营业)收入的5‰。业主自申请营业执照之日起至开始生产经营之日止所发生的业务招待费，按照实际发生额的60%计入个体工商户的开办费。

个体工商户自申请营业执照之日起至开始生产经营之日止所发生符合规定的费用，除为取得固定资产、无形资产的支出，以及应计入资产价值的汇兑损益、利息支出外，作为开办费，个体工商户可以选择在开始生产经营的当年一次性扣除，也可自生产经营月份起在不短于3年期限内摊销扣除，但一经选定，不得改变。开始生产经营之日为个体工商户取得第一笔销售(营业)收入的日期。

10. 广告费、业务宣传费支出

个体工商户每一纳税年度发生的与其生产经营活动直接相关的广告费和业务宣传费不超过当年销售(营业)收入15%的部分，可以据实扣除；超过部分，准予在以后纳税年度结转扣除。

11. 租赁费支出

个体工商户根据生产经营活动的需要租入固定资产支付的租赁费，按照以下方法扣除：以经营租赁方式租入固定资产发生的租赁费支出，按照租赁期限均匀扣除；以融资租赁方式租入固定资产发生的租赁费支出，按照规定构成融资租入固定资产价值的部分应当提取折旧费用，分期扣除。

12. 公益捐赠

个体工商户通过公益性社会团体或者县级以上人民政府及其部门，用于《公益事业捐赠法》规定的公益事业的捐赠，捐赠额不超过其应纳税所得额30%的部分可以据实扣除。财政部、国家税务总局规定可以全额在税前扣除的捐赠支出项目，按有关规定执行。个体工商户直接对受益人的捐赠不得扣除。

13. 其他支出

个体工商户在货币交易中，以及纳税年度终了时将人民币以外的货币性资产、负债按照期末即期人民币汇率中间价折算为人民币时产生的汇兑损失，除已经计入有关资产成本部分外，准予扣除。

个体工商户按照规定缴纳的摊位费、行政性收费、协会会费等，按实际发生数额扣除。

5.5.3.3 合伙企业个人所得税的计算

● 《财政部 国家税务总局关于合伙企业合伙人所得税问题的通知》(财税〔2008〕159号)

合伙企业是指依照中国法律、行政法规成立的合伙企业。合伙企业以每一个合伙人为纳税义务人。合伙企业合伙人是自然人的，缴纳个人所得税；合伙人是法人和其他组织的，缴纳企业所得税。

合伙企业生产经营所得和其他所得采取"先分后税"的原则。生产经营所得和其他所得，包括合伙企业分配给所有合伙人的所得和企业当年留存的所得(利润)。

合伙企业的合伙人按照下列原则确定应纳税所得额：合伙企业的合伙人以合伙企业的生产经营所得和其他所得，按照合伙协议约定的分配比例确定应纳税所得额。合伙协议未约定或者约定不明确的，以全部生产经营所得和其他所得，按照合伙人协商决定的分配比例确定应纳税所得额。协商不成的，以全部生产经营所得和其他所得，按照合伙人实缴出资比例确定应纳税所得额。无法确定出资比例的，以全部生产经营所得和其他所得，按照合伙人数量平均计算每一个合伙人的应纳税所得额。合伙协议不得约定将全部利润分配给部分合伙人。

5.5.4 财产租赁所得应纳税额的计算

1. 一般规定

财产租赁所得应纳税额的计算公式如下。

（1）每次收入不超过 4000 元的：

应纳税额=（每次收入额-800）×20%

（2）每次收入超过 4000 元的：

应纳税额=每次收入额×(1-20%)×20%

财产租赁所得以一个月内取得的收入为一次。

2. 特殊规定

自 2016 年 5 月 1 日起，个人出租房屋的个人所得税应税收入不含增值税，计算房屋出租所得可扣除的税费不包括本次出租缴纳的增值税。个人转租房屋的，其向房屋出租方支付的租金及增值税额，在计算转租所得时予以扣除。

纳税义务人在出租财产过程中缴纳的税金和国家能源交通重点建设基金、国家预算调节基金、教育费附加，可持完税（缴款）凭证，从其财产租赁收入中扣除。纳税义务人出租财产取得财产租赁收入，在计算征税时，除可依法减除规定费用和有关税、费外，还准予扣除能够提供有效、准确凭证，证明由纳税义务人负担的该出租财产实际开支的修缮费用。允许扣除的修缮费用，以每次 800 元为限，一次扣除不完的，准予在下一次继续扣除，直至扣完为止。

● 《征收个人所得税若干问题的规定》（国税发〔1994〕089 号）

5.5.5 财产转让所得应纳税额的计算

1. 一般规定

财产转让所得按照一次转让财产的收入额减除财产原值和合理费用后的余额计算纳税。

财产转让所得应纳税额的计算公式如下：

应纳税额=（每次收入额-财产原值-合理费用）×20%

2. 转让债权所得的计算

个人通过招标、竞拍或其他方式购置债权以后，通过相关司法或行政程序主张债权而取得的所得，应按照"财产转让所得"项目缴纳个人所得税。

● 《国家税务总局关于个人因购买和处置债权取得所得征收个人所得税问题的批复》（国税函〔2005〕655 号）

个人通过上述方式取得"打包"债权，只处置部分债权的，其应纳税所得额按以下方式确定。

（1）以每次处置部分债权的所得，作为一次财产转让所得征税。

（2）其应税收入按照个人取得的货币资产和非货币资产的评估价值或市场价值的合计数确定。

（3）所处置债权成本费用（即财产原值），按下列公式计算：

当次处置债权成本费用=个人购置"打包"债权实际支出×当次处置债权账面价值（或拍卖机构公布价值）÷"打包"债权账面价值（或拍卖机构公布价值）

个人购买和处置债权过程中发生的拍卖招标手续费、诉讼费、审计评估费以及缴纳的税金等合理税费，在计算个人所得税时允许扣除。

3. 转让住房所得的计算

对住房转让所得征收个人所得税时，以实际成交价格为转让收入。

● 《国家税务总局关于个人住房转让所得征收个人所得税有关问题的通知》（国税发〔2006〕108 号）

自 2016 年 5 月 1 日起，个人转让房屋的个人所得税应税收入不含增值税，其取得房屋时所支付价款中包含的增值税计入财产原值，计算转让所得时可扣除的税费不包括本次转让缴纳的增值税。

● 《财政部 国家税务总局关于营改增后契税 房产税 土地增值税 个人所得税计税依据问题的通知》（财税〔2016〕43号）

纳税人申报的住房成交价格明显低于市场价格且无正当理由的，征收机关依法有权根据有关信息核定其转让收入，但必须保证各税种计税价格一致。对转让住房收入计算个人所得税应纳税所得额时，纳税人可凭原购房合同、发票等有效凭证，经税务机关审核后，允许从其转让收入中减除房屋原值、转让住房过程中缴纳的税金及有关合理费用。

商品房的原值为购置该房屋时实际支付的房价款及交纳的相关税费。自建住房的原值为实际发生的建造费用及建造和取得产权时实际交纳的相关税费。经济适用房（含集资合作建房、安居工程住房）的原值为原购房人实际支付的房价款及相关税费，以及按规定交纳的土地出让金。

已购公有住房的原值为原购公有住房标准面积按当地经济适用房价格计算的房价款，加上原购公有住房超标准面积实际支付的房价款以及按规定向财政部门（或原产权单位）交纳的所得收益及相关税费。已购公有住房是指城镇职工根据国家和县级（含县级）以上人民政府有关城镇住房制度改革政策规定，按照成本价（或标准价）购买的公有住房。经济适用房价格按县级（含县级）以上地方人民政府规定的标准确定。根据《城市房屋拆迁管理条例》（国务院令第 305 号）和《建设部关于印发〈城市房屋拆迁估价指导意见〉的通知》（建住房〔2003〕234号）等有关规定，城镇拆迁安置住房的原值分别为：房屋拆迁取得货币补偿后购置房屋的，为购置该房屋实际支付的房价款及交纳的相关税费；房屋拆迁采取产权调换方式的，所调换房屋原值为《房屋拆迁补偿安置协议》注明的价款及交纳的相关税费；房屋拆迁采取产权调换方式，被拆迁人除取得所调换房屋，又取得部分货币补偿的，所调换房屋原值为《房屋拆迁补偿安置协议》注明的价款和交纳的相关税费，减去货币补偿后的余额；房屋拆迁采取产权调换方式，被拆迁人取得所调换房屋，又支付部分货币的，所调换房屋原值为《房屋拆迁补偿安置协议》注明的价款，加上所支付的货币及交纳的相关税费。

转让住房过程中缴纳的税金是指纳税人在转让住房时实际缴纳的营业税、城市维护建设税、教育费附加、土地增值税、印花税等税金。合理费用是指纳税人按照规定实际支付的住房装修费用、住房贷款利息、手续费、公证费等费用。

纳税人能提供实际支付装修费用的税务统一发票，并且发票上所列付款人姓名与转让房屋产权人一致的，经税务机关审核，其转让的住房在转让前实际发生的装修费用，可在以下规定比例内扣除。已购公有住房、经济适用房：最高扣除限额为房屋原值的 15%；商品房及其他住房：最高扣除限额为房屋原值的 10%。纳税人原购房为装修房，即合同注明房价款中含有装修费（铺装了地板，装配了洁具、厨具等）的，不得再重复扣除装修费用。

纳税人出售以按揭贷款方式购置的住房的，其向贷款银行实际支付的住房贷款利息，凭贷款银行出具的有效证明据实扣除。纳税人按照有关规定实际支付的手续费、公证费等，凭有关部门出具的有效证明据实扣除。

纳税人未提供完整、准确的房屋原值凭证，不能正确计算房屋原值和应纳税额的，税务机关可根据《税收征收管理法》的规定，对其实行核定征税，即按纳税人住房转让收入的一定比例核定应纳个人所得税额。具体比例由省级税务局或者省级税务局授权的地市级税务局根据纳税人出售住房的所处区域、地理位置、建造时间、房屋类型、住房平均价格水平等因素，在住房转让收入 1%~3% 的幅度内确定。

4. 财产拍卖所得的计算

个人财产拍卖所得适用"财产转让所得"项目计算应纳税所得额时,纳税人凭合法有效凭证(税务机关监制的正式发票、相关境外交易单据或海关报关单据、完税证明等),从其转让收入额中减除相应的财产原值、拍卖财产过程中缴纳的税金及有关合理费用。

财产原值是指售出方个人取得该拍卖品的价格(以合法有效凭证为准)。具体为:通过商店、画廊等途径购买的,为购买该拍卖品时实际支付的价款;通过拍卖行拍得的,为拍得该拍卖品实际支付的价款及交纳的相关税费;通过祖传收藏的,为其收藏该拍卖品而发生的费用;通过赠送取得的,为其受赠该拍卖品时发生的相关税费;通过其他形式取得的,参照以上原则确定财产原值。拍卖财产过程中缴纳的税金是指在拍卖财产时纳税人实际缴纳的相关税金及附加。有关合理费用是指拍卖财产时纳税人按照规定实际支付的拍卖费(佣金)、鉴定费、评估费、图录费、证书费等费用。

纳税人如不能提供合法、完整、准确的财产原值凭证,不能正确计算财产原值的,按转让收入额的3%征收率计算缴纳个人所得税;拍卖品为经文物部门认定是海外回流文物的,按转让收入额的2%征收率计算缴纳个人所得税。

纳税人的财产原值凭证内容填写不规范,或者一份财产原值凭证包括多件拍卖品且无法确认每件拍卖品一一对应的原值的,不得将其作为扣除财产原值的计算依据,应视为不能提供合法、完整、准确的财产原值凭证,并按上述规定的征收率计算缴纳个人所得税。纳税人能够提供合法、完整、准确的财产原值凭证,但不能提供有关税费凭证的,不得按征收率计算纳税,应当就财产原值凭证上注明的金额据实扣除,并按照税法规定计算缴纳个人所得税。

个人财产拍卖所得应纳的个人所得税税款,由拍卖单位负责代扣代缴,并按规定向拍卖单位所在地主管税务机关办理纳税申报。拍卖单位代扣代缴个人财产拍卖所得应纳的个人所得税税款时,应给纳税人填开完税凭证,并详细标明每件拍卖品的名称、拍卖成交价格、扣缴税款额。

个人通过拍卖市场取得的房屋拍卖收入在计征个人所得税时,其房屋原值应按照纳税人提供的合法、完整、准确的凭证予以扣除;不能提供完整、准确的房屋原值凭证,不能正确计算房屋原值和应纳税额的,统一按转让收入全额的3%计算缴纳个人所得税。● 《国家税务总局关于个人取得房屋拍卖收入征收个人所得税问题的批复》(国税函〔2007〕1145号)

5. 虚拟货币转让所得的计算

个人通过网络收购玩家的虚拟货币,加价后向他人出售取得的收入,属于个人所得税应税所得,应按照"财产转让所得"项目计算缴纳个人所得税。个人销售虚拟货币的财产原值为其收购网络虚拟货币所支付的价款和相关税费。对于个人不能提供有关财产原值凭证的,由主管税务机关核定其财产原值。● 《国家税务总局关于个人通过网络买卖虚拟货币取得收入征收个人所得税问题的批复》(国税函〔2008〕818号)

6. 限售股转让所得的计算

自2010年1月1日起,对个人转让限售股取得的所得,按照"财产转让所得",适用20%的比例税率征收个人所得税。

限售股,包括:

(1)上市公司股权分置改革完成后股票复牌日之前股东所持原非流通股股份,以及股票复牌日至解禁日期间由上述股份孳生的送、转股(以下统称"股改限售股");

(2) 2006年股权分置改革新老划断后,首次公开发行股票并上市的公司形成的限售股,以及上市首日至解禁日期间由上述股份孳生的送、转股(以下统称"新股限售股");

(3) 个人从机构或其他个人受让的未解禁限售股;

(4) 个人因依法继承或家庭财产依法分割取得的限售股;个人持有的从代办股份转让系统转到主板市场(或中小板、创业板市场)的限售股;

(5) 上市公司吸收合并中,个人持有的原被合并方公司限售股所转换的合并方公司股份;

(6) 上市公司分立中,个人持有的被分立方公司限售股所转换的分立后公司股份;其他限售股。

个人转让限售股或发生具有转让限售股实质的其他交易,取得现金、实物、有价证券和其他形式的经济利益均应缴纳个人所得税。限售股在解禁前被多次转让的,转让方对每一次转让所得均应按规定缴纳个人所得税。

对具有下列情形的,应按规定征收个人所得税:

(1) 个人通过证券交易所集中交易系统或大宗交易系统转让限售股;

(2) 个人用限售股认购或申购交易型开放式指数基金(ETF)份额;个人用限售股接受要约收购;

(3) 个人行使现金选择权将限售股转让给提供现金选择权的第三方;个人协议转让限售股;

(4) 个人持有的限售股被司法扣划;个人因依法继承或家庭财产分割让渡限售股所有权;

(5) 个人用限售股偿还上市公司股权分置改革中由大股东代其向流通股股东支付的对价;

(6) 其他具有转让实质的情形。

个人转让限售股,以每次限售股转让收入,减除股票原值和合理税费后的余额,为应纳税所得额。即:

应纳税所得额=限售股转让收入-(限售股原值+合理税费)

应纳税额=应纳税所得额×20%

限售股转让收入是指转让限售股股票实际取得的收入。限售股原值是指限售股买入时的买入价及按照规定缴纳的有关费用。合理税费是指转让限售股过程中发生的印花税、佣金、过户费等与交易相关的税费。

如果纳税人未能提供完整、真实的限售股原值凭证的,不能准确计算限售股原值的,主管税务机关一律按限售股转让收入的15%核定限售股原值及合理税费。

限售股转让所得个人所得税,以限售股持有者为纳税义务人,以个人股东开户的证券机构为扣缴义务人。

限售股个人所得税由证券机构所在地主管税务机关负责征收管理。

7. 非货币性资产投资的计算

个人以非货币性资产投资,属于个人转让非货币性资产和投资同时发生。对个人转让非货币性资产的所得,应按照"财产转让所得"项目,依法计算缴纳个人所得税。非货币性资产是指现金、银行存款等货币性资产以外的资产,包括股权、不动产、技术发明成果以及其他形式的非货币性资产。非货币性资产投资包括以非货币性资产出资设立新的企业,以及以非货币性资产出资参与企业增资扩股、定向增发

- 《财政部 国家税务总局 证监会关于个人转让上市公司限售股所得征收个人所得税有关问题的通知》(财税〔2009〕167号)、《财政部 国家税务总局 证监会关于个人转让上市公司限售股所得征收个人所得税有关问题的补充通知》(财税〔2010〕70号)

- 《财政部 国家税务总局关于个人非货币性资产投资有关个人所得税政策的通知》(财税〔2015〕41号)

股票、股权置换、重组改制等投资行为。

个人以非货币性资产投资,应按评估后的公允价值确认非货币性资产转让收入。非货币性资产转让收入减除该资产原值及合理税费后的余额为应纳税所得额。个人以非货币性资产投资,应于非货币性资产转让、取得被投资企业股权时,确认非货币性资产转让收入的实现。个人应在发生上述应税行为的次月15日内向主管税务机关申报纳税。纳税人一次性缴税有困难的,可合理确定分期缴纳计划并报主管税务机关备案后,自发生上述应税行为之日起不超过5个公历年度内(含)分期缴纳个人所得税。个人以非货币性资产投资交易过程中取得现金补价的,现金部分应优先用于缴税;现金不足以缴纳的部分,可分期缴纳。个人在分期缴税期间转让其持有的上述全部或部分股权,并取得现金收入的,该现金收入应优先用于缴纳尚未缴清的税款。

5.5.6 其他所得应纳税额的计算

1. 利息、股息、红利所得应纳税额的计算

利息、股息、红利所得应纳税额的计算公式如下:

应纳税额=每次收入额×20%

利息、股息、红利所得,以支付利息、股息、红利时取得的收入为一次。

2. 特殊情形下利息、股息、红利所得应纳税额的计算

股份制企业在分配股息、红利时,以股票形式向股东个人支付应得的股息、红利(即派发红股),应以派发红股的股票票面金额为收入额,按利息、股息、红利项目计征个人所得税。

对投资者从基金分配中获得的股票的股息、红利收入以及企业债券的利息收入,由上市公司和发行债券的企业在向基金派发股息、红利、利息时代扣代缴20%的个人所得税,基金向个人投资者分配股息、红利、利息时,不再代扣代缴个人所得税。对个人投资者从基金分配中获得的企业债券差价收入,应按税法法规对个人投资者征收个人所得税,税款由基金在分配时依法代扣代缴。

一名或多名个人投资者以股权收购方式取得被收购企业100%股权,股权收购前,被收购企业原账面金额中的"资本公积、盈余公积、未分配利润"等盈余积累未转增股本,而在股权交易时将其一一计入股权转让价格并履行了所得税纳税义务。股权收购后,企业将原账面金额中的盈余积累向个人投资者(新股东,下同)转增股本,有关个人所得税问题区分以下情形处理:新股东以不低于净资产价格收购股权的,企业原盈余积累已全部计入股权交易价格,新股东取得盈余积累转增股本的部分,不征收个人所得税。

新股东以低于净资产价格收购股权的,企业原盈余积累中,对于股权收购价格减去原股本的差额部分已经计入股权交易价格,新股东取得盈余积累转增股本的部分,不征收个人所得税;对于股权收购价格低于原所有者权益的差额部分未计入股权交易价格,新股东取得盈余积累转增股本的部分,应按照"利息、股息、红利所得"项目征收个人所得税。新股东以低于净资产价格收购企业股权后转增股本,应按照下列顺序进行,即:先转增应税的盈余积累部分,然后再转增免税的盈余积累部分。

新股东将所持股权转让时,其财产原值为其收购企业股权实际支付的对价及相关税费。企业发生股权交易及转增股本等事项后,应在次月15日内,将股东及其股权变化情况、股权交易前原账面记载的盈余积累数额、转增股本数额及扣缴税款情况报告主管税务机关。

对内地个人投资者通过深港股票市场交易互联互通机制试点(深港通)投资香港联交所上

市 H 股取得的股息红利，H 股公司应向中国证券登记结算有限责任公司（以下简称"中国结算"）提出申请，由中国结算向 H 股公司提供内地个人投资者名册，H 股公司按照 20% 的税率代扣个人所得税。内地个人投资者通过深港通投资香港联交所上市的非 H 股取得的股息红利，由中国结算按照 20% 的税率代扣个人所得税。个人投资者在国外已缴纳的预提税，可持有效扣税凭证到中国结算的主管税务机关申请税收抵免。对内地证券投资基金通过深港通投资香港联交所上市股票取得的股息红利所得，按照上述规定计征个人所得税。

3. 偶然所得应纳税额的计算

偶然所得应纳税额的计算公式如下：

应纳税额 = 每次收入额 × 20%

偶然所得，以每次取得该项收入为一次。

5.6 个人所得税的征收与管理

5.6.1 个人所得税的源泉扣缴

1. 源泉扣缴的范围

实行个人所得税全员全额扣缴申报的应税所得包括：

(1) 工资、薪金所得；

(2) 劳务报酬所得；

(3) 稿酬所得；

(4) 特许权使用费所得；

(5) 利息、股息、红利所得；

(6) 财产租赁所得；

(7) 财产转让所得；

(8) 偶然所得。

2. 源泉扣缴的实施

个人所得税以所得人为纳税人，以支付所得的单位或者个人为扣缴义务人。

纳税人有中国公民身份号码的，以中国公民身份号码为纳税人识别号；纳税人没有中国公民身份号码的，由税务机关赋予其纳税人识别号。

扣缴义务人扣缴税款时，纳税人应当向扣缴义务人提供纳税人识别号。居民个人向扣缴义务人提供专项附加扣除信息的，扣缴义务人按月预扣预缴税款时应当按照规定予以扣除，不得拒绝。

非居民个人取得工资、薪金所得，劳务报酬所得，稿酬所得和特许权使用费所得，有扣缴义务人的，由扣缴义务人按月或者按次代扣代缴税款，不办理汇算清缴。

扣缴义务人每月或者每次预扣、代扣的税款，应当在次月 15 日内缴入国库，并向税务机关报送扣缴个人所得税申报表。

纳税人办理汇算清缴退税或者扣缴义务人为纳税人办理汇算清缴退税的，税务机关审核后，按照国库管理的有关规定办理退税。

扣缴义务人向个人支付应税款项时，应当依照个人所得税法规定预扣或者代扣税款，按时缴库，并专项记载备查。支付包括现金支付、汇拨支付、转账支付和以有价证券、实物以及其他形式的支付。

3. 信息准确与惩戒

扣缴义务人应当按照纳税人提供的信息计算办理扣缴申报，不得擅自更改纳税人提供的信息。纳税人发现扣缴义务人提供或者扣缴申报的个人信息、所得、扣缴税款等与实际情况不符的，有权要求扣缴义务人修改。扣缴义务人拒绝修改的，纳税人应当报告税务机关，税务机关应当及时处理。纳税人、扣缴义务人应当按照规定保存与专项附加扣除相关的资料。税务机关可以对纳税人提供的专项附加扣除信息进行抽查，具体办法由国务院税务主管部门另行规定。税务机关发现纳税人提供虚假信息的，应当责令改正并通知扣缴义务人；情节严重的，有关部门应当依法予以处理，纳入信用信息系统并实施联合惩戒。

4. 手续费

对扣缴义务人按照所扣缴的税款，付给2%的手续费。上述税款不包括税务机关、司法机关等查补或者责令补扣的税款。扣缴义务人领取的扣缴手续费可用于提升办税能力、奖励办税人员。税务机关按照规定付给扣缴义务人手续费，应当填开退还书；扣缴义务人凭退还书，按照国库管理有关规定办理退库手续。

5. 工资薪金税款的预扣

扣缴义务人向居民个人支付工资、薪金所得时，应当按照累计预扣法计算预扣税款，并按月办理扣缴申报。累计预扣法是指扣缴义务人在一个纳税年度内预扣预缴税款时，以纳税人在本单位截至当前月份工资、薪金所得累计收入减除累计免税收入、累计减除费用、累计专项扣除、累计专项附加扣除和累计依法确定的其他扣除后的余额为累计预扣预缴应纳税所得额，适用个人所得税预扣率表一（见表5–3），计算累计应预扣预缴税额，再减除累计减免税额和累计已预扣预缴税额，其余额为本期应预扣预缴税额。余额为负值时，暂不退税。纳税年度终了后余额仍为负值时，由纳税人通过办理综合所得年度汇算清缴，税款多退少补。

具体计算公式如下：

本期应预扣预缴税额＝（累计预扣预缴应纳税所得额×预扣率－速算扣除数）－累计减免税额－累计已预扣预缴税额

累计预扣预缴应纳税所得额＝累计收入－累计免税收入－累计减除费用－累计专项扣除－累计专项附加扣除－累计依法确定的其他扣除

其中，累计减除费用，按照5000元/月乘以纳税人当年截至本月在本单位的任职受雇月份数计算。

表5–3 个人所得税预扣率表一

（居民个人工资、薪金所得预扣预缴适用）

级数	累计预扣预缴应纳税所得额	预扣率（%）	速算扣除数
1	不超过36000元的	3	0
2	超过36000元至144000元的部分	10	2520
3	超过144000元至300000元的部分	20	16920
4	超过300000元至420000元的部分	25	31920
5	超过420000元至660000元的部分	30	52920
6	超过660000元至960000元的部分	35	85920
7	超过960000元的部分	45	181920

6. 其他综合所得税款的预扣

扣缴义务人向居民个人支付劳务报酬所得、稿酬所得、特许权使用费所得时,应当按照以下方法按次或者按月预扣预缴税款。

(1)劳务报酬所得、稿酬所得、特许权使用费所得以收入减除费用后的余额为收入额;其中,稿酬所得的收入额减按百分之七十计算。

(2)减除费用:预扣预缴税款时,劳务报酬所得、稿酬所得、特许权使用费所得每次收入不超过四千元的,减除费用按八百元计算;每次收入四千元以上的,减除费用按收入的百分之二十计算。

(3)应纳税所得额:劳务报酬所得、稿酬所得、特许权使用费所得,以每次收入额为预扣预缴应纳税所得额,计算应预扣预缴税额。劳务报酬所得适用个人所得税预扣率表二(见表5-4),稿酬所得、特许权使用费所得适用百分之二十的比例预扣率。

表 5-4　个人所得税预扣率表二

(居民个人劳务报酬所得预扣预缴适用)

级数	预扣预缴应纳税所得额	预扣率(%)	速算扣除数
1	不超过20000元的	20	0
2	超过20000元至50000元的部分	30	2000
3	超过50000元的部分	40	7000

(4)居民个人办理年度综合所得汇算清缴时,应当依法计算劳务报酬所得、稿酬所得、特许权使用费所得的收入额,并入年度综合所得计算应纳税款,税款多退少补。

7. 非居民代扣税款的计算

扣缴义务人向非居民个人支付工资、薪金所得,劳务报酬所得,稿酬所得和特许权使用费所得时,应当按照以下方法按月或者按次代扣代缴税款:

(1)非居民个人的工资、薪金所得,以每月收入额减除费用五千元后的余额为应纳税所得额;

(2)劳务报酬所得、稿酬所得、特许权使用费所得,以每次收入额为应纳税所得额,适用个人所得税税率表三(见表5-5)计算应纳税额。

劳务报酬所得、稿酬所得、特许权使用费所得以收入减除百分之二十的费用后的余额为收入额;其中,稿酬所得的收入额减按百分之七十计算。

非居民个人在一个纳税年度内税款扣缴方法保持不变,达到居民个人条件时,应当告知扣缴义务人基础信息变化情况,年度终了后按照居民个人有关规定办理汇算清缴。

表 5-5　个人所得税税率表三

(非居民个人工资、薪金所得,劳务报酬所得,稿酬所得,特许权使用费所得适用)

级数	应纳税所得额	税率(%)	速算扣除数
1	不超过3000元的	3	0
2	超过3000元至12000元的部分	10	210
3	超过12000元至25000元的部分	20	1410
4	超过25000元至35000元的部分	25	2660
5	超过35000元至55000元的部分	30	4410

级数	应纳税所得额	税率(%)	速算扣除数
6	超过55000元至80000元的部分	35	7160
7	超过80000元的部分	45	15160

8. 其他所得税款的代扣代缴

扣缴义务人支付利息、股息、红利所得，财产租赁所得，财产转让所得或者偶然所得时，应当依法按次或者按月代扣代缴税款。

9. 享受税收协定待遇

纳税人需要享受税收协定待遇的，应当在取得应税所得时主动向扣缴义务人提出，并提交相关信息、资料，扣缴义务人代扣代缴税款时按照享受税收协定待遇有关办法办理。

10. 代扣代缴的信息

支付工资、薪金所得的扣缴义务人应当于年度终了后两个月内，向纳税人提供其个人所得和已扣缴税款等信息。纳税人年度中间需要提供上述信息的，扣缴义务人应当提供。纳税人取得除工资、薪金所得以外的其他所得，扣缴义务人应当在扣缴税款后，及时向纳税人提供其个人所得和已扣缴税款等信息。

5.6.2 个人所得税自行纳税申报

1. 需要自行纳税申报的情形

取得综合所得需要办理汇算清缴的，纳税人应当依法办理纳税申报。取得综合所得需要办理汇算清缴的情形包括：从两处以上取得综合所得，且综合所得年收入额减除专项扣除的余额超过6万元；取得劳务报酬所得、稿酬所得、特许权使用费所得中一项或者多项所得，且综合所得年收入额减除专项扣除的余额超过6万元；纳税年度内预缴税额低于应纳税额；纳税人申请退税。纳税人申请退税，应当提供其在中国境内开设的银行账户，并在汇算清缴地就地办理税款退库。

● 《国家税务总局关于个人所得税自行纳税申报有关问题的公告》（国家税务总局公告2018年第62号）

2019年1月1日至2020年12月31日，居民个人取得的综合所得，年度综合所得收入不超过12万元且需要汇算清缴补税的，或者年度汇算清缴补税金额不超过400元的，居民个人可免于办理个人所得税综合所得汇算清缴。居民个人取得综合所得时存在扣缴义务人未依法预扣预缴税款的情形除外。

● 《财政部 税务总局关于个人所得税综合所得汇算清缴涉及有关政策问题的公告》（财政部 税务总局公告2019年第94号）

2. 综合所得纳税申报

居民个人取得综合所得，按年计算个人所得税；有扣缴义务人的，由扣缴义务人按月或者按次预扣预缴税款；需要办理汇算清缴的，应当在取得所得的次年3月1日至6月30日内办理汇算清缴。纳税人申请退税时提供的汇算清缴信息有错误的，税务机关应当告知其更正；纳税人更正的，税务机关应当及时办理退税。扣缴义务人未将扣缴的税款解缴入库的，不影响纳税人按照规定申请退税，税务机关应当凭纳税人提供的有关资料办理退税。纳税人有两处以上任职、受雇单位的，选择向其中一处任职、受雇单位所在地主管税务机关办理纳税申报；纳税人没有任职、受雇单位的，向户籍所在地或经常居住地主管税务机关办理纳税申报。纳税人办理综合所得汇算清缴，应当准备与收入、专项扣除、专项附加扣除、依法确定的其他扣除、捐赠、享受税收优惠等相关的资料，并按规定留存备查或报送。

残疾、孤老人员和烈属取得综合所得办理汇算清缴时，汇算清缴地与预扣预缴地规定不一致的，用预扣预缴地规定计算的减免税额与用汇算清缴地规定计算的减免税额相比较，按照孰高值确定减免税额。居民个人填报专项附加扣除信息存在明显错误，经税务机关通知，居民个人拒不更正或者不说明情况的，税务机关可暂停纳税人享受专项附加扣除。居民个人按规定更正相关信息或者说明情况后，经税务机关确认，居民个人可继续享受专项附加扣除，以前月份未享受扣除的，可按规定追补扣除。

> 《财政部 税务总局关于个人所得税综合所得汇算清缴涉及有关政策问题的公告》（财政部 税务总局公告2019年第94号）

3. 经营所得纳税申报

纳税人取得经营所得，按年计算个人所得税，由纳税人在月度或者季度终了后15日内向税务机关报送纳税申报表，并预缴税款；在取得所得的次年3月31日前办理汇算清缴。

个体工商户业主、个人独资企业投资者、合伙企业个人合伙人、承包承租经营者个人以及其他从事生产、经营活动的个人取得经营所得，包括以下情形：

（1）个体工商户从事生产、经营活动取得的所得，个人独资企业投资人、合伙企业的个人合伙人来源于境内注册的个人独资企业、合伙企业生产、经营的所得；

（2）个人依法从事办学、医疗、咨询以及其他有偿服务活动取得的所得；

（3）个人对企业、事业单位承包经营、承租经营以及转包、转租取得的所得；

（4）个人从事其他生产、经营活动取得的所得。

4. 未扣缴税款的纳税申报

纳税人取得应税所得，扣缴义务人未扣缴税款的，纳税人应当在取得所得的次年6月30日前，缴纳税款；税务机关通知限期缴纳的，纳税人应当按照期限缴纳税款。

5. 取得境外所得纳税申报

取得境外所得的，纳税人应当依法办理纳税申报。居民个人从中国境外取得所得的，应当在取得所得的次年3月1日至6月30日内，向中国境内任职、受雇单位所在地主管税务机关办理纳税申报；在中国境内没有任职、受雇单位的，向户籍所在地或中国境内经常居住地主管税务机关办理纳税申报；户籍所在地与中国境内经常居住地不一致的，选择其中一地主管税务机关办理纳税申报；在中国境内没有户籍的，向中国境内经常居住地主管税务机关办理纳税申报。

6. 移居境外纳税申报

因移居境外注销中国户籍的，纳税人应当依法办理纳税申报。纳税人因移居境外注销中国户籍的，应当在申请注销中国户籍前，向户籍所在地主管税务机关办理纳税申报，进行税款清算。

纳税人在注销户籍年度取得综合所得的，应当在注销户籍前，办理当年综合所得的汇算清缴。尚未办理上一年度综合所得汇算清缴的，应当在办理注销户籍纳税申报时一并办理。

纳税人在注销户籍年度取得经营所得的，应当在注销户籍前，办理当年经营所得的汇算清缴。尚未办理上一年度经营所得汇算清缴的，应当在办理注销户籍纳税申报时一并办理。

纳税人在注销户籍当年取得利息、股息、红利所得，财产租赁所得，财产转让所得和偶然所得的，应当在注销户籍前，申报当年上述所得的完税情况。

纳税人有未缴或者少缴税款的，应当在注销户籍前，结清欠缴或未缴的税款。纳税人存在分期缴税且未缴纳完毕的，应当在注销户籍前，结清尚未缴纳的税款。

纳税人办理注销户籍纳税申报时，需要办理专项附加扣除、依法确定的其他扣除的，应当向税务机关报送《个人所得税专项附加扣除信息表》《商业健康保险税前扣除情况明细表》《个人税收递延型商业养老保险税前扣除情况明细表》等。

7. 非居民个人纳税申报

非居民个人在中国境内从两处以上取得工资、薪金所得的，应当在取得所得的次月15日内，向其中一处任职、受雇单位所在地主管税务机关办理纳税申报。

5.6.3 个人所得税的反避税

有下列情形之一的，税务机关有权按照合理方法进行纳税调整：

(1) 个人与其关联方之间的业务往来不符合独立交易原则而减少本人或者其关联方应纳税额，且无正当理由；

(2) 居民个人控制的，或者居民个人和居民企业共同控制的设立在实际税负明显偏低的国家(地区)的企业，无合理经营需要，对应当归属于居民个人的利润不作分配或者减少分配；

(3) 个人实施其他不具有合理商业目的的安排而获取不当税收利益。

税务机关依照上述规定做出纳税调整，需要补征税款的，应当补征税款，并依法加收利息。

利息应当按照税款所属纳税申报期最后一日中国人民银行公布的与补税期间同期的人民币贷款基准利率计算，自税款纳税申报期满次日起至补缴税款期限届满之日止按日加收。纳税人在补缴税款期限届满前补缴税款的，利息加收至补缴税款之日。

5.6.4 部门信息共享

公安、人民银行、金融监督管理等相关部门应当协助税务机关确认纳税人的身份、金融账户信息。教育、卫生、医疗保障、民政、人力资源社会保障、住房城乡建设、公安、人民银行、金融监督管理等相关部门应当向税务机关提供纳税人子女教育、继续教育、大病医疗、住房贷款利息、住房租金、赡养老人等专项附加扣除信息。

个人转让不动产的，税务机关应当根据不动产登记等相关信息核验应缴的个人所得税，登记机构办理转移登记时，应当查验与该不动产转让相关的个人所得税的完税凭证。

个人转让股权办理变更登记的，市场主体登记机关应当查验与该股权交易相关的个人所得税的完税凭证。

有关部门依法将纳税人、扣缴义务人遵守本法的情况纳入信用信息系统，并实施联合激励或者惩戒。

5.6.5 股权转让所得个人所得税的征管

1. 股权转让的情形

股权是指自然人股东(以下简称"个人")投资于在中国境内成立的企业或组织(以下统称"被投资企业"，不包括个人独资企业和合伙企业)的股权或股份。

股权转让是指个人将股权转让给其他个人或法人的行为，包括以下情形：

(1) 出售股权；

(2) 公司回购股权；

(3) 发行人首次公开发行新股时，被投资企业股东将其持有的股份以公开发行方式一并向投资者发售；

(4) 股权被司法或行政机关强制过户；

(5) 以股权对外投资或进行其他非货币性交易；

(6) 以股权抵偿债务；

(7) 其他股权转移行为。

2. 纳税人与扣缴义务人

个人股权转让所得个人所得税，以股权转让方为纳税人，以受让方为扣缴义务人。

扣缴义务人应于股权转让相关协议签订后 5 个工作日内，将股权转让的有关情况报告主管税务机关。

被投资企业应当详细记录股东持有本企业股权的相关成本，如实向税务机关提供与股权转让有关的信息，协助税务机关依法执行公务。

3. 应纳税所得额的计算

个人转让股权，以股权转让收入减除股权原值和合理费用后的余额为应纳税所得额，按"财产转让所得"缴纳个人所得税。

合理费用是指股权转让时按照规定支付的有关税费。

4. 股权转让收入的确定

股权转让收入是指转让方因股权转让而获得的现金、实物、有价证券和其他形式的经济利益。转让方取得与股权转让相关的各种款项，包括违约金、补偿金以及其他名目的款项、资产、权益等，均应当并入股权转让收入。纳税人按照合同约定，在满足约定条件后取得的后续收入，应当作为股权转让收入。

股权转让收入应当按照公平交易原则确定。符合下列情形之一的，主管税务机关可以核定股权转让收入。

(1) 申报的股权转让收入明显偏低且无正当理由的。

(2) 未按照规定期限办理纳税申报，经税务机关责令限期申报，逾期仍不申报的。

(3) 转让方无法提供或拒不提供股权转让收入的有关资料。

(4) 其他应核定股权转让收入的情形。

符合下列情形之一，视为股权转让收入明显偏低。

(1) 申报的股权转让收入低于股权对应的净资产份额的。其中，被投资企业拥有土地使用权、房屋、房地产企业未销售房产、知识产权、探矿权、采矿权、股权等资产的，申报的股权转让收入低于股权对应的净资产公允价值份额的。

(2) 申报的股权转让收入低于初始投资成本或低于取得该股权所支付的价款及相关税费的。

(3) 申报的股权转让收入低于相同或类似条件下同一企业同一股东或其他股东股权转让收入的。

(4) 申报的股权转让收入低于相同或类似条件下同类行业的企业股权转让收入的；不具合理性的无偿让渡股权或股份。

(5) 主管税务机关认定的其他情形。

符合下列条件之一的股权转让收入明显偏低，视为有正当理由。

(1) 能出具有效文件，证明被投资企业因国家政策调整，生产经营受到重大影响，导致低价转让股权。

(2) 继承或将股权转让给其能提供具有法律效力身份关系证明的配偶、父母、子女、祖父母、外祖父母、孙子女、外孙子女、兄弟姐妹以及对转让人承担直接抚养或者赡养义务的抚养人或者赡养人。

(3)相关法律、政府文件或企业章程规定,并有相关资料充分证明转让价格合理且真实的本企业员工持有的不能对外转让股权的内部转让。

(4)股权转让双方能够提供有效证据证明其合理性的其他合理情形。

主管税务机关应依次按照下列方法核定股权转让收入。

第一,净资产核定法。股权转让收入按照每股净资产或股权对应的净资产份额核定。被投资企业的土地使用权、房屋、房地产企业未销售房产、知识产权、探矿权、采矿权、股权等资产占企业总资产比例超过20%的,主管税务机关可参照纳税人提供的具有法定资质的中介机构出具的资产评估报告核定股权转让收入。6个月内再次发生股权转让且被投资企业净资产未发生重大变化的,主管税务机关可参照上一次股权转让时被投资企业的资产评估报告核定此次股权转让收入。

第二,类比法。参照相同或类似条件下同一企业同一股东或其他股东股权转让收入核定;参照相同或类似条件下同类行业企业股权转让收入核定。

第三,其他合理方法。主管税务机关采用以上方法核定股权转让收入存在困难的,可以采取其他合理方法核定。

5. 转让股权原值的确定

个人转让股权的原值依照以下方法确认。

(1)以现金出资方式取得的股权,按照实际支付的价款与取得股权直接相关的合理税费之和确认股权原值。

(2)以非货币性资产出资方式取得的股权,按照税务机关认可或核定的投资入股时非货币性资产价格与取得股权直接相关的合理税费之和确认股权原值。

(3)通过无偿让渡方式取得股权,有正当理由的,按取得股权发生的合理税费与原持有人的股权原值之和确认股权原值。

(4)被投资企业以资本公积、盈余公积、未分配利润转增股本,个人股东已依法缴纳个人所得税的,以转增额和相关税费之和确认其新转增股本的股权原值。

(5)除以上情形外,由主管税务机关按照避免重复征收个人所得税的原则合理确认股权原值。

股权转让人已被主管税务机关核定股权转让收入并依法征收个人所得税的,该股权受让人的股权原值以取得股权时发生的合理税费与股权转让人被主管税务机关核定的股权转让收入之和确认。

个人转让股权未提供完整、准确的股权原值凭证,不能正确计算股权原值的,由主管税务机关核定其股权原值。

对个人多次取得同一被投资企业股权的,转让部分股权时,采用"加权平均法"确定其股权原值。

6. 主管机关与纳税申报

个人股权转让所得个人所得税以被投资企业所在地税务机关为主管税务机关。

具有下列情形之一的,扣缴义务人、纳税人应当依法在次月15日内向主管税务机关申报纳税。

(1)受让方已支付或部分支付股权转让价款的。

(2)股权转让协议已签订生效的。

(3)受让方已经实际履行股东职责或者享受股东权益的。

(4)国家有关部门判决、登记或公告生效的。

(5)下列行为已完成的:①发行人首次公开发行新股时,被投资企业股东将其持有的股份以公开发行方式一并向投资者发售;②股权被司法或行政机关强制过户;③以股权对外投资或进行其他非货币性交易;④以股权抵偿债务;⑤其他股权转移行为。

(6)税务机关认定的其他有证据表明股权已发生转移的情形。

纳税人、扣缴义务人向主管税务机关办理股权转让纳税(扣缴)申报时,还应当报送以下资料。

(1)股权转让合同(协议)。

(2)股权转让双方身份证明。

(3)按规定需要进行资产评估的,需提供具有法定资质的中介机构出具的净资产或土地房产等资产价值评估报告。

(4)计税依据明显偏低但有正当理由的证明材料。

(5)主管税务机关要求报送的其他材料。

被投资企业应当在董事会或股东会结束后5个工作日内,向主管税务机关报送与股权变动事项相关的董事会或股东会决议、会议纪要等资料。被投资企业发生个人股东变动或者个人股东所持股权变动的,应当在次月15日内向主管税务机关报送含有股东变动信息的《个人所得税基础信息表(A表)》及股东变更情况说明。主管税务机关应当及时向被投资企业核实其股权变动情况,并确认相关转让所得,及时督促扣缴义务人和纳税人履行法定义务。

7. 税务管理

税务机关应加强与工商部门合作,落实和完善股权信息交换制度,积极开展股权转让信息共享工作。

税务机关应当建立股权转让个人所得税电子台账,将个人股东的相关信息录入征管信息系统,强化对每次股权转让间股权转让收入和股权原值的逻辑审核,对股权转让实施链条式动态管理。

税务机关应当加强对股权转让所得个人所得税的日常管理和税务检查,积极推进股权转让各税种协同管理。

纳税人、扣缴义务人及被投资企业未按照规定期限办理纳税(扣缴)申报和报送相关资料的,依照《税收征收管理法》及其实施细则有关规定处理。

各地可通过政府购买服务的方式,引入中介机构参与股权转让过程中相关资产的评估工作。

● 《股权转让所得个人所得税管理办法(试行)》(国家税务总局公告2014年第67号)

5.7　个人所得税的税收优惠

5.7.1　减免个人所得税的所得

1. 免税所得

下列各项个人所得,免征个人所得税。

(1)省级人民政府、国务院部委和中国人民解放军军以上单位,以及外国组织、国际组织颁发的科学、教育、技术、文化、卫生、体育、环境保护等方面的奖金。

(2)国债和国家发行的金融债券利息。国债利息是指个人持有财政部发行的债券而取得的利息。国家发行的金融债券利息是指个人持有经国务院批准发行的金融债券而取得的利息。

（3）按照国家统一规定发给的补贴、津贴，即按照国务院规定发给的政府特殊津贴、院士津贴，以及国务院规定免予缴纳个人所得税的其他补贴、津贴。

（4）福利费、抚恤金、救济金。福利费是指根据国家有关规定，从企业、事业单位、国家机关、社会组织提留的福利费或者工会经费中支付给个人的生活补助费。上述所称生活补助费是指由于某些特定事件或原因而给纳税人或其家庭的正常生活造成一定困难，其任职单位按国家规定从提留的福利费或者工会经费中向其支付的临时性生活困难补助。下列收入不属于免税的福利费范围，应当并入纳税人的工资、薪金收入计征个人所得税：从超出国家规定的比例或基数计提的福利费、工会经费中支付给个人的各种补贴、补助；从福利费和工会经费中支付给单位职工的人人有份的补贴、补助；单位为个人购买汽车、住房、电子计算机等不属于临时性生活困难补助性质的支出。救济金是指各级人民政府民政部门支付给个人的生活困难补助费。

● 《国家税务总局关于生活补助费范围确定问题的通知》（国税发〔1998〕155号）

（5）保险赔款。

（6）军人的转业费、复员费、退役金。

（7）按照国家统一规定发给干部、职工的安家费、退职费、基本养老金或者退休费、离休费、离休生活补助费。

（8）依照有关法律规定应予免税的各国驻华使馆、领事馆的外交代表、领事官员和其他人员的所得，即依照《外交特权与豁免条例》和《领事特权与豁免条例》规定免税的所得。

（9）中国政府参加的国际公约、签订的协议中规定免税的所得。

（10）国务院规定的其他免税所得。

2. 减税所得

有下列情形之一的，可以减征个人所得税，具体幅度和期限，由省、自治区、直辖市人民政府规定，并报同级人民代表大会常务委员会备案：

（1）残疾、孤老人员和烈属的所得；

（2）因自然灾害遭受重大损失的。

5.7.2 个人所得税过渡税收优惠

1. 年终奖过渡优惠政策

居民个人取得全年一次性奖金，符合《国家税务总局关于调整个人取得全年一次性奖金等计算征收个人所得税方法问题的通知》（国税发〔2005〕9号）规定的，在2021年12月31日前，不并入当年综合所得，以全年一次性奖金收入除以12个月得到的数额，按照按月换算后的综合所得税率表（以下简称"月度税率表"，见表5-6），确定适用税率和速算扣除数，单独计算纳税。计算公式：

● 《财政部 税务总局关于个人所得税法修改后有关优惠政策衔接问题的通知》（财税〔2018〕164号）

应纳税额=全年一次性奖金收入×适用税率-速算扣除数

居民个人取得全年一次性奖金，也可以选择并入当年综合所得计算纳税。自2022年1月1日起，居民个人取得全年一次性奖金，应并入当年综合所得计算缴纳个人所得税。

表 5-6　按月换算后的综合所得税率表

级数	全月应纳税所得额	税率(%)	速算扣除数
1	不超过 3000 元的	3	0
2	超过 3000 元至 12000 元的部分	10	210
3	超过 12000 元至 25000 元的部分	20	1410
4	超过 25000 元至 35000 元的部分	25	2660
5	超过 35000 元至 55000 元的部分	30	4410
6	超过 55000 元至 80000 元的部分	35	7160
7	超过 80000 元的部分	45	15160

中央企业负责人取得年度绩效薪金延期兑现收入和任期奖励，符合《国家税务总局关于中央企业负责人年度绩效薪金延期兑现收入和任期奖励征收个人所得税问题的通知》（国税发〔2007〕118 号）规定的，在 2021 年 12 月 31 日前，参照上述规定执行；2022 年 1 月 1 日之后的政策另行明确。

2. 上市公司股权激励过渡优惠政策

居民个人取得股票期权、股票增值权、限制性股票、股权奖励等股权激励（以下简称"股权激励"），符合《财政部 国家税务总局关于个人股票期权所得征收个人所得税问题的通知》（财税〔2005〕35 号）、《财政部 国家税务总局关于股票增值权所得和限制性股票所得征收个人所得税有关问题的通知》（财税〔2009〕5 号）、《财政部 国家税务总局关于将国家自主创新示范区有关税收试点政策推广到全国范围实施的通知》（财税〔2015〕116 号）第四条、《财政部 国家税务总局关于完善股权激励和技术入股有关所得税政策的通知》（财税〔2016〕101 号）第 4 条第（1）项规定的相关条件的，在 2021 年 12 月 31 日前，不并入当年综合所得，全额单独适用综合所得税率表，计算纳税。计算公式：

应纳税额=股权激励收入×适用税率-速算扣除数

居民个人一个纳税年度内取得两次以上（含两次）股权激励的，应合并按上述规定计算纳税。2022 年 1 月 1 日之后的股权激励政策另行明确。

3. 保险营销员、证券经纪人佣金收入过渡优惠政策

保险营销员、证券经纪人取得的佣金收入，属于劳务报酬所得，以不含增值税的收入减除 20%的费用后的余额为收入额，收入额减去展业成本以及附加税费后，并入当年综合所得，计算缴纳个人所得税。保险营销员、证券经纪人展业成本按照收入额的 25%计算。扣缴义务人向保险营销员、证券经纪人支付佣金收入时，应按照《个人所得税扣缴申报管理办法（试行）》（国家税务总局公告 2018 年第 61 号）规定的累计预扣法计算预扣税款。

4. 个人领取企业年金、职业年金过渡优惠政策

个人达到国家规定的退休年龄，领取的企业年金、职业年金，符合《财政部 人力资源社会保障部 国家税务总局关于企业年金 职业年金个人所得税有关问题的通知》（财税〔2013〕103 号）规定的，不并入综合所得，全额单独计算应纳税款。其中按月领取的，适用月度税率表计算纳税；按季领取的，平均分摊计入各月，按每月领取额适用月度税率表计算纳税；按年领取的，适用综合所得税率表计算纳税。个人因出境定居而一次性领取的年金个人账户资金，或个人死亡后，其指定的受益人或法定继承人一次性领取的年金个人账户余额，适用综合所得税率表计算纳税。对个人除上述特殊原因外一次性领取年金个人账户资金或余额的，适用月度税率表计算纳税。

5. 解除劳动关系、提前退休、内部退养的一次性补偿收入过渡优惠政策

个人与用人单位解除劳动关系取得一次性补偿收入(包括用人单位发放的经济补偿金、生活补助费和其他补助费),在当地上年职工平均工资3倍数额以内的部分,免征个人所得税;超过3倍数额的部分,不并入当年综合所得,单独适用综合所得税率表,计算纳税。

个人办理提前退休手续而取得的一次性补贴收入,应按照办理提前退休手续至法定离退休年龄之间实际年度数平均分摊,确定适用税率和速算扣除数,单独适用综合所得税率表,计算纳税。计算公式:

应纳税额={[(一次性补贴收入÷办理提前退休手续至法定退休年龄的实际年度数)-费用扣除标准]×适用税率-速算扣除数}×办理提前退休手续至法定退休年龄的实际年度数

个人办理内部退养手续而取得的一次性补贴收入,按照《国家税务总局关于个人所得税有关政策问题的通知》(国税发〔1999〕58号)规定计算纳税。

6. 单位低价向职工售房过渡优惠政策

单位按低于购置或建造成本价格出售住房给职工,职工因此而少支出的差价部分,符合《财政部 国家税务总局关于单位低价向职工售房有关个人所得税问题的通知》(财税〔2007〕13号)第2条规定的,不并入当年综合所得,以差价收入除以12个月得到的数额,按照月度税率表确定适用税率和速算扣除数,单独计算纳税。计算公式:

应纳税额=职工实际支付的购房价款低于该房屋的购置或建造成本价格的差额×适用税率-速算扣除数

7. 外籍个人有关津补贴过渡优惠政策

2019年1月1日至2021年12月31日期间,外籍个人符合居民个人条件的,可以选择享受个人所得税专项附加扣除,也可以选择按照《财政部 国家税务总局关于个人所得税若干政策问题的通知》(财税〔1994〕20号)、《国家税务总局关于外籍个人取得有关补贴征免个人所得税执行问题的通知》(国税发〔1997〕54号)和《财政部 国家税务总局关于外籍个人取得港澳地区住房等补贴征免个人所得税的通知》(财税〔2004〕29号)规定,享受住房补贴、语言训练费、子女教育费等津补贴免税优惠政策,但不得同时享受。外籍个人一经选择,在一个纳税年度内不得变更。自2022年1月1日起,外籍个人不再享受住房补贴、语言训练费、子女教育费津补贴免税优惠政策,应按规定享受专项附加扣除。

根据《财政部 国家税务总局关于个人所得税若干政策问题的通知》(财税〔1994〕20号)的规定,下列所得,暂免征收个人所得税。

(1)外籍个人以非现金形式或实报实销形式取得的住房补贴、伙食补贴、搬迁费、洗衣费。

(2)外籍个人按合理标准取得的境内、外出差补贴。

(3)外籍个人取得的探亲费、语言训练费、子女教育费等,经当地税务机关审核批准为合理的部分。

(4)个人举报、协查各种违法、犯罪行为而获得的奖金。

(5)个人办理代扣代缴税款手续,按规定取得的扣缴手续费。

(6)个人转让自用达五年以上,并且是唯一的家庭生活用房取得的所得。

(7)对按国发〔1983〕141号《国务院关于高级专家离休退休若干问题的暂行规定》和国办发〔1991〕40号《国务院办公厅关于杰出高级专家暂缓离退休审批问题的通知》精神,达到离休、退休年龄,但确因工作需要,适当延长离休退休年龄的高级专家(指享受国家发放的政府特殊津贴的专家、学者),其在延长离休退休期间的工资、薪金所得,视同退休工资、离休工资免

征个人所得税。

(8)外籍个人从外商投资企业取得的股息、红利所得。

根据《国家税务总局关于外籍个人取得有关补贴征免个人所得税执行问题的通知》(国税发〔1997〕54号)的规定,相关标准如下。

①对外籍个人以非现金形式或实报实销形式取得的合理的住房补贴、伙食补贴和洗衣费免征个人所得税,应由纳税人在初次取得上述补贴或上述补贴数额,支付方式发生变化的月份的次月进行工资薪金所得纳税申报时,向主管税务机关提供上述补贴的有效凭证,由主管税务机关核准确认免税。

②对外籍个人因到中国任职或离职,以实报实销形式取得的搬迁收入免征个人所得税,应由纳税人提供有效凭证,由主管税务机关审核认定,就其合理的部分免征。外商投资企业和外国企业在中国境内的机构、场所,以搬迁费名义每月或定期向其外籍雇员支付的费用,应计入工资薪金所得征收个人所得税。

③对外籍个人按合理标准取得的境内、外出差补贴免征个人所得税,应由纳税人提供出差的交通费、住宿费凭证(复印件)或企业安排出差的有关计划,由主管税务机关确认免税。

④对外籍个人取得的探亲费免征个人所得税,应由纳税人提供探亲的交通支出凭证(复印件),由主管税务机关审核,对其实际用于本人探亲,且每年探亲的次数和支付的标准合理的部分给予免税。

⑤对外籍个人取得的语言培训费和子女教育费补贴免征个人所得税,应由纳税人提供在中国境内接受上述教育的支出凭证和期限证明材料,由主管税务机关审核,对其在中国境内接受语言培训以及子女在中国境内接受教育取得的语言培训费和子女教育费补贴,且在合理数额内的部分免予纳税。

根据《财政部 国家税务总局关于外籍个人取得港澳地区住房等补贴征免个人所得税的通知》(财税〔2004〕29号)的规定,受雇于我国境内企业的外籍个人(不包括香港澳门居民个人),因家庭等原因居住在香港、澳门,每个工作日往返于内地与香港、澳门等地区,由此境内企业(包括其关联企业)给予在香港或澳门住房、伙食、洗衣、搬迁等非现金形式或实报实销形式的补贴,凡能提供有效凭证的,经主管税务机关审核确认后,可以免予征收个人所得税。上述外籍个人就其在香港或澳门进行语言培训、子女教育而取得的费用补贴,凡能提供有效支出凭证等材料的,经主管税务机关审核确认为合理的部分,可以免予征收个人所得税。

5.7.3 其他个人所得税税收优惠

1. 综合所得税收优惠政策

外国来华工作人员可享受如下税收优惠。

● 《财政部关于外国来华工作人员缴纳个人所得税问题的通知》(财税字〔1980〕第189号)

(1)援助国派往我国专为该国无偿援助我国的建设项目服务的工作人员,取得的工资、生活津贴,不论是我方支付或外国支付,均可免征个人所得税。

(2)外国来华文教专家,在我国服务期间,由我方发工资、薪金,并对其住房、使用汽车、医疗实行免费"三包",可只就工资、薪金所得按照税法规定征收个人所得税;对我方免费提供的住房、使用汽车、医疗,可免予计算纳税。

(3)外国来华工作人员,在我国服务而取得的工资、薪金,不论是我方支付、外国支付、我方和外国共同支付,均属于来源于中国的所得,除第(1)项规定给予免税优惠外,其他均应按规定征收个人所得税。但对在中国境内连续居住不超过90天的,可只就我方支付的工资、薪金部分计算纳税,对外国支付的工资、薪金部分免予征税。

(4)外国来华留学生,领取的生活津贴费、奖学金,不属于工资、薪金范畴,不征个人所得税。

(5)外国来华工作人员,由外国派出单位发给包干款项,其中包括个人工资,公用经费(邮电费、办公费、广告费、业务上往来必要的交际费),生活津贴费(住房费、差旅费),凡对上述所得能够划分清楚的,可只就工资、薪金所得部分按照规定征收个人所得税。

下列所得,暂免征收个人所得税:个人举报、协查各种违法、犯罪行为而获得的奖金;个人办理代扣代缴税款手续,按规定取得的扣缴手续费。

凡符合下列条件之一的外籍专家取得的工资、薪金所得可免征个人所得税。

(1)根据世界银行专项贷款协议由世界银行直接派往我国工作的外国专家。

(2)联合国组织直接派往我国工作的专家。

(3)为联合国援助项目来华工作的专家。

(4)援助国派往我国专为该国无偿援助项目工作的专家。

(5)根据两国政府签订文化交流项目来华工作两年以内的文教专家,其工资、薪金所得由该国负担的。

(6)根据我国大专院校国际交流项目来华工作两年以内的文教专家,其工资、薪金所得由该国负担的。

(7)通过民间科研协定来华工作的专家,其工资、薪金所得由该国政府机构负担的。

自2016年1月1日起,全国范围内的高新技术企业转化科技成果,给予本企业相关技术人员的股权奖励,个人一次缴纳税款有困难的,可根据实际情况自行制订分期缴税计划,在不超过5个公历年度内(含)分期缴纳,并将有关资料报主管税务机关备案。

自2017年7月1日起,将商业健康保险个人所得税试点政策推广到全国范围实施。对个人购买符合规定的商业健康保险产品的支出,允许在当年(月)计算应纳税所得额时予以税前扣除,扣除限额为2400元/年(200元/月)。单位统一为员工购买符合规定的商业健康保险产品的支出,应分别计入员工个人工资薪金,视同个人购买,按上述限额予以扣除。2400元/年(200元/月)的限额扣除为个人所得税法规定减除费用标准之外的扣除。

《财政部 税务总局 保监会关于将商业健康保险个人所得税试点政策推广到全国范围实施的通知》(财税〔2017〕39号)

自2018年7月1日起,依法批准设立的非营利性研究开发机构和高等学校(以下简称"非营利性科研机构和高校")根据《促进科技成果转化法》规定,从职务科技成果转化收入中给予科技人员的现金奖励,可减按50%计入科技人员当月"工资、薪金所得",依法缴纳个人所得税。

《财政部 税务总局 科技部关于科技人员取得职务科技成果转化现金奖励有关个人所得税政策的通知》(财税〔2018〕58号)

2. 经营所得税收优惠政策

乡镇企业的职工和农民取得的青苗补偿费,属种植业的收益范围,同时,也属经济损失的补偿性收入,因此,对他们取得的青苗补偿费收入暂不征收个人所得税。

《国家税务总局关于个人取得青苗补偿费收入征免个人所得税的批复》(国税函发〔1995〕79号)

对从事个体经营的随军家属,自领取税务登记证之日起,三年内免征个人所得税。享受税收优惠政策的企业,随军家属必须占企业总人数的60%(含)以上,并有军(含)以上政治和后勤机关出具的证明;随军家属必须有师以上政治机关出具的可以表明其身份的证明,但税务部门应进行相应的审查认定。每一随军家属只能按上述规定,享受一次免税

《财政部 国家税务总局关于随军家属就业有关税收政策的通知》(财税〔2000〕84号)

政策。

自 2003 年 5 月 1 日起，从事个体经营的军队转业干部，经主管税务机关批准，自领取税务登记证之日起，三年内免征个人所得税。自主择业的军队转业干部必须持有师以上部队颁发的转业证件。

对个人独资企业和合伙企业从事种植业、养殖业、饲养业和捕捞业（以下简称"四业"），其投资者取得的"四业"所得暂不征收个人所得税。

自 2017 年 1 月 1 日至 2019 年 12 月 31 日，对自主就业退役士兵从事个体经营的，在三年内按每户每年 8000 元为限额依次扣减其当年实际应缴纳的增值税、城市维护建设税、教育费附加、地方教育附加和个人所得税。限额标准最高可上浮 20%，各省、自治区、直辖市人民政府可根据本地区实际情况在此幅度内确定具体限额标准，并报财政部和税务总局备案。（注：2019 年 1 月 1 日起停止执行）

自主就业退役士兵从事个体经营的，自办理个体工商户登记当月起，在三年（36 个月，下同）内按每户每年 12000 元为限额依次扣减其当年实际应缴纳的增值税、城市维护建设税、教育费附加、地方教育附加和个人所得税。限额标准最高可上浮 20%，各省、自治区、直辖市人民政府可根据本地区实际情况在此幅度内确定具体限额标准。税收政策执行期限为 2019 年 1 月 1 日至 2021 年 12 月 31 日。纳税人在 2021 年 12 月 31 日享受本通知规定税收优惠政策未满三年的，可继续享受至三年期满为止。

自 2017 年 1 月 1 日至 2019 年 12 月 31 日，对持《就业创业证》（注明"自主创业税收政策"或"毕业年度内自主创业税收政策"）或《就业失业登记证》（注明"自主创业税收政策"或附着《高校毕业生自主创业证》）的人员从事个体经营的，在三年内按每户每年 8000 元为限额依次扣减其当年实际应缴纳的增值税、城市维护建设税、教育费附加、地方教育附加和个人所得税。（注：2019 年 1 月 1 日起停止执行）

建档立卡贫困人口、持《就业创业证》（注明"自主创业税收政策"或"毕业年度内自主创业税收政策"）或《就业失业登记证》（注明"自主创业税收政策"）的人员，从事个体经营的，自办理个体工商户登记当月起，在三年（36 个月，下同）内按每户每年 12000 元为限额依次扣减其当年实际应缴纳的增值税、城市维护建设税、教育费附加、地方教育附加和个人所得税。限额标准最高可上浮 20%，各省、自治区、直辖市人民政府可根据本地区实际情况在此幅度内确定具体限额标准。纳税人年度应缴纳税款小于上述扣减限额的，减免税额以其实际缴纳的税款为限；大于上述扣减限额的，以上述扣减限额为限。税收政策执行期限为 2019 年 1 月 1 日至 2021 年 12 月 31 日。纳税人在 2021 年 12 月 31 日享受本通知规定税收优惠政策未满三年的，可继续享受至三年期满为止。

● 《财政部 国家税务总局关于自主择业的军队转业干部有关税收政策问题的通知》（财税〔2003〕26 号）

● 《财政部 国家税务总局关于个人独资企业和合伙企业投资者取得种植业养殖业饲养业捕捞业所得有关个人所得税问题的批复》（财税〔2010〕96 号）

● 《财政部 税务总局 民政部关于继续实施扶持自主就业退役士兵创业就业有关税收政策的通知》（财税〔2017〕46 号）

● 《关于进一步扶持自主就业退役士兵创业就业有关税收政策的通知》（财税〔2019〕21 号）

● 《财政部 税务总局 人力资源社会保障部关于继续实施支持和促进重点群体创业就业有关税收政策的通知》（财税〔2017〕49 号）

● 《关于进一步支持和促进重点群体创业就业有关税收政策的通知》（财税〔2019〕22 号）

有限合伙制创业投资企业（以下简称"合伙创投企业"）采取股权投资方式直接投资于初创科技型企业满两年的，该合伙创投企业的合伙人分别按以下方式处理：个人合伙人可以按照对初创科技型企业投资额的70%抵扣个人合伙人从合伙创投企业分得的经营所得；当年不足抵扣的，可以在以后纳税年度结转抵扣。天使投资个人采取股权投资方式直接投资于初创科技型企业满两年的，可以按照投资额的70%抵扣转让该初创科技型企业股权取得的应纳税所得额；当期不足抵扣的，可以在以后取得转让该初创科技型企业股权的应纳税所得额时结转抵扣。天使投资个人投资多个初创科技型企业的，对其中办理注销清算的初创科技型企业，天使投资个人对其投资额的70%尚未抵扣完的，可自注销清算之日起36个月内抵扣天使投资个人转让其他初创科技型企业股权取得的应纳税所得额。

《财政部 税务总局关于创业投资企业和天使投资个人有关税收政策的通知》（财税〔2018〕55号）

自2019年1月1日起至2023年12月31日，创业投资企业（含创投基金，以下统称"创投企业"）可以选择按单一投资基金核算或者按创投企业年度所得整体核算两种方式之一，对其个人合伙人来源于创投企业的所得计算个人所得税应纳税额。创投企业选择按单一投资基金核算的，其个人合伙人从该基金应分得的股权转让所得和股息红利所得，按照20%税率计算缴纳个人所得税。创投企业选择按年度所得整体核算的，其个人合伙人应从创投企业取得的所得，按照"经营所得"项目、5%~35%的超额累进税率计算缴纳个人所得税。创投企业年度所得整体核算是指将创投企业以每一纳税年度的收入总额减除成本、费用以及损失后，计算应分配给个人合伙人的所得。如符合《财政部 税务总局关于创业投资企业和天使投资个人有关税收政策的通知》（财税〔2018〕55号）规定条件的，创投企业个人合伙人可以按照被转让项目对应投资额的70%抵扣其可以从创投企业应分得的经营所得后再计算其应纳税额。年度核算亏损的，准予按有关规定向以后年度结转。按照"经营所得"项目计税的个人合伙人，没有综合所得的，可依法减除基本减除费用、专项扣除、专项附加扣除以及国务院确定的其他扣除。从多处取得经营所得的，应汇总计算个人所得税，只减除一次上述费用和扣除。

《财政部 税务总局 发展改革委 证监会关于创业投资企业个人合伙人所得税政策问题的通知》（财税〔2019〕8号）

3. 财产转让所得税收优惠政策

个人转让自用达五年以上，并且是唯一的家庭生活用房取得的所得，暂免征收个人所得税。

《财政部 国家税务总局关于个人所得税若干政策问题的通知》（财税〔1994〕20号）

对个人投资者买卖基金单位获得的差价收入，在对个人买卖股票的差价收入未恢复征收个人所得税以前，暂不征收个人所得税。

《财政部 国家税务总局关于证券投资基金税收问题的通知》（财税字〔1998〕55号）

从1997年1月1日起，对个人转让上市公司股票取得的所得继续暂免征收个人所得税。

《财政部 国家税务总局关于个人转让股票所得继续暂免征收个人所得税的通知》（财税〔1998〕61号）

对个人投资者申购和赎回基金单位取得的差价收入，在对个人买卖股票的差价收入未恢复征收个人所得税以前，暂不征收个人所得税。

《财政部 国家税务总局关于开放式证券投资基金有关税收问题的通知》（财税〔2002〕128号）

自 2015 年 12 月 18 日起,对香港市场投资者(包括企业和个人)通过基金互认买卖内地基金份额取得的转让差价所得,暂免征收所得税。 《财政部 国家税务总局 证监会关于内地与香港基金互认有关税收政策的通知》(财税〔2015〕125 号)

对内地个人投资者通过深港股票市场交易互联互通机制试点(深港通)投资香港联交所上市股票取得的转让差价所得,自 2016 年 12 月 5 日起至 2019 年 12 月 4 日止,暂免征收个人所得税。对香港市场投资者(包括企业和个人)投资深交所上市 A 股取得的转让差价所得,暂免征收所得税。 《财政部 国家税务总局 证监会关于深港股票市场交易互联互通机制试点有关税收政策的通知》(财税〔2016〕127 号)

对内地个人投资者通过沪港股票市场交易互联互通机制(沪港通)投资香港联交所上市股票取得的转让差价所得,自 2017 年 11 月 17 日起至 2019 年 12 月 4 日止,继续暂免征收个人所得税。 《财政部 税务总局 证监会关于继续执行沪港股票市场交易互联互通机制有关个人所得税政策的通知》(财税〔2017〕78 号)

自原油期货对外开放之日起,对境外个人投资者投资中国境内原油期货取得的所得,三年内暂免征收个人所得税。 《财政部 税务总局 证监会关于支持原油等货物期货市场对外开放税收政策的通知》(财税〔2018〕21 号)

自 2018 年 11 月 1 日(含)起,对个人转让新三板挂牌公司非原始股取得的所得,暂免征收个人所得税。上述所称非原始股是指个人在新三板挂牌公司挂牌后取得的股票,以及由上述股票孳生的送、转股。 《财政部 税务总局 证监会关于个人转让全国中小企业股份转让系统挂牌公司股票有关个人所得税政策的通知》(财税〔2018〕137 号)

对内地个人投资者通过基金互认买卖香港基金份额取得的转让差价所得,自 2018 年 12 月 18 日起至 2019 年 12 月 4 日止,继续暂免征收个人所得税。 《财政部 税务总局 证监会关于继续执行内地与香港基金互认有关个人所得税政策的通知》(财税〔2018〕154 号)

4. 利息、股息、红利所得税收优惠政策

自 1999 年 7 月 1 日起,科研机构、高等学校转化职务科技成果以股份或出资比例等股权形式给予个人奖励,获奖人在取得股份、出资比例时,暂不缴纳个人所得税;取得按股份、出资比例分红或转让股权、出资比例所得时,应依法缴纳个人所得税。 《财政部 国家税务总局关于促进科技成果转化有关税收政策的通知》(财税字〔1999〕45 号)

自 2008 年 10 月 9 日起,对证券市场个人投资者取得的证券交易结算资金利息所得,暂免征收个人所得税,即证券市场个人投资者的证券交易结算资金在 2008 年 10 月 9 日后(含 10 月 9 日)孳生的利息所得,暂免征收个人所得税。 《财政部 国家税务总局关于证券市场个人投资者证券交易结算资金利息所得有关个人所得税政策的通知》(财税〔2008〕140 号)

对个人取得的 2012 年及以后年度发行的地方政府债券利息收入,免征个人所得税。 《财政部 国家税务总局关于地方政府债券利息免征所得税问题的通知》(财税〔2013〕5 号)

自 2015 年 9 月 8 日起,个人从公开发行和转让市场取得的上市公司股票,持股期限超过一年的,股息红利所得暂免征收个人所得税。个人从公开发行和转让市场取得的上市公司股票,持股期限在一个月以内(含一个月)的,其股息红利所得全额计入应纳税所得额;持股期限在一个月以上至一年(含一年)的,暂减按 50%计入应纳税所得额;上述所得统一适用 20%的税率计征个人所得税。 《财政部 国家税务总局 证监会关于上市公司股息红利差别化个人所得税政策有关问题的通知》(财税〔2015〕101 号)

自 2016 年 1 月 1 日起,全国范围内的中小高新技术企业以未分配利润、盈余公积、资本公积向个人股东转增股本时,个人股东一次缴纳个人所得税确有困难的,可根据实际情况自行制订分期缴税计划,在不超 《财政部 国家税务总局关于将国家自主创新示范区有关税收试点政策推广到全国范围实施的通知》(财税〔2015〕116 号)

过五个公历年度内(含)分期缴纳,并将有关资料报主管税务机关备案。

对国际奥委会及其相关实体的外籍雇员、官员、教练员、训练员以及其他代表在 2019 年 6 月 1 日至 2022 年 12 月 31 日期间临时来华,从事与北京冬奥会相关的工作,取得由北京冬奥组委支付或认定的收入,免征个人所得税。

● 《财政部 税务总局 海关总署关于北京 2022 年冬奥会和冬残奥会税收优惠政策的公告》(财政部公告 2019 年第 92 号)

对内地个人投资者通过沪港通、深港通投资香港联交所上市股票取得的转让差价所得和通过基金互认买卖香港基金份额取得的转让差价所得,自 2019 年 12 月 5 日起至 2022 年 12 月 31 日止,继续暂免征收个人所得税。

● 《财政部 税务总局 证监会关于继续执行沪港、深港股票市场交易互联互通机制和内地与香港基金互认有关个人所得税政策的公告》(财政部公告 2019 年第 93 号)

5. 租赁所得税收优惠

对个人出租住房取得的所得减按 10% 的税率征收个人所得税。

● 《财政部 国家税务总局 关于廉租住房经济适用住房和住房租赁有关税收政策的通知》(财税〔2008〕24 号)

6. 偶然所得税收优惠

房屋产权所有人将房屋产权无偿赠予他人的,受赠人因无偿受赠房屋取得的受赠收入,按照"偶然所得"项目计算缴纳个人所得税。

● 《财政部 税务总局关于个人取得有关收入适用个人所得税应税所得项目的公告》(财政部 税务总局公告 2019 年第 74 号)

按照《财政部 国家税务总局关于个人无偿受赠房屋有关个人所得税问题的通知》(财税〔2009〕78 号)第一条规定,符合以下情形的,对当事双方不征收个人所得税:

(1)房屋产权所有人将房屋产权无偿赠予配偶、父母、子女、祖父母、外祖父母、孙子女、外孙子女、兄弟姐妹;

(2)房屋产权所有人将房屋产权无偿赠予对其承担直接抚养或者赡养义务的抚养人或者赡养人;

(3)房屋产权所有人死亡,依法取得房屋产权的法定继承人、遗嘱继承人或者受遗赠人。

受赠收入的应纳税所得额按照《财政部 国家税务总局关于个人无偿受赠房屋有关个人所得税问题的通知》(财税〔2009〕78 号)第四条规定计算。

实务操作

会计实务一:个人股权转让所得计算

甲企业原账面资产总额 8000 万元,负债 3000 万元,所有者权益 5000 万元,其中,实收资本(股本)1000 万元,资本公积、盈余公积、未分配利润等盈余积累合计 4000 万元。假定多名自然人投资者(新股东)向甲企业原股东购买该企业 100% 股权,股权收购价 4500 万元,新股东收购企业后,甲企业将资本公积、盈余公积、未分配利润等盈余积累 4000 万元向新股东转增实收资本。

在新股东 4500 万元股权收购价格中,除了实收资本 1000 万元外,实际上相当于以 3500 万元购买了原股东 4000 万元的盈余积累,即:4000 万元盈余积累中,有 3500 万元计入了股权交易价格,剩余 500 万元未计入股权交易价格。甲企业向新股东转增实收资本时,其中所转增的 3500 万元不征个人所得税,所转增的 500 万元应按"利息、股息、红利所得"项目扣缴个人所得税。

会计实务二:个人综合所得税款计算

2019 年 1 月份孙先生工资明细如下:(1)工资 15000 元;(2)缴纳社保金 1000 元;(3)缴

纳公积金 1000 元；(4)专项附加扣除 2000 元。则孙先生 2019 年 1 月工资所得应预扣税款＝(15000－5000－1000－1000－2000)×3%＝180(元)，该笔个人所得税在 2019 年 2 月 22 日之前申报缴纳。

2019 年 2 月份孙先生工资明细如下：(1)工资 16000 元；(2)缴纳社保金 1100 元；(3)缴纳公积金 1000 元；(4)专项附加扣除 3000 元。则孙先生 2019 年 2 月工资所得应预扣税款＝(15000－5000－1000－1000－2000＋16000－5000－1100－1000－3000)×3%－180＝177(元)，该笔个人所得税在 2019 年 3 月 15 日之前申报缴纳。

2019 年 3 月及以后月份预扣税款的计算以此类推，如果中间计算的余额为负值时，暂不退税，在孙先生办理 2019 年度综合所得年度汇算清缴时，再多退少补。

案例精讲

案例一：个人股权转让退税案（本案例依据江苏省宿迁市宿城区人民法院(2018)苏 1302 行初 191 号行政判决书）

原告王某某诉被告国家税务总局宿迁市税务局第三税务分局(下称"市税务第三分局")、国家税务总局宿迁市税务局(下称"市税务局")税务行政管理及行政复议一案，原告王某某以国家税务总局宿迁市税务局第一税务分局、市税务局为被告，经江苏省宿迁市中级人民法院指定集中管辖，向宿城区人民法院提起诉讼，该院于 2018 年 7 月 18 日立案受理，依法组成合议庭，于 2018 年 8 月 29 日公开开庭审理了该案，由于国税地税征管体制改革，税收征缴的职能由市税务第三分局行使，该院依法将被告由国家税务总局宿迁市税务局第一税务分局变更为市税务第三分局，并于 2018 年 11 月 21 日公开开庭审理了该案。

原江苏省宿迁地方税务局第一税务分局(下称"原地税第一分局")根据原告王某某的申请，于 2017 年 9 月做出退税决定，予以退税 6.14 万元。原告不服申请行政复议，原江苏省宿迁地方税务局(下称"原地税局")于 2018 年 6 月 27 日做出宿地税复决字〔2018〕第 2 号《行政复议决定书》，驳回王某某复议请求，维持原地税第一分局做出的税务行政行为。

原告王某某诉称，原告王某某系江苏甲公司 31 名股东之一，2016 年 7 月 17 日湖北乙公司与王某某等 31 名股东签订《股权转让协议》，根据该协议约定：王某某等 31 名股东等比例出让 51% 股权，原始总价 7803 万元，交易总价 39940.14 万元，其中王某某出让 51% 股权的原始价为 25.5 万元，交易价为 130.52 万元，股权转让款分三期付清，其中第三期 20% 的股权转让款应于 51% 股权过户至湖北乙公司名下后 10 个工作日内支付。2016 年 10 月 11 日王某某等 31 名股东完成了 51% 股权工商变更登记手续，并合计缴纳了个人所得税 6231.72 万元，其中王某某缴纳个人所得税 20.36 万元、印花税 652.60 元，但湖北乙公司未按照约定及时支付剩余股权转让款，经多次催要，至 2017 年 2 月 24 日湖北乙公司仍有 12858.20 万元股权转让款没有支付给 31 名股东，其中尚欠王某某 42.02 万元。在此情况下，31 名股东要求湖北乙公司按原价退回全部股权。经协商，双方在 2017 年 2 月 24 日签订《股权转让协议的补充协议》，约定湖北乙公司原价退回 41% 的股权给 31 名股东，剩余 10% 股权的交易价格由原来的 7831.4 万元变更为 4000 万元，其中王某某 10% 的股权交易价格由原来的 25.59 万元变更为 13.07 万元。2017 年 4 月 10 日双方完成了退回 41% 股权的工商变更登记手续。由于王某某最终收益所得仅为交易价 13.07 万元－原始价 5 万元－印花税 652.60 元＝80047.4 元，应缴纳个人所得税 80047.4×20%＝16009.48 元。根据国家税务总局国税函〔2005〕130 号第 2 条及《税收征收管理法》第 51 条、《税收征收管理法实施细则》第78条的规定，原地税第一分局应当退回原告个人所得税203651.02－16009.48＝187641.54元及逾期银行存款利息，而现仅同意退回6.14万元，原告不服向原地税局申请行政复议，该局仍维持原地税第一分局的决定，因国家税务机构改革，原江苏省宿迁市国家税务局和江苏省宿迁地方税务局于2018年7月5日合并成立国家税务总局宿迁市税务局，原江苏省宿迁地方税务局第一税务分局的职权也应相应变更由国家税务总局宿迁市税务局第一税务分局行使，故诉至法院，要求撤销原地税第一分局做出的退还原告税款6.14万元的行政决定；撤销原地税局做出的宿地税复决字〔2018〕第2号行政复议决定；要求重新做出退税决定，并补充退还税款12.63万元及逾期退税利息。

原告为了证实自己的主张向法院提交了以下证据：股权转让协议；股权转让前公司章程；股权转让后公司章程；股权转让后营业执照及工商变更登记通知书；股东先后收到2.7亿股权转让款以及李某某收到转让款银行转账明细，证明李某某等31名股东与湖北乙公司签订《股权转让协议》，将各自持有的江苏甲公司51%股权转让给湖北乙公司，并办理了工商变更登记，但受让人湖北乙公司仅支付了部分转让款，存在严重逾期付款违约行为，导致双方产生矛盾；股权转让协议的补充协议；退回41%股权后工商变更备案通知书、出资情况、股东会决议及公司章程；付款合同及第三方代退股权款银行进账明细，证明在履行股权转让协议过程中发生争议，经协商双方对转让股权份额及价格进行了变更，受让方退回41%股权，转让方退回股权转让款23081.94万元，另10%股权转让价格进行了调整由原来总价款7831.4万元变更为4000万元；税收缴款书（两张），证明收取原告个人所得税20.36万元、印花税652.6元；退（抵）税申请表，证明原告在股权转让协议变更后申请退税18.75万元，被告仅退税6.14万元；国家税务总局国税函〔2005〕130号关于纳税人收回转让的股权征收个人所得税问题的批复，证明该批复是原告申请退税的法律依据；受理复议通知书及行政复议决定书，证明原地税局做出了错误的复议决定；《关于国家税务总局宿迁市税务局挂牌成立的公告》《国家税务总局宿迁市税务局关于税务机构改革有关事项的公告》，证明国税地税合并，单位名称暂未明确，以及原告起诉情况。

被告市税务第三分局辩称，第三分局承担纳税申报、税款征缴、税收退还、纳税服务等职责，在办理税收退还业务中，因为原告提出的退税申请金额较大，被告进行请示及讨论，根据个人所得税法和征管法有关规定对原告提出的退税申请进行核实后，做出予以退还6.14万元的决定。在该业务办理过程中，税收行政行为正确，退税程序规范，不存在超越职权或者滥用职权等行为，请求驳回原告的诉讼请求。

被告市税务第三分局未向法庭提交证据。

被告市税务局辩称，2016年9月9日湖北乙公司与原告就持有的江苏甲公司股权签订转让协议，约定原告按51%的比例转让股权，被转让股权原始价为25.5万元，交易价为130.52万元。2016年7月21日至10月26日湖北乙公司支付原告款项累计88.50万元，占原约定价款的67%。2016年10月11日原告与湖北乙公司完成了股权工商变更登记手续。2016年10月31日原告缴纳个人所得税20.36万元、印花税652.60元。由于湖北乙公司没有按约定支付剩余款项，双方又签订补充协议。原协议由湖北乙公司按51%比例购买原告持有的江苏甲公司股权，补充协议修改为湖北乙公司按10%比例购买原告持有的江苏甲公司股权，交易价为13.07万元。2017年4月，原告向原地税第一分局提出了退税申请，2017年9月原地税第一分局做出退税决定，退还原告个人所得税6.14万元。综上，被告市税务局认为2016年10月11日原告与湖北乙公司已经完成了股权工商变更登记手续，第一次股权转让行为已经完成，且股权并非原价收回，不符合国家税务总局国税函〔2005〕130号文第2条规定的情形，请求驳回原告的诉讼请求。

市税务局为了证实自己的主张向法院提交了以下证据：印花税申报表；个人所得税申报表；股权转让协议；纳税人身份信息，证明征税行为符合税收法律规定；原地税第一分局税务事项通知书；退税申请表；退税申请报告；税款开票查询；王某某身份信息，证明原地税第一分局的退税行为符合税收法律规定；行政复议申请书；受理复议通知书及送达回证；行政复议答复通知书；原地税第一分局关于王某某退税的相关回复及证据材料；宿迁市工商行政管理局公司准予变更登记通知书；行政复议决定书；送达回证；王某某申请行政复议时提供的材料，证明王某某的股权转让协议已经完成，其退税请求缺乏法律依据。法律法规依据：个人所得税法、行政复议法、税收征管法，国家税务总局公告2014年第67号，国家税务总局国税函〔2005〕130号关于纳税人收回转让的股权征收个人所得税问题的批复。

经庭审质证，法院对原被告提供的证据做如下认定：原被告提供的证据能证明原告就其持有的江苏甲公司股权与湖北乙公司签订股权转让协议，约定了交易股权比例及价格，原告在收到部分转让款后办理了股权工商变更手续并缴纳了个人所得税。后因剩余款项未支付，双方又签订补充协议，对原交易股权比例及价格进行了变更。后原告又办理了股权工商变更登记。后原告申请退税，原地税第一分局做出了退税决定，原告对退税数额不服申请复议，原地税局做出了维持决定，上述证据来源合法，对其真实性原被告也均无异议，对其证明的上述事实法院予以确认。

根据上述证据分析认定及庭审查明的情况，法院对该案事实认定如下。

原告王某某系江苏甲公司股东之一，2016年7月17日湖北乙公司（甲方）、江苏甲公司王某某等31名股东（乙方）与江苏甲公司（丙方）签订《股权转让协议》，约定湖北乙公司收购王某某等31名股东所持有的江苏甲公司51%的股权，王某某等31名股东均按照相同比例转让股权，同时约定51%股权原始总价7803万元，转让价39940.14万元，转让款分三期付清。其中王某某出让51%股权原始价为25.5万元，交易价为130.52万元。2016年7月21日至10月26日湖北乙公司陆续支付王某某等31名股东股权转让款27081.94万元，其中王某某收到股权转让款88.5万元。2016年10月11日湖北乙公司与王某某等31名股东在宿迁市工商行政管理局办理了公司股权变更登记手续。后王某某等31名股东共缴纳个人所得税6231.72万元，其中王某某缴纳个人所得税20.36万元，印花税652.60元。由于湖北乙公司未按约定期限支付剩余股权转让款，2017年2月24日湖北乙公司与王某某等31名股东、江苏甲公司签订《股权转让协议的补充协议》，约定原协议约定的购买王某某等31名股东所持有的江苏甲公司51%的股权，修改为收购王某某等31名股东所持有的江苏甲公司10%的股权，湖北乙公司多受让的江苏甲公司41%股权按照原持股比例退还王某某等31名股东，同时约定10%股权转让价为4000万元，其中王某某10%股权转让价为13.07万元。2017年4月10日双方办理了股权变更工商登记手续。2017年5月25日王某某申请退税18.75万元，2017年9月原地税第一分局对原告的申请予以审批，退税金额为6.14万元。原告不服申请复议，2018年6月27日原地税局做出宿地税复决字（2018）第2号行政复议决定，维持原地税第一分局做出的税务行政行为。原告不服诉至法院，提出上述诉请。

另查明，根据国家税务总局宿迁市税务局《关于税务机构改革有关事项的公告》要求，原江苏省宿迁市国家税务局和原江苏省宿迁地方税务局合并成立国家税务总局宿迁市税务局，并于2018年7月5日挂牌。同时根据2018年9月29日国家税务总局宿迁市税务局《关于派出机构有关事项的公告》，国家税务总局宿迁市税务局第三税务分局承担纳税辅导、咨询服务、办税服务、权益保护等工作。

本案争议焦点为：第一，原地税第一分局做出退还6.14万元税款决定有无事实及法律依据，程序是否合法？第二，原地税局的复议程序是否合法？

法院认为，《行政诉讼法》第26条第6款规定："行政机关被撤销或者职权变更的，继续行使其职权的行政机关是被告"。本案中，由于国税地税征管体制改革，国税地税机构合并以及征管职责的调整，原地税第一分局的税收征管职责由被告市税务第三分局行使，同时根据《行政复议法》第12条第2款规定："对海关、金融、国税、外汇管理等实行垂直领导的行政机关和国家安全机关的具体行政行为不服的，向上一级主管部门申请行政复议"，故市税务第三分局及市税务局是本案的适格被告。

根据《税收征收管理法》的规定，税务机关负责其征收范围内的税收征收管理工作。税收的开征、停征，以及减税、免税、退税、补税，依照法律法规的规定执行。在中华人民共和国境内，个人取得收入应缴纳个人所得税。本案中，湖北乙公司与原告等31名股东签订《股权转让协议》，其中涉及原告51%股权交易价为130.52万元，在原告仅收到88.5万元转让款后，双方又签订补充协议，将原按51%比例购买的股权变更为按10%比例，并约定交易价为13.07万元。国家税务总局《股权转让所得个人所得税管理办法（试行）》第4条第1款规定："个人转让股权，以股权转让收入减除股权原值和合理费用后的余额为应纳税所得额，按财产转让所得缴纳个人所得税。"涉案双方对退税的数额有争议，究其根本是对股权转让收入的认定存在分歧，原地税第一分局认定原告股权转让收入88.5万元，法院认为，该款项是在合同履行过程中原告收到的阶段性款项，且交易双方也未将该款项确定为交易价，在此情况下被告以此为依据计算个人所得税没有事实及法律依据。《税收征收管理法实施细则》第78条第1款规定："税务机关发现纳税人多缴税款的，应当自发现之日起10日内办理退还手续；纳税人发现多缴税款，要求退还的，税务机关应当自接到纳税人退还申请之日起30日内查实并办理退还手续。"本案中，原告于2017年5月25日向原地税第一分局申请退税，原地税第一分局于2017年9月才做出退税决定，明显超过上述法定期限，其程序违法。被告市税务第三分局辩称案件复杂可以延长办理期限，但未提供证据证明，法院不予采纳。综上，原地税第一分局做出的退税决定事实不清、证据不足、程序违法，依法应予撤销。原地税局做出的行政复议决定没有事实依据，应同时予以撤销。依照《行政诉讼法》第70条第（1）（3）项及《最高人民法院关于适用<中华人民共和国行政诉讼法>的解释》第136条第1、3款的规定，判决：第一，撤销原江苏省宿迁地方税务局第一税务分局做出的退还税款6.14万元的决定，责令被告国家税务总局宿迁市税务局第三税务分局在该判决生效之日起30内对原告王某某的退税申请重新做出处理；第二，撤销原江苏省宿迁地方税务局做出的宿地税复决字（2018）第2号行政复议决定。案件受理费50元，由被告国家税务总局宿迁市税务局第三税务分局负担。

1. 本案纳税人的股权转让所得是否已经实现

企业所得税实行权责发生制，企业的所得是否实现根据合同的约定以及股权转让行为是否完成工商登记为标准，与企业是否实际收到股权转让所得无关。但个人所得税实行收付实现制，个人的所得是否实现除应根据合同约定以及股权转让行为是否完成工商登记进行判断以外，还应考虑纳税人是否实际收到股权转让价款。本案纳税人只收到部分股权转让价款，因此，只能认为部分实现股权转让所得，尚未收取的价款所对应的股权转让所得尚未实现。

2. 本案纳税人的行为是否符合《国家税务总局关于纳税人收回转让的股权征收个人所得税

问题的批复》(国税函〔2005〕130 号)的规定。

国税函〔2005〕130 号文件根据法律规定的基本原则以及实质课税原则认为，凡是股权转让行为已经完成、所得已经实现的，相应的纳税义务就已经产生，所缴纳的税款不应退还。但在股权转让行为尚未完成、所得尚未实现时，相应的纳税义务尚未产生，所缴纳的税款理应退还。本案纳税人所涉及的股权转让行为显然尚未完成，所得尚未全部实现，可以根据国税函〔2005〕130 号文件的规定申请退税。

案例二：个人所得税偷税违法案（本案例依据河南省南阳市中级人民法院（2017）豫 13 行终 18 号行政判决书）

上诉人镇平县地方税务局为确认行政行为违法及行政赔偿一案，不服淅川县人民法院（2016）豫 1326 行初 32 号行政判决，向南阳市中级人民法院提起上诉。

淅川县人民法院一审查明：2003 年 3 月 20 日，被告镇平县地方税务局接到群众举报原告唐某某涉嫌偷税后，决定对其进行调查，同时向镇平县公安局移交了该举报材料。2003 年 3 月 31 日，被告向原告唐某某送达了镇地税告字〔2003〕第 09 号税务行政处罚事项告知书及镇地税涉处字〔2003〕第 09 号税务处理决定书；4 月 5 日向原告唐某某送达了镇地税罚字〔2003〕第 09 号税务行政处罚决定书；4 月 9 日向原告送达了镇地税涉税字（2003）第 1 号限期缴纳税款通知书。2003 年 4 月 22 日，原告唐某某分两次向被告交纳了个人所得税合计 2 万元。2003 年 7 月 15 日，镇平县公安局决定对原告唐某某涉嫌偷税一案进行立案侦查。2004 年 9 月 9 日，被告对原告所展销的 5 件玉货(其中独玉瓶 1 个、碧玉亭 1 对、碧玉熏 1 对)进行了查封扣押，向原告送达了镇地税扣字（2004）第 077 号查封扣押证，并出具了扣押收据即扣押清单，随后将该 5 件玉器全部拍卖抵税。2014 年，原告唐某某向南阳市中级人民法院提起行政诉讼请求确认被告镇平县地方税务局行政行为违法及行政赔偿，南阳市中级人民法院指定西峡县人民法院管辖，诉讼过程中原告以所涉嫌偷税案件未定性自愿提出撤诉，西峡县人民法院经审理认为原告撤诉不违反法律规定，准予其撤回起诉。2016 年 1 月 4 日，镇平县公安局做出镇公（经）终侦字〔2016〕0001 号终止侦查决定书，以"1、本案非单位犯罪；2、现有卷中没有证据证实犯罪嫌疑人唐某某实施了偷税行为"为由，决定对原告唐某某涉嫌偷税案终止侦查。原告唐某某认为，镇平县公安局做出的终止侦查决定认定其本人并不存在偷税行为，被告镇平县地方税务局对其征收税款及扣押玉货的行为违法，故起诉至人民法院请求依法确认被告扣押玉货及征收税款行为违法并返还所扣押玉货及所交纳的税款并赔偿相关损失。另查明，原告唐某某自 2001 年至 2006 年期间任镇平县玉器有限责任公司董事长。被告镇平县地方税务局所查封扣押的 5 件玉货中，独玉瓶 1 件系原告唐某某所有，其余 4 件系原告唐某某接受案外人陈某某委托代销，所有权属于案外人陈某某。其中独玉瓶 1 件价值 1.5 万元，其余 4 件合计 14 万元，共计 15.5 万元。另外，原告唐某某已经返还了案外人陈某某的财产损失 14 万元。

淅川县人民法院一审认为：

关于被告镇平县地方税务局征收税款行为和查封扣押行为的认定。

第一，征收税款行为的认定。首先，本案中，被告提交的涉税卷宗中的两份询问笔录均是侦查机关镇平县公安局做出的，而镇平县公安机关在做出终止侦查决定时，认定原告唐某某并未实施偷税行为；其次被告所提交的其他证据也均不能证实原告唐某某存在偷税违法行为。换言之，原告唐某某自始至终并不存在任何偷税行为，因此被告所做出的征收税款决定及相关的行政行为均没有任何事实依据，属于违法行政行为。

第二，查封扣押行为的认定。首先，由上述认定的事实可知，原告唐某某并不存在偷税的违法行为，因此被告所采取的税收保全措施缺乏直接的事实依据，税收保全行为违法。其次，被告在采取税收保全措施时，并未尽到合理谨慎义务查明所保全财产的所有权问题，造成扣押对象错误，属于认定事实不清。

关于原告唐某某起诉是否超出法定起诉期限和是否构成"一事不再理"的认定。

第一，是否超出起诉期限的认定。根据《行政诉讼法》第48条之规定，公民因其他不属于自身的原因耽误起诉期限的，被耽误的时间不计算在起诉期限内。本案中，原告唐某某因一直涉嫌偷税犯罪自2003年7月15日起被镇平县公安局立案侦查至2016年1月4日终止侦查，此侦查行为耽误的期间属于法律规定的不属于归于原告自身的原因。因此被告对于原告超出起诉期限的意见本院不予支持。

第二，原告是否构成"一事不再理"的认定。原告唐某某虽然在2014年西峡县人民法院审理该行政行为的过程中撤回起诉，但镇平县公安机关以原告不存在偷税行为为由终止侦查的决定属于原告在法院再次起诉的正当理由，而不属于《最高人民法院关于适用〈中华人民共和国行政诉讼法〉若干问题的解释》第3条第1款第(7)项规定的"撤回起诉后无正当理由再行起诉的"应当裁定驳回起诉的情形。

关于原告所诉行政赔偿的认定。根据《国家赔偿法》第36条第(五)、(八)项的规定，原告所诉的赔偿事项不属于法律规定赔偿事项或者对财产权造成其他损害的直接损失的范畴，法院不予支持。

综上，按照《行政诉讼法》第74条第2款第(1)项，《最高人民法院关于审理行政赔偿案件若干问题的规定》第33条的规定，判决：确认被告镇平县地方税务局征收税款及查封扣押行为违法；责令被告镇平县地方税务局自该判决生效之日起30日内向原告唐某某支付已征收税款2万元和查封扣押财物的价值15.5万，合计17.5万元；驳回原告唐某某的其他诉讼请求。案件受理费50元，由被告镇平县地方税务局负担。

上诉人镇平县地方税务局不服该判决上诉称：本案的扣押行为和涉嫌犯罪是两个不同的行为，各自独立而存在，公安机关立案侦查行为并不影响行使行政诉权，一审把两种行为混为一谈，明显为超过起诉期限的被上诉人找借口，被上诉人的起诉已超过起诉期限。上诉人于2003年3月31日向镇平县玉器有限公司负责人唐某某送了《税务处理决定书》，被上诉人于2003年4月22日以镇平县玉器有限公司名义缴税13297.2元，以唐某某个人名义缴税6702.8元，一审法院在不撤销《税务处理决定书》的情况下，判决返还2万元税款明显违法。上诉人虽然出具了扣押手续，但实际上并未扣押，上诉人一审时提供的出庭证人证实了这一过程，一审错误地认为扣押成功。一审判决赔偿该损失没有依据。请求撤销一审判决，驳回被上诉人的诉讼请求。

被上诉人唐某某答辩称：答辩人因涉嫌偷税犯罪至2016年1月14日终止侦查，因刑事案件的存在根本无法通过行政诉讼渠道维护自身权利，刑事案件的存在属于法律规定的不属于原告的自身原因，没有超过起诉期限，也因刑事案件的存在，起诉又撤诉，也不存在重复起诉，答辩人没有偷税行为，做出征收税款和扣押是违法的，上诉人向答辩人出具了扣押证和扣押财物专用收据，已经改变扣押货物的占有主体，至于货物被扣押后的动向，属于上诉人的保管问题，与答辩人无关。被扣货物价格有证据在卷。被上诉人的上诉理由不能成立，请求维持一审判决。

法院二审查明的事实同一审法院相一致。

二审法院认为：上诉人于2003年3月31日做出的镇地税涉处(2003)第09号《税务处理决

定书》的行政相对人是镇平县玉器有限责任公司,并不是被上诉人本人,一审法院确认上诉人向被上诉人征收税款及扣押行为违法并无不妥。关于被上诉人偷税问题,基于同一事实,出现了法律授权的刑事侦查行为和行政机关的行政行为,本案中,在刑事侦查行为尚未侦查终结,当事人不宜对上诉人该行政行为提起行政诉讼,也正基于此,被上诉人曾向人民法院提起行政诉讼后撤诉,在刑事侦查终结后,被上诉人即提起行政诉讼请求主张,一审法院认定其起诉并未超过起诉期限,也不属于重复起诉并无不妥。上诉人对被上诉人展示的货物进行扣押时向被上诉人送达了相关的法律文书。上诉人辩称没有扣押,并没有向被上诉人送达解除扣押的法律文书或告知被上诉人,现被上诉人被扣货物不能退还,对此上诉人应当承担过错责任,予以赔偿。上诉人在庭审中称其已对(2013)南民三终字第01158号等民事判决提起案外人异议之诉,申请本案中止审理问题,因相关民事判决认定的事实,并不影响上诉人违法扣押造成被上诉人货物损失的事实存在而免责。因此,上诉人的上诉理由和请求均不能成立,法院不予支持。依照《行政诉讼法》第69条第1款第(1)项之规定,判决驳回上诉,维持淅川县人民法院(2016)豫1326行初32号行政判决。本案二审诉讼费50元,由上诉人负担。

1. 纳税人不构成偷税(逃税)罪是否意味着税务机关的偷税认定是错误的

纳税人不构成偷税(逃税)罪并不意味着税务机关的偷税认定是错误的,因为偷税(逃税)罪与偷税违法行为的构成要件并不完全相同,构成偷税违法行为的并不一定构成偷税(逃税)罪。但在本案中,税务机关是依据公安机关调查的证据来认定纳税人构成偷税行为的,在公安机关最终认定纳税人不构成偷税(逃税)罪的情形下,税务机关必须依据独立的证据来认定纳税人构成偷税违法行为。

2. 本案是否超过行政诉讼的起诉时限

法律设置行政诉讼的起诉时限是为了督促当事人及时行使权利,也便于相关纠纷的及时解决。如非因当事人的原因导致超过起诉时限,从权利保护以及纠纷解决等原则出发,法律应允许当事人提起行政诉讼。《行政诉讼法》第48条的规定正是基于这一考虑。本案纳税人在第一次提起行政诉讼时,正处于被追究刑事责任的过程中,在公安机关尚未对纳税人是否构成偷税做出最终认定的情形下,法院也难以正确审理税务行政纠纷。因此,本案纳税人具备"不属于其自身的原因耽误起诉期限"的情形,法院受理纳税人提起的行政诉讼是正确的。

案例三:个人所得税退税申请不予受理案(本案例依据四川省广安市中级人民法院(2016)川16行终38号行政判决书)

上诉人杜某因被上诉人四川省武胜县地方税务局第三税务所(以下简称"武胜县第三税务所")、四川省武胜县地方税务局(以下简称"武胜县地税局")税务行政征收一案,不服广安市前锋区人民法院(2015)广安行初字第283号行政判决,向广安市中级人民法院提起上诉。

原审法院经审理查明,2011年12月20日,杜某与谭某就位于武胜县沿口镇东街两间门市签订了《房屋买卖合同》。合同约定杜某将上述门市以260万元出售给谭某。2012年1月6日,谭某以2012年1月4日自制的《房屋买卖合同》进行纳税申报,该合同载明门市总价为107万元。同日,谭某取得了盖有四川省武胜县地方税务局办税服务厅征税专用章的税收通用完税证。2012年1月18日,谭某向武胜县房产管理所提供日期为2012年1月4日的《房屋买卖合同》,并办理了房屋产权转移登记手续。谭某、陈某某分别取得了武房权证武胜县字第×1-1号、×1-2号、×2-1号、×2-2号《房屋所有权证》。2012年2月17日,谭某按照与杜某签订的《房屋买卖合同》向杜某付清了购房尾款及利息。随后,杜某与谭某发生纠纷,诉至法院。税务机关也介入调查。谭某分别于2012年3月5日、2012年9月12日补缴了交易双方应缴纳的各项税费以及滞纳金。其中，谭某代杜某缴纳了土地增值税、印花税、个人所得税、营业税、城市维护建设税、教育费附加、地方教育费附加共计27.9万元。谭某补缴税费后，将2011年12月20日签订的《房屋买卖合同》及补缴的税费凭据等递交给武胜县房产管理所。

因谭某向房管部门提供虚假材料，武胜县房产管理所于2013年9月9日做出武房管（2013）撤字第1号撤销房屋登记决定，决定撤销谭某、陈某某所有的武房权证字×号、武房权证字×号房屋产权证，并收回上述房屋产权证。谭某不服该决定，提起行政诉讼。经广安市前锋区人民法院判决依法维持了武胜县房产管理所做出的撤销房屋登记决定。武胜县房产管理所撤销谭某的房屋登记后，争议房屋也未恢复登记在杜某名下。

2015年5月5日，杜某向税务机关申请退回2012年1月6日和2012年9月12日征收的土地增值税、印花税、个人所得税、营业税、城市维护建设税、教育费附加、地方教育费附加共计27.9万元。武胜县第三税务所认为杜某与谭某于2011年12月20日签订的《房屋买卖合同》真实有效，买卖双方缴纳的税费符合税收法律法规规定；武胜县第三税务所于2015年5月14日查询，买卖房屋的产权为谭某、陈某某所有，该产权属于查封状态。故武胜县第三税务所对杜某的退税申请决定不予受理，并制作《税务事项通知书》送达杜某。杜某不服，向武胜县地税局提起行政复议申请。武胜县地税局复议查明，杜某与谭某于2011年12月20日签订的《买卖房屋合同》是双方真实意思的表示，合同真实；经查询，行政复议时涉案房产权利人为谭某、陈某某，业务类型为查封登记业务，武胜县房产管理所未将该宗房产恢复到杜某名下；谭某以伪造的交易合同进行纳税申报，在稽查局介入调查后，谭某通过自查补税缴齐了自己应缴的全部税费及滞纳金，并代杜某缴纳了全部税费及滞纳金；本案所涉税费已依法分批次征收并加收了滞纳金。复议机关认为，该案房产涉及的260万元交易合同是真实有效的，房屋交易行为并未被撤销，该房产已过户至买方谭某名下，该房产虽处于查封状态，但未过户回杜某名下，税务机关对杜某以及谭某房屋交易行为征税的依据存在。故武胜县地税局根据《行政复议法》《税务行政复议规则》的规定，做出行政复议决定，决定维持武胜县第三税务所做出的武地税三通〔2015〕30号退税申请不予受理的决定。杜某不服武胜县地税局的行政复议决定，遂提起诉讼，请求撤销武胜县地税局做出的《行政复议决定书》，并判决武胜县第三税务所受理杜某提出的退税申请，做出退回杜某缴纳税费27.9万元的决定。

原审法院认为，纳税人具有依法纳税的义务，也有依法享有申请退税的权利。杜某作为退税申请人，于2015年5月5日提交了退税申请、退税申请表等材料，武胜县第三税务所作为《税收征收管理法》上所称的税务机关，对杜某提出的退税申请做出了不予受理的决定。杜某同税务机关在纳税上发生争议，依法提起了行政复议。武胜县地税局作为行政复议机关，受理了该复议申请，符合《税务行政复议规则》的规定。

关于是否应当征收契税的问题，根据《契税暂行条例》的规定，土地使用权转让，包括出售、赠予和交换以及房屋买卖行为属于转移土地、房屋权属的行为；契税的纳税义务发生时间，为纳税人签订土地、房屋权属转移合同的当天，或者纳税人取得其他具有土地、房屋权属转移合同性质凭证的当天。杜某与谭某签订了价款为260万元的《房屋买卖合同》，该合同约定了房屋等权属转移，故税务机关应当依照《契税暂行条例》的规定征收契税。本案中，谭某作为纳税义务人，向税务机关缴纳了契税。税务机关对谭某征收契税，对杜某的实际权益也并未产生实际影响。

关于征税依据是否存在的问题，谭某虽依据自制的《房屋买卖合同》进行纳税申报，该买卖合同也经人民法院确认不成立，但杜某与谭某于2011年12月20日就位于武胜县沿口镇东街两间门市签订了《房屋买卖合同》，合同约定杜某将上述门市以 260 万元出售给第三人是实。该合同现未被有权机关撤销或者确认无效。武胜县房产管理所虽做出了撤销房屋登记行政决定，人民法院判决对该行政决定予以了维持，但该行政决定撤销的是行政机关依据谭某自制的《房屋买卖合同》而进行的房屋登记行政行为，并非撤销杜某与谭某之间约定产权转移的《房屋买卖合同》。按照《土地增值税暂行条例》《印花税暂行条例》《营业税暂行条例》等税收法规的规定，税务机关的征税依据仍然存在，杜某应当履行纳税义务。

关于是否应当退税的问题，虽谭某于 2012 年 1 月 6 日代杜某缴纳了税费，但其未以与杜某签订的《房屋买卖合同》申报纳税，而以总价为 107 万元的自制《房屋买卖合同》申报。根据《税收征收管理法》的规定，因税务机关的责任，或者因纳税人、扣缴义务人计算错误等失误，或者偷税、骗税，造成未缴或者少缴税款的，税务机关追征其未缴或者少缴的税款。本案中，纳税义务人少缴税费并非税务机关的责任，嗣后税务机关也对少缴的税费进行了追征。杜某在未多缴税费的情况下申请退税并无法律依据，故杜某认为税务机关应当退税的理由不能成立。

综上，杜某与谭某签订的《房屋买卖合同》真实有效，杜某申请退税并无法律依据。杜某认为征收税费的依据已不存在，税务机关理应退税的理由不能成立，不予支持。杜某虽提出退税申请，同时提交了人民法院裁判文书以及《武胜县房产管理所撤销房屋登记决定书》等资料，但税务机关据以追征税费依据的是杜某与谭某签订的《房屋买卖合同》，该合同未被有权机关确认不成立，或者确认无效，或者撤销。杜某提交的材料均未达到证明其符合申请退税条件的目的。故武胜县第三税务所做出不予受理退税决定并无不妥。武胜县地税局根据《行政复议法》《税务行政复议规则》做出的《行政复议决定书》，认定事实清楚，证据确实充分，适用法律正确，程序合法。遂判决驳回杜某的诉讼请求。

上诉人杜某上诉称，一审主要证据认定有误，武胜县地方税务局第三税务所未提交做出具体行政行为的法律依据，房屋信息查询只能证明房屋处于查封，房屋产权性质已发生改变，不再属于谭某，完税凭证有手动修改，不能证明已补缴和已上缴国库。杜某与谭某签订的 260 万元的房屋买卖合同，不能作为税务机关做出行政行为的依据。谭某作为纳税义务人，其缴税依据的合同系虚假合同，实际取得的房屋产权已被房管部门撤销，征税依据已不存在，应当判决所征契税退给第三人。请求撤销一审判决，改判武胜县第三税务所受理杜某提出的退税申请。

被上诉人武胜县第三税务所答辩称，杜某与谭某签订交易价格为 260 万元的房屋买卖合同，谭某以伪造的 107 万元合同申报纳税，后经我局稽查，谭某通过自查补税的方式缴齐该宗房屋交易所涉全部税款及滞纳金。杜某向税务机关申请退税，其提供的资料不能证明征税依据的 260 万元房屋买卖合同已被撤销，亦不能证明其符合退税条件，故不予受理其退税申请，故应驳回上诉，维持原判。

被上诉人武胜县地方税务局答辩称，本案税务机关征税依据是杜某与谭某的真实房屋交易行为，所涉全部税款已缴纳入库，依法不应受理退税。我局维持第三税务所不予受理杜某退税申请的决定事实依据清楚、程序合法、适用法律正确，应予维持。请求驳回上诉，维持原判。

二审法院认为，根据《税收征收管理法》第 3 条、第 4 条、第 8 条的规定，税收的开征、停征以及减税、免税、退税、补税，应依照法律法规的规定执行，任何机关、单位或个人不得违反法律法规规定，做出与法律法规相抵触的决定。公民有依法纳税的义务，亦享有申请退税的权利。本案中，杜某作为退税申请人，于 2015 年 5 月 5 日向武胜县第三税务所提交退税申请、退税申请表等材料，武胜县第三税务所5月25日做出武地税三所通（2015）30号税务事项通知书，对杜某的退税申请不予受理。根据《全国税务机关纳税服务规范》（3.39）退抵税（费）审批办理规范第1款"受理"中第3项"依法不属于本职权或本业务受理范围的，制作《税务事项通知书》（不予受理通知）。告知纳税人不予受理的原因。"的规定，税务机关对退税申请不予受理的有不属于税务职权范围以及退税业务受理范围的两类情形。但武胜县第三税务所做出的税务事项通知书上仅说明所适用法律法规及规范性文件名称，而未引用具体的条款内容，未说明不予受理杜某退税申请的具体事由，故武胜县第三税务所做出的税务事项通知书以及武胜县地税局做出维持的复议决定均属于适用法律错误，依法应当予以撤销。武胜县第三税务所以及武胜县地税局的辩称理由均涉及对杜某退税申请是否成立的实体审查处理，与其做出的不予受理的程序处理结果不相符，对其辩解理由法院不予支持。综上，原审法院判决驳回杜某的诉讼请求系适用法律错误，亦应依法予以撤销。依照《行政诉讼法》第89条第1款第（2）项、第3款之规定，判决如下：第一，撤销广安市前锋区人民法院（2015）广法行初字第283号行政判决；第二，撤销武胜县地税局第三税务所做出的武地税三所通（2015）30号税务事项通知书以及武胜县地税局做出的武地税复决字（2015）1号行政复议决定书；第三，责令武胜县地税局第三税务所对杜某2015年5月5日提出的退税申请依法重新做出处理。一、二审案件受理费各50元，均由武胜县地方税务局第三税务所负担。

1. 纳税人依据虚假合同申报缴纳的税款是否可以申请退还

根据实质课税原则，虚假合同无法产生合法的应税行为，其缴纳税款所依据的纳税义务根本不存在，因此，纳税人依据虚假合同申报缴纳的税款可以申请退还。纳税人编制虚假合同并据此缴纳税款的行为扰乱了税收征管秩序，根据《税收征收管理法》第64条的规定，应按"编造虚假计税依据"违法行为进行处罚。

2. 纳税人房产交易被撤销是否可以申请退还税款

根据实质课税原则，纳税人房产交易被撤销后，相关权利义务恢复至交易发生之前，在法律上视为纳税人从未发生相关交易。税务机关依法征税的基础已经不复存在，纳税人所缴纳的税款应予以退还。

疑难问答

1. 税法规定不征税的误餐补助具体范围是什么？

根据《财政部 国家税务总局关于误餐补助范围确定问题的通知》（财税〔1995〕82号）的规定，不征税的误餐补助是指按财政部门规定，个人因公在城区、郊区工作，不能在工作单位或返回就餐，确实需要在外就餐的，根据实际误餐顿数，按规定的标准领取的误餐费。一些单位以误餐补助名义发给职工的补贴、津贴，应当并入当月工资、薪金所得计征个人所得税。

2. 公司的个人股东从公司借款如何进行税务处理？

根据《财政部 国家税务总局关于规范个人投资者个人所得税征收管理的通知》（财税〔2003〕158号）第二条的规定，纳税年度内个人投资者从其投资企业（个人独资企业、合伙企业除外）借款，在该纳税年度终了后既不归还，又未用于企业生产经营的，其未归还的借款可视为企业对个人投资者的红利分配，依照"利息、股息、红利所得"项目计征个人所得税。

3. 如何确定稿酬所得的次数？

根据《征收个人所得税若干问题的规定》（国税发〔1994〕089号）第四条的规定，个人每次以图书、报刊方式出版、发表同一作品(文字作品、书画作品、摄影作品以及其他作品),不论出版单位是预付还是分笔支付稿酬,或者加印该作品后再付稿酬,均应合并其稿酬所得按一次计征个人所得税。在两处或两处以上出版、发表或再版同一作品而取得稿酬所得,则可分别各处取得的所得或再版所得按分次所得计征个人所得税。个人的同一作品在报刊上连载,应合并其因连载而取得的所有稿酬所得为一次,按税法规定计征个人所得税。在其连载之后又出书取得稿酬所得,或先出书后连载取得稿酬所得,应视同再版稿酬分次计征个人所得税。作者去世后,对取得其遗作稿酬的个人,按稿酬所得征收个人所得税。

④ 企业在业务宣传、广告等活动中,随机向本单位以外的个人赠送礼品(包括网络红包,下同),以及企业在年会、座谈会、庆典以及其他活动中向本单位以外的个人赠送礼品,个人取得的礼品收入,如何计算个人所得税?

根据《财政部 税务总局关于个人取得有关收入适用个人所得税应税所得项目的公告》(财政部 税务总局公告2019年第74号)的规定,上述礼品按照"偶然所得"项目计算缴纳个人所得税,但企业赠送的具有价格折扣或折让性质的消费券、代金券、抵用券、优惠券等礼品除外。企业赠送的礼品是自产产品(服务)的,按该产品(服务)的市场销售价格确定个人的应税所得;是外购商品(服务)的,按该商品(服务)的实际购置价格确定个人的应税所得。

本章小结

个人所得税的纳税人分为居民个人和非居民个人。下列各项个人所得,应当缴纳个人所得税:工资、薪金所得;劳务报酬所得;稿酬所得;特许权使用费所得;经营所得;利息、股息、红利所得;财产租赁所得;财产转让所得;偶然所得。综合所得,适用3%至45%的超额累进税率。经营所得,适用5%至35%的超额累进税率。其他所得,适用比例税率,税率为20%。居民个人的综合所得,以每一纳税年度的收入额减除费用60000元以及专项扣除、专项附加扣除和依法确定的其他扣除后的余额,为应纳税所得额。经营所得,以每一纳税年度的收入总额减除成本、费用以及损失后的余额,为应纳税所得额。财产租赁所得,每次收入不超过4000元的,减除费用800元;4000元以上的,减除20%的费用,其余额为应纳税所得额。财产转让所得,以转让财产的收入额减除财产原值和合理费用后的余额,为应纳税所得额。其他所得,以每次收入额为应纳税所得额。

第6章 企业所得税

本章导读

我国自1980年开征外资企业所得税，1984年开征内资企业所得税，2008年实现内外资企业所得税的统一。本章阐述了企业所得税的纳税人、征税对象、税率、应纳税所得额的计算、资产的税务处理、应纳税额的计算、税收优惠、特别纳税调整以及征收管理等基本制度。其中，需要重点掌握的是企业所得税的纳税人、税率、应纳税所得额的计算、资产的税务处理、税收优惠以及征收管理等基本制度。

本章阐述的制度主要依据《中华人民共和国企业所得税法》（2007年3月16日第十届全国人民代表大会第五次会议通过，根据2017年2月24日第十二届全国人民代表大会常务委员会第二十六次会议《关于修改〈中华人民共和国企业所得税法〉的决定》第一次修正，根据2018年12月29日第十三届全国人民代表大会常务委员会第七次会议《关于修改〈中华人民共和国电力法〉等四部法律的决定》第二次修正）、《中华人民共和国企业所得税法实施条例》（2007年12月06日国务院令第512号发布，根据2019年4月23日国务院令第714号《国务院关于修改部分行政法规的决定》修正）、《特别纳税调整实施办法（试行）》（国税发〔2009〕2号）以及《企业所得税核定征收办法（试行）》（国税发〔2008〕30号）。

政策解析

6.1 企业所得税的纳税人

在中华人民共和国境内，企业和其他取得收入的组织（以下统称"企业"）为企业所得税的纳税人。企业分为居民企业和非居民企业。

上述企业不包括个人独资企业、合伙企业。个人独资企业、合伙企业是指依照中国法律、行政法规成立的个人独资企业、合伙企业。

6.1.1 居民企业

居民企业是指依法在中国境内成立，或者依照外国（地区）法律成立但实际管理机构在中国境内的企业。实际管理机构是指对企业的生产经营、人员、账务、财产等实施实质性全面管理和控制的机构。

依法在中国境内成立的企业，包括依照中国法律、行政法规在中国境内成立的企业、事业单位、社会团体以及其他取得收入的组织。依照外国（地区）法律成立的企业，包括依照外国（地区）法律成立的企业和其他取得收入的组织。

6.1.2 非居民企业

非居民企业是指依照外国（地区）法律成立且实际管理机构不在中国境内，但在中国境内设立机构、场所的，或者在中国境内未设立机构、场所，但有来源于中国境内所得的企业。

机构、场所是指在中国境内从事生产经营活动的机构、场所，包括：

(1) 管理机构、营业机构、办事机构；

(2) 工厂、农场、开采自然资源的场所；

(3) 提供劳务的场所；

(4) 从事建筑、安装、装配、修理、勘探等工程作业的场所；

(5) 其他从事生产经营活动的机构、场所。

非居民企业委托营业代理人在中国境内从事生产经营活动的，包括委托单位或者个人经常代其签订合同，或者储存、交付货物等，该营业代理人视为非居民企业在中国境内设立的机构、场所。

6.1.3　境外注册中资控股企业的认定

境外注册的中资控股企业(以下称"境外中资企业")是指由中国境内的企业或企业集团作为主要控股投资者，在境外依据外国(地区)法律注册成立的企业。

● 《国家税务总局关于境外注册中资控股企业依据实际管理机构标准认定为居民企业有关问题的通知》(国税发〔2009〕82号)

境外中资企业同时符合以下条件的，应判定其为实际管理机构在中国境内的居民企业(以下称"非境内注册居民企业")，并实施相应的税收管理，就其来源于中国境内、境外的所得征收企业所得税。

(1) 企业负责实施日常生产经营管理运作的高层管理人员及其高层管理部门履行职责的场所主要位于中国境内。

(2) 企业的财务决策(如借款、放款、融资、财务风险管理等)和人事决策(如任命、解聘和薪酬等)由位于中国境内的机构或人员决定，或需要得到位于中国境内的机构或人员批准。

(3) 企业的主要财产、会计账簿、公司印章、董事会和股东会议纪要档案等位于或存放于中国境内。

(4) 企业1/2(含1/2)以上有投票权的董事或高层管理人员经常居住于中国境内。

对于实际管理机构的判断，应当遵循实质重于形式的原则。

非境内注册居民企业从中国境内其他居民企业取得的股息、红利等权益性投资收益，作为其免税收入。非境内注册居民企业的投资者从该居民企业分得的股息红利等权益性投资收益，属于来源于中国境内的所得，应当征收企业所得税；该权益性投资收益中符合规定的部分，可作为收益人的免税收入。

非境内注册居民企业在中国境内投资设立的企业，其外商投资企业的税收法律地位不变。境外中资企业被判定为非境内注册居民企业的，不视为受控外国企业，但其所控制的其他受控外国企业仍应按照有关规定进行税务处理。

境外中资企业未提出居民企业申请的，其中国主要投资者的主管税务机关可以根据所掌握的情况对其是否属于中国居民企业做出初步判定，层报国家税务总局确认。

境外中资企业或其中国主要投资者向税务机关提出居民企业申请时，应同时向税务机关提供如下资料。

(1) 企业法律身份证明文件。

(2) 企业集团组织结构说明及生产经营概况。

(3) 企业最近一个年度的公证会计师审计报告。

(4) 负责企业生产经营等事项的高层管理机构履行职责的场所的地址证明。

(5) 企业董事及高层管理人员在中国境内居住记录。

(6)企业重大事项的董事会决议及会议记录。

(7)主管税务机关要求的其他资料。

境外中资企业被认定为中国居民企业后成为双重居民身份的,按照中国与相关国家(或地区)签署的税收协定(或安排)的规定执行。

6.1.4 非居民企业派遣人员在中国境内提供劳务的所得税处理

● 《国家税务总局关于非居民企业派遣人员在中国境内提供劳务征收企业所得税有关问题的公告》(国家税务总局公告2013年第19号)

非居民企业(以下统称"派遣企业")派遣人员在中国境内提供劳务,如果派遣企业对被派遣人员工作结果承担部分或全部责任和风险,通常考核评估被派遣人员的工作业绩,应视为派遣企业在中国境内设立机构、场所提供劳务;如果派遣企业属于税收协定缔约对方企业,且提供劳务的机构、场所具有相对的固定性和持久性,该机构、场所构成在中国境内设立的常设机构。

在做出上述判断时,应结合下列因素予以确定。

(1)接收劳务的境内企业(以下统称"接收企业")向派遣企业支付管理费、服务费性质的款项。

(2)接收企业向派遣企业支付的款项金额超出派遣企业代垫、代付被派遣人员的工资、薪金、社会保险费及其他费用。

(3)派遣企业并未将接收企业支付的相关费用全部发放给被派遣人员,而是保留了一定数额的款项。

(4)派遣企业负担的被派遣人员的工资、薪金未全额在中国缴纳个人所得税。

(5)派遣企业确定被派遣人员的数量、任职资格、薪酬标准及其在中国境内的工作地点。

符合上述规定的派遣企业和接收企业应按照《非居民承包工程作业和提供劳务税收管理暂行办法》(国家税务总局令第19号)规定办理税务登记和备案、税款申报及其他涉税事宜。

符合上述规定的派遣企业应依法准确计算其取得的所得并据实申报缴纳企业所得税;不能如实申报的,税务机关有权按照相关规定核定其应纳税所得额。

如果派遣企业仅为在接收企业行使股东权利、保障其合法股东权益而派遣人员在中国境内提供劳务的,包括被派遣人员为派遣企业提供对接收企业投资的有关建议、代表派遣企业参加接收企业股东大会或董事会议等活动,均不因该活动在接收企业营业场所进行而认定为派遣企业在中国境内设立机构、场所或常设机构。

主管税务机关应加强对派遣行为的税收管理,重点审核下列与派遣行为有关的资料,以及派遣安排的经济实质和执行情况,确定非居民企业所得税纳税义务。

(1)派遣企业、接收企业和被派遣人员之间的合同协议或约定。

(2)派遣企业或接收企业对被派遣人员的管理规定,包括被派遣人员的工作职责、工作内容、工作考核、风险承担等方面的具体规定。

(3)接收企业向派遣企业支付款项及相关账务处理情况,被派遣人员个人所得税申报缴纳资料。

(4)接收企业是否存在通过抵消交易、放弃债权、关联交易或其他形式隐蔽性支付与派遣行为相关费用的情形。

主管税务机关根据《企业所得税法》规定确定派遣企业纳税义务时,应与被派遣人员提供劳务涉及的个人所得税、增值税的主管税务机关加强协调沟通,交换被派遣人员提供劳务的相关信息,确保税收政策的准确执行。

6.1.5 合伙企业合伙人的所得税处理

合伙企业是指依照中国法律、行政法规成立的合伙企业。合伙企业以每一个合伙人为纳税义务人。合伙企业合伙人是自然人的，缴纳个人所得税；合伙人是法人和其他组织的，缴纳企业所得税。

合伙企业生产经营所得和其他所得采取"先分后税"的原则。上述生产经营所得和其他所得，包括合伙企业分配给所有合伙人的所得和企业当年留存的所得(利润)。

合伙企业的合伙人按照下列原则确定应纳税所得额。

(1)合伙企业的合伙人以合伙企业的生产经营所得和其他所得，按照合伙协议约定的分配比例确定应纳税所得额。

(2)合伙协议未约定或者约定不明确的，以全部生产经营所得和其他所得，按照合伙人协商决定的分配比例确定应纳税所得额。

(3)协商不成的，以全部生产经营所得和其他所得，按照合伙人实缴出资比例确定应纳税所得额。

(4)无法确定出资比例的，以全部生产经营所得和其他所得，按照合伙人数量平均计算每个合伙人的应纳税所得额。

合伙协议不得约定将全部利润分配给部分合伙人。合伙企业的合伙人是法人和其他组织的，合伙人在计算其缴纳企业所得税时，不得用合伙企业的亏损抵减其盈利。

6.2 企业所得税的征税对象

6.2.1 居民企业的征税对象

居民企业应当就其来源于中国境内、境外的所得缴纳企业所得税。所得包括销售货物所得、提供劳务所得、转让财产所得、股息红利等权益性投资所得、利息所得、租金所得、特许权使用费所得、接受捐赠所得和其他所得。

居民企业在中国境内设立不具有法人资格的营业机构的，应当汇总计算并缴纳企业所得税。企业汇总计算并缴纳企业所得税时，应当统一核算应纳税所得额。除国务院另有规定外，企业之间不得合并缴纳企业所得税。

6.2.2 非居民企业的征税对象

非居民企业在中国境内设立机构、场所的，应当就其所设机构、场所取得的来源于中国境内的所得，以及发生在中国境外但与其所设机构、场所有实际联系的所得，缴纳企业所得税。非居民企业在中国境内设立两个或者两个以上机构、场所，符合国务院税务主管部门规定条件的，可以选择由其主要机构、场所汇总缴纳企业所得税。主要机构、场所应当同时符合下列条件：对其他各机构、场所的生产经营活动负有监督管理责任；设有完整的账簿、凭证，能够准确反映各机构、场所的收入、成本、费用和盈亏情况。

非居民企业在中国境内未设立机构、场所的，或者虽设立机构、场所但取得的所得与其所设机构、场所没有实际联系的，应当就其来源于中国境内的所得缴纳企业所得税。

实际联系是指非居民企业在中国境内设立的机构、场所拥有据以取得所得的股权、债权，以及拥有、管理、控制据以取得所得的财产等。

6.2.3 所得来源地的确定原则

来源于中国境内、境外的所得，按照以下原则确定。

(1)销售货物所得，按照交易活动发生地确定。

(2)提供劳务所得,按照劳务发生地确定。

(3)转让财产所得,不动产转让所得按照不动产所在地确定,动产转让所得按照转让动产的企业或者机构、场所所在地确定,权益性投资资产转让所得按照被投资企业所在地确定。

(4)股息、红利等权益性投资所得,按照分配所得的企业所在地确定。

(5)利息所得、租金所得、特许权使用费所得,按照负担、支付所得的企业或者机构、场所所在地确定,或者按照负担、支付所得的个人的住所地确定。

(6)其他所得,由国务院财政、税务主管部门确定。

6.3　企业所得税的税率

企业所得税的税率为25%。

非居民企业在中国境内未设立机构、场所的,或者虽设立机构、场所但取得的所得与其所设机构、场所没有实际联系的,其来源于中国境内的所得,适用税率为20%。

6.4　企业所得税应纳税所得额的计算

企业每一纳税年度的收入总额,减除不征税收入、免税收入、各项扣除以及允许弥补的以前年度亏损后的余额,为应纳税所得额。

企业应纳税所得额的计算,以权责发生制为原则,属于当期的收入和费用,不论款项是否收付,均作为当期的收入和费用;不属于当期的收入和费用,即使款项已经在当期收付,均不作为当期的收入和费用,另有规定的除外。在计算应纳税所得额时,企业财务、会计处理办法与税收法律、行政法规的规定不一致的,应当依照税收法律、行政法规的规定计算。

6.4.1　收入总额

6.4.1.1　收入总额的种类与形式

企业以货币形式和非货币形式从各种来源取得的收入,为收入总额,包括:

(1)销售货物收入;

(2)提供劳务收入;

(3)转让财产收入;

(4)股息、红利等权益性投资收益;

(5)利息收入;

(6)租金收入;

(7)特许权使用费收入;

(8)接受捐赠收入;

(9)其他收入。

企业取得收入的货币形式,包括现金、存款、应收账款、应收票据、准备持有至到期的债券投资以及债务的豁免等。

企业取得收入的非货币形式,包括固定资产、生物资产、无形资产、股权投资、存货、不准备持有至到期的债券投资、劳务以及有关权益等。企业以非货币形式取得的收入,应当按照公允价值确定收入额。公允价值是指按照市场价格确定的价值。

除实施条例和国务院财政、税务主管部门另有规定外,企业销售收入的确认,必须遵循权责发生制原则。

6.4.1.2 销售货物收入

销售货物收入是指企业销售商品、产品、原材料、包装物、低值易耗品以及其他存货取得的收入。

企业销售商品同时满足下列条件的,应确认收入的实现。

(1)商品销售合同已经签订,企业已将商品所有权相关的主要风险和报酬转移给购货方。

(2)企业对已售出的商品既没有保留通常与所有权相联系的继续管理权,也没有实施有效控制。

(3)收入的金额能够可靠地计量。

(4)已发生或将发生的销售方的成本能够可靠地核算。

符合上款收入确认条件,采取下列商品销售方式的,应按以下规定确认收入实现时间。

(1)销售商品采用托收承付方式的,在办妥托收手续时确认收入。

(2)销售商品采取预收款方式的,在发出商品时确认收入。

(3)销售商品需要安装和检验的,在购买方接受商品以及安装和检验完毕时确认收入。如果安装程序比较简单,可在发出商品时确认收入。

(4)销售商品采用支付手续费方式委托代销的,在收到代销清单时确认收入。

采用售后回购方式销售商品的,销售的商品按售价确认收入,回购的商品作为购进商品处理。有证据表明不符合销售收入确认条件的,如以销售商品方式进行融资,收到的款项应确认为负债,回购价格大于原售价的,差额应在回购期间确认为利息费用。

销售商品以旧换新的,销售商品应当按照销售商品收入确认条件确认收入,回收的商品作为购进商品处理。

企业为促进商品销售而在商品价格上给予的价格扣除属于商业折扣,商品销售涉及商业折扣的,应当按照扣除商业折扣后的金额确定销售商品收入金额。

债权人为鼓励债务人在规定的期限内付款而向债务人提供的债务扣除属于现金折扣,销售商品涉及现金折扣的,应当按扣除现金折扣前的金额确定销售商品收入金额,现金折扣在实际发生时作为财务费用扣除。

企业因售出商品的质量不合格等原因而在售价上给的减让属于销售折让;企业因售出商品质量、品种不符合要求等原因而发生的退货属于销售退回。企业已经确认销售收入的售出商品发生销售折让和销售退回,应当在发生当期冲减当期销售商品收入。

企业以买一赠一等方式组合销售本企业商品的,不属于捐赠,应将总的销售金额按各项商品的公允价值的比例来分摊确认各项的销售收入。

● 《国家税务总局关于确认企业所得税收入若干问题的通知》(国税函〔2008〕875号)

6.4.1.3 提供劳务收入

提供劳务收入是指企业从事建筑安装、修理修配、交通运输、仓储租赁、金融保险、邮电通信、咨询经纪、文化体育、科学研究、技术服务、教育培训、餐饮住宿、中介代理、卫生保健、社区服务、旅游、娱乐、加工以及其他劳务服务活动取得的收入。

企业在各个纳税期末,提供劳务交易的结果能够可靠估计的,应采用完工进度(完工百分比)法确认提供劳务收入。

提供劳务交易的结果能够可靠估计,是指同时满足下列条件。

(1)收入的金额能够可靠地计量。

(2)交易的完工进度能够可靠地确定。

● 《国家税务总局关于确认企业所得税收入若干问题的通知》(国税函〔2008〕875号)

(3)交易中已发生和将发生的成本能够可靠地核算。

企业提供劳务完工进度的确定，可选用下列方法。

(1)已完工作的测量。

(2)已提供劳务占劳务总量的比例。

(3)发生成本占总成本的比例。

企业应按照从接受劳务方已收或应收的合同或协议价款确定劳务收入总额，根据纳税期末提供劳务收入总额乘以完工进度扣除以前纳税年度累计已确认提供劳务收入后的金额，确认为当期劳务收入；同时，按照提供劳务估计总成本乘以完工进度扣除以前纳税期间累计已确认劳务成本后的金额，结转为当期劳务成本。

下列提供劳务满足收入确认条件的，应按规定确认收入。

(1)安装费。应根据安装完工进度确认收入。安装工作是商品销售附带条件的，安装费在确认商品销售实现时确认收入。

(2)宣传媒介的收费。应在相关的广告或商业行为出现于公众面前时确认收入。广告的制作费应根据制作广告的完工进度确认收入。

(3)软件费。为特定客户开发软件的收费，应根据开发的完工进度确认收入。

(4)服务费。包含在商品售价内可区分的服务费，在提供服务的期间分期确认收入。

(5)艺术表演、招待宴会和其他特殊活动的收费。在相关活动发生时确认收入。收费涉及几项活动的，预收的款项应合理分配给每项活动，分别确认收入。

(6)会员费。申请入会或加入会员，只允许取得会籍，所有其他服务或商品都要另行收费的，在取得该会员费时确认收入。申请入会或加入会员后，会员在会员期内不再付费就可得到各种服务或商品，或者以低于非会员的价格销售商品或提供服务的，该会员费应在整个受益期内分期确认收入。

(7)特许权费。属于提供设备和其他有形资产的特许权费，在交付资产或转移资产所有权时确认收入；属于提供初始及后续服务的特许权费，在提供服务时确认收入。

(8)劳务费。长期为客户提供重复的劳务收取的劳务费，在相关劳务活动发生时确认收入。

6.4.1.4 转让财产收入

转让财产收入是指企业转让固定资产、生物资产、无形资产、股权、债权等财产取得的收入。

企业转让股权收入，应于转让协议生效且完成股权变更手续时，确认收入的实现。转让股权收入扣除为取得该股权所发生的成本后，为股权转让所得。企业在计算股权转让所得时，不得扣除被投资企业未分配利润等股东留存收益中按该项股权所可能分配的金额。

6.4.1.5 股息、红利等权益性投资收益

股息、红利等权益性投资收益是指企业因权益性投资从被投资方取得的收入。

股息、红利等权益性投资收益，除国务院财政、税务主管部门另有规定外，按照被投资方做出利润分配决定的日期确认收入的实现。

6.4.1.6 利息收入

利息收入是指企业将资金提供他人使用但不构成权益性投资，或者因他人占用本企业资金取得的收入，包括存款利息、贷款利息、债券利息、欠款利息等收入。利息收入按照合同约定的债务人应付利息的日期确认收入的实现。

金融企业按规定发放的贷款,属于未逾期贷款(含展期,下同),应根据先收利息后收本金的原则,按贷款合同确认的利率和结算利息的期限计算利息,并于债务人应付利息的日期确认收入的实现;属于逾期贷款,其逾期后发生的应收利息,应于实际收到的日期,或者虽未实际收到,但会计上确认为利息收入的日期,确认收入的实现。金融企业已确认为利息收入的应收利息,逾期90天仍未收回,且会计上已冲减了当期利息收入的,准予抵扣当期应纳税所得额。金融企业已冲减了利息收入的应收未收利息,以后年度收回时,应计入当期应纳税所得额计算纳税。

● 《国家税务总局关于金融企业贷款利息收入确认问题的公告》(国家税务总局公告2010年第23号)

6.4.1.7 租金收入

租金收入是指企业提供固定资产、包装物或者其他有形资产的使用权取得的收入。租金收入按照合同约定的承租人应付租金的日期确认收入的实现。

企业提供固定资产、包装物或者其他有形资产的使用权取得的租金收入,应按交易合同或协议规定的承租人应付租金的日期确认收入的实现。其中,如果交易合同或协议中规定租赁期限跨年度,且租金提前一次性支付的,根据收入与费用配比原则,出租人可对上述已确认的收入,在租赁期内,分期均匀计入相关年度收入。出租方如为在我国境内设有机构场所,且采取据实申报缴纳企业所得的非居民企业,也按上述规定执行。

● 《国家税务总局关于贯彻落实企业所得税法若干税收问题的通知》(国税函〔2010〕79号)

融资性售后回租业务是指承租方以融资为目的将资产出售给经批准从事融资租赁业务的企业后,又将该项资产从该融资租赁企业租回的行为。融资性售后回租业务中承租方出售资产时,资产所有权以及与资产所有权有关的全部报酬和风险并未完全转移。融资性售后回租业务中,承租人出售资产的行为,不确认为销售收入,对融资性租赁的资产,仍按承租人出售前原账面价值作为计税基础计提折旧。租赁期间,承租人支付的属于融资利息的部分,作为企业财务费用在税前扣除。

● 《国家税务总局关于融资性售后回租业务中承租方出售资产行为有关税收问题的公告》(国家税务总局公告2010年第13号)

6.4.1.8 特许权使用费收入

特许权使用费收入是指企业提供专利权、非专利技术、商标权、著作权以及其他特许权的使用权取得的收入。

特许权使用费收入,按照合同约定的特许权使用人应付特许权使用费的日期确认收入的实现。

6.4.1.9 接受捐赠收入

接受捐赠收入是指企业接受的来自其他企业、组织或者个人无偿给予的货币性资产、非货币性资产。

接受捐赠收入,按照实际收到捐赠资产的日期确认收入的实现。

6.4.1.10 其他收入

其他收入是指企业取得的除上述规定的收入外的其他收入,包括企业资产溢余收入、逾期未退包装物押金收入、确实无法偿付的应付款项、已作坏账损失处理后又收回的应收款项、债务重组收入、补贴收入、违约金收入、汇兑收益等。

企业取得财产(包括各类资产、股权、债权等)转让收入、债务重组收入、接受捐赠收入、无法偿付的应付款收入等,不论是以货币形式还是非货币形式体现,除另有规定外,均应一次性计入确认收入的年度计算缴纳企业所得税。

● 《国家税务总局关于企业取得财产转让等所得企业所得税处理问题的公告》(国家税务总局公告2010年第19号)

6.4.1.11 特殊收入的确认

企业的下列生产经营业务可以分期确认收入的实现。

(1)以分期收款方式销售货物的,按照合同约定的收款日期确认收入的实现。

(2)企业受托加工制造大型机械设备、船舶、飞机,以及从事建筑、安装、装配工程业务或者提供其他劳务等,持续时间超过12个月的,按照纳税年度内完工进度或者完成的工作量确认收入的实现。

采取产品分成方式取得收入的,按照企业分得产品的日期确认收入的实现,其收入额按照产品的公允价值确定。

企业发生非货币性资产交换,以及将货物、财产、劳务用于捐赠、偿债、赞助、集资、广告、样品、职工福利或者利润分配等用途的,应当视同销售货物、转让财产或者提供劳务,但国务院财政、税务主管部门另有规定的除外。

6.4.1.12 企业处置资产所得税处理

企业发生下列情形的处置资产,除将资产转移至境外以外,由于资产所有权属在形式和实质上均不发生改变,可作为内部处置资产,不视同销售确认收入,相关资产的计税基础延续计算。

● 《国家税务总局关于企业处置资产所得税处理问题的通知》(国税函〔2008〕828号)

(1)将资产用于生产、制造、加工另一产品。
(2)改变资产形状、结构或性能。
(3)改变资产用途(如自建商品房转为自用或经营)。
(4)将资产在总机构及其分支机构之间转移。
(5)上述两种或两种以上情形的混合。
(6)其他不改变资产所有权属的用途。

企业将资产移送他人的下列情形,因资产所有权属已发生改变而不属于内部处置资产,应按规定视同销售确定收入。

(1)用于市场推广或销售。
(2)用于交际应酬。
(3)用于职工奖励或福利。
(4)用于股息分配。
(5)用于对外捐赠。
(6)其他改变资产所有权属的用途。

企业发生上述情形的,除另有规定外,应按照被移送资产的公允价值确定销售收入。

6.4.2 不征税收入

6.4.2.1 不征税收入的种类

收入总额中的下列收入为不征税收入。

(1)财政拨款。
(2)依法收取并纳入财政管理的行政事业性收费、政府性基金。
(3)国务院规定的其他不征税收入。

企业的不征税收入用于支出所形成的费用，不得在计算应纳税所得额时扣除；企业的不征税收入用于支出所形成的资产，其计算的折旧、摊销不得在计算应纳税所得额时扣除。

6.4.2.2 财政拨款

财政拨款是指各级人民政府对纳入预算管理的事业单位、社会团体等组织拨付的财政资金，但国务院和国务院财政、税务主管部门另有规定的除外。

6.4.2.3 行政事业性收费

行政事业性收费是指依照法律法规等有关规定，按照国务院规定程序批准，在实施社会公共管理，以及在向公民、法人或者其他组织提供特定公共服务过程中，向特定对象收取并纳入财政管理的费用。

企业按照规定缴纳的、由国务院或财政部批准设立的政府性基金以及由国务院和省、自治区、直辖市人民政府及其财政、价格主管部门批准设立的行政事业性收费，准予在计算应纳税所得额时扣除。企业缴纳的不符合上述审批管理权限设立的基金、收费，不得在计算应纳税所得额时扣除。企业收取的各种基金、收费，应计入企业当年收入总额。

6.4.2.4 政府性基金

政府性基金是指企业依照法律、行政法规等有关规定，代政府收取的具有专项用途的财政资金。

对企业依照法律、法规及国务院有关规定收取并上缴财政的政府性基金和行政事业性收费，准予作为不征税收入，于上缴财政的当年在计算应纳税所得额时从收入总额中减除；未上缴财政的部分，不得从收入总额中减除。

6.4.2.5 国务院规定的其他不征税收入

国务院规定的其他不征税收入是指企业取得的，由国务院财政、税务主管部门规定专项用途并经国务院批准的财政性资金。

企业从县级以上各级人民政府财政部门及其他部门取得的应计入收入总额的财政性资金，凡同时符合以下条件的，可以作为不征税收入，在计算应纳税所得额时从收入总额中减除。

(1) 企业能够提供规定资金专项用途的资金拨付文件。

(2) 财政部门或其他拨付资金的政府部门对该资金有专门的资金管理办法或具体管理要求。

(3) 企业对该资金以及以该资金发生的支出单独进行核算。

企业将符合上述规定条件的财政性资金做不征税收入处理后，在5年(60个月)内未发生支出且未缴回财政部门或其他拨付资金的政府部门的部分，应计入取得该资金第六年的应税收入总额；计入应税收入总额的财政性资金发生的支出，允许在计算应纳税所得额时扣除。

● 《财政部 国家税务总局关于专项用途财政性资金企业所得税处理问题的通知》(财税〔2011〕70号)

6.4.2.6 财政性资金

企业取得的各类财政性资金，除属于国家投资和资金使用后要求归还本金的以外，均应计入企业当年收入总额。

对企业取得的由国务院财政、税务主管部门规定专项用途并经国务院批准的财政性资金，准予作为不征税收入，在计算应纳税所得额时从收入总额中减除。

● 《财政部 国家税务总局关于财政性资金 行政事业性收费 政府性基金有关企业所得税政策问题的通知》(财税〔2008〕151号)

纳入预算管理的事业单位、社会团体等组织按照核定的预算和经费报领关系收到的由财政部门或上级单位拨入的财政补助收入,准予作为不征税收入,在计算应纳税所得额时从收入总额中减除,但国务院和国务院财政、税务主管部门另有规定的除外。

上述所称财政性资金是指企业取得的来源于政府及其有关部门的财政补助、补贴、贷款贴息,以及其他各类财政专项资金,包括直接减免的增值税和即征即退、先征后退、先征后返的各种税收,但不包括企业按规定取得的出口退税款;所称国家投资是指国家以投资者身份投入企业,并按有关规定相应增加企业实收资本(股本)的直接投资。

6.4.3 税前扣除项目

6.4.3.1 一般规定

企业实际发生的与取得收入有关的、合理的支出,包括成本、费用、税金、损失和其他支出,准予在计算应纳税所得额时扣除。

有关的支出是指与取得收入直接相关的支出。合理的支出是指符合生产经营活动常规,应当计入当期损益或者有关资产成本的必要和正常的支出。

企业发生的支出应当区分收益性支出和资本性支出。收益性支出在发生当期直接扣除;资本性支出应当分期扣除或者计入有关资产成本,不得在发生当期直接扣除。

企业的不征税收入用于支出所形成的费用或者财产,不得扣除或者计算对应的折旧、摊销扣除。

除另有规定外,企业实际发生的成本、费用、税金、损失和其他支出,不得重复扣除。

6.4.3.2 成本

成本是指企业在生产经营活动中发生的销售成本、销货成本、业务支出以及其他耗费。

航空企业实际发生的飞行员养成费、飞行训练费、乘务训练费、空中保卫员训练费等空勤训练费用,可以作为航空企业运输成本在税前扣除。

从事代理服务、主营业务收入为手续费、佣金的企业(如证券、期货、保险代理等企业),其为取得该类收入而实际发生的营业成本(包括手续费及佣金支出),准予在企业所得税前据实扣除。

《国家税务总局关于企业所得税应纳税所得额若干税务处理问题的公告》(国家税务总局公告2012年第15号)

6.4.3.3 费用

费用是指企业在生产经营活动中发生的销售费用、管理费用和财务费用,已经计入成本的有关费用除外。

6.4.3.4 税金

税金是指企业发生的除企业所得税和允许抵扣的增值税以外的各项税金及其附加。

6.4.3.5 损失

损失是指企业在生产经营活动中发生的固定资产和存货的盘亏、毁损、报废损失,转让财产损失,呆账损失,坏账损失,自然灾害等不可抗力因素造成的损失以及其他损失。

企业发生的损失,减除责任人赔偿和保险赔款后的余额,依照国务院财政、税务主管部门的规定扣除。

企业已经作为损失处理的资产,在以后纳税年度又全部收回或者部分收回时,应当计入当期收入。

6.4.3.6 其他支出

其他支出是指除成本、费用、税金、损失外,企业在生产经营活动中发生的与生产经营活动有关的、合理的支出。

6.4.3.7 税前扣除凭证

1. 税前扣除凭证的含义与扣除原则

税前扣除凭证是指企业在计算企业所得税应纳税所得额时，证明与取得收入有关的、合理的支出实际发生，并据以税前扣除的各类凭证。

税前扣除凭证在管理中遵循真实性、合法性、关联性原则。真实性是指税前扣除凭证反映的经济业务真实，且支出已经实际发生；合法性是指税前扣除凭证的形式、来源符合国家法律、法规等相关规定；关联性是指税前扣除凭证与其反映的支出相关联且有证明力。

企业发生支出应取得税前扣除凭证，作为计算企业所得税应纳税所得额时扣除相关支出的依据。企业应在当年度企业所得税法规定的汇算清缴期结束前取得税前扣除凭证。企业应将与税前扣除凭证相关的资料，包括合同协议、支出依据、付款凭证等留存备查，以证实税前扣除凭证的真实性。

2. 税前扣除凭证的种类

税前扣除凭证按照来源分为内部凭证和外部凭证。内部凭证是指企业自制用于成本、费用、损失和其他支出核算的会计原始凭证。内部凭证的填制和使用应当符合国家会计法律、法规等相关规定。外部凭证是指企业发生经营活动和其他事项时，从其他单位、个人取得的用于证明其支出发生的凭证，包括但不限于发票（包括纸质发票和电子发票）、财政票据、完税凭证、收款凭证、分割单等。

企业在境内发生的支出项目属于增值税应税项目（以下简称"应税项目"）的，对方为已办理税务登记的增值税纳税人，其支出以发票（包括按照规定由税务机关代开的发票）作为税前扣除凭证；对方为依法无须办理税务登记的单位或者从事小额零星经营业务的个人，其支出以税务机关代开的发票或者收款凭证及内部凭证作为税前扣除凭证，收款凭证应载明收款单位名称、个人姓名及身份证号、支出项目、收款金额等相关信息。小额零星经营业务的判断标准是个人从事应税项目经营业务的销售额不超过增值税相关政策规定的起征点。税务总局对应税项目开具发票另有规定的，以规定的发票或者票据作为税前扣除凭证。

企业在境内发生的支出项目不属于应税项目的，对方为单位的，以对方开具的发票以外的其他外部凭证作为税前扣除凭证；对方为个人的，以内部凭证作为税前扣除凭证。企业在境内发生的支出项目虽不属于应税项目，但按税务总局规定可以开具发票的，可以发票作为税前扣除凭证。

企业从境外购进货物或者劳务发生的支出，以对方开具的发票或者具有发票性质的收款凭证、相关税费缴纳凭证作为税前扣除凭证。

企业取得私自印制、伪造、变造、作废、开票方非法取得、虚开、填写不规范等不符合规定的发票（以下简称"不合规发票"），以及取得不符合国家法律、法规等相关规定的其他外部凭证（以下简称"不合规其他外部凭证"），不得作为税前扣除凭证。

3. 税前扣除凭证的补正

企业应当取得而未取得发票、其他外部凭证或者取得不合规发票、不合规其他外部凭证的，若支出真实且已实际发生，应当在当年度汇算清缴期结束前，要求对方补开、换开发票、其他外部凭证。补开、换开后的发票、其他外部凭证符合规定的，可以作为税前扣除凭证。

企业在补开、换开发票、其他外部凭证过程中，因对方注销、撤销、依法被吊销营业执照、被税务机关认定为非正常户等特殊原因无法补开、换开发票、其他外部凭证的，可凭以下资料证实支出真实性后，其支出允许税前扣除。

(1)无法补开、换开发票、其他外部凭证原因的证明资料(包括工商注销、机构撤销、列入非正常经营户、破产公告等证明资料)。

(2)相关业务活动的合同或者协议。

(3)采用非现金方式支付的付款凭证。

(4)货物运输的证明资料。

(5)货物入库、出库内部凭证。

(6)企业会计核算记录以及其他资料。

上述第一项至第三项为必备资料。

汇算清缴期结束后,税务机关发现企业应当取得而未取得发票、其他外部凭证或者取得不合规发票、不合规其他外部凭证并且告知企业的,企业应当自被告知之日起60日内补开、换开符合规定的发票、其他外部凭证。其中,因对方特殊原因无法补开、换开发票、其他外部凭证的,企业应当按照规定,自被告知之日起60日内提供可以证实其支出真实性的相关资料。

企业在规定的期限未能补开、换开符合规定的发票、其他外部凭证,并且未能按照规定提供相关资料证实其支出真实性的,相应支出不得在发生年度税前扣除。

除发生《企业所得税税前扣除凭证管理办法》第十五条规定的情形外,企业以前年度应当取得而未取得发票、其他外部凭证,且相应支出在该年度没有税前扣除的,在以后年度取得符合规定的发票、其他外部凭证或者按照《企业所得税税前扣除凭证管理办法》第十四条的规定提供可以证实其支出真实性的相关资料,相应支出可以追补至该支出发生年度税前扣除,但追补年限不得超过五年。

4. 税前扣除凭证的特殊规定

企业与其他企业(包括关联企业)、个人在境内共同接受应纳增值税劳务(以下简称"应税劳务")发生的支出,采取分摊方式的,应当按照独立交易原则进行分摊,企业以发票和分割单作为税前扣除凭证,共同接受应税劳务的其他企业以企业开具的分割单作为税前扣除凭证。

● 《企业所得税税前扣除凭证管理办法》(国家税务总局公告2018年第28号)

企业与其他企业、个人在境内共同接受非应税劳务发生的支出,采取分摊方式的,企业以发票外的其他外部凭证和分割单作为税前扣除凭证,共同接受非应税劳务的其他企业以企业开具的分割单作为税前扣除凭证。

企业租用(包括企业作为单一承租方租用)办公、生产用房等资产发生的水、电、燃气、冷气、暖气、通信线路、有线电视、网络等费用,出租方作为应税项目开具发票的,企业以发票作为税前扣除凭证;出租方采取分摊方式的,企业以出租方开具的其他外部凭证作为税前扣除凭证。

6.4.4 税前扣除标准

6.4.4.1 工资薪金支出

企业发生的合理的工资薪金支出,准予扣除。工资薪金是指企业每一纳税年度支付给在本企业任职或者受雇的员工的所有现金形式或者非现金形式的劳动报酬,包括基本工资、奖金、津贴、补贴、年终加薪、加班工资,以及与员工任职或者受雇有关的其他支出。

上述合理的工资薪金是指企业按照股东大会、董事会、薪酬委员会或相关管理机构制订的工资薪金制度规定实际发放给员工的工资薪金。税务机关在对工资薪金进行合理性确认时,可按以下原则掌握。

● 《国家税务总局关于企业工资薪金及职工福利费扣除问题的通知》(国税函〔2009〕3号)

（1）企业制订了较为规范的员工工资薪金制度。
（2）企业所制订的工资薪金制度符合行业及地区水平。
（3）企业在一定时期所发放的工资薪金是相对固定的，工资薪金的调整是有序进行的。
（4）企业对实际发放的工资薪金，已依法履行了代扣代缴个人所得税义务。
（5）有关工资薪金的安排，不以减少或逃避税款为目的。

列入企业员工工资薪金制度、固定与工资薪金一起发放的福利性补贴，符合上述规定的，可作为企业发生的工资薪金支出，按规定在税前扣除。不能同时符合上述条件的福利性补贴，应作为职工福利费，按规定计算限额税前扣除。 《国家税务总局关于企业工资薪金和职工福利费等支出税前扣除问题的公告》（国家税务总局公告2015年第34号）

企业在年度汇算清缴结束前向员工实际支付的已预提汇缴年度工资薪金，准予在汇缴年度按规定扣除。

企业接受外部劳务派遣用工所实际发生的费用，应分两种情况按规定在税前扣除：按照协议（合同）约定直接支付给劳务派遣公司的费用，应作为劳务费支出；直接支付给员工个人的费用，应作为工资薪金支出和职工福利费支出。其中属于工资薪金支出的费用，准予计入企业工资薪金总额的基数，作为计算其他各项相关费用扣除的依据。

6.4.4.2 社会保险费和住房公积金

企业依照国务院有关主管部门或者省级人民政府规定的范围和标准为职工缴纳的基本养老保险费、基本医疗保险费、失业保险费、工伤保险费、生育保险费等基本社会保险费和住房公积金，准予扣除。

企业为投资者或者职工支付的补充养老保险费、补充医疗保险费，在国务院财政、税务主管部门规定的范围和标准内，准予扣除。

企业根据国家有关政策规定，为在本企业任职或者受雇的全体员工支付的补充养老保险费、补充医疗保险费，分别在不超过职工工资总额5%标准内的部分，在计算应纳税所得额时准予扣除；超过的部分，不予扣除。 《财政部 国家税务总局关于补充养老保险费 补充医疗保险费有关企业所得税政策问题的通知》（财税〔2009〕27号）

6.4.4.3 商业保险费

除企业依照国家有关规定为特殊工种职工支付的人身安全保险费和国务院财政、税务主管部门规定可以扣除的其他商业保险费外，企业为投资者或者职工支付的商业保险费，不得扣除。

企业参加财产保险，按照规定缴纳的保险费，准予扣除。

企业职工因公出差乘坐交通工具发生的人身意外保险费支出，准予企业在计算应纳税所得额时扣除。 《国家税务总局关于企业所得税有关问题的公告》（国家税务总局公告2016年第80号）

企业参加雇主责任险、公众责任险等责任保险，按照规定缴纳的保险费，准予在企业所得税税前扣除。 《国家税务总局关于责任保险费企业所得税税前扣除有关问题的公告》（国家税务总局公告2018年第52号）

银行业金融机构依据《存款保险条例》的有关规定、按照不超过万分之一点六的存款保险费率，计算交纳的存款保险保费，准予在企业所得税税前扣除。准予在企业所得税税前扣除的存款保险保费，不包括存款保险保费滞纳金。银行业金融机构是指《存款保险条例》规定在我国境内设立的商业银行、农村合作银行、农村信用合作社等吸收存款的银行业金融机构。准予在企业所得税税前扣除的存款保险保费计算公式如下：

准予在企业所得税税前扣除的存款保险保费＝保费基数×存款保险费率。

保费基数以中国人民银行核定的数额为准。

6.4.4.4 借款费用与汇兑损失

企业在生产经营活动中发生的合理的不需要资本化的借款费用，准予扣除。企业为购置、建造固定资产、无形资产和经过12个月以上的建造才能达到预定可销售状态的存货发生借款的，在有关资产购置、建造期间发生的合理的借款费用，应当作为资本性支出计入有关资产的成本，并依照规定扣除。

企业在货币交易中，以及纳税年度终了时将人民币以外的货币性资产、负债按照期末即期人民币汇率中间价折算为人民币时产生的汇兑损失，除已经计入有关资产成本以及与向所有者进行利润分配相关的部分外，准予扣除。

6.4.4.5 利息支出

企业在生产经营活动中发生的下列利息支出，准予扣除。

（1）非金融企业向金融企业借款的利息支出、金融企业的各项存款利息支出和同业拆借利息支出、企业经批准发行债券的利息支出。

（2）非金融企业向非金融企业借款的利息支出，不超过按照金融企业同期同类贷款利率计算的数额的部分。

鉴于目前我国对金融企业利率要求的具体情况，企业在按照合同要求首次支付利息并进行税前扣除时，应提供"金融企业的同期同类贷款利率情况说明"，以证明其利息支出的合理性。

"金融企业的同期同类贷款利率情况说明"中，应包括在签订该借款合同当时，本省任何一家金融企业提供同期同类贷款利率情况。该金融企业应为经政府有关部门批准成立的可以从事贷款业务的企业，包括银行、财务公司、信托公司等金融机构。"同期同类贷款利率"是指在贷款期限、贷款金额、贷款担保以及企业信誉等条件基本相同下，金融企业提供贷款的利率，既可以是金融企业公布的同期同类平均利率，也可以是金融企业对某些企业提供的实际贷款利率。

● 《财政部 国家税务总局关于银行业金融机构存款保险保费企业所得税税前扣除有关政策问题的通知》（财税〔2016〕106号）

● 《国家税务总局关于企业所得税若干问题的公告》（国家税务总局公告2011年第34号）

企业通过发行债券、取得贷款、吸收保户储金等方式融资而发生的合理的费用支出，符合资本化条件的，应计入相关资产成本；不符合资本化条件的，应作为财务费用，准予在企业所得税前据实扣除。

关于企业由于投资者投资未到位而发生的利息支出扣除问题，凡企业投资者在规定期限内未缴足其应缴资本额的，该企业对外借款所发生的利息，相当于投资者实缴资本额与在规定期限内应缴资本额的差额应计付的利息，其不属于企业合理的支出，应由企业投资者负担，不得在计算企业应纳税所得额时扣除。

● 《国家税务总局关于企业投资者投资未到位而发生的利息支出企业所得税前扣除问题的批复》（国税函〔2009〕312号）

具体计算不得扣除的利息，应以企业一个年度内每一账面实收资本与借款余额保持不变的期间作为一个计算期，每一计算期内不得扣除的借款利息按该期间借款利息发生额乘以该期间企业未缴足的注册资本占借款总额的比例计算，公式如下：

企业每一计算期不得扣除的借款利息＝该期间借款利息额×该期间未缴足注册资本额÷该期间借款额

企业一个年度内不得扣除的借款利息总额为该年度内每一计算期不得扣除的借款利息额之和。

6.4.4.6 职工福利费、工会经费、职工教育经费、劳动保护支出

企业发生的职工福利费支出，不超过工资薪金总额14%的部分，准予扣除。企业拨缴的工会经费，不超过工资薪金总额2%的部分，准予扣除。除国务院财政、税务主管部门另有规定外，企业发生的职工教育经费支出，不超过工资薪金总额2.5%的部分，准予扣除；超过部分，准予在以后纳税年度结转扣除。企业发生的合理的劳动保护支出，准予扣除。企业根据其工作性质和特点，由企业统一制作并要求员工工作时统一着装所发生的工作服饰费用，可以作为企业合理的支出给予税前扣除。

上述工资薪金总额是指企业按照上述规定实际发放的工资薪金总和，不包括企业的职工福利费、职工教育经费、工会经费以及养老保险费、医疗保险费、失业保险费、工伤保险费、生育保险费等社会保险费和住房公积金。属于国有性质的企业，其工资薪金不得超过政府有关部门给予的限定数额；超过部分，不得计入企业工资薪金总额，也不得在计算企业应纳税所得额时扣除。

上述企业职工福利费，包括以下内容。

(1)尚未实行分离办社会职能的企业，其内设福利部门所发生的设备、设施和人员费用，包括职工食堂、职工浴室、理发室、医务所、托儿所、疗养院等集体福利部门的设备、设施及维修保养费用和福利部门工作人员的工资薪金、社会保险费、住房公积金、劳务费等。

(2)为职工卫生保健、生活、住房、交通等所发放的各项补贴和非货币性福利，包括企业向职工发放的因公外地就医费用、未实行医疗统筹企业职工医疗费用、职工供养直系亲属医疗补贴、供暖费补贴、职工防暑降温费、职工困难补贴、救济费、职工食堂经费补贴、职工交通补贴等。

(3)按照其他规定发生的其他职工福利费，包括丧葬补助费、抚恤费、安家费、探亲假路费等。

企业发生的职工福利费，应该单独设置账册，进行准确核算。没有单独设置账册准确核算的，税务机关应责令企业在规定的期限内进行改正。逾期仍未改正的，税务机关可对企业发生的职工福利费进行合理的核定。

软件生产企业发生的职工教育经费中的职工培训费用，可以全额在企业所得税前扣除。软件生产企业应准确划分职工教育经费中的职工培训费支出，对于不能准确划分的，以及准确划分后职工教育经费中扣除职工培训费用的余额，一律按照规定的比例扣除。

自2018年1月1日起，企业发生的职工教育经费支出，不超过工资薪金总额8%的部分，准予在计算企业所得税应纳税所得额时扣除；超过部分，准予在以后纳税年度结转扣除。 ●《财政部 税务总局关于企业职工教育经费税前扣除政策的通知》(财税〔2018〕51号)

6.4.4.7 业务招待费支出

企业发生的与生产经营活动有关的业务招待费支出，按照发生额的60%扣除，但最高不得超过当年销售(营业)收入的5‰。

对从事股权投资业务的企业(包括集团公司总部、创业投资企业等)，其从被投资企业所分配的股息、红利以及股权转让收入，可以按规定的比例计算业务招待费扣除限额。

企业在筹建期间，发生的与筹办活动有关的业务招待费支出，可按实际发生额的60%计入企业筹办费，并按有关规定在税前扣除。未明确列作长期待摊费用的，企业可以在开始经营之

日的当年一次性扣除,也可以按照新税法有关长期待摊费用的处理规定处理,但一经选定,不得改变。

6.4.4.8 广告费和业务宣传费支出

企业发生的符合条件的广告费和业务宣传费支出,除国务院财政、税务主管部门另有规定外,不超过当年销售(营业)收入15%的部分,准予扣除;超过部分,准予在以后纳税年度结转扣除。

企业在计算业务招待费、广告费和业务宣传费等费用扣除限额时,其销售(营业)收入额应包括视同销售(营业)收入额。

● 《国家税务总局关于企业所得税执行中若干税务处理问题的通知》(国税函〔2009〕202号)

企业在筹建期间,发生的与筹办活动有关的广告费和业务宣传费,可按实际发生额计入企业筹办费,并按有关规定在税前扣除。

自2016年1月1日起至2020年12月31日,对化妆品制造或销售、医药制造和饮料制造(不含酒类制造)企业发生的广告费和业务宣传费支出,不超过当年销售(营业)收入30%的部分,准予扣除;超过部分,准予在以后纳税年度结转扣除。对签订广告费和业务宣传费分摊协议(以下简称"分摊协议")的关联企业,其中一方发生的不超过当年销售(营业)收入税前扣除限额比例内的广告费和业务宣传费支出可以在本企业扣除,也可以将其中的部分或全部按照分摊协议归集至另一方扣除。另一方在计算本企业广告费和业务宣传费支出企业所得税税前扣除限额时,可将按照上述办法归集至本企业的广告费和业务宣传费不计算在内。烟草企业的烟草广告费和业务宣传费支出,一律不得在计算应纳税所得额时扣除。

● 《财政部 国家税务总局关于广告费和业务宣传费支出税前扣除政策的通知》(财税〔2017〕41号)

6.4.4.9 专项资金

企业依照法律、行政法规有关规定提取的用于环境保护、生态恢复等方面的专项资金,准予扣除。上述专项资金提取后改变用途的,不得扣除。

6.4.4.10 租赁费

企业根据生产经营活动的需要租入固定资产支付的租赁费,按照以下方法扣除。

(1)以经营租赁方式租入固定资产发生的租赁费支出,按照租赁期限均匀扣除。

(2)以融资租赁方式租入固定资产发生的租赁费支出,按照规定构成融资租入固定资产价值的部分应当提取折旧费用,分期扣除。

6.4.4.11 总机构分摊的费用

非居民企业在中国境内设立的机构、场所,就其中国境外总机构发生的与该机构、场所生产经营有关的费用,能够提供总机构出具的费用汇集范围、定额、分配依据和方法等证明文件,并合理分摊的,准予扣除。

6.4.4.12 手续费及佣金支出

企业发生与生产经营有关的手续费及佣金支出,不超过以下规定计算限额以内的部分,准予扣除;超过部分,不得扣除。

(1)保险企业发生与其经营活动有关的手续费及佣金支出,不超过当年全部保费收入扣除退保金等后余额的18%(含本数)的部分,在计算应纳税所得额时准予扣除;超过部分,允许结转以后年度扣除。

● 《财政部 国家税务总局关于企业手续费及佣金支出税前扣除政策的通知》(财税〔2009〕29号);《财政部 国家税务总局关于保险企业手续费及佣金支出税前扣除政策的公告》(财政部 税务总局公告2019年第72号)

(2)其他企业:按与具有合法经营资格中介服务机构或个人(不含交易双方及其雇员、代理人和代表人等)所签订服务协议或合同确认的收入金额的5%计算限额。

企业应与具有合法经营资格中介服务企业或个人签订代办协议或合同,并按国家有关规定支付手续费及佣金。除委托个人代理外,企业以现金等非转账方式支付的手续费及佣金不得在税前扣除。企业为发行权益性证券支付给有关证券承销机构的手续费及佣金不得在税前扣除。

企业不得将手续费及佣金支出计入回扣、业务提成、返利、进场费等费用。企业已计入固定资产、无形资产等相关资产的手续费及佣金支出,应当通过折旧、摊销等方式分期扣除,不得在发生当期直接扣除。企业支付的手续费及佣金不得直接冲减服务协议或合同金额,并如实入账。保险企业应建立健全手续费及佣金的相关管理制度,并加强手续费及佣金结转扣除的台账管理。

电信企业在发展客户、拓展业务等过程中(如委托销售电话入网卡、电话充值卡等),需向经纪人、代办商支付手续费及佣金的,其实际发生的相关手续费及佣金支出,不超过企业当年收入总额5%的部分,准予在企业所得税前据实扣除。

6.4.4.13 公益性捐赠支出

企业发生的公益性捐赠支出,在年度利润总额12%以内的部分,准予在计算应纳税所得额时扣除;超过年度利润总额12%的部分,准予结转以后三年内在计算应纳税所得额时扣除。

公益性捐赠是指企业通过公益性社会组织或者县级以上人民政府及其部门,用于符合法律规定的慈善活动、公益事业的捐赠。

公益性社会组织是指同时符合下列条件的慈善组织以及其他社会组织。

(1)依法登记,具有法人资格。
(2)以发展公益事业为宗旨,且不以营利为目的。
(3)全部资产及其增值为该法人所有。
(4)收益和营运结余主要用于符合该法人设立目的的事业。
(5)终止后的剩余财产不归属任何个人或者营利组织。
(6)不经营与其设立目的无关的业务。
(7)有健全的财务会计制度。
(8)捐赠者不以任何形式参与该法人财产的分配。
(9)国务院财政、税务主管部门会同国务院民政部门等登记管理部门规定的其他条件。

企业当年发生以及以前年度结转的公益性捐赠支出,不超过年度利润总额12%的部分,准予扣除。年度利润总额是指企业依照国家统一会计制度的规定计算的年度会计利润。

2019年度符合公益性捐赠税前扣除资格的全国性群众团体包括:中国红十字会总会、中华全国总工会、中国宋庆龄基金会、中国国际人才交流基金会。

● 《财政部 税务总局关于确认中国红十字会总会等群众团体2019年度公益性捐赠税前扣除资格的公告》(财政部 税务总局公告2019年第89号)

6.4.4.14 棚户区改造支出

企业参与政府统一组织的工矿(含中央下放煤矿)棚户区改造、林区棚户区改造、垦区危房改造并同时符合一定条件的棚户区改造支出,准予在企业所得税前扣除。

● 《财政部 国家税务总局关于企业参与政府统一组织的棚户区改造有关企业所得税政策问题的通知》(财税[2013]65号)

上述同时符合一定条件的棚户区改造支出是指同时满足以下条件的棚户区改造支出。

(1)棚户区位于远离城镇、交通不便、市政公用、教育医疗等社会公共服务缺乏城镇依托的独立矿区、林区或垦区。

(2)该独立矿区、林区或垦区不具备商业性房地产开发条件。

(3)棚户区市政排水、给水、供电、供暖、供气、垃圾处理、绿化、消防等市政服务或公共配套设施不齐全。

(4)棚户区房屋集中连片户数不低于50户,其中,实际在该棚户区居住且在本地区无其他住房的职工(含离退休职工)户数占总户数的比例不低于75%。

(5)棚户区房屋按照《房屋完损等级评定标准》和《危险房屋鉴定标准》评定属于危险房屋、严重损坏房屋的套内面积不低于该片棚户区建筑面积的25%。

(6)棚户区改造已纳入地方政府保障性安居工程建设规划和年度计划,并由地方政府牵头按照保障性住房标准组织实施;异地建设的,原棚户区土地由地方政府统一规划使用或者按规定实行土地复垦、生态恢复。

在企业所得税年度纳税申报时,企业应向主管税务机关提供其棚户区改造支出同时符合上述规定条件的书面说明材料。

6.4.5 不得扣除项目

6.4.5.1 不得扣除项目的种类

在计算应纳税所得额时,下列支出不得扣除。

(1)向投资者支付的股息、红利等权益性投资收益款项。

(2)企业所得税税款。

(3)税收滞纳金。

(4)罚金、罚款和被没收财物的损失。

(5)允许扣除的公益性捐赠支出以外的捐赠支出。

(6)赞助支出。

(7)未经核定的准备金支出。

(8)与取得收入无关的其他支出。

6.4.5.2 赞助支出

赞助支出是指企业发生的与生产经营活动无关的各种非广告性质支出。

6.4.5.3 未经核定的准备金支出

1. 一般规定

未经核定的准备金支出是指不符合国务院财政、税务主管部门规定的各项资产减值准备、风险准备等准备金支出。

2. 准予扣除的保险保障基金

自2016年1月1日至2020年12月31日,保险公司按下列规定缴纳的保险保障基金,准予据实税前扣除。

● 《财政部 国家税务总局关于保险公司准备金支出企业所得税税前扣除有关政策问题的通知》(财税〔2016〕114号)

(1)非投资型财产保险业务,不得超过保费收入的0.8%;投资型财产保险业务,有保证收益的,不得超过业务收入的0.08%,无保证收益的,不得超过业务收入的0.05%。

(2)有保证收益的人寿保险业务,不得超过业务收入的0.15%;无保证收益的人寿保险业务,不得超过业务收入的0.05%。

(3)短期健康保险业务,不得超过保费收入的0.8%;长期健康保险业务,不得超过保费收入的 0.15%。

(4) 非投资型意外伤害保险业务，不得超过保费收入的 0.8%；投资型意外伤害保险业务，有保证收益的，不得超过业务收入的 0.08%，无保证收益的，不得超过业务收入的 0.05%。

上述保险保障基金是指按照《保险法》和《保险保障基金管理办法》规定缴纳形成的，在规定情形下用于救助保单持有人、保单受让公司或者处置保险业风险的非政府性行业风险救助基金。保费收入是指投保人按照保险合同约定，向保险公司支付的保险费。业务收入是指投保人按照保险合同约定，为购买相应的保险产品支付给保险公司的全部金额。非投资型财产保险业务是指仅具有保险保障功能而不具有投资理财功能的财产保险业务。投资型财产保险业务是指兼具有保险保障与投资理财功能的财产保险业务。有保证收益是指保险产品在投资收益方面提供固定收益或最低收益保障。无保证收益是指保险产品在投资收益方面不提供收益保证，投保人承担全部投资风险。

保险公司有下列情形之一的，其缴纳的保险保障基金不得在税前扣除：

(1) 财产保险公司的保险保障基金余额达到公司总资产6%的。

(2) 人身保险公司的保险保障基金余额达到公司总资产1%的。

保险公司按国务院财政部门的相关规定提取的未到期责任准备金、寿险责任准备金、长期健康险责任准备金、已发生已报案未决赔款准备金和已发生未报案未决赔款准备金，准予在税前扣除。未到期责任准备金、寿险责任准备金、长期健康险责任准备金依据经中国保监会核准任职资格的精算师或出具专项审计报告的中介机构确定的金额提取。未到期责任准备金是指保险人为尚未终止的非寿险保险责任提取的准备金。寿险责任准备金是指保险人为尚未终止的人寿保险责任提取的准备金。长期健康险责任准备金是指保险人为尚未终止的长期健康保险责任提取的准备金。

已发生已报案未决赔款准备金，按最高不超过当期已经提出的保险赔款或者给付金额的100%提取；已发生未报案未决赔款准备金按不超过当年实际赔款支出额的8%提取。已发生已报案未决赔款准备金是指保险人为非寿险保险事故已经发生并已向保险人提出索赔、尚未结案的赔案提取的准备金。已发生未报案未决赔款准备金是指保险人为非寿险保险事故已经发生、尚未向保险人提出索赔的赔案提取的准备金。

保险公司经营财政给予保费补贴的农业保险，按不超过财政部门规定的农业保险大灾风险准备金(简称"大灾准备金")计提比例，计提的大灾准备金，准予在企业所得税前据实扣除。具体计算公式如下：

本年度扣除的大灾准备金＝本年度保费收入×规定比例－上年度已在税前扣除的大灾准备金结存余额

按上述公式计算的数额如为负数，应调增当年应纳税所得额。财政给予保费补贴的农业保险是指各级财政按照中央财政农业保险保费补贴政策规定给予保费补贴的种植业、养殖业、林业等农业保险。规定比例是指按照《财政部关于印发<农业保险大灾风险准备金管理办法>的通知》(财金〔2013〕129号)确定的计提比例。

保险公司实际发生的各种保险赔款、给付，应首先冲抵按规定提取的准备金，不足冲抵部分，准予在当年税前扣除。

3. 准予扣除的担保赔偿准备

自 2016 年 1 月 1 日起至 2020 年 12 月 31 日，符合条件的中小企业融资(信用)担保机构按照不超过当年年末担保责任余额 1% 的比例计提的担保赔偿准备，允许在企业所得税税前扣除，同时将上年度计提的担保赔偿准备余额转为当期收入。

● 《财政部 税务总局关于中小企业融资(信用)担保机构有关准备金企业所得税税前扣除政策的通知》(财税〔2017〕22 号)

符合条件的中小企业融资(信用)担保机构按照不超过当年担保费收入 50% 的比例计提的未到期责任准备，允许在企业所得税税前扣除，同时将上年度计提的未到期责任准备余额转为当期收入。

中小企业融资(信用)担保机构实际发生的代偿损失，符合税收法律法规关于资产损失税前扣除政策规定的，应冲减已在税前扣除的担保赔偿准备，不足冲减部分据实在企业所得税税前扣除。

4. 准予扣除的交易所各类基金和准备金

自 2016 年 1 月 1 日起至 2020 年 12 月 31 日，上海、深圳证券交易所依据有关规定，按证券交易所交易收取经手费的 20%、会员年费的 10% 提取的证券交易所风险基金，在各基金净资产不超过 10 亿元的额度内，准予在企业所得税税前扣除。

● 《财政部 国家税务总局关于证券行业准备金支出企业所得税税前扣除有关政策问题的通知》(财税〔2017〕23 号)

中国证券登记结算公司所属上海分公司、深圳分公司依据有关规定，按证券登记结算公司业务收入的 20% 提取的证券结算风险基金，在各基金净资产不超过 30 亿元的额度内，准予在企业所得税税前扣除。

证券公司依据有关规定，作为结算会员按人民币普通股和基金成交金额的十万分之三、国债现货成交金额的十万分之一、1 天期国债回购成交金额的千万分之五、2 天期国债回购成交金额的千万分之十、3 天期国债回购成交金额的千万分之十五、4 天期国债回购成交金额的千万分之二十、7 天期国债回购成交金额的千万分之五十、14 天期国债回购成交金额的十万分之一、28 天期国债回购成交金额的十万分之二、91 天期国债回购成交金额的十万分之六、182 天期国债回购成交金额的十万分之十二逐日交纳的证券结算风险基金，准予在企业所得税税前扣除。

上海、深圳证券交易所依据有关规定，在风险基金分别达到规定的上限后，按交易经手费的 20% 缴纳的证券投资者保护基金，准予在企业所得税税前扣除。

证券公司依据有关规定，按其营业收入 0.5%～5% 缴纳的证券投资者保护基金，准予在企业所得税税前扣除。

大连商品交易所、郑州商品交易所和中国金融期货交易所依据有关规定，上海期货交易所依据有关规定，分别按向会员收取手续费收入的 20% 计提的风险准备金，在风险准备金余额达到有关规定的额度内，准予在企业所得税税前扣除。

期货公司依据有关规定，从其收取的交易手续费收入减去应付期货交易所手续费后的净收入的 5% 提取的期货公司风险准备金，准予在企业所得税税前扣除。

上海期货交易所、大连商品交易所、郑州商品交易所和中国金融期货交易所依据有关规定，按其向期货公司会员收取的交易手续费的 2%(2016 年 12 月 8 日前按 3%)缴纳的期货投资者保障基金，在基金总额达到有关规定的额度内，准予在企业所得税税前扣除。

期货公司依据有关规定，从其收取的交易手续费中按照代理交易额的亿分之五至亿分之十的比例(2016 年 12 月 8 日前按千万分之五至千万分之十的比例)缴纳的期货投资者保障基金，在基金总额达到有关规定的额度内，准予在企业所得税税前扣除。

上述准备金如发生清算、退还，应按规定补征企业所得税。

5. 上海国际能源交易中心计提的准备金

自2019年1月1日起至2020年12月31日，上海国际能源交易中心依据《期货交易管理条例》《期货交易所管理办法》和《商品期货交易财务管理暂行规定》的有关规定，按其向会员收取手续费收入的20%计提的风险准备金，在风险准备金余额达到有关规定的额度内，准予在企业所得税税前扣除。

上海国际能源交易中心依据《期货投资者保障基金管理办法》和《关于明确期货投资者保障基金缴纳比例有关事项的规定》的有关规定，按其向期货公司会员收取的交易手续费的2%缴纳的期货投资者保障基金，在基金总额达到有关规定的额度内，准予在企业所得税税前扣除。

上述准备金如发生清算、退还，应按规定补征企业所得税。

● 《财政部 税务总局关于上海国际能源交易中心有关风险准备金和期货投资者保障基金支出企业所得税税前扣除政策问题的通知》（财税〔2019〕32号）

6. 金融企业涉农贷款和中小企业贷款损失准备金

自2019年1月1日起至2023年12月31日，金融企业根据《贷款风险分类指引》（银监发〔2007〕54号），对其涉农贷款和中小企业贷款进行风险分类后，按照以下比例计提的贷款损失准备金，准予在计算应纳税所得额时扣除。

(1) 关注类贷款，计提比例为2%。
(2) 次级类贷款，计提比例为25%。
(3) 可疑类贷款，计提比例为50%。
(4) 损失类贷款，计提比例为100%。

涉农贷款是指《涉农贷款专项统计制度》（银发〔2007〕246号）统计的以下贷款。

(1) 农户贷款。
(2) 农村企业及各类组织贷款。

农户贷款是指金融企业发放给农户的所有贷款。农户贷款的判定应以贷款发放时的承贷主体是否属于农户为准。农户是指长期（一年以上）居住在乡镇（不包括城关镇）行政管理区域内的住户，还包括长期居住在城关镇所辖行政村范围内的住户和户口不在本地而在本地居住一年以上的住户，国有农场的职工和农村个体工商户。位于乡镇（不包括城关镇）行政管理区域内和在城关镇所辖行政村范围内的国有经济的机关、团体、学校、企事业单位的集体户；有本地户口，但举家外出谋生一年以上的住户，无论是否保留承包耕地均不属于农户。农户以户为统计单位，既可以从事农业生产经营，也可以从事非农业生产经营。

农村企业及各类组织贷款是指金融企业发放给注册地位于农村区域的企业及各类组织的所有贷款。农村区域是指除地级及以上城市的城市行政区及其市辖建制镇之外的区域。

中小企业贷款是指金融企业对年销售额和资产总额均不超过2亿元的企业的贷款。

金融企业发生的符合条件的涉农贷款和中小企业贷款损失，应先冲减已在税前扣除的贷款损失准备金，不足冲减部分可据实在计算应纳税所得额时扣除。

● 《财政部 税务总局关于金融企业涉农贷款和中小企业贷款损失准备金税前扣除有关政策的公告》（财政部 税务总局公告2019年第85号）

7. 金融企业的贷款损失准备金

自2019年1月1日起至2023年12月31日，政策性银行、商业银行、财务公司、城乡信用社和金融租赁公司等金融企业准予税前提取贷款损失准备金的贷款资产范围包括：

● 《财政部 税务总局关于金融企业贷款损失准备金企业所得税税前扣除有关政策的公告》（财政部 税务总局公告2019年第86号）

(1)贷款(含抵押、质押、保证、信用等贷款);

(2)银行卡透支、贴现、信用垫款(含银行承兑汇票垫款、信用证垫款、担保垫款等)、进出口押汇、同业拆出、应收融资租赁款等具有贷款特征的风险资产;

(3)由金融企业转贷并承担对外还款责任的国外贷款,包括国际金融组织贷款、外国买方信贷、外国政府贷款、日本国际协力银行不附条件贷款和外国政府混合贷款等资产。

金融企业准予当年税前扣除的贷款损失准备金计算公式如下:

准予当年税前扣除的贷款损失准备金=本年末准予提取贷款损失准备金的贷款资产余额×1%-截至上年末已在税前扣除的贷款损失准备金的余额

金融企业按上述公式计算的数额如为负数,应当相应调增当年应纳税所得额。

金融企业的委托贷款、代理贷款、国债投资、应收股利、上交央行准备金以及金融企业剥离的债权和股权、应收财政贴息、央行款项等不承担风险和损失的资产,以及除本公告第一条列举资产之外的其他风险资产,不得提取贷款损失准备金在税前扣除。

金融企业发生的符合条件的贷款损失,应先冲减已在税前扣除的贷款损失准备金,不足冲减部分可据实在计算当年应纳税所得额时扣除。

6.4.5.4 企业及营业机构之间支付的费用

企业之间支付的管理费、企业内营业机构之间支付的租金和特许权使用费,以及非银行企业内营业机构之间支付的利息,不得扣除。

6.4.6 亏损弥补

企业纳税年度发生的亏损,准予向以后年度结转,用以后年度的所得弥补,但结转年限最长不得超过五年。亏损是指企业依照规定将每一纳税年度的收入总额减除不征税收入、免税收入和各项扣除后小于零的数额。

自2018年1月1日起,当年具备高新技术企业或科技型中小企业资格(以下统称"资格")的企业,其具备资格年度之前五个年度发生的尚未弥补完的亏损,准予结转以后年度弥补,最长结转年限由五年延长至十年。

● 《财政部 税务总局关于延长高新技术企业和科技型中小企业亏损结转年限的通知》(财税〔2018〕76号)

企业在汇总计算缴纳企业所得税时,其境外营业机构的亏损不得抵减境内营业机构的盈利。

6.4.7 非居民企业的应纳税所得额

1. 计算方法

非居民企业在中国境内未设立机构、场所的,或者虽设立机构、场所但取得的所得与其所设机构、场所没有实际联系的,其来源于中国境内的所得,按照下列方法计算其应纳税所得额。

(1)股息、红利等权益性投资收益和利息、租金、特许权使用费所得,以收入全额为应纳税所得额。

(2)转让财产所得,以收入全额减除财产净值后的余额为应纳税所得额。

(3)其他所得,参照前两项规定的方法计算应纳税所得额。

2. 收入全额的界定

上述收入全额是指非居民企业向支付人收取的全部价款和价外费用。上述财产净值是指有关财产的计税基础减除已经按照规定扣除的折旧、折耗、摊销、准备金等后的余额。

3. 转让财产所得的界定

上述转让财产所得包含转让股权等权益性投资资产（以下称"股权"）所得。股权转让收入减除股权净值后的余额为股权转让所得应纳税所得额。

股权转让收入是指股权转让人转让股权所收取的对价，包括货币形式和非货币形式的各种收入。

股权净值是指取得该股权的计税基础。股权的计税基础是股权转让人投资入股时向中国居民企业实际支付的出资成本，或购买该项股权时向该股权的原转让人实际支付的股权受让成本。股权在持有期间发生减值或者增值，按照国务院财政、税务主管部门规定可以确认损益的，股权净值应进行相应调整。企业在计算股权转让所得时，不得扣除被投资企业未分配利润等股东留存收益中按该项股权所可能分配的金额。

多次投资或收购的同项股权被部分转让的，从该项股权全部成本中按照转让比例计算确定被转让股权对应的成本。

● 《国家税务总局关于非居民企业所得税源泉扣缴有关问题的公告》（国家税务总局公告2017年第37号）

6.5 资产的税务处理

企业的各项资产包括固定资产、生物资产、无形资产、长期待摊费用、投资资产、存货等，以历史成本为计税基础。历史成本是指企业取得该项资产时实际发生的支出。

企业持有各项资产期间资产增值或者减值，除国务院财政、税务主管部门规定可以确认损益外，不得调整该资产的计税基础。

企业转让资产，该项资产的净值准予在计算应纳税所得额时扣除。资产的净值是指有关资产的计税基础减除已经按照规定扣除的折旧、折耗、摊销、准备金等后的余额。

6.5.1 固定资产

1. 固定资产的含义与计税基础

固定资产是指企业为生产产品、提供劳务、出租或者经营管理而持有的、使用时间超过12个月的非货币性资产，包括房屋、建筑物、机器、机械、运输工具以及其他与生产经营活动有关的设备、器具、工具等。

固定资产按照以下方法确定计税基础。

（1）外购的固定资产，以购买价款和支付的相关税费以及直接归属于使该资产达到预定用途发生的其他支出为计税基础。

（2）自行建造的固定资产，以竣工结算前发生的支出为计税基础。

（3）融资租入的固定资产，以租赁合同约定的付款总额和承租人在签订租赁合同过程中发生的相关费用为计税基础，租赁合同未约定付款总额的，以该资产的公允价值和承租人在签订租赁合同过程中发生的相关费用为计税基础。

（4）盘盈的固定资产，以同类固定资产的重置完全价值为计税基础。

（5）通过捐赠、投资、非货币性资产交换、债务重组等方式取得的固定资产，以该资产的公允价值和支付的相关税费为计税基础。

（6）改建的固定资产，除另有规定外，以改建过程中发生的改建支出增加计税基础。

2. 准予扣除的折旧

在计算应纳税所得额时，企业按规定计算的固定资产折旧，准予扣除。固定资产按照直线法计算的折旧，准予扣除。企业应当自固定资产投入使用月份的次月起计算折旧；停止使用的固定资产,应当自停止使用月份的次月起停止计算折旧。企业应当根据固定资产的性质和使用情况,合理确定固定资产的预计净残值。固定资产的预计净残值一经确定,不得变更。

除国务院财政、税务主管部门另有规定外,固定资产计算折旧的最低年限如下。

(1)房屋、建筑物为 20 年。

(2)飞机、火车、轮船、机器、机械和其他生产设备为 10 年。

(3)与生产经营活动有关的器具、工具、家具等为 5 年。

(4)飞机、火车、轮船以外的运输工具为 4 年。

(5)电子设备为 3 年。

从事开采石油、天然气等矿产资源的企业,在开始商业性生产前发生的费用和有关固定资产的折耗、折旧方法,由国务院财政、税务主管部门另行规定。

企业固定资产投入使用后,由于工程款项尚未结清未取得全额发票的,可暂按合同规定的金额计入固定资产计税基础计提折旧,待发票取得后进行调整。但该项调整应在固定资产投入使用后 12 个月内进行。

企业对房屋、建筑物固定资产在未足额提取折旧前进行改扩建的,如属于推倒重置的,该资产原值减除提取折旧后的净值,应并入重置后的固定资产计税成本,并在该固定资产投入使用后的次月起,按照税法规定的折旧年限,一并计提折旧;如属于提升功能、增加面积的,该固定资产的改扩建支出,并入该固定资产计税基础,并从改扩建完工投入使用后的次月起,重新按税法规定的该固定资产折旧年限计提折旧,如该改扩建后的固定资产尚可使用的年限低于税法规定的最低年限的,可以按尚可使用的年限计提折旧。

企业固定资产会计折旧年限如果短于税法规定的最低折旧年限,其按会计折旧年限计提的折旧高于按税法规定的最低折旧年限计提的折旧部分,应调增当期应纳税所得额;企业固定资产会计折旧年限已期满且会计折旧已提足,但税法规定的最低折旧年限尚未到期且税收折旧尚未足额扣除,其未足额扣除的部分准予在剩余的税收折旧年限继续按规定扣除。

● 《国家税务总局关于企业所得税应纳税所得额若干问题的公告》(国家税务总局公告 2014 年第 29 号)

企业固定资产会计折旧年限如果长于税法规定的最低折旧年限,其折旧应按会计折旧年限计算扣除,税法另有规定除外。企业按会计规定提取的固定资产减值准备,不得税前扣除,其折旧仍按税法确定的固定资产计税基础计算扣除。企业按税法规定实行加速折旧的,其按加速折旧办法计算的折旧额可全额在税前扣除。

石油天然气开采企业在计提油气资产折耗(折旧)时,由于会计与税法规定计算方法不同导致的折耗(折旧)差异,应按税法规定进行纳税调整。

3. 不得计算折旧扣除的固定资产

下列固定资产不得计算折旧扣除。

(1)房屋、建筑物以外未投入使用的固定资产。

(2)以经营租赁方式租入的固定资产。

(3)以融资租赁方式租出的固定资产。

(4)已足额提取折旧仍继续使用的固定资产。

(5)与经营活动无关的固定资产。

(6)单独估价作为固定资产入账的土地。

(7)其他不得计算折旧扣除的固定资产。

6.5.2 生产性生物资产

1. 生产性生物资产的含义与计税基础

生产性生物资产是指企业为生产农产品、提供劳务或者出租等而持有的生物资产,包括经济林、薪炭林、产畜和役畜等。

生产性生物资产按照以下方法确定计税基础。

(1)外购的生产性生物资产,以购买价款和支付的相关税费为计税基础。

(2)通过捐赠、投资、非货币性资产交换、债务重组等方式取得的生产性生物资产,以该资产的公允价值和支付的相关税费为计税基础。

2. 准予扣除的折旧

生产性生物资产按照直线法计算的折旧,准予扣除。企业应当自生产性生物资产投入使用月份的次月起计算折旧;停止使用的生产性生物资产,应当自停止使用月份的次月起停止计算折旧。企业应当根据生产性生物资产的性质和使用情况,合理确定生产性生物资产的预计净残值。生产性生物资产的预计净残值一经确定,不得变更。

生产性生物资产计算折旧的最低年限如下。

(1)林木类生产性生物资产为10年。

(2)畜类生产性生物资产为3年。

6.5.3 无形资产

1. 无形资产的含义与计税基础

无形资产是指企业为生产产品、提供劳务、出租或者经营管理而持有的、没有实物形态的非货币性长期资产,包括专利权、商标权、著作权、土地使用权、非专利技术、商誉等。

无形资产按照以下方法确定计税基础。

(1)外购的无形资产,以购买价款和支付的相关税费以及直接归属于使该资产达到预定用途发生的其他支出为计税基础。

(2)自行开发的无形资产,以开发过程中该资产符合资本化条件后至达到预定用途前发生的支出为计税基础。

(3)通过捐赠、投资、非货币性资产交换、债务重组等方式取得的无形资产,以该资产的公允价值和支付的相关税费为计税基础。

2. 准予扣除的摊销费用

在计算应纳税所得额时,企业按照规定计算的无形资产摊销费用,准予扣除。

无形资产按照直线法计算的摊销费用,准予扣除。无形资产的摊销年限不得低于10年。作为投资或者受让的无形资产,有关法律规定或者合同约定了使用年限的,可以按照规定或者约定的使用年限分期摊销。外购商誉的支出,在企业整体转让或者清算时,准予扣除。

3. 不得计算摊销费用扣除的无形资产

下列无形资产不得计算摊销费用扣除。

(1)自行开发的支出已在计算应纳税所得额时扣除的无形资产。

(2)自创商誉。

(3)与经营活动无关的无形资产。

(4)其他不得计算摊销费用扣除的无形资产。

6.5.4 长期待摊费用

1. 长期待摊费用的种类

在计算应纳税所得额时,企业发生的下列支出作为长期待摊费用,按照规定摊销的,准予扣除。

(1)已足额提取折旧的固定资产的改建支出。

(2)租入固定资产的改建支出。

(3)固定资产的大修理支出。

(4)其他应当作为长期待摊费用的支出。

2. 固定资产的改建支出

固定资产的改建支出是指改变房屋或者建筑物结构、延长使用年限等发生的支出。改建的固定资产延长使用年限的,除另有规定外,应当适当延长折旧年限。

已足额提取折旧的固定资产的改建支出,按照固定资产预计尚可使用年限分期摊销;租入固定资产的改建支出,按照合同约定的剩余租赁期限分期摊销。

3. 固定资产的大修理支出

固定资产的大修理支出是指同时符合下列条件的支出。

(1)修理支出达到取得固定资产时的计税基础50%以上。

(2)修理后固定资产的使用年限延长两年以上。

固定资产的大修理支出按照固定资产尚可使用年限分期摊销。

4. 其他应当作为长期待摊费用的支出

其他应当作为长期待摊费用的支出,自支出发生月份的次月起分期摊销,摊销年限不得低于三年。

6.5.5 投资资产

投资资产是指企业对外进行权益性投资和债权性投资形成的资产。

企业对外投资期间,投资资产的成本在计算应纳税所得额时不得扣除。企业在转让或者处置投资资产时,投资资产的成本,准予扣除。

投资资产按照以下方法确定成本。

(1)通过支付现金方式取得的投资资产,以购买价款为成本。

(2)通过支付现金以外的方式取得的投资资产,以该资产的公允价值和支付的相关税费为成本。

6.5.6 存货

1. 存货的含义与成本

存货是指企业持有以备出售的产品或者商品、处在生产过程中的在产品、在生产或者提供劳务过程中耗用的材料和物料等。

存货按照以下方法确定成本。

(1)通过支付现金方式取得的存货,以购买价款和支付的相关税费为成本。

(2)通过支付现金以外的方式取得的存货,以该存货的公允价值和支付的相关税费为成本。

(3)生产性生物资产收获的农产品,以产出或者采收过程中发生的材料费、人工费和分摊的间接费用等必要支出为成本。

2. 存货成本的扣除方法

企业使用或者销售存货,按照规定计算的存货成本,准予在计算应纳税所得额时扣除。

企业使用或者销售的存货的成本计算方法，可以在先进先出法、加权平均法、个别计价法中选用一种。计价方法一经选用，不得随意变更。

6.5.7 资产损失

1. 资产损失的含义

● 《财政部 国家税务总局关于企业资产损失税前扣除政策的通知》（财税〔2009〕57号）

资产损失是指企业在生产经营活动中实际发生的、与取得应税收入有关的资产损失，包括现金损失，存款损失，坏账损失，贷款损失，股权投资损失，固定资产和存货的盘亏、毁损、报废、被盗损失，自然灾害等不可抗力因素造成的损失以及其他损失。

2. 现金损失

企业清查出的现金短缺减除责任人赔偿后的余额，作为现金损失在计算应纳税所得额时扣除。

3. 存款损失

企业将货币性资金存入法定具有吸收存款职能的机构，因该机构依法破产、清算，或者政府责令停业、关闭等原因，确实不能收回的部分，作为存款损失在计算应纳税所得额时扣除。

4. 坏账损失

企业除贷款类债权外的应收、预付账款符合下列条件之一的，减除可收回金额后确认的无法收回的应收、预付款项，可以作为坏账损失在计算应纳税所得额时扣除。

（1）债务人依法宣告破产、关闭、解散、被撤销，或者被依法注销、吊销营业执照，其清算财产不足清偿的。

（2）债务人死亡，或者依法被宣告失踪、死亡，其财产或者遗产不足清偿的。

（3）债务人逾期三年以上未清偿，且有确凿证据证明已无力清偿债务的。

（4）与债务人达成债务重组协议或法院批准破产重整计划后，无法追偿的。

（5）因自然灾害、战争等不可抗力导致无法收回的。

（6）国务院财政、税务主管部门规定的其他条件。

5. 贷款损失

企业经采取所有可能的措施和实施必要的程序之后，符合下列条件之一的贷款类债权，可以作为贷款损失在计算应纳税所得额时扣除。

（1）借款人和担保人依法宣告破产、关闭、解散、被撤销，并终止法人资格，或者已完全停止经营活动，被依法注销、吊销营业执照，对借款人和担保人进行追偿后，未能收回的债权。

（2）借款人死亡，或者依法被宣告失踪、死亡，依法对其财产或者遗产进行清偿，并对担保人进行追偿后，未能收回的债权。

（3）借款人遭受重大自然灾害或者意外事故，损失巨大且不能获得保险补偿，或者以保险赔偿后，确实无力偿还部分或者全部债务，对借款人财产进行清偿和对担保人进行追偿后，未能收回的债权。

（4）借款人触犯刑律，依法受到制裁，其财产不足归还所借债务，又无其他债务承担者，经追偿后确实无法收回的债权。

（5）由于借款人和担保人不能偿还到期债务，企业诉诸法律，经法院对借款人和担保人强制执行，借款人和担保人均无财产可执行，法院裁定执行程序终结或终止（中止）后，仍无法收回的债权。

(6)由于借款人和担保人不能偿还到期债务,企业诉诸法律后,经法院调解或经债权人会议通过,与借款人和担保人达成和解协议或重整协议,在借款人和担保人履行完还款义务后,无法追偿的剩余债权。

(7)由于上述(1)至(6)项原因借款人不能偿还到期债务,企业依法取得抵债资产,抵债金额小于贷款本息的差额,经追偿后仍无法收回的债权。

(8)开立信用证、办理承兑汇票、开具保函等发生垫款时,凡开证申请人和保证人由于上述(1)至(7)项原因,无法偿还垫款,金融企业经追偿后仍无法收回的垫款。

(9)银行卡持卡人和担保人由于上述(1)至(7)项原因,未能还清透支款项,金融企业经追偿后仍无法收回的透支款项。

(10)助学贷款逾期后,在金融企业确定的有效追索期限内,依法处置助学贷款抵押物(质押物),并向担保人追索连带责任后,仍无法收回的贷款。

(11)经国务院专案批准核销的贷款类债权。

(12)国务院财政、税务主管部门规定的其他条件。

6. 股权投资损失

企业的股权投资符合下列条件之一的,减除可收回金额后确认的无法收回的股权投资,可以作为股权投资损失在计算应纳税所得额时扣除。

(1)被投资方依法宣告破产、关闭、解散、被撤销,或者被依法注销、吊销营业执照的。

(2)被投资方财务状况严重恶化,累计发生巨额亏损,已连续停止经营三年以上,且无重新恢复经营改组计划的。

(3)对被投资方不具有控制权,投资期限届满或者投资期限已超过10年,且被投资单位因连续三年经营亏损导致资不抵债的。

(4)被投资方财务状况严重恶化,累计发生巨额亏损,已完成清算或清算期超过三年以上的。

(5)国务院财政、税务主管部门规定的其他条件。

7. 固定资产或存货损失

对企业盘亏的固定资产或存货,以该固定资产的账面净值或存货的成本减除责任人赔偿后的余额,作为固定资产或存货盘亏损失在计算应纳税所得额时扣除。

对企业毁损、报废的固定资产或存货,以该固定资产的账面净值或存货的成本减除残值、保险赔款和责任人赔偿后的余额,作为固定资产或存货毁损、报废损失在计算应纳税所得额时扣除。

对企业被盗的固定资产或存货,以该固定资产的账面净值或存货的成本减除保险赔款和责任人赔偿后的余额,作为固定资产或存货被盗损失在计算应纳税所得额时扣除。

企业因存货盘亏、毁损、报废、被盗等原因不得从增值税销项税额中抵扣的进项税额,可以与存货损失一起在计算应纳税所得额时扣除。

8. 其他管理事项

企业在计算应纳税所得额时已经扣除的资产损失,在以后纳税年度全部或者部分收回时,其收回部分应当作为收入计入收回当期的应纳税所得额。

企业境内、境外营业机构发生的资产损失应分开核算,对境外营业机构由于发生资产损失而产生的亏损,不得在计算境内应纳税所得额时扣除。

企业对其扣除的各项资产损失,应当提供能够证明资产损失确属已实际发生的合法证据,包括具有法律效力的外部证据、具有法定资质的中介机构的经济鉴证证明、具有法定资质的专业机构的技术鉴定证明等。

6.5.8 企业重组

1. 企业重组的类型与处理方式

企业重组是指企业在日常经营活动以外发生的法律结构或经济结构重大改变的交易，包括企业法律形式改变、债务重组、股权收购、资产收购、合并、分立等。

（1）企业法律形式改变是指企业注册名称、住所以及企业组织形式等的简单改变，但符合本通知规定其他重组的类型除外。

（2）债务重组是指在债务人发生财务困难的情况下，债权人按照其与债务人达成的书面协议或者法院裁定书，就其债务人的债务做出让步的事项。

（3）股权收购是指一家企业（以下称为"收购企业"）购买另一家企业（以下称为"被收购企业"）的股权，以实现对被收购企业控制的交易。收购企业支付对价的形式包括股权支付、非股权支付或两者的组合。

（4）资产收购是指一家企业（以下称为"受让企业"）购买另一家企业（以下称为"转让企业"）实质经营性资产的交易。受让企业支付对价的形式包括股权支付、非股权支付或两者的组合。

（5）合并是指一家或多家企业（以下称为"被合并企业"）将其全部资产和负债转让给另一家现存或新设企业（以下称为"合并企业"），被合并企业股东换取合并企业的股权或非股权支付，实现两个或两个以上企业的依法合并。

（6）分立是指一家企业（以下称为"被分立企业"）将部分或全部资产分离转让给现存或新设的企业（以下称为"分立企业"），被分立企业股东换取分立企业的股权或非股权支付，实现企业的依法分立。

上述股权支付是指企业重组中购买、换取资产的一方支付的对价中，以本企业或其控股企业的股权、股份作为支付的形式。非股权支付是指以本企业的现金、银行存款、应收款项、本企业或其控股企业股权和股份以外的有价证券、存货、固定资产、其他资产以及承担债务等作为支付的形式。

企业重组的税务处理区分不同条件分别适用一般性税务处理规定和特殊性税务处理规定。

2. 企业法律形式改变的一般性税务处理规定

企业重组，除符合规定适用特殊性税务处理规定以外，按以下规定进行税务处理。

企业由法人转变为个人独资企业、合伙企业等非法人组织，或将登记注册地转移至中华人民共和国境外（包括港澳台地区），应视同企业进行清算、分配，股东重新投资成立新企业。企业的全部资产以及股东投资的计税基础均应以公允价值为基础确定。

企业发生其他法律形式简单改变的，可直接变更税务登记，除另有规定外，有关企业所得税纳税事项（包括亏损结转、税收优惠等权益和义务）由变更后企业承继，但因住所发生变化而不符合税收优惠条件的除外。

全民所有制企业改制为国有独资公司或者国有全资子公司，属于"企业发生其他法律形式简单改变的"，可依照以下规定进行企业所得税处理：改制中资产评估增值不计入应纳税所得额；资产的计税基础按其原有计税基础确定；资产增值部分的折旧或者摊销不得在税前扣除。全民所有制企业资产评估增值相关材料应由改制后的企业留存备查。

● 《国家税务总局关于全民所有制企业公司制改制企业所得税处理问题的公告》（国家税务总局公告2017年第34号）

3. 企业债务重组的一般性税务处理规定

企业债务重组，相关交易应按以下规定处理。

（1）以非货币资产清偿债务，应当分解为转让相关非货币性资产、按非货币性资产公允价值清偿债务两项业务，确认相关资产的所得或损失。

（2）发生债权转股权的，应当分解为债务清偿和股权投资两项业务，确认有关债务清偿所得或损失。

（3）债务人应当按照支付的债务清偿额低于债务计税基础的差额，确认债务重组所得；债权人应当按照收到的债务清偿额低于债权计税基础的差额，确认债务重组损失。

（4）债务人的相关所得税纳税事项原则上保持不变。

4. 企业股权收购、资产收购的一般性税务处理规定

企业股权收购、资产收购重组交易，相关交易应按以下规定处理。

（1）被收购方应确认股权、资产转让所得或损失。

（2）收购方取得股权或资产的计税基础应以公允价值为基础确定。

（3）被收购企业的相关所得税事项原则上保持不变。

5. 企业合并的一般性税务处理规定

企业合并，当事各方应按下列规定处理。

（1）合并企业应按公允价值确定接受被合并企业各项资产和负债的计税基础。

（2）被合并企业及其股东都应按清算进行所得税处理。

（3）被合并企业的亏损不得在合并企业结转弥补。

6. 企业分立的一般性税务处理规定

企业分立，当事各方应按下列规定处理。

（1）被分立企业对分立出去资产应按公允价值确认资产转让所得或损失。

（2）分立企业应按公允价值确认接受资产的计税基础。

（3）被分立企业继续存在时，其股东取得的对价应视同被分立企业分配进行处理。

（4）被分立企业不再继续存在时，被分立企业及其股东都应按清算进行所得税处理。

（5）企业分立，相关企业的亏损不得相互结转弥补。

7. 适用特殊性税务处理规定的条件

企业重组同时符合下列条件的，适用特殊性税务处理规定。

（1）具有合理的商业目的，且不以减少、免除或者推迟缴纳税款为主要目的。

（2）被收购、合并或分立部分的资产或股权比例符合规定的比例。

（3）企业重组后的连续12个月内不改变重组资产原来的实质性经营活动。

（4）重组交易对价中涉及股权支付金额符合规定比例。

（5）企业重组中取得股权支付的原主要股东，在重组后连续12个月内，不得转让所取得的股权。

8. 企业债务重组的特殊性税务处理规定

企业重组符合规定条件的，交易各方对其交易中的股权支付部分，可以按以下规定进行特殊性税务处理。

企业债务重组确认的应纳税所得额占该企业当年应纳税所得额50%以上，可以在五个纳税年度的期间内，均匀计入各年度的应纳税所得额。

企业发生债权转股权业务，对债务清偿和股权投资两项业务暂不确认有关债务清偿所得或

损失，股权投资的计税基础以原债权的计税基础确定。企业的其他相关所得税事项保持不变。

9. 股权收购的特殊性税务处理规定

股权收购，收购企业购买的股权不低于被收购企业全部股权的50%，且收购企业在该股权收购发生时的股权支付金额不低于其交易支付总额的85%，可以选择按以下规定处理。

(1)被收购企业的股东取得收购企业股权的计税基础，以被收购股权的原有计税基础确定。

(2)收购企业取得被收购企业股权的计税基础，以被收购股权的原有计税基础确定。

(3)收购企业、被收购企业的原有各项资产和负债的计税基础和其他相关所得税事项保持不变。

10. 资产收购的特殊性税务处理规定

资产收购，受让企业收购的资产不低于转让企业全部资产的50%，且受让企业在该资产收购发生时的股权支付金额不低于其交易支付总额的85%，可以选择按以下规定处理。

(1)转让企业取得受让企业股权的计税基础，以被转让资产的原有计税基础确定。

(2)受让企业取得转让企业资产的计税基础，以被转让资产的原有计税基础确定。

11. 企业合并的特殊性税务处理规定

企业合并，企业股东在该企业合并发生时取得的股权支付金额不低于其交易支付总额的85%，以及同一控制下且不需要支付对价的企业合并，可以选择按以下规定处理。

(1)合并企业接受被合并企业资产和负债的计税基础，以被合并企业的原有计税基础确定。

(2)被合并企业合并前的相关所得税事项由合并企业承继。

(3)可由合并企业弥补的被合并企业亏损的限额=被合并企业净资产公允价值×截至合并业务发生当年年末国家发行的最长期限的国债利率。

(4)被合并企业股东取得合并企业股权的计税基础，以其原持有的被合并企业股权的计税基础确定。

12. 企业分立的特殊性税务处理规定

企业分立，被分立企业所有股东按原持股比例取得分立企业的股权，分立企业和被分立企业均不改变原来的实质经营活动，且被分立企业股东在该企业分立发生时取得的股权支付金额不低于其交易支付总额的85%，可以选择按以下规定处理。

(1)分立企业接受被分立企业资产和负债的计税基础，以被分立企业的原有计税基础确定。

(2)被分立企业已分立出去资产相应的所得税事项由分立企业承继。

(3)被分立企业未超过法定弥补期限的亏损额可按分立资产占全部资产的比例进行分配，由分立企业继续弥补。

(4)被分立企业的股东取得分立企业的股权(以下简称"新股")，如需部分或全部放弃原持有的被分立企业的股权(以下简称"旧股")，"新股"的计税基础应以放弃"旧股"的计税基础确定。如不需放弃"旧股"，则其取得"新股"的计税基础可从以下两种方法中选择确定：直接将"新股"的计税基础确定为零；或者以被分立企业分立出去的净资产占被分立企业全部净资产的比例先调减原持有的"旧股"的计税基础，再将调减的计税基础平均分配到"新股"上。

13. 非股权支付的特殊性税务处理规定

重组交易各方按上述规定对交易中股权支付暂不确认有关资产的转让所得或损失的，其非股权支付仍应在交易当期确认相应的资产转让所得或损失，并调整相应资产的计税基础。

非股权支付对应的资产转让所得或损失＝（被转让资产的公允价值－被转让资产的计税基础）×（非股权支付金额÷被转让资产的公允价值）

14. 涉外交易适用特殊性税务处理规定的条件

企业发生涉及中国境内与境外之间（包括港澳台地区）的股权和资产收购交易，除应符合上述规定的条件外，还应同时符合下列条件，才可选择适用特殊性税务处理规定。

（1）非居民企业向其100%直接控股的另一非居民企业转让其拥有的居民企业股权，没有因此造成以后该项股权转让所得预提税负担变化，且转让方非居民企业向主管税务机关书面承诺在三年（含三年）内不转让其拥有受让方非居民企业的股权。

（2）非居民企业向与其具有100%直接控股关系的居民企业转让其拥有的另一居民企业股权。

（3）居民企业以其拥有的资产或股权向其100%直接控股的非居民企业进行投资。

（4）财政部、国家税务总局核准的其他情形。

上述所指的居民企业以其拥有的资产或股权向其100%直接控股关系的非居民企业进行投资，其资产或股权转让收益如选择特殊性税务处理，可以在10个纳税年度内均匀计入各年度应纳税所得额。

15. 税收优惠的处理

在企业吸收合并中，合并后的存续企业性质及适用税收优惠的条件未发生改变的，可以继续享受合并前该企业剩余期限的税收优惠，其优惠金额按存续企业合并前一年的应纳税所得额（亏损计为零）计算。

在企业存续分立中，分立后的存续企业性质及适用税收优惠的条件未发生改变的，可以继续享受分立前该企业剩余期限的税收优惠，其优惠金额按该企业分立前一年的应纳税所得额（亏损计为零）乘以分立后存续企业资产占分立前该企业全部资产的比例计算。

16. 其他规定

企业在重组发生前后连续12个月内分步对其资产、股权进行交易，应根据实质重于形式原则将上述交易作为一项企业重组交易进行处理。

企业发生符合规定的特殊性重组条件并选择特殊性税务处理的，当事各方应在该重组业务完成当年企业所得税年度申报时，向主管税务机关提交书面备案资料，证明其符合各类特殊性重组规定的条件。企业未按规定书面备案的，一律不得按特殊重组业务进行税务处理。

● 《财政部 国家税务总局关于企业重组业务企业所得税处理若干问题的通知》（财税〔2009〕59号）

6.5.9 其他特殊交易的税务处理

6.5.9.1 股权、资产划转

对100%直接控制的居民企业之间，以及受同一或相同多家居民企业100%直接控制的居民企业之间按账面净值划转股权或资产，凡具有合理商业目的、不以减少、免除或者推迟缴纳税款为主要目的，股权或资产划转后连续12个月内不改变被划转股权或资产原来实质性经营活动，且划出方企业和划入方企业均未在会计上确认损益的，可以选择按以下规定进行特殊性税务处理。

● 《财政部 国家税务总局关于促进企业重组有关企业所得税处理问题的通知》（财税〔2014〕109号）

（1）划出方企业和划入方企业均不确认所得。

（2）划入方企业取得被划转股权或资产的计税基础，以被划转股权或资产的原账面净值

确定。

（3）划入方企业取得的被划转资产，应按其原账面净值计算折旧扣除。

上述股权、资产划转限于以下情形。

（1）100%直接控制的母子公司之间，母公司向子公司按账面净值划转其持有的股权或资产，母公司获得子公司100%的股权支付。母公司按增加长期股权投资处理，子公司按接受投资（包括资本公积，下同）处理。母公司获得子公司股权的计税基础以划转股权或资产的原计税基础确定。

● 《国家税务总局关于资产（股权）划转企业所得税征管问题的公告》（国家税务总局公告2015年第40号）

（2）100%直接控制的母子公司之间，母公司向子公司按账面净值划转其持有的股权或资产，母公司没有获得任何股权或非股权支付。母公司按冲减实收资本（包括资本公积，下同）处理，子公司按接受投资处理。

（3）100%直接控制的母子公司之间，子公司向母公司按账面净值划转其持有的股权或资产，子公司没有获得任何股权或非股权支付。母公司按收回投资处理，或按接受投资处理，子公司按冲减实收资本处理。母公司应按被划转股权或资产的原计税基础，相应调减持有子公司股权的计税基础。

（4）受同一或相同多家母公司100%直接控制的子公司之间，在母公司主导下，一家子公司向另一家子公司按账面净值划转其持有的股权或资产，划出方没有获得任何股权或非股权支付。划出方按冲减所有者权益处理，划入方按接受投资处理。

交易双方应在企业所得税年度汇算清缴时，分别向各自主管税务机关报送《居民企业资产（股权）划转特殊性税务处理申报表》和相关资料（一式两份）。

相关资料包括：

（1）股权或资产划转总体情况说明，包括基本情况、划转方案等，并详细说明划转的商业目的；

（2）交易双方或多方签订的股权或资产划转合同（协议），需有权部门（包括内部和外部）批准的，应提供批准文件；

（3）被划转股权或资产账面净值和计税基础说明；

（4）交易双方按账面净值划转股权或资产的说明（需附会计处理资料）；

（5）交易双方均未在会计上确认损益的说明（需附会计处理资料）；

（6）12个月内不改变被划转股权或资产原来实质性经营活动的承诺书。

6.5.9.2 国债投资业务

国债利息收入时间确认如下。

● 《国家税务总局关于企业国债投资业务企业所得税处理问题的公告》（国家税务总局公告2011年第36号）

（1）企业投资国债从国务院财政部门（以下简称"发行者"）取得的国债利息收入，应以国债发行时约定应付利息的日期，确认利息收入的实现。

（2）企业转让国债，应在国债转让收入确认时确认利息收入的实现。

国债利息收入计算如下。

企业到期前转让国债，或者从非发行者投资购买的国债，其持有期间尚未兑付的国债利息收入，按以下公式计算确定：

国债利息收入 = 国债金额 × (适用年利率 ÷ 365) × 持有天数

上述公式中的"国债金额"，按国债发行面值或发行价格确定；"适用年利率"按国债票面年利率或折合年收益率确定;如企业不同时间多次购买同一品种国债的,"持有天数"可按平均持有天数计算确定。

企业取得的国债利息收入免征企业所得税,具体按以下规定执行。

(1)企业从发行者直接投资购买的国债持有至到期,其从发行者取得的国债利息收入,全额免征企业所得税。

(2)企业到期前转让国债,或者从非发行者投资购买的国债,其按上述计算的国债利息收入,免征企业所得税。

国债转让收入时间确认如下。

(1)企业转让国债应在转让国债合同、协议生效的日期,或者国债移交时确认转让收入的实现。

(2)企业投资购买国债,到期兑付的,应在国债发行时约定的应付利息的日期,确认国债转让收入的实现。

企业转让或到期兑付国债取得的价款,减除其购买国债成本,并扣除其持有期间按照上述规定计算的国债利息收入以及交易过程中相关税费后的余额,为企业转让国债收益(损失)。企业转让国债,应作为转让财产,其取得的收益(损失)应作为企业应纳税所得额计算纳税。

国债成本确定如下。

(1)通过支付现金方式取得的国债,以买入价和支付的相关税费为成本。

(2)通过支付现金以外的方式取得的国债,以该资产的公允价值和支付的相关税费为成本。

企业在不同时间购买同一品种国债的,其转让时的成本计算方法,可在先进先出法、加权平均法、个别计价法中选用一种。计价方法一经选用,不得随意改变。

6.5.9.3 混合性投资业务

企业混合性投资业务是指兼具权益和债权双重特性的投资业务。同时符合下列条件的混合性投资业务,按下列规定进行企业所得税处理。

● 《国家税务总局关于企业混合性投资业务企业所得税处理问题的公告》(国家税务总局公告2013年第41号)

(1)被投资企业接受投资后,需要按投资合同或协议约定的利率定期支付利息(或定期支付保底利息、固定利润、固定股息,下同)。

(2)有明确的投资期限或特定的投资条件,并在投资期满或者满足特定投资条件后,被投资企业需要赎回投资或偿还本金。

(3)投资企业对被投资企业净资产不拥有所有权。

(4)投资企业不具有选举权和被选举权。

(5)投资企业不参与被投资企业日常生产经营活动。

符合上述规定的混合性投资业务,按下列规定进行企业所得税处理。

(1)对于被投资企业支付的利息,投资企业应于被投资企业应付利息的日期,确认收入的实现并计入当期应纳税所得额;被投资企业应于应付利息的日期,确认利息支出,并按税法规定,进行税前扣除。

(2)对于被投资企业赎回的投资,投资双方应于赎回时将赎价与投资成本之间的差额确认为债务重组损益,分别计入当期应纳税所得额。

6.5.9.4 非货币性资产投资

居民企业(以下简称"企业")以非货币性资产对外投资确认的非货币性资产转让所得,可在不超过五年期限内,分期均匀计入相应年度的应纳税所得额,按规定计算缴纳企业所得税。

企业以非货币性资产对外投资,应对非货币性资产进行评估并按评估后的公允价值扣除计税基础后的余额,计算确认非货币性资产转让所得。企业以非货币性资产对外投资,应于投资协议生效并办理股权登记手续时,确认非货币性资产转让收入的实现。

企业以非货币性资产对外投资而取得被投资企业的股权,应以非货币性资产的原计税成本为计税基础,加上每年确认的非货币性资产转让所得,逐年进行调整。被投资企业取得非货币性资产的计税基础,应按非货币性资产的公允价值确定。

企业在对外投资五年内转让上述股权或投资收回的,应停止执行递延纳税政策,并就递延期内尚未确认的非货币性资产转让所得,在转让股权或投资收回当年的企业所得税年度汇算清缴时,一次性计算缴纳企业所得税;企业在计算股权转让所得时,可按上述规定将股权的计税基础一次调整到位。企业在对外投资五年内注销的,应停止执行递延纳税政策,并就递延期内尚未确认的非货币性资产转让所得,在注销当年的企业所得税年度汇算清缴时,一次性计算缴纳企业所得税。

上述非货币性资产是指现金、银行存款、应收账款、应收票据以及准备持有至到期的债券投资等货币性资产以外的资产。非货币性资产投资,限于以非货币性资产出资设立新的居民企业,或将非货币性资产注入现存的居民企业。

企业发生非货币性资产投资,符合《财政部 国家税务总局关于企业重组业务企业所得税处理若干问题的通知》(财税〔2009〕59号)等文件规定的特殊性税务处理条件的,也可选择按特殊性税务处理规定执行。

● 《财政部 国家税务总局关于非货币性资产投资企业所得税政策问题的通知》(财税〔2014〕116号)

6.5.9.5 股权激励和技术入股

企业或个人以技术成果投资入股到境内居民企业,被投资企业支付的对价全部为股票(权)的,企业或个人可选择继续按现行有关税收政策执行,也可选择适用递延纳税优惠政策。

● 《财政部 国家税务总局关于完善股权激励和技术入股有关所得税政策的通知》(财税〔2016〕101号)

选择技术成果投资入股递延纳税政策的,经向主管税务机关备案,投资入股当期可暂不纳税,允许递延至转让股权时,按股权转让收入减去技术成果原值和合理税费后的差额计算缴纳所得税。

企业或个人选择适用上述任一项政策,均允许被投资企业按技术成果投资入股时的评估值入账并在企业所得税前摊销扣除。

技术成果是指专利技术(含国防专利)、计算机软件著作权、集成电路布图设计专有权、植物新品种权、生物医药新品种,以及科技部、财政部、国家税务总局确定的其他技术成果。

技术成果投资入股是指纳税人将技术成果所有权让渡给被投资企业,取得该企业股票(权)的行为。

持有递延纳税的股权期间,因该股权产生的转增股本收入,以及以该递延纳税的股权再进行非货币性资产投资的,应在当期缴纳税款。

6.6 企业所得税应纳税额的计算

6.6.1 企业所得税应纳税额的计算公式

企业的应纳税所得额乘以适用税率,减除依照《企业所得税法》关于税收优惠的规定减免和抵免的税额后的余额,为应纳税额。具体计算公式如下:

应纳税额=应纳税所得额×适用税率−减免税额−抵免税额

公式中的减免税额和抵免税额是指依照企业所得税法和国务院的税收优惠规定减征、免征和抵免的应纳税额。

6.6.2　外国税收直接抵免

企业取得的下列所得已在境外缴纳的所得税税额,可以从其当期应纳税额中抵免,抵免限额为该项所得依照规定计算的应纳税额;超过抵免限额的部分,可以在以后五个年度内,用每年度抵免限额抵免当年应抵税额后的余额进行抵补。

(1)居民企业来源于中国境外的应税所得。

(2)非居民企业在中国境内设立机构、场所,取得发生在中国境外但与该机构、场所有实际联系的应税所得。

已在境外缴纳的所得税税额是指企业来源于中国境外的所得依照中国境外税收法律以及相关规定应当缴纳并已经实际缴纳的企业所得税性质的税款。

抵免限额是指企业来源于中国境外的所得,依照规定计算的应纳税额。除国务院财政、税务主管部门另有规定外,该抵免限额应当分国(地区)不分项计算,计算公式如下:

抵免限额=中国境内、境外所得依照规定计算的应纳税总额×来源于某国(地区)的应纳税所得额÷中国境内、境外应纳税所得总额

五个年度是指从企业取得的来源于中国境外的所得,已经在中国境外缴纳的企业所得税性质的税额超过抵免限额的当年的次年起连续五个纳税年度。

自2017年1月1日起,企业可以选择按国(地区)别分别计算(即"分国(地区)不分项"),或者不按国(地区)别汇总计算(即"不分国(地区)不分项")其来源于境外的应纳税所得额,并按规定的税率,分别计算其可抵免境外所得税税额和抵免限额。上述方式一经选择,五年内不得改变。

● 《财政部 税务总局关于完善企业境外所得税收抵免政策问题的通知》(财税〔2017〕84号)

6.6.3　外国税收间接抵免

居民企业从其直接或者间接控制的外国企业分得的来源于中国境外的股息、红利等权益性投资收益,外国企业在境外实际缴纳的所得税税额中属于该项所得负担的部分,可以作为该居民企业的可抵免境外所得税税额,在规定的抵免限额内抵免。

直接控制是指居民企业直接持有外国企业20%以上股份。间接控制是指居民企业以间接持股方式持有外国企业20%以上股份,具体认定办法由国务院财政、税务主管部门另行制订。

企业依照规定抵免企业所得税税额时,应当提供中国境外税务机关出具的税款所属年度的有关纳税凭证。

6.6.4　境外所得税收抵免具体操作方式

企业应按照《企业所得税法》及其实施条例、税收协定的规定,准确计算下列当期与抵免境外所得税有关的项目后,确定当期实际可抵免分国(地区)别的境外所得税税额和抵免限额。

● 《财政部 国家税务总局关于企业境外所得税收抵免有关问题的通知》(财税〔2009〕125号)

(1)境内所得的应纳税所得额(以下称"境内应纳税所得额")和分国(地区)别的境外所得的应纳税所得额(以下称"境外应纳税所得额")。

(2)分国(地区)别的可抵免境外所得税税额。

(3)分国(地区)别的境外所得税的抵免限额。

企业不能准确计算上述项目实际可抵免分国(地区)别的境外所得税税额的,在相应国家(地区)缴纳的税收均不得在该企业当期应纳税额中抵免,也不得结转以后年度抵免。

企业应就其按照规定确定的中国境外所得(境外税前所得),按以下规定计算境外应纳税所得额。

(1)居民企业在境外投资设立不具有独立纳税地位的分支机构,其来源于境外的所得,以境外收入总额扣除与取得境外收入有关的各项合理支出后的余额为应纳税所得额。居民企业在境外设立不具有独立纳税地位的分支机构取得的各项境外所得,无论是否汇回中国境内,均应计入该企业所属纳税年度的境外应纳税所得额。

(2)居民企业应就其来源于境外的股息、红利等权益性投资收益,以及利息、租金、特许权使用费、转让财产等收入,扣除按照企业所得税法及实施条例等规定计算的与取得该项收入有关的各项合理支出后的余额为应纳税所得额。来源于境外的股息、红利等权益性投资收益,应按被投资方做出利润分配决定的日期确认收入实现;来源于境外的利息、租金、特许权使用费、转让财产等收入,应按有关合同约定应付交易对价款的日期确认收入实现。

(3)非居民企业在境内设立机构、场所的,应就其发生在境外但与境内所设机构、场所有实际联系的各项应税所得,比照上述第(2)项的规定计算相应的应纳税所得额。

(4)在计算境外应纳税所得额时,企业为取得境内、外所得而在境内、境外发生的共同支出,与取得境外应税所得有关的、合理的部分,应在境内、境外[分国(地区)别,下同]应税所得之间,按照合理比例进行分摊后扣除。

(5)在汇总计算境外应纳税所得额时,企业在境外同一国家(地区)设立不具有独立纳税地位的分支机构,按照有关规定计算的亏损,不得抵减其境内或他国(地区)的应纳税所得额,但可以用同一国家(地区)其他项目或以后年度的所得按规定弥补。

可抵免境外所得税税额是指企业来源于中国境外的所得依照中国境外税收法律以及相关规定应当缴纳并已实际缴纳的企业所得税性质的税款。但不包括:

(1)按照境外所得税法律及相关规定属于错缴或错征的境外所得税税款;

(2)按照税收协定规定不应征收的境外所得税税款;

(3)因少缴或迟缴境外所得税而追加的利息、滞纳金或罚款;

(4)境外所得税纳税人或者其利害关系人从境外征税主体得到实际返还或补偿的境外所得税税款;

(5)按照我国《企业所得税法》及其实施条例规定,已经免征我国企业所得税的境外所得负担的境外所得税税款;

(6)按照国务院财政、税务主管部门有关规定已经从企业境外应纳税所得额中扣除的境外所得税税款。

居民企业在按照规定用境外所得间接负担的税额进行税收抵免时,其取得的境外投资收益实际间接负担的税额,是指根据直接或者间接持股方式合计持股20%以上(含20%,下同)的规定层级的外国企业股份,由此应分得的股息、红利等权益性投资收益中,从最低一层外国企业起逐层计算的属于由上一层企业负担的税额,其计算公式如下:

本层企业所纳税额属于由一家上一层企业负担的税额=(本层企业就利润和投资收益所实际缴纳的税额+符合本通知规定的由本层企业间接负担的税额)×本层企业向一家上一层企业分配的股息(红利)÷本层企业所得税后利润额

除国务院财政、税务主管部门另有规定外,按照规定由居民企业直接或者间接持有20%以上股份的外国企业,限于符合以下持股方式的三层外国企业。

第一层:单一居民企业直接持有20%以上股份的外国企业。

第二层：单一第一层外国企业直接持有20%以上股份，且由单一居民企业直接持有或通过一个或多个符合本条规定持股条件的外国企业间接持有总和达到20%以上股份的外国企业。

第三层：单一第二层外国企业直接持有20%以上股份，且由单一居民企业直接持有或通过一个或多个符合本条规定持股条件的外国企业间接持有总和达到20%以上股份的外国企业。

居民企业从与我国政府订立税收协定（或安排）的国家（地区）取得的所得，按照该国（地区）税收法律享受了免税或减税待遇，且该免税或减税的数额按照税收协定规定应视同已缴税额在中国的应纳税额中抵免的，该免税或减税数额可作为企业实际缴纳的境外所得税额用于办理税收抵免。

企业应按照有关规定分国（地区）别计算境外税额的抵免限额。

某国（地区）所得税抵免限额＝中国境内、境外所得依照企业所得税法及实施条例的规定计算的应纳税总额×来源于某国（地区）的应纳税所得额÷中国境内、境外应纳税所得总额

据以计算上述公式中"中国境内、境外所得依照企业所得税法及实施条例的规定计算的应纳税总额"的税率，除国务院财政、税务主管部门另有规定外，应为25%。企业按照有关规定计算的当期境内、境外应纳税所得总额小于零的，应以零计算当期境内、境外应纳税所得总额，其当期境外所得税的抵免限额也为零。

在计算实际应抵免的境外已缴纳和间接负担的所得税税额时，企业在境外一国（地区）当年缴纳和间接负担的符合规定的所得税税额低于所计算的该国（地区）抵免限额的，应以该项税额作为境外所得税抵免额从企业应纳税总额中据实抵免；超过抵免限额的，当年应以抵免限额作为境外所得税抵免额进行抵免，超过抵免限额的余额允许从次年起在连续五个纳税年度内，用每年度抵免限额抵免当年应抵税额后的余额进行抵补。

属于下列情形的，可以采取简易办法对境外所得已纳税额计算抵免。

（1）企业从境外取得营业利润所得以及符合境外税额间接抵免条件的股息所得，虽有所得来源国（地区）政府机关核发的具有纳税性质的凭证或证明，但因客观原因无法真实、准确地确认应当缴纳并已经实际缴纳的境外所得税税额的，除就该所得直接缴纳及间接负担的税额在所得来源国（地区）的实际有效税率低于25%税率50%以上的外，可按境外应纳税所得额的12.5%作为抵免限额，企业按该国（地区）税务机关或政府机关核发具有纳税性质凭证或证明的金额，其不超过抵免限额的部分，准予抵免；超过的部分不得抵免。属于上述规定以外的股息、利息、租金、特许权使用费、转让财产等投资性所得，均应按其他规定计算境外税额抵免。

（2）企业从境外取得营业利润所得以及符合境外税额间接抵免条件的股息所得，凡就该所得缴纳及间接负担的税额在所得来源国（地区）的法定税率且其实际有效税率明显高于我国的，可直接以按规定计算的境外应纳税所得额和我国企业所得税法规定的税率计算的抵免限额作为可抵免的已在境外实际缴纳的企业所得税税额。法定税率明显高于我国的境外所得来源国（地区）包括：美国、阿根廷、布隆迪、喀麦隆、古巴、法国、日本、摩洛哥、巴基斯坦、赞比亚、科威特、孟加拉国、叙利亚、约旦、老挝。属于上述规定以外的股息、利息、租金、特许权使用费、转让财产等投资性所得，均应按其他规定计算境外税额抵免。

企业在境外投资设立不具有独立纳税地位的分支机构，其计算生产、经营所得的纳税年度与我国规定的纳税年度不一致的，与我国纳税年度当年度相对应的境外纳税年度，应为在我国有关纳税年度中任何一日结束的境外纳税年度。企业取得上款以外的境外所得实际缴纳或间接负担的境外所得税，应在该项境外所得实现日所在的我国对应纳税年度的应纳税额中计算抵免。

企业抵免境外所得税额后实际应纳所得税额的计算公式为：

企业实际应纳所得税额=企业境内外所得应纳税总额−企业所得税减免、抵免优惠税额−境外所得税抵免额

上述不具有独立纳税地位是指根据企业设立地法律不具有独立法人地位或者按照税收协定规定不认定为对方国家(地区)的税收居民。企业取得来源于中国香港、澳门、台湾地区的应税所得,参照上述规定执行。中华人民共和国政府同外国政府订立的有关税收的协定与本通知有不同规定的,依照协定的规定办理。

6.7 企业所得税的税收优惠

国家对重点扶持和鼓励发展的产业和项目,给予企业所得税优惠。根据国民经济和社会发展的需要,或者由于突发事件等原因对企业经营活动产生重大影响的,国务院可以制订企业所得税专项优惠政策,报全国人民代表大会常务委员会备案。

企业同时从事适用不同企业所得税待遇的项目的,其优惠项目应当单独计算所得,并合理分摊企业的期间费用;没有单独计算的,不得享受企业所得税优惠。

6.7.1 免税收入

6.7.1.1 免税收入的种类

企业的下列收入为免税收入。

(1)国债利息收入。

(2)符合条件的居民企业之间的股息、红利等权益性投资收益。

(3)在中国境内设立机构、场所的非居民企业从居民企业取得与该机构、场所有实际联系的股息、红利等权益性投资收益。

(4)符合条件的非营利组织的收入。

6.7.1.2 国债利息收入

国债利息收入是指企业持有国务院财政部门发行的国债取得的利息收入。

自2018年11月7日起至2021年11月6日止,对境外机构投资境内债券市场取得的债券利息收入暂免征收企业所得税。上述暂免征收企业所得税的范围不包括境外机构在境内设立的机构、场所取得的与该机构、场所有实际联系的债券利息。

● 《财政部 税务总局关于境外机构投资境内债券市场企业所得税增值税政策的通知》(财税〔2018〕108号)

6.7.1.3 符合条件的居民企业之间的股息、红利等权益性投资收益

符合条件的居民企业之间的股息、红利等权益性投资收益是指居民企业直接投资于其他居民企业取得的投资收益。

6.7.1.4 股息、红利等权益性投资收益

上述股息、红利等权益性投资收益,不包括连续持有居民企业公开发行并上市流通的股票不足12个月取得的投资收益。

● 《财政部 税务总局关于永续债企业所得税政策问题的公告》(财政部 税务总局公告2019年第64号)

永续债是指经国家发展改革委员会、中国人民银行、中国银行保险监督管理委员会、中国证券监督管理委员会核准,或经中国银行间市场交易商协会注册、中国证券监督管理委员会授权的证券自律组织备案,依照法定程序发行、附赎回(续期)选择权或无明确到期日的债券,包括可续期企业债、可续期公司债、永续债务融资工具(含永续票据)、无固定期限资本债券等。

企业发行的永续债,可以适用股息、红利企业所得税政策,即:投资方取得的永续债利息收入属于股息、红利性质,按照现行企业所得税政策相关规定进行处理,其中,发行方和投资

方均为居民企业的,永续债利息收入可以适用企业所得税法规定的居民企业之间的股息、红利等权益性投资收益免征企业所得税规定;同时发行方支付的永续债利息支出不得在企业所得税税前扣除。

企业发行符合规定条件的永续债,也可以按照债券利息适用企业所得税政策,即:发行方支付的永续债利息支出准予在其企业所得税税前扣除;投资方取得的永续债利息收入应当依法纳税。

符合规定条件的永续债,是指符合下列条件中五条(含)以上的永续债。

(1)被投资企业对该项投资具有还本义务。

(2)有明确约定的利率和付息频率。

(3)有一定的投资期限。

(4)投资方对被投资企业净资产不拥有所有权。

(5)投资方不参与被投资企业日常生产经营活动。

(6)被投资企业可以赎回,或满足特定条件后可以赎回。

(7)被投资企业将该项投资计入负债。

(8)该项投资不承担被投资企业股东同等的经营风险。

(9)该项投资的清偿顺序位于被投资企业股东持有的股份之前。

企业发行永续债,应当将其适用的税收处理方法在证券交易所、银行间债券市场等发行市场的发行文件中向投资方予以披露。发行永续债的企业对每一永续债产品的税收处理方法一经确定,不得变更。企业对永续债采取的税收处理办法与会计核算方式不一致的,发行方、投资方在进行税收处理时须做出相应纳税调整。

6.7.1.5 符合条件的非营利组织的收入

符合条件的非营利组织,必须同时满足以下条件。

● 《财政部 税务总局关于非营利组织免税资格认定管理有关问题的通知》(财税〔2018〕13号)

(1)依照国家有关法律法规设立或登记的事业单位、社会团体、基金会、社会服务机构、宗教活动场所、宗教院校以及财政部、税务总局认定的其他非营利组织。

(2)从事公益性或者非营利性活动。

(3)取得的收入除用于与该组织有关的、合理的支出外,全部用于登记核定或者章程规定的公益性或者非营利性事业。

(4)财产及其孳息不用于分配,但不包括合理的工资薪金支出。

(5)按照登记核定或者章程规定,该组织注销后的剩余财产用于公益性或者非营利性目的,或者由登记管理机关采取转赠给与该组织性质、宗旨相同的组织等处置方式,并向社会公告。

(6)投入人对投入该组织的财产不保留或者享有任何财产权利,本款所称投入人是指除各级人民政府及其部门外的法人、自然人和其他组织。

(7)工作人员工资福利开支控制在规定的比例内,不变相分配该组织的财产,其中,工作人员平均工资薪金水平不得超过税务登记所在地的地市级(含地市级)以上地区的同行业同类组织平均工资水平的两倍,工作人员福利按照国家有关规定执行。

(8)对取得的应纳税收入及其有关的成本、费用、损失应与免税收入及其有关的成本、费用、损失分别核算。

经省级(含省级)以上登记管理机关批准设立或登记的非营利组织,凡符合规定条件的,应向其所在地省级税务主管机关提出免税资格申请,并提供规定的相关材料;经地市级或县级登记管理机关批准设立或登记的非营利组织,凡符合规定条件的,分别向其所在地的地市级或县级税务主管机关提出免税资格申请,并提供规定的相关材料。

财政、税务部门按照上述管理权限,对非营利组织享受免税的资格联合进行审核确认,并定期予以公布。

申请享受免税资格的非营利组织,需报送以下材料。

(1)申请报告。

(2)事业单位、社会团体、基金会、社会服务机构的组织章程或宗教活动场所、宗教院校的管理制度。

(3)非营利组织注册登记证件的复印件。

(4)上一年度的资金来源及使用情况、公益活动和非营利活动的明细情况。

(5)上一年度的工资薪金情况专项报告,包括薪酬制度、工作人员整体平均工资薪金水平、工资福利占总支出比例、重要人员工资薪金信息(至少包括工资薪金水平排名前10的人员)。

(6)具有资质的中介机构鉴证的上一年度财务报表和审计报告。

(7)登记管理机关出具的事业单位、社会团体、基金会、社会服务机构、宗教活动场所、宗教院校上一年度符合相关法律法规和国家政策的事业发展情况或非营利活动的材料。

(8)财政、税务部门要求提供的其他材料。

当年新设立或登记的非营利组织需提供上述第(1)项至第(3)项规定的材料及第(4)项、第(5)项规定的申请当年的材料,不需提供第(6)项、第(7)项规定的材料。

非营利组织免税优惠资格的有效期为五年。非营利组织应在免税优惠资格期满后六个月内提出复审申请,不提出复审申请或复审不合格的,其享受免税优惠的资格到期自动失效。非营利组织免税资格复审,按照初次申请免税优惠资格的规定办理。

非营利组织必须按照《中华人民共和国税收征收管理法》及《中华人民共和国税收征收管理法实施细则》等有关规定,办理税务登记,按期进行纳税申报。取得免税资格的非营利组织应按照规定向主管税务机关办理免税手续,免税条件发生变化的,应当自发生变化之日起十五日内向主管税务机关报告;不再符合免税条件的,应当依法履行纳税义务;未依法纳税的,主管税务机关应当予以追缴。取得免税资格的非营利组织注销时,剩余财产处置违反规定的,主管税务机关应追缴其应纳企业所得税款。

有关部门在日常管理过程中,发现非营利组织享受优惠年度不符合规定的免税条件的,应提请核准该非营利组织免税资格的财政、税务部门,由其进行复核。

核准非营利组织免税资格的财政、税务部门根据规定的管理权限,对非营利组织的免税优惠资格进行复核,复核不合格的,相应年度不得享受税收优惠政策。

已认定的享受免税优惠政策的非营利组织有下述情形之一的,应自该情形发生年度起取消其资格。

(1)登记管理机关在后续管理中发现非营利组织不符合相关法律法规和国家政策的。

(2)在申请认定过程中提供虚假信息的。

(3)纳税信用等级为税务部门评定的C级或D级的。

(4)通过关联交易或非关联交易和服务活动,变相转移、隐匿、分配该组织财产的。

(5)被登记管理机关列入严重违法失信名单的。

(6)从事非法政治活动的。

因上述第(1)项至第(5)项规定的情形被取消免税优惠资格的非营利组织,财政、税务部门自其被取消资格的次年起一年内不再受理该组织的认定申请;因上述第(6)项规定的情形被取消免税优惠资格的非营利组织,财政、税务部门将不再受理该组织的认定申请。

被取消免税优惠资格的非营利组织,应当依法履行纳税义务;未依法纳税的,主管税务机关应当自其存在取消免税优惠资格情形的当年起予以追缴。

符合条件的非营利组织的收入,不包括非营利组织从事营利性活动取得的收入,但国务院财政、税务主管部门另有规定的除外。

6.7.2　减免税所得

6.7.2.1　减免税所得的种类

企业的下列所得,可以免征、减征企业所得税。

(1)从事农、林、牧、渔业项目的所得。

(2)从事国家重点扶持的公共基础设施项目投资经营的所得。

(3)从事符合条件的环境保护、节能节水项目的所得。

(4)符合条件的技术转让所得。

(5)非居民企业在中国境内未设立机构、场所的,或者虽设立机构、场所但取得的所得与其所设机构、场所没有实际联系的,其来源于中国境内的所得。

6.7.2.2　从事农、林、牧、渔业项目的所得

企业从事下列项目的所得,免征企业所得税。

(1)蔬菜、谷物、薯类、油料、豆类、棉花、麻类、糖料、水果、坚果的种植。

(2)农作物新品种的选育。

(3)中药材的种植。

(4)林木的培育和种植。

(5)牲畜、家禽的饲养。

(6)林产品的采集。

(7)灌溉、农产品初加工、兽医、农技推广、农机作业和维修等农、林、牧、渔服务业项目。

(8)远洋捕捞。

企业从事下列项目的所得,减半征收企业所得税。

(1)花卉、茶以及其他饮料作物和香料作物的种植。

(2)海水养殖、内陆养殖。

企业从事国家限制和禁止发展的项目,不得享受上述规定的企业所得税优惠。

6.7.2.3　从事国家重点扶持的公共基础设施项目投资经营的所得

国家重点扶持的公共基础设施项目是指《公共基础设施项目企业所得税优惠目录》规定的港口码头、机场、铁路、公路、城市公共交通、电力、水利等项目。

企业从事国家重点扶持的公共基础设施项目的投资经营的所得,自项目取得第一笔生产经营收入所属纳税年度起,第一年至第三年免征企业所得税,第四年至第六年减半征收企业所得税。

企业承包经营、承包建设和内部自建自用上述规定的项目,不得享受上述规定的企业所得税优惠。

依照上述规定享受减免税优惠的项目，在减免税期限内转让的，受让方自受让之日起，可以在剩余期限内享受规定的减免税优惠；减免税期限届满后转让的，受让方不得就该项目重复享受减免税优惠。

6.7.2.4 从事符合条件的环境保护、节能节水项目的所得

符合条件的环境保护、节能节水项目，包括公共污水处理、公共垃圾处理、沼气综合开发利用、节能减排技术改造、海水淡化等。

企业从事符合条件的环境保护、节能节水项目的所得，自项目取得第一笔生产经营收入所属纳税年度起，第一年至第三年免征企业所得税，第四年至第六年减半征收企业所得税。

依照上述规定享受减免税优惠的项目，在减免税期限内转让的，受让方自受让之日起，可以在剩余期限内享受规定的减免税优惠；减免税期限届满后转让的，受让方不得就该项目重复享受减免税优惠。

6.7.2.5 符合条件的技术转让所得

1. 税收优惠的内容

符合条件的技术转让所得免征、减征企业所得税，是指一个纳税年度内，居民企业技术转让所得不超过500万元的部分，免征企业所得税；超过500万元的部分，减半征收企业所得税。

2. 相关限制条件

享受减免企业所得税优惠的技术转让应符合以下条件。

(1) 享受优惠的技术转让主体是企业所得税法规定的居民企业。

(2) 技术转让属于财政部、国家税务总局规定的范围。

(3) 境内技术转让经省级以上科技部门认定。

(4) 向境外转让技术经省级以上商务部门认定。

(5) 国务院税务主管部门规定的其他条件。

● 《国家税务总局关于技术转让所得减免企业所得税有关问题的通知》（国税函〔2009〕212号）

技术转让的范围，包括居民企业转让专利技术、计算机软件著作权、集成电路布图设计权、植物新品种、生物医药新品种，以及财政部和国家税务总局确定的其他技术。其中，专利技术是指法律授予独占权的发明、实用新型和非简单改变产品图案的外观设计。

● 《财政部 国家税务总局关于居民企业技术转让有关企业所得税政策问题的通知》（财税〔2010〕111号）

技术转让是指居民企业转让其拥有符合上述规定技术的所有权或五年以上（含五年）全球独占许可使用权的行为。

技术转让应签订技术转让合同。其中，境内的技术转让须经省级以上（含省级）科技部门认定登记，跨境的技术转让须经省级以上（含省级）商务部门认定登记，涉及财政经费支持产生技术的转让，需省级以上（含省级）科技部门审批。居民企业技术出口应由有关部门按照商务部、科技部发布的《中国禁止出口限制出口技术目录》（商务部、科技部令2008年第12号）进行审查。居民企业取得禁止出口和限制出口技术转让所得，不享受技术转让减免企业所得税优惠政策。

自2015年10月1日起，全国范围内的居民企业转让五年以上非独占许可使用权取得的技术转让所得，纳入享受企业所得税优惠的技术转让所得范围。居民企业的年度技术转让所得不超过500万元的部分，免征企业所得税；超过500万元的部分，减半征收企业所得税。上述所称技术，包括专利（含国防专利）、计算机软件著作权、集成电路布图设计专有权、植物新品种权、生物医药新品种，以及财政部和国家税务总局确定的其他技术。其中，专利是指法律授予独占权的发明、实用新型以及非简单改变产品图案和形状的外观设计。

3. 技术转让所得的计算

符合条件的技术转让所得应按以下方法计算：

技术转让所得＝技术转让收入－技术转让成本－相关税费

技术转让收入是指当事人履行技术转让合同后获得的价款，不包括销售或转让设备、仪器、零部件、原材料等非技术性收入。不属于与技术转让项目密不可分的技术咨询、技术服务、技术培训等收入，不得计入技术转让收入。可以计入技术转让收入的技术咨询、技术服务、技术培训收入，是指转让方为使受让方掌握所转让的技术投入使用、实现产业化而提供的必要的技术咨询、技术服务、技术培训所产生的收入，并应同时符合以下条件。

● 《国家税务总局关于技术转让所得减免企业所得税有关问题的公告》（国家税务总局公告2013年第62号）

(1) 在技术转让合同中约定的与该技术转让相关的技术咨询、技术服务、技术培训。

(2) 技术咨询、技术服务、技术培训收入与该技术转让项目收入一并收取价款。

技术转让成本是指转让的无形资产的净值，即该无形资产的计税基础减除在资产使用期间按照规定计算的摊销扣除额后的余额。

相关税费是指技术转让过程中实际发生的有关税费，包括除企业所得税和允许抵扣的增值税以外的各项税金及其附加、合同签订费用、律师费等相关费用及其他支出。

享受技术转让所得减免企业所得税优惠的企业，应单独计算技术转让所得，并合理分摊企业的期间费用；没有单独计算的，不得享受技术转让所得企业所得税优惠。

居民企业从直接或间接持有股权之和达到100%的关联方取得的技术转让所得，不享受技术转让减免企业所得税优惠政策。

6.7.2.6 预提所得税优惠

非居民企业在中国境内未设立机构、场所的，或者虽设立机构、场所但取得的所得与其所设机构、场所没有实际联系的，其来源于中国境内的所得，减按10%的税率征收企业所得税。

下列所得可以免征企业所得税。

(1) 外国政府向中国政府提供贷款取得的利息所得。

(2) 国际金融组织向中国政府和居民企业提供优惠贷款取得的利息所得。

(3) 经国务院批准的其他所得。

上述国际金融组织包括国际货币基金组织、世界银行、亚洲开发银行、国际开发协会、国际农业发展基金、欧洲投资银行以及财政部和国家税务总局确定的其他国际金融组织；所称优惠贷款是指低于金融企业同期同类贷款利率水平的贷款。

● 《财政部 国家税务总局关于执行企业所得税优惠政策若干问题的通知》（财税〔2009〕69号）

6.7.2.7 境外投资者以分配利润直接投资暂不征收预提所得税优惠

自2018年1月1日起，对境外投资者从中国境内居民企业分配的利润，用于境内直接投资暂不征收预提所得税政策的适用范围，由外商投资鼓励类项目扩大至所有非禁止外商投资的项目和领域。

● 《财政部 税务总局 国家发展改革委 商务部关于扩大境外投资者以分配利润直接投资暂不征收预提所得税政策适用范围的通知》（财税〔2018〕102号）

境外投资者暂不征收预提所得税须同时满足以下条件。

(1) 境外投资者以分得利润进行的直接投资，包括境外投资者以分得利润进行的增资、新建、股权收购等权益性投资行为，但不包括新增、转增、收购上市公司股份（符合条件的战略投资除外）。具体是指：新增或转增中国境内居民企业实收资本或者资本公积；在中国境内投资新建居民企业；从非关联方收购中国境内居民企业股权；财政部、税务总局规定的其他方式。境外投资者采取上述投资行为所投资的企业统称为被投资企业。

(2)境外投资者分得的利润属于中国境内居民企业向投资者实际分配已经实现的留存收益而形成的股息、红利等权益性投资收益。

(3)境外投资者用于直接投资的利润以现金形式支付的，相关款项从利润分配企业的账户直接转入被投资企业或股权转让方账户，在直接投资前不得在境内外其他账户周转；境外投资者用于直接投资的利润以实物、有价证券等非现金形式支付的，相关资产所有权直接从利润分配企业转入被投资企业或股权转让方，在直接投资前不得由其他企业、个人代为持有或临时持有。

境外投资者符合规定条件的，应按照税收管理要求进行申报并如实向利润分配企业提供其符合政策条件的资料。利润分配企业经适当审核后认为境外投资者符合规定的，可暂不扣缴预提所得税，并向其主管税务机关履行备案手续。税务部门依法加强后续管理。境外投资者已享受规定的暂不征收预提所得税政策，经税务部门后续管理核实不符合规定条件的，除属于利润分配企业责任外，视为境外投资者未按照规定申报缴纳企业所得税，依法追究延迟纳税责任，税款延迟缴纳期限自相关利润支付之日起计算。境外投资者按照规定可以享受暂不征收预提所得税政策但未实际享受的，可在实际缴纳相关税款之日起三年内申请追补享受该政策，退还已缴纳的税款。境外投资者通过股权转让、回购、清算等方式实际收回享受暂不征收预提所得税政策待遇的直接投资，在实际收取相应款项后七日内，按规定程序向税务部门申报补缴递延的税款。境外投资者享受规定的暂不征收预提所得税政策待遇后，被投资企业发生重组符合特殊性重组条件，并实际按照特殊性重组进行税务处理的，可继续享受暂不征收预提所得税政策待遇，不补缴递延的税款。

上述"境外投资者"是指适用《企业所得税法》第三条第三款规定的非居民企业；"中国境内居民企业"是指依法在中国境内成立的居民企业。

6.7.3 低税率优惠

6.7.3.1 小微企业低税率优惠

符合条件的小型微利企业，减按20%的税率征收企业所得税。

● 《财政部 税务总局关于实施小微企业普惠性税收减免政策的通知》（财税〔2019〕13号）

自2019年1月1日至2021年12月31日，对小型微利企业年应纳税所得额不超过100万元的部分，减按25%计入应纳税所得额，按20%的税率缴纳企业所得税；对年应纳税所得额超过100万元但不超过300万元的部分，减按50%计入应纳税所得额，按20%的税率缴纳企业所得税。

上述小型微利企业是指从事国家非限制和禁止行业，且同时符合年度应纳税所得额不超过300万元、从业人数不超过300人、资产总额不超过5000万元等三个条件的企业。

从业人数，包括与企业建立劳动关系的职工人数和企业接受的劳务派遣用工人数。所称从业人数和资产总额指标，应按企业全年的季度平均值确定。具体计算公式如下：

季度平均值=(季初值+季末值)÷2

全年季度平均值=全年各季度平均值之和÷4

年度中间开业或者终止经营活动的，以其实际经营期作为一个纳税年度确定上述相关指标。

6.7.3.2 高新技术企业低税率优惠

国家需要重点扶持的高新技术企业，减按15%的税率征收企业所得税。

国家需要重点扶持的高新技术企业是指拥有核心自主知识产权，并同时符合下列条件的企业。

(1)产品(服务)属于《国家重点支持的高新技术领域》规定的范围。

(2) 研究开发费用占销售收入的比例不低于规定比例。

(3) 高新技术产品(服务)收入占企业总收入的比例不低于规定比例。

(4) 科技人员占企业职工总数的比例不低于规定比例。

(5) 高新技术企业认定管理办法规定的其他条件。

6.7.3.3 技术先进型服务企业低税率优惠

自2017年1月1日起,对经认定的技术先进型服务企业,减按15%的税率征收企业所得税。享受上述企业所得税优惠政策的技术先进型服务企业必须同时符合以下条件。

● 《财政部 国家税务总局 商务部等关于将技术先进型服务企业所得税政策推广至全国实施的通知》(财税〔2017〕79号)

(1) 在中国境内(不包括港澳台地区)注册的法人企业。

(2) 从事《技术先进型服务业务认定范围(试行)》中的一种或多种技术先进型服务业务,采用先进技术或具备较强的研发能力。

(3) 具有大专以上学历的员工占企业职工总数的50%以上。

(4) 从事《技术先进型服务业务认定范围(试行)》中的技术先进型服务业务取得的收入占企业当年总收入的50%以上。

(5) 从事离岸服务外包业务取得的收入不低于企业当年总收入的35%。

从事离岸服务外包业务取得的收入是指企业根据境外单位与其签订的委托合同,由本企业或其直接转包的企业为境外单位提供《技术先进型服务业务认定范围(试行)》中所规定的信息技术外包服务(ITO)、技术性业务流程外包服务(BPO)和技术性知识流程外包服务(KPO),而从上述境外单位取得的收入。

自2018年1月1日起,对经认定的技术先进型服务企业(服务贸易类),减按15%的税率征收企业所得税。上述所称技术先进型服务企业(服务贸易类)须符合的条件及认定管理事项,按照《财政部 税务总局 商务部 科技部 国家发展改革委关于将技术先进型服务企业所得税政策推广至全国实施的通知》(财税〔2017〕79号)的相关规定执行。其中,企业须满足的技术先进型服务业务领域范围按照《技术先进型服务业务领域范围(服务贸易类)》执行。

● 《财政部 国家税务总局 商务部等关于将服务贸易创新发展试点地区技术先进型服务企业所得税政策推广至全国实施的通知》(财税〔2018〕44号)

省级科技部门应会同本级商务、财政、税务和发展改革部门及时将《技术先进型服务业务领域范围(服务贸易类)》增补入本地区技术先进型服务企业认定管理办法,并据此开展认定管理工作。省级人民政府财政、税务、商务、科技和发展改革部门应加强沟通与协作,发现新情况、新问题及时上报财政部、税务总局、商务部、科技部和国家发展改革委。

省级科技、商务、财政、税务和发展改革部门及其工作人员在认定技术先进型服务企业工作中,存在违法违纪行为的,按照《公务员法》《行政监察法》等国家有关规定追究相应责任;涉嫌犯罪的,移送司法机关处理。

6.7.3.4 第三方防治企业低税率优惠

自2019年1月1日起至2021年12月31日,对符合条件的从事污染防治的第三方企业(以下称"第三方防治企业")减按15%的税率征收企业所得税。第三方防治企业是指受排污企业或政府委托,负责环境污染治理设施(包括自动连续监测设施,下同)运营维护的企业。

● 《财政部 税务总局 国家发展改革委 生态环境部关于从事污染防治的第三方企业所得税政策问题的公告》(财政部 税务总局 国家发展改革委 生态环境部公告2019年第60号)

第三方防治企业应当同时符合以下条件。

(1) 在中国境内(不包括港澳台地区)依法注册的居民企业。

(2)具有一年以上连续从事环境污染治理设施运营实践,且能够保证设施正常运行。

(3)具有至少五名从事本领域工作且具有环保相关专业中级及以上技术职称的技术人员,或者至少两名从事本领域工作且具有环保相关专业高级及以上技术职称的技术人员。

(4)从事环境保护设施运营服务的年度营业收入占总收入的比例不低于60%。

(5)具备检验能力,拥有自有实验室,仪器配置可满足运行服务范围内常规污染物指标的检测需求。

(6)保证其运营的环境保护设施正常运行,使污染物排放指标能够连续稳定达到国家或者地方规定的排放标准要求。

(7)具有良好的纳税信用,近三年内纳税信用等级未被评定为C级或D级。

第三方防治企业,自行判断其是否符合上述条件,符合条件的可以申报享受税收优惠,相关资料留存备查。税务部门依法开展后续管理过程中,可转请生态环境部门进行核查,生态环境部门可以委托专业机构开展相关核查工作。

6.7.4 民族自治地方的税收优惠

6.7.4.1 一般规定

民族自治地方的自治机关对本民族自治地方的企业应缴纳的企业所得税中属于地方分享的部分,可以决定减征或者免征。自治州、自治县决定减征或者免征的,须报省、自治区、直辖市人民政府批准。

民族自治地方是指依照《民族区域自治法》的规定,实行民族区域自治的自治区、自治州、自治县。对民族自治地方内国家限制和禁止行业的企业,不得减征或者免征企业所得税。

6.7.4.2 新疆困难地区税收优惠

2010年1月1日至2020年12月31日,对在新疆困难地区新办的属于《新疆困难地区重点鼓励发展产业企业所得税优惠目录》(以下简称"《目录》")范围内的企业,自取得第一笔生产经营收入所属纳税年度起,第一年至第二年免征企业所得税,第三年至第五年减半征收企业所得税。

● 《财政部 国家税务总局关于新疆困难地区新办企业所得税优惠政策的通知》(财税〔2011〕53号)

新疆困难地区包括南疆三地州、其他国家扶贫开发重点县和边境县市。属于《目录》范围内的企业是指以《目录》中规定的产业项目为主营业务,其主营业务收入占企业收入总额70%以上的企业。第一笔生产经营收入是指新疆困难地区重点鼓励发展产业项目已建成并投入运营后所取得的第一笔收入。

按照上述规定享受企业所得税定期减免税政策的企业,在减半期内,按照企业所得税25%的法定税率计算的应纳税额减半征税。财政部、国家税务总局会同有关部门研究制订《目录》,经国务院批准后公布实施,并根据新疆经济社会发展需要及企业所得税优惠政策实施情况适时调整。对难以界定是否属于《目录》范围的项目,税务机关应当要求企业提供省级以上(含省级)有关行业主管部门出具的证明文件,并结合其他相关材料进行认定。

6.7.5 加计扣除

6.7.5.1 加计扣除的种类

企业的下列支出,可以在计算应纳税所得额时加计扣除。

(1)开发新技术、新产品、新工艺发生的研究开发费用。

(2)安置残疾人员及国家鼓励安置的其他就业人员所支付的工资。

6.7.5.2 研发费用加计扣除

1. 一般规定

研究开发费用(以下简称"研发费用")的加计扣除,是指企业为开发新技术、新产品、新工艺发生的研发费用,未形成无形资产计入当期损益的,在按照规定据实扣除的基础上,按照研发费用的50%加计扣除;形成无形资产的,按照无形资产成本的150%摊销。

2. 研发活动的界定

研究开发活动(以下简称"研发活动")是指企业为获得科学与技术新知识,创造性运用科学技术新知识,或实质性改进技术、产品(服务)、工艺而持续进行的具有明确目标的系统性活动。企业开展研发活动中实际发生的研发费用,未形成无形资产计入当期损益的,在按规定据实扣除的基础上,按照本年度实际发生额的50%,从本年度应纳税所得额中扣除;形成无形资产的,按照无形资产成本的150%在税前摊销。

3. 不适用加计扣除政策的活动与行业

下列活动不适用税前加计扣除政策。

(1)企业产品(服务)的常规性升级。

(2)对某项科研成果的直接应用,如直接采用公开的新工艺、材料、装置、产品、服务或知识等。

(3)企业在商品化后为顾客提供的技术支持活动。

(4)对现存产品、服务、技术、材料或工艺流程进行的重复或简单改变。

(5)市场调查研究、效率调查或管理研究。

(6)作为工业(服务)流程环节或常规的质量控制、测试分析、维修维护。

(7)社会科学、艺术或人文学方面的研究。

不适用税前加计扣除政策的行业如下。

(1)烟草制造业。

(2)住宿和餐饮业。

(3)批发和零售业。

(4)房地产业。

(5)租赁和商务服务业。

(6)娱乐业。

(7)财政部和国家税务总局规定的其他行业。

上述行业以《国民经济行业分类与代码(GB/T 4754—2017)》为准,并随之更新。

4. 特殊研发活动的税务处理

企业委托外部机构或个人进行研发活动所发生的费用,按照费用实际发生额的80%计入委托方研发费用并计算加计扣除,受托方不得再进行加计扣除。委托外部研究开发费用实际发生额应按照独立交易原则确定。委托方与受托方存在关联关系的,受托方应向委托方提供研发项目费用支出明细情况。企业委托境外机构或个人进行研发活动所发生的费用,不得加计扣除。上述研发活动发生费用是指委托方实际支付给受托方的费用。无论委托方是否享受研发费用税前加计扣除政策,受托方均不得加计扣除。委托方委托关联方开展研发活动的,受托方需向委托方提供研发过程中实际发生的研发项目费用支出明细情况。

企业共同合作开发的项目,由合作各方就自身实际承担的研发费用分别计算加计扣除。

企业集团根据生产经营和科技开发的实际情况,对技术要求高、投资数额大,需要集中研发的项目,其实际发生的研发费用,可以按照权利和义务相一致、费用支出和收益分享相配比的原则,合理确定研发费用的分摊方法,在受益成员企业间进行分摊,由相关成员企业分别计算加计扣除。

企业为获得创新性、创意性、突破性的产品进行创意设计活动而发生的相关费用,可按照规定进行税前加计扣除。创意设计活动是指多媒体软件、动漫游戏软件开发,数字动漫、游戏设计制作;房屋建筑工程设计(绿色建筑评价标准为三星)、风景园林工程专项设计;工业设计、多媒体设计、动漫及衍生产品设计、模型设计等。

5. 财务管理要求

企业应按照国家财务会计制度要求,对研发支出进行会计处理;同时,对享受加计扣除的研发费用按研发项目设置辅助账,准确归集核算当年可加计扣除的各项研发费用实际发生额。企业在一个纳税年度内进行多项研发活动的,应按照不同研发项目分别归集可加计扣除的研发费用。企业应对研发费用和生产经营费用分别核算,准确、合理归集各项费用支出,对划分不清的,不得实行加计扣除。

6. 其他征管要求

上述规定适用于会计核算健全、实行查账征收并能够准确归集研发费用的居民企业。企业研发费用各项目的实际发生额归集不准确、汇总额计算不准确的,税务机关有权对其税前扣除额或加计扣除额进行合理调整。税务机关对企业享受加计扣除优惠的研发项目有异议的,可以转请地市级(含)以上科技行政主管部门出具鉴定意见,科技部门应及时回复意见。

企业承担省部级(含)以上科研项目的,以及以前年度已鉴定的跨年度研发项目,不再需要鉴定。企业符合规定的研发费用加计扣除条件而在2016年1月1日以后未及时享受该项税收优惠的,可以追溯享受并履行备案手续,追溯期限最长为三年。税务部门应加强研发费用加计扣除优惠政策的后续管理,定期开展核查,年度核查面不得低于20%。

7. 提高加计扣除政策

科技型中小企业开展研发活动中实际发生的研发费用,未形成无形资产计入当期损益的,在按规定据实扣除的基础上,在2017年1月1日至2019年12月31日期间,再按照实际发生额的75%在税前加计扣除;形成无形资产的,在上述期间按照无形资产成本的175%在税前摊销。

● 《财政部 税务总局 科技部关于提高科技型中小企业研究开发费用税前加计扣除比例的通知》(财税〔2017〕34号)

企业开展研发活动中实际发生的研发费用,未形成无形资产计入当期损益的,在按规定据实扣除的基础上,在2018年1月1日至2020年12月31日期间,再按照实际发生额的75%在税前加计扣除;形成无形资产的,在上述期间按照无形资产成本的175%在税前摊销。

● 《财政部 税务总局 科技部关于提高研究开发费用税前加计扣除比例的通知》(财税〔2018〕99号)

8. 研发费用税前加计扣除归集范围

(1)人员人工费用指直接从事研发活动人员的工资薪金、基本养老保险费、基本医疗保险费、失业保险费、工伤保险费、生育保险费和住房公积金,以及外聘研发人员的劳务费用。

直接从事研发活动人员包括研究人员、技术人员、辅助人员。研究人员是指主要从事研究开发项目的专业人员;技术人员是指具有工程技术、自然科学和生命科学中一个或一个以上领域的技术知识和经验,在研究人员指导下参与研发工作的人员;辅助人员是指参与研究开发活动的技工。外聘研发人员是指与本企业或劳务派遣企业签订劳务用工协议(合同)和临时聘用的研究人员、技术人员、辅助人员。

接受劳务派遣的企业按照协议(合同)约定支付给劳务派遣企业,且由劳务派遣企业实际支付给外聘研发人员的工资薪金等费用,属于外聘研发人员的劳务费用。

工资薪金包括按规定可以在税前扣除的对研发人员股权激励的支出。

直接从事研发活动的人员、外聘研发人员同时从事非研发活动的，企业应对其人员活动情况做必要记录，并将其实际发生的相关费用按实际工时占比等合理方法在研发费用和生产经营费用间分配，未分配的不得加计扣除。

（2）直接投入费用指研发活动直接消耗的材料、燃料和动力费用；用于中间试验和产品试制的模具、工艺装备开发及制造费，不构成固定资产的样品、样机及一般测试手段购置费，试制产品的检验费；用于研发活动的仪器、设备的运行维护、调整、检验、维修等费用，以及通过经营租赁方式租入的用于研发活动的仪器、设备租赁费。

以经营租赁方式租入的用于研发活动的仪器、设备，同时用于非研发活动的，企业应对其仪器设备使用情况做必要记录，并将其实际发生的租赁费按实际工时占比等合理方法在研发费用和生产经营费用间分配，未分配的不得加计扣除。

企业研发活动直接形成产品或作为组成部分形成的产品对外销售的，研发费用中对应的材料费用不得加计扣除。

产品销售与对应的材料费用发生在不同纳税年度且材料费用已计入研发费用的，可在销售当年以对应的材料费用发生额直接冲减当年的研发费用，不足冲减的，结转以后年度继续冲减。

（3）折旧费用指用于研发活动的仪器、设备的折旧费。

用于研发活动的仪器、设备，同时用于非研发活动的，企业应对其仪器设备使用情况做必要记录，并将其实际发生的折旧费按实际工时占比等合理方法在研发费用和生产经营费用间分配，未分配的不得加计扣除。

企业用于研发活动的仪器、设备，符合税法规定且选择加速折旧优惠政策的，在享受研发费用税前加计扣除政策时，就税前扣除的折旧部分计算加计扣除。

（4）无形资产摊销费用指用于研发活动的软件、专利权、非专利技术（包括许可证、专有技术、设计和计算方法等）的摊销费用。

用于研发活动的无形资产，同时用于非研发活动的，企业应对其无形资产使用情况做必要记录，并将其实际发生的摊销费按实际工时占比等合理方法在研发费用和生产经营费用间分配，未分配的不得加计扣除。

用于研发活动的无形资产，符合税法规定且选择缩短摊销年限的，在享受研发费用税前加计扣除政策时，就税前扣除的摊销部分计算加计扣除。

（5）新产品设计费、新工艺规程制订费、新药研制的临床试验费、勘探开发技术的现场试验费指企业在新产品设计、新工艺规程制订、新药研制的临床试验、勘探开发技术的现场试验过程中发生的与开展该项活动有关的各类费用。

（6）其他相关费用指与研发活动直接相关的其他费用，如技术图书资料费、资料翻译费、专家咨询费、高新科技研发保险费，研发成果的检索、分析、评议、论证、鉴定、评审、评估、验收费用，知识产权的申请费、注册费、代理费，差旅费、会议费，职工福利费、补充养老保险费、补充医疗保险费。

此类费用总额不得超过可加计扣除研发费用总额的 10%。

（7）其他事项。

企业取得的政府补助，会计处理时采用直接冲减研发费用方法且税务处理时未将其确认为应税收入的，应按冲减后的余额计算加计扣除金额。

● 《国家税务总局关于研发费用税前加计扣除归集范围有关问题的公告》（国家税务总局公告 2017 年第 40 号）

企业取得研发过程中形成的下脚料、残次品、中间试制品等特殊收入,在计算确认收入当年的加计扣除研发费用时,应从已归集研发费用中扣减该特殊收入,不足扣减的,加计扣除研发费用按零计算。

企业开展研发活动中实际发生的研发费用形成无形资产的,其资本化的时点与会计处理保持一致。

失败的研发活动所发生的研发费用可享受税前加计扣除政策。

9. 企业委托境外研究开发费用税前加计扣除

委托境外进行研发活动所发生的费用,按照费用实际发生额的80%计入委托方的委托境外研发费用。委托境外研发费用不超过境内符合条件的研发费用三分之二的部分,可以按规定在企业所得税前加计扣除。上述费用实际发生额应按照独立交易原则确定。委托方与受托方存在关联关系的,受托方应向委托方提供研发项目费用支出明细情况。上述所称委托境外进行研发活动不包括委托境外个人进行的研发活动。

● 《财政部 国家税务总局 科技部关于完善研究开发费用税前加计扣除政策的通知》(财税〔2015〕119号);《财政部 税务总局 科技部关于企业委托境外研究开发费用税前加计扣除有关政策问题的通知》(财税〔2018〕64号)

委托境外进行研发活动应签订技术开发合同,并由委托方到科技行政主管部门进行登记。相关事项按技术合同认定登记管理办法及技术合同认定规则执行。

企业应在年度申报享受优惠时,按照规定办理有关手续,并留存以下资料备查。

(1)企业委托研发项目计划书和企业有权部门立项的决议文件。

(2)委托研究开发专门机构或项目组的编制情况和研发人员名单。

(3)经科技行政主管部门登记的委托境外研发合同。

(4)"研发支出"辅助账及汇总表。

(5)委托境外研发银行支付凭证和受托方开具的收款凭据。

(6)当年委托研发项目的进展情况等资料。

企业如果已取得地市级(含)以上科技行政主管部门出具的鉴定意见,应作为资料留存备查。企业对委托境外研发费用以及留存备查资料的真实性、合法性承担法律责任。

6.7.5.3 残疾人工资加计扣除

企业安置残疾人员所支付的工资的加计扣除是指企业安置残疾人员的,在按照支付给残疾职工工资据实扣除的基础上,按照支付给残疾职工工资的100%加计扣除。残疾人员的范围适用《残疾人保障法》的有关规定。

● 《财政部 国家税务总局关于安置残疾人员就业有关企业所得税优惠政策问题的通知》(财税〔2009〕70号)

企业安置残疾人员的,在按照支付给残疾职工工资据实扣除的基础上,可以在计算应纳税所得额时按照支付给残疾职工工资的100%加计扣除。企业就支付给残疾职工的工资,在进行企业所得税预缴申报时,允许据实计算扣除;在年度终了进行企业所得税年度申报和汇算清缴时,再依照规定计算加计扣除。

企业享受安置残疾职工工资100%加计扣除应同时具备如下条件。

(1)依法与安置的每位残疾人签订了1年以上(含1年)的劳动合同或服务协议,并且安置的每位残疾人在企业实际上岗工作。

(2)为安置的每位残疾人按月足额缴纳了企业所在区县人民政府根据国家政策规定的基本养老保险、基本医疗保险、失业保险和工伤保险等社会保险。

(3)定期通过银行等金融机构向安置的每位残疾人实际支付了不低于企业所在区县适用的经省级人民政府批准的最低工资标准的工资。

(4)具备安置残疾人上岗工作的基本设施。

企业应在年度终了进行企业所得税年度申报和汇算清缴时,向主管税务机关报送规定的相关资料、已安置残疾职工名单及其《中华人民共和国残疾人证》或《中华人民共和国残疾军人证(1至8级)》复印件和主管税务机关要求提供的其他资料,办理享受企业所得税加计扣除优惠的备案手续。在企业汇算清缴结束后,主管税务机关在对企业进行日常管理、纳税评估和纳税检查时,应对安置残疾人员企业所得税加计扣除优惠的情况进行核实。

6.7.6 创业投资税收优惠

6.7.6.1 一般规定

创业投资企业从事国家需要重点扶持和鼓励的创业投资,可以按投资额的一定比例抵扣应纳税所得额。

抵扣应纳税所得额是指创业投资企业采取股权投资方式投资于未上市的中小高新技术企业两年以上的,可以按照其投资额的70%在股权持有满两年的当年抵扣该创业投资企业的应纳税所得额;当年不足抵扣的,可以在以后纳税年度结转抵扣。

6.7.6.2 有限合伙制创业投资企业税收优惠

自2015年10月1日起,全国范围内的有限合伙制创业投资企业采取股权投资方式投资于未上市的中小高新技术企业满两年(24个月)的,该有限合伙制创业投资企业的法人合伙人可按照其对未上市中小高新技术企业投资额的70%抵扣该法人合伙人从该有限合伙制创业投资企业分得的应纳税所得额,当年不足抵扣的,可以在以后纳税年度结转抵扣。有限合伙制创业投资企业的法人合伙人对未上市中小高新技术企业的投资额,按照有限合伙制创业投资企业对中小高新技术企业的投资额和合伙协议约定的法人合伙人占有限合伙制创业投资企业的出资比例计算确定。

● 《财政部 国家税务总局关于将国家自主创新示范区有关税收试点政策推广到全国范围实施的通知》(财税〔2015〕116号)

6.7.6.3 创业投资企业税收优惠范围的扩展

公司制创业投资企业采取股权投资方式直接投资于种子期、初创期科技型企业(以下简称"初创科技型企业")满两年(24个月,下同)的,可以按照投资额的70%在股权持有满两年的当年抵扣该公司制创业投资企业的应纳税所得额;当年不足抵扣的,可以在以后纳税年度结转抵扣。

● 《财政部 税务总局关于创业投资企业和天使投资个人有关税收政策的通知》(财税〔2018〕55号)

有限合伙制创业投资企业(以下简称"合伙创投企业")采取股权投资方式直接投资于初创科技型企业满两年的,该合伙创投企业的合伙人分别按以下方式处理:法人合伙人可以按照对初创科技型企业投资额的70%抵扣法人合伙人从合伙创投企业分得的所得;当年不足抵扣的,可以在以后纳税年度结转抵扣。

上述所称初创科技型企业,应同时符合以下条件。

(1)在中国境内(不包括港澳台地区)注册成立、实行查账征收的居民企业。

(2)接受投资时,从业人数不超过200人,其中具有大学本科以上学历的从业人数不低于30%;资产总额和年销售收入均不超过3000万元。

(3)接受投资时设立时间不超过五年(60个月)。

(4)接受投资时以及接受投资后两年内未在境内外证券交易所上市。

(5)接受投资当年及下一纳税年度,研发费用总额占成本费用支出的比例不低于20%。

享受上述规定税收政策的创业投资企业,应同时符合以下条件。

(1)在中国境内(不含港澳台地区)注册成立、实行查账征收的居民企业或合伙创投企业,且不属于被投资初创科技型企业的发起人。

(2)符合《创业投资企业管理暂行办法》(发展改革委等10部门令第39号)规定或者《私募投资基金监督管理暂行办法》(证监会令第105号)关于创业投资基金的特别规定,按照上述规定完成备案且规范运作。

(3)投资后两年内,创业投资企业及其关联方持有被投资初创科技型企业的股权比例合计应低于50%。

6.7.7 加速折旧

● 《国家税务总局关于企业固定资产加速折旧所得税处理有关问题的通知》(国税发〔2009〕81号)

6.7.7.1 一般规定

企业的固定资产由于技术进步等原因,确需加速折旧的,可以缩短折旧年限或者采取加速折旧的方法。

可以采取缩短折旧年限或者采取加速折旧的方法的固定资产如下。

(1)由于技术进步,产品更新换代较快的固定资产。

(2)常年处于强震动、高腐蚀状态的固定资产。

采取缩短折旧年限方法的,最低折旧年限不得低于规定折旧年限的60%;采取加速折旧方法的,可以采取双倍余额递减法或者年数总和法。

6.7.7.2 加速折旧的方法

企业拥有并使用的固定资产符合规定的,可按以下情况分别处理。

(1)企业过去没有使用过与该项固定资产功能相同或类似的固定资产,但有充分的证据证明该固定资产的预计使用年限短于规定的计算折旧最低年限的,企业可根据该固定资产的预计使用年限和本通知的规定,对该固定资产采取缩短折旧年限或者加速折旧的方法。

(2)企业在原有的固定资产未达到规定的最低折旧年限前,使用功能相同或类似的新固定资产替代旧固定资产的,企业可根据旧固定资产的实际使用年限,对新替代的固定资产采取缩短折旧年限或者加速折旧的方法。

企业拥有并使用符合规定条件的固定资产采取加速折旧方法的,可以采用双倍余额递减法或者年数总和法。加速折旧方法一经确定,一般不得变更。

(1)双倍余额递减法是指在不考虑固定资产预计净残值的情况下,根据每期期初固定资产原值减去累计折旧后的金额和双倍的直线法折旧率计算固定资产折旧的一种方法。应用这种方法计算折旧额时,由于每年年初固定资产净值没有减去预计净残值,所以在计算固定资产折旧额时,应在其折旧年限到期前的两年期间,将固定资产净值减去预计净残值后的余额平均摊销。计算公式如下:

年折旧率=2÷预计使用寿命(年)×100%

月折旧率=年折旧率÷12

月折旧额=月初固定资产账面净值×月折旧率

(2)年数总和法,又称年限合计法,是指将固定资产的原值减去预计净残值后的余额,乘以一个以固定资产尚可使用寿命为分子、以预计使用寿命逐年数字之和为分母的逐年递减的分数计算每年的折旧额。计算公式如下:

年折旧率=尚可使用年限÷预计使用寿命的年数总和×100%

月折旧率=年折旧率÷12

月折旧额=(固定资产原值−预计净残值)×月折旧率

对于采取缩短折旧年限的固定资产，足额计提折旧后继续使用而未进行处置（包括报废等情形）超过 12 个月的，今后对其更新替代、改造改建后形成的功能相同或者类似的固定资产，不得再采取缩短折旧年限的方法。

对于企业采取缩短折旧年限或者采取加速折旧方法的，主管税务机关应设立相应的税收管理台账，并加强监督，实施跟踪管理。对发现不符合规定的，主管税务机关要及时责令企业进行纳税调整。

6.7.7.3 固定资产加速折旧政策的完善

对生物药品制造业，专用设备制造业，铁路、船舶、航空航天和其他运输设备制造业，计算机、通信和其他电子设备制造业，仪器仪表制造业，信息传输、软件和信息技术服务业等 6 个行业的企业 2014 年 1 月 1 日后新购进的固定资产，可缩短折旧年限或采取加速折旧的方法。

《财政部 国家税务总局关于完善固定资产加速折旧企业所得税政策的通知》（财税〔2014〕75 号）

对上述六个行业的小型微利企业 2014 年 1 月 1 日后新购进的研发和生产经营共用的仪器、设备，单位价值不超过 100 万元的，允许一次性计入当期成本费用在计算应纳税所得额时扣除，不再分年度计算折旧；单位价值超过 100 万元的，可缩短折旧年限或采取加速折旧的方法。

对所有行业企业 2014 年 1 月 1 日后新购进的专门用于研发的仪器、设备，单位价值不超过 100 万元的，允许一次性计入当期成本费用在计算应纳税所得额时扣除，不再分年度计算折旧；单位价值超过 100 万元的，可缩短折旧年限或采取加速折旧的方法。

对所有行业企业持有的单位价值不超过 5000 元的固定资产，允许一次性计入当期成本费用在计算应纳税所得额时扣除，不再分年度计算折旧。

对轻工、纺织、机械、汽车等四个领域重点行业的企业 2015 年 1 月 1 日后新购进的固定资产，可由企业选择缩短折旧年限或采取加速折旧的方法。对上述行业的小型微利企业 2015 年 1 月 1 日后新购进的研发和生产经营共用的仪器、设备，单位价值不超过 100 万元的，允许一次性计入当期成本费用在计算应纳税所得额时扣除，不再分年度计算折旧；单位价值超过 100 万元的，可由企业选择缩短折旧年限或采取加速折旧的方法。

《财政部 国家税务总局关于进一步完善固定资产加速折旧企业所得税政策的通知》（财税〔2015〕106 号）

企业在 2018 年 1 月 1 日至 2020 年 12 月 31 日期间新购进的设备、器具，单位价值不超过 500 万元的，允许一次性计入当期成本费用在计算应纳税所得额时扣除，不再分年度计算折旧；单位价值超过 500 万元的，仍按其他相关规定执行。上述所称设备、器具是指除房屋、建筑物以外的固定资产。

《财政部 税务总局关于设备器具扣除有关企业所得税政策的通知》（财税〔2018〕54 号）

6.7.8 减计收入税收优惠

企业综合利用资源，生产符合国家产业政策规定的产品所取得的收入，可以在计算应纳税所得额时减计收入。

减计收入是指企业以《资源综合利用企业所得税优惠目录》规定的资源作为主要原材料，生产国家非限制和禁止并符合国家和行业相关标准的产品取得的收入，减按 90% 计入收入总额。上述所称原材料占生产产品材料的比例不得低于《资源综合利用企业所得税优惠目录》规定的标准。

自 2019 年 6 月 1 日起至 2025 年 12 月 31 日，提供社区养老、托育、家政服务取得的收入，在计算应纳税所得额时，减按 90%计入收入总额。社区是指聚居在一定地域范围内的人们所组成的社会生活共同体，包括城市社区和农村社区。

为社区提供养老服务的机构是指在社区依托固定场所设施，采取全托、日托、上门等方式，为社区居民提供养老服务的企业、事业单位和社会组织。社区养老服务是指为老年人提供的生活照料、康复护理、助餐助行、紧急救援、精神慰藉等服务。

为社区提供托育服务的机构是指在社区依托固定场所设施，采取全日托、半日托、计时托、临时托等方式，为社区居民提供托育服务的企业、事业单位和社会组织。社区托育服务是指为 3 周岁(含)以下婴幼儿提供的照料、看护、膳食、保育等服务。

为社区提供家政服务的机构是指以家庭为服务对象，为社区居民提供家政服务的企业、事业单位和社会组织。社区家政服务是指进入家庭成员住所或医疗机构为孕产妇、婴幼儿、老人、病人、残疾人提供的照护服务，以及进入家庭成员住所提供的保洁、烹饪等服务。

6.7.9 应纳税额抵免

企业购置用于环境保护、节能节水、安全生产等专用设备的投资额，可以按一定比例实行税额抵免。

税额抵免是指企业购置并实际使用《环境保护专用设备企业所得税优惠目录》《节能节水专用设备企业所得税优惠目录》和《安全生产专用设备企业所得税优惠目录》规定的环境保护、节能节水、安全生产等专用设备的，该专用设备的投资额的 10%可以从企业当年的应纳税额中抵免；当年不足抵免的，可以在以后五个纳税年度结转抵免。

享受上述规定的企业所得税优惠的企业，应当实际购置并自身实际投入使用上述规定的专用设备；企业购置上述专用设备在五年内转让、出租，应当停止享受企业所得税优惠，并补缴已经抵免的企业所得税税款。

6.7.10 特殊行业的税收优惠

6.7.10.1 集成电路设计企业和软件企业

依法成立且符合条件的集成电路设计企业和软件企业，在 2018 年 12 月 31 日前自获利年度起计算优惠期，第一年至第二年免征企业所得税，第三年至第五年按照 25%的法定税率减半征收企业所得税，并享受至期满为止。

6.7.10.2 证券投资基金

鼓励证券投资基金发展的优惠政策如下。

(1)对证券投资基金从证券市场中取得的收入，包括买卖股票、债券的差价收入，股权的股息、红利收入，债券的利息收入及其他收入，暂不征收企业所得税。

(2)对投资者从证券投资基金分配中取得的收入，暂不征收企业所得税。

(3)对证券投资基金管理人运用基金买卖股票、债券的差价收入，暂不征收企业所得税。

6.7.10.3 核电行业

核力发电企业取得的增值税退税款，专项用于还本付息，不征收企业所得税。

6.7.10.4 海峡两岸直航企业

自 2008 年 12 月 15 日起,对台湾航运公司从事海峡两岸海上直航业务取得的来源于大陆的所得,免征企业所得税。享受企业所得税免税政策的台湾航运公司应当按照企业所得税法实施条例的有关规定,单独核算其从事上述业务在大陆取得的收入和发生的成本、费用;未单独核算的,不得享受免征企业所得税政策。上述所称台湾航运公司是指取得交通运输部颁发的"台湾海峡两岸间水路运输许可证",且上述许可证上注明的公司登记地址在台湾的航运公司。

● 《财政部 国家税务总局关于海峡两岸海上直航营业税和企业所得税政策的通知》(财税〔2009〕4 号)

自 2009 年 6 月 25 日起,对台湾航空公司从事海峡两岸空中直航业务取得的来源于大陆的所得,免征企业所得税。享受企业所得税免税政策的台湾航空公司应当按照《企业所得税法实施条例》的有关规定,单独核算其从事上述业务在大陆取得的收入和发生的成本、费用;未单独核算的,不得享受免征企业所得税政策。台湾航空公司是指取得中国民用航空局颁发的"经营许可"或依据《海峡两岸空运协议》和《海峡两岸空运补充协议》规定,批准经营两岸旅客、货物和邮件不定期(包机)运输业务,且公司登记地址在台湾的航空公司。

● 《财政部 国家税务总局关于海峡两岸空中直航营业税和企业所得税政策的通知》(财税〔2010〕63 号)

6.7.10.5 境外机构投资者

从 2014 年 11 月 17 日起,对合格境外机构投资者(简称"QFII")、人民币合格境外机构投资者(简称"RQFII")取得来源于中国境内的股票等权益性投资资产转让所得,暂免征收企业所得税。在 2014 年 11 月 17 日之前 QFII 和 RQFII 取得的上述所得应依法征收企业所得税。上述规定适用于在中国境内未设立机构、场所,或者在中国境内虽设立机构、场所,但取得的上述所得与其所设机构、场所没有实际联系的 QFII、RQFII。

● 《财政部 国家税务总局关于 QFII 和 RQFII 取得中国境内的股票等权益性投资资产转让所得暂免征收企业所得税问题的通知》(财税〔2014〕79 号)

6.7.10.6 生产和装配伤残人员专门用品企业

自 2016 年 1 月 1 日至 2020 年 12 月 31 日期间,对符合下列条件的居民企业,免征企业所得税。

● 《财政部 国家税务总局 民政部关于生产和装配伤残人员专门用品企业免征企业所得税的通知》(财税〔2016〕111 号)

(1)生产和装配伤残人员专门用品,且在民政部发布的《中国伤残人员专门用品目录》范围之内。

(2)以销售本企业生产或者装配的伤残人员专门用品为主,其所取得的年度伤残人员专门用品销售收入(不含出口取得的收入)占企业收入总额 60% 以上。

(3)企业账证健全,能够准确、完整地向主管税务机关提供纳税资料,且本企业生产或者装配的伤残人员专门用品所取得的收入能够单独、准确核算。

(4)企业拥有假肢制作师、矫形器制作师资格证书的专业技术人员不得少于 1 人;其企业生产人员如超过 20 人,则其拥有假肢制作师、矫形器制作师资格证书的专业技术人员不得少于全部生产人员的 1/6。

(5)具有与业务相适应的测量取型、模型加工、接受腔成型、打磨、对线组装、功能训练等生产装配专用设备和工具。

(6)具有独立的接待室、假肢或者矫形器(辅助器具)制作室和假肢功能训练室,使用面积不少于 115 平方米。

享受上述税收优惠的企业,应当按照规定向税务机关履行备案手续,妥善保管留存备查资料。

6.7.10.7 文化体制改革税收优惠

自2019年1月1日至2023年12月31日，经营性文化事业单位转制为企业，可以享受以下税收优惠政策：经营性文化事业单位转制为企业，自转制注册之日起五年内免征企业所得税。2018年12月31日之前已完成转制的企业，自2019年1月1日起可继续免征五年企业所得税。

上述所称"经营性文化事业单位"是指从事新闻出版、广播影视和文化艺术的事业单位。转制包括整体转制和剥离转制。其中，整体转制包括：(图书、音像、电子)出版社、非时政类报刊出版单位、新华书店、艺术院团、电影制片厂、电影(发行放映)公司、影剧院、重点新闻网站等整体转制为企业；剥离转制包括：新闻媒体中的广告、印刷、发行、传输网络等部分，以及影视剧等节目制作与销售机构，从事业体制中剥离出来转制为企业。

上述所称"转制注册之日"是指经营性文化事业单位转制为企业并进行企业法人登记之日。对于经营性文化事业单位转制前已进行企业法人登记，则按注销事业单位法人登记之日，或核销事业编制的批复之日(转制前未进行事业单位法人登记的)确定转制完成并享受本通知所规定的税收优惠政策。

上述所称"2018年12月31日之前已完成转制"是指经营性文化事业单位在2018年12月31日及以前已转制为企业、进行企业法人登记，并注销事业单位法人登记或批复核销事业编制(转制前未进行事业单位法人登记的)。

享受税收优惠政策的转制文化企业应同时符合以下条件。

(1)根据相关部门的批复进行转制。

(2)转制文化企业已进行企业法人登记。

(3)整体转制前已进行事业单位法人登记的，转制后已核销事业编制、注销事业单位法人；整体转制前未进行事业单位法人登记的，转制后已核销事业编制。

(4)已同在职职工全部签订劳动合同，按企业办法参加社会保险。

(5)转制文化企业引入非公有资本和境外资本的，须符合国家法律法规和政策规定；变更资本结构依法应经批准的，需经行业主管部门和国有文化资产监管部门批准。

经认定的转制文化企业，应按有关税收优惠事项管理规定办理优惠手续，申报享受税收优惠政策。企业应将转制方案批复函，企业营业执照，同级机构编制管理机关核销事业编制、注销事业单位法人的证明，与在职职工签订劳动合同、按企业办法参加社会保险制度的有关材料，相关部门对引入非公有资本和境外资本、变更资本结构的批准文件等留存备查，税务部门依法加强后续管理。

● 《财政部 税务总局 中央宣传部关于继续实施文化体制改革中经营性文化事业单位转制为企业若干税收政策的通知》(财税〔2019〕16号)

6.7.10.8 北京2022年冬奥会和冬残奥会税收优惠政策

自2019年11月11日，对国际奥委会相关实体中的非居民企业取得的与北京冬奥会有关的收入，免征企业所得税。

● 《财政部 税务总局 海关总署关于北京2022年冬奥会和冬残奥会税收优惠政策的公告》(财政部公告2019年第92号)

6.7.11 企业所得税优惠政策事项办理办法

优惠事项是指企业所得税法规定的优惠事项，以及国务院和民族自治地方根据企业所得税法授权制订的企业所得税优惠事项，包括免税收入、减计收入、加计扣除、加速折旧、所得减免、抵扣应纳税所得额、减低税率、税额抵免等。优惠事项的名称、政策概述、主要政策依据、主要留存备查资料、享受优惠时间、后续管理要求等，见《企业所得税

● 《企业所得税优惠政策事项办理办法》(国家税务总局公告2018年第23号)

优惠事项管理目录(2017年版)》(以下简称"《目录》")。

企业享受优惠事项采取"自行判别、申报享受、相关资料留存备查"的办理方式。企业应当根据经营情况以及相关税收规定自行判断是否符合优惠事项规定的条件，符合条件的可以按照《目录》列示的时间自行计算减免税额，并通过填报企业所得税纳税申报表享受税收优惠。同时，按照规定归集和留存相关资料备查。留存备查资料是指与企业享受优惠事项有关的合同、协议、凭证、证书、文件、账册、说明等资料。留存备查资料分为主要留存备查资料和其他留存备查资料两类。主要留存备查资料由企业按照《目录》列示的资料清单准备，其他留存备查资料由企业根据享受优惠事项情况自行补充准备。

企业享受优惠事项的，应当在完成年度汇算清缴后，将留存备查资料归集齐全并整理完成，以备税务机关核查。企业同时享受多项优惠事项或者享受的优惠事项按照规定分项目进行核算的，应当按照优惠事项或者项目分别归集留存备查资料。

设有非法人分支机构的居民企业以及实行汇总纳税的非居民企业机构、场所享受优惠事项的，由居民企业的总机构以及汇总纳税的主要机构、场所负责统一归集并留存备查资料。分支机构以及被汇总纳税的非居民企业机构、场所按照规定可独立享受优惠事项的，由分支机构以及被汇总纳税的非居民企业机构、场所负责归集并留存备查资料，同时分支机构以及被汇总纳税的非居民企业机构、场所应当在完成年度汇算清缴后将留存的备查资料清单送总机构以及汇总纳税的主要机构、场所汇总。

企业对优惠事项留存备查资料的真实性、合法性承担法律责任。企业留存备查资料应从企业享受优惠事项当年的企业所得税汇算清缴期结束次日起保留10年。

税务机关应当严格按照规定的方式管理优惠事项，严禁擅自改变优惠事项的管理方式。企业享受优惠事项后，税务机关将适时开展后续管理。在后续管理时，企业应当根据税务机关管理服务的需要，按照规定的期限和方式提供留存备查资料，以证实享受优惠事项符合条件。其中，享受集成电路生产企业、集成电路设计企业、软件企业、国家规划布局内的重点软件企业和集成电路设计企业等优惠事项的企业，应当在完成年度汇算清缴后，按照《目录》"后续管理要求"项目中列示的清单向税务机关提交资料。

企业享受优惠事项后发现其不符合优惠事项规定条件的，应当依法及时自行调整并补缴税款及滞纳金。企业未能按照税务机关要求提供留存备查资料，或者提供的留存备查资料与实际生产经营情况、财务核算情况、相关技术领域、产业、目录、资格证书等不符，无法证实符合优惠事项规定条件的，或者存在弄虚作假情况的，税务机关将依法追缴其已享受的企业所得税优惠，并按照税收征管法等相关规定处理。

6.8 企业所得税特别纳税调整

6.8.1 关联企业转移定价

6.8.1.1 一般规定

企业与其关联方之间的业务往来，不符合独立交易原则而减少企业或者其关联方应纳税收入或者所得额的，税务机关有权按照合理方法调整。

独立交易原则是指没有关联关系的交易各方，按照公平成交价格和营业常规进行业务往来遵循的原则。

6.8.1.2 关联方的认定

关联方是指与企业有下列关联关系之一的企业、其他组织或者个人。

（1）在资金、经营、购销等方面存在直接或者间接的控制关系。

（2）直接或者间接地同为第三者控制。

（3）在利益上具有相关联的其他关系。

> 《国家税务总局关于完善关联申报和同期资料管理有关事项的公告》（国家税务总局公告2016年第42号）

企业与其他企业、组织或者个人具有下列关系之一的，构成关联关系。

（1）一方直接或者间接持有另一方的股份总和达到25%以上；双方直接或者间接同为第三方所持有的股份达到25%以上。如果一方通过中间方对另一方间接持有股份，只要其对中间方持股比例达到25%以上，则其对另一方的持股比例按照中间方对另一方的持股比例计算。两个以上具有夫妻、直系血亲、兄弟姐妹以及其他抚养、赡养关系的自然人共同持股同一企业，在判定关联关系时持股比例合并计算。

（2）双方存在持股关系或者同为第三方持股，虽持股比例未达到第（1）项规定，但双方之间借贷资金总额占任一方实收资本比例达到50%以上，或者一方全部借贷资金总额的10%以上由另一方担保（与独立金融机构之间的借贷或者担保除外）。

借贷资金总额占实收资本比例＝年度加权平均借贷资金／年度加权平均实收资本，其中：

年度加权平均借贷资金＝i笔借入或者贷出资金账面金额×i笔借入或者贷出资金年度实际占用天数／365

年度加权平均实收资本＝i笔实收资本账面金额×i笔实收资本年度实际占用天数／365

（3）双方存在持股关系或者同为第三方持股，虽持股比例未达到第（1）项规定，但一方的生产经营活动必须由另一方提供专利权、非专利技术、商标权、著作权等特许权才能正常进行。

（4）双方存在持股关系或者同为第三方持股，虽持股比例未达到第（1）项规定，但一方的购买、销售、接受劳务、提供劳务等经营活动由另一方控制。上述控制是指一方有权决定另一方的财务和经营政策，并能据以从另一方的经营活动中获取利益。

（5）一方半数以上董事或者半数以上高级管理人员（包括上市公司董事会秘书、经理、副经理、财务负责人和公司章程规定的其他人员）由另一方任命或者委派，或者同时担任另一方的董事或者高级管理人员；或者双方各自半数以上董事或者半数以上高级管理人员同为第三方任命或者委派。

（6）具有夫妻、直系血亲、兄弟姐妹以及其他抚养、赡养关系的两个自然人分别与双方具有第（1）至（5）项关系之一的。

（7）双方在实质上具有其他共同利益。

除第（2）项规定外，上述关联关系年度内发生变化的，关联关系按照实际存续期间认定。仅因国家持股或者由国有资产管理部门委派董事、高级管理人员而存在第（1）至（5）项关系的，不构成关联关系。

6.8.1.3 关联交易的类型

关联交易主要有以下几种。

（1）有形资产使用权或者所有权的转让。有形资产包括商品、产品、房屋建筑物、交通工具、机器设备、工具器具等。

（2）金融资产的转让。金融资产包括应收账款、应收票据、其他应收款项、股权投资、债权投资和衍生金融工具形成的资产等。

(3) 无形资产使用权或者所有权的转让。无形资产包括专利权、非专利技术、商业秘密、商标权、品牌、客户名单、销售渠道、特许经营权、政府许可、著作权等。

(4) 资金融通。资金包括各类长短期借贷资金(含集团资金池)、担保费、各类应计息预付款和延期收付款等。

(5) 劳务交易。劳务包括市场调查、营销策划、代理、设计、咨询、行政管理、技术服务、合约研发、维修、法律服务、财务管理、审计、招聘、培训、集中采购等。

6.8.1.4 合理方法

合理方法包括以下几种。

(1) 可比非受控价格法是指按照没有关联关系的交易各方进行相同或者类似业务往来的价格进行定价的方法。

(2) 再销售价格法是指按照从关联方购进商品再销售给没有关联关系的交易方的价格，减除相同或者类似业务的销售毛利进行定价的方法。

(3) 成本加成法是指按照成本加合理的费用和利润进行定价的方法。

(4) 交易净利润法是指按照没有关联关系的交易各方进行相同或者类似业务往来取得的净利润水平确定利润的方法。

(5) 利润分割法是指将企业与其关联方的合并利润或者亏损在各方之间采用合理标准进行分配的方法。

(6) 其他符合独立交易原则的方法。

6.8.2 成本分摊协议

企业与其关联方共同开发、受让无形资产，或者共同提供、接受劳务发生的成本，在计算应纳税所得额时应当按照独立交易原则进行分摊。

企业可以依照上述规定，按照独立交易原则与其关联方分摊共同发生的成本，达成成本分摊协议。企业与其关联方分摊成本时，应当按照成本与预期收益相配比的原则进行分摊，并在税务机关规定的期限内，按照税务机关的要求报送有关资料。企业与其关联方分摊成本时违反上述规定的，其自行分摊的成本不得在计算应纳税所得额时扣除。

企业应自与关联方签订(变更)成本分摊协议之日起30日内，向主管税务机关报送成本分摊协议副本，并在年度企业所得税纳税申报时，附送《中华人民共和国企业年度关联业务往来报告表》。税务机关应当加强成本分摊协议的后续管理，对不符合独立交易原则和成本与收益相匹配原则的成本分摊协议，实施特别纳税调查调整。企业执行成本分摊协议期间，参与方实际分享的收益与分摊的成本不配比的，应当根据实际情况做出补偿调整。参与方未做补偿调整的，税务机关应当实施特别纳税调查调整。

● 《国家税务总局关于规范成本分摊协议管理的公告》(国家税务总局公告2015年第45号)

6.8.3 预约定价安排

企业可以向税务机关提出与其关联方之间业务往来的定价原则和计算方法，税务机关与企业协商、确认后，达成预约定价安排。

预约定价安排是指企业就其未来年度关联交易的定价原则和计算方法，向税务机关提出申请，与税务机关按照独立交易原则协商、确认后达成的协议。

6.8.4 关联申报和同期资料管理

企业向税务机关报送年度企业所得税纳税申报表时，应当就其与关联方之间的业务往来，附送年度关联业务往来报告表。

税务机关在进行关联业务调查时,企业及其关联方,以及与关联业务调查有关的其他企业,应当按照规定提供相关资料。

上述相关资料包括:

(1)与关联业务往来有关的价格、费用的制订标准、计算方法和说明等同期资料。

(2)关联业务往来所涉及的财产、财产使用权、劳务等的再销售(转让)价格或者最终销售(转让)价格的相关资料。

(3)与关联业务调查有关的其他企业应当提供的与被调查企业可比的产品价格、定价方式以及利润水平等资料。

(4)其他与关联业务往来有关的资料。

上述与关联业务调查有关的其他企业,是指与被调查企业在生产经营内容和方式上相类似的企业。企业应当在税务机关规定的期限内提供与关联业务往来有关的价格、费用的制订标准、计算方法和说明等资料。关联方以及与关联业务调查有关的其他企业应当在税务机关与其约定的期限内提供相关资料。

6.8.5 关联企业核定应纳税所得额

企业不提供与其关联方之间业务往来资料,或者提供虚假、不完整资料,未能真实反映其关联业务往来情况的,税务机关有权依法核定其应纳税所得额。

税务机关依照上述规定核定企业的应纳税所得额时,可以采用下列方法。

(1)参照同类或者类似企业的利润率水平核定。

(2)按照企业成本加合理的费用和利润的方法核定。

(3)按照关联企业集团整体利润的合理比例核定。

(4)按照其他合理方法核定。

企业对税务机关按照前款规定的方法核定的应纳税所得额有异议的,应当提供相关证据,经税务机关认定后,调整核定的应纳税所得额。

6.8.6 受控外国企业税制

6.8.6.1 一般规定

由居民企业,或者由居民企业和中国居民控制的设立在实际税负明显低于25%税率水平的国家(地区)的企业,并非由于合理的经营需要而对利润不作分配或者减少分配的,上述利润中应归属于该居民企业的部分,应当计入该居民企业的当期收入。

6.8.6.2 中国居民与控制的标准

上述中国居民是指根据《个人所得税法》的规定,就其从中国境内、境外取得的所得在中国缴纳个人所得税的个人。

上述控制包括:

(1)居民企业或者中国居民直接或者间接单一持有外国企业10%以上有表决权股份,且由其共同持有该外国企业50%以上股份;中国居民股东多层间接持有股份按各层持股比例相乘计算,中间层持有股份超过50%的,按100%计算。

(2)居民企业,或者居民企业和中国居民持股比例没有达到第(1)项规定的标准,但在股份、资金、经营、购销等方面对该外国企业构成实质控制。

上述实际税负明显低于25%税率水平,是指低于25%税率的50%。

6.8.6.3 相关所得的计算

计入中国居民企业股东当期的视同受控外国企业股息分配的所得,应按以下公式计算:

中国居民企业股东当期所得=视同股息分配额×实际持股天数÷受控外国企业纳税年度天数×股东持股比例

中国居民股东多层间接持有股份的,股东持股比例按各层持股比例相乘计算。

6.8.6.4 相关管理事项

受控外国企业与中国居民企业股东纳税年度存在差异的,应将视同股息分配所得计入受控外国企业纳税年度终止日所属的中国居民企业股东的纳税年度。

计入中国居民企业股东当期所得已在境外缴纳的企业所得税税款,可按照所得税法或税收协定的有关规定抵免。受控外国企业实际分配的利润已根据规定征税的,不再计入中国居民企业股东的当期所得。

中国居民企业股东能够提供资料证明其控制的外国企业满足以下条件之一的,可免于将外国企业不作分配或减少分配的利润视同股息分配额,计入中国居民企业股东的当期所得。

(1)设立在国家税务总局指定的非低税率国家(地区)。

(2)主要取得积极经营活动所得。

(3)年度利润总额低于500万元人民币。

中国居民企业或居民个人能够提供资料证明其控制的外国企业设立在美国、英国、法国、德国、日本、意大利、加拿大、澳大利亚、印度、南非、新西兰和挪威的,可免于将该外国企业不作分配或者减少分配的利润视同股息分配额,计入中国居民企业的当期所得。

● 《国家税务总局关于简化判定中国居民股东控制外国企业所在国实际税负的通知》(国税函〔2009〕37号)

6.8.7 资本弱化税制

6.8.7.1 一般规定

企业从其关联方接受的债权性投资与权益性投资的比例超过规定标准而发生的利息支出,不得在计算应纳税所得额时扣除。

6.8.7.2 债权性投资与权益性投资的界定

债权性投资是指企业直接或间接从关联方获得的,需要偿还本金和支付利息或者需要以其他具有支付利息性质的方式予以补偿的融资。企业间接从关联方获得的债权性投资包括以下三种。

(1)关联方通过无关联第三方提供的债权性投资。

(2)无关联第三方提供的、由关联方担保且负有连带责任的债权性投资。

(3)其他间接从关联方获得的具有负债实质的债权性投资。

权益性投资是指企业接受的不需要偿还本金和支付利息,投资人对企业净资产拥有所有权的投资。

6.8.7.3 标准比例

在计算应纳税所得额时,企业实际支付给关联方的利息支出,不超过以下规定比例和税法及其实施条例有关规定计算的部分,准予扣除,超过的部分不得在发生当期和以后年度扣除。

企业实际支付给关联方的利息支出,除另有规定外,其接受关联方债权性投资与其权益性投资比例如下。

(1)金融企业为5∶1。

(2)其他企业为2∶1。

● 《财政部 国家税务总局关于企业关联方利息支出税前扣除标准有关税收政策问题的通知》(财税〔2008〕121号)

6.8.7.4 相关管理事项

企业如果能够按照税法及其实施条例的有关规定提供相关资料,并证明相关交易活动符合独立交易原则的;或者该企业的实际税负不高于境内关联方的,其实际支付给境内关联方的利息支出,在计算应纳税所得额时准予扣除。

企业同时从事金融业务和非金融业务,其实际支付给关联方的利息支出,应按照合理方法分开计算;没有按照合理方法分开计算的,一律按上述有关其他企业的比例计算准予税前扣除的利息支出。

企业自关联方取得的不符合规定的利息收入应按照有关规定缴纳企业所得税。

6.8.7.5 具体计算标准

不得在计算应纳税所得额时扣除的利息支出应按以下公式计算:

不得扣除利息支出=年度实际支付的全部关联方利息×(1-标准比例÷关联债资比例)

其中,关联债资比例是指企业从其全部关联方接受的债权性投资(以下简称"关联债权投资")占企业接受的权益性投资(以下简称"权益投资")的比例,关联债权投资包括关联方以各种形式提供担保的债权性投资。

关联债资比例的具体计算方法如下:

关联债资比例=年度各月平均关联债权投资之和÷年度各月平均权益投资之和

其中:

各月平均关联债权投资=(关联债权投资月初账面余额+月末账面余额)÷2

各月平均权益投资=(权益投资月初账面余额+月末账面余额)÷2

权益投资为企业资产负债表所列示的所有者权益金额。如果所有者权益小于实收资本(股本)与资本公积之和,则权益投资为实收资本(股本)与资本公积之和;如果实收资本(股本)与资本公积之和小于实收资本(股本)金额,则权益投资为实收资本(股本)金额。

利息支出包括直接或间接关联债权投资实际支付的利息、担保费、抵押费和其他具有利息性质的费用。

不得在计算应纳税所得额时扣除的利息支出,不得结转到以后纳税年度;应按照实际支付给各关联方利息占关联方利息总额的比例,在各关联方之间进行分配,其中,分配给实际税负高于企业的境内关联方的利息准予扣除;直接或间接实际支付给境外关联方的利息应视同分配的股息,按照股息和利息分别适用的所得税税率差补征企业所得税,如已扣缴的所得税税款多于按股息计算应征所得税税款,多出的部分不予退税。

企业关联债资比例超过标准比例的利息支出,如要在计算应纳税所得额时扣除,除遵照相关规定外,还应准备、保存,并按税务机关要求提供以下同期资料,证明关联债权投资金额、利率、期限、融资条件以及债资比例等均符合独立交易原则。

(1)企业偿债能力和举债能力分析。

(2)企业集团举债能力及融资结构情况分析。

(3)企业注册资本等权益投资的变动情况说明。

(4)关联债权投资的性质、目的及取得时的市场状况。

(5)关联债权投资的货币种类、金额、利率、期限及融资条件。

(6)企业提供的抵押品情况及条件。

(7)担保人状况及担保条件。

(8)同类同期贷款的利率情况及融资条件。

(9)可转换公司债券的转换条件。

(10)其他能够证明符合独立交易原则的资料。

企业未按规定准备、保存和提供同期资料证明关联债权投资金额、利率、期限、融资条件以及债资比例等符合独立交易原则的，其超过标准比例的关联方利息支出，不得在计算应纳税所得额时扣除。

上述"实际支付利息"是指企业按照权责发生制原则计入相关成本、费用的利息。

企业实际支付关联方利息存在转让定价问题的，税务机关应首先按照有关规定实施转让定价调查调整。

6.8.8 一般反避税条款

● 《一般反避税管理办法(试行)》(国家税务总局令 2014 年第 32 号)

6.8.8.1 一般规定

企业实施其他不具有合理商业目的的安排而减少其应纳税收入或者所得额的，税务机关有权按照合理方法调整。

上述不具有合理商业目的是指以减少、免除或者推迟缴纳税款为主要目的。

6.8.8.2 避税类型与考虑因素

税务机关可依据规定对存在以下避税安排的企业，启动一般反避税调查。

(1)滥用税收优惠。

(2)滥用税收协定。

(3)滥用公司组织形式。

(4)利用避税港避税。

(5)其他不具有合理商业目的的安排。

避税安排具有以下特征。

(1)以获取税收利益为唯一目的或者主要目的。

(2)以形式符合税法规定，但与其经济实质不符的方式获取税收利益。

税务机关应按照实质重于形式的原则审核企业是否存在避税安排，并综合考虑安排的以下内容。

(1)安排的形式和实质。

(2)安排订立的时间和执行期间。

(3)安排实现的方式。

(4)安排各个步骤或组成部分之间的联系。

(5)安排涉及各方财务状况的变化。

(6)安排的税收结果。

6.8.8.3 反避税措施与调整方法

税务机关应按照经济实质对企业的避税安排重新定性，取消企业从避税安排获得的税收利益。对于没有经济实质的企业，特别是设在避税港并导致其关联方或非关联方避税的企业，可在税收上否定该企业的存在。

税务机关应当以具有合理商业目的和经济实质的类似安排为基准，按照实质重于形式的原则实施特别纳税调整。调整方法包括以下几种。

(1)对安排的全部或者部分交易重新定性。

(2)在税收上否定交易方的存在，或者将该交易方与其他交易方视为同一实体。

(3)对相关所得、扣除、税收优惠、境外税收抵免等重新定性或者在交易各方间重新分配。

(4)其他合理方法。

6.8.8.4　送达通知与企业申辩

税务机关启动一般反避税调查时,应按照有关规定向企业送达《税务检查通知书》。企业应自收到通知书之日起60日内提供资料证明其安排具有合理的商业目的。

被调查企业认为其安排不属于避税安排的,应当提供下列资料。

(1)安排的背景资料。

(2)安排的商业目的等说明文件。

(3)安排的内部决策和管理资料,如董事会决议、备忘录、电子邮件等。

(4)安排涉及的详细交易资料,如合同、补充协议、收付款凭证等。

(5)与其他交易方的沟通信息。

(6)可以证明其安排不属于避税安排的其他资料。

(7)税务机关认为有必要提供的其他资料。

企业因特殊情况不能按期提供的,可以向主管税务机关提交书面延期申请,经批准可以延期提供,但是最长不得超过30日。主管税务机关应当自收到企业延期申请之日起15日内书面回复。逾期未回复的,视同税务机关同意企业的延期申请。

6.8.8.5　其他管理事项

企业未在规定期限内提供资料,或提供资料不能证明安排具有合理商业目的的,税务机关可根据已掌握的信息实施纳税调整,并向企业送达《特别纳税调查调整通知书》。税务机关实施一般反避税调查,可按照规定要求避税安排的筹划方如实提供有关资料及证明材料。

一般反避税调查及调整须层报国家税务总局批准。主管税务机关发现企业存在避税嫌疑的,层报省、自治区、直辖市和计划单列市(以下简称"省")税务机关复核同意后,报税务总局申请立案。省税务机关应当将税务总局形成的立案申请审核意见转发主管税务机关。税务总局同意立案的,主管税务机关实施一般反避税调查。

6.8.9　特别纳税调整加收利息

税务机关依照规定做出特别纳税调整,需要补征税款的,应当补征税款,并按照国务院规定加收利息。

税务机关根据税收法律、行政法规的规定,对企业做出特别纳税调整的,应当对补征的税款,自税款所属纳税年度的次年6月1日起至补缴税款之日止的期间,按日加收利息。加收的利息,不得在计算应纳税所得额时扣除。

上述利息应当按照税款所属纳税年度中国人民银行公布的与补税期间同期的人民币贷款基准利率加5个百分点计算。企业依照规定提供有关资料的,可以只按人民币贷款基准利率计算利息。

企业与其关联方之间的业务往来,不符合独立交易原则,或者企业实施其他不具有合理商业目的安排的,税务机关有权在该业务发生的纳税年度起10年内,进行纳税调整。

6.9　企业所得税的征收管理

6.9.1　源泉扣缴

6.9.1.1　法定源泉扣缴

非居民企业在中国境内未设立机构、场所的,或者虽设立机构、场所但取得的所得与其所设机构、场所没有实际联系的,对其来源于中国境内的所得应缴纳的所得税,实行源泉扣缴,以支付人为扣缴义务人。税款由扣缴义务人在每次支付或者到期应支付时,从支付或者到期应支付的款项中扣缴。

上述支付人是指依照有关法律规定或者合同约定对非居民企业直接负有支付相关款项义务的单位或者个人。支付包括现金支付、汇拨支付、转账支付和权益兑价支付等货币支付和非货币支付。到期应支付的款项是指支付人按照权责发生制原则应当计入相关成本、费用的应付款项。

上述支付人自行委托代理人或指定其他第三方代为支付相关款项，或者因担保合同或法律规定等原因由第三方保证人或担保人支付相关款项的，仍由委托人、指定人或被保证人、被担保人承担扣缴义务。

扣缴义务人支付或者到期应支付的款项以人民币以外的货币支付或计价的，分别按以下情形进行外币折算。

（1）扣缴义务人扣缴企业所得税的，应当按照扣缴义务发生之日人民币汇率中间价折合成人民币，计算非居民企业应纳税所得额。扣缴义务发生之日为相关款项实际支付或者到期应支付之日。

（2）取得收入的非居民企业在主管税务机关责令限期缴纳税款前自行申报缴纳应源泉扣缴税款的，应当按照填开税收缴款书之日前一日人民币汇率中间价折合成人民币，计算非居民企业应纳税所得额。

（3）主管税务机关责令取得收入的非居民企业限期缴纳应源泉扣缴税款的，应当按照主管税务机关做出限期缴税决定之日前一日人民币汇率中间价折合成人民币，计算非居民企业应纳税所得额。

非居民企业取得应源泉扣缴的所得为股息、红利等权益性投资收益的，相关应纳税款扣缴义务发生之日为股息、红利等权益性投资收益实际支付之日。

非居民企业采取分期收款方式取得应源泉扣缴所得税的同一项转让财产所得的，其分期收取的款项可先视为收回以前投资财产的成本，待成本全部收回后，再计算并扣缴应扣税款。

6.9.1.2 指定源泉扣缴

对非居民企业在中国境内取得工程作业和劳务所得应缴纳的所得税，税务机关可以指定工程价款或者劳务费的支付人为扣缴义务人。

可以指定扣缴义务人的情形包括以下三种。

（1）预计工程作业或者提供劳务期限不足一个纳税年度，且有证据表明不履行纳税义务的。

（2）没有办理税务登记或者临时税务登记，且未委托中国境内的代理人履行纳税义务的。

（3）未按照规定期限办理企业所得税纳税申报或者预缴申报的。

上述规定的扣缴义务人，由县级以上税务机关指定，并同时告知扣缴义务人所扣税款的计算依据、计算方法、扣缴期限和扣缴方式。

6.9.1.3 追缴欠税

依照上述规定应当扣缴的所得税，扣缴义务人未依法扣缴或者无法履行扣缴义务的，由纳税人在所得发生地缴纳。纳税人未依法缴纳的，税务机关可以从该纳税人在中国境内其他收入项目的支付人应付的款项中，追缴该纳税人的应纳税款。

上述所得发生地是指依照《企业所得税法实施条例》规定的原则确定的所得发生地。在中国境内存在多处所得发生地的，由纳税人选择其中之一申报缴纳企业所得税。该纳税人在中国境内其他收入是指该纳税人在中国境内取得的其他各种来源的收入。税务机关在追缴该纳税人应纳税款时，应当将追缴理由、追缴数额、缴纳期限和缴纳方式等告知该纳税人。

按照规定应当扣缴的税款，扣缴义务人应扣未扣的，由扣缴义务人所在地主管税务机关依照

《行政处罚法》第 23 条规定责令扣缴义务人补扣税款，并依法追究扣缴义务人责任；需要向纳税人追缴税款的，由所得发生地主管税务机关依法执行。扣缴义务人所在地与所得发生地不一致的，负责追缴税款的所得发生地主管税务机关应通过扣缴义务人所在地主管税务机关核实有关情况；扣缴义务人所在地主管税务机关应当自确定应纳税款未依法扣缴之日起五个工作日内，向所得发生地主管税务机关发送《非居民企业税务事项联络函》，告知非居民企业涉税事项。

主管税务机关在按照上述规定追缴非居民企业应纳税款时，可以采取以下措施。

(1) 责令该非居民企业限期申报缴纳应纳税款。

(2) 收集、查实该非居民企业在中国境内其他收入项目及其支付人的相关信息，并向该其他项目支付人发出《税务事项通知书》，从该非居民企业其他收入项目款项中依照法定程序追缴欠缴税款及应缴的滞纳金。

其他项目支付人所在地与未扣税所得发生地不一致的，其他项目支付人所在地主管税务机关应给予配合和协助。

扣缴义务人所在地主管税务机关为扣缴义务人所得税主管税务机关。对不同所得，所得发生地主管税务机关按以下原则确定。

(1) 不动产转让所得，为不动产所在地税务机关。

(2) 权益性投资资产转让所得，为被投资企业的所得税主管税务机关。

(3) 股息、红利等权益性投资所得，为分配所得企业的所得税主管税务机关。

(4) 利息所得、租金所得、特许权使用费所得，为负担、支付所得的单位或个人的所得税主管税务机关。

6.9.1.4 扣缴入库期限

扣缴义务人每次代扣的税款，应当自代扣之日起七日内缴入国库，并向所在地的税务机关报送扣缴企业所得税报告表。

6.9.2 纳税地点

除税收法律、行政法规另有规定外，居民企业以企业登记注册地为纳税地点；但登记注册地在境外的，以实际管理机构所在地为纳税地点。企业登记注册地是指企业依照国家有关规定登记注册的住所地。

非居民企业在中国境内设立机构、场所的，其所设机构、场所取得的来源于中国境内的所得，以及发生在中国境外但与其所设机构、场所有实际联系的所得，以机构、场所所在地为纳税地点。

非居民企业在中国境内未设立机构、场所的，或者虽设立机构、场所但取得的所得与其所设机构、场所没有实际联系的，其来源于中国境内的所得，以扣缴义务人所在地为纳税地点。

6.9.3 纳税期限

企业所得税按纳税年度计算。纳税年度自公历 1 月 1 日起至 12 月 31 日止。企业在一个纳税年度中间开业，或者终止经营活动，使该纳税年度的实际经营期不足十二个月的，应当以其实际经营期为一个纳税年度。企业依法清算时，应当以清算期间作为一个纳税年度。

6.9.4 纳税申报

6.9.4.1 预缴纳税申报

企业所得税分月或者分季预缴，由税务机关具体核定。企业应当自月份或者季度终了之日起十五日内，向税务机关报送预缴企业所得税纳税申报表，预缴税款。

企业分月或者分季预缴企业所得税时，应当按照月度或者季度的实际利润额预缴；按照月度或者季度的实际利润额预缴有困难的，可以按照上一纳税年度应纳税所得额的月度或者季度平均额预缴，或者按照经税务机关认可的其他方法预缴。预缴方法一经确定，该纳税年度内不得随意变更。

企业在纳税年度内无论盈利或者亏损，都应当依照规定的期限，向税务机关报送预缴企业所得税纳税申报表、年度企业所得税纳税申报表、财务会计报告和税务机关规定应当报送的其他有关资料。

符合条件的小型微利企业，实行按季度申报预缴企业所得税。● 《国家税务总局关于合理简并纳税人申报缴税次数的公告》（国家税务总局公告2016年第6号）

6.9.4.2 汇算清缴纳税申报

企业应当自年度终了之日起五个月内，向税务机关报送年度企业所得税纳税申报表，并汇算清缴，结清应缴应退税款。企业在报送企业所得税纳税申报表时，应当按照规定附送财务会计报告和其他有关资料。

6.9.4.3 清算纳税申报

企业在年度中间终止经营活动的，应当自实际经营终止之日起六十日内，向税务机关办理当期企业所得税汇算清缴。企业应当在办理注销登记前，就其清算所得向税务机关申报并依法缴纳企业所得税。

清算所得是指企业的全部资产可变现价值或者交易价格减除资产净值、清算费用以及相关税费等后的余额。

投资方企业从被清算企业分得的剩余资产，其中相当于从被清算企业累计未分配利润和累计盈余公积中应当分得的部分，应当确认为股息所得；剩余资产减除上述股息所得后的余额，超过或者低于投资成本的部分，应当确认为投资资产转让所得或者损失。

6.9.5 计税货币单位

企业所得税以人民币计算。所得以人民币以外的货币计算的，应当折合成人民币计算并缴纳税款。

企业所得以人民币以外的货币计算的，预缴企业所得税时，应当按照月度或者季度最后一日的人民币汇率中间价，折合成人民币计算应纳税所得额。年度终了汇算清缴时，对已经按照月度或者季度预缴税款的，不再重新折合计算，只就该纳税年度内未缴纳企业所得税的部分，按照纳税年度最后一日的人民币汇率中间价，折合成人民币计算应纳税所得额。

经税务机关检查确认，企业少计或者多计上述规定的所得的，应当按照检查确认补税或者退税时的上一个月最后一日的人民币汇率中间价，将少计或者多计的所得折合成人民币计算应纳税所得额，再计算应补缴或者应退的税款。

主管税务机关开具的缴税凭证上的应纳税额和滞纳金为1元以下的，应纳税额和滞纳金为零。● 《国家税务总局关于1元以下应纳税额和滞纳金处理问题的公告》（国家税务总局公告2012年第25号）

6.9.6 核定征收企业所得税

6.9.6.1 适用范围

居民企业纳税人具有下列情形之一的，核定征收企业所得税。

（1）依照法律、行政法规的规定可以不设置账簿的。

（2）依照法律、行政法规的规定应当设置但未设置账簿的。

（3）擅自销毁账簿或者拒不提供纳税资料的。

（4）虽设置账簿，但账目混乱或者成本资料、收入凭证、费用凭证残缺不全，难以查账的。

（5）发生纳税义务，未按照规定的期限办理纳税申报，经税务机关责令限期申报，逾期仍不申报的。

(6)申报的计税依据明显偏低,又无正当理由的。

特殊行业、特殊类型的纳税人和一定规模以上的纳税人不适用核定征收企业所得税。

上述所称特定纳税人包括以下类型的企业。

(1)享受《企业所得税法》及其实施条例和国务院规定的一项或几项企业所得税优惠政策的企业(不包括仅享受《企业所得税法》第二十六条规定免税收入优惠政策的企业、第二十八条规定的符合条件的小型微利企业)。

(2)汇总纳税企业。

(3)上市公司。

(4)银行、信用社、小额贷款公司、保险公司、证券公司、期货公司、信托投资公司、金融资产管理公司、融资租赁公司、担保公司、财务公司、典当公司等金融企业。

(5)会计、审计、资产评估、税务、房地产估价、土地估价、工程造价、律师、价格鉴证、公证机构、基层法律服务机构、专利代理、商标代理以及其他经济鉴证类社会中介机构。

(6)国家税务总局规定的其他企业。

对上述规定之外的企业,主管税务机关要严格按照规定的范围和标准确定企业所得税的征收方式,不得违规扩大核定征收企业所得税范围;对其中达不到查账征收条件的企业核定征收企业所得税,并促使其完善会计核算和财务管理,达到查账征收条件后要及时转为查账征收。

专门从事股权(股票)投资业务的企业,不得核定征收企业所得税。依法按核定应税所得率方式核定征收企业所得税的企业,取得的转让股权(股票)收入等转让财产收入,应全额计入应税收入额,按照主营项目(业务)确定适用的应税所得率计算征税;若主营项目(业务)发生变化,应在当年汇算清缴时,按照变化后的主营项目(业务)重新确定适用的应税所得率计算征税。

● 《国家税务总局关于企业所得税核定征收若干问题的通知》(国税函〔2009〕377号)、《国家税务总局关于修订企业所得税2个规范性文件的公告》(国家税务总局公告2016年第88号)

● 《国家税务总局关于企业所得税核定征收有关问题的公告》(国家税务总局公告2012年第27号)

6.9.6.2 核定的对象

税务机关应根据纳税人具体情况,对核定征收企业所得税的纳税人,核定应税所得率或者核定应纳所得税额。

具有下列情形之一的,核定其应税所得率。

(1)能正确核算(查实)收入总额,但不能正确核算(查实)成本费用总额的。

(2)能正确核算(查实)成本费用总额,但不能正确核算(查实)收入总额的。

(3)通过合理方法,能计算和推定纳税人收入总额或成本费用总额的。

纳税人不属于以上情形的,核定其应纳所得税额。

6.9.6.3 核定的方法

税务机关采用下列方法核定征收企业所得税。

(1)参照当地同类行业或者类似行业中经营规模和收入水平相近的纳税人的税负水平核定。

(2)按照应税收入额或成本费用支出额定率核定。

(3)按照耗用的原材料、燃料、动力等推算或测算核定。

(4)按照其他合理方法核定。

采用上述所列一种方法不足以正确核定应纳税所得额或应纳税额的,可以同时采用两种以上的方法核定。采用两种以上方法测算的应纳税额不一致时,可按测算的应纳税额从高核定。

6.9.6.4 应税所得率方式核定的计算公式

采用应税所得率方式核定征收企业所得税的,应纳所得税额计算公式如下:

应纳所得税额=应纳税所得额×适用税率

应纳税所得额=应税收入额×应税所得率

或

应纳税所得额=成本(费用)支出额÷(1-应税所得率)×应税所得率

上述"应税收入额"等于收入总额减去不征税收入和免税收入后的余额。用公式表示如下:

应税收入额=收入总额-不征税收入-免税收入

其中,收入总额为企业以货币形式和非货币形式从各种来源取得的收入。

实行应税所得率方式核定征收企业所得税的纳税人,经营多业的,无论其经营项目是否单独核算,均由税务机关根据其主营项目确定适用的应税所得率。

主营项目应为纳税人所有经营项目中,收入总额或者成本(费用)支出额或者耗用原材料、燃料、动力数量所占比重最大的项目。

应税所得率按表6-1规定的幅度标准确定。

表6-1 应税所得率表

行业	应税所得率(%)
农、林、牧、渔业	3~10
制造业	5~15
批发和零售贸易业	4~15
交通运输业	7~15
建筑业	8~20
饮食业	8~25
娱乐业	15~30
其他行业	10~30

纳税人的生产经营范围、主营业务发生重大变化,或者应纳税所得额或应纳税额增减变化达到20%的,应及时向税务机关申报调整已确定的应纳税额或应税所得率。

6.9.6.5 鉴定程序

主管税务机关应及时向纳税人送达《企业所得税核定征收鉴定表》,及时完成对其核定征收企业所得税的鉴定工作。具体程序如下:

(1)纳税人应在收到《企业所得税核定征收鉴定表》后10个工作日内,填好该表并报送主管税务机关。《企业所得税核定征收鉴定表》一式三联,主管税务机关和县税务机关各执一联,另一联送达纳税人执行。主管税务机关还可根据实际工作需要,适当增加联次备用。

(2)主管税务机关应在受理《企业所得税核定征收鉴定表》后20个工作日内,分类逐户审查核实,提出鉴定意见,并报县税务机关复核、认定。

(3)县税务机关应在收到《企业所得税核定征收鉴定表》后30个工作日内,完成复核、认定工作。

纳税人收到《企业所得税核定征收鉴定表》后,未在规定期限内填列、报送的,税务机关视同纳税人已经报送,按上述程序进行复核认定。

税务机关应在每年6月底前对上年度实行核定征收企业所得税的纳税人进行重新鉴定。重新鉴定工作完成前,纳税人可暂按上年度的核定征收方式预缴企业所得税;重新鉴定工作完成后,按重新鉴定的结果进行调整。

主管税务机关应当分类逐户公示核定的应纳所得税额或应税所得率。主管税务机关应当按照便于纳税人及社会各界了解、监督的原则确定公示地点、方式。纳税人对税务机关确定的企业所得税征收方式、核定的应纳所得税额或应税所得率有异议的,应当提供合法、有效的相关证据,税务机关经核实认定后调整有异议的事项。

6.9.6.6 申报纳税的方式

纳税人实行核定应税所得率方式的,按下列规定申报纳税。

(1)主管税务机关根据纳税人应纳税额的大小确定纳税人按月或者按季预缴,年终汇算清缴。预缴方法一经确定,一个纳税年度内不得改变。

(2)纳税人应依照确定的应税所得率计算纳税期间实际应缴纳的税额,进行预缴。按实际数额预缴有困难的,经主管税务机关同意,可按上一年度应纳税额的1/12或1/4预缴,或者按经主管税务机关认可的其他方法预缴。

(3)纳税人预缴税款或年终进行汇算清缴时,应按规定填写《中华人民共和国企业所得税月(季)度预缴纳税申报表(B类)》,在规定的纳税申报时限内报送主管税务机关。

纳税人实行核定应纳所得税额方式的,按下列规定申报纳税。

(1)纳税人在应纳所得税额尚未确定之前,可暂按上年度应纳所得税额的1/12或1/4预缴,或者按经主管税务机关认可的其他方法,按月或按季分期预缴。

(2)在应纳所得税额确定以后,减除当年已预缴的所得税额,余额按剩余月份或季度均分,以此确定以后各月或各季的应纳税额,由纳税人按月或按季填写《中华人民共和国企业所得税月(季)度预缴纳税申报表(B类)》,在规定的纳税申报期限内进行纳税申报。

(3)纳税人年度终了后,在规定的时限内按照实际经营额或实际应纳税额向税务机关申报纳税。申报额超过核定经营额或应纳税额的,按申报额缴纳税款;申报额低于核定经营额或应纳税额的,按核定经营额或应纳税额缴纳税款。

6.9.6.7 跨境电子商务综合试验区零售出口企业所得税核定征收制度

● 《国家税务总局关于跨境电子商务综合试验区零售出口企业所得税核定征收有关问题的公告》(国家税务总局公告2019年第36号)

自2020年1月1日起,跨境电子商务综合试验区(以下简称"综试区")内的跨境电子商务零售出口企业(以下简称"跨境电商企业"),同时符合下列条件的,试行核定征收企业所得税办法。

(1)在综试区注册,并在注册地跨境电子商务线上综合服务平台登记出口货物日期、名称、计量单位、数量、单价、金额的。

(2)出口货物通过综试区所在地海关办理电子商务出口申报手续的。

(3)出口货物未取得有效进货凭证,其增值税、消费税享受免税政策的。

综试区内核定征收的跨境电商企业应准确核算收入总额,并采用应税所得率方式核定征收企业所得税。应税所得率统一按照4%确定。税务机关应按照有关规定,及时完成综试区跨境电商企业核定征收企业所得税的鉴定工作。

综试区内实行核定征收的跨境电商企业符合小型微利企业优惠政策条件的,可享受小型微利企业所得税优惠政策;其取得的收入属于《企业所得税法》第二十六条规定的免税收入的,可享受免税收入优惠政策。

上述综试区是指经国务院批准的跨境电子商务综合试验区;上述跨境电商企业是指自建跨境电子商务销售平台或利用第三方跨境电子商务平台开展电子商务出口的企业。

6.9.7 清算所得的所得税处理

6.9.7.1 基本含义与适用范围

企业清算的所得税处理是指企业在不再持续经营，发生结束自身业务、处置资产、偿还债务以及向所有者分配剩余财产等经济行为时，对清算所得、清算所得税、股息分配等事项的处理。

> 《财政部 国家税务总局关于企业清算业务企业所得税处理若干问题的通知》（财税〔2009〕60号）

下列企业应进行清算的所得税处理。

(1) 按《公司法》《企业破产法》等规定需要进行清算的企业。

(2) 企业重组中需要按清算处理的企业。

6.9.7.2 企业清算所得税处理的内容

企业清算的所得税处理包括以下内容。

(1) 全部资产均应按可变现价值或交易价格，确认资产转让所得或损失。

(2) 确认债权清理、债务清偿的所得或损失。

(3) 改变持续经营核算原则，对预提或待摊性质的费用进行处理。

(4) 依法弥补亏损，确定清算所得。

(5) 计算并缴纳清算所得税。

(6) 确定可向股东分配的剩余财产、应付股息等。

6.9.7.3 企业清算所得税的计算

企业的全部资产可变现价值或交易价格，减除资产的计税基础、清算费用、相关税费，加上债务清偿损益等后的余额，为清算所得。企业应将整个清算期作为一个独立的纳税年度计算清算所得。

企业全部资产的可变现价值或交易价格减除清算费用，职工的工资、社会保险费用和法定补偿金，结清清算所得税、以前年度欠税等税款，清偿企业债务，按规定计算可以向所有者分配的剩余资产。

被清算企业的股东分得的剩余资产的金额，其中相当于被清算企业累计未分配利润和累计盈余公积中按该股东所占股份比例计算的部分，应确认为股息所得；剩余资产减除股息所得后的余额，超过或低于股东投资成本的部分，应确认为股东的投资转让所得或损失。

被清算企业的股东从被清算企业分得的资产应按可变现价值或实际交易价格确定计税基础。

>> 案例精讲

案例一：

A房地产公司正忙于企业所得税汇算清缴工作。在结算完工成本时，对一笔金额为8000万元的建造施工合同处理与税务机关产生了异议。该合同有部分工程款（约1000万元）未取得发票。A公司财务人员认为，根据《国家税务总局关于印发〈房地产开发经营业务企业所得税处理办法〉的通知》（国税发〔2009〕31号）第三十二条的规定，可以预提扣除。税务人员认为，根据《国家税务总局关于企业所得税若干问题的公告》（国家税务总局公告2011年第34号）第六条规定，在汇算清缴期前未按规定取得正式建安发票而预提的开发成本，全部调整增加所属年度应纳税所得额（以上金额均不含增值税）。

解析：

（1）房地产公司年度结账时，结转完工成本时，应该预提全部未取得的发票成本，该合同应预提1000万元建筑安装成本。会计处理如下。

借：开发成本——建筑安装成本 1000万元
　　贷：应付账款——预提成本 1000万元

至于企业所得税汇算清缴中的纳税调整则另行处理。

（2）国税发〔2009〕31号第三十二条第一款规定，出包工程未最终办理结算而未取得全额发票的，在证明资料充分的前提下，其发票不足金额可以预提，但最高不得超过合同总金额的10%。因此，A公司结算计税成本时，可以列支未取得发票上的金额，但不得超过合同总金额的10%，即8000×10%＝800（万元），超过部分的200万元应作纳税调整增加处理。

（3）国家税务总局公告2011年第34号第六条"关于企业提供有效凭证时间问题"规定，企业当年度实际发生的相关成本、费用，由于各种原因未能及时取得该成本、费用的有效凭证，企业在预缴季度所得税时，可暂按账面发生金额进行核算；但在汇算清缴时，应补充提供该成本、费用的有效凭证。假设A公司不是房地产开发企业，根据该规定，A公司预提1000万元，如果能够在汇算清缴期间提供发票，则可以扣除，否则不得扣除。但国家税务总局公告2011年第34号并不仅针对房地产开发企业，也并非专指建筑出包工程。而国税发〔2009〕31号仅针对房地产开发企业结算完工计税成本适用，并非针对所有未取得发票的行为，例如房地产开发企业广告费未取得发票，预提时则应适用国家税务总局公告2011年第34号的处理。

（4）适用国税发〔2009〕31号与适用国家税务总局公告2011年第34号并无矛盾，A公司预提的800万元适用国税发〔2009〕31号的规定，可以扣除，需作纳税调整的200万元工程款如果在汇算清缴期间取得发票也可以扣除。这样A公司该笔建筑施工合同8000万元的工程款可全部计入计税成本扣除。

（5）如果汇算清缴期未取得发票，而在汇算清缴期之后取得发票，国家税务总局公告2011年第34号未提及此种情况下应该如何处理，但国税发〔2009〕31号第三十四条规定，企业在结算计税成本时，其实际发生的支出应当取得但未取得合法凭据的，不得计入计税成本，待实际取得合法凭据时，再按规定计入计税成本。因此，A公司200万元的发票，如果在汇算清缴结束后取得发票，仍可以扣除，但扣除年度为取得发票的年度。

案例二：

2016年税务部门在对某线路板有限公司开展中等风险应对时发现，该单位在2012、2013年度，均申报了不征税收入，其中2013年数额达629.91万元。该单位2008—2013年均取得不征税收入，而企业所得税申报的收入、成本数据与财务报表基本一致，所得税申报表中纳税调整项目里的"不征税收入用于支出所形成的费用"一栏均为零。经审核，税务部门初步确认该单位2008年取得的不征税收入未使用、未缴回财政也未并入2013年所得的事实。

根据《财政部 国家税务总局关于专项用途财政性资金有关企业所得税处理问题的通知》（财税〔2009〕87号）以及《财政部 国家税务总局关于专项用途财政性资金企业所得税处理问题的通知》（财税〔2011〕70号）两个文件规定，属于专项用途的财政性资金，凡满足"企业能够提供规定资金专项用途的资金拨付文件、财政部门或其他拨付资金的政府部门对该资金有专门的资金管理办法或具体管理要求、企业对该资金以及以该资金发生的支出单独进行核算"三个条件的，取得当年可计入不征税收入，无须计征企业所得税。企业将符合条件的财政性资金作不征税收入处理后，在五年（60个月）内未发生支出且未缴回财政或其他拨付资金的政府部门的部分，应重新计入取得该资金第六年的收入总额。

据此，该企业2008年取得符合条件的财政性资金3569999.99元，当年作为不征税收入核算，之后一直未使用也未缴回财政，应补缴2013年度企业所得税892500元。

案例三：

上诉人国家税务总局唐山市税务局稽查局、国家税务总局河北省税务局因税务处理决定一案，不服河北省唐山市路北区人民法院（2017）冀0203行初366号行政判决，向唐山市中级人民法院提起上诉。

原审查明，2008年至2013年原告中国甲集团有限公司从承德乙劳务派遣有限公司等四家公司取得合计1.46亿元虚开发票，为取得虚开发票支付347.43万元款项。虚开发票名目下支出情况：第一，为本公司员工发放并在企业所得税前扣除的工资性支出1.45亿元；第二，税前多列支业务招待费4.63万元；第三，未取得合法凭证税前列支业务招待费27.4万元；第四，发放给非本公司员工的工资性支出48.37万元。唐山市国家税务局稽查局认定应调增原告2008年至2013年应纳税所得额1.5亿元，造成少缴所得税0.37亿元构成偷税。2017年5月15日，被告唐山市国家税务局稽查局做出冀唐国税稽处〔2017〕101号税务行政处理决定书，决定追缴企业所得税0.37亿元。原告不服，向河北省国家税务局提起行政复议，2017年9月7日，河北省国家税务局做出冀国税复决字〔2017〕3号行政复议决定书，决定维持上述处理决定。

原审法院认为，企业职工取得必要的、适当的工资收入既合法又合理。原告认为给职工支付的1.45亿元工资未违反本公司的工资制度，被告否认原告支付1.45亿元工资的合理性，但未提供充分证据予以证明，应承担举证不能的法律责任，该工资应认定为合理支出。应当指出，企业职工工资的合理性与工资资金的来源方式是否合法没有必然联系，原告虚开发票套取本企业资金，其行为违法并不必然导致原告使用套取的资金给职工发放工资违法。《企业所得税法》第8条规定："企业实际发生的与取得收入有关的、合理的支出，包括成本、费用、税金、损失和其他支出，准予在计算应纳税所得额时扣除。"本案争议的1.45亿元工资性支出是原告生产经营中客观存在的成本，被告根据该资金来源的违法性否定为职工支付工资的合理性既不符合《企业所得税法》第8条之规定，也存在主要证据不足的问题。被告认定1.45亿元工资性支出为应调增应纳税所得额依法不能成立，以此为依据做出的税务处理决定依法应予撤销。依照《行政诉讼法》第70条第（1）项之规定，判决撤销被告唐山市国家税务局稽查局做出的冀唐国税稽罚〔2017〕101号《行政处理决定书》，撤销被告河北省国家税务局做出的冀国税复决字〔2017〕3号《行政复议决定书》，责令被告唐山市国家税务局稽查局在本判决生效后60日内重新做出处理决定。

国家税务总局唐山市税务局稽查局上诉称：一审判决认定事实、适用法律错误，依法应予撤销。

第一，一审法院认为"被告否认原告支付1.45亿元工资的合理性，但未提供充分证据予以证明，应承担举证不能的法律责任"，认定"存在主要证据不足"与事实不符。上诉人做出的冀唐国税稽罚〔2017〕101号《税务行政处理决定书》认定被上诉人少缴企业所得税行为属于偷税，事实清楚，证据充分，提供了充分证据予以证明。上诉人为证明被上诉人存在利用虚开发票套取资金发放工资，增加成本，减少了应纳税所得额，少缴企业所得税属于偷税行为。在举证期限内向一审法庭提交了以下主要证据：河北省地方税务局稽查局出具的关于承德乙等四家劳务派遣公司虚开发票案件情况报告、河北省地方税务局稽查局出具的调查笔录、2008年至2013

年甲公司预算、2008年至2013年应付职工酬金计提支付表、2008年至2013年职工薪酬明细表、各种明细账等150份事实方面的证据,并提供了9份法律依据方面的证据。被上诉人对上诉人在一审提交证据的真实性、合法性予以认可,一审判决对证据的真实性也做出了认定,不存在未提供充分证据予以证明的问题。被上诉人对上诉人在一审提交证据的关联性提出了异议,但一审判决并未明确予以采纳。上诉人提交的证据足以证明被上诉人违反工资制度发放工资不符合税法所规定的"合理性"要求、违规税前列支招待费、违规扣除为取得虚开发票支付费用,所证明的事实是清楚的,不存在《行政诉讼法》第70条第1项规定的主要证据不足的问题。

第二,一审法院认为"被告否认原告支付1.45亿元工资的合理性,但未提供充分证据予以证明,应承担举证不能的法律责任,该工资应认定为合理工资",认定"该工资应认定为合理工资"属于事实认定错误。劳动者付出劳动获得劳动报酬无可非议,更不能要求劳动者考虑企业发放劳动报酬资金的来源是否合法的问题。从劳动者的角度说,无论发放工资资金的来源是合法的,还是非法的,只要获得的是应得的劳动报酬就不存在是否违法的问题,劳动者本身没有过错。本案当中,行政处理的是被上诉人违反税务行政法律法规的违法行为,并未否定其职工取得工资的合法行为。被上诉人违反相关企业所得税法律法规发放的该部分工资不属于企业所得税法规定的"合理工资"。被上诉人制订了《中国甲集团有限公司工资总额管理办法》(人力字〔2010〕22号)等较为规范的工资薪金制度,但被上诉人并未按照工资薪金制度执行,而是利用让他人虚开发票套取资金后,一部分纳入工资总额通过"应付职工薪酬"在有关成本费用类科目列支并在企业所得税税前扣除,另一部分以"劳务费"的名义计入有关成本费用类科目并在企业所得税税前扣除,主观上存在逃避工资薪金制度监管的故意。根据《企业所得税法》第8条、《企业所得税法实施条例》第34条、《国家税务总局关于企业工资薪金及职工福利费扣除问题的通知》(国税函〔2009〕3号)的相关规定,该部分违规发放的工资薪金当然不属于企业所得税法规定的"合理工资"范畴。让他人虚开发票是严重违反税务行政管理法律法规的行为,始终是国家严厉打击的税收违法行为。被上诉人利用虚开发票套取资金发放工资并列入成本核算,事实清楚,证据充分,一审法院也予以认可。上诉人做出追缴企业所得税的税务行政处理决定,依据的主要事实是被上诉人具有让他人虚开发票、用虚开发票虚列成本、违反工资制度发放工资从而造成少缴企业所得税的违法事实。一审法院简单认为"企业职工工资的合理性与工资资金的来源方式是否合法没有必然联系,原告虚开发票套取本企业资金,其行为违法并不必然导致原告使用套取的资金给职工发放工资违法",明显属于以偏概全和事实认定错误。

第三,一审法院认为"本案争议的1.45亿元工资性支出是原告生产经营中客观存在的成本,被告根据该资金来源的违法性否定为职工支付工资的合理性既不符合《企业所得税法》第8条之规定",属于法律适用错误。《企业所得税法》第8条仅是一种原则性规定,《企业所得税法》第20条又明确规定"本章规定的收入、扣除的具体范围、标准和资产的税务处理的具体办法,由国务院财政、税务主管部门规定"。一审法院忽略了《企业所得税法实施条例》第34条、《国家税务总局关于企业工资薪金及职工福利费扣除问题的通知》(国税函〔2009〕3号)的具体要求,明显属于法律适用问题。

第四,被上诉人违反工资制度,以让他人虚开发票套取资金方式发放工资,所造成少缴企业所得税属于偷税,应当予以追缴。作为企业必须按照国家税法的规定,对企业工资薪金进行企业所得税扣除。违反工资制度,特别是被上诉人这种采用虚开发票及其他违法方法套取资金属于严重违反税收法规的行为，势必扰乱社会主义市场经济秩序，是应当受到行政处理的行为，按照《税收征收管理法》第63条第1款的规定，税务机关应当追缴被上诉人少缴税款。上诉请求：依法撤销唐山市路北区人民法院（2017）冀0203行初366号判决，驳回被上诉人的诉讼请求。

国家税务总局河北省税务局上诉称：一审判决认定事实、适用法律错误，依法应予撤销。

第一，税法并不限制企业为职工发放工资薪金数额，但会依据税法规定对企业发放的工资予以评价，从而影响企业应纳税数额。一审法院并未考虑涉案工资支出是否符合税法规定，即该支出在税法中的"合法性"问题。换言之，该支出的"客观存在"并不意味着即具有税法上的"合法性"。劳动者享有取得劳动报酬的权利，企业为职工发放工资属于自主的市场行为，企业可以根据自身经营状况、管理战略等自行决定发放工资的具体数额。但是在税法中，并不是企业发放的所有"工资薪金"都可以得到认可，尤其在企业所得税法中，会计处理与税务处理存在较大差异，根据《企业所得税法实施条例》第34条规定，即使是企业生产经营中客观存在的工资薪金，只有被税法评价为"合理的工资薪金"时，才允许在企业所得税税前扣除。

第二，税法对被上诉人所支付1.45亿元工资予以否定评价，故不属于"合理工资薪金"。关于合理工资薪金问题，《企业所得税法》第8条、《企业所得税法实施条例》第34条、《国家税务总局关于企业工资薪金及职工福利费扣除问题的通知》（国税函〔2009〕3号）有明确规定。被上诉人已经制订了较为规范的工资薪金制度，即《中国甲集团有限公司工资总额管理办法》（人力字〔2010〕22号）等文件，但在执行过程中，被上诉人并未按照工资薪金制度执行。作为争议焦点的1.45亿元"工资"并未纳入被上诉人的工资薪金制度管理范围，税务机关提交的证据资料以及被上诉人《甲公司关于劳务派遣事项的说明》《甲机电等分公司情况说明》等自述材料都已证明，该部分是被上诉人为规避自身工资制度而采取特殊手段发放的，当然属于违反工资制度的"不合理工资薪金"。

第三，被上诉人明知1.45亿元工资发放违反企业工资薪金制度，仍通过违法违规方式进行了发放，并在企业所得税税前扣除，属于偷税。一审法院认为，被上诉人虚开发票套取资金，并不必然导致工资发放违法。需要明确的是，一审法院此处所称"违法"是指违反税法还是其他法律？如指违反税法，上文已清晰指出，该支出是不符合税法相关规定的。如指其他法律，则不在本案讨论范围内，勿需研究。正是被上诉人采用了虚开发票套取资金进行工资发放的行为，说明了其明知该支出违反自身工资制度而故意为之，其必然不被税法所认可。但被上诉人为了该支出能够在企业所得税税前扣除，虚构业务、虚开发票、虚假记账、虚假申报，根据《税收征收管理法》第63条的规定，其行为属于偷税无疑。

上诉请求：依法撤销一审判决，驳回被上诉人的诉讼请求。

被上诉人中国甲集团有限公司对国家税务总局唐山市税务局稽查局的上诉理由答辩如下。

第一，一审法院认定"存在主要证据不足"，与事实相符。一审法院对上诉人提交的证据从真实性、合法性与关联性的角度进行了综合考虑。上诉人提交的证据不足以证明企业职工工资的不合理性，即不足以证明公司合理的工资成本不能在税前扣除。

第二，上诉人第二点上诉理由存在逻辑错误，答辩人虽然存在以"虚开发票"的形式发放职工工资的行为，但是该行为并不必然导致该部分工资不属于企业所得税法规定的"合理工资"或者导致答辩人所发放的该部分工资不能被税前扣除。首先，上诉人已经明确表示，其不否定答辩人职工取得的1.45亿元工资属于合法行为。既然答辩人职工有权获得该部分工资，这就表示答辩人职工付出了与该工资相对应的劳动，因此该部分工资必然属于答辩人所应负担的与生产经营活动有关的成本。其次，答辩人通过"虚开发票"发放工资的形式虽然不符合税务行政法规，但是该"虚开行为"不会导致答辩人真实发生的生产经营成本（即职工的工资薪金）不能得到税前扣除。一方面不允许税前扣除不符合税法的比例原则。对"虚开发票"（而且是在发票所载的成本金额是真实发生的，只是发票的内容描述与实际不符的情形下）违法行为的制裁手段和所造成的损害后果远远超出了法益保护的必要性。另一方面，不允许答辩人税前扣除该部分支出也不符合现行税收法律法规规定。我国现行税收法律法规对于虚开发票行为和企业税前成本的扣除分别做出了相关规定，对于虚开发票行为及后果规定在《发票管理办法》第22条和第37条中，而企业税前成本的扣除则被规定在《企业所得税法》第8条和《企业所得税法实施条例》第27条中。因此，虚开发票这一行为并不必然导致虚开发票所载成本不能被扣除，只有虚开发票所载金额不属于企业真实经营成本支出的，才会导致虚开发票所载金额不能被税前扣除。对此，也可以同样参见国家税务总局于2018年6月6日最新发布的关于《企业所得税税前扣除凭证管理办法》的公告（以下简称"28号公告"），28号公告第7、8条明确了企业税前扣除凭证不仅包括发票，还包括合同协议、支出依据、付款凭证等。本案中，虽然答辩人取得的劳务派遣发票不符合规定，但是根据28号公告第13条所体现的精神，如果答辩人能够补充提供其他相关有效凭证，证明支出真实且已经实际发生，则该支出仍可以在税前扣除。28号公告第10条规定，如果一项支出不属于应税项目，且对方为个人的，以内部凭证作为税前扣除凭证。本案中，答辩人支付给职工的工资薪金不属于应税项目，且税务总局没有规定对发放工资的行为需要开具发票，答辩人可以以内部凭证作为税前扣除凭证。

第三，一审法院在审理和判决中并无法律适用错误。首先，根据《行政诉讼法》第63条规定，人民法院审理行政案件，以法律和行政法规、地方性行政法规为依据，参照规章。而3号文不属于法律、行政法规、地方性法规，也并不属于规章，而仅仅是其他一般规范性文件，人民法院审理案件无须依据或参照该文件的规定。其次，上诉人所依据的3号文违反上位法《企业所得税法实施条例》。根据《企业所得税法》第8条、《企业所得税法实施条例》第27条、《企业所得税法实施条例》第34条之规定，工资薪金是本企业给任职或者受雇员工的劳动报酬，只要该工资薪金符合第27条"合理"支出的定义，根据该34条第1款的规定就应该在所得税前准予扣除。3号文第1条关于合理工资薪金问题中的什么是"合理工资薪金"的解释，除了"实际发放给员工的工资薪金"尊重了《企业所得税法实施条例》第34条，其他增添的内容均缩小了上位法规定的纳税主体的权利范围，直接限制或者剥夺了企业的权利。

第四，答辩人通过两个渠道发放工资是合理的，并未违反自己制订的工资管理制度。答辩人的行为并不构成偷税。首先，答辩人主管单位丙集团根据国有企业薪酬管理要求对答辩人每年发放给本单位员工的工资总额由丙集团于次年四季度根据答辩人上年度效益情况核定。为了保证将每年发放给员工的工资总额控制在丙集团核定的额度内，答辩人对下属各单位每月工资总额严格按照答辩人制订的《中国甲集团有限公司工资总额管理办法》（人力字〔2010〕22号）中工效挂钩的要求进行考核、控制，按照规定各单位工资总额实行月预支、次月结算、年度总结算的办法，即员工每月工资的多少是由当月本单位利润完成情况决定的。而作为施工企业，答辩人每月的利润具有不确定性，若某单位某一时期出现利润水平低甚或亏损时，则该单位员工虽然付出了艰苦的劳动，但只能拿到很少的工资。这将严重影响员工的正常生活，极大挫伤员工特别是一线作业员工工作积极性，导致工程项目建设和正常的生产经营秩序受到极为不利的影响。即便相关单位之后完成了年度利润指标，想要采取事后补发的方式补发利润完成不好月份员工应得的工资，也需要在丙集团第二年对答辩人上年度工资总额清算结束后根据清算结果进行，期间间隔时间过长，无法解决员工面临的现实生活需求。因此，鉴于利润完成的不确定性和最终无奈之下，个别效益不好的单位为保证劳动者切身利益，保证公司正常的生产经营活动，采取了两种渠道发放工资。每年丙集团对答辩人工资总额清算结果出来后，答辩人都会及时根据有关单位的申请和该单位利润完成情况，严格按照人力字〔2010〕22号中第6条特殊规定对该单位超过工效挂钩部分的工资总额进行考核追认。人力字〔2010〕22号第6条规定，"实行工效挂钩的单位，如按上述工效挂钩核算提取的工资总额不足，或有特殊原因需要增加工资总额的，须报公司人力资源部审核，经公司批准后可适当增加工资总额"。该规定与22号中第5条原则规定共同完整构成了答辩人各个单位年度工资总额发放规则，上诉人只是片面强调第5条，认为答辩人没有按照自己制订的工资制度发放，忽略了第6条特殊情况下的对第5条的调整规定，存在对答辩人工资制度的错误理解，且答辩人涉案员工所获取的工资都是被丙集团所肯定认可的，是合法来源的所得，因此不存在上诉人所指称的"套取"国家利益的行为。根据《工资总额管理办法》（人力字〔2010〕22号）第2条所规定的，"工资总额是指企业直接支付给本企业全部员工的劳动报酬总额，应以直接支付给全体员工的全部劳动报酬为根据"，涉案员工通过两个渠道直接由答辩人支付的两个劳动报酬数额应该加总合计，计入答辩人工资制度下第2条的"本企业全部员工的劳动报酬总额"。因此把通过劳动派遣支付的工资计算工资总额构成恰恰是对答辩人工资制度的遵守，并没有违反国税函〔2009〕3号第1条的规定。其次，上诉人通过开具劳务派遣发票的形式支付员工工资虽然具有不规范性，但是主观上并不存在"进行虚假纳税申报"的故意，客观上也没有因此获取利益和造成少缴企业所得税的后果，因此该行为不应当被认定为偷税。答辩人和上诉人在庭审中均同意该费用实质是支付给员工的劳动报酬，根据实质优于形式的原则，该劳动报酬如没有明显不合理的理由，应允许企业税前扣除。上诉人仅根据表面分析，将不规范的开具发票行为等同于偷税，而没有深入正确理解发票所载金额的实质以及答辩人不得已采取两种方式发放工资的公司制度限制因素。

被上诉人中国甲集团有限公司对国家税务总局河北省税务局的上诉理由答辩如下。

第一，对于答辩人以劳务派遣的形式支付的工资薪金的"合理性"与"合法性"问题，答辩人认为，本案中企业职工工资支出的合理性与合法性与工资资金的发放形式并没有必然联系。因为即使上诉人否定"虚开"的劳务派遣费用发票的合规性，不允许以该发票作为税前抵扣的依据，但是接下来上诉人应该考虑的问题是重新对该笔支出进行定性。答辩人通过劳务派遣发放工资并没有使得答辩人所雇佣的劳动者获得明显超出市场价格的报酬，也没有超过丙集团每年对答辩人核定的年度工资总额。因此对于此劳动力的付出答辩人所支出的以劳务派遣形式发放的工资薪金根据《企业所得税法实施条例》第27条属于合理的支出，根据《企业所得税法实施条例》第34条规定应该给予税前扣除。

第二，答辩人通过两种渠道发放工资薪金并未违反自己的工资薪金制度，因此也未违反3号文的规定，同时，3号文本身对"合理工资薪金"的认定违反了上位法，法院在审理中不应该适用其中违反上位法的规定。

第三，答辩人的工资发放并没有违反自身的工资薪金制度，"虚开"劳务派遣发票的行为并不必然构成偷税，对此可参见答辩人对上诉人国家税务总局唐山市税务局稽查局第二项和第四项上诉理由的答辩。虽然形式上答辩人采用了开具劳务派遣发票不规范的形式，但是实质上并没有对国家他人造成损失，答辩人也没有获取利益（相反需要支付额外管理费用），属于违法阻却事由，因此应该排除上诉人"虚开发票"违法的认定，进而排除认定虚假纳税申报的故意。

综上，本案中，上诉人没有证据证明答辩人以劳务派遣费的形式支付的工资薪金与企业经营活动无关或者金额超出正常商业目的，因此应当承担举证不能的法律责任。一审法院认定事实清楚，适用法律正确，其撤销上诉人税务处理决定以及行政复议决定的判决应予以维持。

二审法院经审理查明的事实与一审判决认定的事实一致，法院予以确认。

法院二审查明，根据《国务院机构改革方案》要求，国家税务总局河北省税务局已于2018年6月15日正式挂牌成立，由原河北省国家税务局、原河北省地方税务局合并组建。按照《全国人民代表大会常务委员会关于国务院机构改革涉及法律规定的行政机关职责调整问题的规定》《国务院关于国务院机构改革涉及行政法规规定的行政机关职责调整问题的规定》的有关要求，现行法律、行政法规规定的原河北省国家税务局职责和工作，由国家税务总局河北省税务局继续承担。国家税务总局唐山市税务局于2018年7月5日发布2018年第1号公告《国家税务总局唐山市税务局关于国家税务总局唐山市税务局正式挂牌成立的公告》，国家税务总局唐山市税务局稽查局于2018年7月5日挂牌，承继原唐山市国家税务局稽查局、唐山市地方税务局稽查局的工作职责和权利义务。

二审法院认为，本案的争议焦点主要是中国甲集团有限公司接受虚开发票方式为职工发放工资1.45亿元的行为是否属于偷税行为。《税收征收管理法》第63条第1款规定"纳税人伪造、变造、隐匿、擅自销毁账簿、记账凭证，或者在账簿上多列支出或者不列、少列收入，或者经税务机关通知申报而拒不申报或者进行虚假的纳税申报，不缴或者少缴应纳税款的，是偷税。对纳税人偷税的，由税务机关追缴其不缴或者少缴的税款、滞纳金，并处不缴或者少缴的税款50%以上5倍以下的罚款；构成犯罪的，依法追究刑事责任。"根据该条规定，造成不缴或少缴应纳税款后果的，是偷税，应予处罚。《企业所得税法》第8条规定："企业实际发生的与取得收入有关的、合理的支出，包括成本、费用、税金、损失和其他支出，准予在计算应纳税所得额时扣除。"《企业所得税法实施条例》第27条规定："企业所得税法第8条所称有关的支出，是指与取得收入直接相关的支出。企业所得税法第8条所称合理的支出，是指符合生产经营活动常规，应当计入当期损益或者有关资产成本的必要和正常的支出。"《企业所得税法实施条例》第34条规定："企业发生的合理的工资薪金支出，准予扣除。前款所称工资薪金，是指企业每一纳税年度支付给在本企业任职或者受雇的员工的所有现金形式或者非现金形式的劳动报酬，包括基本工资、奖金、津贴。"上诉人及被上诉人对于该1.4亿元属于给职工支付的工资并无异议。且上诉人国家税务总局唐山市税务局稽查局上诉称"行政处理的是被上诉人违反税务行政法律法规的违法行为，并未否定其职工取得工资的合法行为。"上诉人认定1.45亿元工资性支出不准在税前扣除，为应调增应纳税所得额，不符合上述法律法规的规定，做出的税务处理决定理据不足，依法应予撤销。综上，上诉人国家税务总局唐山市税务局稽查局、国家税务总局河北省税务局上诉理据均不足，不予支持。原审判决认定事实清楚，适用法律正确。

2018年9月20日，河北省唐山市中级人民法院依照《行政诉讼法》第89条第1款第(1)项之规定，判决驳回上诉，维持原判。二审案件受理费100元，由上诉人国家税务总局唐山市税务局稽查局、国家税务总局河北省税务局各负担50元。

本案争议的焦点问题主要是以下两个：本案甲公司利用虚开发票套取资金发放的工资是否可以在企业所得税税前扣除？本案甲公司的行为是否构成偷税？

1. 本案甲公司利用虚开发票套取资金发放的工资是否可以在企业所得税税前扣除

虚开发票套取资金的行为属于税收违法行为，应予以处罚。但通过虚开发票套取的资金在使用过程中是否合法并不受其来源的影响。也就是说，无论是企业从自己银行账户中合法支取资金发放工资，还是虚开发票套取资金发放工资，就发放工资本身而言，其是否可以在企业所得税税前扣除都不受其来源是否合法的影响。我国税法对工资薪金发放本身的合法性要求并不高，绝大多数企业都能满足税法的要求。本案甲公司是国有企业，其工资薪金发放满足税法的要求也并不难。特别是工资薪金的发放并不要求从职工手中取得发票，由此大大降低了企业发放工资薪金满足税法要求的难度。本案甲公司发放工资本身并不存在太大问题，因此，本案甲公司利用虚开发票套取资金发放的工资完全可以在企业所得税税前扣除。

2. 本案甲公司的行为是否构成偷税

本案甲公司虚开发票套取资金的目的在于顺利发放员工工资，并不具有偷税的主观故意。从客观结果来看，其发放的职工工资也在正常标准范围内，并未造成国家税款的流失，也不具有偷税的客观结果要件。因此，本案甲公司的行为不构成偷税。但其虚开发票的行为的确属于税收违法行为，应依法予以处罚。

疑难问答 YINANWENDA

1. 广西合山煤业有限责任公司取得补偿款是否可以分期计入应纳税所得额？

根据《企业所得税法》及其实施条例规定的权责发生制原则，广西合山煤业有限责任公司取得的未来煤矿开采期间因增加排水或防止浸没支出等而获得的补偿款，应确认为递延收益，按直线法在取得补偿款当年及以后的10年内分期计入应纳税所得，如实际开采年限短于10年，应在最后一个开采年度将尚未计入应纳税所得的赔偿款全部计入应纳税所得。

● 《国家税务总局关于广西合山煤业有限责任公司取得补偿款有关所得税处理问题的批复》（国税函〔2009〕18号）

2. 企业因雇用季节工、临时工、实习生、返聘离退休人员所实际发生的费用如何税前扣除？

企业因雇用季节工、临时工、实习生、返聘离退休人员所实际发生的费用，应区分为工资薪金支出和职工福利费支出，并按规定在企业所得税前扣除。其中属于工资薪金支出的，准予计入企业工资薪金总额的基数，作为计算其他各项相关费用扣除的依据。

3. 企业向自然人借款的利息支出是否允许扣除？

企业向股东或其他与企业有关联关系的自然人借款的利息支出，应根据《企业所得税法》第46条及《财政部 国家税务总局关于企业关联方利息支出税前扣除标准有关税收政策问题的通知》（财税〔2008〕121号）规定的条件，计算企业所得税扣除额。

企业向上述规定以外的内部职工或其他人员借款的利息支出，其借款情况同时符合以下条件的，其利息支出在不超过按照金融企业同期同类贷款利率计算的数额的部分，准予扣除。

（1）企业与个人之间的借贷是真实、合法、有效的，并且不具有非法集资目的或其他违反法律、法规的行为。

（2）企业与个人之间签订了借款合同。

● 《国家税务总局关于企业向自然人借款的利息支出企业所得税税前扣除问题的通知》（国税函〔2009〕777号）

4. 企业发现以前年度应扣未扣的支出是否允许补充扣除？

对企业发现以前年度实际发生的、按照税收规定应在企业所得税前扣除而未扣除或者少扣除的支出，企业做出专项申报及说明后，准予追补至该项目发生年度计算扣除，但追补确认期限不得超过五年。

企业由于上述原因多缴的企业所得税税款,可以在追补确认年度企业所得税应纳税款中抵扣,不足抵扣的,可以向以后年度递延抵扣或申请退税。

亏损企业追补确认以前年度未在企业所得税前扣除的支出,或盈利企业经过追补确认后出现亏损的,应首先调整该项支出所属年度的亏损额,然后再按照弥补亏损的原则计算以后年度多缴的企业所得税款,并按上述规定处理。

5. 江西泰和玉华水泥有限公司旋窑余热利用电厂利用该公司旋窑水泥生产过程中产生的余热发电是否可以享受资源综合利用的企业所得税优惠政策?

江西泰和玉华水泥有限公司旋窑余热利用电厂利用该公司旋窑水泥生产过程中产生的余热发电,其生产活动虽符合《资源综合利用企业所得税优惠目录(2008年版)》的规定范围,但由于旋窑余热利用电厂属于江西泰和玉华水泥有限公司的内设非法人分支机构,不构成企业所得税纳税人,且其余热发电产品直接供给所属公司使用,不计入企业收入,因此,旋窑余热利用电厂利用该公司旋窑水泥生产过程中产生的余热发电业务不能享受资源综合利用减计收入的企业所得税优惠政策。

● 《国家税务总局关于资源综合利用有关企业所得税优惠问题的批复》(国税函〔2009〕567号)

本章小结

企业所得税的纳税人是在中国境内的企业和其他取得收入的组织。企业分为居民企业和非居民企业。居民企业企业所得税的税率为25%,非居民企业在中国境内未设立机构、场所的,或者虽设立机构、场所但取得的所得与其所设机构、场所没有实际联系的,应当就其来源于中国境内的所得缴纳企业所得税,适用税率为20%。企业每一纳税年度的收入总额,减除不征税收入、免税收入、各项扣除以及允许弥补的以前年度亏损后的余额,为应纳税所得额。企业的应纳税所得额乘以适用税率,减除依照规定减免和抵免的税额后的余额,为应纳税额。居民企业以企业登记注册地为纳税地点;但登记注册地在境外的,以实际管理机构所在地为纳税地点。企业所得税按纳税年度计算。

第7章 土地增值税

本章导读

我国自1994年开始征收土地增值税,目前《土地增值税法》正在立法过程中。本章阐述了土地增值税的纳税人、征税范围、税率、计税依据、应纳税额的计算、税收优惠、征收管理以及清算等基本制度。其中,需要重点掌握的是土地增值税的征税范围、计税依据、应纳税额的计算以及税收优惠。土地增值税实行超率累进税率,这是其与其他税种相比最重要的特征。

本章阐述的制度主要依据《中华人民共和国土地增值税暂行条例》(1993年12月13日中华人民共和国国务院令第138号发布,根据2011年1月8日国务院令第588号《国务院关于废止和修改部分行政法规的决定》修订)、《中华人民共和国土地增值税暂行条例实施细则》(财法字〔1995〕6号)、《土地增值税清算管理规程》(国税发〔2009〕91号)以及《中华人民共和国土地增值税法(征求意见稿)》(财政部 国家税务总局2019年7月16日发布)。

政策解析

7.1 土地增值税的纳税人

7.1.1 现行规定

转让国有土地使用权、地上的建筑物及其附着物(以下简称"转让房地产")并取得收入的单位和个人,为土地增值税的纳税人。单位是指各类企业单位、事业单位、国家机关和社会团体及其他组织。个人包括个体经营者。

7.1.2 立法草案的规定

根据《土地增值税法(征求意见稿)》的规定,在中华人民共和国境内转移房地产并取得收入的单位和个人,为土地增值税的纳税人。

7.2 土地增值税的征税范围

7.2.1 征税范围的一般规定

土地增值税的征税范围是转让国有土地使用权、地上的建筑物及其附着物并取得收入。

转让国有土地使用权、地上的建筑物及其附着物并取得收入,是指以出售或者其他方式有偿转让房地产的行为,不包括以继承、赠予方式无偿转让房地产的行为。

上述"赠予"是指如下情况。

(1)房产所有人、土地使用权所有人将房屋产权、土地使用权赠予直系亲属或承担直接赡养义务人的。

(2)房产所有人、土地使用权所有人通过中国境内非营利的社会团体、国家机关将房屋产权、土地使用权赠予教育、民政和其他社会福利、公益事业的。

上述社会团体是指中国青少年发展基金会、希望工程基金会、宋庆龄基金会、减灾委员会、中国红十字会、中国残疾人联合会、全国老年基金会、老区促进会以及经民政部门批准成立的其他非营利的公益性组织。

> 《财政部 国家税务总局关于土地增值税一些具体问题规定的通知》(财税字〔1995〕48号)

国有土地是指按国家法律规定属于国家所有的土地。地上的建筑物是指建于土地上的一切建筑物,包括地上地下的各种附属设施。附着物是指附着于土地上的不能移动,一经移动即遭损坏的物品。收入包括转让房地产的全部价款及有关的经济收益。

7.2.2 特殊情形下土地增值税的征免

对于一方出地,一方出资金,双方合作建房,建成后按比例分房自用的,暂免征收土地增值税;建成后转让的,应征收土地增值税。

对个人之间互换自有居住用房地产的,经当地税务机关核实,可以免征土地增值税。

对转让码头泊位、机场跑道等基础设施性质的建筑物行为,应当征收土地增值税。

> 《国家税务总局关于转让地上建筑物土地增值税征收问题的批复》(国税函〔2010〕347号)

7.2.3 立法草案的规定

根据《土地增值税法(征求意见稿)》的规定,转移房地产是指下列行为。

(1)转让土地使用权、地上的建筑物及其附着物。

(2)出让集体土地使用权、地上的建筑物及其附着物,或以集体土地使用权、地上的建筑物及其附着物作价出资、入股。

土地承包经营权流转不征收土地增值税。

7.3 土地增值税的税率

7.3.1 现行规定

土地增值税实行四级超率累进税率,具体税率见表7-1。

表7-1 土地增值税税率表

级数	增值额与扣除项目金额的比率	税率(%)	速算扣除系数(%)
1	不超过50%的部分	30	0
2	超过50%至100%的部分	40	5
3	超过100%至200%的部分	50	15
4	超过200%的部分	60	35

7.3.2 立法草案的规定

根据《土地增值税法(征求意见稿)》的规定,土地增值税实行四级超率累进税率。

(1)增值额未超过扣除项目金额50%的部分,税率为30%。

(2)增值额超过扣除项目金额50%、未超过扣除项目金额100%的部分,税率为40%。

(3)增值额超过扣除项目金额100%、未超过扣除项目金额200%的部分,税率为50%。

(4)增值额超过扣除项目金额200%的部分,税率为60%。

7.4 土地增值税的计税依据

土地增值税的计税依据为纳税人转让房地产所取得的收入减除规定扣除项目金额后的余额,即增值额。

7.4.1 转让房地产收入的确认

纳税人转让房地产所取得的收入,包括货币收入、实物收入和其他收入。上述收入为不含增值税收入。免征增值税的,上述收入不扣减增值税额。

营改增后,适用增值税一般计税方法的纳税人,其转让房地产的土地增值税应税收入不含增值税销项税额;适用简易计税方法的纳税人,其转让房地产的土地增值税应税收入不含增值税应纳税额。为方便纳税人,简化土地增值税预征税款计算,房地产开发企业采取预收款方式销售自行开发的房地产项目的,可按照以下方法计算土地增值税预征计征依据:

土地增值税预征的计征依据=预收款-应预缴增值税税款

土地增值税以人民币为计算单位。转让房地产所取得的收入为外国货币的,以取得收入当天或当月1日国家公布的市场汇价折合成人民币,据以计算应纳土地增值税税额。

7.4.2 计算增值额的扣除项目

计算增值额的扣除项目包括:取得土地使用权所支付的金额;房地产开发成本;房地产开发费用;旧房及建筑物的评估价格;与转让房地产有关的税金;财政部规定的其他扣除项目。上述扣除项目涉及的增值税进项税额,允许在销项税额中计算抵扣的,不计入扣除项目,不允许在销项税额中计算抵扣的,可以计入扣除项目。

> 《财政部 国家税务总局关于营改增后契税 房产税 土地增值税 个人所得税计税依据问题的通知》(财税〔2016〕43号)

7.4.2.1 取得土地使用权所支付的金额

取得土地使用权所支付的金额是指纳税人为取得土地使用权所支付的地价款和按国家统一规定交纳的有关费用。

7.4.2.2 房地产开发成本

开发土地和新建房及配套设施(以下简称"房地产开发")的成本,是指纳税人房地产开发项目实际发生的成本(以下简称"房地产开发成本"),包括土地征用及拆迁补偿费、前期工程费、建筑安装工程费、基础设施费、公共配套设施费、开发间接费用。

(1)土地征用及拆迁补偿费,包括土地征用费、耕地占用税、劳动力安置费及有关地上、地下附着物拆迁补偿的净支出、安置动迁用房支出等。

(2)前期工程费,包括规划、设计、项目可行性研究和水文、地质、勘察、测绘、"三通一平"等支出。

(3)建筑安装工程费是指以出包方式支付给承包单位的建筑安装工程费,以自营方式发生的建筑安装工程费。

(4)基础设施费,包括开发小区内道路、供水、供电、供气、排污、排洪、通信、照明、环卫、绿化等工程发生的支出。

(5)公共配套设施费,包括不能有偿转让的开发小区内公共配套设施发生的支出。

(6)开发间接费用是指直接组织、管理开发项目发生的费用,包括工资、职工福利费、折旧费、修理费、办公费、水电费、劳动保护费、周转房摊销等。

营改增后,土地增值税纳税人接受建筑安装服务取得的增值税发票,应按照《国家税务总局关于全面推开营业税改征增值税试点有关税收征收管理事项的公告》(国家税务总局公告2016年第23号)规定,在发票的备注栏注明建筑服务发生地县(市、区)名称及项目名称,否则不得计入土地增值税扣除项目金额。

7.4.2.3 房地产开发费用

开发土地和新建房及配套设施的费用(以下简称"房地产开发费用"),是指与房地产开发项目有关的销售费用、管理费用、财务费用。

财务费用中的利息支出，凡能够按转让房地产项目计算分摊并提供金融机构证明的，允许据实扣除，但最高不能超过按商业银行同类同期贷款利率计算的金额。其他房地产开发费用，按取得土地使用权所支付的金额和房地产开发成本之和的5%以内计算扣除。凡不能按转让房地产项目计算分摊利息支出或不能提供金融机构证明的，房地产开发费用按上述计算的金额之和的10%以内计算扣除。上述计算扣除的具体比例，由各省、自治区、直辖市人民政府规定。

7.4.2.4 旧房及建筑物的评估价格

旧房及建筑物的评估价格是指在转让已使用的房屋及建筑物时，由政府批准设立的房地产评估机构评定的重置成本价乘以成新度折扣率后的价格。评估价格须经当地税务机关确认。

新建房是指建成后未使用的房产。凡是已使用一定时间或达到一定磨损程度的房产均属旧房。使用时间和磨损程度标准可由各省、自治区、直辖市财政厅（局）和税务局具体规定。

转让旧房的，应按房屋及建筑物的评估价格、取得土地使用权所支付的地价款和按国家统一规定交纳的有关费用以及在转让环节缴纳的税金作为扣除项目金额计征土地增值税。对取得土地使用权时未支付地价款或不能提供已支付的地价款凭据的，不允许扣除取得土地使用权所支付的金额。

对于个人购入房地产再转让的，其在购入时已缴纳的契税，在旧房及建筑物的评估价中已包括了此项因素，在计征土地增值税时，不另作为"与转让房地产有关的税金"予以扣除。

纳税人转让旧房及建筑物，凡不能取得评估价格，但能提供购房发票的，经当地税务部门确认，规定的扣除项目的金额，可按发票所载金额并从购买年度起至转让年度止每年加计5%计算。对纳税人购房时缴纳的契税，凡能提供契税完税凭证的，准予作为"与转让房地产有关的税金"予以扣除，但不作为加计5%的基数。计算扣除项目时"每年"按购房发票所载日期起至售房发票开具之日止，每满12个月计一年；超过一年，未满12个月但超过6个月的，可以视同为一年。

《国家税务总局关于土地增值税清算有关问题的通知》（国税函〔2010〕220号）

对于转让旧房及建筑物，既没有评估价格，又不能提供购房发票的，税务机关可以根据《税收征收管理法》的规定，实行核定征收。

《财政部 国家税务总局关于土地增值税若干问题的通知》（财税〔2006〕21号）

营改增后，纳税人转让旧房及建筑物，凡不能取得评估价格，但能提供购房发票的，规定的扣除项目的金额按照下列方法计算。

（1）提供的购房凭据为营改增前取得的营业税发票的，按照发票所载金额（不扣减营业税）并从购买年度起至转让年度止每年加计5%计算。

（2）提供的购房凭据为营改增后取得的增值税普通发票的，按照发票所载价税合计金额从购买年度起至转让年度止每年加计5%计算。

（3）提供的购房发票为营改增后取得的增值税专用发票的，按照发票所载不含增值税金额加上不允许抵扣的增值税进项税额之和，并从购买年度起至转让年度止每年加计5%计算。

7.4.2.5 有关税金

与转让房地产有关的税金是指在转让房地产时缴纳的城市维护建设税、印花税。因转让房地产交纳的教育费附加，也可视同税金予以扣除。

营改增后,计算土地增值税增值额的扣除项目中"与转让房地产有关的税金"不包括增值税。营改增后,房地产开发企业实际缴纳的城市维护建设税、教育费附加,凡能够按清算项目准确计算的,允许据实扣除。凡不能按清算项目准确计算的,则按该清算项目预缴增值税时实际缴纳的城市维护建设税、教育费附加扣除。其他转让房地产行为的城市维护建设税、教育费附加扣除比照上述规定执行。

● 《国家税务总局关于营改增后土地增值税若干征管规定的公告》(国家税务总局公告2016年第70号)

7.4.2.6 房地产开发企业加计扣除

对从事房地产开发的纳税人可按取得土地使用权所支付的金额和房地产开发成本之和,加计20%的扣除。

7.4.2.7 代收费用的处理

对于县级及县级以上人民政府要求房地产开发企业在售房时代收的各项费用,如果代收费用是计入房价中向购买方一并收取的,可作为转让房地产所取得的收入计税;如果代收费用未计入房价中,而是在房价之外单独收取的,可以不作为转让房地产的收入。对于代收费用作为转让收入计税的,在计算扣除项目金额时,可予以扣除,但不允许作为加计20%扣除的基数;对于代收费用未作为转让房地产的收入计税的,在计算增值额时不允许扣除代收费用。

7.4.3 立法草案的规定

根据《土地增值税法(征求意见稿)》的规定,纳税人转移房地产所取得的收入减除规定扣除项目金额后的余额,为增值额。纳税人转移房地产所取得的收入,包括货币收入、非货币收入。

计算增值额时准予扣除的项目如下。

(1)取得土地使用权所支付的金额。

(2)开发土地的成本、费用。

(3)新建房及配套设施的成本、费用或者旧房及建筑物的评估价格。

(4)与转移房地产有关的税金。

(5)国务院规定的其他扣除项目。

纳税人有下列情形之一的,依法核定成交价格、扣除金额。

(1)隐瞒、虚报房地产成交价格的。

(2)提供扣除项目金额不实的。

(3)转让房地产的成交价格明显偏低,又无正当理由的。

出让集体土地使用权、地上的建筑物及其附着物,或以集体土地使用权、地上的建筑物及其附着物作价出资、入股,扣除项目金额无法确定的,可按照转移房地产收入的一定比例征收土地增值税。具体征收办法由省、自治区、直辖市人民政府提出,报同级人民代表大会常务委员会决定。

7.5 土地增值税应纳税额的计算

7.5.1 一般规定与核算单位

土地增值税按照纳税人转让房地产所取得的增值额和规定的税率计算征收。

土地增值税以纳税人房地产成本核算的最基本的核算项目或核算对象为单位计算。纳税人成片受让土地使用权后,分期分批开发、转让房地产的,其扣除项目金额的确定,可按转让土地使用权的面积占总面积的比例计算分摊,或按建筑面积计算分摊,也可按税务机关确认的其他方式计算分摊。

纳税人有下列情形之一的,按照房地产评估价格计算征收。

(1)隐瞒、虚报房地产成交价格的。

隐瞒、虚报房地产成交价格是指纳税人不报或有意低报转让土地使用权、地上建筑物及其附着物价款的行为。隐瞒、虚报房地产成交价格,应由评估机构参照同类房地产的市场交易价格进行评估。税务机关根据评估价格确定转让房地产的收入。

(2)提供扣除项目金额不实的。

提供扣除项目金额不实的是指纳税人在纳税申报时不据实提供扣除项目金额的行为。提供扣除项目金额不实的,应由评估机构按照房屋重置成本价乘以成新度折扣率计算的房屋成本价和取得土地使用权时的基准地价进行评估。税务机关根据评估价格确定扣除项目金额。

(3)转让房地产的成交价格低于房地产评估价格,又无正当理由的。

转让房地产的成交价格低于房地产评估价格,又无正当理由的,是指纳税人申报的转让房地产的实际成交价低于房地产评估机构评定的交易价,纳税人又不能提供凭据或无正当理由的行为。转让房地产的成交价格低于房地产评估价格,又无正当理由的,由税务机关参照房地产评估价格确定转让房地产的收入。

房地产评估价格是指由政府批准设立的房地产评估机构根据相同地段、同类房地产进行综合评定的价格。评估价格须经当地税务机关确认。

7.5.2 具体计算公式

四级超率累进税率,每级"增值额未超过扣除项目金额"的比例,均包括本比例数。计算土地增值税税额,可按增值额乘以适用的税率减去扣除项目金额乘以速算扣除系数的简便方法计算,具体公式如下。

(1)增值额未超过扣除项目金额50%的:

土地增值税税额=增值额×30%

(2)增值额超过扣除项目金额50%,未超过100%的:

土地增值税税额=增值额×40%−扣除项目金额×5%

(3)增值额超过扣除项目金额100%,未超过200%的:

土地增值税税额=增值额×50%−扣除项目金额×15%

(4)增值额超过扣除项目金额200%的:

土地增值税税额=增值额×60%−扣除项目金额×35%

公式中的5%、15%、35%为速算扣除系数。

7.5.3 立法草案的规定

根据《土地增值税法(征求意见稿)》的规定,土地增值税按照纳税人转移房地产所取得的增值额和规定的税率计算征收。

7.6 土地增值税的税收优惠

7.6.1 免税情形

有下列情形之一的,免征土地增值税。

(1)纳税人建造普通标准住宅出售,增值额未超过扣除项目金额20%的。

(2)因国家建设需要依法征用、收回的房地产。

7.6.2 普通标准住宅的标准

普通标准住宅是指按所在地一般民用住宅标准建造的居住用住宅。高级公寓、别墅、度假村等不属于普通标准住宅。普通标准住宅与其他住宅的具体划分界限由各省、自治区、直辖市人民政府规定。"普通标准住宅"的认定，可在各省、自治区、直辖市人民政府根据《国务院办公厅转发建设部等部门关于做好稳定住房价格工作意见的通知》（国办发〔2005〕26号）制订的"普通住房标准"的范围内从严掌握。

● 《财政部 国家税务总局关于土地增值税普通标准住宅有关政策的通知》（财税〔2006〕141号）

纳税人建造普通标准住宅出售，增值额未超过规定扣除项目金额之和20%的，免征土地增值税；增值额超过扣除项目金额之和20%的，应就其全部增值额按规定计税。纳税人既建造普通住宅，又建造其他商品房的，应分别核算土地增值额。

7.6.3 国家征用、收回房地产的标准

因国家建设需要依法征用、收回的房地产，是指因城市实施规划、国家建设的需要而被政府批准征用的房产或收回的土地使用权。

因城市实施规划、国家建设的需要而搬迁，由纳税人自行转让原房地产的，比照上述规定免征土地增值税。因"城市实施规划"而搬迁，是指因旧城改造或因企业污染、扰民（指产生过量废气、废水、废渣和噪音，使城市居民生活受到一定危害），而由政府或政府有关主管部门根据已审批通过的城市规划确定进行搬迁的情况；因"国家建设的需要"而搬迁，是指因实施国务院、省级人民政府、国务院有关部委批准的建设项目而进行搬迁的情况。

符合上述免税规定的单位和个人，须向房地产所在地税务机关提出免税申请，经税务机关审核后，免予征收土地增值税。

7.6.4 个人销售住房的税收优惠

个人因工作调动或改善居住条件而转让原自用住房，经向税务机关申报核准，凡居住满五年或五年以上的，免予征收土地增值税；居住满三年未满五年的，减半征收土地增值税。居住未满三年的，按规定计征土地增值税。

自2008年11月1日起，对个人销售住房暂免征收土地增值税。

7.6.5 企业改制重组的税收优惠

（1）自2018年1月1日至2020年12月31日，按照《公司法》的规定，非公司制企业整体改制为有限责任公司或者股份有限公司，有限责任公司（股份有限公司）整体改制为股份有限公司（有限责任公司），对改制前的企业将国有土地使用权、地上的建筑物及其附着物（以下称"房地产"）转移、变更到改制后的企业，暂不征土地增值税。上述所称整体改制是指不改变原企业的投资主体，并承继原企业权利、义务的行为。

● 《财政部 国家税务总局关于调整房地产交易环节税收政策的通知》（财税〔2008〕137号）
● 《财政部 税务总局关于继续实施企业改制重组有关土地增值税政策的通知》（财税〔2018〕57号）

（2）按照法律规定或者合同约定，两个或两个以上企业合并为一个企业，且原企业投资主体存续的，对原企业将房地产转移、变更到合并后的企业，暂不征土地增值税。

（3）按照法律规定或者合同约定，企业分设为两个或两个以上与原企业投资主体相同的企业，对原企业将房地产转移、变更到分立后的企业，暂不征土地增值税。

（4）单位、个人在改制重组时以房地产作价入股进行投资，对其将房地产转移、变更到被投资的企业，暂不征土地增值税。

（5）上述改制重组有关土地增值税政策不适用于房地产转移任意一方为房地产开发企业的情形。

(6)企业改制重组后再转让国有土地使用权并申报缴纳土地增值税时,应以改制前取得该宗国有土地使用权所支付的地价款和按国家统一规定缴纳的有关费用,作为该企业"取得土地使用权所支付的金额"扣除。企业在改制重组过程中经省级以上(含省级)国土管理部门批准,国家以国有土地使用权作价出资入股的,再转让该宗国有土地使用权并申报缴纳土地增值税时,应以该宗土地作价入股时省级以上(含省级)国土管理部门批准的评估价格,作为该企业"取得土地使用权所支付的金额"扣除。办理纳税申报时,企业应提供该宗土地作价入股时省级以上(含省级)国土管理部门的批准文件和批准的评估价格,不能提供批准文件和批准的评估价格的,不得扣除。

(7)企业在申请享受上述土地增值税优惠政策时,应向主管税务机关提交房地产转移双方营业执照、改制重组协议或等效文件,相关房地产权属和价值证明、转让方改制重组前取得土地使用权所支付地价款的凭据(复印件)等书面材料。

(8)上述所称不改变原企业投资主体、投资主体相同,是指企业改制重组前后出资人不发生变动,出资人的出资比例可以发生变动;投资主体存续是指原企业出资人必须存在于改制重组后的企业,出资人的出资比例可以发生变动。

7.6.6 立法草案的规定

根据《土地增值税法(征求意见稿)》的规定,下列情形,可减征或免征土地增值税。

(1)纳税人建造保障性住房出售,增值额未超过扣除项目金额20%的,免征土地增值税。

(2)因国家建设需要依法征收、收回的房地产,免征土地增值税。

(3)国务院可以根据国民经济和社会发展的需要规定其他减征或免征土地增值税情形,并报全国人民代表大会常务委员会备案。

省、自治区、直辖市人民政府可以决定对下列情形减征或者免征土地增值税,并报同级人民代表大会常务委员会备案。

(1)纳税人建造普通标准住宅出售,增值额未超过扣除项目金额20%的。

(2)房地产市场较不发达、地价水平较低地区的纳税人出让集体土地使用权、地上的建筑物及其附着物,或以集体土地使用权、地上的建筑物及其附着物作价出资、入股的。

7.7 土地增值税的征收管理

7.7.1 纳税期限和纳税地点

纳税人应当自转让房地产合同签订之日起七日内向房地产所在地主管税务机关办理纳税申报,并在税务机关核定的期限内缴纳土地增值税。

纳税人应在转让房地产合同签订后的七日内,到房地产所在地主管税务机关办理纳税申报,并向税务机关提交房屋及建筑物产权、土地使用权证书,土地转让、房产买卖合同,房地产评估报告及其他与转让房地产有关的资料。

纳税人因经常发生房地产转让而难以在每次转让后申报的,经税务机关审核同意后,可以定期进行纳税申报,具体期限由税务机关根据情况确定。

纳税人按照税务机关核定的税额及规定的期限缴纳土地增值税。

房地产所在地是指房地产的坐落地。纳税人转让房地产坐落在两个或两个以上地区的,应按房地产所在地分别申报纳税。

7.7.2 预征与清算

纳税人在项目全部竣工结算前转让房地产取得的收入,由于涉及成本确定或其他原因,而无法据以计算土地增值税的,可以预征土地增值税,待该项目全部竣工、办理结算后再进行清算,多退少补。具体办法由各省、自治区、直辖市税务局根据当地情况制订。

7.7.3 征收机关与部门协作

土地增值税由税务机关征收。

土地管理部门、房产管理部门应当向税务机关提供有关资料,并协助税务机关依法征收土地增值税。土地管理部门、房产管理部门应当向税务机关提供有关资料,是指向房地产所在地主管税务机关提供有关房屋及建筑物产权、土地使用权、土地出让金数额、土地基准地价、房地产市场交易价格及权属变更等方面的资料。

纳税人未缴纳土地增值税的,土地管理部门、房产管理部门不得办理有关的权属变更手续。

7.7.4 立法草案的规定

根据《土地增值税法(征求意见稿)》的规定,土地增值税纳税义务发生时间为房地产转移合同签订的当日。纳税人应当向房地产所在地主管税务机关申报纳税。

房地产开发项目土地增值税实行先预缴后清算的办法。从事房地产开发的纳税人应当自纳税义务发生月份终了之日起15日内,向税务机关报送预缴土地增值税纳税申报表,预缴税款。

从事房地产开发的纳税人应当自达到以下房地产清算条件起90日内,向税务机关报送土地增值税纳税申报表,自行完成清算,结清应缴税款或向税务机关申请退税。

(1)已竣工验收的房地产开发项目,已转让的房地产建筑面积占整个项目可售建筑面积的比例在85%以上,或该比例虽未超过85%,但剩余的可售建筑面积已经出租或自用的。

(2)取得销售(预售)许可证满三年仍未销售完毕的。

(3)整体转让未竣工决算房地产开发项目的。

(4)直接转让土地使用权的。

(5)纳税人申请注销税务登记但未办理土地增值税清算手续的。

(6)国务院确定的其他情形。

非从事房地产开发的纳税人应当自房地产转移合同签订之日起30日内办理纳税申报并缴纳税款。

税务机关应当与相关部门建立土地增值税涉税信息共享机制和工作配合机制。各级地方人民政府自然资源、住房建设、规划等有关行政主管部门应当向税务机关提供房地产权属登记、转移、规划等信息,协助税务机关依法征收土地增值税。纳税人未缴纳土地增值税的,不动产登记机构不予办理有关权属登记。

土地增值税预征清算等办法,由国务院税务主管部门会同有关部门制订。各省、自治区、直辖市人民政府可根据本地实际提出具体办法,并报同级人民代表大会常务委员会决定。

7.8 土地增值税的清算

7.8.1 一般规定

土地增值税清算是指纳税人在符合土地增值税清算条件后,依照税收法律、法规及土地增值税有关政策规定,计算房地产开发项目应缴纳的土地增值税税额,并填写《土地增值税清算申报表》,向主管税务机关提供有关资料,办理土地增值税清算手续,结清该房地产项目应缴纳土地增值税税款的行为。

纳税人应当如实申报应缴纳的土地增值税税额，保证清算申报的真实性、准确性和完整性。税务机关应当为纳税人提供优质纳税服务，加强土地增值税政策宣传辅导。主管税务机关应及时对纳税人清算申报的收入、扣除项目金额、增值额、增值率以及税款计算等情况进行审核，依法征收土地增值税。

纳税人按规定预缴土地增值税后，清算补缴的土地增值税，在主管税务机关规定的期限内补缴的，不加收滞纳金。

7.8.2 前期管理

主管税务机关应加强房地产开发项目的日常税收管理，实施项目管理。主管税务机关应从纳税人取得土地使用权开始，按项目分别建立档案、设置台账，对纳税人项目立项、规划设计、施工、预售、竣工验收、工程结算、项目清盘等房地产开发全过程情况实行跟踪监控，做到税务管理与纳税人项目开发同步。

主管税务机关对纳税人项目开发期间的会计核算工作应当积极关注，对纳税人分期开发项目或者同时开发多个项目的，应督促纳税人根据清算要求按不同期间和不同项目合理归集有关收入、成本、费用。

对纳税人分期开发项目或者同时开发多个项目的，有条件的地区，主管税务机关可结合发票管理规定，对纳税人实施项目专用票据管理措施。

7.8.3 清算受理

纳税人符合下列条件之一的，应进行土地增值税的清算。

(1)房地产开发项目全部竣工、完成销售的。

(2)整体转让未竣工决算房地产开发项目的。

(3)直接转让土地使用权的。

对符合以下条件之一的，主管税务机关可要求纳税人进行土地增值税清算。

(1)已竣工验收的房地产开发项目，已转让的房地产建筑面积占整个项目可售建筑面积的比例在85%以上，或该比例虽未超过85%，但剩余的可售建筑面积已经出租或自用的。

(2)取得销售(预售)许可证满三年仍未销售完毕的。

(3)纳税人申请注销税务登记但未办理土地增值税清算手续的。

(4)省(自治区、直辖市、计划单列市)税务机关规定的其他情况。纳税人应在办理注销登记前进行土地增值税清算。

对于符合规定，应进行土地增值税清算的项目，纳税人应当在满足条件之日起90日内到主管税务机关办理清算手续。对于符合规定税务机关可要求纳税人进行土地增值税清算的项目，由主管税务机关确定是否进行清算；对于确定需要进行清算的项目，由主管税务机关下达清算通知，纳税人应当在收到清算通知之日起90日内办理清算手续。

应进行土地增值税清算的纳税人或经主管税务机关确定需要进行清算的纳税人，在上述规定的期限内拒不清算或不提供清算资料的，主管税务机关可依据《税收征收管理法》有关规定处理。

纳税人清算土地增值税时应提供的清算资料如下。

(1)土地增值税清算表及其附表。

(2)房地产开发项目清算说明，主要内容应包括房地产开发项目立项、用地、开发、销售、关联方交易、融资、税款缴纳等基本情况及主管税务机关需要了解的其他情况。

(3)项目竣工决算报表、取得土地使用权所支付的地价款凭证、国有土地使用权出让合同、银行贷款利息结算通知单、项目工程合同结算单、商品房购销合同统计表、销售明细表、预售许可证等与转让房地产的收入、成本和费用有关的证明资料。主管税务机关需要相应项目记账凭证的，纳税人还应提供记账凭证复印件。

(4) 纳税人委托税务中介机构审核鉴证的清算项目，还应报送中介机构出具的《土地增值税清算税款鉴证报告》。

主管税务机关收到纳税人清算资料后，对符合清算条件的项目，且报送的清算资料完备的，予以受理；对纳税人符合清算条件但报送的清算资料不全的，应要求纳税人在规定限期内补报，纳税人在规定的期限内补齐清算资料后，予以受理；对不符合清算条件的项目，不予受理。上述具体期限由各省、自治区、直辖市、计划单列市税务机关确定。主管税务机关已受理的清算申请，纳税人无正当理由不得撤销。

主管税务机关按照规定进行项目管理时，对符合税务机关可要求纳税人进行清算情形的，应当做出评估，并经分管领导批准，确定何时要求纳税人进行清算的时间。对确定暂不通知清算的，应继续做好项目管理，每年做出评估，及时确定清算时间并通知纳税人办理清算。主管税务机关受理纳税人清算资料后，应在一定期限内及时组织清算审核。具体期限由各省、自治区、直辖市、计划单列市税务机关确定。

7.8.4 清算审核

7.8.4.1 清算审核的方式

清算审核包括案头审核、实地审核。案头审核是指对纳税人报送的清算资料进行数据、逻辑审核，重点审核项目归集的一致性、数据计算准确性等。实地审核是指在案头审核的基础上，通过对房地产开发项目实地查验等方式，对纳税人申报情况的客观性、真实性、合理性进行审核。

清算审核时，应审核房地产开发项目是否以国家有关部门审批、备案的项目为单位进行清算；对于分期开发的项目，是否以分期项目为单位清算；对不同类型房地产是否分别计算增值额、增值率，缴纳土地增值税。

7.8.4.2 收入审核

审核收入情况时，应结合销售发票、销售合同（含房管部门网上备案登记资料）、商品房销售（预售）许可证、房产销售分户明细表及其他有关资料，重点审核销售明细表、房地产销售面积与项目可售面积的数据关联性，以核实计税收入；对销售合同所载商品房面积与有关部门实际测量面积不一致，而发生补、退房款的收入调整情况进行审核；对销售价格进行评估，审核有无价格明显偏低情况。必要时，主管税务机关可通过实地查验，确认有无少计、漏计事项，确认有无将开发产品用于职工福利、奖励、对外投资、分配给股东或投资人、抵偿债务、换取其他单位和个人的非货币性资产等情况。

非直接销售和自用房地产的收入确定方法如下。

● 《国家税务总局关于房地产开发企业土地增值税清算管理有关问题的通知》（国税发〔2006〕187号）

(1) 房地产开发企业将开发产品用于职工福利、奖励、对外投资、分配给股东或投资人、抵偿债务、换取其他单位和个人的非货币性资产等，发生所有权转移时应视同销售房地产，其收入按下列方法和顺序确认：①按本企业在同一地区、同一年度销售的同类房地产的平均价格确定；②由主管税务机关参照当地当年、同类房地产的市场价格或评估价值确定。

（2）房地产开发企业将开发的部分房地产转为企业自用或用于出租等商业用途时，如果产权未发生转移，不征收土地增值税，在税款清算时不列收入，不扣除相应的成本和费用。

7.8.4.3　扣除项目审核

土地增值税扣除项目审核的内容如下。

（1）取得土地使用权所支付的金额。

（2）房地产开发成本，包括：土地征用及拆迁补偿费、前期工程费、建筑安装工程费、基础设施费、公共配套设施费、开发间接费用。

（3）房地产开发费用。

（4）与转让房地产有关的税金。

（5）国家规定的其他扣除项目。

审核扣除项目是否符合下列要求。

（1）在土地增值税清算中，计算扣除项目金额时，其实际发生的支出应当取得但未取得合法凭据的不得扣除。

（2）扣除项目金额中所归集的各项成本和费用，必须是实际发生的。

（3）扣除项目金额应当准确地在各扣除项目中分别归集，不得混淆。

（4）扣除项目金额中所归集的各项成本和费用必须是在清算项目开发中直接发生的或应当分摊的。

（5）纳税人分期开发项目或者同时开发多个项目的，或者同一项目中建造不同类型房地产的，应按照受益对象，采用合理的分配方法，分摊共同的成本费用。

（6）对同一类事项，应当采取相同的会计政策或处理方法。会计核算与税务处理规定不一致的，以税务处理规定为准。

审核取得土地使用权支付金额和土地征用及拆迁补偿费时应当重点关注：

（1）同一宗土地有多个开发项目，是否予以分摊，分摊办法是否合理、合规，具体金额的计算是否正确。

（2）是否存在将房地产开发费用记入取得土地使用权支付金额以及土地征用及拆迁补偿费的情形。

（3）拆迁补偿费是否实际发生，尤其是支付给个人的拆迁补偿款、拆迁（回迁）合同和签收花名册或签收凭证是否一一对应。

审核前期工程费、基础设施费时应当重点关注：

（1）前期工程费、基础设施费是否真实发生，是否存在虚列情形。

（2）是否将房地产开发费用记入前期工程费、基础设施费。

（3）多个（或分期）项目共同发生的前期工程费、基础设施费，是否按项目合理分摊。

审核公共配套设施费时应当重点关注：

（1）公共配套设施的界定是否准确，公共配套设施费是否真实发生，有无预提的公共配套设施费情况。

（2）是否将房地产开发费用记入公共配套设施费。

（3）多个（或分期）项目共同发生的公共配套设施费，是否按项目合理分摊。

审核建筑安装工程费时应当重点关注：

（1）发生的费用是否与决算报告、审计报告、工程结算报告、工程施工合同记载的内容相符。

(2)房地产开发企业自购建筑材料时，自购建材费用是否重复计算扣除项目。

(3)参照当地当期同类开发项目单位平均建安成本或当地建设部门公布的单位定额成本，验证建筑安装工程费支出是否存在异常。

(4)房地产开发企业采用自营方式自行施工建设的，还应当关注有无虚列、多列施工人工费、材料费、机械使用费等情况。

(5)建筑安装发票是否在项目所在地税务机关开具。

审核开发间接费用时应当重点关注：

(1)是否存在将企业行政管理部门(总部)为组织和管理生产经营活动而发生的管理费用记入开发间接费用的情形。

(2)开发间接费用是否真实发生，有无预提开发间接费用的情况，取得的凭证是否合法有效。

审核利息支出时应当重点关注：

(1)是否将利息支出从房地产开发成本中调整至开发费用。

(2)分期开发项目或者同时开发多个项目的，其取得的一般性贷款的利息支出，是否按照项目合理分摊。

(3)利用闲置专项借款对外投资取得收益，其收益是否冲减利息支出。

对于县级以上人民政府要求房地产开发企业在售房时代收的各项费用，审核其代收费用是否计入房价并向购买方一并收取；当代收费用计入房价时，审核有无将代收费用计入加计扣除以及房地产开发费用计算基数的情形。

在审核收入和扣除项目时，应重点关注关联企业交易是否按照公允价值和营业常规进行业务往来。应当关注企业大额应付款余额，审核交易行为是否真实。

纳税人委托中介机构审核鉴证的清算项目，主管税务机关应当采取适当方法对有关鉴证报告的合法性、真实性进行审核。

对纳税人委托中介机构审核鉴证的清算项目，主管税务机关未采信或部分未采信鉴证报告的，应当告知其理由。

土地增值税清算审核结束，主管税务机关应当将审核结果书面通知纳税人，并确定办理补、退税期限。

7.8.5 核定征收

在土地增值税清算过程中，发现纳税人符合核定征收条件的，应按核定征收方式对房地产项目进行清算。在土地增值税清算中符合以下条件之一的，可实行核定征收。

(1)依照法律、行政法规的规定应当设置但未设置账簿的。

(2)擅自销毁账簿或者拒不提供纳税资料的。

(3)虽设置账簿，但账目混乱或者成本资料、收入凭证、费用凭证残缺不全，难以确定转让收入或扣除项目金额的。

(4)符合土地增值税清算条件，企业未按照规定的期限办理清算手续，经税务机关责令限期清算，逾期仍不清算的。

(5)申报的计税依据明显偏低，又无正当理由的。

符合上述核定征收条件的，由主管税务机关发出核定征收的税务事项告知书后，税务人员对房地产项目开展土地增值税核定征收核查，经主管税务机关审核合议，通知纳税人申报缴纳应补缴税款或办理退税。对于分期开发的房地产项目，各期清算的方式应保持一致。

7.8.6 清算中的特殊规定

7.8.6.1 收入确认

土地增值税清算时，已全额开具商品房销售发票的，按照发票所载金额确认收入；未开具发票或未全额开具发票的，以交易双方签订的销售合同所载的售房金额及其他收益确认收入。销售合同所载商品房面积与有关部门实际测量面积不一致，在清算前已发生补、退房款的，应在计算土地增值税时予以调整。

● 《国家税务总局关于土地增值税清算有关问题的通知》（国税函〔2010〕220号）

7.8.6.2 扣除项目

房地产开发企业在工程竣工验收后，根据合同约定，扣留建筑安装施工企业一定比例的工程款，作为开发项目的质量保证金，在计算土地增值税时，建筑安装施工企业就质量保证金对房地产开发企业开具发票的，按发票所载金额予以扣除；未开具发票的，扣留的质保金不得计算扣除。

房地产开发企业逾期开发缴纳的土地闲置费不得扣除。

房地产开发企业为取得土地使用权所支付的契税，应视同"按国家统一规定交纳的有关费用"，计入"取得土地使用权所支付的金额"中扣除。

7.8.6.3 用房地产安置回迁户的处理

房地产企业用建造的本项目房地产安置回迁户的，安置用房视同销售处理，其收入按下列方法和顺序确认。

（1）按本企业在同一地区、同一年度销售的同类房地产的平均价格确定。

（2）由主管税务机关参照当地当年、同类房地产的市场价格或评估价值确定。

同时将此确认为房地产开发项目的拆迁补偿费。房地产开发企业支付给回迁户的补差价款，计入拆迁补偿费；回迁户支付给房地产开发企业的补差价款，应抵减本项目拆迁补偿费。

开发企业采取异地安置，异地安置的房屋属于自行开发建造的，房屋价值按上述确认收入的规定计算，计入本项目的拆迁补偿费；异地安置的房屋属于购入的，以实际支付的购房支出计入拆迁补偿费。

货币安置拆迁的，房地产开发企业凭合法有效凭据计入拆迁补偿费。

7.8.6.4 营改增后相关金额的计算

房地产开发企业在营改增后进行房地产开发项目土地增值税清算时，按以下方法确定相关金额：

土地增值税应税收入＝营改增前转让房地产取得的收入＋营改增后转让房地产取得的不含增值税收入

与转让房地产有关的税金＝营改增前实际缴纳的营业税、城建税、教育费附加＋营改增后允许扣除的城建税、教育费附加

>> **实务操作**

2019年8月甲房地产开发公司建造并出售一幢写字楼，含税收入总额为10000万元。开发该写字楼有关支出：2018年向政府支付地价款及各种前期开发费用1000万元；房地产开发成本3000万元；财务费用中的利息支出为500万元，可按转让项目计算分摊并提供金融机构证明；转让环节缴纳的有关税费共计为555万元；该单位所在地政府规定的其他房地产开发费用

计算扣除比例为5%，契税税率3%。试计算甲房地产开发公司应缴纳的土地增值税。

计算过程如下。

增值税销项税=（10000-1000）÷1.09×9%=743.12（万元）；

计算土地增值税不含增值税收入=10000-743.12=9256.88（万元）；

（1）取得土地使用权支付的地价款及有关费用为1000万元，允许扣除的土地价款为1000×1.03=1030（万元）；

（2）房地产开发成本为3000万元；

（3）房地产开发费用=500+（1030+3000）×5%= 701.5（万元）；

（4）允许扣除的税费为555万元；

（5）从事房地产开发的纳税人加计扣除额=（1030+3000）×20%=806（万元）；

（6）允许扣除的项目金额=1030+3000+701.5+555+806=6092.5（万元）；

（7）增值额=9256.88-6092.5=3164.38（万元）；

（8）增值额与扣除项目金额的比率=3164.38÷6092.5×100%=51.94%%，适用税率为40%，速算扣除系数为5%；

（9）应纳土地增值税税额=3164.38×40%-6092.5×5%=961.13（万元）。

>> 疑难问答

1. 评估费用可否在计算增值额时扣除？

纳税人转让旧房及建筑物时因计算纳税的需要而对房地产进行评估，其支付的评估费用允许在计算增值额时予以扣除。对纳税人隐瞒、虚报房地产成交价格等情节而按房地产评估价格计算征收土地增值税所发生的评估费用，不允许在计算土地增值税时予以扣除。

2. 纳税人转让加油站房地产有关土地增值税计税收入如何确定？

《成品油市场管理办法》（商务部令2006年第23号）第36条规定：成品油经营批准证书不得伪造、涂改，不得买卖、出租、转借或者以任何其他形式转让；第29条规定：经营单位投资主体发生变化的，原经营单位应办理相应经营资格的注销手续，新经营单位应重新申办成品油经营资格。因此，对依法不得转让的成品油零售特许经营权作价或评估作价不应从转让加油站整体资产的收入金额中扣除。

● 《国家税务总局关于纳税人转让加油站房地产有关土地增值税计税收入确认问题的批复》（税总函〔2017〕513号）

3. 由于土地增值税清算，导致多缴企业所得税如何退税？

企业按规定对开发项目进行土地增值税清算后，当年企业所得税汇算清缴出现亏损且有其他后续开发项目的，该亏损应按照税法规定向以后年度结转，用以后年度所得弥补。后续开发项目是指正在开发以及中标的项目。

● 《国家税务总局关于房地产开发企业土地增值税清算涉及企业所得税退税有关问题的公告》（国家税务总局公告2016年第81号）

企业按规定对开发项目进行土地增值税清算后，当年企业所得税汇算清缴出现亏损，且没有后续开发项目的，可以按照以下方法，计算出该项目由于土地增值税原因导致的项目开发各年度多缴企业所得税税款，并申请退税。

（1）该项目缴纳的土地增值税总额，应按照该项目开发各年度实现的项目销售收入占整个项目销售收入总额的比例，在项目开发各年度进行分摊，具体按以下公式计算：

各年度应分摊的土地增值税=土地增值税总额×(项目年度销售收入÷整个项目销售收入总额)

上述所称销售收入包括视同销售房地产的收入,但不包括企业销售的增值额未超过扣除项目金额20%的普通标准住宅的销售收入。

(2)该项目开发各年度应分摊的土地增值税减去该年度已经在企业所得税税前扣除的土地增值税后,余额属于当年应补充扣除的土地增值税;企业应调整当年度的应纳税所得额,并按规定计算当年度应退的企业所得税税款;当年度已缴纳的企业所得税税款不足退税的,应作为亏损向以后年度结转,并调整以后年度的应纳税所得额。

(3)按照上述方法进行土地增值税分摊调整后,导致相应年度应纳税所得额出现正数的,应按规定计算缴纳企业所得税。

(4)企业按上述方法计算的累计退税额,不得超过其在该项目开发各年度累计实际缴纳的企业所得税;超过部分作为项目清算年度产生的亏损,向以后年度结转。

企业在申请退税时,应向主管税务机关提供书面材料说明应退企业所得税款的计算过程,包括该项目缴纳的土地增值税总额、项目销售收入总额、项目年度销售收入额、各年度应分摊的土地增值税和已经税前扣除的土地增值税、各年度的适用税率,以及是否存在后续开发项目等情况。

4. 土地增值税清算时,房地产开发费用如何扣除?

财务费用中的利息支出,凡能够按转让房地产项目计算分摊并提供金融机构证明的,允许据实扣除,但最高不能超过按商业银行同类同期贷款利率计算的金额。其他房地产开发费用,在按照"取得土地使用权所支付的金额"与"房地产开发成本"金额之和的5%以内计算扣除。凡不能按转让房地产项目计算分摊利息支出或不能提供金融机构证明的,房地产开发费用在按"取得土地使用权所支付的金额"与"房地产开发成本"金额之和的10%以内计算扣除。全部使用自有资金,没有利息支出的,按照以上方法扣除。上述具体适用的比例按省级人民政府此前规定的比例执行。房地产开发企业既向金融机构借款,又有其他借款的,其房地产开发费用计算扣除时不能同时适用上述两项所述两种办法。土地增值税清算时,已经计入房地产开发成本的利息支出,应调整至财务费用中计算扣除。

● 《国家税务总局关于土地增值税清算有关问题的通知》(国税函[2010]220号)

本章小结

土地增值税的纳税人是转让国有土地使用权、地上的建筑物及其附着物(以下简称"转让房地产")并取得收入的单位和个人。土地增值税实行四级超率累进税率。土地增值税按照纳税人转让房地产所取得的增值额和规定的税率计算征收。纳税人应当自转让房地产合同签订之日起七日内向房地产所在地主管税务机关办理纳税申报。土地增值税由税务机关征收。

第8章　资源税与契税

> **本章导读**
>
> 我国自1984年开始征收资源税，目前正在进行资源税改革试点，全国人大常委会通过的《资源税法》自2020年9月1日开始实施。本章阐述了资源税的纳税人与征税范围、税目与税率、计税依据与应纳税额的计算、税收优惠以及征收管理等基本制度。我国自1950年开始征收契税，目前尚未立法。本章阐述了契税的纳税人与征税范围、税率与计税依据、应纳税额的计算、税收优惠以及征收管理等基本制度。
>
> 本章阐述的内容主要依据《中华人民共和国资源税法》(2019年8月26日第十三届全国人民代表大会常务委员会第十二次会议通过)、《财政部 税务总局 水利部关于印发<扩大水资源税改革试点实施办法>的通知》(财税〔2017〕80号)、《资源税征收管理规程》(国家税务总局公告2018年第13号)、《中华人民共和国契税暂行条例》(1997年7月7日国务院令第224号公布，根据2019年3月2日《国务院关于修改部分行政法规的决定》修正)以及《中华人民共和国契税暂行条例细则》(财法字〔1997〕52号)。

》政策解析

8.1 资源税的纳税人与征税范围

8.1.1 资源税的纳税人

在中华人民共和国领域和中华人民共和国管辖的其他海域开发应税资源的单位和个人，为资源税的纳税人。

8.1.2 资源税的征税范围

资源税的征税范围是在中国领域及管辖的其他海域开发应税资源。应税资源的具体范围，由《资源税法》所附《资源税税目税率表》确定。

纳税人开采或者生产应税产品自用的，应当依照《资源税法》的规定缴纳资源税；但是，自用于连续生产应税产品的，不缴纳资源税。

8.1.3 水资源税试点纳税人与征税范围

自2017年12月1日起在北京、天津、山西、内蒙古、山东、河南、四川、陕西、宁夏等9个省(自治区、直辖市)扩大水资源税改革试点。试点省份开征水资源税后，应当将水资源费征收标准降为零。水资源税改革试点期间，可按税费平移原则对城镇公共供水征收水资源税，不增加居民生活用水和城镇公共供水企业负担。水资源税改革试点期间，水资源税收入全部归属试点省份。

下列情形，不缴纳水资源税。

(1)农村集体经济组织及其成员从本集体经济组织的水塘、水库中取用水的。

(2)家庭生活和零星散养、圈养畜禽饮用等少量取用水的。
(3)水利工程管理单位为配置或者调度水资源取水的。
(4)为保障矿井等地下工程施工安全和生产安全必须进行临时应急取用(排)水的。
(5)为消除对公共安全或者公共利益的危害临时应急取水的。
(6)为农业抗旱和维护生态与环境必须临时应急取水的。

除上述规定的情形外,其他直接取用地表水、地下水的单位和个人,为水资源税纳税人。

水资源税的征税对象为地表水和地下水。地表水是陆地表面上动态水和静态水的总称,包括江、河、湖泊(含水库)等水资源。地下水是埋藏在地表以下各种形式的水资源。

8.2 资源税的税目与税率

8.2.1 资源税税目税率表

资源税的税目、税率,依照《资源税税目税率表》(表8-1)执行。

表8-1 资源税税目税率表

税目			征税对象	税率
能源矿产	原油		原矿	6%
	天然气、页岩气、天然气水合物		原矿	6%
	煤		原矿或者选矿	2%~10%
	煤成(层)气		原矿	1%~2%
	铀、钍		原矿	4%
	油页岩、油砂、天然沥青、石煤		原矿或者选矿	1%~4%
	地热		原矿	1%~20%或者每立方米1~30元
金属矿产	黑色金属	铁、锰、铬、钒、钛	原矿或者选矿	1%~9%
	有色金属	铜、铅、锌、锡、镍、锑、镁、钴、铋、汞	原矿或者选矿	2%~10%
		铝土矿	原矿或者选矿	2%~9%
		钨	选矿	6.5%
		钼	选矿	8%
		金、银	原矿或者选矿	2%~6%
		铂、钯、钌、铑、铱、锇	原矿或者选矿	5%~10%
		轻稀土	选矿	7%~12%
		中重稀土	选矿	20%
		铍、锂、锆、锶、铷、铯、铌、钽、锗、镓、铟、铊、铪、铼、镉、硒、碲	原矿或者选矿	2%~10%

续表

税目			征税对象	税率
非金属矿产	矿物类	高岭土	原矿或者选矿	1%~6%
		石灰岩	原矿或者选矿	1%~6%或者每吨（或者每立方米）1~10元
		磷	原矿或者选矿	3%~8%
		石墨	原矿或者选矿	3%~12%
		萤石、硫铁矿、自然硫	原矿或者选矿	1%~8%
		天然石英砂、脉石英、粉石英、水晶、工业用金刚石、冰洲石、蓝晶石、硅线石（矽线石）、长石、滑石、刚玉、菱镁矿、颜料矿物、天然碱、芒硝、钠硝石、明矾石、砷、硼、碘、溴、膨润土、硅藻土、陶瓷土、耐火黏土、铁矾土、凹凸棒石黏土、海泡石黏土、伊利石黏土、累托石黏土	原矿或者选矿	1%~12%
		叶蜡石、硅灰石、透辉石、珍珠岩、云母、沸石、重晶石、毒重石、方解石、蛭石、透闪石、工业用电气石、白垩、石棉、蓝石棉、红柱石、石榴子石、石膏	原矿或者选矿	2%~12%
		其他黏土（铸型用黏土、砖瓦用黏土、陶粒用黏土、水泥配料用黏土、水泥配料用红土、水泥配料用黄土、水泥配料用泥岩、保温材料用黏土）	原矿或者选矿	1%~5%或者每吨（或者每立方米）0.1~5元
	岩石类	大理岩、花岗岩、白云岩、石英岩、砂岩、辉绿岩、安山岩、闪长岩、板岩、玄武岩、片麻岩、角闪岩、页岩、浮石、凝灰岩、黑曜岩、霞石正长岩、蛇纹岩、麦饭石、泥灰岩、含钾岩石、含钾砂页岩、天然油石、橄榄岩、松脂岩、粗面岩、辉长岩、辉石岩、正长岩、火山灰、火山渣、泥炭	原矿或者选矿	1%~10%
		砂石	原矿或者选矿	1%~5%或者每吨（或者每立方米）0.1~5元
	宝玉石类	宝石、玉石、宝石级金刚石、玛瑙、黄玉、碧玺	原矿或者选矿	4%~20%
水气矿产		二氧化碳气、硫化氢气、氦气、氡气	原矿	2%~5%
		矿泉水	原矿	1%~20%或者每立方米1~30元

续表

税目		征税对象	税率
盐	钠盐、钾盐、镁盐、锂盐	选矿	3%~15%
	天然卤水	原矿	3%~15%或者每吨（或者每立方米）1~10元
	海盐		2%~5%

8.2.2 资源税税率的适用

《资源税税目税率表》中规定实行幅度税率的，其具体适用税率由省、自治区、直辖市人民政府统筹考虑该应税资源的品位、开采条件以及对生态环境的影响等情况，在《资源税税目税率表》规定的税率幅度内提出，报同级人民代表大会常务委员会决定，并报全国人民代表大会常务委员会和国务院备案。《资源税税目税率表》中规定征税对象为原矿或者选矿的，应当分别确定具体适用税率。

纳税人开采或者生产不同税目应税产品的，应当分别核算不同税目应税产品的销售额或者销售数量；未分别核算或者不能准确提供不同税目应税产品的销售额或者销售数量的，从高适用税率。

8.2.3 水资源税试点的税率

除中央直属和跨省（区、市）水力发电取用水外，由试点省份省级人民政府统筹考虑本地区水资源状况、经济社会发展水平和水资源节约保护要求，在《试点省份水资源税最低平均税额表》（表8-2）规定的最低平均税额基础上，分类确定具体适用税额。试点省份的中央直属和跨省（区、市）水力发电取用水税额为每千瓦时0.005元。跨省（区、市）界河水电站水力发电取用水水资源税税额，与涉及的非试点省份水资源费征收标准不一致的，按较高一方标准执行。

表8-2 试点省份水资源税最低平均税额表　　　　　单位：元/立方米

省（区、市）	地表水最低平均税额	地下水最低平均税额
北京	1.6	4
天津	0.8	4
山西	0.5	2
内蒙古	0.5	2
山东	0.4	1.5
河南	0.4	1.5
四川	0.1	0.2
陕西	0.3	0.7
宁夏	0.3	0.7

严格控制地下水过量开采。对取用地下水从高确定税额，同一类型取用水，地下水税额要高于地表水，水资源紧缺地区地下水税额要大幅高于地表水。

超采地区的地下水税额要高于非超采地区，严重超采地区的地下水税额要大幅高于非超采地区。在超采地区和严重超采地区取用地下水的具体适用税额，由试点省份省级人民政府按照非超采地区税额的2~5倍确定。

在城镇公共供水管网覆盖地区取用地下水的，其税额要高于城镇公共供水管网未覆盖地区，原则上要高于当地同类用途的城镇公共供水价格。

除特种行业和农业生产取用水外，对其他取用地下水的纳税人，原则上应当统一税额。试点省份可根据实际情况分步实施到位。

对特种行业取用水，从高确定税额。特种行业取用水是指洗车、洗浴、高尔夫球场、滑雪场等取用水。

对超计划（定额）取用水，从高确定税额。纳税人超过水行政主管部门规定的计划（定额）取用水量，在原税额基础上加征 1~3 倍，具体办法由试点省份省级人民政府确定。

对超过规定限额的农业生产取用水，以及主要供农村人口生活用水的集中式饮水工程取用水，从低确定税额。农业生产取用水是指种植业、畜牧业、水产养殖业、林业等取用水。供农村人口生活用水的集中式饮水工程是指供水规模在 1000 立方米/天或者供水对象 1 万人以上，并由企事业单位运营的农村人口生活用水供水工程。对回收利用的疏干排水和地源热泵取用水，从低确定税额。

8.3 资源税的计税依据与应纳税额的计算

8.3.1 资源税应纳税额的计算公式

资源税的应纳税额，按照从价计征或者从量计征的办法，分别以应税产品的销售额乘以纳税人具体适用的比例税率或者以应税产品的销售数量乘以纳税人具体适用的定额税率计算。计算公式如下：

实行从价定率计征办法的应税产品：

应纳税额＝应税产品的销售额×适用的比例税率

实行从量定额计征办法的应税产品：

应纳税额＝应税产品的销售数量×适用的定额税率

《资源税税目税率表》中规定可以选择实行从价计征或者从量计征的，具体计征方式由省、自治区、直辖市人民政府提出，报同级人民代表大会常务委员会决定，并报全国人民代表大会常务委员会和国务院备案。

应税产品为矿产品的，包括原矿和选矿产品。

8.3.2 资源税计税依据的一般规定

资源税应纳税额按照应税产品的计税销售额或者销售数量乘以适用税率计算。计税销售额是指纳税人销售应税产品向购买方收取的全部价款和价外费用，不包括增值税销项税额。计税销售数量是指从量计征的应税产品销售数量。

原矿和选矿的销售额或者销售量应当分别核算，未分别核算的，从高确定计税销售额或者销售数量。纳税人开采或者生产不同税目应税产品的，应当分别核算不同税目应税产品的销售额或者销售数量；未分别核算或者不能准确提供不同税目应税产品的销售额或者销售数量的，从高适用税率。

计税销售额或者销售数量，包括应税产品实际销售和视同销售两部分。视同销售包括以下情形：

(1) 纳税人以自采原矿直接加工为非应税产品的，视同原矿销售。

(2) 纳税人以自采原矿洗选（加工）后的选矿连续生产非应税产品的，视同选矿销售。

(3) 以应税产品投资、分配、抵债、赠予、以物易物等，视同应税产品销售。

纳税人有视同销售应税产品行为而无销售价格的，或者申报的应税产品销售价格明显偏低且无正当理由的，税务机关应按下列顺序确定其应税产品计税价格。

(1) 按纳税人最近时期同类产品的平均销售价格确定。

(2)按其他纳税人最近时期同类产品的平均销售价格确定。
(3)按应税产品组成计税价格确定。
组成计税价格=成本×(1+成本利润率)÷(1-资源税税率)。
(4)按后续加工非应税产品销售价格,减去后续加工环节的成本利润后确定。
(5)按其他合理方法确定。

8.3.3 资源税计税依据的特殊规定

纳税人与其关联企业之间的业务往来,应当按照独立企业之间的业务往来收取或者支付价款、费用。不按照独立企业之间的业务往来收取或者支付价款、费用,而减少其计税销售额的,税务机关可以按照《税收征收管理法》及其实施细则的有关规定进行合理调整。

对同时符合以下条件的运杂费用,纳税人在计算应税产品计税销售额时,可予以扣减。
(1)包含在应税产品销售收入中。
(2)属于纳税人销售应税产品环节发生的运杂费用,具体是指运送应税产品从坑口或者洗选(加工)地到车站、码头或者购买方指定地点的运杂费用。
(3)取得相关运杂费用发票或者其他合法有效凭据。
(4)将运杂费用与计税销售额分别进行核算。

纳税人扣减的运杂费用明显偏高导致应税产品价格偏低且无正当理由的,主管税务机关可以合理调整计税价格。

为公平原矿与选矿之间的税负,对同一种应税产品,征税对象为选矿的,纳税人销售原矿时,应将原矿销售额换算为选矿销售额缴纳资源税;征税对象为原矿的,纳税人销售自采原矿加工的选矿,应将选矿销售额折算为原矿销售额缴纳资源税。

纳税人以自采未税产品和外购已税产品混合销售或者混合加工为应税产品销售的,在计算应税产品计税销售额时,准予扣减已单独核算的已税产品购进金额;未单独核算的,一并计算缴纳资源税。已税产品购进金额当期不足扣减的可结转下期扣减。外购原矿或者选矿形态的已税产品与本产品征税对象不同的,在计算应税产品计税销售额时,应对混合销售额或者外购已税产品的购进金额进行换算或者折算。纳税人核算并扣减当期外购已税产品购进金额,应依据外购已税产品的增值税发票、海关进口增值税专用缴款书或者其他合法有效凭据。

资源税在应税产品销售或者自用环节计算缴纳。纳税人以自采原矿加工选矿产品的,在原矿移送使用时不缴纳资源税,在选矿销售或者自用时缴纳资源税。纳税人以自采原矿直接加工为非应税产品或者以自采原矿加工的选矿连续生产非应税产品的,在原矿或者选矿移送环节计算缴纳资源税。以应税产品投资、分配、抵债、赠予、以物易物等,在应税产品所有权转移时计算缴纳资源税。

8.3.4 水资源税试点应纳税额的计算

水力发电和火力发电贯流式(不含循环式)冷却取用水应纳税额的计算公式如下:
应纳税额=实际发电量×适用税额

火力发电贯流式冷却取用水是指火力发电企业从江河、湖泊(含水库)等水源取水,并对机组冷却后将水直接排入水源的取用水方式。火力发电循环式冷却取用水是指火力发电企业从江河、湖泊(含水库)、地下等水源取水并引入自建冷却水塔,对机组冷却后返回冷却水塔循环利用的取用水方式。

水资源税实行从量计征,除上述规定的情形外,应纳税额的计算公式如下:
应纳税额=实际取用水量×适用税额

城镇公共供水企业实际取用水量应当考虑合理损耗因素。疏干排水的实际取用水量按照排水量确定。疏干排水是指在采矿和工程建设过程中破坏地下水层、发生地下涌水的活动。上述适用税额是指取水口所在地的适用税额。

8.4 资源税的税收优惠

8.4.1 免征、减征资源税

有下列情形之一的，免征资源税。

(1) 开采原油以及在油田范围内运输原油过程中用于加热的原油、天然气。

(2) 煤炭开采企业因安全生产需要抽采的煤成(层)气。

有下列情形之一的，减征资源税。

(1) 从低丰度油气田开采的原油、天然气，减征百分之二十资源税。

低丰度油气田包括陆上低丰度油田、陆上低丰度气田、海上低丰度油田、海上低丰度气田。陆上低丰度油田是指每平方千米原油可开采储量丰度低于二十五万立方米的油田；陆上低丰度气田是指每平方千米天然气可开采储量丰度低于二亿五千万立方米的气田；海上低丰度油田是指每平方千米原油可开采储量丰度低于六十万立方米的油田；海上低丰度气田是指每平方千米天然气可开采储量丰度低于六亿立方米的气田。

(2) 高含硫天然气、三次采油和从深水油气田开采的原油、天然气，减征百分之三十资源税。

高含硫天然气是指硫化氢含量在每立方米三十克以上的天然气。三次采油是指二次采油后继续以聚合物驱、复合驱、泡沫驱、气水交替驱、二氧化碳驱、微生物驱等方式进行采油。深水油气田是指水深超过三百米的油气田。

(3) 稠油、高凝油减征百分之四十资源税。

稠油是指地层原油黏度大于或等于每秒五十毫帕或原油密度大于或等于每立方厘米零点九二克的原油。高凝油是指凝固点高于四十摄氏度的原油。

(4) 从衰竭期矿山开采的矿产品，减征百分之三十资源税。

衰竭期矿山是指设计开采年限超过十五年，且剩余可开采储量下降到原设计可开采储量的百分之二十以下或者剩余开采年限不超过五年的矿山。衰竭期矿山以开采企业下属的单个矿山为单位确定。

8.4.2 授权国务院减免资源税情形

根据国民经济和社会发展需要，国务院对有利于促进资源节约集约利用、保护环境等情形可以规定免征或者减征资源税，报全国人民代表大会常务委员会备案。

自 2018 年 4 月 1 日至 2021 年 3 月 31 日，对页岩气资源税(按6%的规定税率)减征 30%。 ● 《财政部 税务总局关于对页岩气减征资源税的通知》(财税〔2018〕26 号)

8.4.3 授权地方减免资源税情形

有下列情形之一的，省、自治区、直辖市可以决定免征或者减征资源税。

(1) 纳税人开采或者生产应税产品过程中，因意外事故或者自然灾害等原因遭受重大损失。

(2) 纳税人开采共伴生矿、低品位矿、尾矿。

上述规定的免征或者减征资源税的具体办法，由省、自治区、直辖市人民政府提出，报同级人民代表大会常务委员会决定，并报全国人民代表大会常务委员会和国务院备案。

8.4.4 减免水资源税情形

下列情形，予以免征或者减征水资源税。

(1)规定限额内的农业生产取用水,免征水资源税。
(2)取用污水处理再生水,免征水资源税。
(3)除接入城镇公共供水管网以外,军队、武警部队通过其他方式取用水的,免征水资源税。
(4)抽水蓄能发电取用水,免征水资源税。
(5)采油排水经分离净化后在封闭管道回注的,免征水资源税。
(6)财政部、税务总局规定的其他免征或者减征水资源税情形。

纳税人的免税、减税项目,应当单独核算销售额或者销售数量;未单独核算或者不能准确提供销售额或者销售数量的,不予免税或者减税。

8.5 资源税的征收管理

8.5.1 纳税义务发生时间

(1)纳税人销售应税产品采取分期收款结算方式的,其纳税义务发生时间,为销售合同规定的收款日期的当天。
(2)纳税人销售应税产品采取预收货款结算方式的,其纳税义务发生时间,为发出应税产品的当天。
(3)纳税人销售应税产品采取其他结算方式的,其纳税义务发生时间,为收讫销售款或者取得索取销售款凭据的当天。
(4)自产自用应税产品,纳税义务发生时间为移送使用的当天。
(5)水资源税的纳税义务发生时间为纳税人取用水资源的当日。

8.5.2 征收机关

资源税由税务机关征收。税务机关与自然资源等相关部门应当建立工作配合机制,加强资源税征收管理。

8.5.3 纳税地点

纳税人应当向应税产品开采地或者生产地的税务机关申报缴纳资源税。纳税人在本省、自治区、直辖市范围内开采或者生产应税产品,其纳税地点需要调整的,由省、自治区、直辖市税务机关决定。

8.5.4 纳税期限

资源税按月或者按季申报缴纳;不能按固定期限计算缴纳的,可以按次申报缴纳。

纳税人按月或者按季申报缴纳的,应当自月度或者季度终了之日起15日内,向税务机关办理纳税申报并缴纳税款;按次申报缴纳的,应当自纳税义务发生之日起15日内,向税务机关办理纳税申报并缴纳税款。

除农业生产取用水外,水资源税按季或者按月征收,由主管税务机关根据实际情况确定。对超过规定限额的农业生产取用水水资源税可按年征收。不能按固定期限计算纳税的,可以按次申报纳税。纳税人应当自纳税期满或者纳税义务发生之日起15日内申报纳税。

8.5.5 水资源税试点的征收管理

跨省(区、市)水力发电取用水的水资源税在相关省份之间的分配比例,比照《财政部关于跨省区水电项目税收分配的指导意见》(财预〔2008〕84号)明确的增值税、企业所得税等税收分配办法确定。试点省份主管税务机关应当按照上述规定比例分配的水力发电量和税额,分别向跨省(区、市)水电站征收水资源税。跨省(区、市)水力发电取用水涉及非试点省份水资源费征收和分配的,比照试点省份水资源税管理办法执行。

除上述规定的情形外，纳税人应当向生产经营所在地的税务机关申报缴纳水资源税。在试点省份内取用水，其纳税地点需要调整的，由省级财政、税务部门决定。

主管税务机关要加强资源税申报数据质量管理，定期评估纳税人申报数据质量，重点审核从量计征税目计税单位是否正确，从价计征税目申报单价是否合理，数据有无缺项等。主管税务机关可以通过矿产品增值税发票比对、外部信息采集和部门协作等方式，探索创新以票控税、信息管税、综合治税的新内容、新途径，强化资源税源泉控管。主管税务机关可通过查询纳税人增值税发票存根联、记账联和发票领购簿等记载的信息与纳税人资源税申报信息进行关联比对，以识别纳税人在申报增值税的同时是否相应申报了资源税，或者其申报的计征资源税销售量、销售价格是否存在少报等风险问题，辅导纳税人不断提高纳税申报质量，防范或化解涉税风险。各级税务机关要主动与矿业管理部门、行业协会等有关部门沟通协作，实现信息共享，加强资源税事前事中事后管理。各省、自治区、直辖市税务机关应当依托信息化管理技术，参照全国性或主要矿产品价格指数即时信息，以及当地相关主管部门矿产品即时价格信息，建立本地矿产资源价格监控体系。

建立税务机关与水行政主管部门协作征税机制。水行政主管部门应当将取用水单位和个人的取水许可、实际取用水量、超计划(定额)取用水量、违法取水处罚等水资源管理相关信息，定期送交税务机关。纳税人根据水行政主管部门核定的实际取用水量向税务机关申报纳税。税务机关应当按照核定的实际取用水量征收水资源税，并将纳税人的申报纳税等信息定期送交水行政主管部门。税务机关定期将纳税人申报信息与水行政主管部门送交的信息进行分析比对。征管过程中发现问题的，由税务机关与水行政主管部门联合进行核查。

8.6 契税的纳税人与征税范围

8.6.1 契税的纳税人

在中华人民共和国境内转移土地、房屋权属，承受的单位和个人为契税的纳税人。土地、房屋权属是指土地使用权、房屋所有权。承受是指以受让、购买、受赠、交换等方式取得土地、房屋权属的行为。单位是指企业单位、事业单位、国家机关、军事单位和社会团体以及其他组织。个人是指个体经营者及其他个人。

8.6.2 契税征税范围的一般规定

契税的征税范围是转移土地、房屋权属，具体是指下列行为。

(1) 国有土地使用权出让。国有土地使用权出让是指土地使用者向国家交付土地使用权出让费用，国家将国有土地使用权在一定年限内让予土地使用者的行为。

(2) 土地使用权转让，包括出售、赠予和交换。土地使用权转让是指土地使用者以出售、赠予、交换或者其他方式将土地使用权转移给其他单位和个人的行为。土地使用权出售是指土地使用者以土地使用权作为交易条件，取得货币、实物、无形资产或者其他经济利益的行为。土地使用权赠予是指土地使用者将其土地使用权无偿转让给受赠者的行为。土地使用权交换是指土地使用者之间相互交换土地使用权的行为。上述土地使用权转让，不包括农村集体土地承包经营权的转移。

(3) 房屋买卖。房屋买卖是指房屋所有者将其房屋出售，由承受者交付货币、实物、无形资产或者其他经济利益的行为。

(4) 房屋赠予。房屋赠予是指房屋所有者将其房屋无偿转让给受赠者的行为。

(5) 房屋交换。房屋交换是指房屋所有者之间相互交换房屋的行为。

土地、房屋权属以下列方式转移的，视同土地使用权转让、房屋买卖或者房屋赠予征税。

(1)以土地、房屋权属作价投资、入股。
(2)以土地、房屋权属抵债。
(3)以获奖方式承受土地、房屋权属。
(4)以预购方式或者预付集资建房款方式承受土地、房屋权属。

以土地、房屋权属作价投资入股的,视同土地使用权转让、房屋买卖征收契税。 ● 《国家税务总局关于以土地、房屋作价出资及租赁使用土地有关契税问题的批复》(国税函〔2004〕322号)

房屋使用权的转移行为不属于契税征收范围,不应征收契税。土地租赁行为不属于契税征收范围。 ● 《国家税务总局关于出售或租赁房屋使用权是否收契税问题的批复》(国税函〔1999〕465号)

8.6.3 契税征税范围的特殊规定

对于《继承法》规定的法定继承人(包括配偶、子女、父母、兄弟姐妹、祖父母、外祖父母)继承土地、房屋权属,不征契税。按照《继承法》规定,非法定继承人根据遗嘱承受死者生前的土地、房屋权属,属于赠予行为,应征收契税。 ● 《国家税务总局关于继承土地、房屋权属有关契税问题的批复》(国税函〔2004〕1036号)

根据我国婚姻法的规定,夫妻共有房屋属共同共有财产。因夫妻财产分割而将原共有房屋产权归属一方,是房产共有权的变动而不是现行契税政策规定征税的房屋产权转移行为。因此,对离婚后原共有房屋产权的归属人不征收契税。 ● 《国家税务总局关于离婚后房屋权属变化是否征收契税的批复》(国税函〔1999〕391号)

对金融租赁公司开展售后回租业务,承受承租人房屋、土地权属的,照章征收。对售后回租合同期满,承租人回购原房屋、土地权属的,免征契税。单位、个人以房屋、土地以外的资产增资,相应扩大其在被投资公司的股权持有比例,无论被投资公司是否变更工商登记,其房屋、土地权属不发生转移,不征收契税。 ● 《财政部 国家税务总局关于企业以售后回租方式进行融资等有关契税政策的通知》(财税〔2012〕82号)

以招拍挂方式出让国有土地使用权的,纳税人为最终与土地管理部门签订出让合同的土地使用权承受人。 ● 《财政部 国家税务总局关于企业以售后回租方式进行融资等有关契税政策的通知》(财税〔2012〕82号)

居民个人根据国家房改政策购买的公有住房,并取得房改房产权证后,将名下的房屋产权转移给其子女,属于契税法规规定的赠予行为,应依照《契税暂行条例》及其有关规定征收契税。 ● 《国家税务总局关于经法院调解的房屋转移征收契税的批复》(国税函〔2008〕718号)

8.7 契税的税率与计税依据

8.7.1 契税的税率

契税税率为3%~5%。契税的适用税率,由省、自治区、直辖市人民政府在上述规定的幅度内按照本地区的实际情况确定,并报财政部和国家税务总局备案。

8.7.2 契税计税依据的一般规定

契税的计税依据如下。

(1)国有土地使用权出让、土地使用权出售、房屋买卖,为成交价格。上述成交价格是指土地、房屋权属转移合同确定的价格,包括承受者应交付的货币、实物、无形资产或者其他经济利益。

(2)土地使用权赠予、房屋赠予,由征收机关参照土地使用权出售、房屋买卖的市场价格核定。

(3)土地使用权交换、房屋交换,为所交换的土地使用权、房屋的价格的差额。

土地使用权交换、房屋交换,交换价格不相等的,由多交付货币、实物、无形资产或其他经济利益的一方缴纳税款。交换价格相等的,免征契税。土地使用权与房屋所有权之间相互交换，按照上述规定征税。

上述成交价格明显低于市场价格并且无正当理由的，或者所交换土地使用权、房屋的价格的差额明显不合理并且无正当理由的，由征收机关参照市场价格核定。

以划拨方式取得土地使用权的，经批准转让房地产时，应由房地产转让者补缴契税。其计税依据为补缴的土地使用权出让费用或者土地收益。

土地使用权出让、土地使用权出售、房屋买卖的计税依据是成交价格，即土地、房屋权属转移合同确定的价格，包括承受者应交付的货币、实物、无形资产或者其他经济利益。因此，合同确定的成交价格中包含的所有价款都属于计税依据范围。土地使用权出让、土地使用权转让、房屋买卖的成交价格中所包含的行政事业性收费，属于成交价格的组成部分，不应从中剔除，纳税人应按合同确定的成交价格全额计算缴纳契税。● 《国家税务总局关于契税征收中几个问题的批复》（财税字〔1998〕96号）

出让国有土地使用权的，其契税计税价格为承受人为取得该土地使用权而支付的全部经济利益。● 《财政部 国家税务总局关于国有土地使用权出让等有关契税问题的通知》（财税〔2004〕134号）

（1）以协议方式出让的，其契税计税价格为成交价格。成交价格包括土地出让金、土地补偿费、安置补助费、地上附着物和青苗补偿费、拆迁补偿费、市政建设配套费等承受者应支付的货币、实物、无形资产及其他经济利益。没有成交价格或者成交价格明显偏低的，征收机关可依次按下列两种方式确定。

①评估价格：由政府批准设立的房地产评估机构根据相同地段、同类房地产进行综合评定，并经当地税务机关确认的价格。

②土地基准地价：由县以上人民政府公示的土地基准地价。

（2）以竞价方式出让的，其契税计税价格，一般应确定为竞价的成交价格，土地出让金、市政建设配套费以及各种补偿费用应包括在内。

先以划拨方式取得土地使用权，后经批准改为出让方式取得该土地使用权的，应依法缴纳契税，其计税依据为应补缴的土地出让金和其他出让费用。已购公有住房经补缴土地出让金和其他出让费用成为完全产权住房的，免征土地权属转移的契税。

8.7.3　契税计税依据的特殊规定

土地使用者将土地使用权及所附建筑物、构筑物等（包括在建的房屋、其他建筑物、构筑物和其他附着物）转让给他人的，应按照转让的总价款计征契税。● 《财政部、国家税务总局关于土地使用权转让契税计税依据的批复》（财税〔2007〕162号）

房屋买卖的契税计税价格为房屋买卖合同的总价款，买卖装修的房屋，装修费用应包括在内。● 《国家税务总局关于承受装修房屋契税计税价格问题的批复》（国税函〔2007〕606号）

计征契税的成交价格不含增值税。免征增值税的，确定计税依据时，成交价格不扣减增值税额。● 《财政部 国家税务总局关于营改增后契税 房产税 土地增值税 个人所得税计税依据问题的通知》（财税〔2016〕43号）

企业承受土地使用权用于房地产开发，并在该土地上代政府建设保障性住房的，计税价格为取得全部土地使用权的成交价格。● 《财政部 国家税务总局关于企业以售后回租方式进行融资等有关契税政策的通知》（财税〔2012〕82号）

出让国有土地使用权，契税计税价格为承受人为取得该土地使用权而支付的全部经济利益。对通过"招、拍、挂"程序承受国有土地使用权的，应按照土地成交总价款计征契税，其中的土地前期开发成本不得扣除。● 《国家税务总局关于明确国有土地使用权出让契税计税依据的批复》（国税函〔2009〕603号）

8.8 契税应纳税额的计算

契税应纳税额，依照规定的税率和规定的计税依据计算征收。应纳税额计算公式如下：

应纳税额＝计税依据×税率

应纳税额以人民币计算。转移土地、房屋权属以外汇结算的，按照纳税义务发生之日中国人民银行公布的人民币市场汇率中间价折合成人民币计算。

对于承受与房屋相关的附属设施(包括停车位、汽车库、自行车库、顶层阁楼以及储藏室，下同)所有权或土地使用权的行为，按照契税法律、法规的规定征收契税；对于不涉及土地使用权和房屋所有权转移变动的，不征收契税。采取分期付款方式购买房屋附属设施土地使用权、房屋所有权的，应按合同规定的总价款计征契税。承受的房屋附属设施权属如为单独计价的，按照当地确定的适用税率征收契税；如与房屋统一计价的，适用与房屋相同的契税税率。

《财政部 国家税务总局关于房屋附属设施有关契税政策的批复》(财税〔2004〕126号)

市、县级人民政府根据《国有土地上房屋征收与补偿条例》有关规定征收居民房屋，居民因个人房屋被征收而选择货币补偿用以重新购置房屋，并且购房成交价格不超过货币补偿的，对新购房屋免征契税；购房成交价格超过货币补偿的，对差价部分按规定征收契税。居民因个人房屋被征收而选择房屋产权调换，并且不缴纳房屋产权调换差价的，对新换房屋免征契税；缴纳房屋产权调换差价的，对差价部分按规定征收契税。

《财政部 国家税务总局关于企业以售后回租方式进行融资等有关契税政策的通知》(财税〔2012〕82号)

8.9 契税的税收优惠

8.9.1 法定减免税项目

有下列情形之一的，减征或者免征契税。

(1)国家机关、事业单位、社会团体、军事单位承受土地、房屋用于办公、教学、医疗、科研和军事设施的，免征。

用于办公的是指办公室(楼)以及其他直接用于办公的土地、房屋。用于教学的是指教室(教学楼)以及其他直接用于教学的土地、房屋。用于医疗的是指门诊部以及其他直接用于医疗的土地、房屋。用于科研的是指科学试验的场所以及其他直接用于科研的土地、房屋。用于军事设施的是指：地上和地下的军事指挥作战工程；军用的机场、港口、码头；军用的库房、营区、训练场、试验场；军用的通信、导航、观测台站；其他直接用于军事设施的土地、房屋。其他直接用于办公、教学、医疗、科研以及其他直接用于军事设施的土地、房屋的具体范围，由省、自治区、直辖市人民政府确定。

(2)城镇职工按规定第一次购买公有住房的，免征。

城镇职工按规定第一次购买公有住房的，是指经县以上人民政府批准，在国家规定标准面积以内购买的公有住房。城镇职工享受免征契税，仅限于第一次购买的公有住房。超过国家规定标准面积的部分，仍应按照规定缴纳契税。

(3)因不可抗力灭失住房而重新购买住房的，酌情准予减征或者免征。

不可抗力是指自然灾害、战争等不能预见、不能避免并不能克服的客观情况。

(4)财政部规定的其他减征、免征契税的项目。

下列项目减征、免征契税。

①土地、房屋被县级以上人民政府征用、占用后,重新承受土地、房屋权属的,是否减征或者免征契税,由省、自治区、直辖市、人民政府确定。

②纳税人承受荒山、荒沟、荒丘、荒滩土地使用权,用于农、林、牧、渔业生产的,免征契税。

③依照我国有关法律规定以及我国缔结或参加的双边和多边条约或协定的规定应当予以免税的外国驻华使馆、领事馆、联合国驻华机构及其外交代表、领事官员和其他外交人员承受土地、房屋权属的,经外交部确认,可以免征契税。

纳税人符合减征或者免征契税规定的,应当在签订土地、房屋权属转移合同后10日内,向土地、房屋所在地的契税征收机关办理减征或者免征契税手续。经批准减征、免征契税的纳税人改变有关土地、房屋的用途,不再属于规定的减征、免征契税范围的,应当补缴已经减征、免征的税款。

8.9.2 临时减免税项目

个体工商户的经营者将其个人名下的房屋、土地权属转移至个体工商户名下,或个体工商户将其名下的房屋、土地权属转回原经营者个人名下,免征契税。合伙企业的合伙人将其名下的房屋、土地权属转移至合伙企业名下,或合伙企业将其名下的房屋、土地权属转回原合伙人名下,免征契税。

● 《财政部 国家税务总局关于企业以售后回租方式进行融资等有关契税政策的通知》(财税〔2012〕82号)

在婚姻关系存续期间,房屋、土地权属原归夫妻一方所有,变更为夫妻双方共有或另一方所有的,或者房屋、土地权属原归夫妻双方共有,变更为其中一方所有的,或者房屋、土地权属原归夫妻双方共有,双方约定、变更共有份额的,免征契税。

● 《财政部 国家税务总局关于夫妻之间房屋土地权属变更有关契税政策的通知》(财税〔2014〕4号)

自2016年2月22日起,对个人购买家庭唯一住房(家庭成员范围包括购房人、配偶以及未成年子女,下同),面积为90平方米及以下的,减按1%的税率征收契税;面积为90平方米以上的,减按1.5%的税率征收契税。北京市、上海市、广州市、深圳市以外的地区,对个人购买家庭第二套改善性住房,面积为90平方米及以下的,减按1%的税率征收契税;面积为90平方米以上的,减按2%的税率征收契税。家庭第二套改善性住房是指已拥有一套住房的家庭,购买的家庭第二套住房。纳税人申请享受税收优惠的,根据纳税人的申请或授权,由购房所在地的房地产主管部门出具纳税人家庭住房情况书面查询结果,并将查询结果和相关住房信息及时传递给税务机关。暂不具备查询条件而不能提供家庭住房查询结果的,纳税人应向税务机关提交家庭住房实有套数书面诚信保证,诚信保证不实的,属于虚假纳税申报,按照《税收征收管理法》的有关规定处理,并将不诚信记录纳入个人征信系统。按照便民、高效原则,房地产主管部门应按规定及时出具纳税人家庭住房情况书面查询结果,税务机关应对纳税人提出的税收优惠申请限时办结。

● 《财政部 国家税务总局 住房城乡建设部关于调整房地产交易环节契税 营业税优惠政策的通知》(财税〔2016〕23号)

8.9.3 企事业单位改制重组契税优惠

自2018年1月1日起至2020年12月31日,企业、事业单位改制重组过程中涉及的契税按以下规定执行。

● 《财政部 税务总局关于继续支持企业事业单位改制重组有关契税政策的通知》(财税〔2018〕17号)

（1）企业按照《公司法》有关规定整体改制，包括非公司制企业改制为有限责任公司或股份有限公司，有限责任公司变更为股份有限公司，股份有限公司变更为有限责任公司，原企业投资主体存续并在改制（变更）后的公司中所持股权（股份）比例超过75%，且改制（变更）后公司承继原企业权利、义务的，对改制（变更）后公司承受原企业土地、房屋权属，免征契税。

（2）事业单位按照国家有关规定改制为企业，原投资主体存续并在改制后企业中出资（股权、股份）比例超过50%的，对改制后企业承受原事业单位土地、房屋权属，免征契税。

（3）两个或两个以上的公司，依照法律规定、合同约定，合并为一个公司，且原投资主体存续的，对合并后公司承受原合并各方土地、房屋权属，免征契税。

（4）公司依照法律规定、合同约定分立为两个或两个以上与原公司投资主体相同的公司，对分立后公司承受原公司土地、房屋权属，免征契税。

（5）企业依照有关法律法规规定实施破产，债权人（包括破产企业职工）承受破产企业抵偿债务的土地、房屋权属，免征契税；对非债权人承受破产企业土地、房屋权属，凡按照《劳动法》等国家有关法律法规政策妥善安置原企业全部职工规定，与原企业全部职工签订服务年限不少于三年的劳动用工合同的，对其承受所购企业土地、房屋权属，免征契税；与原企业超过30%的职工签订服务年限不少于三年的劳动用工合同的，减半征收契税。

（6）对承受县级以上人民政府或国有资产管理部门按规定进行行政性调整、划转国有土地、房屋权属的单位，免征契税。

同一投资主体内部所属企业之间土地、房屋权属的划转，包括母公司与其全资子公司之间，同一公司所属全资子公司之间，同一自然人与其设立的个人独资企业、一人有限公司之间土地、房屋权属的划转，免征契税。

母公司以土地、房屋权属向其全资子公司增资，视同划转，免征契税。

（7）经国务院批准实施债权转股权的企业，对债权转股权后新设立的公司承受原企业的土地、房屋权属，免征契税。

（8）以出让方式或国家作价出资（入股）方式承受原改制重组企业、事业单位划拨用地的，不属上述规定的免税范围，对承受方应按规定征收契税。

（9）在股权（股份）转让中，单位、个人承受公司股权（股份），公司土地、房屋权属不发生转移，不征收契税。

上述所称企业、公司是指依照我国有关法律法规设立并在中国境内注册的企业、公司。上述所称投资主体存续是指原企业、事业单位的出资人必须存在于改制重组后的企业，出资人的出资比例可以发生变动；投资主体相同是指公司分立前后出资人不发生变动，出资人的出资比例可以发生变动。

8.10 契税的征收管理

8.10.1 纳税义务发生时间

契税的纳税义务发生时间，为纳税人签订土地、房屋权属转移合同的当天，或者纳税人取得其他具有土地、房屋权属转移合同性质凭证的当天。具有土地、房屋权属转移合同性质凭证，是指具有合同效力的契约、协议、合约、单据、确认书以及由省、自治区、直辖市人民政府确定的其他凭证。

纳税人因改变土地、房屋用途应当补缴已经减征、免征契税的，其纳税义务发生时间为改变有关土地、房屋用途的当天。

8.10.2 纳税期限

纳税人应当自纳税义务发生之日起 10 日内,向土地、房屋所在地的契税征收机关办理纳税申报,并在契税征收机关核定的期限内缴纳税款。纳税人办理纳税事宜后,契税征收机关应当向纳税人开具契税完税凭证。

8.10.3 纳税地点

纳税人应当持契税完税凭证和其他规定的文件材料,依法向土地管理部门、房产管理部门办理有关土地、房屋的权属变更登记手续。纳税人未出具契税完税凭证的,土地管理部门、房产管理部门不予办理有关土地、房屋的权属变更登记手续。

8.10.4 征管机关与协助机关

契税征收机关为土地、房屋所在地的税务机关。征收机关可以根据征收管理的需要,委托有关单位代征契税,具体代征单位由省、自治区、直辖市人民政府确定。土地管理部门、房产管理部门应当向契税征收机关提供有关资料,并协助契税征收机关依法征收契税。有关资料是指土地管理部门、房产管理部门办理土地、房屋权属变更登记手续的有关土地、房屋权属、土地出让费用、成交价格以及其他权属变更方面的资料。

8.10.5 契税缴纳的特殊规定

根据人民法院、仲裁委员会的生效法律文书发生土地、房屋权属转移,纳税人不能取得销售不动产发票的,可持人民法院执行裁定书原件及相关材料办理契税纳税申报,税务机关应予受理。● 《国家税务总局关于契税纳税申报有关问题的公告》(国家税务总局公告2015 年第 67 号)

购买新建商品房的纳税人在办理契税纳税申报时,由于销售新建商品房的房地产开发企业已办理注销税务登记或者被税务机关列为非正常户等原因,致使纳税人不能取得销售不动产发票的,税务机关在核实有关情况后应予受理。

8.10.6 契税的退还

按照现行契税政策规定,对经法院判决的无效产权转移行为不征收契税。法院判决撤销房屋所有权证后,已纳契税款应予退还。● 《国家税务总局关于无效产权转移征收契税的批复》(国税函〔2008〕438 号)

对已缴纳契税的购房单位和个人,在未办理房屋权属变更登记前退房的,退还已纳契税;在办理房屋权属变更登记后退房的,不予退还已纳契税。● 《财政部 国家税务总局关于购房人办理退房有关契税问题的通知》(财税〔2011〕32 号)

>> 案例精讲

2009 年 3 月,刘某与某房地产有限公司签订《商品房预售合同》,以 146.52 万元购买位于北京市西城区某房屋一套(以下简称"涉案房产")。该涉案房产实质上是刘某前夫在二人结婚前以刘某名义购买,并由刘某前夫负责还贷。

2010 年 1 月,刘某与其前夫协议离婚,并在离婚协议中约定该涉案房产归男方所有,女方协助办理过户手续。但因涉案房产为期房,房产证尚未办理,故刘某与前夫暂未到税务机关和住建委办理房屋过户手续。

刘某与范某曾于 2009 年 5 月签订借款协议,协议中约定刘某向范某借款 85 万,并于规定期限内向范某偿还,但刘某在借款到期后一直未向范某偿还,范某将刘某诉至法院。2010 年 4 月,北京市海淀区人民法院(以下简称"海淀法院")做出《民事调解书》确定刘某在约定时间内偿还范某 85 万元借款,如未按期还款,刘某应将涉案房产过户给范某指定的第三人。同月,因刘某未履行调解书确定的还款义务，海淀法院做出《强制执行裁定书》，将涉案房产过户给范某指定的第三人沈某。

2011年9月，刘某到北京市某区地方税务局某税务所申报该涉案房产过户给沈某产生的相关税费。税务所向刘某征收了营业税、城市维护建设税、教育费附加；向沈某征收了契税（刘某代理）。

2012年3月，刘某前夫发现其关于涉案房产的权益遭到侵害，遂将刘某诉至北京市西城区人民法院（以下简称"西城法院"）。经审理，西城法院做出《民事判决书》，判决刘某协助其前夫办理将涉案房产所有权证登记于其前夫名下的手续。

2012年4月，海淀法院按照北京市第一中级人民法院指令，对刘某、范某的以房抵债案件进行再审，海淀法院判决刘某偿还范某八十五万元，并撤销了该院曾经做出的关于刘某以房抵债的《民事调解书》。刘某、沈某的房产过户事宜因该房产权属转移的法律文书被撤销，遂失去法律依据。

2016年12月，刘某、沈某向北京市某区地方税务局某税务所提出退税申请。该地税局因申请人申请退税时距结算缴纳税款之日已经超过了三年，根据《税收征管法》第51条规定做出了不予退税决定，向刘某、沈某分别送达了《税务事项通知书》。

2017年1月，刘某、沈某分别向北京市地税局提出复议申请，要求复议机关责令被申请人退回申请人缴纳的相关税费。北京市地税局依法予以受理后，在复议办理过程中发现本案中纳税人申请退税是因以房抵债的民事调解被法院撤销，刘某、沈某围绕涉税房产的权属转移行为没有了法律依据，与纳税人多缴纳税款申请退税的一般情况有所不同。为此，北京市地税局召开了行政复议委员会会议，会上，委员意见存在较大分歧和争议：有部分委员认为以房抵债的民事调解被法院撤销，应税行为事实基础不存在，应当予以退税；有部分委员认为已超过《税收征管法》规定的三年退税期限，不应予以退税。因此，北京市地税局就该案的情况向税务总局进行了汇报，并就退税政策适用问题进行了请示，税务总局答复"请示所涉纳税人申请退税事项应当严格遵守征管法的规定，北京市地税局可依职权根据案件实际情况自行判断处理"。北京地税局最终做出了维持某区地税局不予退税的决定。

刘某、沈某对某区地税局不予退税行为和北京市地税局的复议决定不服，分别向西城区人民法院提起了行政诉讼，要求撤销复议决定，同时由该区地税局为其办理退税。

本案争议的焦点问题主要有以下两个：刘某、沈某之间以房抵债的合同无效后，其依据该合同所缴纳的税款性质如何界定？对于刘某、沈某提出的退税申请，是否适用《税收征管法》第51条关于退税的规定？

1. 刘某、沈某之间以房抵债的合同无效后，其依据该合同所缴纳的税款性质如何界定

本案中涉税交易的房屋实际为刘某的前夫在结婚前以刘某的名义购买，实际购买人为刘某前夫，且二人协议离婚时已约定该房屋为刘某前夫所有。刘某以该房屋抵债属于无权处分的行为，因所有权人不承认该处置行为，该行为无效。2012年4月，海淀法院再审时，撤销了该院曾经做出的刘某以房抵债的民事调解书。根据《合同法》第56条的规定，无效的合同或者被撤销的合同自始没有法律约束力。该撤销判决生效之时意味着刘某和沈某之间以房抵债的行为自始不发生效力，对于依据该无效行为而缴纳的税款如何定性，学界对此有着不同的理解，亦将对案件产生不同影响。

（1）定性为不当得利的分析。

根据《民法通则》第92条的规定，由于刘某和沈某之间以房抵债的行为无效，税务机关对

其已征收的税款不再具有合法的依据，构成不当得利，此时，根据《民法总则》第 118 条规定，因税务机关取得不当得利，纳税人与税务机关之间形成债权债务关系，纳税人对不当得利有返还请求权，对于纳税人的上述权利，许多国家和地区的税收法律都有明文规定。虽然在我国不当得利属于私法概念，税收征管属于公法范畴，但是，为了更好地处理纷繁复杂的涉税经济事务，税务机关不应当受行政法、税法等公法局限，而可以尝试适当援引私法理念。

值得一提的是，根据《民法通则》第 135 条的规定，本案申请人从 2012 年 4 月以房抵债合同被撤销到 2016 年 12 月提出退税请求，虽然已经超过了不当得利返还请求权的诉讼时效，但这也仅仅表明申请人丧失了胜诉权，申请人仍然可以向法院提起诉讼请求。税务机关作为公权力的代表，为了维护行政机关的公信力，应当据实返还。但是，由于本案中刘某明知没有房屋所有权依然将该房抵债，主观上存在恶意，因此，税务机关仅需退还已征收的税款，不包括入库税款所产生的利息。

（2）定性为税款的分析。

从行政法角度，2011 年刘某、沈某因双方发生房屋产权交易行为，按照税法规定产生了缴纳税款的义务，此时，其向税务机关缴纳的税款在属性上应认定为税款明确无误。同时，税务机关征收纳税人的税款，无论是从产生纳税义务的事实还是从法律依据上分析，都属于正常履行税款征收职责，并无不当。因此，刘某、沈某缴纳的该笔税款从缴纳之初就属于税款性质，其后不论因何种原因产生了税务机关应退还的事实，都不能对其税款的属性做出变更。基于此，纳税人能否向税务机关申请退还税款，应从税法角度进行分析。本案中，刘某、沈某的产权交易行为因被法院撤销而无效，因缴纳税款的事实基础灭失，刘某缴纳的营业税、沈某缴纳的契税由当初计算正确缴纳的税款变为了多缴纳的税款，对于多缴纳的税款，纳税人有依照税法规定取得退还税款的权利。对此，有权机关考量了具体情形，在《税收征管法》第 51 条规定框架下，对房屋产权交易环节契税的退税做出了规定。比如，《国家税务总局关于无效产权转移征收契税的批复》（国税函〔2008〕438 号）规定，对经法院判决的无效产权转移行为不征收契税，对法院判决撤销房屋所有权证后，已纳契税款应予退还。再比如，《财政部 国家税务总局关于购房人办理退房有关契税问题的通知》（财税〔2011〕32 号）规定，对已缴纳契税的购房单位和个人，在未办理房屋权属变更登记前退房的，退还已纳契税；在办理房屋权属变更登记后退房的，不予退还已纳契税。以上两项规定均是对契税退税做出的专项规定，主要是考虑到契税特点，契税虽然属于行为税，但其纳税义务的产生条件，不仅与交易双方签订契约的行为有关，还与物权转移结果密切相关。因此，如房屋交易双方的交易行为被法院判决无效、撤销，尽管契税应税行为已经发生，但因物权的无效转移而使得对该行为征收契税失去依据，故规定予以退税；如交易双方在房屋产权发生变更前解除合同，因物权并未转移，也使征收契税失去依据，应当退税，但在物权转移后解除合同的，相当于双方签订重新转移物权的新契约，不能退税。但纳税人依上述规定申请退税，仍然都需要遵守《税收征管法》中的三年退税期限规定。

2. 对于刘某、沈某缴纳的税款，是否适用《税收征管法》第 51 条关于退税的规定

《税收征管法》第 51 条的规定实际上针对退税设定了两个制度，一是纳税人申请退税制度，另一个是税务机关主动退税制度。纳税人申请退税制度要求在三年之内发现，税务机关主动退税制度则不受时间限制。

根据立法的本意，上述两个退税制度是相辅相成的关系。在税务机关严格依法征税和充分保护纳税人权利的前提下，税务机关会依法核查纳税人是否存在多缴税款的情况。一旦发现多征税款，则会立即予以主动退还。在这种情形下，实际上并不需要再设计纳税人申请退税的制

度。那么，为什么《税收征管法》还同时设置了纳税人申请退税的制度呢？原因在于现实工作中确实存在税务机关难于主动发现纳税人多纳税款的实际情况。如果税务机关没有主动发现，纳税人可以通过申请启动退税程序，督促税务机关依法征税、依法退税。

(1) 对纳税人自行申请退税的分析。

本案中，刘某和沈某提出的退税申请是否可以适用纳税人申请退税制度呢？前述已经分析过，按照执法机关的观点，不论二人缴纳的税款是基于何种事实产生应予退还的原因，其税款的属性始终不能改变，因此税务机关和纳税人皆应按照税法有关退税的规定办理退税。我国税法中对于退税的规定，除上述提及的房屋交易环节契税退税规定外，主要依据就是《税收征管法》第 51 条，因该条款属于法律规定，其在效力上当然高于其他税收规范性文件，因此我国的退税制度文件依据总体上应理解为：税收规章、规范性文件中有专门退税规定的依该规定，没有专门退税规定的依《税收征管法》第 51 条规定，当专门规定对退税中的某些事项未明确时，则这些事项应遵循《税收征管法》的相关规定。综上所述，本案中刘某、沈某申请税务机关退税，在营业税退税上应依照《税收征管法》退税规定，在契税退税上应将契税退税有关规定和《税收征管法》退税规定二者相结合办理。

对于本案情况，无论是从契税退税相关规定考虑，还是从《税收征管法》的退税规定考虑，刘某、沈某实际上构成了多缴纳营业税、契税的事实，属于税务机关退税的范围。但是，本案是由纳税人申请退税，而《税收征管法》第 51 条对纳税人申请退税制度设定了时间限制，即纳税人自结算缴纳税款之日起三年内发现的，可以向税务机关要求退还多缴的税款。可见，立法者在退税基本规定中设定了三年的退税时限，不论纳税人申请退税的原因如何，也不论其他规范性文件对退税有何规定，纳税人申请退税均应以该法律规定中的时限为准。故本案申请退税的焦点问题在于纳税人是否超过了三年的申请期限，进而需要进一步探讨该三年期限的规定应如何理解，而不同的理解又会对纳税人申请退税产生何种影响。

三年退税期限的规定属于税收法律中规范纳税人权利的一种期限规定，但对该期限的性质，立法机关并未做出明确。对于该期限的性质一般有两种理解，一种理解是该期限属于除斥期间。另一种理解是该期限属于时效期间。

关于对除斥期间的理解。除斥期间主要应用于民法规则当中，一般用于规范民事主体请求司法机关撤销一定行为的实体权利期限。除斥期间的主要特点在于：一是除斥期间届满使权利人的实体权利灭失；二是除斥期间从权利成立时起算，期间不变，不能适用中止、中断的规定。因此，当权利主体超过该期间行使权力的，其实体权利灭失。比如，《民法总则》中规定了对于权利人因重大误解、受到欺诈手段、胁迫手段等原因实施的民事法律行为，权利人有权请求人民法院或者仲裁机构予以撤销。最高人民法院《关于贯彻执行〈中华人民共和国民法通则〉若干问题的意见（试行）》第 73 条第 2 款规定，可撤销的民事行为，自行为成立时起超过一年当事人才请求撤销的，人民法院不予保护。本案中，如将申请退税的三年期限理解为除斥期间，则该三年退税期限在适用上应遵循以下原则：一是纳税人申请的期限是从多缴纳税款的事实发生之日起计算，并不考虑纳税人实际是否知情等其他因素；二是纳税人超过该期限申请退税的，则其获得退税的实体权利灭失，即无论基于何种原因，只要超过三年，就不予退税。

关于对时效期间的理解。时效期间是指民事诉讼时效期间，《民法总则》第 188 条规定，向人民法院请求保护民事权利的诉讼时效期间为三年，这里规定的三年就是法律规定的诉讼时效期间。诉讼时效期间主要有以下特点：一是时效期间届满后权利人的实体权利并不消灭，债务人自愿履行的也受法律保护；二是时效期间的起算以权利人知道或者应当知道权利被侵害时计算，而且其可以适用中止、中断的规定。本案中，如将三年退税期限理解为时效期间，则该三年退税期限在适用上应遵循以下原则：一是当三年退税期限届满后，纳税人仅丧失申请退税的权利，但不丧失获取退税的权利，税务机关如果主动退税，纳税人取得退税的行为有效；二是该三年期限应当从纳税人知道自己多缴纳税款之日起算，而不是从结算缴纳税款之日起算，同时，纳税人的每一次退税申请都适用时效中止、中断的规定。

综上所述，从实践中看，税务机关在办理纳税人申请退税事项时，对三年退税期限一般是比照除斥期间的特点来进行理解和把握的，对于纳税人自结算缴纳税款之日起，超过三年申请退税的，不论申请人是何时发现多缴税款的事实，均不予退税。但是，这里又存在一个问题，即纳税人超过三年未向税务机关申请退税，在纳税人丧失申请退税的权利后，当税务机关主动发现纳税人多缴纳税款的事实是否能够主动退税呢？按照《税收征管法》规定显然是可以的，在此种情况下纳税人并未丧失获取税务机关主动退税的权利，单从这一点看三年退税期限又符合时效期间的特点。这不得不说是立法中的缺陷，使税务机关处理退税事项在执行口径的理解上比较模糊，并不能令申请人完全信服。

目前，一些纳税人、部分法院对《税收征管法》第51条的规定还有一些不同理解。认为"纳税人自结算缴纳税款之日起三年内发现"可以申请退税，这里仅仅提到了"发现"多交税款的时间是"三年"，对于提出申请的期限则没有明确限制。因此，有观点认为对于刘某、沈某的退税申请可以有条件的适用该制度。如果纳税人能够证明从税款结缴之日起三年内确实已经发现多缴税款，但是由于客观条件限制无法提出申请的，可以适用本条款。针对本案，如果刘某、沈某能够提供证据证明他们自2011年9月到税务所缴纳税款之日起三年内已经发现多缴税款，但是由于客观原因无法行使权利，税务机关可以予以退税。但我们认为此种理解并非立法者原意，从规范权利人权利时效的角度看，不论是除斥期间还是时效期间，在立法上都明确规定了期间的范围，并且对该期间的起始条件均做出明确的法律规定，对于因特殊事项的阻却也规定了权利行使的最长期限。如果纳税人三年内发现后可在任何时间内提出退税申请，则纳税人申请退税的期限实际上被无限延长了，使税务机关的退税事项处于长期不确定状态，在税法没有对此明确解释的情况下，如此理解退税时限未免太过偏颇，不利于税收征管。

（2）对税务机关主动退税的分析。

税务机关主动退税制度实际上是实质课税原则的具体运用。在无法律明确规定的情况下，课税的前提应该以实际情况为准，尤其应当根据其经济目的和经济生活的实质进行合理征税。本案中随着申请人之间以房抵债行为被撤销，税务机关课税的基础已经丧失，应当退还已征收的税款。

从立法原意出发，税务机关主动退税应当是税务机关在履行职责过程中，对于发现的纳税人多缴纳税款情况予以退还。关于是否可以将税务机关发现多征税款的方式理解为既可以通过自查主动发现，也可以经由纳税人提醒后核查被动发现的问题，税法实务界和理论界还存在争议。持否定态度的还占有相当比例，其主要原因在于，上述扩大解释会导致对纳税人申请退税时间限制的规定变成一纸空文，有违立法原意，税务机关将始终处于被动地位，税款也难以稳定。但在税法设计的退税制度存在缺陷的情形下，上述扩大解释的确可以解决一些实际问题。

当然，扩大解释也并非没有任何理论依据。《税收征管法》第51条规定："纳税人超过应纳税额缴纳的税款，税务机关发现后应当立即退还……"这一条既是对纳税人退税权的规定，也是规范税务机关征管工作的规定。也就是说，对于税务机关在征管工作中发现纳税人多纳税款的情形，应当及时为纳税人办理退税。《税收征管法》第13条规定："任何单位和个人都有权检举违反税收法律、行政法规的行为。"也就是说，任何单位和个人均可以就某纳税人少纳税款的情形向税务机关举报，税务机关接到举报后应当依法查处。同样，任何单位和个人也可以就某纳税人多纳税款的情形向税务机关举报(或报告)，税务机关接到举报(或报告)后也应当依法查处。当然，由于纳税人是最能够及时发现自己是否多纳税款的利益主体，因此，该项举报完全可以由纳税人本人来完成。纳税人向税务机关申请退税，完全可以视为纳税人向税务机关举报(或报告)存在纳税人多纳税款的情形。如从此层面理解，即使纳税人的退税申请期限已经届满，税务机关仍可以就该纳税人是否多纳税款进行核查，一旦发现纳税人多纳税款，仍可依据《税收征管法》第51条的规定无期限限制地将多纳税款退还给纳税人。

当然，对这种观点，反对者提出的最有力的质疑就是如果这样来解释法条，《税收征管法》第51条规定的纳税人申请退税的三年期限就毫无意义，而立法者是不可能规定毫无意义的制度的。

实际上，我们应当看到《税收征管法》第51条设计的制度本身就是双重保险制度，即为了确保纳税人实现退税权而设计了两个制度。两个制度中，只要有一个制度能够合理运作，都足以确保纳税人退税权的实现。例如，如果税务机关能够及时主动去发现，就不需要纳税人申请退税的制度，而如果纳税人能够在三年内及时申请退税，同样也不需要再设计税务机关主动发现的制度。正因为《税收征管法》第51条为确保纳税人的退税权设计了双重保险制度，才会导致上述分析中的各种质疑。当然，《税收征管法》第51条设计的两个退税制度并非完全一致，二者也有重要差异。税务机关主动退税不需要退还利息，但没有期限限制；纳税人申请退税有期限限制，但可以要求退还利息。《税收征管法》第51条设计的指导思想应当是实事求是，既要保障纳税人的合法权益，也要保证国家税收工作的良好运转，法条内容既要意思明确，又要体现公平合理，这样才能在退税工作中有效平衡征纳双方利益。

>> 疑难问答 YINANWENDA

1. 以国家作价出资(入股)方式转移国有土地使用权是否缴纳契税？

根据《契税暂行条例》第二条第一款规定，国有土地使用权出让属于契税的征收范围。根据《契税暂行条例细则》第八条第一款规定，以土地、房屋权属作价投资、入股方式转移土地、房屋权属的，视同土地使用权转让征税。因此，对以国家作价出资(入股)方式转移国有土地使用权的行为，应视同土地使用权转让，由土地使用权的承受方按规定缴纳契税。

● 《财政部 国家税务总局关于企业改制过程中以国家作价出资(入股)方式转移国有土地使用权有关契税问题的通知》(财税〔2008〕129号)

2. 国有土地使用权改变用途缴纳的土地收益金是否征收契税？

根据现行契税政策规定，对纳税人因改变土地用途而签订土地使用权出让合同变更协议或者重新签订土地使用权出让合同的，应征收契税。计税依据为因改变土地用途应补缴的土地收益金及应补缴政府的其他费用。

● 《国家税务总局关于改变国有土地使用权出让方式征收契税的批复》(国税函〔2008〕662号)

3. 以土地换资金、以土地换项目方式承受土地使用权是否征收契税？

根据现行契税政策规定，土地使用权受让人通过完成土地使用权转让方约定的投资额度或投资特定项目，以此获取低价转让或无偿赠予的土地使用权，属于契税征收范围，其计税价格由征收机关参照纳税义务发生时当地的市场价格核定。

● 《国家税务总局关于以项目换土地等方式承受土地使用权有关契税问题的批复》（国税函〔2002〕1094号）

4. 抵押贷款购买商品房是否征收契税？

购房人以按揭、抵押贷款方式购买房屋，当其从银行取得抵押凭证时，购房人与原产权人之间的房屋产权转移已经完成，契税纳税义务已经发生，必须依法缴纳契税。

● 《国家税务总局关于抵押贷款购买商品房征收契税的批复》（国税函〔1999〕613号）

● 本章小结 ●

资源税的纳税人是在中国领域及管辖海域开采应税矿产品或者生产盐的单位和个人。资源税的应纳税额，按照从价定率或者从量定额的办法，分别以应税产品的销售额乘以纳税人具体适用的比例税率或者以应税产品的销售数量乘以纳税人具体适用的定额税率计算。契税的纳税人是在中国境内转移土地、房屋权属，承受的单位和个人。契税税率为3%~5%。契税应纳税额，依照规定的税率和规定的计税依据计算征收。

第9章　车船税与房产税

> **本章导读**
>
> 　　车船税的前身是1951年开征的车船使用牌照税，目前属于由全国人大及其常委会立法开征的八大税种之一。本章讲解了车船税的纳税人与征收范围、税目与税率、税收优惠以及征收管理等基本制度。我国现行房产税是1986年开征的，其前身为1951年开征的城市房地产税。本章讲解了房产税的纳税人与征税范围、计税依据、税率与应纳税额的计算、税收优惠以及征收管理等基本制度。我国未来将开征房地产税，以取代现行房产税和城镇土地使用税。
>
> 　　本章阐述的制度主要依据《中华人民共和国车船税法》（2011年2月25日第十一届全国人民代表大会常务委员会第十九次会议通过，根据2019年4月23日第十三届全国人民代表大会常务委员会第十次会议《关于修改〈中华人民共和国建筑法〉等八部法律的决定》修正）、《中华人民共和国车船税法实施条例》（2011年12月5日国务院令第611号公布，根据2019年3月2日国务院令第709号《国务院关于修改部分行政法规的决定》修正）、《国家税务总局关于车船税征管若干问题的公告》（国家税务总局公告2013年第42号）以及《中华人民共和国房产税暂行条例》（1986年9月15日国务院发布，根据2011年1月8日国务院令第588号《国务院关于废止和修改部分行政法规的决定》修订）。

政策解析

9.1　车船税的纳税人与征收范围

　　在中华人民共和国境内属于《车船税法》所附《车船税税目税额表》规定的车辆、船舶（以下简称"车船"）的所有人或者管理人，为车船税的纳税人，应当依照《车船税法》缴纳车船税。

　　上述车辆、船舶是指：依法应当在车船登记管理部门登记的机动车辆和船舶；依法不需要在车船登记管理部门登记的在单位内部场所行驶或者作业的机动车辆和船舶。

9.2　车船税的税目与税率

9.2.1　车船税税目税率表

车船的适用税额依照《车船税税目税额表》（表9-1）执行。

表 9-1　车船税税目税额表

税目		计税单位	年基准税额(元)	备注
乘用车按发动机气缸容量(排气量)分档	1.0 升(含)以下的	每辆	60~360	核定载客人数 9 人(含)以下
	1.0 升以上至 1.6 升(含)		300~540	
	1.6 升以上至 2.0 升(含)		360~660	
	2.0 升以上至 2.5 升(含)		660~1200	
	2.5 升以上至 3.0 升(含)		1200~2400	
	3.0 升以上至 4.0 升(含)		2400~3600	
	4.0 升以上的		3600~5400	
商用车	客车	每辆	480~1440	核定载客人数 9 人(包括电车)
	货车	整备质量每吨	16~120	1. 包括半挂牵引车、挂车、客货两用汽车、三轮汽车和低速载货汽车。2. 挂车按照货车税额的 50% 计算
其他车辆	专用作业车	整备质量每吨	16~120	不包括拖拉机
	轮式专用机械车	整备质量每吨	16~120	
摩托车		每辆	36~180	
船舶	机动船舶	净吨位每吨	3~6	拖船、非机动驳船分别按机动船舶税额的 50% 计算；游艇的税额另行规定
	游艇	艇身长度每米	600~2000	

上述车辆、船舶的含义如下：

乘用车是指在设计和技术特性上主要用于载运乘客及随身行李，核定载客人数包括驾驶员在内不超过 9 人的汽车。

商用车是指除乘用车外，在设计和技术特性上用于载运乘客、货物的汽车，划分为客车和货车。

半挂牵引车是指装备有特殊装置用于牵引半挂车的商用车。

三轮汽车是指最高设计车速不超过每小时 50 千米，具有三个车轮的货车。

低速载货汽车是指以柴油机为动力，最高设计车速不超过每小时 70 千米，具有四个车轮的货车。

挂车是指就其设计和技术特性需由汽车或者拖拉机牵引，才能正常使用的一种无动力的道路车辆。

专用作业车是指在其设计和技术特性上用于特殊工作的车辆。

轮式专用机械车是指有特殊结构和专门功能，装有橡胶车轮可以自行行驶，最高设计车速大于每小时 20 千米的轮式工程机械车。

摩托车是指无论采用何种驱动方式，最高设计车速大于每小时 50 千米，或者使用内燃机，其排量大于 50 毫升的两轮或者三轮车辆。

船舶是指各类机动、非机动船舶以及其他水上移动装置,但是船舶上装备的救生艇筏和长度小于5米的艇筏除外。其中,机动船舶是指用机器推进的船舶;拖船是指专门用于拖(推)动运输船舶的专业作业船舶;非机动驳船是指在船舶登记管理部门登记为驳船的非机动船舶;游艇是指具备内置机械推进动力装置,长度在90米以下,主要用于游览观光、休闲娱乐、水上体育运动等活动,并应当具有船舶检验证书和适航证书的船舶。

客货两用车,又称多用途货车,是指在设计和结构上主要用于载运货物,但在驾驶员座椅后带有固定或折叠式座椅,可运载三人以上乘客的货车。客货两用车依照货车的计税单位和年基准税额计征车船税。

9.2.2 车船税具体税额的确定

车辆的具体适用税额由省、自治区、直辖市人民政府依照《车船税税目税额表》规定的税额幅度和国务院的规定确定。船舶的具体适用税额由国务院在《车船税税目税额表》规定的税额幅度内确定。

省、自治区、直辖市人民政府根据《车船税税目税额表》确定车辆具体适用税额,应当遵循以下原则。

(1)乘用车依排气量从小到大递增税额。

(2)客车按照核定载客人数20人以下和20人(含)以上两档划分,递增税额。

省、自治区、直辖市人民政府确定的车辆具体适用税额,应当报国务院备案。

机动船舶具体适用税额如下。

(1)净吨位不超过200吨的,每吨3元。

(2)净吨位超过200吨但不超过2000吨的,每吨4元。

(3)净吨位超过2000吨但不超过10000吨的,每吨5元。

(4)净吨位超过10000吨的,每吨6元。

拖船按照发动机功率每1千瓦折合净吨位0.67吨计算征收车船税。

游艇具体适用税额如下。

(1)艇身长度不超过10米的,每米600元。

(2)艇身长度超过10米但不超过18米的,每米900元。

(3)艇身长度超过18米但不超过30米的,每米1300元。

(4)艇身长度超过30米的,每米2000元。

(5)辅助动力帆艇,每米600元。

上述所涉及的排气量、整备质量、核定载客人数、净吨位、千瓦、艇身长度,以车船登记管理部门核发的车船登记证书或者行驶证所载数据为准。

依法不需要办理登记的车船和依法应当登记而未办理登记或者不能提供车船登记证书、行驶证的车船,以车船出厂合格证明或者进口凭证标注的技术参数、数据为准;不能提供车船出厂合格证明或者进口凭证的,由主管税务机关参照国家相关标准核定,没有国家相关标准的参照同类车船核定。

上述涉及的整备质量、净吨位、艇身长度等计税单位,有尾数的一律按照含尾数的计税单位据实计算车船税应纳税额。计算得出的应纳税额小数点后超过两位的可四舍五入保留两位小数。乘用车以车辆登记管理部门核发的机动车登记证书或者行驶证书所载的排气量毫升数确定税额区间。

9.3 车船税的税收优惠

9.3.1 免征车船税的范围

下列车船免征车船税。

(1)捕捞、养殖渔船。捕捞、养殖渔船是指在渔业船舶登记管理部门登记为捕捞船或者养殖船的船舶。

(2)军队、武装警察部队专用的车船。军队、武装警察部队专用的车船是指按照规定在军队、武装警察部队车船登记管理部门登记,并领取军队、武警牌照的车船。

(3)警用车船。警用车船是指公安机关、国家安全机关、监狱、劳动教养管理机关和人民法院、人民检察院领取警用牌照的车辆和执行警务的专用船舶。

(4)悬挂应急救援专用号牌的国家综合性消防救援车辆和国家综合性消防救援专用船舶。

(5)依照法律规定应当予以免税的外国驻华使领馆、国际组织驻华代表机构及其有关人员的车船。

根据《国务院办公厅关于国家综合消防救援车辆悬挂应急救援专用号牌有关事项的通知》(国办发〔2018〕114号)规定,国家综合性消防救援车辆由部队号牌改挂应急救援专用号牌的,一次性免征改挂当年车船税。

● 《财政部 税务总局关于国家综合性消防救援车辆车船税政策的通知》(财税〔2019〕18号)

9.3.2 节能环保车船减免车船税

(1)对节能汽车,减半征收车船税。

减半征收车船税的节能乘用车应同时符合以下标准:获得许可在中国境内销售的排量为1.6升以下(含1.6升)的燃用汽油、柴油的乘用车(含非插电式混合动力、双燃料和两用燃料乘用车);综合工况燃料消耗量应符合标准。

● 《财政部 税务总局 工业和信息化部 交通运输部关于节能新能源车船享受车船税优惠政策的通知》(财税〔2018〕74号)

减半征收车船税的节能商用车应同时符合以下标准:获得许可在中国境内销售的燃用天然气、汽油、柴油的轻型和重型商用车(含非插电式混合动力、双燃料和两用燃料轻型和重型商用车);燃用汽油、柴油的轻型和重型商用车综合工况燃料消耗量应符合标准。

(2)对新能源车船,免征车船税。

免征车船税的新能源汽车是指纯电动商用车、插电式(含增程式)混合动力汽车、燃料电池商用车。纯电动乘用车和燃料电池乘用车不属于车船税征税范围,对其不征车船税。

免征车船税的新能源汽车应同时符合以下标准:获得许可在中国境内销售的纯电动商用车、插电式(含增程式)混合动力汽车、燃料电池商用车;符合新能源汽车产品技术标准;通过新能源汽车专项检测,符合新能源汽车标准;新能源汽车生产企业或进口新能源汽车经销商在产品质量保证、产品一致性、售后服务、安全监测、动力电池回收利用等方面符合相关要求。

免征车船税的新能源船舶应符合以下标准:船舶的主推进动力装置为纯天然气发动机。发动机采用微量柴油引燃方式且引燃油热值占全部燃料总热值的比例不超过5%的,视同纯天然气发动机。

9.3.3 地方减免车船税

省、自治区、直辖市人民政府根据当地实际情况,可以对公共交通车船,农村居民拥有并主要在农村地区使用的摩托车、三轮汽车和低速载货汽车定期减征或者免征车船税。

9.3.4 其他减免车船税

临时入境的外国车船和香港特别行政区、澳门特别行政区、台湾地区的车船,不征收车船税。

按照规定缴纳船舶吨税的机动船舶,自《车船税法》实施之日起五年内免征车船税。

依法不需要在车船登记管理部门登记的机场、港口、铁路站场内部行驶或者作业的车船,自《车船税法》实施之日起五年内免征车船税。

9.4 车船税的征收管理

9.4.1 扣缴义务人

从事机动车第三者责任强制保险业务的保险机构为机动车车船税的扣缴义务人,应当在收取保险费时依法代收车船税,并出具代收税款凭证。

机动车车船税扣缴义务人在代收车船税时,应当在机动车交通事故责任强制保险的保险单以及保费发票上注明已收税款的信息,作为代收税款凭证。

已完税或者依法减免税的车辆,纳税人应当向扣缴义务人提供登记地的主管税务机关出具的完税凭证或者减免税证明。

纳税人没有按照规定期限缴纳车船税的,扣缴义务人在代收代缴税款时,可以一并代收代缴欠缴税款的滞纳金。

车船税扣缴义务人代收代缴欠缴税款的滞纳金,从各省、自治区、直辖市人民政府规定的申报纳税期限截止日期的次日起计算。

扣缴义务人已代收代缴车船税的,纳税人不再向车辆登记地的主管税务机关申报缴纳车船税。没有扣缴义务人的,纳税人应当向主管税务机关自行申报缴纳车船税。

扣缴义务人应当及时解缴代收代缴的税款和滞纳金,并向主管税务机关申报。扣缴义务人向税务机关解缴税款和滞纳金时,应当同时报送明细的税款和滞纳金扣缴报告。扣缴义务人解缴税款和滞纳金的具体期限,由省、自治区、直辖市税务机关依照法律、行政法规的规定确定。

9.4.2 纳税地点

车船税的纳税地点为车船的登记地或者车船税扣缴义务人所在地。依法不需要办理登记的车船,车船税的纳税地点为车船的所有人或者管理人所在地。车辆车船税的纳税人按照纳税地点所在的省、自治区、直辖市人民政府确定的具体适用税额缴纳车船税。

9.4.3 纳税义务发生时间与缴纳期限

车船税纳税义务发生时间为取得车船所有权或者管理权的当月。取得车船所有权或者管理权的当月,应当以购买车船的发票或者其他证明文件所载日期的当月为准。

车船税按年申报缴纳。具体申报纳税期限由省、自治区、直辖市人民政府规定。

车船税按年申报,分月计算,一次性缴纳。纳税年度为公历1月1日至12月31日。

购置的新车船,购置当年的应纳税额自纳税义务发生的当月起按月计算。应纳税额为年应纳税额除以12再乘以应纳税月份数。

在一个纳税年度内,已完税的车船被盗抢、报废、灭失的,纳税人可以凭有关管理机关出具的证明和完税凭证,向纳税所在地的主管税务机关申请退还自被盗抢、报废、灭失月份起至该纳税年度终了期间的税款。已办理退税的被盗抢车船失而复得的,纳税人应当从公安机关出具相关证明的当月起计算缴纳车船税。

纳税人缴纳车船税时，应当提供反映排气量、整备质量、核定载客人数、净吨位、千瓦、艇身长度等与纳税相关信息的相应凭证以及税务机关根据实际需要要求提供的其他资料。纳税人以前年度已经提供前款所列资料信息的，可以不再提供。

已缴纳车船税的车船在同一纳税年度内办理转让过户的，不另纳税，也不退税。

9.4.4 征收机关与协助机关

车船税由税务机关负责征收。

公安、交通运输、农业、渔业等车船登记管理部门、船舶检验机构和车船税扣缴义务人的行业主管部门应当在提供车船有关信息等方面，协助税务机关加强车船税的征收管理。

车辆所有人或者管理人在申请办理车辆相关登记、定期检验手续时，应当向公安机关交通管理部门提交依法纳税或者免税证明。公安机关交通管理部门核查后办理相关手续。

税务机关可以在车船登记管理部门、车船检验机构的办公场所集中办理车船税征收事宜。公安机关交通管理部门在办理车辆相关登记和定期检验手续时，经核查，对没有提供依法纳税或者免税证明的，不予办理相关手续。

9.5 房产税的纳税人与征税范围

9.5.1 房产税的纳税人

房产税由产权所有人缴纳。

产权属于全民所有的，由经营管理的单位缴纳。产权出典的，由承典人缴纳。产权所有人、承典人不在房产所在地的，或者产权未确定及租典纠纷未解决的，由房产代管人或者使用人缴纳。上述列举的产权所有人、经营管理单位、承典人、房产代管人或者使用人，统称为纳税人。

无租使用其他单位房产的应税单位和个人，依照房产余值代缴纳房产税。产权出典的房产，由承典人依照房产余值缴纳房产税。融资租赁的房产，由承租人自融资租赁合同约定开始日的次月起依照房产余值缴纳房产税。合同未约定开始日的，由承租人自合同签订的次月起依照房产余值缴纳房产税。

● 《财政部 国家税务总局关于房产税城镇土地使用税有关问题的通知》（财税〔2009〕128号）

凡以分期付款方式购买使用商品房，且购销双方均未取得房屋产权证书期间，应确定房屋的实际使用人为房产税的纳税义务人，缴纳房产税。

● 《国家税务总局关于未取得房屋产权证书期间如何确定房产税纳税人的批复》（国税函〔2002〕284号）

自2009年1月1日起，对外资企业及外籍个人的房产征收房产税，在征税范围、计税依据、税率、税收优惠、征收管理等方面按照《房产税暂行条例》及有关规定执行。

● 《财政部 国家税务总局关于对外资企业及外籍个人征收房产税有关问题的通知》（财税〔2009〕3号）

9.5.2 房产税的征税范围

房产税在城市、县城、建制镇和工矿区征收，不包括农村。

凡在房产税征收范围内的具备房屋功能的地下建筑，包括与地上房屋相连的地下建筑以及完全建在地面以下的建筑、地下人防设施等，均应当依照有关规定征收房产税。上述具备房屋功能的地下建筑是指有屋面和维护结构，能够遮风避雨，可供人们在其中生产、经营、工作、学习、娱乐、居住或储藏物资的场所。

● 《财政部 国家税务总局关于具备房屋功能的地下建筑征收房产税的通知》（财税〔2005〕181号）

9.6 房产税的计税依据

房产税的计税依据分为从价计征和从租计征两种形式。

9.6.1 从价计征

房产税依照房产原值一次减除10%至30%后的余值计算缴纳。具体减除幅度，由省、自治区、直辖市人民政府规定。

没有房产原值作为依据的，由房产所在地税务机关参考同类房产核定。对依照房产原值计税的房产，不论是否记载在会计账簿固定资产科目中，均应按照房屋原价计算缴纳房产税。房屋原价应根据国家有关会计制度规定进行核算。对纳税人未按国家会计制度规定核算并记载的，应按规定予以调整或重新评估。

● 《财政部 国家税务总局关于房产税城镇土地使用税有关问题的通知》（财税〔2008〕152号）

为了维持和增加房屋的使用功能或使房屋满足设计要求，凡以房屋为载体，不可随意移动的附属设备和配套设施，如给排水、采暖、消防、中央空调、电气及智能化楼宇设备等，无论在会计核算中是否单独记账与核算，都应计入房产原值，计征房产税。对于更换房屋附属设备和配套设施的，在将其价值计入房产原值时，可扣减原来相应设备和设施的价值；对附属设备和配套设施中易损坏、需要经常更换的零配件，更新后不再计入房产原值。

● 《国家税务总局关于进一步明确房屋附属设备和配套设施计征房产税有关问题的通知》（国税发〔2005〕173号）

9.6.2 从租计征

房产出租的，以房产租金收入为房产税的计税依据。房产出租的，计征房产税的租金收入不含增值税。免征增值税的，确定计税依据时，租金收入不扣减增值税额。

● 《财政部 国家税务总局关于营改增后契税房产税 土地增值税 个人所得税计税依据问题的通知》（财税〔2016〕43号）

以人民币以外的货币为记账本位币的外资企业及外籍个人在缴纳房产税时，均应将其根据记账本位币计算的税款按照缴款上月最后一日的人民币汇率中间价折合成人民币。

● 《财政部 国家税务总局关于对外资企业及外籍个人征收房产税有关问题的通知》（财税〔2009〕3号）

对居民住宅区内业主共有的经营性房产，由实际经营（包括自营和出租）的代管人或使用人缴纳房产税。其中自营的，依照房产原值减除10%至30%后的余值计征，没有房产原值或不能将业主共有房产与其他房产的原值准确划分开的，由房产所在地地方税务机关参照同类房产核定房产原值；出租的，依照租金收入计征。

● 《财政部 国家税务总局关于房产税、城镇土地使用税有关政策的通知》（财税〔2006〕186号）

9.7 房产税的税率与应纳税额的计算

房产税的税率，依照房产余值计算缴纳的，税率为1.2%；依照房产租金收入计算缴纳的，税率为12%。

9.7.1 从价计征的计算

应纳税额＝应税房产原值×(1－扣除比例)×1.2%

自用的地下建筑，按以下方式计税。

(1)工业用途房产，以房屋原价的50%~60%作为应税房产原值。

应纳房产税的税额＝应税房产原值×[1－(10%~30%)]×1.2%

(2)商业和其他用途房产，以房屋原价的70%~80%作为应税房产原值。

● 《财政部 国家税务总局关于具备房屋功能的地下建筑征收房产税的通知》（财税〔2005〕181号）

应纳房产税的税额=应税房产原值×[1−(10%~30%)]×1.2%

房屋原价折算为应税房产原值的具体比例，由各省、自治区、直辖市和计划单列市财政和地方税务部门在上述幅度内自行确定。

对于与地上房屋相连的地下建筑，如房屋的地下室、地下停车场、商场的地下部分等，应将地下部分与地上房屋视为一个整体按照地上房屋建筑的有关规定计算征收房产税。

9.7.2 从租计征的计算

应纳税额=租金收入×12%（或4%）

9.8 房产税的税收优惠

9.8.1 法定减免税

下列房产免纳房产税。
(1)国家机关、人民团体、军队自用的房产。
(2)由国家财政部门拨付事业经费的单位自用的房产。
(3)宗教寺庙、公园、名胜古迹自用的房产。
(4)个人所有非营业用的房产。
(5)经财政部批准免税的其他房产。

9.8.2 临时减免税

对按政府规定价格出租的公有住房和廉租住房，包括企业和自收自支事业单位向职工出租的单位自有住房；房管部门向居民出租的公有住房；落实私房政策中带户发还产权并以政府规定租金标准向居民出租的私有住房等，暂免征收房产税。

● 《财政部 国家税务总局关于廉租住房经济适用住房和住房租赁有关税收政策的通知》财税[2008]24号

对个人按市场价格出租的居民住房，其应缴纳的房产税暂减按4%的税率征收。

对企事业单位、社会团体以及其他组织按市场价格向个人出租用于居住的住房，减按4%的税率征收房产税。

● 《财政部 国家税务总局关于调整住房租赁市场税收政策的通知》（财税[2000]125号）

自2011年1月1日至2020年12月31日，对长江上游、黄河中上游地区，东北、内蒙古等国有林区天然林二期工程实施企业和单位专门用于天然林保护工程的房产免征房产税。对上述企业和单位用于其他生产经营活动的房产按规定征收房产税。对由于实施天然林二期工程造成森工企业房产闲置一年以上不用的，暂免征收房产税；闲置房产用于出租或重新用于天然林二期工程之外其他生产经营的，按规定征收房产税。用于天然林二期工程的免税房产应单独划分，与其他应税房产划分不清的，按规定征收房产税。

● 《财政部 国家税务总局关于天然林保护工程（二期）实施企业和单位房产税、城镇土地使用税政策的通知》（财税[2011]90号）

自2016年1月1日起，国家机关、军队、人民团体、财政补助事业单位、居民委员会、村民委员会拥有的体育场馆，用于体育活动的房产，免征房产税。经费自理事业单位、体育社会团体、体育基金会、体育类民办非企业单位拥有并运营管理的体育场馆，同时符合下列条件的，其用于体育活动的房产，免征房产税：向社会开放，用于满足公众体育活动需要；体育场馆取得的收入主要用于场馆的维护、管理和事业发展；拥有体育场馆的体育社会团体、体育基金会及体育类民办非企业

● 《财政部 国家税务总局关于体育场馆房产税和城镇土地使用税政策的通知》（财税[2015]130号）

单位,除当年新设立或登记的以外,前一年度登记管理机关的检查结论为"合格"。企业拥有并运营管理的大型体育场馆,其用于体育活动的房产,减半征收房产税。上述体育场馆是指用于运动训练、运动竞赛及身体锻炼的专业性场所。上述大型体育场馆是指由各级人民政府或社会力量投资建设、向公众开放、达到《体育建筑设计规范》(JGJ 31-2003)有关规模规定的体育场(观众座位数20000座及以上),体育馆(观众座位数3000座及以上),游泳馆、跳水馆(观众座位数1500座及以上)等体育建筑。上述用于体育活动的房产是指运动场地,看台、辅助用房(包括观众用房、运动员用房、竞赛管理用房、新闻媒介用房、广播电视用房、技术设备用房和场馆运营用房等)。享受上述税收优惠体育场馆的运动场地用于体育活动的天数不得低于全年自然天数的70%。体育场馆辅助用房及配套设施用于非体育活动的部分,不得享受上述税收优惠。高尔夫球、马术、汽车、卡丁车、摩托车的比赛场、训练场、练习场,除另有规定外,不得享受房产税优惠政策。各省、自治区、直辖市财政、税务部门可根据本地区情况适时增加不得享受优惠体育场馆的类型。符合上述减免税条件的纳税人,应当按照税收减免管理规定,持相关材料向主管税务机关办理减免税备案手续。

自2018年1月1日起至2023年12月31日止,对从事大型民用客机发动机、中大功率民用涡轴涡桨发动机研制项目的纳税人及其全资子公司从事大型民用客机发动机、中大功率民用涡轴涡桨发动机研制项目自用的科研、生产、办公房产,免征房产税。

自2019年1月1日起至2020年12月31日止,对从事大型客机研制项目的纳税人及其全资子公司自用的科研、生产、办公房产,免征房产税。 《财政部 税务总局关于民用航空发动机、新支线飞机和大型客机税收政策的公告》(财政部 税务总局公告2019年第88号)

纳税人享受上述免征房产税政策,应按规定进行免税申报,并将不动产权属、房产原值、土地用途等资料留存备查。纳税人已缴纳的应予减免的税款,从其应纳的相应税款中抵扣或者予以退税。

自2018年10月1日至2020年12月31日,对按照去产能和调结构政策要求停产停业、关闭的企业,自停产停业次月起,免征房产税。企业享受免税政策的期限累计不得超过两年。按照去产能和调结构政策要求停产停业、关闭的中央企业名单由国务院国有资产监督管理部门认定发布,其他企业名单由省、自治区、直辖市人民政府确定的去产能、调结构主管部门认定发布。认定部门应当及时将认定发布的企业名单(含停产停业、关闭时间)抄送同级财政和税务部门。各级认定部门应当每年核查名单内企业情况,将恢复生产经营、终止关闭注销程序的企业名单及时通知财政和税务部门。企业享受上述免税政策,应按规定进行减免税申报,并将房产土地权属资料、房产原值资料等留存备查。 《财政部 税务总局关于去产能和调结构房产税 城镇土地使用税政策的通知》(财税〔2018〕107号)

自2019年1月1日至2020年12月31日,对向居民供热收取采暖费的供热企业,为居民供热所使用的厂房免征房产税;对供热企业其他厂房,应当按照规定征收房产税。对专业供热企业,按其向居民供热取得的采暖费收入占全部采暖费收入的比例,计算免征的房产 《财政部 税务总局关于延续供热企业增值税房产税 城镇土地使用税优惠政策的通知》(财税〔2019〕38号)

税。对兼营供热企业，视其供热所使用的厂房与其他生产经营活动所使用的厂房是否可以区分，按照不同方法计算免征的房产税。可以区分的，对其供热所使用厂房，按向居民供热取得的采暖费收入占全部采暖费收入的比例，计算免征的房产税。难以区分的，对其全部厂房，按向居民供热取得的采暖费收入占其营业收入的比例，计算免征的房产税。对自供热单位，按向居民供热建筑面积占总供热建筑面积的比例，计算免征供热所使用的厂房的房产税。供热企业是指热力产品生产企业和热力产品经营企业。热力产品生产企业包括专业供热企业、兼营供热企业和自供热单位。"三北"地区是指北京市、天津市、河北省、山西省、内蒙古自治区、辽宁省、大连市、吉林省、黑龙江省、山东省、青岛市、河南省、陕西省、甘肃省、青海省、宁夏回族自治区和新疆维吾尔自治区。

自2019年1月1日至2021年12月31日，对高校学生公寓免征房产税。

● 《财政部 税务总局关于高校学生公寓房产税 印花税政策的通知》（财税〔2019〕14号）

自2019年1月1日至2021年12月31日，对农产品批发市场、农贸市场（包括自有和承租，下同）专门用于经营农产品的房产，暂免征收房产税。对同时经营其他产品的农产品批发市场和农贸市场使用的房产，按其他产品与农产品交易场地面积的比例确定征免房产税。农产品批发市场和农贸市场是指经工商登记注册，供买卖双方进行农产品及其初加工品现货批发或零售交易的场所。农产品包括粮油、肉禽蛋、蔬菜、干鲜果品、水产品、调味品、棉麻、活畜、可食用的林产品以及由省、自治区、直辖市财税部门确定的其他可食用的农产品。享受上述税收优惠的房产是指农产品批发市场、农贸市场直接为农产品交易提供服务的房产。农产品批发市场、农贸市场的行政办公区、生活区，以及商业餐饮娱乐等非直接为农产品交易提供服务的房产，不属于上述规定的优惠范围，应按规定征收房产税。企业享受上述免税政策，应按规定进行免税申报，并将不动产权属证明、载有房产原值的相关材料、租赁协议、房产土地用途证明等资料留存备查。

● 《财政部 税务总局关于继续实行农产品批发市场农贸市场房产税 城镇土地使用税优惠政策的通知》（财税〔2019〕12号）

9.9 房产税的征收管理

9.9.1 纳税义务发生时间

(1)纳税人自建的房屋，自建成之次月起征收房产税。

● 《财政部 税务总局关于房产税若干具体问题的解释和暂行规定》（财税地字〔1986〕第008号）

(2)纳税人委托施工企业建设的房屋，从办理验收手续之次月起征收房产税。纳税人在办理验收手续前已使用或出租、出借的新建房屋，应按规定征收房产税。

(3)购置新建商品房，自房屋交付使用之次月起计征房产税。

(4)购置存量房，自办理房屋权属转移、变更登记手续，房地产权属登记机关签发房屋权属证书之次月起计征房产税。

(5)出租、出借房产，自交付出租、出借房产之次月起计征房产税。

(6)纳税人因房产的实物或权利状态发生变化而依法终止房产税纳税义务的,其应纳税款的计算应截止到房产的实物或权利状态发生变化的当月末。

● 《国家税务总局关于房产税、城镇土地使用税有关政策规定的通知》(国税发〔2003〕89号)

9.9.2 纳税期限

房产税按年征收、分期缴纳。纳税期限由省、自治区、直辖市人民政府规定。

9.9.3 纳税地点

房产税由房产所在地的税务机关征收。房产不在同一地方的纳税人,应按房产的坐落地点分别向房产所在地的税务机关纳税。

>> 案例精讲

居住北京郊区每天开车上下班的钱先生最近购置了一台排量1.8升的节能汽车。当他去保险公司办理车辆保险时,感觉保险公司代扣代缴的车船税比他预计的要多几百块钱。而钱先生买车前就打听过各项费用了,对于车船税,身边的朋友都说只要符合节能条件就可以享受减半征收优惠,怎么到他这儿就没了呢?他感觉有些困惑,便打电话向税务人员咨询。

接到钱先生的求助电话后,税务人员针对他的问题做了耐心解答。原来,为了鼓励大家使用节约能源或新能源车辆,财政部、国家税务总局、工业和信息化部近几年先后出台过三个文件,即《财政部 国家税务总局 工业和信息化部关于节约能源、使用新能源车船税政策的通知》(财税〔2012〕19号)、《财政部 国家税务总局 工业和信息化部关于节约能源、使用新能源车船税政策的通知》(财税〔2015〕51号)以及《财政部 税务总局 工业和信息化部 交通运输部关于节能新能源车船享受车船税优惠政策的通知》(财税〔2018〕74号)。其中,财税〔2012〕19号文对"节能汽车"有明确规定,但对汽车排量无具体要求。但作为财税〔2012〕19号文的替代文,财税〔2015〕51号文以及财税〔2018〕74号文将节能乘用车排量明确规定为1.6升以下(含1.6升),正是因为这个限制,钱先生购置的1.8升排量汽车才不具备享受减半征收优惠条件的。听完税务人员的解释,钱先生总算明白了,心平气和地缴纳了相关费用。

>> 疑难问答

1. 如何认定专用作业车?

对于在设计和技术特性上用于特殊工作,并装置有专用设备或器具的汽车,应认定为专用作业车,如汽车起重机、消防车、混凝土泵车、清障车、高空作业车、洒水车、扫路车等。以载运人员或货物为主要目的的专用汽车,如救护车,不属于专用作业车。

● 《国家税务总局关于车船税征管若干问题的公告》(国家税务总局公告2013年第42号)

2. 车船因质量问题发生退货,是否可以申请退税?

已经缴纳车船税的车船,因质量原因,车船被退回生产企业或者经销商的,纳税人可以向纳税所在地的主管税务机关申请退还自退货月份起至该纳税年度终了期间的税款。退货月份以退货发票所载日期的当月为准。

● 《国家税务总局关于车船税征管若干问题的公告》(国家税务总局公告2013年第42号)

3. 境内外租赁船舶是否征收车船税？

境内单位和个人租入外国籍船舶的，不征收车船税。境内单位和个人将船舶出租到境外的，应依法征收车船税。

- 《国家税务总局关于车船税征管若干问题的公告》（国家税务总局公告2013年第42号）

4. 加油站罩棚是否缴纳房产税？

加油站罩棚不属于房产，不征收房产税。

- 《财政部 国家税务总局关于加油站罩棚房产税问题的通知》（财税〔2008〕123号）

5. 房地产开发企业建造的商品房是否缴纳房产税？

鉴于房地产开发企业开发的商品房在出售前，对房地产开发企业而言是一种产品，因此，对房地产开发企业建造的商品房，在售出前，不征收房产税；但对售出前房地产开发企业已使用或出租、出借的商品房应按规定征收房产税。

- 《国家税务总局关于房产税、城镇土地使用税有关政策规定的通知》（国税发〔2003〕89号）

6. 出租房产免收租金期间如何缴纳房产税？

对出租房产，租赁双方签订的租赁合同约定有免收租金期限的，免收租金期间由产权所有人按照房产原值缴纳房产税。

- 《财政部 国家税务总局关于安置残疾人就业单位城镇土地使用税等政策的通知》（财税〔2010〕121号）

7. 地价是否应计入房产原值征收房产税？

对按照房产原值计税的房产，无论会计上如何核算，房产原值均应包含地价，包括为取得土地使用权支付的价款、开发土地发生的成本费用等。宗地容积率低于0.5的，按房产建筑面积的2倍计算土地面积并据此确定计入房产原值的地价。

- 《财政部 国家税务总局关于安置残疾人就业单位城镇土地使用税等政策的通知》（财税〔2010〕121号）

● 本章小结 ●

车船税的纳税人是在中国境内应税车辆、船舶的所有人或者管理人。从事机动车第三者责任强制保险业务的保险机构为机动车车船税的扣缴义务人。车船税按年申报，分月计算，一次性缴纳。房产税在城市、县城、建制镇和工矿区征收。房产税由产权所有人缴纳。房产税依照房产原值一次减除10%至30%后的余值计算缴纳。依照房产余值计算缴纳的，税率为1.2%；依照房产租金收入计算缴纳的，税率为12%。房产税按年征收、分期缴纳。

第10章　城镇土地使用税与耕地占用税

> **本章导读**
>
> 我国自1988年起开征城镇土地使用税。本章阐述了城镇土地使用税的纳税人与征税范围、税率、计税依据与应纳税额的计算、税收优惠以及征收管理等基本制度。我国自1987年起开征耕地占用税，目前属于由全国人大及其常委会立法开征的八大税种之一。本章阐述了耕地占用税的纳税人与征税范围、应纳税额的计算、税收优惠等基本制度。
>
> 本章阐述的制度主要依据《中华人民共和国城镇土地使用税暂行条例》（1988年9月27日国务院令第17号发布，根据2006年12月31日《国务院关于修改〈中华人民共和国城镇土地使用税暂行条例〉的决定》第一次修订，根据2011年1月8日《国务院关于废止和修改部分行政法规的决定》第二次修订，根据2013年12月7日《国务院关于修改部分行政法规的决定》第三次修订，根据2019年3月2日《国务院关于修改部分行政法规的决定》修正）、《财政部 国家税务总局关于城镇土地使用税若干具体问题的解释和暂行规定》（国税地字〔1988〕第015号）以及《中华人民共和国耕地占用税法》（2018年12月29日第十三届全国人民代表大会常务委员会第七次会议通过）。

〉〉政策解析

10.1　城镇土地使用税的纳税人与征税范围

10.1.1　城镇土地使用税的纳税人

在城市、县城、建制镇、工矿区范围内使用土地的单位和个人，为城镇土地使用税的纳税人。上述单位，包括国有企业、集体企业、私营企业、股份制企业、外商投资企业、外国企业以及其他企业和事业单位、社会团体、国家机关、军队以及其他单位。上述个人，包括个体工商户以及其他个人。

城镇土地使用税由拥有土地使用权的单位或个人缴纳。拥有土地使用权的纳税人不在土地所在地的，由代管人或实际使用人纳税；土地使用权未确定或权属纠纷未解决的，由实际使用人纳税；土地使用权共有的，由共有各方分别纳税。在城镇土地使用税征税范围内实际使用应税集体所有建设用地，但未办理土地使用权流转手续的，由实际使用集体土地的单位和个人按规定缴纳城镇土地使用税。

《财政部 国家税务总局关于集体土地城镇土地使用税有关政策的通知》（财税〔2006〕56号）

10.1.2　城镇土地使用税的征税范围

城镇土地使用税的征税范围是位于城市、县城、建制镇、工矿区范围内的土地，具体是指在这些区域范围内属于国家所有和集体所有的土地。

城市是指经国务院批准设立的市。县城是指县人民政府所在地。建制镇是指经省、自治区、直辖市人民政府批准设立的建制镇。工矿区是指工商业比较发达，人口比较集中，符合国务院规定的建制镇标准，但尚未设立镇建制的大中型工矿企业所在地。工矿区须经省、自治区、直辖市人民政府批准。公园、名胜古迹内的索道公司经营用地，应按规定缴纳城镇土地使用税。城市的征税范围为市区和郊区。县城的征税范围为县人民政府所在的城镇。建制镇的征税范围为镇人民政府所在地。城市、县城、建制镇、工矿区的具体征税范围，由各省、自治区、直辖市人民政府划定。

10.2　城镇土地使用税的税率

城镇土地使用税每平方米年税额如下。

（1）大城市 1.5 元至 30 元。

（2）中等城市 1.2 元至 24 元。

（3）小城市 0.9 元至 18 元。

（4）县城、建制镇、工矿区 0.6 元至 12 元。

省、自治区、直辖市人民政府，应当在上述税额幅度内，根据市政建设状况、经济繁荣程度等条件，确定所辖地区的适用税额幅度。市、县人民政府应当根据实际情况，将本地区土地划分为若干等级，在省、自治区、直辖市人民政府确定的税额幅度内，制订相应的适用税额标准，报省、自治区、直辖市人民政府批准执行。经省、自治区、直辖市人民政府批准，经济落后地区城镇土地使用税的适用税额标准可以适当降低，但降低额不得超过上述规定最低税额的30%。经济发达地区城镇土地使用税的适用税额标准可以适当提高，但须报经财政部批准。

10.3　城镇土地使用税的计税依据与应纳税额的计算

城镇土地使用税以纳税人实际占用的土地面积为计税依据，依照规定税额计算征收。土地占用面积的组织测量工作，由省、自治区、直辖市人民政府根据实际情况确定。

城镇土地使用权共有的各方，应按其实际使用的土地面积占总面积的比例，分别计算缴纳城镇土地使用税。

纳税人实际占用的土地面积，是指由省、自治区、直辖市人民政府确定的单位组织测定的土地面积。尚未组织测量，但纳税人持有政府部门核发的土地使用证书的，以证书确认的土地面积为准；尚未核发土地使用证书的，应由纳税人据实申报土地面积。

10.4　城镇土地使用税的税收优惠

10.4.1　法定减免税项目

下列土地免缴城镇土地使用税。

（1）国家机关、人民团体、军队自用的土地。上述人民团体是指经国务院授权的政府部门批准设立或登记备案并由国家拨付行政事业费的各种社会团体。国家机关、人民团体、军队自用的土地，是指这些单位本身的办公用地和公务用地。

（2）由国家财政部门拨付事业经费的单位自用的土地。由国家财政部门拨付事业经费的单位是指由国家财政部门拨付经费、实行全额预算管理或差额预算管理的事业单位，不包括实行自收自支、自负盈亏的事业单位。事业单位自用的土地是指这些单位本身的业务用地。

（3）宗教寺庙、公园、名胜古迹自用的土地。宗教寺庙自用的土地是指举行宗教仪式等的用地和寺庙内的宗教人员生活用地。公园、名胜古迹自用的土地，是指供公共参观游览的用地及其管理单位的办公用地。以上单位的生产、营业用地和其他用地，不属于免税范围，应按规定缴纳城镇土地使用税。

（4）市政街道、广场、绿化地带等公共用地。

（5）直接用于农、林、牧、渔业的生产用地。直接用于农、林、牧、渔业的生产用地，是指直接从事于种植、养殖、饲养的专业用地，不包括农副产品加工场地和生活、办公用地。

（6）经批准开山填海整治的土地和改造的废弃土地，从使用的月份起免缴城镇土地使用税5至10年。

（7）由财政部另行规定免税的能源、交通、水利设施用地和其他用地。

除上述规定外，纳税人缴纳城镇土地使用税确有困难需要定期减免的，由县以上税务机关批准。

10.4.2 临时减免税项目

对核电站的核岛、常规岛、辅助厂房和通信设施用地（不包括地下线路用地），生活、办公用地按规定征收城镇土地使用税，其他用地免征城镇土地使用税。对核电站应税土地在基建期内减半征收城镇土地使用税。

《财政部 国家税务总局关于核电站用地征免城镇土地使用税的通知》（财税〔2007〕124号）

对在一个纳税年度内月平均实际安置残疾人就业人数占单位在职职工总数的比例高于25%（含25%）且实际安置残疾人人数高于10人（含10人）的单位，可减征或免征该年度城镇土地使用税。具体减免税比例及管理办法由省、自治区、直辖市财税主管部门确定。

《财政部 国家税务总局关于安置残疾人就业单位城镇土地使用税等政策的通知》（财税〔2010〕121号）

自2011年1月1日至2020年12月31日，对长江上游、黄河中上游地区、东北、内蒙古等国有林区天然林二期工程实施企业和单位专门用于天然林保护工程的土地免征城镇土地使用税。对上述企业和单位用于其他生产经营活动的土地按规定征收城镇土地使用税。对由于实施天然林二期工程造成森工企业土地闲置一年以上不用的，暂免征收城镇土地使用税；闲置土地用于出租或重新用于天然林二期工程之外其他生产经营的，按规定征收城镇土地使用税。用于天然林二期工程的免税土地应单独划分，与其他应税土地划分不清的，按规定征收城镇土地使用税。

《财政部 国家税务总局关于天然林保护工程（二期）实施企业和单位房产税、城镇土地使用税政策的通知》（财税〔2011〕90号）

自2015年7月1日起，下列石油天然气生产建设用地暂免征收城镇土地使用税。

（1）地质勘探、钻井、井下作业、油气田地面工程等施工临时用地。

（2）企业厂区以外的铁路专用线、公路及输油（气、水）管道用地。

（3）油气长输管线用地。

在城市、县城、建制镇以外工矿区内的消防、防洪排涝、防风、防沙设施用地，暂免征收城镇土地使用税。享受上述税收优惠的用地，用于非税收优惠用途的，不得享受上述税收优惠。除上述列举免税的土地外，其他油气生产及办公、生活区用地，依照规定征收城镇土地使用税。地方人民政府应按照城镇土地使用税有关规定，确定工矿区范围。对在工矿区范围内的油气生产、办公、生活用地，其税额标准不得高于相邻的县城、建制镇的适用税额标准。石油天然气生产企业应按照有关税收减免管理规定向主管税务机关备案免税土地情况。

《财政部 国家税务总局关于石油天然气生产企业城镇土地使用税政策的通知》（财税〔2015〕76号）

自2016年1月1日起，国家机关、军队、人民团体、财政补助事业单位、居民委员会、村民委员会拥有的体育场馆，用于体育活动的土地，免征城镇土地使用税。经费自理事业单位、体育社会团体、体育基金会、体育类民办非企业单位拥有并运营管理的体育场馆，同时符合下列条件的，其用于体育活动的土地，免征城镇土地使用税。

（1）向社会开放，用于满足公众体育活动需要。

（2）体育场馆取得的收入主要用于场馆的维护、管理和事业发展。

（3）拥有体育场馆的体育社会团体、体育基金会及体育类民办非企业单位，除当年新设立或登记的以外，前一年度登记管理机关的检查结论为"合格"。

企业拥有并运营管理的大型体育场馆，其用于体育活动的房产、土地，减半征收城镇土地使用税。

《财政部 国家税务总局关于体育场馆房产税和城镇土地使用税政策的通知》（财税〔2015〕130号）

自2017年1月1日起至2019年12月31日止，对物流企业自有的（包括自用和出租）大宗商品仓储设施用地，减按所属土地等级适用税额标准的50%计征城镇土地使用税。物流企业是指至少从事仓储或运输一种经营业务，为工农业生产、流通、进出口和居民生活提供仓储、配送等第三方物流服务，实行独立核算、独立承担民事责任，并在工商部门注册登记为物流、仓储或运输的专业物流企业。大宗商品仓储设施，是指同一仓储设施占地面积在6000平方米及以上，且主要储存粮食、棉花、油料、糖料、蔬菜、水果、肉类、水产品、化肥、农药、种子、饲料等农产品和农业生产资料，煤炭、焦炭、矿砂、非金属矿产品、原油、成品油、化工原料、木材、橡胶、纸浆及纸制品、钢材、水泥、有色金属、建材、塑料、纺织原料等矿产品和工业原材料的仓储设施。仓储设施用地，包括仓库库区内的各类仓房（含配送中心）、油罐（池）、货场、晒场（堆场）、罩棚等储存设施和铁路专用线、码头、道路、装卸搬运区域等物流作业配套设施的用地。物流企业的办公、生活区用地及其他非直接从事大宗商品仓储的用地，不属于上述规定的优惠范围，应按规定征收城镇土地使用税。非物流企业的内部仓库，不属于上述规定的优惠范围，应按规定征收城镇土地使用税。

《财政部 国家税务总局关于继续实施物流企业大宗商品仓储设施用地城镇土地使用税优惠政策的通知》（财税〔2017〕33号）

自2018年1月1日起至2023年12月31日止，对从事大型民用客机发动机、中大功率民用涡轴涡桨发动机研制项目的纳税人及其全资子公司从事大型民用客机发动机、中大功率民用涡轴涡桨发动机研制项目自用的科研、生产、办公房产及土地，免征城镇土地使用税。

自2019年1月1日起至2020年12月31日止，对从事大型客机研制项目的纳税人及其全资子公司自用的科研、生产、办公房产及土地，免征城镇土地使用税。

纳税人享受上述免征城镇土地使用税政策，应按规定进行免税申报，并将不动产权属、房产原值、土地用途等资料留存备查。纳税人已缴纳的应予减免的税款，从其应纳的相应税款中抵扣或者予以退税。

《财政部 税务总局关于民用航空发动机、新支线飞机和大型客机税收政策的公告》（财政部 税务总局公告2019年第88号）

自2018年5月1日起至2019年12月31日止，对物流企业承租用于大宗商品仓储设施的土地，减按所属土地等级适用税额标准的50%计征城镇土地使用税。符合减税条件的纳税人需持相关材料向主管税务机关办理备案手续。上述物流企业、大宗商品仓储设施范围及其他未尽事项，按照《财政部 税务总局关于继续实施物流企业大宗商品仓储设施用地城镇土地使用税优惠政策的通知》（财税〔2017〕33号）执行。

《财政部 税务总局关于物流企业承租用于大宗商品仓储设施的土地城镇土地使用税优惠政策的通知》（财税〔2018〕62号）

自 2018 年 10 月 1 日至 2020 年 12 月 31 日，对按照去产能和调结构政策要求停产停业、关闭的企业，自停产停业次月起，免征城镇土地使用税。企业享受免税政策的期限累计不得超过两年。按照去产能和调结构政策要求停产停业、关闭的中央企业名单由国务院国有资产监督管理部门认定发布，其他企业名单由省、自治区、直辖市人民政府确定的去产能、调结构主管部门认定发布。认定部门应当及时将认定发布的企业名单(含停产停业、关闭时间)抄送同级财政和税务部门。各级认定部门应当每年核查名单内企业情况，将恢复生产经营、终止关闭注销程序的企业名单及时通知财政和税务部门。企业享受上述规定的免税政策，应按规定进行减免税申报，并将房产土地权属资料、房产原值资料等留存备查。

● 《财政部 税务总局关于去产能和调结构房产税城镇土地使用税政策的通知》(财税〔2018〕107 号)

自 2019 年 1 月 1 日至 2020 年 12 月 31 日，对向居民供热收取采暖费的供热企业，为居民供热所使用的土地免征城镇土地使用税；对供热企业其他土地，应当按照规定征收城镇土地使用税。对专业供热企业，按其向居民供热取得的采暖费收入占全部采暖费收入的比例，计算免征的城镇土地使用税。对兼营供热企业，视其供热所使用的土地与其他生产经营活动所使用的土地是否可以区分，按照不同方法计算免征的城镇土地使用税。可以区分的，对其供热所使用土地，按向居民供热取得的采暖费收入占全部采暖费收入的比例，计算免征的城镇土地使用税。难以区分的，对其全部土地，按向居民供热取得的采暖费收入占其营业收入的比例，计算免征的城镇土地使用税。对自供热单位，按向居民供热建筑面积占总供热建筑面积的比例，计算免征供热所使用的土地的城镇土地使用税。供热企业是指热力产品生产企业和热力产品经营企业。热力产品生产企业包括专业供热企业、兼营供热企业和自供热单位。"三北"地区是指北京市、天津市、河北省、山西省、内蒙古自治区、辽宁省、大连市、吉林省、黑龙江省、山东省、青岛市、河南省、陕西省、甘肃省、青海省、宁夏回族自治区和新疆维吾尔自治区。

● 《财政部 税务总局关于延续供热企业增值税、房产税、城镇土地使用税优惠政策的通知》(财税〔2019〕38 号)

自 2019 年 1 月 1 日至 2021 年 12 月 31 日，对农产品批发市场、农贸市场(包括自有和承租，下同)专门用于经营农产品的土地，暂免征收城镇土地使用税。对同时经营其他产品的农产品批发市场和农贸市场使用的土地，按其他产品与农产品交易场地面积的比例确定征免城镇土地使用税。农产品批发市场和农贸市场是指经工商登记注册，供买卖双方进行农产品及其初加工品现货批发或零售交易的场所。农产品包括粮油、肉禽蛋、蔬菜、干鲜果品、水产品、调味品、棉麻、活畜、可食用的林产品以及由省、自治区、直辖市财税部门确定的其他可食用的农产品。享受上述税收优惠的土地，是指农产品批发市场、农贸市场直接为农产品交易提供服务的土地。农产品批发市场、农贸市场的行政办公区、生活区，以及商业餐饮娱乐等非直接为农产品交易提供服务的土地，不属于上述规定的优惠范围，应按规定征收城镇土地使用税。企业享受上述规定的免税政策，应按规定进行免税申报，并将不动产权属证明、载有房产原值的相关材料、租赁协议、房产土地用途证明等资料留存备查。

● 《财政部 税务总局关于继续实行农产品批发市场农贸市场房产税城镇土地使用税优惠政策的通知》(财税〔2019〕12 号)

10.5 城镇土地使用税的征收管理

10.5.1 纳税期限

城镇土地使用税按年计算、分期缴纳。缴纳期限由省、自治区、直辖市人民政府确定。城镇土地使用税收入纳入财政预算管理。

10.5.2 纳税义务发生时间

(1)购置新建商品房,自房屋交付使用之次月起计征城镇土地使用税。● 《国家税务总局关于房产税、城镇土地使用税有关政策规定的通知》(国税发〔2003〕89号)

(2)购置存量房,自办理房屋权属转移、变更登记手续,房地产权属登记机关签发房屋权属证书之次月起计征城镇土地使用税。

(3)出租、出借房产,自交付出租、出借房产之次月起计征城镇土地使用税。

(4)以出让或转让方式有偿取得土地使用权的,应由受让方从合同约定交付土地时间的次月起缴纳城镇土地使用税;合同未约定交付土地时间的,由受让方从合同签订的次月起缴纳城镇土地使用税。 ● 《财政部 国家税务总局关于房产税、城镇土地使用税有关政策的通知》(财税〔2006〕186号)

(5)新征收的土地,依照下列规定缴纳城镇土地使用税:征收的耕地,自批准征收之日起满一年时开始缴纳城镇土地使用税;征收的非耕地,自批准征收次月起缴纳城镇土地使用税。

纳税人因土地的实物或权利状态发生变化而依法终止城镇土地使用税纳税义务的,其应纳税款的计算应截止到土地的实物或权利状态发生变化的当月末。 ● 《财政部 国家税务总局关于房产税城镇土地使用税有关问题的通知》(财税〔2008〕152号)

10.5.3 纳税地点和征收机构

城镇土地使用税在土地所在地缴纳。

纳税人使用的土地不属于同一省(自治区、直辖市)管辖范围的,应由纳税人分别向土地所在地的税务机关缴纳土地使用税。 ● 《关于土地使用税若干具体问题的解释和暂行规定》国税地字〔1988〕第015号

在同一省(自治区、直辖市)管辖范围内,纳税人跨地区使用的土地,如何确定纳税地点,由各省、自治区、直辖市税务局确定。

城镇土地使用税由土地所在地的税务机关征收。土地管理机关应当向土地所在地的税务机关提供土地使用权属资料。

10.6 耕地占用税的纳税人与征税范围

在中华人民共和国境内占用耕地建设建筑物、构筑物或者从事非农业建设的单位和个人,为耕地占用税的纳税人,应当依照《耕地占用税法》规定缴纳耕地占用税。耕地是指用于种植农作物的土地。占用耕地建设农田水利设施的,不缴纳耕地占用税。

占用园地、林地、草地、农田水利用地、养殖水面、渔业水域滩涂以及其他农用地建设建筑物、构筑物或者从事非农业建设的,依照《耕地占用税法》的规定缴纳耕地占用税。

占用上述农用地的,适用税额可以适当低于本地区依法确定的适用税额,但降低的部分不得超过百分之五十。具体适用税额由省、自治区、直辖市人民政府提出,报同级人民代表大会常务委员会决定,并报全国人民代表大会常务委员会和国务院备案。占用上述农用地建设直接为农业生产服务的生产设施的,不缴纳耕地占用税。

10.7 耕地占用税应纳税额的计算

耕地占用税以纳税人实际占用的耕地面积为计税依据，按照规定的适用税额一次性征收，应纳税额为纳税人实际占用的耕地面积(平方米)乘以适用税额。

耕地占用税的税额如下。

(1)人均耕地不超过1亩的地区(以县、自治县、不设区的市、市辖区为单位，下同)，每平方米为10至50元。

(2)人均耕地超过1亩但不超过2亩的地区，每平方米为8至40元。

(3)人均耕地超过2亩但不超过3亩的地区，每平方米为6至30元。

(4)人均耕地超过3亩的地区，每平方米为5至25元。

各地区耕地占用税的适用税额，由省、自治区、直辖市人民政府根据人均耕地面积和经济发展等情况，在上述规定的税额幅度内提出，报同级人民代表大会常务委员会决定，并报全国人民代表大会常务委员会和国务院备案。各省、自治区、直辖市耕地占用税适用税额的平均水平，不得低于《耕地占用税法》所附《各省、自治区、直辖市耕地占用税平均税额表》(表10-1)规定的平均税额。

表10-1　各省、自治区、直辖市耕地占用税平均税额表

省、自治区、直辖市	平均税额(元/平方米)
上海	45
北京	40
天津	35
江苏、浙江、福建、广东	30
辽宁、湖北、湖南	25
河北、安徽、江西、山东、河南、重庆、四川	22.5
广西、海南、贵州、云南、陕西	20
山西、吉林、黑龙江	17.5
内蒙古、西藏、甘肃、青海、宁夏、新疆	12.5

在人均耕地低于0.5亩的地区，省、自治区、直辖市可以根据当地经济发展情况，适当提高耕地占用税的适用税额，但提高的部分不得超过上述确定的适用税额的50%。占用基本农田的，应当按照上述确定的当地适用税额，加按150%征收。

10.8 耕地占用税的税收优惠

军事设施、学校、幼儿园、社会福利机构、医疗机构占用耕地，免征耕地占用税。

铁路线路、公路线路、飞机场跑道、停机坪、港口、航道、水利工程占用耕地，减按每平方米2元的税额征收耕地占用税。

农村居民在规定用地标准以内占用耕地新建自用住宅，按照当地适用税额减半征收耕地占用税；其中农村居民经批准搬迁，新建自用住宅占用耕地不超过原宅基地面积的部分，免征耕地占用税。

农村烈士遗属、因公牺牲军人遗属、残疾军人以及符合农村最低生活保障条件的农村居民，在规定用地标准以内新建自用住宅，免征耕地占用税。

根据国民经济和社会发展的需要,国务院可以规定免征或者减征耕地占用税的其他情形,报全国人民代表大会常务委员会备案。

依照上述规定免征或者减征耕地占用税后,纳税人改变原占地用途,不再属于免征或者减征耕地占用税情形的,应当按照当地适用税额补缴耕地占用税。

10.9 耕地占用税的征收管理

耕地占用税由税务机关负责征收。

耕地占用税的纳税义务发生时间为纳税人收到自然资源主管部门办理占用耕地手续的书面通知的当日。纳税人应当自纳税义务发生之日起30日内申报缴纳耕地占用税。自然资源主管部门凭耕地占用税完税凭证或者免税凭证和其他有关文件发放建设用地批准书。

纳税人因建设项目施工或者地质勘查临时占用耕地,应当依照《耕地占用税法》的规定缴纳耕地占用税。纳税人在批准临时占用耕地期满之日起一年内依法复垦,恢复种植条件的,全额退还已经缴纳的耕地占用税。

税务机关应当与相关部门建立耕地占用税涉税信息共享机制和工作配合机制。县级以上地方人民政府自然资源、农业农村、水利等相关部门应当定期向税务机关提供农用地转用、临时占地等信息,协助税务机关加强耕地占用税征收管理。税务机关发现纳税人的纳税申报数据资料异常或者纳税人未按照规定期限申报纳税的,可以提请相关部门进行复核,相关部门应当自收到税务机关复核申请之日起30日内向税务机关出具复核意见。

>> **案例精讲**

2013年7月23日,安徽省芜湖市地方税务局经济技术开发区分局(以下称"被申请人")向芜湖某企业发展有限公司(以下称"申请人")做出《责令限期改正通知书》(芜地税开限改〔2013〕33号),限申请人于2013年8月10日前到芜湖市地方税务局办税服务厅办理从取得土地使用权次月起到2013年6月份城镇土地使用税纳税申报事宜。随后,被申请人又向申请人发出《税务行政处罚事项告知书》。申请人不服该《责令限期改正通知书》和《税务行政处罚事项告知书》,于2013年9月23日向安徽省芜湖市地方税务局(以下称"复议机关")提出行政复议申请,复议机关依法受理了该申请。

申请人认为,被申请人做出的责令限期改正决定认定事实错误、适用法律法规不当,请求撤销被申请人做出的《责令限期改正通知书》和《税务行政处罚事项告知书》。

被申请人称,申请人系城镇土地使用税的纳税义务人。申请人通过协议取得了芜湖桥北工业园土地使用权72706平方米,并于2005年4月1日取得芜集用〔2005〕第003号土地使用证,使用类别为集流。申请人拥有上述地块的土地使用权,是城镇土地使用税的纳税义务人。申请人自取得上述地块土地使用权后应依法主动向被申请人申报纳税。申请人自成立以来,一直未办理纳税申报事宜,被申请人要求申请人限期申报的行为符合法律规定。

复议机关查明事实:2004年6月3日,申请人成立,法定代表人为方某。2005年4月1日,芜湖市人民政府向申请人颁发芜集用〔2005〕第003号土地使用权证,该块土地坐落于芜湖市桥北工业园内,使用权面积为72706平方米,使用权类型为集流(以下简称"桥北地块")。2011年,芜湖经济技术开发区龙山街道办事处(以下简称"龙山街道办")认为申请人没有切实履行同其签订的《投资协议》,致使合同目的无法实现,遂向芜湖市中级人民法院起诉,请求解除同浙江某汽车部件有限公司(以下简称"浙江某公司")、申请人签订的《投资协议》并返还桥北地块的土地使用权，确认浙江某公司、申请人在桥北地块的地面建筑物造价为772.42万元。浙江某公司、申请人应诉后提起反诉，反诉请求判令龙山街道办继续履行投资协议。该案经芜湖市中级人民法院开庭审理于2012年1月16日做出(2011)芜中民二初字第00061号民事判决书，判决解除双方签订的《投资协议》，桥北地块土地使用权返还给龙山街道办，龙山街道办返还浙江某公司、申请人土地转让费400万元，龙山街道办补偿浙江某公司、申请人投资款772.42万元，驳回浙江某公司、申请人的反诉请求。浙江某公司、申请人不服一审判决，向安徽省高级人民法院提起上诉，安徽省高级人民法院经审理认为案件《投资协议》中部分条款涉及政府对招商引资企业优惠政策的制订和履行，属于行政权行使的范畴，不符合民法上平等主体特征，裁定撤销芜湖市中级人民法院(2011)芜中民二初字第00061号民事判决，驳回龙山街道办的起诉，驳回浙江某公司、申请人的反诉。

被申请人认为申请人取得了桥北地块的土地使用权，但一直未办理城镇土地使用税纳税申报事项，故于2013年7月23日向申请人发出《责令限期改正通知书》，限其于2013年8月10日前到芜湖市地方税务局办税服务厅办理从取得土地使用权次月起到2013年6月份城镇土地使用税纳税申报事宜。

另查明，申请人在桥北地块已建造了部分厂房、围墙、地坪，但尚未正式生产经营，申请人自成立之日从未申报、缴纳任何税款。

复议机关认为：2005年4月1日，芜湖市人民政府向申请人颁发芜集用〔2005〕第003号土地使用权证，该块土地坐落于芜湖市桥北工业园内，使用权面积为72706平方米，使用权类型为集流，在获得桥北地块后，申请人在该地块已建造了厂房、围墙、地坪。根据《城镇土地使用税暂行条例》(1988年9月27日国务院令第17号)第二条"在城市、县城、建制镇、工矿区范围内使用土地的单位和个人，为城镇土地使用税(以下简称"土地使用税")的纳税义务人，应当依照本条例的规定缴纳土地使用税"，《财政部 国家税务总局关于城镇土地使用税若干具体问题的解释和暂行规定》(国税地字〔1988〕第015号)第一条"城市、县城、建制镇、工矿区范围内的土地，是指在这些区域范围内国家所有和集体所有的土地"、第四条"城镇土地使用税由拥有土地使用权的单位和个人缴纳"之规定，申请人系桥北地块的土地使用权人，是城镇土地使用税的纳税义务人。根据《税收征收管理法》第二十五条"纳税人必须依照法律、行政法规规定或者税务机关依照法律、行政法规的规定确定的申报期限、申报内容如实办理纳税申报，报送纳税申报表、财务会计报表以及税务机关根据实际需要要求纳税人报送的其他纳税资料"、第六十二条"纳税人未按照规定的期限办理纳税申报和报送纳税资料的，或者扣缴义务人未按照规定的期限向税务机关报送代扣代缴、代收代缴税款报告表和有关资料的，由税务机关责令限期改正，可以处二千元以下的罚款；情节严重的，可以处二千元以上一万元以下的罚款"之规定，申请人应当主动到税务机关申报纳税，但申请人自成立以来，从未向税务机关申报纳税事宜，因此被申请人根据相关法律规定向申请人发出责令限期改正通知书并无不妥。申请人称至今未获得明确的土地使用权权属，政府相关部门应在2006年底前为其办理国有土地使用权证，因龙山街道办不履行投资协议，导致其至今无法投产，申请人不应当缴纳城镇土地使用税，被申请人处罚事项告知书中处罚金额和处罚依据不符合相关法律规定，但根据查明事实，申请人已经取得城镇土地使用权证，申请人同龙山街道办虽因投资协议产生的纠纷诉至法院，但安徽省高级人民法院已经驳回了龙山街道办的起诉及申请人、浙江某公司的反诉，该土地的使用权人至今仍为申请人，申请人在2005年取得土地使用权证后在桥北地块建造了厂房等,已经实际使用了桥北地块土地,同时无论该地块是国有土地还是集体土地使用权性质,均应当缴纳土地使用税,本案审查的仅是被申请人做出的《责令限期改正通知书》(芜地税开限改〔2013〕33号)的合法性,同时,被申请人向申请人发出的《税务行政处罚事项告知书》仅为告知申请人违反相关法律规定的拟处罚事项,并未对申请人做出处罚决定,故申请人上述意见复议机关不予采纳。被申请人做出的责令限期改正通知事实清楚,适用法律正确,程序合法,应当予以维持。

2013年10月25日,复议机关做出《行政复议决定书》(芜地税复决字〔2013〕1号),维持被申请人做出的《责令限期改正通知书》(芜地税开限改〔2013〕33号)。

本案争议的焦点问题主要有以下两个:第一,取得集体土地使用权是否需要缴纳城镇土地使用税?第二,土地所有人阻碍土地使用人使用土地是否影响土地使用人的城镇土地使用税的纳税义务?

1. 取得集体土地使用权也需要缴纳城镇土地使用税

根据《城镇土地使用税暂行条例》第二条的规定,在城市、县城、建制镇、工矿区范围内使用土地的单位和个人,为城镇土地使用税的纳税人,应当依法缴纳城镇土地使用税。这里所称的单位,包括国有企业、集体企业、私营企业、股份制企业、外商投资企业、外国企业以及其他企业和事业单位、社会团体、国家机关、军队以及其他单位。这里所称的个人,包括个体工商户以及其他个人。本案中的申请人属于有限责任公司,即上述"其他企业",具备成为城镇土地使用税纳税人的资格。

《城镇土地使用税暂行条例》第二条所强调的是土地的所在位置,并未强调土地的性质,也就是说,无论是国有土地还是集体土地,只要位于"城市、县城、建制镇、工矿区"范围内,就属于城镇土地使用税的征税范围。《财政部 国家税务总局关于城镇土地使用税若干具体问题的解释和暂行规定》(国税地字〔1988〕第015号)对此问题还做出了明确规定:"城市、县城、建制镇、工矿区范围内土地,是指在这些区域范围内属于国家所有和集体所有的土地。"因此,位于城市、县城、建制镇、工矿区范围内的集体所有的土地也需要缴纳城镇土地使用税。

有些纳税人对此存在一定的误解,认为缴纳城镇土地使用税的土地一定是国有土地,只有国有土地才能取得土地使用权,集体土地不能位于城镇,集体土地也不能取得土地使用权。这种认识是不正确的。

根据《物权法》第四十七条的规定,城市的土地,属于国家所有。法律规定属于国家所有的农村和城市郊区的土地,属于国家所有。也就是说,城市的土地全部是属于国家所有的,农村和城市郊区的土地,大部分属于集体所有,但也有一部分是属于国家所有的。因此,位于"城市、县城、建制镇、工矿区"范围内的土地有的属于国家所有,有的属于集体所有,并非全部属于国家所有。一般而言,位于城市、县城的土地基本上属于国家所有,而位于建制镇、工矿区的土地则有可能属于集体所有。《土地管理法》第八条对此也做出了明确规定:"城市市区的土地属于国家所有。农村和城市郊区的土地,除由法律规定属于国家所有的以外,属于农民集体所有;宅基地和自留地、自留山,属于农民集体所有。"

根据《物权法》第一百三十五条的规定,建设用地使用权人依法对国家所有的土地享有占有、使用和收益的权利,有权利用该土地建造建筑物、构筑物及其附属设施。根据这一规定,国有土地是可以出让的。根据《物权法》第一百五十一条的规定,集体所有的土地作为建设用地的,应当依照《土地管理法》等法律规定办理。也就是说,集体所有的土地也是可以出让的。《土地管理法》第九条明确规定:"国有土地和农民集体所有的土地,可以依法确定给单位或者个人使用。使用土地的单位和个人，有保护、管理和合理利用土地的义务。"因此，那种认为企业只能取得国有土地使用权，不能取得集体土地使用权的观点是错误的。

2. 土地所有人阻碍土地使用人使用土地不影响土地使用人的城镇土地使用税的纳税义务

在本案中，申请人认为龙山街道办不履行投资协议，导致其至今无法投产，申请人不应当缴纳城镇土地使用税。龙山街道办为集体土地的所有人，如果集体土地的所有人阻碍集体土地的使用人使用土地，土地使用人是否可以以此拒绝缴纳城镇土地使用税呢？

城镇土地使用税的征纳关系是城镇土地使用人与国家之间的关系，只要使用人在法律上拥有城镇土地的使用权，就属于城镇土地使用税的纳税人，就应当依法缴纳城镇土地使用税。至于土地所有人是否阻碍土地使用人使用土地，那是土地所有人与土地使用人之间的法律关系，与土地使用人是否应当缴纳城镇土地使用税没有关系。

当然，如果土地所有人事实上具有阻碍土地使用人使用土地的行为，土地使用人可以依法请求排除妨碍或者请求土地所有人赔偿损失。《物权法》第一百二十条明确规定："所有权人不得干涉用益物权人行使权利。"根据《侵权责任法》第十五条的规定，承担侵权责任的方式主要有以下八种：第一，停止侵害；第二，排除妨碍；第三，消除危险；第四，返还财产；第五，恢复原状；第六，赔偿损失；第七，赔礼道歉；第八，消除影响、恢复名誉。如果本案中的土地所有人在事实上阻碍申请人使用土地，申请人可以向法院起诉，要求土地所有人承担停止侵害、排除妨碍以及赔偿损失等法律责任。

>> 疑难问答

1. 宗教寺庙自用的土地如何确定？

宗教寺庙自用的土地是指举行宗教仪式等的用地和寺庙内的宗教人员生活用地。这里的"宗教寺庙"包括寺、庙、宫观、教堂等各种宗教活动场所。

● 《国家税务局对"关于《中华人民共和国城镇土地使用税暂行条例》第六条中'宗教寺庙'适用范围的请示"的复函》（国税地字〔1988〕第020号）

2. 承租集体土地城镇土地使用税由谁缴纳？

在城镇土地使用税征税范围内，承租集体所有建设用地的，由直接从集体经济组织承租土地的单位和个人，缴纳城镇土地使用税。

● 《财政部 国家税务总局关于承租集体土地城镇土地使用税有关政策的通知》（财税〔2017〕29号）

3. 通过招拍挂方式取得土地从何时缴纳城镇土地使用税？

通过招标、拍卖、挂牌方式取得的建设用地，不属于新征用的耕地，纳税人应按照《财政部 国家税务总局关于房产税 城镇土地使用税有关政策的通知》（财税〔2006〕186号）第二条规定，从合同约定交付土地时间的次月起缴纳城镇土地使用税；合同未约定交付土地时间的，从合同签订的次月起缴纳城镇土地使用税。

● 《国家税务总局关于通过招拍挂方式取得土地缴纳城镇土地使用税问题的公告》（国家税务总局公告2014年第74号）

4. 房改房用地未办理土地使用权过户期间的城镇土地使用税如何缴纳？

应税单位按照国家住房制度改革有关规定，将住房出售给职工并按规定进行核销账务处理后，住房用地在未办理土地使用权过户期间的城镇土地使用税征免，比照各省、自治区、直辖市对个人所有住房用地的现行政策执行。

● 《财政部 国家税务总局关于房改房用地未办理土地使用权过户期间城镇土地使用税政策的通知》（财税〔2013〕44号）

5. 地下建筑用地是否缴纳城镇土地使用税？

对在城镇土地使用税征税范围内单独建造的地下建筑用地，按规定征收城镇土地使用税。其中，已取得地下土地使用权证的，按土地使用权证确认的土地面积计算应征税款；未取得地下土地使用权证或地下土地使用权证上未标明土地面积的，按地下建筑垂直投影面积计算应征税款。对上述地下建筑用地暂按应征税款的50%征收城镇土地使用税。

● 《财政部 国家税务总局关于房产税城镇土地使用税有关问题的通知》（财税〔2009〕128号）

6. 经营采摘、观光农业的单位和个人是否可以免征城镇土地使用税？

在城镇土地使用税征收范围内经营采摘、观光农业的单位和个人，其直接用于采摘、观光的种植、养殖、饲养的土地，根据《城镇土地使用税暂行条例》第六条中"直接用于农、林、牧、渔业的生产用地"的规定，免征城镇土地使用税。

● 《财政部 国家税务总局关于房产税、城镇土地使用税有关政策的通知》（财税〔2006〕186号）

7. 林场中度假村等休闲娱乐场所是否可以免征城镇土地使用税？

在城镇土地使用税征收范围内，利用林场土地兴建度假村等休闲娱乐场所的，其经营、办公和生活用地，应按规定征收城镇土地使用税。

● 《财政部 国家税务总局关于房产税、城镇土地使用税有关政策的通知》（财税〔2006〕186号）

本章小结

城镇土地使用税的纳税人是在城市、县城、建制镇、工矿区范围内使用土地的单位和个人。城镇土地使用税以纳税人实际占用的土地面积为计税依据，依照规定税额计算征收。耕地占用税的纳税人是在中国境内占用耕地建设建筑物、构筑物或者从事非农业建设的单位和个人。耕地占用税以纳税人实际占用的耕地面积为计税依据，按照规定的适用税额一次性征收，应纳税额为纳税人实际占用的耕地面积（平方米）乘以适用税额。

第 11 章　印花税

本章导读

我国自1988年开始征收印花税，目前，《印花税法》正在立法进程中。本章阐述了印花税的纳税人、征税范围、税率、计税依据、应纳税额的计算、税收优惠以及征收管理等基本制度。需要重点掌握的是印花税的纳税人、征税范围、计税依据、税收优惠和征收管理制度。印花税的"三自"纳税人是其区别于其他税种最重要的特征之一。

本章阐述的制度主要依据《中华人民共和国印花税暂行条例》（1988年8月6日国务院令第11号发布，根据2011年1月8日国务院令第588号《国务院关于废止和修改部分行政法规的决定》修订）、《中华人民共和国印花税法（征求意见稿）》（财政部 国家税务总局2018年11月1日发布）和《中华人民共和国印花税暂行条例施行细则》（财政部1988年9月29日发布）。

>> 政策解析

11.1　印花税的纳税人

11.1.1　一般规定

在中华人民共和国境内书立、领受《印花税暂行条例》所列举凭证的单位和个人，都是印花税的纳税人。

在中华人民共和国境内书立、领受《印花税暂行条例》所列举凭证，是指在中国境内具有法律效力，受中国法律保护的凭证。上述凭证无论在中国境内或者境外书立，均应依照规定贴花。

上述单位和个人，是指国内各类企业、事业、机关、团体、部队以及中外合资企业、合作企业、外资企业、外国公司企业和其他经济组织及其在华机构等单位和个人。

11.1.2　特殊规定

同一凭证，由两方或者两方以上当事人签订并各执一份的，应当由各方就所执的一份各自全额贴花。当事人是指对凭证有直接权利义务关系的单位和个人，不包括保人、证人、鉴定人。《印花税税目税率表》中的立合同人是指合同的当事人。当事人的代理人有代理纳税的义务。

在货运业务中，凡直接办理承、托运运费结算凭证的双方，均为货运凭证印花税的纳税人。代办承、托运业务的单位负有代理纳税的义务；代办方与委托方之间办理的运费清算单据，不缴纳印花税。

● 《国家税务局关于货运凭证征收印花税几个具体问题的通知》（国税发〔1990〕173号）

一些计划物资的分配采取直达供货的方式，订货合同由物资管理部门或需方的主管部门代需方与供方签订。合同签订后移交需方执行，由需方直接收货和向供方支付货款。代签合同的部门或单位将合

● 《国家税务局关于物资订货合同印花税确定纳税人问题的批复》（国税函发〔1991〕1415号）

同移交需方执行后，一般不再留存合同文本，如由代签人代理纳税，不便于税务管理和纳税资料的保管。因此，经研究决定，根据现行有关规定，为有利于此类合同印花税的征收管理，凡由主管单位代签的计划物资订货合同，由办理收货并结算货款的需方在接到合同文本时，缴纳印花税。

产权转移书据由立据人贴花，如未贴或者少贴印花，书据的持有人应负责补贴印花。所立书据以合同方式签订的，应由持有书据的各方分别按全额贴花。

11.1.3　立法草案的规定

根据《印花税法（征求意见稿）》的规定，订立、领受在中华人民共和国境内具有法律效力的应税凭证，或者在中华人民共和国境内进行证券交易的单位和个人，为印花税的纳税人。

证券登记结算机构为证券交易印花税的扣缴义务人。证券交易印花税的纳税人调整，由国务院决定，并报全国人民代表大会常务委员会备案。

11.2　印花税的征税范围

11.2.1　征税范围的一般规定

下列凭证为应纳税凭证。

（1）购销、加工承揽、建设工程承包、财产租赁、货物运输、仓储保管、借款、财产保险、技术合同或者具有合同性质的凭证。

（2）产权转移书据。

（3）营业账簿。

（4）权利、许可证照。

（5）经财政部确定征税的其他凭证。

印花税只对《印花税税目税率表》中列举的凭证和经财政部确定征税的其他凭证征税。纳税人对凭证不能确定是否应当纳税的，应及时携带凭证，到当地税务机关鉴别。纳税人同税务机关对凭证的性质发生争议的，应检附该凭证报请上一级税务机关核定。

11.2.2　应税合同的一般规定

印花税征税范围中的合同是指根据《中华人民共和国合同法》和其他有关合同法规订立的合同。具有合同性质的凭证是指具有合同效力的协议、契约、合约、单据、确认书及其他各种名称的凭证。

对货物运输、仓储保管、财产保险、银行借款等，办理一项业务既书立合同，又开立单据的，只就合同贴花；凡不书立合同，只开立单据，以单据作为合同使用的，应按照规定贴花。　　●《国家税务局关于印花税若干具体问题的规定》（国税地字〔1988〕第025号）

对纳税人以电子形式签订的各类应税凭证按规定征收印花税。

11.2.3　购销合同

对各类批发及交易市场上签订的购销合同，应当按照规定征收印花税。

各类出版单位与发行单位之间订立的图书、报纸、期刊以及音像制品的征订凭证（包括订购单、订数单等），应由持证双方按规定纳税。

●《财政部 国家税务总局关于印花税若干政策的通知》（财税〔2006〕162号）

●《国家税务局关于批发市场交易合同征收印花税问题的通知》（国税函发〔1992〕1640号）

●《国家税务局关于图书、报刊等征订凭证征免印花税问题的通知》（国税地字〔1989〕第142号）

对发电厂与电网之间、电网与电网之间(国家电网公司系统、南方电网公司系统内部各级电网互供电量除外)签订的购售电合同按购销合同征收印花税。 ● 《财政部 国家税务总局关于印花税若干政策的通知》(财税〔2006〕162号)

11.2.4 建设工程承包合同

建设工程承包合同是指建设工程勘察设计合同和建筑安装工程承包合同。建设工程承包合同包括总包合同、分包合同和转包合同。

11.2.5 财产租赁合同

飞机经营租赁属财产租赁范围,其合同应按"财产租赁合同"税目规定税率缴纳印花税。 ● 《国家税务局关于飞机租赁合同征收印花税问题的函》(国税函发〔1992〕1431号)

企业与主管部门等签订的租赁承包经营合同,不属于财产租赁合同,不应贴花。企业、个人出租门店、柜台等签订的合同,属于财产租赁合同,应按照规定贴花。 ● 《国家税务局关于印花税若干具体问题的规定》(国税地字〔1988〕第025号)

11.2.6 货物运输合同

在货运业务中,凡是明确承、托运双方业务关系的运输单据均属于合同性质的凭证。鉴于目前各类货运业务使用的单据,不够规范统一,不便计税贴花,为了便于征管,现规定以运费结算凭证作为各类货运的应税凭证。 ● 《国家税务局关于货运凭证征收印花税几个具体问题的通知》(国税发〔1990〕173号)

11.2.7 仓储保管合同

仓储保管业务的应税凭证为仓储保管合同或作为合同使用的仓单、栈单(或称入库单等)。对有些凭证使用不规范,不便计税的,可就其结算单据作为计税贴花的凭证。

11.2.8 技术合同

技术合同包括技术开发、转让、咨询、服务等合同,以及作为合同使用的单据。 ● 《国家税务局关于对技术合同征收印花税问题的通知》(国税地字〔1989〕第034号)

技术转让包括:专利权转让、专利申请权转让、专利实施许可和非专利技术转让。为这些不同类型技术转让所书立的凭证,按照印花税税目税率表的规定,分别适用不同的税目、税率。其中,专利申请权转让、非专利技术转让所书立的合同,适用"技术合同"税目;专利权转让、专利实施许可所书立的合同、书据,适用"产权转移书据"税目。

技术咨询合同是当事人就有关项目的分析、论证、评价、预测和调查订立的技术合同。有关项目包括:有关科学技术与经济、社会协调发展的软科学研究项目;促进科技进步和管理现代化,提高经济效益和社会效益的技术项目;其他专业项目。对属于这些内容的合同,均应按照"技术合同"税目的规定计税贴花。至于一般的法律、法规、会计、审计等方面的咨询不属于技术咨询,其所立合同不贴印花。

技术服务合同的征税范围包括:技术服务合同、技术培训合同和技术中介合同。技术服务合同是当事人一方委托另一方就解决有关特定技术问题,如为改进产品结构、改良工艺流程、提高产品质量、降低产品成本、保护资源环境、实现安全操作、提高经济效益等,提出实施方案,进行实施指导所订立的技术合同。以常规手段或者为生产经营目的进行一般加工、修理、修缮、广告、印刷、测绘、标准化测试以及勘察、设计等所书立的合同,不属于技术服务合同。技术培训合同是当事人一方委托另一方对指定的专业技术人员进行特定项目的技术指导和专业训练所订立的技术合同。对各种职业培训、文化学习、职工业余教育等订立的合同,不属于技术培训合同,不贴印花。技术中介合同是当事人一方以知识、信息、技术为另一方与第三方订立技术合同进行联系、介绍、组织工业化开发所订立的技术合同。

11.2.9 非应税合同

电网与用户之间签订的供用电合同不属于印花税列举征税的凭证,不征收印花税。

《国家税务局关于印花税若干具体问题的解释和规定的通知》(国税发〔1991〕155号)

出版合同不属于印花税列举征税的凭证,不贴印花。

在代理业务中,代理单位与委托单位之间签订的委托代理合同,凡仅明确代理事项、权限和责任的,不属于应税凭证,不贴印花。

中国人民银行各级机构经理国库业务及委托各专业银行各级机构代理国库业务设置的账簿,不是核算银行本身经营业务的账簿,不贴印花。

11.2.10 产权转移书据

产权转移书据是指单位和个人产权的买卖、继承、赠予、交换、分割等所立的书据。"财产所有权"转移书据的征税范围:经政府管理机关登记注册的动产、不动产的所有权转移所立的书据,以及企业股权转让所立的书据。

《国家税务局关于印花税若干具体问题的解释和规定的通知》(国税发〔1991〕155号)

对商品房销售合同按照产权转移书据征收印花税。

对土地使用权出让合同、土地使用权转让合同按产权转移书据征收印花税。

《财政部 国家税务总局关于印花税若干政策的通知》(财税〔2006〕162号)

11.2.11 营业账簿

营业账簿是指单位或者个人记载生产经营活动的财务会计核算账簿。

《国家税务局关于印花税若干具体问题的规定》(国税地字〔1988〕第025号)

凡是记载资金的账簿,启用新账时,资金未增加的,不再按件定额贴花。

经企业主管部门批准的国营、集体企业兼并,对并入单位的资产,凡已按资金总额贴花的,接收单位对并入的资金不再补贴印花。

对日常用单页表式记载资金活动情况,以表代账的,在未形成账簿(册)前,暂不贴花,待装订成册时,按册贴花。

对有经营收入的事业单位,凡属由国家财政部门拨付事业经费、实行差额预算管理的单位,其记载经营业务的账簿,按其他账簿定额贴花,不记载经营业务的账簿不贴花;凡属经费来源实行自收自支的单位,其营业账簿,应对记载资金的账簿和其他账簿分别按规定贴花。

对采用一级核算形式的,只就财会部门设置的账簿贴花;采用分级核算形式的,除财会部门的账簿应贴花外,财会部门设置在其他部门和车间的明细分类账,亦应按规定贴花。车间、门市部、仓库设置的不属于会计核算范围或虽属会计核算范围,但不记载金额的登记簿、统计簿、台账等,不贴印花。

11.2.12 证券(股票)交易

对在证券市场上买卖、继承、赠予所书立的A股、B股股权转让书据,征收证券(股票)交易印花税。

投资人以其持有的上市公司股权进行出资而发生的股权转让行为,不属于证券(股票)交易印花税的征税范围,不征收证券(股票)交易印花税。

《财政部 国家税务总局关于以上市公司股权出资有关证券(股票)交易印花税政策问题的通知》(财税〔2010〕7号)

11.2.13 立法草案的规定

根据《印花税法(征求意见稿)》的规定,应税凭证是指《印花税税目税率表(征求意见稿)》规定的书面形式的合同、产权转移书据、营业账簿和权利、许可证照。证券交易是指在依法设立的证券交易所上市交易或者在国务院批准的其他证券交易场所转让公司股票和以股票为基础发行的存托凭证。

11.3 印花税的税率

11.3.1 印花税税目税率表

印花税的税率有比例税率和定额税率,具体税率参见《印花税税目税率表》(表11-1)。

● 《国家税务局关于改变保险合同印花税计税办法的通知》(国税函发〔1990〕428号)

表 11-1 印花税税目税率表

税 目	范 围	税 率	纳税人	说 明
购销合同	包括供应、预购、采购、购销结合及协作、调剂、补偿、易货等合同	按购销金额万分之三贴花	立合同人	
加工承揽合同	包括加工、定做、修缮、修理、印刷、广告、测绘、测试等合同	按加工或承揽收入万分之五贴花	立合同人	
建设工程勘察设计合同	包括勘察、设计合同	按收取费用万分之五贴花	立合同人	
建筑安装工程承包合同	包括建筑、安装工程承包合同	按承包金额万分之三贴花	立合同人	
财产租赁合同	包括租赁房屋、船舶、飞机、机动车辆、机械、器具、设备等	按租赁金额千分之一贴花。税额不足一元的按一元贴花	立合同人	
货物运输合同	包括民用航空、铁路运输、海上运输、内河运输、公路运输和联运合同	按运输费用万分之五贴花	立合同人	单据作为合同使用的,按合同贴花
仓储保管合同	包括仓储、保管合同	按仓储保管费用千分之一贴花	立合同人	仓单或栈单作为合同使用的,按合同贴花
借款合同	银行及其他金融组织和借款人(不包括银行同业拆借)所签订的借款合同	按借款金额万分之零点五贴花	立合同人	单据作为合同使用的,按合同贴花
财产保险合同	包括财产、责任、保证、信用等保险合同	按保险费收入千分之一贴花	立合同人	单据作为合同使用的,按合同贴花

续表

税 目	范 围	税 率	纳税人	说 明
技术合同	包括技术开发、转让、咨询、服务等合同	按所载金额万分之三贴花	立合同人	
产权转移书据	包括财产所有权和版权、商标专用权、专利权、专有技术使用权等转移书据	按所载金额万分之五贴花	立据人	
营业账簿	生产经营用账册	记载资金的账簿，按实收资本与资本公积总额万分之五贴花。其他账簿按件贴花五元	立账簿人	
权利、许可证照	包括政府部门发给的房屋产权证、工商营业执照、商标注册证、专利证、土地使用证	按件贴花五元	领受人	

11.3.2　印花税税目税率表的适用

税目税率表中的其他金融组织，是指除人民银行、各专业银行以外，由中国人民银行批准设立，领取经营金融业务许可证书的单位。

"银行同业拆借"是指按国家信贷制度规定，银行、非银行金融机构之间相互融通短期资金的行为。同业拆借合同不属于列举征税的凭证，不贴印花。确定同业拆借合同的依据，应以中国人民银行《关于印发〈同业拆借管理试行办法〉的通知》（银发〔1990〕62号）为准。凡按照规定的同业拆借期限和利率签订的同业拆借合同，不贴印花；凡不符合规定的，应按借款合同贴花。

税目税率表中的记载资金的账簿，是指载有"实收资本"与"资本公积"的总分类账簿，或者专门设置的记载"实收资本"与"资本公积"的账簿。其他账簿是指除上述账簿以外的账簿，包括日记账簿和各明细分类账簿。

从2008年9月19日起，调整证券（股票）交易印花税征收方式，将现行的对买卖、继承、赠予所书立的A股、B股股权转让书据按千分之一的税率对双方当事人征收证券（股票）交易印花税，调整为单边征税，即对买卖、继承、赠予所书立的A股、B股股权转让书据的出让方按千分之一的税率征收证券（股票）交易印花税，对受让方不再征税。

11.3.3　立法草案的规定

根据《印花税法（征求意见稿）》的规定，印花税的税目、税率，依照该法所附《印花税税目税率表（征求意见稿）》（表11-2）执行。证券交易印花税的税率调整，由国务院决定，并报全国人民代表大会常务委员会备案。

表 11-2　印花税税目税率表（征求意见稿）

税目		税率	备注
合同	买卖合同	支付价款的万分之三	指动产买卖合同
	借款合同	借款金额的万分之零点五	指银行业金融机构和借款人（不包括银行同业拆借）订立的借款合同
	融资租赁合同	租金的万分之零点五	
	租赁合同	租金的千分之一	
	承揽合同	支付报酬的万分之三	
	建设工程合同	支付价款的万分之三	
	运输合同	运输费用的万分之三	指货运合同和多式联运合同（不包括管道运输合同）
	技术合同	支付价款、报酬或者使用费的万分之三	
	保管合同	保管费的千分之一	
	仓储合同	仓储费的千分之一	
	财产保险合同	保险费的千分之一	不包括再保险合同
产权转移书据	土地使用权出让和转让书据；房屋等建筑物、构筑物所有权、股权（不包括上市和挂牌公司股票）、商标专用权、著作权、专利权、专有技术使用权转让书据	支付价款的万分之五	
权利、许可证照	不动产权证书、营业执照、商标注册证、专利证书	每件五元	
营业账簿		实收资本（股本）、资本公积合计金额的万分之二点五	
证券交易		成交金额的千分之一	对证券交易的出让方征收，不对证券交易的受让方征收

11.4　印花税的计税依据

11.4.1　应税合同的计税依据

商品购销活动中，采用以货换货方式进行商品交易签订的合同，是反映既购又销双重经济行为的合同。对此，应按合同所载的购、销合计金额计税贴花。合同未列明金额的，应按合同所载购、销数量依照国家牌价或市场价格计算应纳税金额。征订凭证适用印花税"购销合同"税目，计税金额按订购数量及发行单位的进货价格计算。

对国内各种形式的货物联运，凡在起运地统一结算全程运费的，应以全程运费作为计税依据，由起运地运费结算双方缴纳印花税；凡分程结算运费的，应以分程的运费作为计税依据，分别由办理运费结算的各

● 《国家税务局关于图书、报刊等征订凭证征免印花税问题的通知》（国税地字〔1989〕第142号）

● 《国家税务局关于货运凭证征收印花税几个具体问题的通知》（国税发〔1990〕173号）

方缴纳印花税。

对国际货运,由我国运输企业运输的,不论在我国境内、境外起运或中转分程运输,我国运输企业所持的一份运费结算凭证,均按本程运费计算应纳税额;托运方所持的一份运费结算凭证,按全程运费计算应纳税额。由外国运输企业运输进出口货物的,外国运输企业所持的一份运费结算凭证免纳印花税;托运方所持的一份运费结算凭证应缴纳印花税。国际货运运费结算凭证在国外办理的,应在凭证转回我国境内时按规定缴纳印花税。

● 《国家税务局关于货运凭证征收印花税几个具体问题的通知》(国税发〔1990〕173号)

由受托方提供原材料的加工、定做合同,凡在合同中分别记载加工费金额与原材料金额的,应分别按"加工承揽合同""购销合同"计税,两项税额相加数,即为合同应贴印花;合同中不划分加工费金额与原材料金额的,应按全部金额,依照"加工承揽合同"计税贴花。

● 《国家税务局关于印花税若干具体问题的规定》(国税地字〔1988〕第025号)

对各类技术合同,应当按合同所载价款、报酬、使用费的金额依率计税。为鼓励技术研究开发,对技术开发合同,只就合同所载的报酬金额计税,研究开发经费不作为计税依据。但对合同约定按研究开发经费一定比例作为报酬的,应按一定比例的报酬金额计税贴花。

● 《国家税务局关于对技术合同征收印花税问题的通知》(国税地字〔1989〕第034号)

11.4.2 应税账簿的计税依据

财政部发布的《企业财务通则》和《企业会计准则》自1993年7月1日起施行。按照"两则"及有关规定,各类生产经营单位执行新会计制度,统一更换会计科目和账簿后,不再设置"自有流动资金"科目。生产经营单位执行"两则"后,其"记载资金的账簿"的印花税计税依据改为"实收资本"与"资本公积"两项的合计金额。企业执行"两则"启用新账簿后,其"实收资本"和"资本公积"两项的合计金额大于原已贴花资金的,就增加的部分补贴印花。

● 《国家税务总局关于资金账簿印花税问题的通知》(国税发〔1994〕025号)

实行公司制改造的企业在改制过程中成立的新企业(重新办理法人登记的),其新启用的资金账簿记载的资金或因企业建立资本纽带关系而增加的资金,凡原已贴花的部分可不再贴花,未贴花的部分和以后新增加的资金按规定贴花。公司制改造包括国有企业依《公司法》整体改造成国有独资有限责任公司;企业通过增资扩股或者转让部分产权,实现他人对企业的参股,将企业改造成有限责任公司或股份有限公司;企业以其部分财产和相应债务与他人组建新公司;企业将债务留在原企业,而以其优质财产与他人组建的新公司。

● 《财政部 国家税务总局关于企业改制过程中有关印花税政策的通知》(财税〔2003〕183号)

以合并或分立方式成立的新企业,其新启用的资金账簿记载的资金,凡原已贴花的部分可不再贴花,未贴花的部分和以后新增加的资金按规定贴花。合并包括吸收合并和新设合并。分立包括存续分立和新设分立。

● 《财政部 国家税务总局关于企业改制过程中有关印花税政策的通知》(财税〔2003〕183号)

企业债权转股权新增加的资金按规定贴花。企业改制中经评估增加的资金按规定贴花。企业其他会计科目记载的资金转为实收资本或资本公积的资金按规定贴花。

● 《财政部 国家税务总局关于企业改制过程中有关印花税政策的通知》(财税〔2003〕183号)

11.4.3 立法草案的规定

根据《印花税法(征求意见稿)》的规定,印花税的计税依据,按照下列方法确定。

(1)应税合同的计税依据,为合同列明的价款或者报酬,不包括增值税税款;合同中价款或者报酬与增值税税款未分开列明的,按照合计金额确定。

(2)应税产权转移书据的计税依据,为产权转移书据列明的价款,不包括增值税税款;产权转移书据中价款与增值税税款未分开列明的,按照合计金额确定。

(3)应税营业账簿的计税依据,为营业账簿记载的实收资本(股本)、资本公积合计金额。

(4)应税权利、许可证照的计税依据,按件确定。

(5)证券交易的计税依据,为成交金额。

应税合同、产权转移书据未列明价款或者报酬的,按照下列方法确定计税依据。

(1)按照订立合同、产权转移书据时市场价格确定;依法应当执行政府定价的,按照其规定确定。

(2)不能按照第(1)项规定的方法确定的,按照实际结算的价款或者报酬确定。

以非集中交易方式转让证券时无转让价格的,按照办理过户登记手续前一个交易日收盘价计算确定计税依据;办理过户登记手续前一个交易日无收盘价的,按照证券面值计算确定计税依据。

11.5 印花税应纳税额的计算

11.5.1 应纳税额计算的公式

纳税人根据应纳税凭证的性质,分别按比例税率或者按件定额计算应纳税额。具体计算公式如下。

(1)应税合同应纳税额的计算公式:

应纳税额=价款或者报酬×适用税率

(2)应税产权转移书据应纳税额的计算公式:

应纳税额=价款×适用税率

(3)应税营业账簿应纳税额的计算公式:

应纳税额=实收资本(股本)、资本公积合计金额×适用税率

(4)证券(股票)交易应纳税额的计算公式:

应纳税额=成交金额或者依法确定的计税依据×适用税率

(5)应税权利许可证照应纳税额的计算公式:

应纳税额=应税凭证件数×定额税率

11.5.2 应纳税额计算的相关规定

应纳税额不足1角的,免纳印花税。应纳税额在1角以上的,其税额尾数不满5分的不计,满5分的按1角计算缴纳。

同一凭证,由两方或者两方以上当事人签订并各执一份的,应当由各方就所执的一份各自全额贴花。已贴花的凭证,修改后所载金额增加的,其增加部分应当补贴印花税票。

按金额比例贴花的应税凭证,未标明金额的,应按照凭证所载数量及国家牌价计算金额;没有国家牌价的,按市场价格计算金额,然后按规定税率计算应纳税额。

同一凭证,因载有两个或者两个以上经济事项而适用不同税目税率,如分别记载金额的,应分别计算应纳税额,相加后按合计税额贴花;如未分别记载金额的,按税率高的计税贴花。

应纳税凭证所载金额为外国货币的，纳税人应按照凭证书立当日的中华人民共和国国家外汇管理局公布的外汇牌价折合人民币，计算应纳税额。

自2015年12月24日起，对开展融资租赁业务签订的融资租赁合同（含融资性售后回租），统一按照其所载明的租金总额依照"借款合同"税目，按万分之零点五的税率计税贴花。在融资性售后回租业务中，对承租人、出租人因出售租赁资产及购回租赁资产所签订的合同，不征收印花税。

● 《财政部 国家税务总局关于融资租赁合同有关印花税政策的通知》（财税〔2015〕144号）

11.5.3 证券（股票）交易印花税应纳税额的计算

自2014年6月1日起，在上海证券交易所、深圳证券交易所、全国中小企业股份转让系统买卖、继承、赠予优先股所书立的股权转让书据，均依书立时实际成交金额，由出让方按1‰的税率计算缴纳证券（股票）交易印花税。

● 《财政部 国家税务总局关于转让优先股有关证券（股票）交易印花税政策的通知》（财税〔2014〕46号）

自2014年6月1日起，在全国中小企业股份转让系统买卖、继承、赠予股票所书立的股权转让书据，依书立时实际成交金额，由出让方按1‰的税率计算缴纳证券（股票）交易印花税。

● 《财政部 国家税务总局关于在全国中小企业股份转让系统转让股票有关证券（股票）交易印花税政策的通知》（财税〔2014〕47号）

11.5.4 立法草案的规定

根据《印花税法（征求意见稿）》的规定，印花税应纳税额按照下列方法计算。

（1）应税合同的应纳税额为价款或者报酬乘以适用税率。

（2）应税产权转移书据的应纳税额为价款乘以适用税率。

（3）应税营业账簿的应纳税额为实收资本（股本）、资本公积合计金额乘以适用税率。

（4）应税权利、许可证照的应纳税额为适用税额。

（5）证券交易的应纳税额为成交金额或者按照依法计算确定的计税依据乘以适用税率。

同一应税凭证载有两个或者两个以上经济事项并分别列明价款或者报酬的，按照各自适用税目税率计算应纳税额；未分别列明价款或者报酬的，按税率高的计算应纳税额。同一应税凭证由两方或者两方以上当事人订立的，应当按照各自涉及的价款或者报酬分别计算应纳税额。

11.6 印花税的税收优惠

11.6.1 法定减免税凭证

下列凭证免纳印花税。

（1）已缴纳印花税的凭证的副本或者抄本。

上述已缴纳印花税的凭证的副本或者抄本免纳印花税，是指凭证的正式签署本已按规定缴纳了印花税，其副本或者抄本对外不发生权利义务关系，仅备存查的免贴印花。以副本或者抄本视同正本使用的，应另贴印花。纳税人的已缴纳印花税凭证的正本遗失或毁损，而以副本替代的，即为副本视同正本使用，应另贴印花。

（2）财产所有人将财产赠给政府、社会福利单位、学校所立的书据。

社会福利单位是指抚养孤老伤残的社会福利单位。

（3）经财政部批准免税的其他凭证。对下列凭证免纳印花税。

①国家指定的收购部门与村民委员会、农民个人书立的农副产品收购合同。

②无息、贴息贷款合同。

③外国政府或者国际金融组织向我国政府及国家金融机构提供优惠贷款所书立的合同。

11.6.2 临时免征印花税

图书、报纸、期刊以及音像制品的各类发行单位之间,以及发行单位与订阅单位或个人之间书立的征订凭证,暂免征印花税。

军事物资运输,凡附有军事运输命令或使用专用的军事物资运费结算凭证,免纳印花税。抢险救灾物资运输,凡附有县级以上(含县级)人民政府抢险救灾物资运输证明文件的运费结算凭证,免纳印花税。新建铁路的工程临管线运输,为新建铁路运输施工所需物料,使用工程临管线专用运费结算凭证,免纳印花税。

企业改制前签订但尚未履行完的各类应税合同,改制后需要变更执行主体的,对仅改变执行主体、其余条款未做变动且改制前已贴花的,不再贴花。企业因改制签订的产权转移书据免予贴花。

从 2003 年 1 月 1 日起,继续对投资者(包括个人和机构)买卖封闭式证券投资基金免征印花税。

对证券投资者保护基金有限责任公司(以下简称"保护基金公司")新设立的资金账簿免征印花税。对保护基金公司与中国人民银行签订的再贷款合同、与证券公司行政清算机构签订的借款合同,免征印花税。对保护基金公司接收被处置证券公司财产签订的产权转移书据,免征印花税。对保护基金公司以证券投资者保护基金自有财产和接收的受偿资产与保险公司签订的财产保险合同,免征印花税。对与保护基金公司签订上述应税合同或产权转移书据的其他当事人照章征收印花税。

自 2008 年 11 月 1 日起,对个人销售或购买住房暂免征收印花税。

对有关国有股东按照《境内证券市场转持部分国有股充实全国社会保障基金实施办法》(财企〔2009〕94 号)向全国社会保障基金理事会转持国有股,免征证券(股票)交易印花税。

自 2019 年 1 月 1 日至 2021 年 12 月 31 日,对与高校学生签订的高校学生公寓租赁合同,免征印花税。高校学生公寓是指为高校学生提供住宿服务,按照国家规定的收费标准收取住宿费的学生公寓。企业享受上述免税政策,应按规定进行免税申报,并将不动产权属证明、载有房产原值的相关材料、房产用途证明、租赁合同等资料留存备查。

自 2018 年 5 月 1 日起,对按万分之五税率贴花的资金账簿减半征收印花税,对按件贴花五元的其他账簿免征印花税。

自 2019 年 11 月 11 日,对国际奥委会相关实体与北京冬奥组委签订的各类合同,免征国际奥委会相关实体应缴纳的印花税。

11.6.3 立法草案的规定

根据《印花税法(征求意见稿)》的规定,下列情形,免征或者减征印花税。

(1)应税凭证的副本或者抄本,免征印花税。

(2)农民、农民专业合作社、农村集体经济组织、村民委员会购买农业生产资料或者销售自产农产品订立的买卖合同和农业保险合同,免征印花税。

(3)无息或者贴息借款合同、国际金融组织向我国提供优惠贷款订立的借款合同、金融机构与小型微型企业订立的借款合同,免征印花税。

- 《国家税务局关于图书、报刊等征订凭证征免印花税问题的通知》(国税地字〔1989〕第 142 号)
- 《国家税务局关于货运凭证征收印花税几个具体问题的通知》(国税发〔1990〕173 号)

- 《财政部 国家税务总局关于对买卖封闭式证券投资基金继续予以免征印花税的通知》(财税〔2004〕173 号)
- 《财政部 国家税务总局关于证券投资者保护基金有关印花税政策的通知》(财税〔2006〕104 号)

- 《财政部 国家税务总局关于调整房地产交易环节税收政策的通知》(财税〔2008〕137 号)
- 《财政部 国家税务总局关于境内证券市场转持部分国有股充实全国社会保障基金有关证券(股票)交易印花税政策的通知》(财税〔2009〕103 号)
- 《财政部 税务总局关于高校学生公寓房产税 印花税政策的通知》(财税〔2019〕14 号)
- 《财政部 税务总局关于对营业账簿减免印花税的通知》(财税〔2018〕50 号)
- 《财政部 税务总局 海关总署关于北京 2022 年冬奥会和冬残奥会税收优惠政策的公告》(财政部公告 2019 年第 92 号)

(4)财产所有权人将财产赠予政府、学校、社会福利机构订立的产权转移书据,免征印花税。

(5)军队、武警部队订立、领受的应税凭证,免征印花税。

(6)转让、租赁住房订立的应税凭证,免征个人(不包括个体工商户)应当缴纳的印花税。

(7)国务院规定免征或者减征印花税的其他情形。

11.7 印花税的征收管理

11.7.1 自行贴花缴纳印花税

印花税实行由纳税人根据规定自行计算应纳税额,购买并一次贴足印花税票(以下简称"贴花")的"三自"缴纳办法。

印花税票由税务局监制。票面金额以人民币为单位。印花税票的票面金额以人民币为单位,分为壹角、贰角、伍角、壹元、贰元、伍元、拾元、伍拾元、壹佰元九种。印花税票为有价证券,各地税务机关应按照税务局制订的管理办法严格管理。

印花税票应当黏贴在应纳税凭证上,并由纳税人在每枚税票的骑缝处盖戳注销或者画销。在营业账簿上贴印花税票,须在账簿首页右上角黏贴,不准黏贴在账夹上。应纳税凭证黏贴印花税票后应即注销。纳税人有印章的,加盖印章注销;纳税人没有印章的,可用钢笔(圆珠笔)画几条横线注销。注销标记应与骑缝处相交。骑缝处是指黏贴的印花税票与凭证及印花税票之间的交接处。已贴用的印花税票不得重用。凡多贴印花税票者,不得申请退税或者抵用。

● 《国家税务局关于印花税若干具体问题的规定》(国税地字[1988]第025号)

应纳税凭证应当于书立或者领受时贴花。书立或者领受时贴花是指在合同的签订时、书据的立据时、账簿的启用时和证照的领受时贴花。如果合同在国外签订的,应在国内使用时贴花。上述规定是指《印花税暂行条例》列举征税的合同在国外签订时,不便按规定贴花,因此,应在带入境内时办理贴花完税手续。

● 《国家税务局关于印花税若干具体问题的解释和规定的通知》(国税发[1991]155号)

纳税人对纳税凭证应妥善保存。凭证的保存期限,凡国家已有明确规定的,按规定办;其余凭证均应在履行完毕后保存一年。纳税人违反上述规定的,由税务机关责令限期改正,可以处2000元以下的罚款;情节严重的,处2000元以上10000元以下的罚款。

发放或者办理应纳税凭证的单位,负有监督纳税人依法纳税的义务。发放或者办理应纳税凭证的单位,是指发放权力、许可证照的单位和办理凭证的鉴证、公证及其他有关事项的单位。负有监督纳税人依法纳税的义务是指发放或者办理应纳税凭证的单位应对以下纳税事项监督:应纳税凭证是否已黏贴印花;黏贴的印花是否足额;黏贴的印花是否按规定注销。对未完成以上纳税手续的,应督促纳税人当场贴花。

11.7.2 汇贴汇缴缴纳印花税

为简化贴花手续,应纳税额较大或者贴花次数频繁的,纳税人可向税务机关提出申请,采取以缴款书代替贴花或者按期汇总缴纳的办法。一份凭证应纳税额超过500元的,应向当地税务机关申请填写缴款书或者完税证,将其中一联黏贴在凭证上或者由税务机关在凭证上加注完税标记代替贴花。

同一种类应纳税凭证,需频繁贴花的,纳税人可以根据实际情况自行决定是否采用按期汇总缴纳印花税的方式。汇总缴纳的期限为一个月。采用按期汇总缴纳方式的纳税人应事先告知主管税务机关。缴纳方

● 《财政部 国家税务总局关于改变印花税按期汇总缴纳管理办法的通知》(财税[2004]170号)

式一经选定,一年内不得改变。纳税人违反上述规定,超过税务机关核定的纳税期限,未缴或者少缴印花税款的,视其违章性质,由税务机关追缴其不缴或者少缴的税款、滞纳金,并处不缴或者少缴的税款50%以上5倍以下的罚款;情节严重的,同时撤销其汇缴许可证;构成犯罪的,依法追究刑事责任。

凡汇总缴纳印花税的凭证,应加注税务机关指定的汇缴戳记,编号并装订成册后,将已贴印花或者缴款书的一联黏附册后,盖章注销,保存备查。纳税人违反上述规定的,由税务机关责令限期改正,可以处2000元以下的罚款;情节严重的,处2000元以上10000元以下的罚款。

11.7.3 委托代征印花税

委托代征印花税主要是通过税务机关的委托,经由发放或者办理应纳税凭证的单位代为征收印花税税款。税务机关应与代征单位签订代征委托书。如按照印花税法规定,工商行政管理机关核发各类营业执照和商标注册证的同时,负责代售印花税票,征收印花税税款,并监督领受单位或个人负责贴花。税务机关委托工商行政管理机关代售印花税票,按代售金额5%的比例支付代售手续费。

印花税票可以委托单位或个人代售,并由税务机关付给代售金额5%的手续费。支付来源从实征印花税款中提取。凡代售印花税票者,应先向当地税务机关提出代售申请,必要时须提供保证人。税务机关调查核准后,应与代售户签订代售合同,发给代售许可证。代售户所售印花税票取得的税款,须专户存储,并按照规定的期限,向当地税务机关结报,或者填开专用缴款书直接向银行缴纳。不得逾期不缴或者挪作他用。代售户领存的印花税票及所售印花税票的税款,如有损失,应负责赔偿。代售户所领印花税票,除合同另有规定者外,不得转托他人代售或者转至其他地区销售。对代售户代售印花税票的工作,税务机关应经常进行指导、检查和监督。代替户须详细提供领售印花税票的情况,不得拒绝。代售户违反上述规定的,视其情节轻重,给予警告处分或者取消其代售资格。

11.7.4 印花税的征管机关及其职权

印花税由税务机关负责征收管理。印花税的检查,由税务机关执行。税务人员进行检查时,应当出示税务检查证。纳税人不得以任何借口加以拒绝。税务人员查获违反规定的凭证,应按有关规定处理。如需将凭证带回的,应出具收据,交被检查人收执。

11.7.5 立法草案的规定

根据《印花税法(征求意见稿)》的规定,印花税纳税义务发生时间为纳税人订立、领受应税凭证或者完成证券交易的当日。证券交易印花税扣缴义务发生时间为证券交易完成的当日。

单位纳税人应当向其机构所在地的主管税务机关申报缴纳印花税;个人纳税人应当向应税凭证订立、领受地或者居住地的税务机关申报缴纳印花税。纳税人出让或者转让不动产产权的,应当向不动产所在地的税务机关申报缴纳印花税。证券交易印花税的扣缴义务人应当向其机构所在地的主管税务机关申报缴纳扣缴的税款。

印花税按季、按年或者按次计征。实行按季、按年计征的,纳税人应当于季度、年度终了之日起十五日内申报并缴纳税款。实行按次计征的,纳税人应当于纳税义务发生之日起十五日内申报并缴纳税款。证券交易印花税按周解缴。证券交易印花税的扣缴义务人应当于每周终了之日起五日内申报解缴税款及孳息。

已缴纳印花税的凭证所载价款或者报酬增加的,纳税人应当补缴印花税;已缴纳印花税的凭证所载价款或者报酬减少的,纳税人可以向主管税务机关申请退还印花税税款。

实务操作

1. 甲公司从乙公司购入原材料100000元，双方签订购销合同一份。计算甲公司应缴纳的印花税并编制相应的会计分录。

甲公司应纳印花税税额=100000×0.3‰=30(元)

借：税金及附加　　　　　　　　　　　　　　　　　　　　　　30
　　贷：银行存款　　　　　　　　　　　　　　　　　　　　　　　30

2. 甲公司本月购入印花税票1000元备用。当月与乙公司签订一份运输保管合同，合同中注明运费300000元、保管费100000元。计算甲公司应缴纳的印花税并编制相应的会计分录。

(1) 购入印花税票时：

借：待摊费用　　　　　　　　　　　　　　　　　　　　　　　1000
　　贷：银行存款　　　　　　　　　　　　　　　　　　　　　　1000

(2) 与乙公司签订运输保管合同时：

甲公司应纳印花税税额=300000×0.5‰+100000×1‰=250(元)

借：税金及附加　　　　　　　　　　　　　　　　　　　　　　250
　　贷：待摊费用　　　　　　　　　　　　　　　　　　　　　　250

疑难问答

1. 有些技术合同、租赁合同等，在签订时不能计算金额的，如何贴花？

有些合同在签订时无法确定计税金额，如技术转让合同中的转让收入，是按销售收入的一定比例收取或是按实现利润分成的；财产租赁合同，只是规定了月(天)租金标准而无租赁期限的，对这类合同，可在签订时先按定额五元贴花，以后结算时再按实际金额计税、补贴印花。

●《国家税务局关于印花税若干具体问题的规定》(国税地字[1988]第025号)

2. 不兑现或不按期兑现的合同，是否贴花？

依照《印花税暂行条例》的规定，合同签订时即应贴花，履行完税手续。因此，不论合同是否兑现或能否按期兑现，都一律按照规定贴花。

●《国家税务局关于印花税若干具体问题的规定》(国税地字[1988]第025号)

3. 某些合同履行后，实际结算金额与合同所载金额不一致的，应否补贴印花？

依照《印花税暂行条例》的规定，纳税人应在合同签订时按合同所载金额计税贴花。因此，对已履行并贴花的合同，发现实际结算金额与合同所载金额不一致的，一般不再补贴印花。

●《国家税务局关于印花税若干具体问题的规定》(国税地字[1988]第025号)

4. 跨地区经营的分支机构，其营业账簿应如何贴花？

跨地区经营的分支机构使用的营业账簿，应由各分支机构在其所在地缴纳印花税。对上级单位核拨资金的分支机构，其记载资金的账簿按核拨的账面资金数额计税贴花，其他账簿按定额贴花；对上级单位不核拨资金的分支机构，只就其他账簿按定额贴花。为避免对同一资金重复计税贴花，上级单位记载资金的账簿，应按扣除拨给下属机构资金数额

●《国家税务局关于印花税若干具体问题的规定》(国税地字[1988]第025号)

后的其余部分计税贴花。

5. 一些企业集团内部在经销和调拨商品物资时使用的各种形式的凭证(表、证、单、书、卡等),既有作为企业集团内部执行计划使用的,又有代替合同使用的,是否缴纳印花税?

对于企业集团内具有平等法律地位的主体之间自愿订立、明确双方购销关系、据以供货和结算、具有合同性质的凭证,应按规定征收印花税。对于企业集团内部执行计划使用的、不具有合同性质的凭证,不征收印花税。

● 《国家税务总局关于企业集团内部使用的有关凭证征收印花税问题的通知》(国税函〔2009〕9号)

6. 对工业、商业、物资、外贸等部门使用的调拨单是否贴花?

工业、商业、物资、外贸等部门经销和调拨商品物资使用的调拨单(或其他名称的单、卡、书、表等),填开使用的情况比较复杂,既有作为部门内执行计划使用的,也有代替合同使用的。对此,应区分性质和用途确定是否贴花。凡属于明确双方供需关系,据以供货和结算,具有合同性质的凭证,应按规定贴花。各省、自治区、直辖市税务局可根据上述原则,结合实际,对各种调拨单做出具体鉴别和认定。

● 《国家税务局关于印花税若干具体问题的解释和规定的通知》(国税发〔1991〕155号)

7. 对财政等部门的拨款改贷款业务中所签订的合同是否贴花?

财政等部门的拨款改贷款签订的借款合同,凡直接与使用单位签订的,暂不贴花;凡委托金融单位贷款,金融单位与使用单位签订的借款合同应按规定贴花。

● 《国家税务局关于印花税若干具体问题的解释和规定的通知》(国税发〔1991〕155号)

8. 对全国性订货会签订的合同,纳税地点如何确定?

在全国性商品物资订货会(包括展销会、交易会等)上所签合同应当缴纳的印花税,由纳税人回其所在地后即时办理贴花完税手续。对地方主办、不涉及省际关系的订货会、展销会上所签合同的印花税纳税地点,由各省、自治区、直辖市税务局自行确定。

● 《国家税务局关于订货会所签合同印花税缴纳地点问题的通知》(国税函发〔1991〕1187号)

本章小结

印花税的纳税人是在中国境内书立、领受《印花税暂行条例》所列举凭证的单位和个人。纳税人根据应纳税凭证的性质,分别按比例税率或者按件定额计算应纳税额。印花税实行由纳税人根据规定自行计算应纳税额,购买并一次贴足印花税票(以下简称"贴花")的缴纳办法。应纳税凭证应当于书立或者领受时贴花。印花税由税务机关负责征收管理。

第 12 章　车辆购置税

> **本章导读**
>
> 车辆购置税是我国 2001 年开征的税种，其前身是车辆购置费。自 2019 年 7 月 1 日以后，属于由全国人大及其常委会立法开征的八大税种之一。本章讲解了车辆购置税的纳税人与征税范围、计税价格、税率与应纳税额的计算、税收优惠以及征收管理等基本的制度。其中，需要重点掌握的是车辆购置税的纳税人与征税范围、计税价格、税率与应纳税额的计算以及税收优惠等制度。车辆购置税实行一次性征收，这是其与其他税种相比最突出的特征。
>
> 本章阐述的制度主要依据《中华人民共和国车辆购置税法》(2018 年 12 月 29 日第十三届全国人民代表大会常务委员会第七次会议通过)。

》政策解析

12.1　车辆购置税的纳税人与征税范围

在中华人民共和国境内购置汽车、有轨电车、汽车挂车、排气量超过一百五十毫升的摩托车(以下统称"应税车辆")的单位和个人，为车辆购置税的纳税人，应当依照《车辆购置税法》的规定缴纳车辆购置税。购置是指以购买、进口、自产、受赠、获奖或者其他方式取得并自用应税车辆的行为。

地铁、轻轨等城市轨道交通车辆，装载机、平地机、挖掘机、推土机等轮式专用机械车，以及起重机(吊车)、叉车、电动摩托车，不属于应税车辆。

● 《财政部　税务总局关于车辆购置税有关具体政策的公告》(财政部　税务总局公告 2019 年第 71 号)

12.2　车辆购置税的计税价格

应税车辆的计税价格，按照下列规定确定。

(1)纳税人购买自用应税车辆的计税价格，为纳税人实际支付给销售者的全部价款，不包括增值税税款。

● 《财政部　税务总局关于车辆购置税有关具体政策的公告》(财政部　税务总局公告 2019 年第 71 号)

纳税人购买自用应税车辆实际支付给销售者的全部价款，依据纳税人购买应税车辆时相关凭证载明的价格确定，不包括增值税税款。

(2)纳税人进口自用应税车辆的计税价格，为关税完税价格加上关税和消费税。

纳税人进口自用应税车辆是指纳税人直接从境外进口或者委托代理进口自用的应税车辆，不包括在境内购买的进口车辆。

(3)纳税人自产自用应税车辆的计税价格，按照纳税人生产的同类应税车辆的销售价格确定，不包括增值税税款。

纳税人自产自用应税车辆的计税价格，按照同类应税车辆(即车辆配置序列号相同的车

辆)的销售价格确定,不包括增值税税款;没有同类应税车辆销售价格的,按照组成计税价格确定。组成计税价格计算公式如下:

组成计税价格＝成本×(1+成本利润率)

属于应征消费税的应税车辆,其组成计税价格中应加计消费税税额。上述公式中的成本利润率,由国家税务总局各省、自治区、直辖市和计划单列市税务局确定。

(4)纳税人以受赠、获奖或者其他方式取得自用应税车辆的计税价格,按照购置应税车辆时相关凭证载明的价格确定,不包括增值税税款。

所称的购置应税车辆时相关凭证是指原车辆所有人购置或者以其他方式取得应税车辆时载明价格的凭证。无法提供相关凭证的,参照同类应税车辆市场平均交易价格确定其计税价格。原车辆所有人为车辆生产或者销售企业,未开具机动车销售统一发票的,按照车辆生产或者销售同类应税车辆的销售价格确定应税车辆的计税价格。无同类应税车辆销售价格的,按照组成计税价格确定应税车辆的计税价格。 《国家税务总局关于车辆购置税征收管理有关事项的公告》(国家税务总局公告2019年第26号)

纳税人申报的应税车辆计税价格明显偏低,又无正当理由的,由税务机关依照《税收征收管理法》的规定核定其应纳税额。

纳税人应当如实申报应税车辆的计税价格,税务机关应当按照纳税人申报的计税价格征收税款。纳税人编造虚假计税依据的,税务机关应当依照《税收征收管理法》及其实施细则的相关规定处理。 《国家税务总局关于车辆购置税征收管理有关事项的公告》(国家税务总局公告2019年第26号)

12.3 车辆购置税的税率与应纳税额的计算

车辆购置税的税率为百分之十。

车辆购置税的应纳税额按照应税车辆的计税价格乘以税率计算。

纳税人以外汇结算应税车辆价款的,按照申报纳税之日的人民币汇率中间价折合成人民币计算缴纳税款。

12.4 车辆购置税的税收优惠

下列车辆免征车辆购置税。

(1)依照法律规定应当予以免税的外国驻华使馆、领事馆和国际组织驻华机构及其有关人员自用的车辆。

(2)中国人民解放军和中国人民武装警察部队列入装备订货计划的车辆。

(3)悬挂应急救援专用号牌的国家综合性消防救援车辆。

(4)设有固定装置的非运输专用作业车辆。上述所称"设有固定装置的非运输专用作业车辆",是指列入国家税务总局下发的《设有固定装置的非运输专用作业车辆免税图册》(以下简称"免税图册")的车辆。纳税人在办理设有固定装置的非运输专用作业车辆免税申报时,除按照相关规定提供资料外,还应当提供车辆内、外观彩色5寸照片,主管税务机关依据免税图册办理免税手续。 《国家税务总局关于车辆购置税征收管理有关事项的公告》(国家税务总局公告2019年第26号)

(5)城市公交企业购置的公共汽电车辆。城市公交企业购置的公共汽电车辆免征车辆购置税中的城市公交企业,是指由县级以上(含县级)人民政府交通运输主管部门认定的,依法取得城市公交经营资格,为公 《财政部 税务总局关于车辆购置税有关具体政策的公告》(财政部 税务总局公告2019年第71号)

众提供公交出行服务，并纳入《城市公共交通管理部门与城市公交企业名录》的企业；公共汽电车辆是指按规定的线路、站点票价营运，用于公共交通服务，为运输乘客设计和制造的车辆，包括公共汽车、无轨电车和有轨电车。

根据国民经济和社会发展的需要，国务院可以规定减征或者其他免征车辆购置税的情形，报全国人民代表大会常务委员会备案。

继续执行的车辆购置税优惠政策如下。

(1) 回国服务的在外留学人员用现汇购买1辆个人自用国产小汽车和长期来华定居专家进口1辆自用小汽车免征车辆购置税。防汛部门和森林消防部门用于指挥、检查、调度、报汛（警）、联络的由指定厂家生产的设有固定装置的指定型号的车辆免征车辆购置税。

● 《财政部 税务总局关于继续执行的车辆购置税优惠政策的公告》（财政部 税务总局公告2019年第75号）

(2) 自2018年1月1日至2020年12月31日，对购置新能源汽车免征车辆购置税。

(3) 自2018年7月1日至2021年6月30日，对购置挂车减半征收车辆购置税。

(4) 中国妇女发展基金会"母亲健康快车"项目的流动医疗车免征车辆购置税。

(5) 北京2022年冬奥会和冬残奥会组织委员会新购置车辆免征车辆购置税。

(6) 原公安现役部队和原武警黄金、森林、水电部队改制后换发地方机动车牌证的车辆（公安消防、武警森林部队执行灭火救援任务的车辆除外），一次性免征车辆购置税。

12.5 车辆购置税的征收管理

12.5.1 征收模式与纳税地点

车辆购置税实行一次性征收。购置已征车辆购置税的车辆，不再征收车辆购置税。车辆购置税实行一车一申报制度。纳税人购置应税车辆，应当向车辆登记地的主管税务机关申报缴纳车辆购置税；购置不需要办理车辆登记的应税车辆的，应当向纳税人所在地的主管税务机关申报缴纳车辆购置税。

● 《国家税务总局关于车辆购置税征收管理有关事项的公告》（国家税务总局公告2019年第26号）

购置应税车辆的纳税人，应当到下列地点申报纳税。

(1) 需要办理车辆登记的，向车辆登记地的主管税务机关申报纳税。

(2) 不需要办理车辆登记的，单位纳税人向其机构所在地的主管税务机关申报纳税，个人纳税人向其户籍所在地或者经常居住地的主管税务机关申报纳税。

12.5.2 纳税义务发生时间

车辆购置税的纳税义务发生时间为纳税人购置应税车辆的当日。

纳税义务发生时间，按照下列情形确定。

● 《国家税务总局关于车辆购置税征收管理有关事项的公告》（国家税务总局公告2019年第26号）

(1) 购买自用应税车辆的为购买之日，即车辆相关价格凭证的开具日期。

(2) 进口自用应税车辆的为进口之日，即《海关进口增值税专用缴款书》或者其他有效凭证的开具日期。

(3) 自产、受赠、获奖或者以其他方式取得并自用应税车辆的为取得之日，即合同、法律文书或者其他有效凭证的生效或者开具日期。

车辆购置税的纳税义务发生时间以纳税人购置应税车辆所取得的车辆相关凭证上注明的时间为准。

《财政部 税务总局关于车辆购置税有关具体政策的公告》（财政部 税务总局公告2019年第71号）

12.5.3 纳税期限

纳税人应当自纳税义务发生之日起60日内申报缴纳车辆购置税。

纳税人购买自用应税车辆的，应自购买之日起60日内申报纳税；进口自用应税车辆的，应自进口之日起60日内申报纳税；自产、受赠、获奖或者以其他方式取得并自用应税车辆的，应自取得之日起60日内申报纳税。

纳税人办理纳税申报时应当如实填报《车辆购置税纳税申报表》，同时提供车辆合格证明和车辆相关价格凭证。车辆合格证明是指整车出厂合格证或者《车辆电子信息单》。车辆相关价格凭证是指：境内购置车辆为机动车销售统一发票或者其他有效凭证；进口自用车辆为《海关进口关税专用缴款书》或者海关进出口货物征免税证明，属于应征消费税车辆的还包括《海关进口消费税专用缴款书》。

《国家税务总局关于车辆购置税征收管理有关事项的公告》（国家税务总局公告2019年第26号）

纳税人在办理车辆购置税免税、减税时，除提供上述资料外，还应当根据不同的免税、减税情形，分别提供相关资料的原件、复印件。

(1) 外国驻华使馆、领事馆和国际组织驻华机构及其有关人员自用车辆，提供机构证明和外交部门出具的身份证明。

(2) 城市公交企业购置的公共汽电车辆，提供所在地县级以上(含县级)交通运输主管部门出具的公共汽电车辆认定表。

(3) 悬挂应急救援专用号牌的国家综合性消防救援车辆，提供中华人民共和国应急管理部批准的相关文件。

(4) 回国服务的在外留学人员购买的自用国产小汽车，提供海关核发的《中华人民共和国海关回国人员购买国产汽车准购单》。

(5) 长期来华定居专家进口自用小汽车，提供国家外国专家局或者其授权单位核发的专家证或者A类和B类《外国人工作许可证》。

12.5.4 减免税管理

免税、减税车辆因转让、改变用途等原因不再属于免税、减税范围的，纳税人在办理纳税申报时，应当如实填报《车辆购置税纳税申报表》。发生二手车交易行为的，提供二手车销售统一发票；属于其他情形的，按照相关规定提供申报材料。

《国家税务总局关于车辆购置税征收管理有关事项的公告》（国家税务总局公告2019年第26号）

免税、减税车辆因转让、改变用途等原因不再属于免税、减税范围的，纳税人应当在办理车辆转移登记或者变更登记前缴纳车辆购置税。计税价格以免税、减税车辆初次办理纳税申报时确定的计税价格为基准，每满一年扣减百分之十。

已经办理免税、减税手续的车辆因转让、改变用途等原因不再属于免税、减税范围的，纳税人、纳税义务发生时间、应纳税额按以下规定执行。

《财政部 税务总局关于车辆购置税有关具体政策的公告》（财政部 税务总局公告2019年第71号）

(1) 发生转让行为的，受让人为车辆购置税纳税人；未发生转让行为的，车辆所有人为车辆购置税纳税人。

(2) 纳税义务发生时间为车辆转让或者用途改变等情形发生之日。

(3) 应纳税额计算公式如下：

应纳税额=初次办理纳税申报时确定的计税价格×(1-使用年限×10%)×10%-已纳税额

应纳税额不得为负数。

使用年限的计算方法是,自纳税人初次办理纳税申报之日起,至不再属于免税、减税范围的情形发生之日止。使用年限取整计算,不满一年的不计算在内。

12.5.5 征收机关与协助机关

车辆购置税由税务机关负责征收。纳税人应当在向公安机关交通管理部门办理车辆注册登记前,缴纳车辆购置税。公安机关交通管理部门办理车辆注册登记,应当根据税务机关提供的应税车辆完税或者免税电子信息对纳税人申请登记的车辆信息进行核对,核对无误后依法办理车辆注册登记。

税务机关和公安、商务、海关、工业和信息化等部门应当建立应税车辆信息共享和工作配合机制,及时交换应税车辆和纳税信息资料。

税务机关应当在税款足额入库或者办理免税手续后,将应税车辆完税或者免税电子信息,及时传送给公安机关交通管理部门。税款足额入库包括以下情形:纳税人到银行缴纳车辆购置税税款(转账或者现金),由银行将税款缴入国库的,国库已传回《税收缴款书(银行经收专用)》联次;纳税人通过横向联网电子缴税系统等电子方式缴纳税款的,税款划缴已成功;纳税人在办税服务厅以现金方式缴纳税款的,主管税务机关已收取税款。 ●《国家税务总局关于车辆购置税征收管理有关事项的公告》(国家税务总局公告2019年第26号)

纳税人名称、车辆厂牌型号、发动机号、车辆识别代号(车架号)、证件号码等应税车辆完税或者免税电子信息与原申报资料不一致的,纳税人可以到税务机关办理完税或者免税电子信息更正,但是不包括以下情形。

(1)车辆识别代号(车架号)和发动机号同时与原申报资料不一致。

(2)完税或者免税信息更正影响到车辆购置税税款。

(3)纳税人名称和证件号码同时与原申报资料不一致。

税务机关核实后,办理更正手续,重新生成应税车辆完税或者免税电子信息,并且及时传送给公安机关交通管理部门。

12.5.6 退税管理

纳税人将已征车辆购置税的车辆退回车辆生产企业或者销售企业的,可以向主管税务机关申请退还车辆购置税。退税额以已缴税款为基准,自缴纳税款之日至申请退税之日,每满一年扣减百分之十。

已经缴纳车辆购置税的,纳税人向原征收机关申请退税时,应当如实填报《车辆购置税退税申请表》,提供纳税人身份证明,并区别不同情形提供相关资料。 ●《国家税务总局关于车辆购置税征收管理有关事项的公告》(国家税务总局公告2019年第26号)

(1)车辆退回生产企业或者销售企业的,提供生产企业或者销售企业开具的退车证明和退车发票。

(2)其他依据法律法规规定应当退税的,根据具体情形提供相关资料。

《车辆购置税纳税申报表》《车辆购置税退税申请表》的样式由国家税务总局统一规定,国家税务总局各省、自治区、直辖市和计划单列市税务局自行印制,纳税人也可以在税务机关网站下载、提交。

已征车辆购置税的车辆退回车辆生产或销售企业,纳税人申请退还车辆购置税的,应退税额计算公式如下:

应退税额=已纳税额×(1-使用年限×10%)

应退税额不得为负数。

使用年限的计算方法是,自纳税人缴纳税款之日起,至申请退税之日止。

● 《财政部 税务总局关于车辆购置税有关具体政策的公告》(财政部 税务总局公告2019年第71号)

案例精讲

四川省成都市国家税务局车辆购置税征收管理分局(以下简称"车购税分局")和四川省成都市国家税务局(以下简称"市国税局")因阮某诉其税务行政征收及行政复议一案,不服四川省成都市中级人民法院(2016)川01行终589号行政判决,向四川省高级人民法院申请再审。该院以(2017)川行申581号行政裁定,提审本案。

2015年11月3日,市国税局做出成国税复决字〔2015〕第1号《行政复议决定书》,决定维持车购税分局做出的按照最低计税价格对申请人购买车辆征收车辆购置税的行政行为。

一审法院经审理查明,2015年9月1日,原告向被告车购税分局递交《车辆购置税申报表》,为其购买的车辆(车型为奥迪Q73.0TFSIquattro)申报缴纳车辆购置税。原告申报时,向被告车购税分局提交了其身份证复印件、车辆销售合同、货物进口证明书、车辆购置税征管系统专用进口车辆电子信息、机动车销售统一发票(报税联)等申报材料。销售商开具的销售发票载明该车的购买价格为64万元,不含增值税价为54.7万元。被告车购税分局审查了原告提交的申报材料,经车购税征管系统扫描匹配,显示由国家税务总局核定的最低计税价格为101.5万元,且认为原告提供的申报材料并未有符合《车辆购置税征收管理办法》第9条第(6)项所列情形,遂于当日核定原告车辆购置税按最低计税价格应缴纳税额为10.15万元(税率为10%)。原告已按该计税核定向被告车购税分局缴纳了税款10.15万元,并取得了《车辆购置税完税证明》。

原告不服被告车购税分局做出的按照最低计税价格对原告征收车辆购置税,于2015年9月6日向被告市国税局申请行政复议。被告市国税局于同月9日受理后,向原告送达了《行政复议受理通知书》,向被告车购税分局送达了《行政复议答复通知书》。被告车购税分局向市国税局提交了《行政复议书面答辩状》及做出原行政行为的证据材料。2015年11月3日,被告市国税局做出成国税复决字〔2015〕第1号《行政复议决定书》,认为根据《车辆购置税征收管理办法》(国家税务总局令第33号)第9条第(3)项、第(6)项、第12条的规定,由于原告所购车辆进行申报的计税价格低于同类型应税车辆的最低计税价格,且该车辆的客观情况不在"进口旧车、因不可抗力因素导致受损的车辆、库存超过3年的车辆、行驶8万千米以上的实验车辆、国家税务总局规定的其他车辆"范围之内,应当按照国家税务总局规定的该款车型最低计税价格征收车辆购置税。因而,车购税分局做出的行政行为符合规定。根据《行政复议法》第28条第1款第(1)项、《税务行政复议规则》第75条第(1)项的规定,决定维持车购税分局做出的行政行为。被告市国税局于同月5日向原告及被告车购税分局送达了该行政复议决定书。

一审法院审理认为,根据《税收征收管理法》第5条、第14条,以及《国家税务总局关于印发成都市国家税务局主要职责机构设置和人员编制规定的通知》(国税发〔2009〕53号)中有关机构设置"车辆购置税征收管理分局负责车辆购置税的征收管理工作"的规定,原告对其购买的车辆向被告车购税分局申报缴纳车辆购置税,被告车购税分局有核定计税价格及征收税款的行政职权。原告对被告车购税分局做出的按照最低计税价格对原告购买的车辆征收车辆购置税的行政行为不服，向被告市国税局申请行政复议，根据《行政复议法》第12条并参照《税务行政复议规则》第19条第(2)项的规定，被告市国税局作为车购税分局的上一级行政主管部门，具有审查原告以车购税分局为被申请人向其提出的行政复议申请，并决定是否受理及做出行政复议决定的行政职权。

被告车购税分局对原告申报车辆购置税进行了审核，因原告提供的申报计税价格低于同类型应税车辆的最低计税价格，且原告提供的申报资料反映，原告并无正当理由按其所要求的计税价格计收税款，因此，被告车购税分局按国家税务总局核定的最低计税价格决定向原告征收税款10.15万元，认定基本事实清楚，符合《车辆购置税暂行条例》第7条、《车辆购置税征收管理办法》第9条第(3)(6)项及第12条的规定，且被告车购税分局收到原告的申报申请后及时做出了征税决定，程序合法。被告市国税局对原告提出的行政复议申请，在法定期限内予以受理并做出行政复议决定，维持被告车购税分局对原告申报的车辆购置税征收行为，认定的事实清楚，适用法律正确，复议程序合法。

原告提出其所购车辆系属于库存旧款车型，且该车已有行驶里程并存在外观方面的瑕疵，应以车辆实际交易价格作为计税价。因该车即便是库存车，但并未超过3年，且行驶里程也未在8万千米以上，而原告提供的申报材料中也不能证明其车辆因不可抗力导致受损，因此，原告提出的上述理由并不符合《车辆购置税征收管理办法》第9条第(6)项规定的情形。原告认为其申报的计税价格低于同类型应税车辆的最低计税价格属有正当理由，应当以其申报价格计税的主张，根据《税收征收管理法》第3条"税收的开征、停征以及减税、免税、退税、补税，依照法律的规定执行；法律授权国务院规定的，依照国务院制订的行政法规的规定执行。任何机关、单位和个人不得违反法律、行政法规的规定，擅自做出税收开征、停征以及减税、免税、退税、补税和其他同税收法律、行政法规相抵触的决定"的规定，《车辆购置税暂行条例》第7条第2款为限制性条款，即在原告主张正当理由没有法律规定或者授权的法规规定的情况下，被告无权做出减税等决定，故原告的主张不能成立，对原告提出的本案诉讼请求，法院不予支持。依照《行政诉讼法》第69条、第79条之规定，判决驳回原告阮某的诉讼请求。

阮某不服上诉称，车购税分局对《车辆购置税暂行条例》及《车辆购置税征收管理办法》理解有误且适用条款不当，市国税局经行政复议维持了车购税分局的行政行为错误。上诉人所购车辆虽然低于最低计税价格，但车辆系库存、换代车辆，且车辆有破损等瑕疵，所支付的价格是合理的市场价格，应以不包含增值税税款的全部价款54.7万元作为计税价格，上诉人应当缴纳的车辆购置税为5.47万元，一审判决错误，请求撤销一审判决。

二审法院查明的案件事实与一审一致，且当事人对案件事实无争议。

二审法院认为，根据《税收征收管理法》第5条、第14条，以及《国家税务总局关于印发成都市国家税务局主要职责机构设置和人员编制规定的通知》(国税发〔2009〕53号)中有关机构设置的规定，被上诉人车购税分局对上诉人阮某申报缴纳车辆购置税的申请，具有核定计税价格及征收税款的行政职权。原告对被告车购税分局做出的按照最低计税价格对原告购买的车辆征收车辆购置税的行政行为不服，向被告市国税局申请行政复议，根据《行政复议法》第12条并参照《税务行政复议规则》第19条第(2)项的规定，被告市国税局作为车购税分局的上一级行政主管部门，具有审查原告以车购税分局为被申请人向其提出的行政复议申请，并决定是否受理及做出行政复议决定的行政职权。

本案争议的焦点问题是，被上诉人车购税分局核定的上诉人阮某所购车辆的应纳税额是否适当,即上诉人阮某所购买的车辆是否属于应当低于国家税务总局核定的最低计税标准计税的情形。

围绕本案的焦点问题,该院着重查明了以下事项。

第一,《车辆购置税征收管理办法》(2014年)第9条第(3)项、第(6)项及第12条的规定的法律理解与适用的问题。《车辆购置税征收管理办法》第9条第(3)项、第(6)项系并列条款,加之《车辆购置税征收管理办法》第12条明确规定"纳税人购买自用或者进口自用的应税车辆,申报的计税价格低于同类型应税车辆的最低计税价格,又无正当理由的,是指除本办法第9条第(6)项规定车辆之外的情形",该条文未规定"……,又无正当理由,是指本办法第9条(6)项规定车辆的情形",该条款系除外条款,故除该办法第9条(6)项规定车辆的情形之外,可能存在其他情形,可能构成正当理由,即适用该办法第9条(3)项之规定,纳税人购买自用或者进口自用的应税车辆,申报的计税价格低于同类型应税车辆的最低计税价格的,不符合前述办法第9条第(6)项规定车辆的情形,仍具有"正当理由",不应当以国家税务总局核定的最低计税价格计税。被上诉人提出"《车辆购置税征收管理办法》第9条(3)项规定的正当理由即该条第(6)项规定之内的情形",与前述法律规定不符,不予采纳。

第二,关于上诉人阮某提出其所购车辆系属于库存旧款车型,且该车已有行驶里程并存在外观方面的瑕疵,被上诉人车购税分局审查认为其不符合正当理由的合法性审查。《行政诉讼法》第34条规定,"被告对做出的行政行为负有举证责任,应当提供做出该行政行为的证据和所依据的规范性文件。被告不提供或者无正当理由逾期提供证据,视为没有相应证据。"同时,该法第37条规定,"原告可以提供证明行政行为违法的证据。原告提供的证据不成立的,不免除被告的举证责任。"本案中,阮某提出的其所购车辆系属于库存旧款车型,且该车已有行驶里程并存在外观方面的瑕疵并提交相应证据,符合《车辆购置税征收管理办法》第9条第(3)项正当理由的情形,据此,车购税分局应当提供相应证据,证明阮某提出其所购车辆存在的情形不属于正当理由或者第9条第(6)项规定的"国家税务总局规定的其他车辆"的情形。

税收制度是国家基本制度。根据《税收征收管理法》第3条"税收的开征、停征以及减税、免税、退税、补税,依照法律的规定执行;法律授权国务院规定的,依照国务院制订的行政法规的规定执行。任何机关、单位和个人不得违反法律、行政法规的规定,擅自做出税收开征、停征以及减税、免税、退税、补税和其他同税收法律、行政法规相抵触的决定"的规定,因《车辆购置税征收管理办法》第9条第(3)项未明确规定正当理由的具体情形,故车购税分局无权擅自认定阮某提出其所购车辆存在的情形是否属于正当理由或者"国家税务总局规定的其他车辆"的情形。但由此并不能免除车购税分局对于认定阮某提出其所购车辆存在的情形不属于正当理由应当承担的举证责任。本案中,车购税分局可以通过逐级请示的方式,由国家税务总局或其他有权机关对于案涉车辆情形是否属于正当理由做出认定。本案中车购税分局未提供证据证明案涉车辆情形不属于正当理由或者"国家税务总局规定的其他车辆"的情形,应当承担举证不力的法律后果。故车购税分局不予认定阮某提出其所购车辆存在的情形属于正当理由,按照国家税务总局核定的最低计税价格征收车辆购置税,不具有合法性,依法应予撤销。

根据《行政诉讼法》第79条、《最高人民法院关于适用〈中华人民共和国行政诉讼法〉若干问题的解释》第10条之规定,原行政行为被撤销的,复议机关做出的维持原行政行为的复议决定,依法应予一并撤销,故被上诉人市国税局做出成国税复决字〔2015〕第1号行政复议决定,依法应予撤销。

综上,上诉人阮某的上诉主张部分成立,法院予以支持,一审判决事实清楚,但适用法律部分错误，导致判决结果部分有误，法院予以纠正。

依照《行政诉讼法》第89条第1款第（2）项、《最高人民法院关于执行〈中华人民共和国行政诉讼法〉若干问题的解释》第70条的规定，判决如下：撤销成都市青羊区人民法院（2015）青羊行初字第179号行政判决；撤销四川省成都市国家税务局车辆购置税征收管理分局对阮某申报的车辆购置税按最低计税价格予以征收车辆购置税10.15万元的行为；撤销四川省成都市国家税务局做出的成国税复决字〔2015〕第1号行政复议决定；责令四川省成都市国家税务局车辆购置税征收管理分局对阮某申报的车辆购置税重新进行核定；驳回阮某的其他诉讼请求。

市国税局和车购税分局不服四川省成都市中级人民法院（2016）川01行终589号行政判决，认为申请人已经在一审中提交做出征税行为的证据和所依据适用的法律法规的文件，且目前国家税务总局尚未对《车辆购置税征收管理办法》第9条第（6）项中的"国家税务总局规定的其他车辆"做出明确具体的规定，二审判决适用法律错误。请求四川省高级人民法院依法撤销二审判决，对本案进行再审。

四川省高级人民法院立卷审查认为，车购税分局和市国税局的再审申请符合《行政诉讼法》第91条规定的情形。依照《行政诉讼法》第92条第2款和《最高人民法院关于执行<中华人民共和国行政诉讼法>若干问题的解释》第74条和第77条第2款之规定，裁定本案由该院提审；再审期间，中止原判决的执行。

四川省高级人民法院认为，车购税分局对阮某申报车辆购置税进行了审定，阮某提供的申报计税价格低于同类型应税车辆的最低计税价格，且阮某提供的申报资料反映，阮某并无正当理由按其所要求的计税价格计收税款，因此，车购税分局按国家税务总局核定的最低计税价格决定向阮某征收税款10.15万元，认定事实清楚，符合《车辆购置税暂行条例》第7条、《车辆购置税征收管理办法》第9条第（3）、（6）项及第12条的规定，且车购税分局收到阮某的申报申请后及时做出了征税决定，程序合法。市国税局对阮某提出的行政复议申请，在法定期限内予以受理并做出行政复议决定，维持车购税分局对原告申报的车辆购置税征收行为，认定的事实清楚，适用法律正确，复议程序合法。

阮某提出其所购车辆系属于库存旧款车型，且该车已有行驶里程并存在外观方面的瑕疵，应以车辆实际交易价格作为计税价。因该车即便是库存车，但并未超过3年，且行驶里程也未在8万千米以上，而阮某提供的申报材料中也不能证明其车辆因不可抗力导致受损，因此，阮某提出的上述理由并不符合《车辆购置税征收管理办法》第9条第（6）项规定的情形。阮某认为其申报的计税价格低于同类型应税车辆的最低计税价格属有正当理由，应当以其申报价格计税的主张，根据《税收征收管理法》第3条和《车辆购置税暂行条例》第7条第2款相关规定，即在阮某主张正当理由没有法律规定或者授权的法规规定的情况下，车购税分局无权做出减税等决定，故阮某的主张不能成立。

二审法院对车购税分局对阮某申报的车辆购置税决定按最低计税价格予以征收车辆购置税10.15万元的行为，以及市国税局做出的成国税复决字〔2015〕第1号行政复议决定予以撤销，属适用法律不当，应予纠正。车购税分局和市国税局申请再审的理由成立。

2018年3月19日，四川省高级人民法院依照《行政诉讼法》第69条、第79条、第89条第1款第（1）项之规定，判决撤销四川省成都市中级人民法院（2016）川01行终589号行政判决，即：撤销成都市青羊区人民法院（2015）青羊行初字第179号行政判决；撤销四川省成都市国家税务局车辆购置税征收管理分局对阮某申报的车辆购置税按最低计税价格予以征收车辆购置税10.15万元的行为；撤销四川省成都市国家税务局做出的成国税复决字〔2015〕第1号行政复议决定；责令四川省成都市国家税务局车辆购置税征收管理分局对阮某申报的车辆购置税重新进行核定；驳回阮某的其他诉讼请求。维持成都市青羊区人民法院(2015)青羊行初字第179号行政判决，即：判决驳回原告阮某的诉讼请求。本案一、二审案件受理费各50元，合计100元，由被申请人阮某负担。

本案争议的焦点问题之一是阮某提供的理由是否属于正当理由？

为防止纳税人避税，《车辆购置税暂行条例》第7条规定了最低计税价格制度。这一制度的例外规定是，如果纳税人有"正当理由"，可以不执行最低计税价格制度。由于国家税务总局并未就"正当理由"进行全面解释，因此，应结合该制度的立法精神予以全面考察。最低计税价格制度是一种反避税制度，目的在于纳税人通过合谋低价规避车辆购置税的纳税义务。如果纳税人之间并不存在避税的嫌疑，在正常低价促销以及车辆存在一定瑕疵的情形下，适当降低车辆的销售价格，应当认为属于"正当理由"。本案中的税务机关以及部分法院过于机械地理解和执行相关规定，不利于推动车辆购置税最低计税价格制度的完善。

本案争议的焦点问题之二是《车辆购置税征收管理办法》有关最低计税价格的规定是否合法？

2018年12月29日第十三届全国人民代表大会常务委员会第七次会议通过的《车辆购置税法》取消了由国家税务总局制订每种类型车辆的最低计税价格的制度，而是规定："纳税人申报的应税车辆计税价格明显偏低，又无正当理由的，由税务机关依照《税收征收管理法》的规定核定其应纳税额。"这一改变从一个侧面表明了之前长期存在的最低计税价格制度在合法性上存在一定的欠缺与不足。最低计税价格制度的存在相当于事先假定纳税人一定会避税，而实务中，车辆购置税的最低计税价格经常高于市场销售价格也使得这一制度在性质上变了味，不符合税法的精神与宗旨。未来，纳税人缴纳车辆购置税原则上应按实际交易价格作为计税依据，只有出现"明显偏低"的情形时，税务机关才能要求纳税人出示"正当理由"的依据，在无"正当理由"时才能按照正常市场价格核定其应纳税额。

疑难问答

1.《车辆购置税法》于2019年7月1日施行以后，还有哪些车辆购置税的优惠政策可以继续执行？

下列车辆购置税的优惠政策可以继续执行。

回国服务的在外留学人员用现汇购买1辆个人自用国产小汽车和长期来华定居专家进口1辆自用小汽车免征车辆购置税。防汛部门和森林消防部门用于指挥、检查、调度、报汛(警)、联络的由指定厂家生产的设有固定装置的指定型号的车辆免征车辆购置税。具体操作按照《财政部 国家税务总局关于防汛专用等车辆免征车辆购置税的通知》(财税〔2001〕39号)有关规定执行。

自2018年1月1日至2020年12月31日，对购置新能源汽车免征车辆购置税。具体操作按照《财政部 税务总局 工业和信息化部 科技部关于免征新能源汽车车辆购置税的公告》(财政部 税务总局 工业和信息化部 科技部公告2017年第172号)有关规定执行。

自2018年7月1日至2021年6月30日，对购置挂车减半征收车辆购置税。具体操作按照《财政部 税务总局 工业和信息化部关于对挂车减征车辆购置税的公告》(财政部 税务总局 工业和信息化部公告2018年第69号)有关规定执行。

中国妇女发展基金会"母亲健康快车"项目的流动医疗车免征车辆购置税。

北京2022年冬奥会和冬残奥会组织委员会新购置车辆免征车辆购置税。

原公安现役部队和原武警黄金、森林、水电部队改制后换发地方机动车牌证的车辆（公安消防、武警森林部队执行灭火救援任务的车辆除外），一次性免征车辆购置税。

2. 已经办理免税、减税手续的车辆因转让、改变用途等原因不再属于免税、减税范围的，如何确定纳税人、纳税义务发生时间以及应纳税额？

发生转让行为的，受让人为车辆购置税纳税人；未发生转让行为的，车辆所有人为车辆购置税纳税人。纳税义务发生时间为车辆转让或者用途改变等情形发生之日。应纳税额计算公式如下：

应纳税额 = 初次办理纳税申报时确定的计税价格 × (1 − 使用年限 × 10%) × 10% − 已纳税额

应纳税额不得为负数。使用年限的计算方法是，自纳税人初次办理纳税申报之日起，至不再属于免税、减税范围的情形发生之日止。使用年限取整计算，不满一年的不计算在内。

3. 已征车辆购置税的车辆退回车辆生产或销售企业，纳税人申请退还车辆购置税的，如何计算应退税额？

应退税额计算公式如下：

应退税额 = 已纳税额 × (1 − 使用年限 × 10%)

应退税额不得为负数。使用年限的计算方法是，自纳税人缴纳税款之日起，至申请退税之日止。

◆本章小结◆

本章讲解了车辆购置税的纳税人与征税范围、计税价格、税率与应纳税额的计算、税收优惠以及征收管理等基本的制度。其中，需要重点掌握的是车辆购置税的纳税人与征税范围、计税价格、税率与应纳税额的计算以及税收优惠等制度。

第 13 章 　环境保护税

> **本章导读**
>
> 　　环境保护税是我国 2018 年新开征的税种，属于由全国人大及其常委会立法开征的八大税种之一，其前身是排污费。本章讲解了环境保护税的纳税人、征税范围、税率、计税依据、应纳税额、税收优惠以及征收管理等基本的制度。其中，需要重点掌握的是环境保护税的纳税人、征税范围以及税收优惠等制度。环境保护税的征管需要税务机关与环境保护主管部门之间的密切配合。
>
> 　　本章阐述的制度主要依据《中华人民共和国环境保护税法》(2016 年 12 月 25 日第十二届全国人民代表大会常务委员会第二十五次会议通过，根据 2018 年 10 月 26 日第十三届全国人民代表大会常务委员会第六次会议《关于修改〈中华人民共和国野生动物保护法〉等十五部法律的决定》修正)和《中华人民共和国环境保护税法实施条例》(国务院令第 693 号)。

>> 政策解析

13.1　环境保护税的纳税人

　　在中华人民共和国领域和中华人民共和国管辖的其他海域，直接向环境排放应税污染物的企业事业单位和其他生产经营者为环境保护税的纳税人，应当依照《环境保护税法》规定缴纳环境保护税，不再征收排污费。

　　直接向环境排放应税污染物的企业事业单位和其他生产经营者，除依照《环境保护税法》规定缴纳环境保护税外，应当对所造成的损害依法承担责任。

13.2　环境保护税的征税范围

　　环境保护税的征税范围是应税污染物，即《环境保护税法》所附《环境保护税税目税额表》《应税污染物和当量值表》规定的大气污染物、水污染物、固体废物和噪声。

　　有下列情形之一的，不属于直接向环境排放污染物，不缴纳相应污染物的环境保护税。

　　(1)企业事业单位和其他生产经营者向依法设立的污水集中处理、生活垃圾集中处理场所排放应税污染物的。

　　(2)企业事业单位和其他生产经营者在符合国家和地方环境保护标准的设施、场所贮存或者处置固体废物的。

　　依法设立的城乡污水集中处理、生活垃圾集中处理场所超过国家和地方规定的排放标准向环境排放应税污染物的，应当缴纳环境保护税。城乡污水集中处理场所是指为社会公众提供生活污水处理服务的场所，不包括为工业园区、开发区等工业聚集区域内的企业事业单位和其他生产经营者提供污水处理服务的场所，以及企业事业单位和其他生产经营者自建自用的污水处理场所。

企业事业单位和其他生产经营者贮存或者处置固体废物不符合国家和地方环境保护标准的，应当缴纳环境保护税。达到省级人民政府确定的规模标准并且有污染物排放口的畜禽养殖场，应当依法缴纳环境保护税；依法对畜禽养殖废弃物进行综合利用和无害化处理的，不属于直接向环境排放污染物，不缴纳环境保护税。

13.3 环境保护税的税率

环境保护税的税目、税额，依照《环境保护税法》所附《环境保护税税目税额表》（表13-1）执行。

表13-1 环境保护税税目税额表

税目		计税单位	税额
大气污染物		每污染当量	1.2至12元
水污染物		每污染当量	1.4至14元
固体废物	煤矸石	每吨	5元
	尾矿	每吨	15元
	危险废物	每吨	1000元
	冶炼渣、粉煤灰、炉渣、其他固体废物（含半固态、液态废物）	每吨	25元
噪声	工业噪声	超标1~3分贝	每月350元
		超标4~6分贝	每月700元
		超标7~9分贝	每月1400元
		超标10~12分贝	每月2800元
		超标13~15分贝	每月5600元
		超标16分贝以上	每月11200元

应税大气污染物和水污染物的具体适用税额的确定和调整，由省、自治区、直辖市人民政府统筹考虑本地区环境承载能力、污染物排放现状和经济社会生态发展目标要求，在《环境保护税法》所附《环境保护税税目税额表》规定的税额幅度内提出，报同级人民代表大会常务委员会决定，并报全国人民代表大会常务委员会和国务院备案。

13.4 环境保护税的计税依据和应纳税额

13.4.1 环境保护税的计税依据

应税污染物的计税依据，按照下列方法确定。

（1）应税大气污染物按照污染物排放量折合的污染当量数确定。
（2）应税水污染物按照污染物排放量折合的污染当量数确定。
（3）应税固体废物按照固体废物的排放量确定。
（4）应税噪声按照超过国家规定标准的分贝数确定。

污染当量是指根据污染物或者污染排放活动对环境的有害程度以及处理的技术经济性，衡量不同污染物对环境污染的综合性指标或者计量单位。同一介质相同污染当量的不同污染物，其污染程度基本相当。

应税固体废物的计税依据，按照固体废物的排放量确定。固体废物的排放量为当期应税固体废物的产生量减去当期应税固体废物的贮存量、处置量、综合利用量的余额。固体废物的贮存量、处置量，是指在符合国家和地方环境保护标准的设施、场所贮存或者处置的固体废物数量；固体废物的综合利用量是指按照国务院发展改革、工业和信息化主管部门关于资源综合利用要求以及国家和地方环境保护标准进行综合利用的固体废物数量。

纳税人有下列情形之一的，以其当期应税固体废物的产生量作为固体废物的排放量。

(1) 非法倾倒应税固体废物。

(2) 进行虚假纳税申报。

应税大气污染物、水污染物的污染当量数，以该污染物的排放量除以该污染物的污染当量值计算。每种应税大气污染物、水污染物的具体污染当量值，依照《环境保护税法》所附《应税污染物和当量值表》执行。

应税大气污染物、水污染物的计税依据，按照污染物排放量折合的污染当量数确定。

纳税人有下列情形之一的，以其当期应税大气污染物、水污染物的产生量作为污染物的排放量。

(1) 未依法安装使用污染物自动监测设备或者未将污染物自动监测设备与环境保护主管部门的监控设备联网。

(2) 损毁或者擅自移动、改变污染物自动监测设备。

(3) 篡改、伪造污染物监测数据。

(4) 通过暗管、渗井、渗坑、灌注或者稀释排放以及不正常运行防治污染设施等方式违法排放应税污染物。

(5) 进行虚假纳税申报。

每一排放口或者没有排放口的应税大气污染物，按照污染当量数从大到小排序，对前三项污染物征收环境保护税。每一排放口的应税水污染物，按照《环境保护税法》所附《应税污染物和当量值表》，区分第一类水污染物和其他类水污染物，按照污染当量数从大到小排序，对第一类水污染物按照前五项征收环境保护税，对其他类水污染物按照前三项征收环境保护税。省、自治区、直辖市人民政府根据本地区污染物减排的特殊需要，可以增加同一排放口征收环境保护税的应税污染物项目数，报同级人民代表大会常务委员会决定，并报全国人民代表大会常务委员会和国务院备案。

从两个以上排放口排放应税污染物的，对每一排放口排放的应税污染物分别计算征收环境保护税；纳税人持有排污许可证的，其污染物排放口按照排污许可证载明的污染物排放口确定。

应税大气污染物、水污染物、固体废物的排放量和噪声的分贝数，按照下列方法和顺序计算。

(1) 纳税人安装使用符合国家规定和监测规范的污染物自动监测设备的，按照污染物自动监测数据计算。

(2) 纳税人未安装使用污染物自动监测设备的，按照监测机构出具的符合国家有关规定和监测规范的监测数据计算。

(3) 因排放污染物种类多等原因不具备监测条件的，按照国务院生态环境主管部门规定的排污系数、物料衡算方法计算。

(4)不能按照上述方法计算的,按照省、自治区、直辖市人民政府生态环境主管部门规定的抽样测算的方法核定计算。排污系数是指在正常技术经济和管理条件下,生产单位产品所应排放的污染物量的统计平均值。物料衡算是指根据物质质量守恒原理对生产过程中使用的原料、生产的产品和产生的废物等进行测算的一种方法。

因排放污染物种类多等原因不具备监测条件的,纳税人应当按照《关于发布计算污染物排放量的排污系数和物料衡算方法的公告》(原环境保护部公告2017第81号)的规定计算应税污染物排放量。其中,相关行业适用的排污系数方法中产排污系数为区间值的,纳税人结合实际情况确定具体适用的产排污系数值;纳入排污许可管理行业的纳税人按照排污许可证的规定确定。生态环境部尚未规定适用排污系数、物料衡算方法的,暂由纳税人参照缴纳排污费时依据的排污系数、物料衡算方法及抽样测算方法计算应税污染物的排放量。

● 《财政部 税务总局 生态环境部关于环境保护税有关问题的通知》(财税〔2018〕23号)

13.4.2 环境保护税应纳税额的计算

环境保护税应纳税额按照下列方法计算。
(1)应税大气污染物的应纳税额为污染当量数乘以具体适用税额。
(2)应税水污染物的应纳税额为污染当量数乘以具体适用税额。
(3)应税固体废物的应纳税额为固体废物排放量乘以具体适用税额。
(4)应税噪声的应纳税额为超过国家规定标准的分贝数对应的具体适用税额。

13.5 环境保护税的税收优惠

下列情形,暂予免征环境保护税。
(1)农业生产(不包括规模化养殖)排放应税污染物的。
(2)机动车、铁路机车、非道路移动机械、船舶和航空器等流动污染源排放应税污染物的。
(3)依法设立的城乡污水集中处理、生活垃圾集中处理场所排放相应应税污染物,不超过国家和地方规定的排放标准的。
(4)纳税人综合利用的固体废物,符合国家和地方环境保护标准的。
(5)国务院批准免税的其他情形。

纳税人排放应税大气污染物或者水污染物的浓度值低于国家和地方规定的污染物排放标准百分之三十的,减按百分之七十五征收环境保护税。纳税人排放应税大气污染物或者水污染物的浓度值低于国家和地方规定的污染物排放标准百分之五十的,减按百分之五十征收环境保护税。应税大气污染物或者水污染物的浓度值,是指纳税人安装使用的污染物自动监测设备当月自动监测的应税大气污染物浓度值的小时平均值再平均所得数值或者应税水污染物浓度值的日平均值再平均所得数值,或者监测机构当月监测的应税大气污染物、水污染物浓度值的平均值。依照上述规定减征环境保护税的,应税大气污染物浓度值的小时平均值或者应税水污染物浓度值的日平均值,以及监测机构当月每次监测的应税大气污染物、水污染物的浓度值,均不得超过国家和地方规定的污染物排放标准。

13.6 环境保护税的征收管理

13.6.1 征收机关与协助机关

环境保护税由税务机关依照《税收征收管理法》和《环境保护税法》的有关规定征收管理。

生态环境主管部门依照《环境保护税法》和有关环境保护法律法规的规定负责对污染物的监测管理。县级以上地方人民政府应当建立税务机关、生态环境主管部门和其他相关单位分工协作工作机制，加强环境保护税征收管理，保障税款及时足额入库。税务机关依法履行环境保护税纳税申报受理、涉税信息比对、组织税款入库等职责。环境保护主管部门依法负责应税污染物监测管理，制订和完善污染物监测规范。

生态环境主管部门和税务机关应当建立涉税信息共享平台和工作配合机制。国务院税务、环境保护主管部门制订涉税信息共享平台技术标准以及数据采集、存储、传输、查询和使用规范。生态环境主管部门应当将排污单位的排污许可、污染物排放数据、环境违法和受行政处罚情况等环境保护相关信息，定期交送税务机关。税务机关应当将纳税人的纳税申报、税款入库、减免税额、欠缴税款以及风险疑点等环境保护税涉税信息，定期交送生态环境主管部门。

环境保护主管部门应当通过涉税信息共享平台向税务机关交送在环境保护监督管理中获取的下列信息。

(1)排污单位的名称、统一社会信用代码以及污染物排放口、排放污染物种类等基本信息。

(2)排污单位的污染物排放数据(包括污染物排放量以及大气污染物、水污染物的浓度值等数据)。

(3)排污单位环境违法和受行政处罚情况。

(4)对税务机关提请复核的纳税人的纳税申报数据资料异常或者纳税人未按照规定期限办理纳税申报的复核意见。

(5)与税务机关商定交送的其他信息。

税务机关应当通过涉税信息共享平台向环境保护主管部门交送下列环境保护税涉税信息。

(1)纳税人基本信息。

(2)纳税申报信息。

(3)税款入库、减免税额、欠缴税款以及风险疑点等信息。

(4)纳税人涉税违法和受行政处罚情况。

(5)纳税人的纳税申报数据资料异常或者纳税人未按照规定期限办理纳税申报的信息。

(6)与环境保护主管部门商定交送的其他信息。

13.6.2 纳税义务发生时间与纳税地点

纳税义务发生时间为纳税人排放应税污染物的当日。纳税人应当向应税污染物排放地的税务机关申报缴纳环境保护税。应税污染物排放地是指：应税大气污染物、水污染物排放口所在地；应税固体废物产生地；应税噪声产生地。纳税人跨区域排放应税污染物，税务机关对税收征收管辖有争议的，由争议各方按照有利于征收管理的原则协商解决；不能协商一致的，报请共同的上级税务机关决定。

13.6.3 纳税期限

环境保护税按月计算，按季申报缴纳。不能按固定期限计算缴纳的，可以按次申报缴纳。纳税人申报缴纳时，应当向税务机关报送所排放应税污染物的种类、数量，大气污染物、水污染物的浓度值，以及税务机关根据实际需要要求纳税人报送的其他纳税资料。

纳税人按季申报缴纳的，应当自季度终了之日起十五日内，向税务机关办理纳税申报并缴纳税款。纳税人按次申报缴纳的，应当自纳税义务发生之日起十五日内，向税务机关办理纳税申报并缴纳税款。纳税人应当依法如实办理纳税申报，对申报的真实性和完整性承担责任。

13.6.4 信息交换与异常处理

税务机关应当将纳税人的纳税申报数据资料与生态环境主管部门交送的相关数据资料进行比对。税务机关应当依据环境保护主管部门交送的排污单位信息进行纳税人识别。在环境保护主管部门交送的排污单位信息中没有对应信息的纳税人，由税务机关在纳税人首次办理环境保护税纳税申报时进行纳税人识别，并将相关信息交送环境保护主管部门。

税务机关发现纳税人的纳税申报数据资料异常或者纳税人未按照规定期限办理纳税申报的，可以提请生态环境主管部门进行复核，生态环境主管部门应当自收到税务机关的数据资料之日起十五日内向税务机关出具复核意见。税务机关应当按照生态环境主管部门复核的数据资料调整纳税人的应纳税额。环境保护主管部门发现纳税人申报的应税污染物排放信息或者适用的排污系数、物料衡算方法有误的，应当通知税务机关处理。纳税人申报的污染物排放数据与环境保护主管部门交送的相关数据不一致的，按照环境保护主管部门交送的数据确定应税污染物的计税依据。上述纳税人的纳税申报数据资料异常，包括但不限于下列情形：纳税人当期申报的应税污染物排放量与上一年同期相比明显偏低，且无正当理由；纳税人单位产品污染物排放量与同类型纳税人相比明显偏低，且无正当理由。

13.6.5 海洋工程环境保护税征管的特殊规定

纳税人从事海洋工程向中华人民共和国管辖海域排放应税大气污染物、水污染物或者固体废物，申报缴纳环境保护税的具体办法，由国务院税务主管部门会同国务院生态环境主管部门规定。

13.6.6 收入归属与各级政府的职责

为促进各地保护和改善环境、增加环境保护投入，国务院决定，环境保护税全部作为地方收入。各级人民政府应当鼓励纳税人加大环境保护建设投入，对纳税人用于污染物自动监测设备的投资予以资金和政策支持。

● 《国务院关于环境保护税收入归属问题的通知》（国发〔2017〕56号）

县级以上地方人民政府应当加强对环境保护税征收管理工作的领导，及时协调、解决环境保护税征收管理工作中的重大问题。税务机关、环境保护主管部门应当无偿为纳税人提供与缴纳环境保护税有关的辅导、培训和咨询服务。税务机关依法实施环境保护税的税务检查，环境保护主管部门予以配合。

案例精讲

2018年1月7日上午9时，湖南省长沙市圭塘河巡河员巡查发现圭塘河某段河道存在疑似大量猪血污染水体的情况。随后，圭塘河所在区的环境保护局、市政管理局、相关街道等单位组成指挥部立即开展排查，查明血水是从振东路的雨水井排入，经比亚迪路，最后由圭塘河十号排口流入圭塘河。

经初步调查，怀疑血水是从甲公司排出流入圭塘河。1月8日，指挥部组织相关部门在事发河段以及甲公司场内用挖掘机开挖，排查河道中是否存在暗管偷排。经挖掘查实，未发现甲公司存在暗管排污行为。在与甲公司进一步核实的过程中，发现甲公司与乙公司签订长期供应猪血的购销合同。2018年1月，由于高速公路结冰，乙公司不能及时赶来，导致猪血变质。乙公司联系了丙清洁公司进行处理，丙清洁公司派司机开槽车拉3吨猪血到污水处理厂，结果司机图省事将猪血排放到雨水井，导致污染。

区环境保护局委托有资质的公司对污染水体进行采样检测，检测结果显示化学需氧量、氨氮、动植物油等指标超标。

1月8日，环境保护局对丙清洁公司司机进行调查，其本人对违法排污事实供认不讳。区环境保护局对其违法行为进行立案，并将案件移交区公安分局处理，涉案司机被行政拘留15天。区环境保护局对丙清洁公司向路边雨水管非法倾倒废弃物(牲猪血水)行为处以10万元罚款，并对甲公司加强监管。处理结束后，区环境保护局向税务部门发出《关于圭塘河水体污染事件的函》，说明了案情经过和处罚情况。

违法排放被处罚后，并不免除相应的纳税义务。因此，税务部门在收到《关于圭塘河水体污染事件的函》后，应根据《环境保护税法》及其实施条例，计算征收环境保护税。

根据《环境保护税法》的规定，环境保护税的纳税人为"直接向环境排放应税污染物的企业事业单位和其他生产经营者"，本案中的甲公司、乙公司并未直接向环境排放应税污染物，不属于纳税人。直接排放的主体为丙公司的司机，但司机作为自然人不属于"企业事业单位和其他生产经营者"，不能成为纳税人，由于司机执行的是丙公司的任务，该直接排放行为应认定为丙公司所为，因此，本案纳税人应该为丙公司。

根据《环境保护税法实施条例》第七条的规定，通过暗管、渗井、渗坑、灌注或者稀释排放以及不正常运行防治污染设施等方式违法排放应税污染物，以其当期应税水污染物的产生量作为污染物的排放量。因此，本案应以3吨猪血作为计税依据。

根据专业人员计算，本案污染当量数合计为25.17kg。根据《湖南省人民代表大会常务委员会关于湖南省大气污染物和水污染物环境保护税适用税额的决定》，湖南省应税水污染物适用税额为每污染当量3元。因此，本案丙公司应纳环境保护税75.51(25.17×3)元。

疑难问答

1. 纳税人委托监测机构对应税大气污染物和水污染物排放量进行监测时，如何确定应税污染物的排放量？

纳税人委托监测机构对应税大气污染物和水污染物排放量进行监测时，其当月同一个排放口排放的同一种污染物有多个监测数据的，应税大气污染物按照监测数据的平均值计算应税污染物的排放量；应税水污染物按照监测数据以流量为权的加权平均值计算应税污染物的排放量。在环境保护主管部门规定的监测时限内当月无监测数据的，可以跨月沿用最近一次的监测数据计算应税污染物排放量。纳入排污许可管理行业的纳税人，其应税污染物排放量的监测计算方法按照排污许可管理要求执行。

●《财政部 税务总局 生态环境部关于环境保护税有关问题的通知》(财税〔2018〕23号)

2. 如何计算应税水污染物污染当量数？

应税水污染物的污染当量数，以该污染物的排放量除以该污染物的污染当量值计算。其中，色度的污染当量数，以污水排放量乘以色度超标倍数再除以适用的污染当量值计算。畜禽养殖业水污染物的污染当量数，以该畜禽养殖场的月均存栏量除以适用的污染当量值计算。畜禽养殖场的月均存栏量按照月初存栏量和月末存栏量的平均数计算。

●《财政部 税务总局 生态环境部关于环境保护税有关问题的通知》(财税〔2018〕23号)

3. 应税固体废物排放量如何计算和纳税申报？

应税固体废物的排放量为当期应税固体废物的产生量减去当期应税固体废物贮存量、处置量、综合利用量的余额。纳税人应当准确计量应税固体废物的贮存量、处置量和综合利用量，未准确计量的，不得从其应税固体废物的产生量中减去。纳税人依法将应税固体废物转移至其他单位和个人进行贮存、处置或者综合利用的，固体废物的转移量相应计入其当期应税固体废物的贮存量、处置量或者综合利用量；纳税人接收的应税固体废物转移量，不计入其当期应税固体废物的产生量。纳税人对应税固体废物进行综合利用的，应当符合工业和信息化部制订的工业固体废物综合利用评价管理规范。

纳税人申报纳税时，应当向税务机关报送应税固体废物的产生量、贮存量、处置量和综合利用量，同时报送能够证明固体废物流向和数量的纳税资料，包括固体废物处置利用委托合同、受委托方资质证明、固体废物转移联单、危险废物管理台账复印件等。有关纳税资料已在环境保护税基础信息采集表中采集且未发生变化的，纳税人不再报送。纳税人应当参照危险废物台账管理要求，建立其他应税固体废物管理台账，如实记录产生固体废物的种类、数量、流向以及贮存、处置、综合利用、接收转入等信息，并将应税固体废物管理台账和相关资料留存备查。

● 《财政部 税务总局 生态环境部关于环境保护税有关问题的通知》（财税〔2018〕23号）

4. 如何计算应税噪声的应纳税额？

应税噪声的应纳税额为超过国家规定标准分贝数对应的具体适用税额。噪声超标分贝数不是整数值的，按四舍五入取整。一个单位的同一监测点当月有多个监测数据超标的，以最高一次超标声级计算应纳税额。声源一个月内累计昼间超标不足15昼或者累计夜间超标不足15夜的，分别减半计算应纳税额。

● 《财政部 税务总局 生态环境部关于环境保护税有关问题的通知》（财税〔2018〕23号）

本章小结

环境保护税的纳税人为在中国领域和中国管辖的其他海域，直接向环境排放应税污染物的企业事业单位和其他生产经营者。环境保护税的征税范围是大气污染物、水污染物、固体废物和噪声。环境保护税由税务机关征收管理。生态环境主管部门负责对污染物的监测管理。纳税义务发生时间为纳税人排放应税污染物的当日。纳税人应当向应税污染物排放地的税务机关申报缴纳环境保护税。环境保护税按月计算，按季申报缴纳。不能按固定期限计算缴纳的，可以按次申报缴纳。

第 14 章 税收征管法

> **本章导读**
>
> 税收征收管理制度在1992年实现了法定,目前,《税收征收管理法》正在进行新一轮的全面修正。本章阐述了税收征管体制、税务管理、税款征收、税务检查、税收法律责任以及税务救济等基本制度,需要重点掌握的是税务管理、税款征收和税务救济等制度。税收征管法除程序法的内容外,还涉及税收体制、纳税人权利义务等制度,部分起到了税收基本法的作用。
>
> 本章阐述的制度主要依据《中华人民共和国税收征收管理法》(1992年9月4日第七届全国人民代表大会常务委员会第二十七次会议通过,根据1995年2月28日第八届全国人民代表大会常务委员会第十二次会议《关于修改〈中华人民共和国税收征收管理法〉的决定》第一次修正,2001年4月28日第九届全国人民代表大会常务委员会第二十一次会议修订,根据2013年6月29日第十二届全国人民代表大会常务委员会第三次会议《关于修改〈中华人民共和国文物保护法〉等十二部法律的决定》第二次修正,根据2015年4月24日第十二届全国人民代表大会常务委员会第十四次会议《关于修改〈中华人民共和国港口法〉等七部法律的决定》第三次修正)、《中华人民共和国税收征收管理法实施细则》(2002年9月7日中华人民共和国国务院令第362号公布,根据2012年11月9日《国务院关于修改和废止部分行政法规的决定》第一次修订,根据2013年7月18日《国务院关于废止和修改部分行政法规的决定》第二次修订,根据2016年2月6日《国务院关于修改部分行政法规的决定》第三次修订)、《税务登记管理办法》(2003年12月17日国家税务总局令第7号公布,根据2014年12月27日《国家税务总局关于修改〈税务登记管理办法〉的决定》、2018年6月15日《国家税务总局关于修改部分税务部门规章的决定》、2019年7月24日《国家税务总局关于公布取消一批税务证明事项以及废止和修改部分规章规范性文件的决定》修正)、《中华人民共和国发票管理办法》(1993年12月12日国务院批准、1993年12月23日财政部令第6号发布,根据2010年12月20日《国务院关于修改〈中华人民共和国发票管理办法〉的决定》修订,根据2019年3月2日《国务院关于修改部分行政法规的决定》修正)、《纳税担保试行办法》(国家税务总局令2005年第11号)、《税务稽查工作规程》(国税发〔2009〕157号)以及《税务行政复议规则》(2010年2月10日国家税务总局令第21号公布,根据2015年12月28日《国家税务总局关于修改〈税务行政复议规则〉的决定》和2018年6月15日《国家税务总局关于修改部分税务部门规章的决定》修正)。

>> 政策解析

14.1 税收征管体制

14.1.1 税收法定原则

税收的开征、停征以及减税、免税、退税、补税,依照法律的规定执行;法律授权国务院规定的，依照国务院制订的行政法规的规定执行。任何机关、单位和个人不得违反法律、行政法规的规定，擅自做出税收开征、停征以及减税、免税、退税、补税和其他同税收法律、行政法规相抵触的决定。

任何部门、单位和个人做出的与税收法律、行政法规相抵触的决定一律无效，税务机关不得执行，并应当向上级税务机关报告。纳税人应当依照税收法律、行政法规的规定履行纳税义务；其签订的合同、协议等与税收法律、行政法规相抵触的，一律无效。

14.1.2 纳税主体及其权利

法律、行政法规规定负有纳税义务的单位和个人为纳税人。法律、行政法规规定负有代扣代缴、代收代缴税款义务的单位和个人为扣缴义务人。纳税人、扣缴义务人必须依照法律、行政法规的规定缴纳税款、代扣代缴、代收代缴税款。

承包人或者承租人有独立的生产经营权，在财务上独立核算，并定期向发包人或者出租人上缴承包费或者租金的，承包人或者承租人应当就其生产、经营收入和所得纳税，并接受税务管理；但是，法律、行政法规另有规定的除外。发包人或者出租人应当自发包或者出租之日起30日内将承包人或者承租人的有关情况向主管税务机关报告。发包人或者出租人不报告的，发包人或者出租人与承包人或者承租人承担纳税连带责任。

纳税人、扣缴义务人有权向税务机关了解国家税收法律、行政法规的规定以及与纳税程序有关的情况。纳税人、扣缴义务人有权要求税务机关为纳税人、扣缴义务人的情况保密。税务机关应当依法为纳税人、扣缴义务人的情况保密。纳税人依法享有申请减税、免税、退税的权利。纳税人、扣缴义务人对税务机关所做出的决定，享有陈述权、申辩权；依法享有申请行政复议、提起行政诉讼、请求国家赔偿等权利。纳税人、扣缴义务人有权控告和检举税务机关、税务人员的违法违纪行为。

上述为纳税人、扣缴义务人保密的情况，是指纳税人、扣缴义务人的商业秘密及个人隐私。纳税人、扣缴义务人的税收违法行为不属于保密范围。

14.1.3 税务机关的设置

国务院税务主管部门主管全国税收征收管理工作。各地税务局应当按照国务院规定的税收征收管理范围分别进行征收管理。地方各级人民政府应当依法加强对本行政区域内税收征收管理工作的领导或者协调，支持税务机关依法执行职务，依照法定税率计算税额，依法征收税款。各有关部门和单位应当支持、协助税务机关依法执行职务。税务机关依法执行职务，任何单位和个人不得阻挠。

国家有计划地用现代信息技术装备各级税务机关，加强税收征收管理信息系统的现代化建设，建立、健全税务机关与政府其他管理机关的信息共享制度。纳税人、扣缴义务人和其他有关单位应当按照国家有关规定如实向税务机关提供与纳税和代扣代缴、代收代缴税款有关的信息。

国家税务总局负责制订全国税务系统信息化建设的总体规划、技术标准、技术方案与实施办法；各级税务机关应当按照国家税务总局的总体规划、技术标准、技术方案与实施办法，做好本地区税务系统信息化建设的具体工作。地方各级人民政府应当积极支持税务系统信息化建设，并组织有关部门实现相关信息的共享。

14.1.4 税务机关的职责

税务机关应当广泛宣传税收法律、行政法规，普及纳税知识，无偿地为纳税人提供纳税咨询服务。税务机关是指各级税务局、税务分局、税务所和按照国务院规定设立的并向社会公告的税务机构。按照国务院规定设立的并向社会公告的税务机构是指省以下税务局的稽查局。稽查局专司偷税、逃避追缴欠税、骗税、抗税案件的查处。国家税务总局应当明确划分税务局和稽查局的职责，避免职责交叉。

税务机关应当加强队伍建设，提高税务人员的政治业务素质。税务机关、税务人员必须秉公执法，忠于职守，清正廉洁，礼貌待人，文明服务，尊重和保护纳税人、扣缴义务人的权利，依法接受监督。税务人员不得索贿受贿、徇私舞弊、玩忽职守、不征或者少征应征税款；不得滥用职权多征税款或者故意刁难纳税人和扣缴义务人。

14.1.5　税务机关的内部管理制度

各级税务机关应当建立、健全内部制约和监督管理制度。上级税务机关应当对下级税务机关的执法活动依法进行监督。各级税务机关应当对其工作人员执行法律、行政法规和廉洁自律准则的情况进行监督检查。

税务机关负责征收、管理、稽查、行政复议的人员的职责应当明确，并相互分离、相互制约。税务人员征收税款和查处税收违法案件，与纳税人、扣缴义务人或者税收违法案件有利害关系的，应当回避。税务人员在核定应纳税额、调整税收定额、进行税务检查、实施税务行政处罚、办理税务行政复议时，与纳税人、扣缴义务人或者其法定代表人、直接责任人有下列关系之一的，应当回避：①夫妻关系；②直系血亲关系；③三代以内旁系血亲关系；④近姻亲关系；⑤可能影响公正执法的其他利害关系。

国家税务总局应当制订税务人员行为准则和服务规范。上级税务机关发现下级税务机关的税收违法行为，应当及时予以纠正；下级税务机关应当按照上级税务机关的决定及时改正。下级税务机关发现上级税务机关的税收违法行为，应当向上级税务机关或者有关部门报告。

14.1.6　税收检举制度

任何单位和个人都有权检举违反税收法律、行政法规的行为。收到检举的机关和负责查处的机关应当为检举人保密。

税收违法行为检举是指单位、个人采用书信、互联网、传真、电话、来访等形式，向税务机关提供纳税人、扣缴义务人税收违法行为线索的行为。

市（地）及市（地）以上税务机关稽查局设立税收违法案件举报中心（以下简称"举报中心"），其工作人员由所在机关根据工作需要配备；没有设立举报中心的县（区）税务机关稽查局应当指定专门部门负责税收违法行为检举管理工作，并可挂举报中心牌子。举报中心的主要职责：受理、处理、管理检举材料；转办、交办、督办、催办检举案件；跟踪、了解、掌握检举案件的查办情况；上报、通报举报中心工作开展情况及检举事项的查办情况；统计、分析检举管理工作的数据情况；指导、监督、检查下级税务机关举报中心的工作；负责本级检举奖金的发放和对检举人的答复工作。

举报中心受理检举事项的范围：涉嫌偷税，逃避追缴欠税，骗税，虚开、伪造、非法提供、非法取得发票，以及其他税收违法行为。

实名检举和匿名检举均须受理。检举人不愿提供自己的姓名、身份、单位、地址、联系方式或者不愿公开检举行为的，税务机关应当予以尊重和保密。检举人应当至少提供被检举人的名称或者姓名、地址、税收违法行为线索等资料。检举人检举税收违法行为应当实事求是，对提供检举材料的真实性负责，不得诬陷、捏造事实。举报中心受理实名检举，应当应检举人的要求向检举人出具书面回执。

举报中心将检举事项登记以后，应当按照以下方式分类处理：①检举内容详细、税收违法行为线索清楚、案情重大、涉及范围广的，作为重大检举案件，经本级税务机关稽查局或者本级税务机关负责人批准，由本级税务机关稽查局直接查处或者转下级税务机关稽查局查处并督办，必要时可以向上级税务机关稽查局申请督办。上级税务机关批示督办并指定查办单位的案件，原则上不得再下转处理。②检举内容提供了一定线索，有可能存在税收违法行为的，作为一般案件，经本级税务机关稽查局负责人批准，由本级税务机关稽查局直接查处或者转下级税务机关稽查局查处。③检举事项不完整或者内容不清、线索不明的，经本级税务机关稽查局负责人批准，可以暂存待查，待检举人将情况补充完整以后，再进行处理。④不属于稽查局职责范围的检举事项，经本级税务机关稽查局负责人批准，移交有处理权的单位或者部门。

《税收违法行为检举管理办法》（国家税务总局令2011年第24号）

14.1.7 税收奖励制度

税收违法行为是指纳税人、扣缴义务人的税收违法行为以及规定其他税收违法行为。检举税收违法行为是单位和个人的自愿行为。

《检举纳税人税收违法行为奖励暂行办法》（国家税务总局 财政部令第18号）

对单位和个人实名向税务机关检举税收违法行为并经查实的，税务机关根据其贡献大小依照规定给予奖励。但有下列情形之一的，不予奖励。

(1) 匿名检举税收违法行为，或者检举人无法证实其真实身份的。

(2) 检举人不能提供税收违法行为线索，或者采取盗窃、欺诈或者法律、行政法规禁止的其他手段获取税收违法行为证据的。

(3) 检举内容含糊不清、缺乏事实根据的。

(4) 检举人提供的线索与税务机关查处的税收违法行为无关的。

(5) 检举的税收违法行为税务机关已经发现或者正在查处的。

(6) 有税收违法行为的单位和个人在被检举前已经向税务机关报告其税收违法行为的。

(7) 国家机关工作人员利用工作便利获取信息用以检举税收违法行为的。

(8) 检举人从国家机关或者国家机关工作人员处获取税收违法行为信息检举的。

(9) 国家税务总局规定不予奖励的其他情形。

检举的税收违法行为经税务机关立案查实处理并依法将税款收缴入库后，根据本案检举时效、检举材料中提供的线索和证据翔实程度、检举内容与查实内容相符程度以及收缴入库的税款数额，按照以下标准对本案检举人计发奖金。

(1) 收缴入库税款数额在1亿元以上的，给予10万元以下的奖金。

(2) 收缴入库税款数额在5000万元以上不足1亿元的，给予6万元以下的奖金。

(3) 收缴入库税款数额在1000万元以上不足5000万元的，给予4万元以下的奖金。

(4) 收缴入库税款数额在500万元以上不足1000万元的，给予2万元以下的奖金。

(5) 收缴入库税款数额在100万元以上不足500万元的，给予1万元以下的奖金。

(6) 收缴入库税款数额在100万元以下的，给予5000元以下的奖金。

检举伪造、变造、倒卖、盗窃、骗取增值税专用发票以及可用于骗取出口退税、抵扣税款的其他发票行为的，按照以下标准对检举人计发奖金。

(1) 查获伪造、变造、倒卖、盗窃、骗取上述发票10000份以上的，给予10万元以下的奖金。

（2）查获伪造、变造、倒卖、盗窃、骗取上述发票6000份以上不足10000份的，给予6万元以下的奖金。

（3）查获伪造、变造、倒卖、盗窃、骗取上述发票3000份以上不足6000份的，给予4万元以下的奖金。

（4）查获伪造、变造、倒卖、盗窃、骗取上述发票1000份以上不足3000份的，给予2万元以下的奖金。

（5）查获伪造、变造、倒卖、盗窃、骗取上述发票100份以上不足1000份的，给予1万元以下的奖金。

（6）查获伪造、变造、倒卖、盗窃、骗取上述发票不足100份的，给予5000元以下的奖金。

（7）查获伪造、变造、倒卖、盗窃、骗取前款所述以外其他发票的，最高给予5万元以下的奖金；检举奖金具体数额标准及批准权限，由各省、自治区、直辖市和计划单列市税务局根据规定并结合本地实际情况确定。

检举非法印制、转借、倒卖、变造或者伪造完税凭证行为的，按照以下标准对检举人计发奖金。

①查获非法印制、转借、倒卖、变造或者伪造完税凭证100份以上或者票面填开税款金额50万元以上的，给予1万元以下的奖金。

②查获非法印制、转借、倒卖、变造或者伪造完税凭证50份以上不足100份或者票面填开税款金额20万元以上不足50万元的，给予5000元以下的奖金。

③查获非法印制、转借、倒卖、变造或者伪造完税凭证不足50份或者票面填开税款金额20万元以下的，给予2000元以下的奖金。

税务机关对检举的税收违法行为经立案查实处理并依法将税款或者罚款收缴入库后，由税收违法案件举报中心根据检举人书面申请及其贡献大小，制作《检举纳税人税收违法行为奖励审批表》，提出奖励对象和奖励金额建议，按照规定权限和程序审批后，向检举人发出《检举纳税人税收违法行为领奖通知书》，通知检举人到指定地点办理领奖手续。《检举纳税人税收违法行为奖励审批表》由税收违法案件举报中心作为密件存档。税收违法案件举报中心填写《检举纳税人税收违法行为奖金领款财务凭证》，向财务机构领取检举奖金。财务凭证只注明案件编号、案件名称、被检举人名称、检举奖金数额及审批人、领款人的签名，不填写检举内容和检举人身份、名称。

14.2 税务管理制度

14.2.1 税务登记

14.2.1.1 一般规定

企业，企业在外地设立的分支机构和从事生产、经营的场所，个体工商户和从事生产、经营的事业单位，均应当按照规定办理税务登记。上述规定以外的纳税人，除国家机关、个人和无固定生产、经营场所的流动性农村小商贩外，也应当按照规定办理税务登记。根据税收法律、行政法规的规定负有扣缴税款义务的扣缴义务人（国家机关除外），应当按照规定办理扣缴税款登记。

县以上（含本级，下同）税务局（分局）是税务登记的主管税务机关，负责税务登记的设立登记、变更登记、注销登记和税务登记证验证、换证以及非正常户处理、报验登记等有关事项。

县以上税务局(分局)按照国务院规定的税收征收管理范围,实施属地管理。有条件的城市,可以按照"各区分散受理、全市集中处理"的原则办理税务登记。

税务局(分局)执行统一纳税人识别号。纳税人识别号由省、自治区、直辖市和计划单列市税务局按照纳税人识别号代码行业标准联合编制,统一下发各地执行。已领取组织机构代码的纳税人,其纳税人识别号共15位,由纳税人登记所在地6位行政区划码+9位组织机构代码组成。以业主身份证件为有效身份证明的组织,即未取得组织机构代码证书的个体工商户以及持回乡证、通行证、护照办理税务登记的纳税人,其纳税人识别号由身份证件号码+2位顺序码组成。纳税人识别号具有唯一性。

14.2.1.2 设立登记

企业,企业在外地设立的分支机构和从事生产、经营的场所,个体工商户和从事生产、经营的事业单位(以下统称"从事生产、经营的纳税人"),向生产、经营所在地税务机关申报办理税务登记。

(1)从事生产、经营的纳税人领取工商营业执照的,应当自领取工商营业执照之日起30日内申报办理税务登记,税务机关发放税务登记证及副本。

(2)从事生产、经营的纳税人未办理工商营业执照但经有关部门批准设立的,应当自有关部门批准设立之日起30日内申报办理税务登记,税务机关发放税务登记证及副本。

(3)从事生产、经营的纳税人未办理工商营业执照也未经有关部门批准设立的,应当自纳税义务发生之日起30日内申报办理税务登记,税务机关发放临时税务登记证及副本。

(4)有独立的生产经营权、在财务上独立核算并定期向发包人或者出租人上交承包费或租金的承包承租人,应当自承包承租合同签订之日起30日内,向其承包承租业务发生地税务机关申报办理税务登记,税务机关发放临时税务登记证及副本。

(5)境外企业在中国境内承包建筑、安装、装配、勘探工程和提供劳务的,应当自项目合同或协议签订之日起30日内,向项目所在地税务机关申报办理税务登记,税务机关发放临时税务登记证及副本。

上述规定以外的其他纳税人,除国家机关、个人和无固定生产、经营场所的流动性农村小商贩外,均应当自纳税义务发生之日起30日内,向纳税义务发生地税务机关申报办理税务登记,税务机关发放税务登记证及副本。

税务机关对纳税人税务登记地点发生争议的,由其共同的上级税务机关指定管辖。

纳税人在申报办理税务登记时,应当根据不同情况向税务机关如实提供以下证件和资料:①工商营业执照或其他核准执业证件;②有关合同、章程、协议书;③组织机构统一代码证书;④法定代表人或负责人或业主的居民身份证、护照或者其他合法证件。其他需要提供的有关证件、资料,由省、自治区、直辖市税务机关确定。

纳税人在申报办理税务登记时,应当如实填写税务登记表。税务登记表的主要内容包括:①单位名称、法定代表人或者业主姓名及其居民身份证、护照或者其他合法证件的号码;②住所、经营地点;③登记类型;④核算方式;⑤生产经营方式;⑥生产经营范围;⑦注册资金(资本)、投资总额;⑧生产经营期限;⑨财务负责人、联系电话;⑩国家税务总局确定的其他有关事项。

纳税人提交的证件和资料齐全且税务登记表的填写内容符合规定的,税务机关应当日办理并发放税务登记证件。纳税人提交的证件和资料不齐全或税务登记表的填写内容不符合规定的，税务机关应当场通知其补正或重新填报。

已办理税务登记的扣缴义务人应当自扣缴义务发生之日起 30 日内，向税务登记地税务机关申报办理扣缴税款登记。根据税收法律、行政法规的规定可不办理税务登记的扣缴义务人，应当自扣缴义务发生之日起 30 日内，向机构所在地税务机关申报办理扣缴税款登记。

14.2.1.3 变更登记

纳税人税务登记内容发生变化的，应当向原税务登记机关申报办理变更税务登记。

纳税人已在工商行政管理机关办理变更登记的，应当自工商行政管理机关变更登记之日起 30 日内，向原税务登记机关如实提供下列证件、资料，申报办理变更税务登记：①工商登记变更表；②纳税人变更登记内容的有关证明文件；③税务机关发放的原税务登记证件（登记证正、副本和登记表等）；④其他有关资料。

纳税人按照规定不需要在工商行政管理机关办理变更登记，或者其变更登记的内容与工商登记内容无关的，应当自税务登记内容实际发生变化之日起 30 日内，或者自有关机关批准或者宣布变更之日起 30 日内，持下列证件到原税务登记机关申报办理变更税务登记：①纳税人变更登记内容的有关证明文件；②税务机关发放的原税务登记证件（登记证正、副本和登记表等）；③其他有关资料。

纳税人提交的有关变更登记的证件、资料齐全的，应如实填写税务登记变更表，符合规定的，税务机关应当日办理；不符合规定的，税务机关应通知其补正。

14.2.1.4 停业、复业登记

实行定期定额征收方式的个体工商户需要停业的，应当在停业前向税务机关申报办理停业登记。纳税人的停业期限不得超过一年。

纳税人在申报办理停业登记时，应如实填写停业复业报告书，说明停业理由、停业期限、停业前的纳税情况和发票的领、用、存情况，并结清应纳税款、滞纳金、罚款。税务机关应收存其税务登记证件及副本、发票领购簿、未使用完的发票和其他税务证件。

纳税人在停业期间发生纳税义务的，应当按照税收法律、行政法规的规定申报缴纳税款。

纳税人应当于恢复生产经营之前，向税务机关申报办理复业登记，如实填写《停业复业报告书》，领回并启用税务登记证件、发票领购簿及其停业前领购的发票。纳税人停业期满不能及时恢复生产经营的，应当在停业期满前到税务机关办理延长停业登记，并如实填写《停业复业报告书》。

14.2.1.5 注销登记

纳税人发生解散、破产、撤销以及其他情形，依法终止纳税义务的，应当在向工商行政管理机关或者其他机关办理注销登记前，持有关证件和资料向原税务登记机关申报办理注销税务登记；按规定不需要在工商行政管理机关或者其他机关办理注册登记的，应当自有关机关批准或者宣告终止之日起 15 日内，持有关证件和资料向原税务登记机关申报办理注销税务登记。纳税人被工商行政管理机关吊销营业执照或者被其他机关予以撤销登记的，应当自营业执照被吊销或者被撤销登记之日起 15 日内，向原税务登记机关申报办理注销税务登记。

纳税人因住所、经营地点变动，涉及改变税务登记机关的，应当在向工商行政管理机关或者其他机关申请办理变更、注销登记前，或者住所、经营地点变动前，持有关证件和资料，向原税务登记机关申报办理注销税务登记，并自注销税务登记之日起 30 日内向迁达地税务机关申报办理税务登记。

境外企业在中国境内承包建筑、安装、装配、勘探工程和提供劳务的,应当在项目完工、离开中国前15日内,持有关证件和资料,向原税务登记机关申报办理注销税务登记。

纳税人办理注销税务登记前,应当向税务机关提交相关证明文件和资料,结清应纳税款、多退(免)税款、滞纳金和罚款,缴销发票、税务登记证件和其他税务证件,经税务机关核准后,办理注销税务登记手续。

14.2.1.6 跨区域涉税事项报验管理

自2018年7月5日起,纳税人跨省(自治区、直辖市和计划单列市)临时从事生产经营活动的,向机构所在地的税务机关填报《跨区域涉税事项报告表》。

● 《国家税务总局关于明确跨区域涉税事项报验管理相关问题的公告》(国家税务总局公告2018年第38号)

纳税人跨区域经营合同延期的,可以向经营地或机构所在地的税务机关办理报验管理有效期限延期手续。

跨区域报验管理事项的报告、报验、延期、反馈等信息,通过信息系统在机构所在地和经营地的税务机关之间传递,实时共享。

纳税人首次在经营地办理涉税事宜时,向经营地的税务机关报验跨区域涉税事项。

纳税人跨区域经营活动结束后,应当结清经营地税务机关的应纳税款以及其他涉税事项,向经营地的税务机关填报《经营地涉税事项反馈表》。经营地的税务机关核对《经营地涉税事项反馈表》后,及时将相关信息反馈给机构所在地的税务机关。纳税人不需要另行向机构所在地的税务机关反馈。

机构所在地的税务机关要设置专岗,负责接收经营地的税务机关反馈信息,及时以适当方式告知纳税人,并适时对纳税人已抵减税款、在经营地已预缴税款和应预缴税款进行分析、比对,发现疑点的,及时推送至风险管理部门或者稽查部门组织应对。

14.2.1.7 非正常户处理

已办理税务登记的纳税人未按照规定的期限申报纳税,在税务机关责令其限期改正后,逾期不改正的,税务机关应当派员实地检查,查无下落并且无法强制其履行纳税义务的,由检查人员制作非正常户认定书,存入纳税人档案,税务机关暂停其税务登记证件、发票领购簿和发票的使用。

纳税人被列入非正常户超过三个月的,税务机关可以宣布其税务登记证件失效,其应纳税款的追征仍按《税收征收管理法》及其《实施细则》的规定执行。

14.2.1.8 法律责任

纳税人不办理税务登记的,税务机关应当自发现之日起三日内责令其限期改正;逾期不改正的,可以处2000元以下的罚款;情节严重的,处2000元以上10000元以下的罚款。

纳税人通过提供虚假的证明资料等手段,骗取税务登记证的,处2000元以下的罚款;情节严重的,处2000元以上10000元以下的罚款。纳税人涉嫌其他违法行为的,按有关法律、行政法规的规定处理。

扣缴义务人未按照规定办理扣缴税款登记的,税务机关应当自发现之日起三日内责令其限期改正,并可处以1000元以下的罚款。

纳税人、扣缴义务人违反规定,拒不接受税务机关处理的,税务机关可以收缴其发票或者停止向其发售发票。

税务人员徇私舞弊或者玩忽职守,违反规定为纳税人办理税务登记相关手续,或者滥用职权,故意刁难纳税人、扣缴义务人的,调离工作岗位,并依法给予行政处分。

14.2.2 账簿、凭证管理

14.2.2.1 一般规定

1. 账簿的设立

纳税人、扣缴义务人按照有关法律、行政法规和国务院财政、税务主管部门的规定设置账簿，根据合法、有效凭证记账，进行核算。从事生产、经营的纳税人应当自领取营业执照或者发生纳税义务之日起15日内，按照国家有关规定设置账簿。账簿是指总账、明细账、日记账以及其他辅助性账簿。总账、日记账应当采用订本式。生产、经营规模小又确无建账能力的纳税人，可以聘请经批准从事会计代理记账业务的专业机构或者财会人员代为建账和办理账务。

扣缴义务人应当自税收法律、行政法规规定的扣缴义务发生之日起10日内，按照所代扣、代收的税种，分别设置代扣代缴、代收代缴税款账簿。

纳税人、扣缴义务人会计制度健全，能够通过计算机正确、完整计算其收入和所得或者代扣代缴、代收代缴税款情况的，其计算机输出的完整的书面会计记录，可视同会计账簿。纳税人、扣缴义务人会计制度不健全，不能通过计算机正确、完整计算其收入和所得或者代扣代缴、代收代缴税款情况的，应当建立总账及与纳税或者代扣代缴、代收代缴税款有关的其他账簿。

账簿、会计凭证和报表，应当使用中文。民族自治地方可以同时使用当地通用的一种民族文字。外商投资企业和外国企业可以同时使用一种外国文字。

2. 财务会计制度软件的备案

从事生产、经营的纳税人的财务、会计制度或者财务、会计处理办法和会计核算软件，应当报送税务机关备案。纳税人使用计算机记账的，应当在使用前将会计电算化系统的会计核算软件、使用说明书及有关资料报送主管税务机关备案。纳税人建立的会计电算化系统应当符合国家有关规定，并能正确、完整核算其收入或者所得。

纳税人、扣缴义务人的财务、会计制度或者财务、会计处理办法与国务院或者国务院财政、税务主管部门有关税收的规定抵触的，依照国务院或者国务院财政、税务主管部门有关税收的规定计算应纳税款、代扣代缴和代收代缴税款。

3. 账簿凭证的保管

从事生产、经营的纳税人、扣缴义务人必须按照国务院财政、税务主管部门规定的保管期限保管账簿、记账凭证、完税凭证及其他有关资料。账簿、记账凭证、完税凭证及其他有关资料不得伪造、变造或者擅自损毁。

账簿、记账凭证、报表、完税凭证、发票、出口凭证以及其他有关涉税资料应当合法、真实、完整。账簿、记账凭证、报表、完税凭证、发票、出口凭证以及其他有关涉税资料应当保存10年；但是，法律、行政法规另有规定的除外。

14.2.2.2 发票管理

1. 一般规定

发票是指在购销商品、提供或者接受服务以及从事其他经营活动中，开具、收取的收付款凭证。发票的种类、联次、内容以及使用范围由国务院税务主管部门规定。

国务院税务主管部门统一负责全国的发票管理工作。省、自治区、直辖市税务机关依据职责做好本行政区域内的发票管理工作。财政、审计、市场监督管理、公安等有关部门在各自的职责范围内，配合税务机关做好发票管理工作。

税务机关是发票的主管机关，负责发票印制、领购、开具、取得、保管、缴销的管理和监督。单位、个人在购销商品、提供或者接受经营服务以及从事其他经营活动中，应当按照规定开具、使用、取得发票。

增值税专用发票由国务院税务主管部门指定的企业印制；其他发票按照国务院税务主管部门的规定，分别由省、自治区、直辖市国家税务局、地方税务局指定企业印制。未经上述规定的税务机关指定，不得印制发票。

国家根据税收征收管理的需要，积极推广使用税控装置。纳税人应当按照规定安装、使用税控装置，不得损毁或者擅自改动税控装置。

对违反发票管理法规的行为，任何单位和个人可以举报。税务机关应当为检举人保密，并酌情给予奖励。

2. 发票的印制

增值税专用发票由国务院税务主管部门确定的企业印制；其他发票按照国务院税务主管部门的规定，由省、自治区、直辖市税务机关确定的企业印制。禁止私自印制、伪造、变造发票。

印制发票的企业应当具备下列条件：①取得印刷经营许可证和营业执照；②设备、技术水平能够满足印制发票的需要；③有健全的财务制度和严格的质量监督、安全管理、保密制度。税务机关应当以招标方式确定印制发票的企业，并发给发票准印证。

印制发票应当使用国务院税务主管部门确定的全国统一的发票防伪专用品。禁止非法制造发票防伪专用品。

发票应当套印全国统一发票监制章。全国统一发票监制章的式样和发票版面印刷的要求，由国务院税务主管部门规定。发票监制章由省、自治区、直辖市税务机关制作。禁止伪造发票监制章。发票实行不定期换版制度。

印制发票的企业按照税务机关的统一规定，建立发票印制管理制度和保管措施。发票监制章和发票防伪专用品的使用和管理实行专人负责制度。印制发票的企业必须按照税务机关批准的式样和数量印制发票。

发票应当使用中文印制。民族自治地方的发票，可以加印当地一种通用的民族文字。有实际需要的，也可以同时使用中外两种文字印制。

各省、自治区、直辖市内的单位和个人使用的发票，除增值税专用发票外，应当在本省、自治区、直辖市内印制；确有必要到外省、自治区、直辖市印制的，应当由省、自治区、直辖市税务机关商印制地省、自治区、直辖市税务机关同意，由印制地省、自治区、直辖市税务机关确定的企业印制。禁止在境外印制发票。

3. 发票的领购

需要领购发票的单位和个人，应当持税务登记证件、经办人身份证明、按照国务院税务主管部门规定式样制作的发票专用章的印模，向主管税务机关办理发票领购手续。主管税务机关根据领购单位和个人的经营范围和规模，确认领购发票的种类、数量以及领购方式，在五个工作日内发给发票领购簿。单位和个人领购发票时，应当按照税务机关的规定报告发票使用情况，税务机关应当按照规定进行查验。

需要临时使用发票的单位和个人，可以凭购销商品、提供或者接受服务以及从事其他经营活动的书面证明、经办人身份证明，直接向经营地税务机关申请代开发票。依照税收法律、行政法规规定应当缴纳税款的，税务机关应当先征收税款，再开具发票。税务机关根据发票管理的需要，可以按照国务院税务主管部门的规定委托其他单位代开发票。禁止非法代开发票。

临时到本省、自治区、直辖市以外从事经营活动的单位或者个人，应当凭所在地税务机关的证明，向经营地税务机关领购经营地的发票。临时在本省、自治区、直辖市以内跨市、县从事经营活动领购发票的办法，由省、自治区、直辖市税务机关规定。

税务机关对外省、自治区、直辖市来本辖区从事临时经营活动的单位和个人领购发票的，可以要求其提供保证人或者根据所领购发票的票面限额以及数量交纳不超过1万元的保证金，并限期缴销发票。按期缴销发票的，解除保证人的担保义务或者退还保证金；未按期缴销发票的，由保证人或者以保证金承担法律责任。税务机关收取保证金应当开具资金往来结算票据。

4. 发票的开具和保管

销售商品、提供服务以及从事其他经营活动的单位和个人，对外发生经营业务收取款项，收款方应当向付款方开具发票；特殊情况下，由付款方向收款方开具发票。所有单位和从事生产、经营活动的个人在购买商品、接受服务以及从事其他经营活动支付款项，应当向收款方取得发票。取得发票时，不得要求变更品名和金额。不符合规定的发票，不得作为财务报销凭证，任何单位和个人有权拒收。

开具发票应当按照规定的时限、顺序、栏目，全部联次一次性如实开具，并加盖发票专用章。任何单位和个人不得有下列虚开发票行为：①为他人、为自己开具与实际经营业务情况不符的发票；②让他人为自己开具与实际经营业务情况不符的发票；③介绍他人开具与实际经营业务情况不符的发票。

安装税控装置的单位和个人，应当按照规定使用税控装置开具发票，并按期向主管税务机关报送开具发票的数据。使用非税控电子器具开具发票的，应当将非税控电子器具使用的软件程序说明资料报主管税务机关备案，并按照规定保存、报送开具发票的数据。国家推广使用网络发票管理系统开具发票，具体管理办法由国务院税务主管部门制订。

任何单位和个人应当按照发票管理规定使用发票，不得有下列行为。

(1)转借、转让、介绍他人转让发票、发票监制章和发票防伪专用品。

(2)知道或者应当知道是私自印制、伪造、变造、非法取得或者废止的发票而受让、开具、存放、携带、邮寄、运输。

(3)拆本使用发票。

(4)扩大发票使用范围。

(5)以其他凭证代替发票使用。

税务机关应当提供查询发票真伪的便捷渠道。

除国务院税务主管部门规定的特殊情形外，发票限于领购单位和个人在本省、自治区、直辖市内开具。省、自治区、直辖市税务机关可以规定跨市、县开具发票的办法。除国务院税务主管部门规定的特殊情形外，任何单位和个人不得跨规定的使用区域携带、邮寄、运输空白发票。禁止携带、邮寄或者运输空白发票出入境。

开具发票的单位和个人应当建立发票使用登记制度，设置发票登记簿，并定期向主管税务机关报告发票使用情况。开具发票的单位和个人应当在办理变更或者注销税务登记的同时，办理发票和发票领购簿的变更、缴销手续。开具发票的单位和个人应当按照税务机关的规定存放和保管发票，不得擅自损毁。已经开具的发票存根联和发票登记簿，应当保存五年。保存期满，报经税务机关查验后销毁。

5. 发票的检查

税务机关在发票管理中有权进行下列检查。

(1)检查印制、领购、开具、取得、保管和缴销发票的情况。

(2)调出发票查验。

(3)查阅、复制与发票有关的凭证、资料。

(4)向当事各方询问与发票有关的问题和情况。

(5)在查处发票案件时,对与案件有关的情况和资料,可以记录、录音、录像、照相和复制。

印制、使用发票的单位和个人,必须接受税务机关依法检查,如实反映情况,提供有关资料,不得拒绝、隐瞒。税务人员进行检查时,应当出示税务检查证。

税务机关需要将已开具的发票调出查验时,应当向被查验的单位和个人开具发票换票证。发票换票证与所调出查验的发票有同等的效力。被调出查验发票的单位和个人不得拒绝接受。税务机关需要将空白发票调出查验时,应当开具收据;经查无问题的,应当及时返还。

单位和个人从中国境外取得的与纳税有关的发票或者凭证,税务机关在纳税审查时有疑义的,可以要求其提供境外公证机构或者注册会计师的确认证明,经税务机关审核认可后,方可作为记账核算的凭证。

税务机关在发票检查中需要核对发票存根联与发票联填写情况时,可以向持有发票或者发票存根联的单位发出发票填写情况核对卡,有关单位应当如实填写,按期报回。

6. 法律责任

违反规定,有下列情形之一的,由税务机关责令改正,可以处1万元以下的罚款;有违法所得的予以没收:①应当开具而未开具发票,或者未按照规定的时限、顺序、栏目,全部联次一次性开具发票,或者未加盖发票专用章的;②使用税控装置开具发票,未按期向主管税务机关报送开具发票的数据的;③使用非税控电子器具开具发票,未将非税控电子器具使用的软件程序说明资料报主管税务机关备案,或者未按照规定保存、报送开具发票的数据的;④拆本使用发票的;⑤扩大发票使用范围的;⑥以其他凭证代替发票使用的;⑦跨规定区域开具发票的;⑧未按照规定缴销发票的;⑨未按照规定存放和保管发票的。

跨规定的使用区域携带、邮寄、运输空白发票,以及携带、邮寄或者运输空白发票出入境的,由税务机关责令改正,可以处1万元以下的罚款;情节严重的,处1万元以上3万元以下的罚款;有违法所得的予以没收。丢失发票或者擅自损毁发票的,依照上述规定处罚。

违反规定虚开发票的,由税务机关没收违法所得;虚开金额在1万元以下的,可以并处5万元以下的罚款;虚开金额超过1万元的,并处5万元以上50万元以下的罚款;构成犯罪的,依法追究刑事责任。非法代开发票的,依照上述规定处罚。

私自印制、伪造、变造发票,非法制造发票防伪专用品,伪造发票监制章的,由税务机关没收违法所得,没收、销毁作案工具和非法物品,并处1万元以上5万元以下的罚款;情节严重的,并处5万元以上50万元以下的罚款;对印制发票的企业,可以并处吊销发票准印证;构成犯罪的,依法追究刑事责任。

有下列情形之一的,由税务机关处1万元以上5万元以下的罚款;情节严重的,处5万元以上50万元以下的罚款;有违法所得的予以没收:①转借、转让、介绍他人转让发票、发票监制章和发票防伪专用品的;②知道或者应当知道是私自印制、伪造、变造、非法取得或者废止的发票而受让、开具、存放、携带、邮寄、运输的。

对违反发票管理规定两次以上或者情节严重的单位和个人,税务机关可以向社会公告。违反发票管理法规,导致其他单位或者个人未缴、少缴或者骗取税款的,由税务机关没收违法所得,可以并处未缴、少缴或者骗取的税款1倍以下的罚款。当事人对税务机关的处罚决定不服的,可以依法申请行政复议或者向人民法院提起行政诉讼。

税务人员利用职权之便,故意刁难印制、使用发票的单位和个人,或者有违反发票管理法规行为的,依照国家有关规定给予处分;构成犯罪的,依法追究刑事责任。

14.2.3 纳税申报

14.2.3.1 依法纳税申报的义务

纳税人必须依照法律、行政法规规定或者税务机关依照法律、行政法规的规定确定的申报期限、申报内容如实办理纳税申报,报送纳税申报表、财务会计报表以及税务机关根据实际需要要求纳税人报送的其他纳税资料。扣缴义务人必须依照法律、行政法规规定或者税务机关依照法律、行政法规的规定确定的申报期限、申报内容如实报送代扣代缴、代收代缴税款报告表以及税务机关根据实际需要要求扣缴义务人报送的其他有关资料。

纳税人在纳税期内没有应纳税款的,也应当按照规定办理纳税申报。纳税人享受减税、免税待遇的,在减税、免税期间应当按照规定办理纳税申报。

14.2.3.2 纳税申报方式

纳税人、扣缴义务人可以直接到税务机关办理纳税申报或者报送代扣代缴、代收代缴税款报告表,也可以按照规定采取邮寄、数据电文或者其他方式办理上述申报、报送事项。

税务机关应当建立、健全纳税人自行申报纳税制度。纳税人、扣缴义务人可以采取邮寄、数据电文方式办理纳税申报或者报送代扣代缴、代收代缴税款报告表。数据电文方式是指税务机关确定的电话语音、电子数据交换和网络传输等电子方式。

纳税人采取邮寄方式办理纳税申报的,应当使用统一的纳税申报专用信封,并以邮政部门收据作为申报凭据。邮寄申报以寄出的邮戳日期为实际申报日期。纳税人采取电子方式办理纳税申报的,应当按照税务机关规定的期限和要求保存有关资料,并定期书面报送主管税务机关。

实行定期定额缴纳税款的纳税人,可以实行简易申报、简并征期等申报纳税方式。

14.2.3.3 纳税申报的内容与资料

纳税人、扣缴义务人的纳税申报或者代扣代缴、代收代缴税款报告表的主要内容包括:税种、税目,应纳税项目或者应代扣代缴、代收代缴税款项目,计税依据,扣除项目及标准,适用税率或者单位税额,应退税项目及税额、应减免税项目及税额,应纳税额或者应代扣代缴、代收代缴税额,税款所属期限、延期缴纳税款、欠税、滞纳金等。

纳税人办理纳税申报时,应当如实填写纳税申报表,并根据不同的情况相应报送下列有关证件、资料:①财务会计报表及其说明材料;②与纳税有关的合同、协议书及凭证;③税控装置的电子报税资料;④外出经营活动税收管理证明和异地完税凭证;⑤境内或者境外公证机构出具的有关证明文件;⑥税务机关规定应当报送的其他有关证件、资料。

扣缴义务人办理代扣代缴、代收代缴税款报告时,应当如实填写代扣代缴、代收代缴税款报告表,并报送代扣代缴、代收代缴税款的合法凭证以及税务机关规定的其他有关证件、资料。

14.2.3.4 延期纳税申报

纳税人、扣缴义务人不能按期办理纳税申报或者报送代扣代缴、代收代缴税款报告表的,经税务机关核准,可以延期申报。经核准延期办理上述规定的申报、报送事项的,应当在纳税期内按照上期实际缴纳的税额或者税务机关核定的税额预缴税款,并在核准的延期内办理税款结算。

纳税人、扣缴义务人按照规定的期限办理纳税申报或者报送代扣代缴、代收代缴税款报告表确有困难,需要延期的,应当在规定的期限内向税务机关提出书面延期申请,经税务机关核准,在核准的期限内办理。纳税人、扣缴义务人因不可抗力,不能按期办理纳税申报或者报送代扣代缴、代收代缴税款报告表的,可以延期办理;但是,应当在不可抗力情形消除后立即向税务机关报告。税务机关应当查明事实,予以核准。

14.2.4 文书送达

税务机关送达税务文书,应当直接送交受送达人。受送达人是公民的,应当由本人直接签收;本人不在的,交其同住成年家属签收。受送达人是法人或者其他组织的,应当由法人的法定代表人、其他组织的主要负责人或者该法人、组织的财务负责人、负责收件的人签收。受送达人有代理人的,可以送交其代理人签收。

● 《国家税务总局关于发布<税务文书电子送达规定(试行)>的公告》(国家税务总局公告2019年第39号)

送达税务文书应当有送达回证,并由受送达人或者其他签收人在送达回证上记明收到日期,签名或者盖章,即为送达。受送达人或者其他签收人拒绝签收税务文书的,送达人应当在送达回证上记明拒收理由和日期,并由送达人和见证人签名或者盖章,将税务文书留在受送达人处,即视为送达。

直接送达税务文书有困难的,可以委托其他有关机关或者其他单位代为送达,或者邮寄送达。直接或者委托送达税务文书的,以签收人或者见证人在送达回证上的签收或者注明的收件日期为送达日期;邮寄送达的,以挂号函件回执上注明的收件日期为送达日期,并视为已送达。

有下列情形之一的,税务机关可以公告送达税务文书,自公告之日起满30日,即视为送达:①同一送达事项的受送达人众多;②采用其他送达方式无法送达。

税务文书的格式由国家税务总局制订。税务文书,包括:①税务事项通知书;②责令限期改正通知书;③税收保全措施决定书;④税收强制执行决定书;⑤税务检查通知书;⑥税务处理决定书;⑦税务行政处罚决定书;⑧行政复议决定书;⑨其他税务文书。

自2020年4月1日起,经受送达人同意,税务机关可以采用电子送达方式送达税务文书。电子送达是指税务机关通过电子税务局等特定系统(以下简称"特定系统")向纳税人、扣缴义务人(以下简称"受送达人")送达电子版式税务文书。电子送达与其他送达方式具有同等法律效力。受送达人可以据此办理涉税事宜,行使权利、履行义务。

受送达人同意采用电子送达的,签订《税务文书电子送达确认书》。《税务文书电子送达确认书》包括电子送达的文书范围、效力、渠道和其他需要明确的事项。受送达人可以登录特定系统直接签订电子版《税务文书电子送达确认书》,也可以到税务机关办税服务厅签订纸质版《税务文书电子送达确认书》,由税务机关及时录入相关系统。

税务机关采用电子送达方式送达税务文书的,以电子版式税务文书到达特定系统受送达人端的日期为送达日期,特定系统自动记录送达情况。税务机关向受送达人送达电子版式税务文书后,通过电话、短信等方式发送提醒信息。提醒服务不影响电子文书送达的效力。受送达人及时登录特定系统查阅电子版式税务文书。受送达人需要纸质税务文书的,可以通过特定系统自行打印,也可以到税务机关办税服务厅打印。

税务处理决定书、税务行政处罚决定书(不含简易程序处罚)、税收保全措施决定书、税收强制执行决定书、阻止出境决定书以及税务稽查、税务行政复议过程中使用的税务文书等暂不适用电子送达方式。

14.2.5　支持和服务长江三角洲区域一体化发展措施

为深入贯彻党的十九届四中全会精神，认真落实党中央、国务院关于推动长江三角洲(以下简称"长三角")区域一体化发展的决策部署和《长江三角洲区域一体化发展规划纲要》，按照税收工作"融入一体化、服务一体化、推进一体化"的要求，更大力度推进征管一体化，更高水平推进办税便利化，更好发挥税收助力长三角一体化高质量发展的作用，国家税务总局决定自2019年11月27日推出以下征管服务措施。

● 《国家税务总局关于支持和服务长江三角洲区域一体化发展措施的通知》(税总函〔2019〕356号)

(1)便利企业跨省迁移业务办理。长三角区域纳税信用级别为A级、B级的企业，因住所、经营地点在区域内跨省(市)迁移涉及变更主管税务机关的，税务机关可为符合相应条件的企业办理跨省(市)迁移手续，迁出地税务机关即时将企业相关信息推送至迁入地税务机关，迁入地税务机关自动办理接入手续，企业原有纳税信用级别等资质信息、增值税期末留抵税额等权益信息可予承继。

(2)便利跨省涉税事项报验业务办理。长三角区域纳税人在区域内跨省(市)临时从事生产经营活动的，可在机构所在地完成跨区域涉税事项报告后，登录经营地电子税务局进行报验、反馈，办理纳税申报和缴款事宜。

(3)便利跨省房产土地税源管理业务办理。长三角区域纳税人在区域内发生跨省(市)房产税、城镇土地使用税纳税义务时，可登录房产、土地所在地电子税务局进行税源信息报告，办理房产税、城镇土地使用税申报和税款缴纳事宜。

(4)制订长三角区域"首违不罚"清单。对纳税人首次发生的情节轻微，能够及时纠正，未造成危害后果的部分违法行为，依法免予处罚。实施"首违不罚"事项快速办理，探索推进简易处罚网上办理。

(5)制订长三角区域"最多跑一次"清单。借鉴先进做法，结合区域实际，制订长三角区域"最多跑一次"清单，对清单所列事项统一报送资料、办理条件、办理时限、办理方式及流程，并对清单实行动态调整。

(6)制订长三角区域通办清单。编制长三角区域跨省(市)办理信息报告、涉税信息查询、税收证明开具等事项清单，对清单所列事项实行异地受理、内部流转、属地办理、限时反馈，纳税人可就近申请办理相关业务。

(7)共用动态信用积分。在统一纳税人信用账户、统一业务规则、统一评价标准的基础上，在长三角区域探索共用纳税人信用动态监控评价信息，共用评价结果，并按评价结果实施相应的差异化管理和服务措施。对信用积分高的纳税人，可给予简化报送资料、缩短办理时限、减少实地核查等激励措施。

(8)共认纳税信用评价结果。推进纳税信用评价信息共享，实施纳税信用评价结果互认和跨省(市)纳税信用激励。实行长三角区域纳税信用评价信息跨省(市)查询，及时向纳税人推送信用评价信息。

(9)共推风险预警提醒。运用税收大数据资源，建立长三角区域统一的风险监控指标、模型，完善风险预警信息的跨省(市)查询与推送机制，对低风险纳税人及时进行提示提醒，提升区域内整体税收遵从度，营造公平公正的市场环境。

(10)推动实现智慧办税。鼓励和支持长三角区域税务机关探索运用5G、区块链、人工智能等技术，进一步优化税务执法方式，提供智能化、个性化的线上线下纳税服务。推进智能办税服务厅建设，实现智能引导、智能填单、智能审核等智能办税服务。

(11)推行统一纳税咨询。共享12366知识库地方知识内容,统一长三角区域通用税收政策咨询答复口径,组织长三角区域12366人员定期交流,实现区域内咨询联动,共同促进长三角区域纳税咨询服务整体提升。

(12)推进大企业纳税服务。提升大企业复杂涉税事项服务层级,依托大企业重组涉税事项纳税服务工作机制,协调重组中的政策适用。依申请协调处理跨区域涉税事项。开展大企业涉税风险提示,提高大企业涉税风险自我防控能力。

(13)统一税务行政处罚裁量权行使标准。优化长三角区域行政处罚裁量基准,对纳税申报、发票使用等环节的轻微违法行为,统一税务处罚裁量基准。积极推进集体审议、文书说理、案例指导等制度,规范税务行政处罚裁量权。

(14)扩大税收优惠备案改备查范围。在已经取消部分税收优惠事项备案的基础上,长三角区域税务机关根据实际情况进一步扩大税收优惠备案改为留存备查的事项范围,让纳税人享受税收优惠更便利。

(15)对标提升税收营商环境。以上海优化税收营商环境举措为基础,形成长三角区域税收营商环境升级版清单。对标国际一流营商环境标准,试点关联性税种合并申报,推进财务报表与纳税申报表的自动转换。

(16)联合开展税收经济分析。建立长三角区域税收分析合作机制,共享分析团队资源、共享税收经济数据、共享税收经济分析成果,联合开展重点行业、重点领域税收经济分析,服务支持长三角经济社会一体化高质量发展。

14.3 税款征收制度

14.3.1 依法征税原则

税务机关依照法律、行政法规的规定征收税款,不得违反法律、行政法规的规定开征、停征、多征、少征、提前征收、延缓征收或者摊派税款。除税务机关、税务人员以及经税务机关依照法律、行政法规委托的单位和人员外,任何单位和个人不得进行税款征收活动。

税务机关应当加强对税款征收的管理,建立、健全责任制度。税务机关根据保证国家税款及时足额入库、方便纳税人、降低税收成本的原则,确定税款征收的方式。税务机关应当根据方便、快捷、安全的原则,积极推广使用支票、银行卡、电子结算方式缴纳税款。税务机关应当加强对纳税人出口退税的管理,具体管理办法由国家税务总局会同国务院有关部门制订。

税务机关应当将各种税收的税款、滞纳金、罚款,按照国家规定的预算科目和预算级次及时缴入国库,税务机关不得占压、挪用、截留,不得缴入国库以外或者国家规定的税款账户以外的任何账户。已缴入国库的税款、滞纳金、罚款,任何单位和个人不得擅自变更预算科目和预算级次。

14.3.2 代扣代缴与委托代征制度

扣缴义务人依照法律、行政法规的规定履行代扣、代收税款的义务。对法律、行政法规没有规定负有代扣、代收税款义务的单位和个人,税务机关不得要求其履行代扣、代收税款义务。扣缴义务人依法履行代扣、代收税款义务时,纳税人不得拒绝。纳税人拒绝的,扣缴义务人应当及时报告税务机关处理。税务机关按照规定付给扣缴义务人代扣、代收手续费。

税务机关根据有利于税收控管和方便纳税的原则,可以按照国家有关规定委托有关单位和人员代征零星分散和异地缴纳的税收,并发给委托代征证书。受托单位和人员按照代征证书的要求,以税务机关的名义依法征收税款,纳税人不得拒绝;纳税人拒绝的,受托代征单位和人员应当及时报告税务机关。

14.3.3 延期纳税与滞纳金制度

纳税人、扣缴义务人按照法律、行政法规规定或者税务机关依照法律、行政法规的规定确定的期限,缴纳或者解缴税款。纳税人因有特殊困难,不能按期缴纳税款的,经省、自治区、直辖市税务局批准,可以延期缴纳税款,但是最长不得超过三个月。

纳税人有下列情形之一的,属于上述所称特殊困难:①因不可抗力,导致纳税人发生较大损失,正常生产经营活动受到较大影响的;②当期货币资金在扣除应付职工工资、社会保险费后,不足以缴纳税款的。

纳税人需要延期缴纳税款的,应当在缴纳税款期限届满前提出申请,并报送下列材料:申请延期缴纳税款报告,当期货币资金余额情况及所有银行存款账户的对账单,资产负债表,应付职工工资和社会保险费等税务机关要求提供的支出预算。税务机关应当自收到申请延期缴纳税款报告之日起20日内做出批准或者不予批准的决定;不予批准的,从缴纳税款期限届满之日起加收滞纳金。

享受减税、免税优惠的纳税人,减税、免税期满,应当自期满次日起恢复纳税;减税、免税条件发生变化的,应当在纳税申报时向税务机关报告;不再符合减税、免税条件的,应当依法履行纳税义务;未依法纳税的,税务机关应当予以追缴。

纳税人未按照规定期限缴纳税款的,扣缴义务人未按照规定期限解缴税款的,税务机关除责令限期缴纳外,从滞纳税款之日起,按日加收滞纳税款万分之五的滞纳金。加收滞纳金的起止时间,为法律、行政法规规定或者税务机关依照法律、行政法规的规定确定的税款缴纳期限届满次日起至纳税人、扣缴义务人实际缴纳或者解缴税款之日止。

14.3.4 减免税与完税凭证制度

纳税人依照法律、行政法规的规定办理减税、免税。地方各级人民政府、各级人民政府主管部门、单位和个人违反法律、行政法规规定,擅自做出的减税、免税决定无效,税务机关不得执行,并向上级税务机关报告。

税务机关征收税款时,必须给纳税人开具完税凭证。纳税人通过银行缴纳税款的,税务机关可以委托银行开具完税凭证。扣缴义务人代扣、代收税款时,纳税人要求扣缴义务人开具代扣、代收税款凭证的,扣缴义务人应当开具。完税凭证是指各种完税证、缴款书、印花税票、扣(收)税凭证以及其他完税证明。未经税务机关指定,任何单位、个人不得印制完税凭证。完税凭证不得转借、倒卖、变造或者伪造。

14.3.5 核定征税与反避税制度

14.3.5.1 核定征税制度

纳税人有下列情形之一的,税务机关有权核定其应纳税额。

(1)依照法律、行政法规的规定可以不设置账簿的。

(2)依照法律、行政法规的规定应当设置账簿但未设置的。

(3)擅自销毁账簿或者拒不提供纳税资料的。

(4)虽设置账簿,但账目混乱或者成本资料、收入凭证、费用凭证残缺不全,难以查账的。

(5)发生纳税义务,未按照规定的期限办理纳税申报,经税务机关责令限期申报,逾期仍不申报的。

(6)纳税人申报的计税依据明显偏低,又无正当理由的。

税务机关核定应纳税额的具体程序和方法由国务院税务主管部门规定。

纳税人有上述所列情形之一的,税务机关有权采用下列任何一种方法核定其应纳税额。

(1)参照当地同类行业或者类似行业中经营规模和收入水平相近的纳税人的税负水平核定。

(2)按照营业收入或者成本加合理的费用和利润的方法核定。

(3)按照耗用的原材料、燃料、动力等推算或者测算核定。

(4)按照其他合理方法核定。

采用上述所列一种方法不足以正确核定应纳税额时,可以同时采用两种以上的方法核定。纳税人对税务机关采取本条规定的方法核定的应纳税额有异议的,应当提供相关证据,经税务机关认定后,调整应纳税额。

14.3.5.2 关联企业反避税制度

企业或者外国企业在中国境内设立的从事生产、经营的机构、场所与其关联企业之间的业务往来,应当按照独立企业之间的业务往来收取或者支付价款、费用;不按照独立企业之间的业务往来收取或者支付价款、费用,而减少其应纳税的收入或者所得额的,税务机关有权进行合理调整。

上述关联企业是指有下列关系之一的公司、企业和其他经济组织:①在资金、经营、购销等方面,存在直接或者间接的拥有或者控制关系;②直接或者间接地同为第三者所拥有或者控制;③在利益上具有相关联的其他关系。纳税人有义务就其与关联企业之间的业务往来,向当地税务机关提供有关的价格、费用标准等资料。

上述独立企业之间的业务往来,是指没有关联关系的企业之间按照公平成交价格和营业常规所进行的业务往来。

纳税人可以向主管税务机关提出与其关联企业之间业务往来的定价原则和计算方法,主管税务机关审核、批准后,与纳税人预先约定有关定价事项,监督纳税人执行。

纳税人与其关联企业之间的业务往来有下列情形之一的,税务机关可以调整其应纳税额。

(1)购销业务未按照独立企业之间的业务往来作价。

(2)融通资金所支付或者收取的利息超过或者低于没有关联关系的企业之间所能同意的数额,或者利率超过或者低于同类业务的正常利率。

(3)提供劳务,未按照独立企业之间业务往来收取或者支付劳务费用。

(4)转让财产、提供财产使用权等业务往来,未按照独立企业之间业务往来作价或者收取、支付费用。

(5)未按照独立企业之间业务往来作价的其他情形。

纳税人有上述所列情形之一的,税务机关可以按照下列方法调整计税收入额或者所得额。

(1)按照独立企业之间进行的相同或者类似业务活动的价格。

(2)按照再销售给无关联关系的第三者的价格所应取得的收入和利润水平。

(3)按照成本加合理的费用和利润。

(4)按照其他合理的方法。

纳税人与其关联企业未按照独立企业之间的业务往来支付价款、费用的,税务机关自该业务往来发生的纳税年度起三年内进行调整;有特殊情况的,可以自该业务往来发生的纳税年度起十年内进行调整。

14.3.6 税收保全与强制执行制度

14.3.6.1 对未登记纳税人的保全与强制执行制度

对未按照规定办理税务登记的从事生产、经营的纳税人以及临时从事经营的纳税人,由税务机关核定其应纳税额，责令缴纳；不缴纳的，税务机关可以扣押其价值相当于应纳税款的商品、货物。扣押后缴纳应纳税款的，税务机关必须立即解除扣押，并归还所扣押的商品、货物；扣押后仍不缴纳应纳税款的，经县以上税务局(分局)局长批准，依法拍卖或者变卖所扣押的商品、货物，以拍卖或者变卖所得抵缴税款。上述所称未按照规定办理税务登记从事生产、经营的纳税人，包括到外县(市)从事生产、经营而未向营业地税务机关报验登记的纳税人。

税务机关依照上述规定，扣押纳税人商品、货物的，纳税人应当自扣押之日起15日内缴纳税款。对扣押的鲜活、易腐烂变质或者易失效的商品、货物，税务机关根据被扣押物品的保质期，可以缩短扣押期限。

14.3.6.2 税收保全制度

税务机关有根据认为从事生产、经营的纳税人有逃避纳税义务行为的，可以在规定的纳税期之前，责令限期缴纳应纳税款；在限期内发现纳税人有明显的转移、隐匿其应纳税的商品、货物以及其他财产或者应纳税的收入的迹象的，税务机关可以责成纳税人提供纳税担保。如果纳税人不能提供纳税担保，经县以上税务局(分局)局长批准，税务机关可以采取下列税收保全措施：①书面通知纳税人开户银行或者其他金融机构冻结纳税人的金额相当于应纳税款的存款；②扣押、查封纳税人的价值相当于应纳税款的商品、货物或者其他财产。

纳税人在上述规定的限期内缴纳税款的，税务机关必须立即解除税收保全措施；限期期满仍未缴纳税款的，经县以上税务局(分局)局长批准，税务机关可以书面通知纳税人开户银行或者其他金融机构从其冻结的存款中扣缴税款，或者依法拍卖或者变卖所扣押、查封的商品、货物或者其他财产，以拍卖或者变卖所得抵缴税款。上述其他财产，包括纳税人的房地产、现金、有价证券等不动产和动产。

个人及其所扶养家属维持生活必需的住房和用品，不在税收保全措施的范围之内。机动车辆、金银饰品、古玩字画、豪华住宅或者一处以外的住房不属于个人及其所扶养家属维持生活必需的住房和用品。税务机关对单价5000元以下的其他生活用品，不采取税收保全措施和强制执行措施。个人所扶养家属是指与纳税人共同居住生活的配偶、直系亲属以及无生活来源并由纳税人扶养的其他亲属。

税务机关实施扣押、查封时，对有产权证件的动产或者不动产，税务机关可以责令当事人将产权证件交税务机关保管，同时可以向有关机关发出协助执行通知书，有关机关在扣押、查封期间不再办理该动产或者不动产的过户手续。

对查封的商品、货物或者其他财产，税务机关可以指令被执行人负责保管，保管责任由被执行人承担。继续使用被查封的财产不会减少其价值的，税务机关可以允许被执行人继续使用；因被执行人保管或者使用的过错造成的损失，由被执行人承担。

纳税人在税务机关采取税收保全措施后，按照税务机关规定的期限缴纳税款的，税务机关应当自收到税款或者银行转回的完税凭证之日起1日内解除税收保全。纳税人在限期内已缴纳税款，税务机关未立即解除税收保全措施，使纳税人的合法利益遭受损失的，税务机关应当承担赔偿责任。上述损失是指因税务机关的责任，使纳税人、扣缴义务人或者纳税担保人的合法利益遭受的直接损失。

14.3.6.3 纳税担保制度

1. 一般规定

纳税担保是指经税务机关同意或确认，纳税人或其他自然人、法人、经济组织以保证、抵押、质押的方式，为纳税人应当缴纳的税款及滞纳金提供担保的行为。纳税担保人包括以保证方式为纳税人提供纳税担保的纳税保证人和其他以未设置或者未全部设置担保物权的财产为纳税人提供纳税担保的第三人。

纳税人有下列情况之一的，适用纳税担保。

（1）税务机关有根据认为从事生产、经营的纳税人有逃避纳税义务行为，在规定的纳税期之前经责令其限期缴纳应纳税款，在限期内发现纳税人有明显的转移、隐匿其应纳税的商品、货物以及其他财产或者应纳税收入的迹象，责成纳税人提供纳税担保的。

（2）欠缴税款、滞纳金的纳税人或者其法定代表人需要出境的。

（3）纳税人同税务机关在纳税上发生争议而未缴清税款，需要申请行政复议的。

（4）税收法律、行政法规规定可以提供纳税担保的其他情形。

纳税担保范围包括税款、滞纳金和实现税款、滞纳金的费用。费用包括抵押、质押登记费用，质押保管费用，以及保管、拍卖、变卖担保财产等相关费用支出。用于纳税担保的财产、权利的价值不得低于应当缴纳的税款、滞纳金，并考虑相关的费用。纳税担保的财产价值不足以抵缴税款、滞纳金的，税务机关应当向提供担保的纳税人或纳税担保人继续追缴。

2. 纳税保证

纳税保证是指纳税保证人向税务机关保证，当纳税人未按照税收法律、行政法规规定或者税务机关确定的期限缴清税款、滞纳金时，由纳税保证人按照约定履行缴纳税款及滞纳金的行为。税务机关认可的，保证成立；税务机关不认可的，保证不成立。上述纳税保证为连带责任保证，纳税人和纳税保证人对所担保的税款及滞纳金承担连带责任。当纳税人在税收法律、行政法规或税务机关确定的期限届满未缴清税款及滞纳金的，税务机关即可要求纳税保证人在其担保范围内承担保证责任，缴纳担保的税款及滞纳金。

纳税保证人是指在中国境内具有纳税担保能力的自然人、法人或者其他经济组织。法人或其他经济组织财务报表资产净值超过需要担保的税额及滞纳金2倍以上的，自然人、法人或其他经济组织所拥有或者依法可以处分的未设置担保的财产的价值超过需要担保的税额及滞纳金的，为具有纳税担保能力。

国家机关，学校、幼儿园、医院等事业单位、社会团体不得作为纳税保证人。企业法人的职能部门不得为纳税保证人。企业法人的分支机构有法人书面授权的，可以在授权范围内提供纳税担保。有以下情形之一的，不得作为纳税保证人。

（1）有偷税、抗税、骗税、逃避追缴欠税行为被税务机关、司法机关追究过法律责任未满两年的。

（2）因有税收违法行为正在被税务机关立案处理或涉嫌刑事犯罪被司法机关立案侦查的。

（3）纳税信誉等级被评为C级以下的。

（4）在主管税务机关所在地的市（地、州）没有住所的自然人或税务登记不在本市（地、州）的企业。

（5）无民事行为能力或限制民事行为能力的自然人。

（6）与纳税人存在担保关联关系的。

（7）有欠税行为的。

纳税保证人同意为纳税人提供纳税担保的，应当填写纳税担保书。纳税担保书应当包括以下内容：①纳税人应缴纳的税款及滞纳金数额、所属期间、税种、税目名称；②纳税人应当履行缴纳税款及滞纳金的期限；③保证担保范围及担保责任；④保证期间和履行保证责任的期限；⑤保证人的存款账号或者开户银行及其账号；⑥税务机关认为需要说明的其他事项。

纳税担保书须经纳税人、纳税保证人签字盖章并经税务机关签字盖章同意方为有效。纳税担保从税务机关在纳税担保书签字盖章之日起生效。

保证期间为纳税人应缴纳税款期限届满之日起60日，即税务机关自纳税人应缴纳税款的期限届满之日起60日内有权要求纳税保证人承担保证责任，缴纳税款、滞纳金。履行保证责任的期限为15日，即纳税保证人应当自收到税务机关的纳税通知书之日起15日内履行保证责任，缴纳税款及滞纳金。纳税保证期间内税务机关未通知纳税保证人缴纳税款及滞纳金以承担担保责任的，纳税保证人免除担保责任。

纳税人在规定的期限届满未缴清税款及滞纳金，税务机关在保证期限内书面通知纳税保证人的，纳税保证人应按照纳税担保书约定的范围，自收到纳税通知书之日起15日内缴纳税款及滞纳金，履行担保责任。纳税保证人未按照规定的履行保证责任的期限缴纳税款及滞纳金的，由税务机关发出责令限期缴纳通知书，责令纳税保证人在限期15日内缴纳；逾期仍未缴纳的，经县以上税务局(分局)局长批准，对纳税保证人采取强制执行措施，通知其开户银行或其他金融机构从其存款中扣缴所担保的纳税人应缴纳的税款、滞纳金，或扣押、查封、拍卖、变卖其价值相当于所担保的纳税人应缴纳的税款、滞纳金的商品、货物或者其他财产，以拍卖、变卖所得抵缴担保的税款、滞纳金。

3. 纳税抵押

纳税抵押是指纳税人或纳税担保人不转移对财产的占有，将该财产作为税款及滞纳金的担保。纳税人逾期未缴清税款及滞纳金的，税务机关有权依法处置该财产以抵缴税款及滞纳金。上述规定的纳税人或者纳税担保人为抵押人，税务机关为抵押权人，提供担保的财产为抵押物。

下列财产可以抵押：①抵押人所有的房屋和其他地上定着物；②抵押人所有的机器、交通运输工具和其他财产；③抵押人依法有权处分的国有的房屋和其他地上定着物；④抵押人依法有权处分的国有的机器、交通运输工具和其他财产；⑤经设区的市、自治州以上税务机关确认的其他可以抵押的合法财产。以依法取得的国有土地上的房屋抵押的，该房屋占用范围内的国有土地使用权同时抵押。以乡(镇)、村企业的厂房等建筑物抵押的，其占用范围内的土地使用权同时抵押。

下列财产不得抵押：①土地所有权；②土地使用权，但另有规定的除外；③学校、幼儿园、医院等以公益为目的的事业单位、社会团体、民办非企业单位的教育设施、医疗卫生设施和其他社会公益设施；④所有权、使用权不明或者有争议的财产；⑤依法被查封、扣押、监管的财产；⑥依法定程序确认为违法、违章的建筑物；⑦法律、行政法规规定禁止流通的财产或者不可转让的财产；⑧经设区的市、自治州以上税务机关确认的其他不予抵押的财产。

学校、幼儿园、医院等以公益为目的事业单位、社会团体，可以其教育设施、医疗卫生设施和其他社会公益设施以外的财产为其应缴纳的税款及滞纳金提供抵押。

纳税人提供抵押担保的，应当填写纳税担保书和纳税担保财产清单。纳税担保书应当包括以下内容：①担保的纳税人应缴纳的税款及滞纳金数额、所属期间、税种名称、税目；②纳税人履行应缴纳税款及滞纳金的期限；③抵押物的名称、数量、质量、状况、所在地、所有权权属或者使用权权属；④抵押担保的范围及担保责任；⑤税务机关认为需要说明的其他事项。纳税担保财产清单应当写明财产价值以及相关事项。纳税担保书和纳税担保财产清单须经纳税人签字盖章并经税务机关确认。

纳税抵押财产应当办理抵押物登记。纳税抵押自抵押物登记之日起生效。纳税人应向税务机关提供由以下部门出具的抵押登记的证明及其复印件（以下简称"证明材料"）：①以城市房地产或者乡（镇）、村企业的厂房等建筑物抵押的，提供县级以上地方人民政府规定部门出具的证明材料；②以船舶、车辆抵押的，提供运输工具的登记部门出具的证明材料；③以企业的设备和其他动产抵押的，提供财产所在地的工商行政管理部门出具的证明材料或者纳税人所在地的公证部门出具的证明材料。

抵押期间，经税务机关同意，纳税人可以转让已办理登记的抵押物，并告知受让人转让物已经抵押的情况。纳税人转让抵押物所得的价款，应当向税务机关提前缴纳所担保的税款、滞纳金。超过部分归纳税人所有，不足部分由纳税人缴纳或提供相应的担保。

在抵押物灭失、毁损或者被征用的情况下，税务机关应该就该抵押物的保险金、赔偿金或者补偿金要求优先受偿，抵缴税款、滞纳金。抵押物灭失、毁损或者被征用的情况下，抵押权所担保的纳税义务履行期未满的，税务机关可以要求将保险金、赔偿金或补偿金等作为担保财产。纳税人在规定的期限内未缴清税款、滞纳金的，税务机关应当依法拍卖、变卖抵押物，变价抵缴税款、滞纳金。

纳税担保人以其财产为纳税人提供纳税抵押担保的，按照纳税人提供抵押担保的规定执行；纳税担保书和纳税担保财产清单须经纳税人、纳税担保人签字盖章并经税务机关确认。纳税人在规定的期限届满未缴清税款、滞纳金的，税务机关应当在期限届满之日起15日内书面通知纳税担保人自收到纳税通知书之日起15日内缴纳担保的税款、滞纳金。纳税担保人未按照前款规定的期限缴纳所担保的税款、滞纳金的，由税务机关责令限期在15日内缴纳；逾期仍未缴纳的，经县以上税务局（分局）局长批准，税务机关依法拍卖、变卖抵押物，抵缴税款、滞纳金。

4. 纳税质押

纳税质押是指经税务机关同意，纳税人或纳税担保人将其动产或权利凭证移交税务机关占有，将该动产或权利凭证作为税款及滞纳金的担保。纳税人逾期未缴清税款及滞纳金的，税务机关有权依法处置该动产或权利凭证以抵缴税款及滞纳金。纳税质押分为动产质押和权利质押。动产质押包括现金以及其他除不动产以外的财产提供的质押。汇票、支票、本票、债券、存款单等权利凭证可以质押。对于实际价值波动很大的动产或权利凭证，经设区的市、自治州以上税务机关确认，税务机关可以不接受其作为纳税质押。

纳税人提供质押担保的，应当填写纳税担保书和纳税担保财产清单并签字盖章。纳税担保书应当包括以下内容：①担保的税款及滞纳金数额、所属期间、税种名称、税目；②纳税人履行应缴纳税款、滞纳金的期限；③质物的名称、数量、质量、价值、状况、移交前所在地、所有权权属或者使用权权属；④质押担保的范围及担保责任；⑤纳税担保财产价值；⑥税务机关认为需要说明的其他事项。纳税担保财产清单应当写明财产价值及相关事项。纳税质押自纳税担保书和纳税担保财产清单经税务机关确认和质物移交之日起生效。

以汇票、支票、本票、公司债券出质的，税务机关应当与纳税人背书清单记载"质押"字样。以存款单出质的，应由签发的金融机构核押。

以载明兑现或者提货日期的汇票、支票、本票、债券、存款单出质的，汇票、支票、本票、债券、存款单兑现日期先于纳税义务履行期或者担保期的，税务机关与纳税人约定将兑现的价款用于缴纳或抵缴所担保的税款及滞纳金。

纳税人在规定的期限内缴清税款及滞纳金的，税务机关应当自纳税人缴清税款及滞纳金之日起三个工作日内返还质物,解除质押关系。纳税人在规定的期限内未缴清税款、滞纳金的,税务机关应当依法拍卖、变卖质物,抵缴税款、滞纳金。

纳税担保人以其动产或财产权利为纳税人提供纳税质押担保的,按照纳税人提供质押担保的规定执行;纳税担保书和纳税担保财产清单须经纳税人、纳税担保人签字盖章并经税务机关确认。纳税人在规定的期限内缴清税款、滞纳金的,税务机关应当在三个工作日内将质物返还给纳税担保人,解除质押关系。纳税人在规定的期限内未缴清税款、滞纳金的,税务机关应当在期限届满之日起15日内书面通知纳税担保人自收到纳税通知书之日起15日内缴纳担保的税款、滞纳金。纳税担保人未按照前款规定的期限缴纳所担保的税款、滞纳金,由税务机关责令限期在15日内缴纳;缴清税款、滞纳金的,税务机关自纳税担保人缴清税款及滞纳金之日起三个工作日内返还质物、解除质押关系;逾期仍未缴纳的,经县以上税务局(分局)局长批准,税务机关依法拍卖、变卖质物,抵缴税款、滞纳金。

5. 法律责任

纳税人、纳税担保人采取欺骗、隐瞒等手段提供担保的,由税务机关处以1000元以下的罚款;属于经营行为的,处以10000元以下的罚款。非法为纳税人、纳税担保人实施虚假纳税担保提供方便的,由税务机关处以1000元以下的罚款。纳税人采取欺骗、隐瞒等手段提供担保,造成应缴税款损失的,由税务机关处以未缴、少缴税款50%以上5倍以下的罚款。

税务机关负有妥善保管质物的义务。因保管不善致使质物灭失或者毁损,或未经纳税人同意擅自使用、出租、处分质物而给纳税人造成损失的,税务机关应当对直接损失承担赔偿责任。纳税义务期限届满或担保期间,纳税人或者纳税担保人请求税务机关及时行使权利,而税务机关怠于行使权利致使质物价格下跌造成损失的,税务机关应当对直接损失承担赔偿责任。

税务机关工作人员有下列情形之一的,根据情节轻重给予行政处分:①违反规定,对符合担保条件的纳税担保,不予同意或故意刁难的;②违反规定,对不符合担保条件的纳税担保,予以批准,致使国家税款及滞纳金遭受损失的;③私分、挪用、占用、擅自处分担保财物的;④其他违法情形。

14.3.6.4 税收强制执行制度

从事生产、经营的纳税人、扣缴义务人未按照规定的期限缴纳或者解缴税款,纳税担保人未按照规定的期限缴纳所担保的税款,由税务机关责令限期缴纳,逾期仍未缴纳的,经县以上税务局(分局)局长批准,税务机关可以采取下列强制执行措施:①书面通知其开户银行或者其他金融机构从其存款中扣缴税款;②扣押、查封、依法拍卖或者变卖其价值相当于应纳税款的商品、货物或者其他财产,以拍卖或者变卖所得抵缴税款。上述其他金融机构,是指信托投资公司、信用合作社、邮政储蓄机构以及经中国人民银行、中国证券监督管理委员会等批准设立的其他金融机构。上述存款,包括独资企业投资人、合伙企业合伙人、个体工商户的储蓄存款以及股东资金账户中的资金等。

税务机关采取强制执行措施时,对上述所列纳税人、扣缴义务人、纳税担保人未缴纳的滞纳金同时强制执行。个人及其所扶养家属维持生活必需的住房和用品,不在强制执行措施的范围之内。

税务机关将扣押、查封的商品、货物或者其他财产变价抵缴税款时,应当交由依法成立的拍卖机构拍卖;无法委托拍卖或者不适于拍卖的,可以交由当地商业企业代为销售,也可以责令纳税人限期处理;无法委托商业企业销售,纳税人也无法处理的,可以由税务机关变价处理，具体办法由国家税务总局规定。国家禁止自由买卖的商品，应当交由有关单位按照国家规定的价格收购。拍卖或者变卖所得抵缴税款、滞纳金、罚款以及扣押、查封、保管、拍卖、变卖等费用后，剩余部分应当在三日内退还被执行人。

从事生产、经营的纳税人、扣缴义务人未按照规定的期限缴纳或者解缴税款的，纳税担保人未按照规定的期限缴纳所担保的税款的，由税务机关发出限期缴纳税款通知书，责令缴纳或者解缴税款的最长期限不得超过15日。

14.3.6.5　对税收保全与强制执行措施的限制

上述规定的采取税收保全措施、强制执行措施的权力，不得由法定的税务机关以外的单位和个人行使。税务机关采取税收保全措施和强制执行措施必须依照法定权限和法定程序，不得查封、扣押纳税人个人及其所扶养家属维持生活必需的住房和用品。

税务机关执行扣押、查封商品、货物或者其他财产时，应当由两名以上税务人员执行，并通知被执行人。被执行人是自然人的，应当通知被执行人本人或者其成年家属到场；被执行人是法人或者其他组织的，应当通知其法定代表人或者主要负责人到场；拒不到场的，不影响执行。

税务机关扣押、查封价值相当于应纳税款的商品、货物或者其他财产时，参照同类商品的市场价、出厂价或者评估价估算。税务机关按照上述方法确定应扣押、查封的商品、货物或者其他财产的价值时，还应当包括滞纳金和扣押、查封、保管、拍卖、变卖所发生的费用。对价值超过应纳税额且不可分割的商品、货物或者其他财产，税务机关在纳税人、扣缴义务人或者纳税担保人无其他可供强制执行的财产的情况下，可以整体扣押、查封、拍卖，以拍卖所得抵缴税款、滞纳金、罚款以及扣押、查封、保管、拍卖等费用。

税务机关扣押商品、货物或者其他财产时，必须开付收据；查封商品、货物或者其他财产时，必须开付清单。

税务机关滥用职权违法采取税收保全措施、强制执行措施，或者采取税收保全措施、强制执行措施不当，使纳税人、扣缴义务人或者纳税担保人的合法权益遭受损失的，应当依法承担赔偿责任。

14.3.7　税收债权保护制度

14.3.7.1　离境清税制度

欠缴税款的纳税人或者其法定代表人需要出境的，应当在出境前向税务机关结清应纳税款、滞纳金或者提供担保。未结清税款、滞纳金，又不提供担保的，税务机关可以通知出境管理机关阻止其出境。

欠缴税款的纳税人或者其法定代表人在出境前未按照规定结清应纳税款、滞纳金或者提供纳税担保的，税务机关可以通知出入境管理机关阻止其出境。阻止出境的具体办法，由国家税务总局会同公安部制订。

14.3.7.2　税收优先权制度

税务机关征收税款，税收优先于无担保债权，法律另有规定的除外；纳税人欠缴的税款发生在纳税人以其财产设定抵押、质押或者纳税人的财产被留置之前的，税收应当先于抵押权、质权、留置权执行。纳税人欠缴税款，同时又被行政机关决定处以罚款、没收违法所得的，税收优先于罚款、没收违法所得。

税务机关应当对纳税人欠缴税款的情况定期予以公告。县级以上各级税务机关应当将纳税人的欠税情况，在办税场所或者广播、电视、报纸、期刊、网络等新闻媒体上定期公告。

14.3.7.3　税收代位权、撤销权制度

欠缴税款的纳税人因怠于行使到期债权，或者放弃到期债权，或者无偿转让财产，或者以明显不合理的低价转让财产而受让人知道该情形，对国家税收造成损害的，税务机关可以依照《合同法》第七十三条、第七十四条的规定行使代位权、撤销权。税务机关依照上述规定行使代位权、撤销权的，不免除欠缴税款的纳税人尚未履行的纳税义务和应承担的法律责任。

14.3.7.4　其他税款保全制度

纳税人有欠税情形而以其财产设定抵押、质押的，应当向抵押权人、质权人说明其欠税情况。抵押权人、质权人可以请求税务机关提供有关的欠税情况。

纳税人有合并、分立情形的，应当向税务机关报告，并依法缴清税款。纳税人合并时未缴清税款的，应当由合并后的纳税人继续履行未履行的纳税义务；纳税人分立时未缴清税款的，分立后的纳税人对未履行的纳税义务应当承担连带责任。纳税人有解散、撤销、破产情形的，在清算前应当向其主管税务机关报告；未结清税款的，由其主管税务机关参加清算。

欠缴税款数额较大的纳税人在处分其不动产或者大额资产之前，应当向税务机关报告。欠缴税款数额较大是指欠缴税款 5 万元以上。

14.3.8　退税与税款追征制度

14.3.8.1　溢缴税款退还制度

纳税人超过应纳税额缴纳的税款，税务机关发现后应当立即退还；纳税人自结算缴纳税款之日起三年内发现的，可以向税务机关要求退还多缴的税款并加算银行同期存款利息，税务机关及时查实后应当立即退还；涉及从国库中退库的，依照法律、行政法规有关国库管理的规定退还。

税务机关发现纳税人多缴税款的，应当自发现之日起 10 日内办理退还手续；纳税人发现多缴税款，要求退还的，税务机关应当自接到纳税人退还申请之日起 30 日内查实并办理退还手续。加算银行同期存款利息的多缴税款退税，不包括依法预缴税款形成的结算退税、出口退税和各种减免退税。退税利息按照税务机关办理退税手续当天中国人民银行规定的活期存款利率计算。

当纳税人既有应退税款又有欠缴税款的，税务机关可以将应退税款和利息先抵扣欠缴税款；抵扣后有余额的，退还纳税人。

14.3.8.2　税款追缴制度

因税务机关的责任，致使纳税人、扣缴义务人未缴或者少缴税款的，税务机关在三年内可以要求纳税人、扣缴义务人补缴税款，但是不得加收滞纳金。税务机关的责任是指税务机关适用税收法律、行政法规不当或者执法行为违法。

因纳税人、扣缴义务人计算错误等失误，未缴或者少缴税款的，税务机关在三年内可以追征税款、滞纳金；有特殊情况的，追征期可以延长到五年。纳税人、扣缴义务人计算错误等失误，是指非主观故意的计算公式运用错误以及明显的笔误。特殊情况是指纳税人或者扣缴义务人因计算错误等失误，未缴或者少缴、未扣或者少扣、未收或者少收税款，累计数额在 10 万元以上的。

对偷税、抗税、骗税的，税务机关追征其未缴或者少缴的税款、滞纳金或者所骗取的税款，不受上述规定期限的限制。补缴和追征税款、滞纳金的期限，自纳税人、扣缴义务人应缴未缴或者少缴税款之日起计算。

14.3.9 简化税务行政许可事项办理程序

国家税务总局决定自2019年12月1日起进一步简化税务行政许可事项办理程序、部分税务行政许可文书和报送材料，实行以下措施。

● 《国家税务总局关于进一步简化税务行政许可事项办理程序的公告》（国家税务总局公告2019年第34号）

(1) 压缩办理时间。税务机关办理对纳税人延期申报的核准、增值税专用发票（增值税税控系统）最高开票限额审批、对采取实际利润额预缴以外的其他企业所得税预缴方式的核定，自受理申请之日起10个工作日内做出行政许可决定；办理对纳税人变更纳税定额的核准，自受理申请之日起15个工作日内做出行政许可决定。在上述时限内不能办结的，经税务机关负责人批准，可以延长5个工作日。

(2) 简并申请文书。取消《税务行政许可申请表》中"法定代表人（负责人）""联系地址"栏次。税务机关办理对纳税人延期缴纳税款、延期申报的核准，不再要求申请人填写《延期缴纳税款申请审批表》《延期申报申请核准表》。

(3) 减少材料报送。税务机关办理对纳税人延期缴纳税款的核准，不再要求申请人单独提供申请延期缴纳税款报告、当期货币资金余额材料、应付职工工资和社会保险费等税务机关要求提供的支出预算材料，改为申请人在《税务行政许可申请表》中填写相关信息及申请理由；不再要求申请人提供连续3个月缴纳税款情况和资产负债表，由税务机关在信息系统中主动核查。税务机关办理对纳税人延期申报的核准，不再要求申请人单独提供确有困难不能正常申报的情况说明，改为申请人在《税务行政许可申请表》中填写申请理由。

(4) 简化送达程序。税务机关通过办税服务窗口向申请人直接送达税务行政许可文书，且申请人无异议的，由受送达人或者其他法定签收人在税务行政许可文书末尾的签收栏签名或者盖章，注明收到日期，不再另行填写《税务文书送达回证》。

14.4 税务检查制度

14.4.1 税务检查的一般规定

税务机关有权进行下列税务检查。

(1) 检查纳税人的账簿、记账凭证、报表和有关资料，检查扣缴义务人代扣代缴、代收代缴税款账簿、记账凭证和有关资料。

(2) 到纳税人的生产、经营场所和货物存放地检查纳税人应纳税的商品、货物或者其他财产，检查扣缴义务人与代扣代缴、代收代缴税款有关的经营情况。

(3) 责成纳税人、扣缴义务人提供与纳税或者代扣代缴、代收代缴税款有关的文件、证明材料和有关资料。

(4) 询问纳税人、扣缴义务人与纳税或者代扣代缴、代收代缴税款有关的问题和情况。

(5) 到车站、码头、机场、邮政企业及其分支机构检查纳税人托运、邮寄应纳税商品、货物或者其他财产的有关单据、凭证和有关资料。

(6) 经县以上税务局（分局）局长批准，凭全国统一格式的检查存款账户许可证明，查询从事生产、经营的纳税人、扣缴义务人在银行或者其他金融机构的存款账户。税务机关在调查税收违法案件时，经设区的市、自治州以上税务局（分局）局长批准，可以查询案件涉嫌人员的储蓄存款。税务机关查询所获得的资料，不得用于税收以外的用途。

税务机关对从事生产、经营的纳税人以前纳税期的纳税情况依法进行税务检查时，发现纳税人有逃避纳税义务行为，并有明显的转移、隐匿其应纳税的商品、货物以及其他财产或者应纳税的收入的迹象的，可以按照规定的批准权限采取税收保全措施或者强制执行措施。纳税人、扣缴义务人必须接受税务机关依法进行的税务检查，如实反映情况，提供有关资料，不得拒绝、隐瞒。

税务机关依法进行税务检查时，有权向有关单位和个人调查纳税人、扣缴义务人和其他当事人与纳税或者代扣代缴、代收代缴税款有关的情况，有关单位和个人有义务向税务机关如实提供有关资料及证明材料。税务机关调查税务违法案件时，对与案件有关的情况和资料，可以记录、录音、录像、照相和复制。税务机关派出的人员进行税务检查时，应当出示税务检查证和税务检查通知书，并有责任为被检查人保守秘密；未出示税务检查证和税务检查通知书的，被检查人有权拒绝检查。

14.4.2 税务稽查的一般规定

税务稽查的基本任务是依法查处税收违法行为，保障税收收入，维护税收秩序，促进依法纳税。税务稽查由税务局稽查局依法实施。稽查局的主要职责是依法对纳税人、扣缴义务人和其他涉税当事人履行纳税义务、扣缴义务情况及涉税事项进行检查处理，以及围绕检查处理开展的其他相关工作。税务稽查应当以事实为根据，以法律为准绳，坚持公平、公开、公正、效率的原则。税务稽查应当依靠人民群众，加强与有关部门、单位的联系和配合。

稽查局在所属税务局领导下开展税务稽查工作。上级稽查局对下级稽查局的稽查业务进行管理、指导、考核和监督，对执法办案进行指挥和协调。各级税务局稽查局应当加强联系和协作，及时进行信息交流与共享，对同一被查对象尽量实施联合检查，并分别做出处理决定。稽查局查处税收违法案件时，实行选案、检查、审理、执行分工制约原则。稽查局设立选案、检查、审理、执行部门，分别实施选案、检查、审理、执行工作。

税务稽查人员应当依法为纳税人、扣缴义务人的商业秘密、个人隐私保密。纳税人、扣缴义务人的税收违法行为不属于保密范围。税务稽查人员有规定回避情形的，应当回避。被查对象要求税务稽查人员回避的，或者税务稽查人员自己提出回避的，由稽查局局长依法决定是否回避。稽查局局长发现税务稽查人员有规定回避情形的，应当要求其回避。稽查局局长的回避，由所属税务局领导依法审查决定。

税务稽查人员应当遵守工作纪律，恪守职业道德，不得有下列行为：①违反法定程序、超越权限行使职权；②利用职权为自己或者他人谋取利益；③玩忽职守，不履行法定义务；④泄露国家秘密、工作秘密，向被查对象通风报信、泄露案情；⑤弄虚作假，故意夸大或者隐瞒案情；⑥接受被查对象的请客送礼；⑦未经批准私自会见被查对象；⑧其他违法乱纪行为。税务稽查人员在执法办案中滥用职权、玩忽职守、徇私舞弊的，依照有关规定严肃处理；涉嫌犯罪的，依法移送司法机关处理。

14.4.3 管辖

稽查局应当在所属税务局的征收管理范围内实施税务稽查。其他税收违法行为，由违法行为发生地或者发现地的稽查局查处。税收法律、行政法规和国家税务总局对税务稽查管辖另有规定的，从其规定。税务稽查管辖有争议的，由争议各方本着有利于案件查处的原则逐级协商解决；不能协商一致的，报请共同的上级税务机关协调或者决定。

省、自治区、直辖市和计划单列市税务局稽查局可以充分利用税源管理和税收违法情况分析成果，结合本地实际，按照以下标准在管辖区域范围内实施分级分类稽查：①纳税人生产经营规模、纳税规模；②分地区、分行业、分税种的税负水平；③税收违法行为发生频度及轻重程度；④税收违法案件复杂程度；⑤纳税人产权状况、组织体系构成；⑥其他合理的分类标准。分级分类稽查应当结合税收违法案件查处、税收专项检查、税收专项整治等相关工作统筹确定。

上级稽查局可以根据税收违法案件性质、复杂程度、查处难度以及社会影响等情况，组织查处或者直接查处管辖区域内发生的税收违法案件。下级稽查局查处有困难的重大税收违法案件，可以报请上级稽查局查处。

14.4.4 选案

稽查局应当通过多种渠道获取案源信息，集体研究，合理、准确地选择和确定稽查对象。选案部门负责稽查对象的选取，并对税收违法案件查处情况进行跟踪管理。稽查局必须有计划地实施稽查，严格控制对纳税人、扣缴义务人的税务检查次数。稽查局应当在年度终了前制订下一年度的稽查工作计划，经所属税务局领导批准后实施，并报上一级稽查局备案。年度稽查工作计划中的税收专项检查内容，应当根据上级税务机关税收专项检查安排，结合工作实际确定。经所属税务局领导批准，年度稽查工作计划可以适当调整。

选案部门应当建立案源信息档案，对所获取的案源信息实行分类管理。案源信息主要包括：①财务指标、税收征管资料、稽查资料、情报交换和协查线索；②上级税务机关交办的税收违法案件；③上级税务机关安排的税收专项检查；④税务局相关部门移交的税收违法信息；⑤检举的涉税违法信息；⑥其他部门和单位转来的涉税违法信息；⑦社会公共信息；⑧其他相关信息。

国家税务总局和各级税务局在稽查局设立税收违法案件举报中心，负责受理单位和个人对税收违法行为的检举。对单位和个人实名检举税收违法行为并经查实，为国家挽回税收损失的，根据其贡献大小，依照国家税务总局有关规定给予相应奖励。

税收违法案件举报中心应当对检举信息进行分析筛选，区分不同情形，经稽查局局长批准后分别处理：①线索清楚，涉嫌偷税、逃避追缴欠税、骗税、虚开发票、制售假发票或者其他严重税收违法行为的，由选案部门列入案源信息；②检举内容不详，无明确线索或者内容重复的，暂存待办；③属于税务局其他部门工作职责范围的，转交相关部门处理；④不属于自己受理范围的检举，将检举材料转送有处理权的单位。

选案部门对案源信息采取计算机分析、人工分析、人机结合分析等方法进行筛选，发现有税收违法嫌疑的，应当确定为待查对象。待查对象确定后，选案部门填制《税务稽查立案审批表》，附有关资料，经稽查局局长批准后立案检查。税务局相关部门移交的税收违法信息，稽查局经筛选未立案检查的，应当及时告知移交信息的部门；移交信息的部门仍然认为需要立案检查的，经所属税务局领导批准后，由稽查局立案检查。对上级税务机关指定和税收专项检查安排的检查对象，应当立案检查。经批准立案检查的，由选案部门制作《税务稽查任务通知书》，连同有关资料一并移交检查部门。选案部门应当建立案件管理台账，跟踪案件查处进展情况，并及时报告稽查局局长。

14.4.5 检查

14.4.5.1 检查前的准备工作

检查部门接到《税务稽查任务通知书》后，应当及时安排人员实施检查。检查人员实施检查前，应当查阅被查对象纳税档案，了解被查对象的生产经营情况、所属行业特点、财务会计制度、财务会计处理办法和会计核算软件，熟悉相关税收政策，确定相应的检查方法。

检查前，应当告知被查对象检查时间、需要准备的资料等，但预先通知有碍检查的除外。检查应当由两名以上检查人员共同实施，并向被查对象出示税务检查证和《税务检查通知书》。税务局稽查局联合检查的，应当出示各自的税务检查证和《税务检查通知书》。检查应当自实施检查之日起60日内完成；确需延长检查时间的，应当经稽查局局长批准。

14.4.5.2 检查方法与调查取证

实施检查时，依照法定权限和程序，可以采取实地检查、调取账簿资料、询问、查询存款账户或者储蓄存款、异地协查等方法。对采用电子信息系统进行管理和核算的被查对象，可以要求其打开该电子信息系统，或者提供与原始电子数据、电子信息系统技术资料一致的复制件。被查对象拒不打开或者拒不提供的，经稽查局局长批准，可以采用适当的技术手段对该电子信息系统进行直接检查，或者提取、复制电子数据进行检查，但所采用的技术手段不得破坏该电子信息系统原始电子数据，或者影响该电子信息系统正常运行。

实施检查时，应当依照法定权限和程序，收集能够证明案件事实的证据材料。收集的证据材料应当真实，并与所证明的事项相关联。调查取证时，不得违反法定程序收集证据材料；不得以偷拍、偷录、窃听等手段获取侵害他人合法权益的证据材料；不得以利诱、欺诈、胁迫、暴力等不正当手段获取证据材料。

调取账簿、记账凭证、报表和其他有关资料时，应当向被查对象出具《调取账簿资料通知书》，并填写《调取账簿资料清单》交其核对后签章确认。调取纳税人、扣缴义务人以前会计年度的账簿、记账凭证、报表和其他有关资料的，应当经所属税务局局长批准，并在3个月内完整退还；调取纳税人、扣缴义务人当年的账簿、记账凭证、报表和其他有关资料的，应当经所属设区的市、自治州以上税务局局长批准，并在30日内退还。

需要提取证据材料原件的，应当向当事人出具《提取证据专用收据》，由当事人核对后签章确认。对需要归还的证据材料原件，检查结束后应当及时归还，并履行相关签收手续。需要将已开具的发票调出查验时，应当向被查验的单位或者个人开具《发票换票证》；需要将空白发票调出查验时，应当向被查验的单位或者个人开具《调验空白发票收据》，经查无问题的，应当及时退还。提取证据材料复制件的，应当由原件保存单位或者个人在复制件上注明"与原件核对无误，原件存于我处"，并由提供人签章。

14.4.5.3 询问当事人、证人

询问应当由两名以上检查人员实施。除在被查对象生产、经营场所询问外，应当向被询问人送达《询问通知书》。询问时应当告知被询问人如实回答问题。询问笔录应当交被询问人核对或者向其宣读；询问笔录有修改的，应当由被询问人在改动处捺指印；核对无误后，由被询问人在尾页结束处写明"以上笔录我看过（或者向我宣读过），与我说的相符"，并逐页签章、捺指印。被询问人拒绝在询问笔录上签章、捺指印的，检查人员应当在笔录上注明。

当事人、证人可以采取书面或者口头方式陈述或者提供证言。当事人、证人口头陈述或者提供证言的，检查人员可以笔录、录音、录像。笔录应当使用能够长期保持字迹的书写工具书写，也可使用计算机记录并打印，陈述或者证言应当由陈述人或者证人逐页签章、捺指印。当事人、证人口头提出变更陈述或者证言的，检查人员应当就变更部分重新制作笔录，注明原因，由当事人、证人逐页签章、捺指印。当事人、证人变更书面陈述或者证言的，不退回原件。

14.4.5.4 视听资料与电子数据

制作录音、录像等视听资料的，应当注明制作方法、制作时间、制作人和证明对象等内容。调取视听资料时，应当调取有关资料的原始载体；难以调取原始载体的，可以调取复制件，但应当说明复制方法、人员、时间和原件存放处等事项。对声音资料，应当附有该声音内容的文字记录；对图像资料，应当附有必要的文字说明。

以电子数据的内容证明案件事实的,应当要求当事人将电子数据打印成纸质资料,在纸质资料上注明数据出处、打印场所,注明"与电子数据核对无误",并由当事人签章。需要以有形载体形式固定电子数据的,应当与提供电子数据的个人、单位的法定代表人或者财务负责人一起将电子数据复制到存储介质上并封存,同时在封存包装物上注明制作方法、制作时间、制作人、文件格式及长度等,注明"与原始载体记载的电子数据核对无误",并由电子数据提供人签章。

14.4.5.5 实地调查与异地调查

检查人员实地调查取证时,可以制作现场笔录、勘验笔录,对实地检查情况予以记录或者说明。制作现场笔录、勘验笔录,应当载明时间、地点和事件等内容,并由检查人员签名和当事人签章。当事人拒绝在现场笔录、勘验笔录上签章的,检查人员应当在笔录上注明原因;如有其他人员在场,可以由其签章证明。

需要异地调查取证的,可以发函委托相关稽查局调查取证;必要时可以派人参与受托地稽查局的调查取证。受托地稽查局应当根据协查请求,依照法定权限和程序调查;对取得的证据材料,应当连同相关文书一并作为协查案卷立卷存档;同时根据委托地稽查局协查函委托的事项,将相关证据材料及文书复制,注明"与原件核对无误",注明原件存放处,并加盖本单位印章后一并移交委托地稽查局。需要取得境外资料的,稽查局可以提请国际税收管理部门依照税收协定情报交换程序获取,或者通过我国驻外机构收集有关信息。

14.4.5.6 查询存款账户

查询从事生产、经营的纳税人、扣缴义务人存款账户的,应当经所属税务局局长批准,凭《检查存款账户许可证明》向相关银行或者其他金融机构查询。查询案件涉嫌人员储蓄存款的,应当经所属设区的市、自治州以上税务局局长批准,凭《检查存款账户许可证明》向相关银行或者其他金融机构查询。

14.4.5.7 采取税收保全措施

检查从事生产、经营的纳税人以前纳税期的纳税情况时,发现纳税人有逃避纳税义务行为,并有明显的转移、隐匿其应纳税的商品、货物以及其他财产或者应纳税收入迹象的,经所属税务局局长批准,可以依法采取税收保全措施。

稽查局采取税收保全措施时,应当向纳税人送达《税收保全措施决定书》,告知其采取税收保全措施的内容、理由及依据,并依法告知其申请行政复议和提起行政诉讼的权利。采取冻结纳税人在开户银行或者其他金融机构的存款措施时,应当向纳税人开户银行或者其他金融机构送达《冻结存款通知书》,冻结其相当于应纳税款的存款。采取查封商品、货物或者其他财产措施时,应当填写《查封商品、货物或者其他财产清单》,由纳税人核对后签章;采取扣押纳税人商品、货物或者其他财产措施时,应当出具《扣押商品、货物或者其他财产专用收据》,由纳税人核对后签章。采取查封、扣押有产权证件的动产或者不动产措施时,应当依法向有关单位送达《税务协助执行通知书》,通知其在查封、扣押期间不再办理该动产或者不动产的过户手续。

有下列情形之一的,稽查局应当依法及时解除税收保全措施:①纳税人已按履行期限缴纳税款的;②税收保全措施被复议机关决定撤销的;③税收保全措施被人民法院裁决撤销的;④其他法定应当解除税收保全措施的。

解除税收保全措施时,应当向纳税人送达《解除税收保全措施通知书》,告知其解除税收保全措施的时间、内容和依据,并通知其在限定时间内办理解除税收保全措施的有关事宜：①采取冻结存款措施的，应当向冻结存款的纳税人开户银行或者其他金融机构送达《解除冻结存款通知书》，解除冻结；②采取查封商品、货物或者其他财产措施的，应当解除查封并收回《查封商品、货物或者其他财产清单》；③采取扣押商品、货物或者其他财产的，应当予以返还并收回《扣押商品、货物或者其他财产专用收据》。税收保全措施涉及协助执行单位的，应当向协助执行单位送达《税务协助执行通知书》，通知解除税收保全措施相关事项。

采取税收保全措施的期限一般不得超过6个月；查处重大税收违法案件中，有下列情形之一，需要延长税收保全期限的，应当逐级报请国家税务总局批准：①案情复杂，在税收保全期限内确实难以查明案件事实的；②被查对象转移、隐匿、销毁账簿、记账凭证或者其他证据材料的；③被查对象拒不提供相关情况或者以其他方式拒绝、阻挠检查的；④解除税收保全措施可能使纳税人转移、隐匿、损毁或者违法处置财产，从而导致税款无法追缴的。

14.4.5.8 逃避检查的情形

被查对象有下列情形之一的，依照《税收征管法》和《税收征管法细则》有关逃避、拒绝或者以其他方式阻挠税务检查的规定处理。

(1) 提供虚假资料，不如实反映情况，或者拒绝提供有关资料的。

(2) 拒绝或者阻止检查人员记录、录音、录像、照相、复制与税收违法案件有关资料的。

(3) 在检查期间转移、隐匿、损毁、丢弃有关资料的。

(4) 其他不依法接受税务检查行为的。

14.4.5.9 相关文书制作

检查过程中，检查人员应当制作《税务稽查工作底稿》，记录案件事实，归集相关证据材料，并签字、注明日期。

检查结束前，检查人员可以将发现的税收违法事实和依据告知被查对象；必要时，可以向被查对象发出《税务事项通知书》，要求其在限期内书面说明，并提供有关资料；被查对象口头说明的，检查人员应当制作笔录，由当事人签章。

检查结束时，应当根据《税务稽查工作底稿》及有关资料，制作《税务稽查报告》，由检查部门负责人审核。经检查发现有税收违法事实的，《税务稽查报告》应当包括以下主要内容：①案件来源；②被查对象基本情况；③检查时间和检查所属期间；④检查方式、方法以及检查过程中采取的措施；⑤查明的税收违法事实及性质、手段；⑥被查对象是否有拒绝、阻挠检查的情形；⑦被查对象对调查事实的意见；⑧税务处理、处罚建议及依据；⑨其他应当说明的事项；⑩检查人员签名和报告时间。经检查没有发现税收违法事实的，应当在《税务稽查报告》中说明检查内容、过程、事实情况。

检查完毕，检查部门应当将《税务稽查报告》《税务稽查工作底稿》及相关证据材料，在五个工作日内移交审理部门审理，并办理交接手续。

14.4.5.10 中止检查与终结检查

有下列情形之一，致使检查暂时无法进行的，检查部门可以填制《税收违法案件中止检查审批表》，附相关证据材料，经稽查局局长批准后，中止检查：①当事人被有关机关依法限制人身自由的；②账簿、记账凭证及有关资料被其他国家机关依法调取且尚未归还的；③法律、行政法规或者国家税务总局规定的其他可以中止检查的。中止检查的情形消失后，应当及时填制《税收违法案件解除中止检查审批表》，经稽查局局长批准后，恢复检查。

有下列情形之一，致使检查确实无法进行的，检查部门可以填制《税收违法案件终结检查审批表》，附相关证据材料，移交审理部门审核，经稽查局局长批准后，终结检查：①被查对象死亡或者被依法宣告死亡或者依法注销，且无财产可抵缴税款或者无法定税收义务承担主体的；②被查对象税收违法行为均已超过法定追究期限的；③法律、行政法规或者国家税务总局规定的其他可以终结检查的。

14.4.6　审理

14.4.6.1　对稽查报告的审核

审理部门接到检查部门移交的《税务稽查报告》及有关资料后，应当及时安排人员进行审理。审理人员应当依据法律、行政法规、规章及其他规范性文件，对检查部门移交的《税务稽查报告》及相关材料进行逐项审核，提出书面审理意见，由审理部门负责人审核。案情复杂的，稽查局应当集体审理；案情重大的，稽查局应当依照国家税务总局有关规定报请所属税务局集体审理。

对《税务稽查报告》及有关资料，审理人员应当着重审核以下内容：①被查对象是否准确；②税收违法事实是否清楚、证据是否充分、数据是否准确、资料是否齐全；③适用法律、行政法规、规章及其他规范性文件是否适当，定性是否正确；④是否符合法定程序；⑤是否超越或者滥用职权；⑥税务处理、处罚建议是否适当；⑦其他应当审核确认的事项或者问题。

14.4.6.2　补充调查与错误纠正

有下列情形之一的，审理部门可以将《税务稽查报告》及有关资料退回检查部门补正或者补充调查：①被查对象认定错误的；②税收违法事实不清、证据不足的；③不符合法定程序的；④税务文书不规范、不完整的；⑤其他需要退回补正或者补充调查的。

《税务稽查报告》认定的税收违法事实清楚、证据充分，但适用法律、行政法规、规章及其他规范性文件错误，或者提出的税务处理、处罚建议错误或者不当的，审理部门应当另行提出税务处理、处罚意见。

审理部门接到检查部门移交的《税务稽查报告》及有关资料后，应当在15日内提出审理意见。但下列时间不计算在内：①检查人员补充调查的时间；②向上级机关请示或者向相关部门征询政策问题的时间。案情复杂确需延长审理时限的，经稽查局局长批准，可以适当延长。

14.4.6.3　行政处罚的准备程序

拟对被查对象或者其他涉税当事人做出税务行政处罚的，向其送达《税务行政处罚事项告知书》，告知其依法享有陈述、申辩及要求听证的权利。《税务行政处罚事项告知书》应当包括以下内容：①认定的税收违法事实和性质；②适用的法律、行政法规、规章及其他规范性文件；③拟做出的税务行政处罚；④当事人依法享有的权利；⑤告知书的文号、制作日期、税务机关名称及印章；⑥其他相关事项。

对被查对象或者其他涉税当事人的陈述、申辩意见，审理人员应当认真对待，提出判断意见。对当事人口头陈述、申辩意见，审理人员应当制作《陈述申辩笔录》，如实记录，由陈述人、申辩人签章。

被查对象或者其他涉税当事人要求听证的，应当依法组织听证。听证主持人由审理人员担任。听证依照国家税务总局有关规定执行。

14.4.6.4　稽查审理报告与处理决定

审理完毕，审理人员应当制作《税务稽查审理报告》，由审理部门负责人审核。《税务稽查审理报告》应当包括以下主要内容：①审理基本情况；②检查人员查明的事实及相关证据；

③被查对象或者其他涉税当事人的陈述、申辩情况；④经审理认定的事实及相关证据；⑤税务处理、处罚意见及依据；⑥审理人员、审理日期。

审理部门区分下列情形分别做出处理：①认为有税收违法行为，应当进行税务处理的，拟制《税务处理决定书》；②认为有税收违法行为，应当进行税务行政处罚的，拟制《税务行政处罚决定书》；③认为税收违法行为轻微，依法可以不予税务行政处罚的，拟制《不予税务行政处罚决定书》；④认为没有税收违法行为的，拟制《税务稽查结论》。

《税务处理决定书》《税务行政处罚决定书》《不予税务行政处罚决定书》和《税务稽查结论》引用的法律、行政法规、规章及其他规范性文件，应当注明文件全称、文号和有关条款。《税务处理决定书》《税务行政处罚决定书》《不予税务行政处罚决定书》和《税务稽查结论》经稽查局局长或者所属税务局领导批准后由执行部门送达执行。

14.4.6.5　相关文书的制作

《税务处理决定书》应当包括以下主要内容：①被查对象姓名或者名称及地址；②检查范围和内容；③税收违法事实及所属期间；④处理决定及依据；⑤税款金额、缴纳期限及地点；⑥税款滞纳时间、滞纳金计算方法、缴纳期限及地点；⑦告知被查对象不按期履行处理决定应当承担的责任；⑧申请行政复议或者提起行政诉讼的途径和期限；⑨处理决定的文号、制作日期、税务机关名称及印章。

《税务行政处罚决定书》应当包括以下主要内容：①被查对象或者其他涉税当事人姓名或者名称及地址；②检查范围和内容；③税收违法事实及所属期间；④行政处罚种类和依据；⑤行政处罚履行方式、期限和地点；⑥告知当事人不按期履行行政处罚决定应当承担的责任；⑦申请行政复议或者提起行政诉讼的途径和期限；⑧行政处罚决定的文号、制作日期、税务机关名称及印章。

《不予税务行政处罚决定书》应当包括以下主要内容：①被查对象或者其他涉税当事人姓名或者名称及地址；②检查范围和内容；③税收违法事实及所属期间；④不予税务行政处罚的理由及依据；⑤申请行政复议或者提起行政诉讼的途径和期限；⑥不予行政处罚决定的文号、制作日期、税务机关名称及印章。

14.4.6.6　稽查结论与案件移送

《税务稽查结论》应当包括以下主要内容：①被查对象姓名或者名称及地址；②检查范围和内容；③检查时间和检查所属期间；④检查结论；⑤结论的文号、制作日期、税务机关名称及印章。

税收违法行为涉嫌犯罪的，填制《涉嫌犯罪案件移送书》，经所属税务局局长批准后，依法移送公安机关，并附送以下资料：①《涉嫌犯罪案件情况的调查报告》；②《税务处理决定书》《税务行政处罚决定书》的复制件；③涉嫌犯罪的主要证据材料复制件；④补缴应纳税款、缴纳滞纳金、已受行政处罚情况明细表及凭据复制件。

14.4.7　执行

执行部门接到《税务处理决定书》《税务行政处罚决定书》《不予税务行政处罚决定书》和《税务稽查结论》等税务文书后，应当依法及时将税务文书送达被执行人。执行部门在送达相关税务文书时，应当及时通过税收征管信息系统将税收违法案件查处情况通报税源管理部门。

被执行人未按照《税务处理决定书》确定的期限缴纳或者解缴税款的，稽查局经所属税务局局长批准，可以依法采取强制执行措施，或者依法申请人民法院强制执行。经稽查局确认的纳税担保人未按照确定的期限缴纳所担保的税款、滞纳金的，责令其限期缴纳；逾期仍未缴纳的,经所属税务局局长批准,可以依法采取强制执行措施。被执行人对《税务行政处罚决定书》确定的行政处罚事项,逾期不申请行政复议也不向人民法院起诉、又不履行的,稽查局经所属税务局局长批准,可以依法采取强制执行措施,或者依法申请人民法院强制执行。

稽查局对被执行人采取强制执行措施时,应当向被执行人送达《税收强制执行决定书》,告知其采取强制执行措施的内容、理由及依据,并告知其依法申请行政复议或者提出行政诉讼的权利。稽查局采取从被执行人开户银行或者其他金融机构的存款中扣缴税款、滞纳金、罚款措施时,应当向被执行人开户银行或者其他金融机构送达《扣缴税收款项通知书》,依法扣缴税款、滞纳金、罚款,并及时将有关完税凭证送交被执行人。

拍卖、变卖被执行人商品、货物或者其他财产,以拍卖、变卖所得抵缴税款、滞纳金、罚款的,在拍卖、变卖前应当依法进行查封、扣押。稽查局拍卖、变卖被执行人商品、货物或者其他财产前,应当拟制《拍卖/变卖抵税财物决定书》,经所属税务局局长批准后送达被执行人,予以拍卖或者变卖。拍卖或者变卖实现后,应当在结算并收取价款后三个工作日内,办理税款、滞纳金、罚款的入库手续,并拟制《拍卖/变卖结果通知书》,附《拍卖/变卖扣押、查封的商品、货物或者其他财产清单》,经稽查局局长审核后,送达被执行人。以拍卖或者变卖所得抵缴税款、滞纳金、罚款和拍卖、变卖费用后,尚有剩余的财产或者无法进行拍卖、变卖的财产的,应当拟制《返还商品、货物或者其他财产通知书》,附《返还商品、货物或者其他财产清单》,送达被执行人,并自办理税款、滞纳金、罚款入库手续之日起三个工作日内退还被执行人。

被执行人在限期内缴清税款、滞纳金、罚款或者稽查局依法采取强制执行措施追缴税款、滞纳金、罚款后,执行部门应当制作《税务稽查执行报告》,记明执行过程、结果、采取的执行措施以及使用的税务文书等内容,由执行人员签名并注明日期,连同执行环节的其他税务文书、资料一并移交审理部门整理归档。执行过程中发现涉嫌犯罪的,执行部门应当及时将执行情况通知审理部门,并提出向公安机关移送的建议。

执行过程中发现有下列情形之一的,由执行部门填制《税收违法案件中止执行审批表》,附有关证据材料,经稽查局局长批准后,中止执行:①被执行人死亡或者被依法宣告死亡,尚未确定可执行财产的;②被执行人进入破产清算程序尚未终结的;③可执行财产被司法机关或者其他国家机关依法查封、扣押、冻结,致使执行暂时无法进行的;④法律、行政法规和国家税务总局规定其他可以中止执行的。中止执行情形消失后,应当及时填制《税收违法案件解除中止执行审批表》,经稽查局局长批准后,恢复执行。

被执行人确实没有财产抵缴税款或者依照破产清算程序确实无法清缴税款,或者有其他法定终结执行情形的,稽查局可以填制《税收违法案件终结执行审批表》,依照国家税务总局规定权限和程序,经税务局相关部门审核并报所属税务局局长批准后,终结执行。

14.4.8 案卷管理

《税务处理决定书》《税务行政处罚决定书》《不予行政处罚决定书》和《税务稽查结论》执行完毕,或者依照规定进行终结检查或者依照规定终结执行的,审理部门应当在60日内收集稽查各环节与案件有关的全部资料,整理成税务稽查案卷,归档保管。

税务稽查案卷应当按照被查对象分别立卷,统一编号,做到一案一卷、目录清晰、资料齐全、分类规范、装订整齐。税务稽查案卷分别立为正卷和副卷。正卷主要列入各类证据材料、税务文书等可以对外公开的稽查材料;副卷主要列入检举及奖励材料、案件讨论记录、法定秘密材料等不宜对外公开的稽查材料。如无不宜公开的内容,可以不立副卷。副卷作为密卷管理。

税务稽查案卷材料应当按照以下规则组合排列:①案卷内材料原则上按照实际稽查程序依

次排列；②证据材料可以按照材料所反映的问题等特征分类，每类证据的主要证据材料排列在前，旁证材料排列在后；③其他材料按照材料形成的时间顺序，并结合材料的重要程度进行排列。税务稽查案卷内每份或者每组材料的排列规则：正件在前，附件在后；重要材料在前，其他材料在后；汇总性材料在前，基础性材料在后。

税务稽查案卷按照以下情况确定保管期限：①偷税、逃避追缴欠税、骗税、抗税案件，以及涉嫌犯罪案件，案卷保管期限为永久；②一般行政处罚的税收违法案件，案卷保管期限为30年；③前两项规定以外的其他税收违法案件，案卷保管期限为10年。

查阅或者借阅税务稽查案卷，应当按照档案管理规定办理手续。税务机关人员需要查阅或者借阅税务稽查案卷的，应当经稽查局局长批准；税务机关以外人员需要查阅的，应当经稽查局所属税务局领导批准。查阅税务稽查案卷应当在档案室进行。借阅税务稽查案卷，应当按照规定的时限完整归还。未经稽查局局长或者所属税务局领导批准，查阅或者借阅税务稽查案卷的单位和个人，不得摘抄、复制案卷内容和材料。税务稽查案卷应当在立卷次年 6 月 30 日前移交所属税务局档案管理部门保管；稽查局与所属税务局异址办公的，可以适当延迟移交，但延迟时间最多不超过两年。

14.5 税收法律责任

14.5.1 逃税的法律责任

纳税人采取欺骗、隐瞒手段进行虚假纳税申报或者不申报，逃避缴纳税款数额较大并且占应纳税额百分之十以上的，处三年以下有期徒刑或者拘役，并处罚金；数额巨大并且占应纳税额百分之三十以上的，处三年以上七年以下有期徒刑，并处罚金。扣缴义务人采取上述所列手段，不缴或者少缴已扣、已收税款，数额较大的，依照上述规定处罚。对多次实施上述行为，未经处理的，按照累计数额计算。纳税人有逃税行为，经税务机关依法下达追缴通知后，补缴应纳税款，缴纳滞纳金，已受行政处罚的，不予追究刑事责任；但是，五年内因逃避缴纳税款受过刑事处罚或者被税务机关给予二次以上行政处罚的除外。

● 2009 年 2 月 28 日《中华人民共和国刑法修正案（七）》

14.5.2 骗税的法律责任

以假报出口或者其他欺骗手段，骗取国家出口退税款的，由税务机关追缴其骗取的退税款，并处骗取税款一倍以上五倍以下的罚款；构成犯罪的，依法追究刑事责任。对骗取国家出口退税款的，税务机关可以在规定期间内停止为其办理出口退税。

以假报出口或者其他欺骗手段，骗取国家出口退税款，数额较大的，处五年以下有期徒刑或者拘役，并处骗取税款一倍以上五倍以下罚金；数额巨大或者有其他严重情节的，处五年以上十年以下有期徒刑，并处骗取税款一倍以上五倍以下罚金；数额特别巨大或者有其他特别严重情节的，处十年以上有期徒刑或者无期徒刑，并处骗取税款一倍以上五倍以下罚金或者没收财产。

14.5.3 抗税的法律责任

以暴力、威胁方法拒不缴纳税款的，是抗税，除由税务机关追缴其拒缴的税款、滞纳金外，依法追究刑事责任。情节轻微，未构成犯罪的，由税务机关追缴其拒缴的税款、滞纳金，并处拒缴税款一倍以上五倍以下的罚款。

以暴力、威胁方法拒不缴纳税款的，处三年以下有期徒刑或者拘役，并处拒缴税款一倍以上五倍以下罚金；情节严重的，处三年以上七年以下有期徒刑，并处拒缴税款一倍以上五倍以下罚金。

14.5.4 逃避追缴欠税的法律责任

纳税人欠缴应纳税款，采取转移或者隐匿财产的手段，妨碍税务机关追缴欠缴的税款的，由税务机关追缴欠缴的税款、滞纳金，并处欠缴税款百分之五十以上五倍以下的罚款；构成犯罪的，依法追究刑事责任。

纳税人欠缴应纳税款，采取转移或者隐匿财产的手段，致使税务机关无法追缴欠缴的税款，数额在一万元以上不满十万元的，处三年以下有期徒刑或者拘役，并处或者单处欠缴税款一倍以上五倍以下罚金；数额在十万元以上的，处三年以上七年以下有期徒刑，并处欠缴税款一倍以上五倍以下罚金。

14.5.5 发票违法的法律责任

违反规定，非法印制发票的，由税务机关销毁非法印制的发票，没收违法所得和作案工具，并处一万元以上五万元以下的罚款；构成犯罪的，依法追究刑事责任。

虚开增值税专用发票或者虚开用于骗取出口退税、抵扣税款的其他发票的，处三年以下有期徒刑或者拘役，并处二万元以上二十万元以下罚金；虚开的税款数额较大或者有其他严重情节的，处三年以上十年以下有期徒刑，并处五万元以上五十万元以下罚金；虚开的税款数额巨大或者有其他特别严重情节的，处十年以上有期徒刑或者无期徒刑，并处五万元以上五十万元以下罚金或者没收财产。单位犯上述规定之罪的，对单位判处罚金，并对其直接负责的主管人员和其他直接责任人员，处三年以下有期徒刑或者拘役；虚开的税款数额较大或者有其他严重情节的，处三年以上十年以下有期徒刑；虚开的税款数额巨大或者有其他特别严重情节的，处十年以上有期徒刑或者无期徒刑。虚开增值税专用发票或者虚开用于骗取出口退税、抵扣税款的其他发票，是指有为他人虚开、为自己虚开、让他人为自己虚开、介绍他人虚开行为之一的。

虚开上述规定以外的其他发票，情节严重的，处二年以下有期徒刑、拘役或者管制，并处罚金；情节特别严重的，处二年以上七年以下有期徒刑，并处罚金。单位犯上述罪的，对单位判处罚金，并对其直接负责的主管人员和其他直接责任人员，依照上述规定处罚。

14.5.6 纳税人与扣缴义务人违反税务管理的法律责任

纳税人有下列行为之一的，由税务机关责令限期改正，可以处二千元以下的罚款；情节严重的，处二千元以上一万元以下的罚款。

(1)未按照规定的期限申报办理税务登记、变更或者注销登记的。

(2)未按照规定设置、保管账簿或者保管记账凭证和有关资料的。

(3)未按照规定将财务、会计制度或者财务、会计处理办法和会计核算软件报送税务机关备查的。

(4)未按照规定将其全部银行账号向税务机关报告的。

(5)未按照规定安装、使用税控装置，或者损毁或者擅自改动税控装置的。

(6)纳税人未按照规定办理税务登记证件验证或者换证手续的。

纳税人不办理税务登记的，由税务机关责令限期改正；逾期不改正的，经税务机关提请，由工商行政管理机关吊销其营业执照。纳税人未按照规定使用税务登记证件，或者转借、涂改、损毁、买卖、伪造税务登记证件的，处二千元以上一万元以下的罚款；情节严重的，处一万元以上五万元以下的罚款。

扣缴义务人未按照规定设置、保管代扣代缴、代收代缴税款账簿或者保管代扣代缴、代收代缴税款记账凭证及有关资料的，由税务机关责令限期改正，可以处二千元以下的罚款；情节严重的，处二千元以上五千元以下的罚款。

纳税人未按照规定的期限办理纳税申报和报送纳税资料的，或者扣缴义务人未按照规定的期限向税务机关报送代扣代缴、代收代缴税款报告表和有关资料的，由税务机关责令限期改正，可以处二千元以下的罚款；情节严重的，可以处二千元以上一万元以下的罚款。

纳税人、扣缴义务人编造虚假计税依据的，由税务机关责令限期改正，并处五万元以下的罚款。纳税人不进行纳税申报，不缴或者少缴应纳税款的，由税务机关追缴其不缴或者少缴的税款、滞纳金，并处不缴或者少缴的税款百分之五十以上五倍以下的罚款。

纳税人、扣缴义务人在规定期限内不缴或者少缴应纳或者应解缴的税款，经税务机关责令限期缴纳，逾期仍未缴纳的，税务机关除依照规定采取强制执行措施追缴其不缴或者少缴的税款外，可以处不缴或者少缴的税款百分之五十以上五倍以下的罚款。

扣缴义务人应扣未扣、应收而不收税款的，由税务机关向纳税人追缴税款，对扣缴义务人处应扣未扣、应收未收税款百分之五十以上三倍以下的罚款。

纳税人、扣缴义务人逃避、拒绝或者以其他方式阻挠税务机关检查的，由税务机关责令改正，可以处一万元以下的罚款；情节严重的，处一万元以上五万元以下的罚款。

从事生产、经营的纳税人、扣缴义务人有税收违法行为，拒不接受税务机关处理的，税务机关可以收缴其发票或者停止向其发售发票。

14.5.7　非纳税人违反税务管理的法律责任

纳税人、扣缴义务人的开户银行或者其他金融机构拒绝接受税务机关依法检查纳税人、扣缴义务人存款账户，或者拒绝执行税务机关做出的冻结存款或者扣缴税款的决定，或者在接到税务机关的书面通知后帮助纳税人、扣缴义务人转移存款，造成税款流失的，由税务机关处十万元以上五十万元以下的罚款，对直接负责的主管人员和其他直接责任人员处一千元以上一万元以下的罚款。

未经税务机关依法委托征收税款的，责令退还收取的财物，依法给予行政处分或者行政处罚；致使他人合法权益受到损失的，依法承担赔偿责任；构成犯罪的，依法追究刑事责任。

违反税收法律、行政法规应当给予行政处罚的行为，在五年内未被发现的，不再给予行政处罚。

14.5.8　税务机关及其人员违法的法律责任

税务机关、税务人员查封、扣押纳税人个人及其所扶养家属维持生活必需的住房和用品的，责令退还，依法给予行政处分；构成犯罪的，依法追究刑事责任。

税务人员利用职务上的便利，收受或者索取纳税人、扣缴义务人财物或者谋取其他不正当利益，构成犯罪的，依法追究刑事责任；尚不构成犯罪的，依法给予行政处分。

税务人员徇私舞弊或者玩忽职守，不征或者少征应征税款，致使国家税收遭受重大损失，构成犯罪的，依法追究刑事责任；尚不构成犯罪的，依法给予行政处分。税务人员滥用职权，故意刁难纳税人、扣缴义务人的，调离税收工作岗位，并依法给予行政处分。税务人员对控告、检举税收违法违纪行为的纳税人、扣缴义务人以及其他检举人进行打击报复的，依法给予行政处分；构成犯罪的，依法追究刑事责任。

违反法律、行政法规的规定，擅自做出税收的开征、停征或者减税、免税、退税、补税以及其他同税收法律、行政法规相抵触的决定的，除依照本法规定撤销其擅自做出的决定外，补征应征未征税款，退还不应征收而征收的税款，并由上级机关追究直接负责的主管人员和其他直接责任人员的行政责任；构成犯罪的，依法追究刑事责任。

税务人员在征收税款或者查处税收违法案件时，未按照本法规定进行回避的，对直接负责的主管人员和其他直接责任人员，依法给予行政处分。

未按照规定为纳税人、扣缴义务人、检举人保密的，对直接负责的主管人员和其他直接责任人员，由所在单位或者有关单位依法给予行政处分。

14.5.9 行政执法移送制度

● 《行政执法机关移送涉嫌犯罪案件的规定》（国务院令2001年第310号）

行政执法机关在依法查处违法行为过程中，发现违法事实涉及的金额、违法事实的情节、违法事实造成的后果等，根据《刑法》关于破坏社会主义市场经济秩序罪、妨害社会管理秩序罪等罪的规定和最高人民法院、最高人民检察院关于破坏社会主义市场经济秩序罪、妨害社会管理秩序罪等罪的司法解释以及最高人民检察院、公安部关于经济犯罪案件的追诉标准等规定，涉嫌构成犯罪，依法需要追究刑事责任的，必须依照该规定向公安机关移送。

行政执法机关对应当向公安机关移送的涉嫌犯罪案件，应当立即指定两名或者两名以上行政执法人员组成专案组专门负责，核实情况后提出移送涉嫌犯罪案件的书面报告，报经本机关正职负责人或者主持工作的负责人审批。行政执法机关正职负责人或者主持工作的负责人应当自接到报告之日起三日内做出批准移送或者不批准移送的决定。决定批准的，应当在24小时内向同级公安机关移送；决定不批准的，应当将不予批准的理由记录在案。

公安机关应当自接受行政执法机关移送的涉嫌犯罪案件之日起三日内，依照《刑法》《刑事诉讼法》以及最高人民法院、最高人民检察院关于立案标准和公安部关于公安机关办理刑事案件程序的规定，对所移送的案件进行审查。认为有犯罪事实，需要追究刑事责任，依法决定立案的，应当书面通知移送案件的行政执法机关；认为没有犯罪事实，或者犯罪事实显著轻微，不需要追究刑事责任，依法不予立案的，应当说明理由，并书面通知移送案件的行政执法机关，相应退回案卷材料。

行政执法机关对应当向公安机关移送的涉嫌犯罪案件，不得以行政处罚代替移送。行政执法机关向公安机关移送涉嫌犯罪案件前已经做出的警告，责令停产停业，暂扣或者吊销许可证、暂扣或者吊销执照的行政处罚决定，不停止执行。依照《行政处罚法》的规定，行政执法机关向公安机关移送涉嫌犯罪案件前，已经依法给予当事人罚款的，人民法院判处罚金时，依法折抵相应罚金。

14.6 税务救济制度

14.6.1 税务救济制度的一般规定

纳税人、扣缴义务人、纳税担保人同税务机关在纳税上发生争议时，必须先依照税务机关的纳税决定缴纳或者解缴税款及滞纳金或者提供相应的担保，然后可以依法申请行政复议；对行政复议决定不服的，可以依法向人民法院起诉。上述纳税争议，是指纳税人、扣缴义务人、纳税担保人对税务机关确定纳税主体、征税对象、征税范围、减税、免税及退税、适用税率、计税依据、纳税环节、纳税期限、纳税地点以及税款征收方式等具体行政行为有异议而发生的争议。

当事人对税务机关的处罚决定、强制执行措施或者税收保全措施不服的，可以依法申请行政复议，也可以依法向人民法院起诉。

当事人对税务机关的处罚决定逾期不申请行政复议也不向人民法院起诉，又不履行的，做出处罚决定的税务机关可以采取规定的强制执行措施，或者申请人民法院强制执行。

14.6.2 税务行政复议的一般规定

税务行政复议机关(以下简称"行政复议机关"),指依法受理行政复议申请、对具体行政行为进行审查并做出行政复议决定的税务机关。

行政复议应当遵循合法、公正、公开、及时和便民的原则。行政复议机关应当树立依法行政观念,强化责任意识和服务意识,认真履行行政复议职责,坚持有错必纠,确保法律正确实施。

行政复议机关在申请人的行政复议请求范围内,不得做出对申请人更为不利的行政复议决定。申请人对行政复议决定不服的,可以依法向人民法院提起行政诉讼。行政复议机关受理行政复议申请,不得向申请人收取任何费用。

各级税务机关行政首长是行政复议工作第一责任人,应当切实履行职责,加强对行政复议工作的组织领导。行政复议机关应当为申请人、第三人查阅案卷资料、接受询问、调解、听证等提供专门场所和其他必要条件。各级税务机关应当加大对行政复议工作的基础投入,推进行政复议工作信息化建设,配备调查取证所需的照相、录音、录像和办案所需的电脑、扫描、投影、传真、复印等设备,保障办案交通工具和相应经费。

14.6.3 税务行政复议机构和人员

各级行政复议机关负责法制工作的机构(以下简称"行政复议机构")依法办理行政复议事项,履行下列职责:①受理行政复议申请;②向有关组织和人员调查取证,查阅文件和资料;③审查申请行政复议的具体行政行为是否合法和适当,起草行政复议决定;④处理或者转送对有关规定的审查申请;⑤对被申请人违反行政复议法及其实施条例和相关规定的行为,依照规定的权限和程序向相关部门提出处理建议;⑥研究行政复议工作中发现的问题,及时向有关机关或者部门提出改进建议,重大问题及时向行政复议机关报告;⑦指导和监督下级税务机关的行政复议工作;⑧办理或者组织办理行政诉讼案件应诉事项;⑨办理行政复议案件的赔偿事项;⑩办理行政复议、诉讼、赔偿等案件的统计、报告、归档工作和重大行政复议决定备案事项;⑪其他与行政复议工作有关的事项。

各级行政复议机关可以成立行政复议委员会,研究重大、疑难案件,提出处理建议。行政复议委员会可以邀请本机关以外的具有相关专业知识的人员参加。

行政复议工作人员应当具备与履行行政复议职责相适应的品行、专业知识和业务能力。税务机关中初次从事行政复议的人员,应当通过国家统一法律职业资格考试取得法律职业资格。

14.6.4 税务行政复议范围

行政复议机关受理申请人对税务机关下列具体行政行为不服提出的行政复议申请。

(1)征税行为,包括确认纳税主体、征税对象、征税范围、减税、免税、退税、抵扣税款、适用税率、计税依据、纳税环节、纳税期限、纳税地点和税款征收方式等具体行政行为,征收税款、加收滞纳金,扣缴义务人、受税务机关委托的单位和个人做出的代扣代缴、代收代缴、代征行为等。

(2)行政许可、行政审批行为。

(3)发票管理行为,包括发售、收缴、代开发票等。

(4)税收保全措施、强制执行措施。

(5)下列行政处罚行为:罚款;没收财物和违法所得;停止出口退税权。

(6)不依法履行下列职责的行为:颁发税务登记;开具、出具完税凭证、外出经营活动税收管理证明;行政赔偿;行政奖励;其他不依法履行职责的行为。

(7)资格认定行为。

(8)不依法确认纳税担保行为。

(9)政府信息公开工作中的具体行政行为。

(10)纳税信用等级评定行为。

(11)通知出入境管理机关阻止出境行为。

(12)其他具体行政行为。

申请人认为税务机关的具体行政行为所依据的下列规定不合法,对具体行政行为申请行政复议时,可以一并向行政复议机关提出对有关规定的审查申请;申请人对具体行政行为提出行政复议申请时不知道该具体行政行为所依据的规定的,可以在行政复议机关做出行政复议决定以前提出对该规定的审查申请:①国家税务总局和国务院其他部门的规定;②其他各级税务机关的规定;③地方各级人民政府的规定;④地方人民政府工作部门的规定。上述规定不包括规章。

14.6.5 税务行政复议管辖

对各级税务局的具体行政行为不服的,向其上一级税务局申请行政复议。对计划单列市税务局的具体行政行为不服的,向国家税务总局申请行政复议。

对税务所(分局)、各级税务局的稽查局的具体行政行为不服的,向其所属税务局申请行政复议。

对国家税务总局的具体行政行为不服的,向国家税务总局申请行政复议。对行政复议决定不服,申请人可以向人民法院提起行政诉讼,也可以向国务院申请裁决。国务院的裁决为最终裁决。

对下列税务机关的具体行政行为不服的,按照下列规定申请行政复议。

(1)对两个以上税务机关以共同的名义做出的具体行政行为不服的,向共同上一级税务机关申请行政复议;对税务机关与其他行政机关以共同的名义做出的具体行政行为不服的,向其共同上一级行政机关申请行政复议。

(2)对被撤销的税务机关在撤销以前所做出的具体行政行为不服的,向继续行使其职权的税务机关的上一级税务机关申请行政复议。

(3)对税务机关做出逾期不缴纳罚款加处罚款的决定不服的,向做出行政处罚决定的税务机关申请行政复议。但是对已处罚款和加处罚款都不服的,一并向做出行政处罚决定的税务机关的上一级税务机关申请行政复议。申请人向具体行政行为发生地的县级地方人民政府提交行政复议申请的,由接受申请的县级地方人民政府依照规定予以转送。

14.6.6 税务行政复议的申请人

合伙企业申请行政复议的,应当以核准登记的企业为申请人,由执行合伙事务的合伙人代表该企业参加行政复议;其他合伙组织申请行政复议的,由合伙人共同申请行政复议。上述规定以外的不具备法人资格的其他组织申请行政复议的,由该组织的主要负责人代表该组织参加行政复议;没有主要负责人的,由共同推选的其他成员代表该组织参加行政复议。

股份制企业的股东大会、股东代表大会、董事会认为税务具体行政行为侵犯企业合法权益的,可以以企业的名义申请行政复议。

有权申请行政复议的公民死亡的,其近亲属可以申请行政复议;有权申请行政复议的公民为无行为能力人或者限制行为能力人,其法定代理人可以代理申请行政复议。有权申请行政复议的法人或者其他组织发生合并、分立或终止的,承受其权利义务的法人或者其他组织可以申请行政复议。

行政复议期间，行政复议机关认为申请人以外的公民、法人或者其他组织与被审查的具体行政行为有利害关系的，可以通知其作为第三人参加行政复议。行政复议期间，申请人以外的公民、法人或者其他组织与被审查的税务具体行政行为有利害关系的，可以向行政复议机关申请作为第三人参加行政复议。第三人不参加行政复议，不影响行政复议案件的审理。

非具体行政行为的行政管理相对人，但其权利直接被该具体行政行为所剥夺、限制或者被赋予义务的公民、法人或其他组织，在行政管理相对人没有申请行政复议时，可以单独申请行政复议。

同一行政复议案件申请人超过5人的，应当推选1至5名代表参加行政复议。

14.6.7 税务行政复议的被申请人

申请人对具体行政行为不服申请行政复议的，做出该具体行政行为的税务机关为被申请人。

申请人对扣缴义务人的扣缴税款行为不服的，主管该扣缴义务人的税务机关为被申请人；对税务机关委托的单位和个人的代征行为不服的，委托税务机关为被申请人。

税务机关与法律、法规授权的组织以共同的名义做出具体行政行为的，税务机关和法律、法规授权的组织为共同被申请人。税务机关与其他组织以共同名义做出具体行政行为的，税务机关为被申请人。

税务机关依照法律、法规和规章规定，经上级税务机关批准做出具体行政行为的，批准机关为被申请人。申请人对经重大税务案件审理程序做出的决定不服的，审理委员会所在税务机关为被申请人。

税务机关设立的派出机构、内设机构或者其他组织，未经法律、法规授权，以自己名义对外做出具体行政行为的，税务机关为被申请人。

申请人、第三人可以委托1至2名代理人参加行政复议。申请人、第三人委托代理人的，应当向行政复议机构提交授权委托书。授权委托书应当载明委托事项、权限和期限。公民在特殊情况下无法书面委托的，可以口头委托。口头委托的，行政复议机构应当核实并记录在卷。申请人、第三人解除或者变更委托的，应当书面告知行政复议机构。被申请人不得委托本机关以外人员参加行政复议。

14.6.8 税务行政复议申请

14.6.8.1 复议申请期限

申请人可以在知道税务机关做出具体行政行为之日起60日内提出行政复议申请。因不可抗力或者被申请人设置障碍等原因耽误法定申请期限的，申请期限的计算应当扣除被耽误时间。

行政复议申请期限的计算，依照下列规定办理。

(1)当场做出具体行政行为的，自具体行政行为做出之日起计算。

(2)载明具体行政行为的法律文书直接送达的，自受送达人签收之日起计算。

(3)载明具体行政行为的法律文书邮寄送达的，自受送达人在邮件签收单上签收之日起计算；没有邮件签收单的，自受送达人在送达回执上签名之日起计算。

(4)具体行政行为依法通过公告形式告知受送达人的，自公告规定的期限届满之日起计算。

(5)税务机关做出具体行政行为时未告知申请人，事后补充告知的，自该申请人收到税务机关补充告知的通知之日起计算。

（6）被申请人能够证明申请人知道具体行政行为的，自证据材料证明其知道具体行政行为之日起计算。税务机关做出具体行政行为，依法应当向申请人送达法律文书而未送达的，视为该申请人不知道该具体行政行为。

申请人依照规定申请税务机关履行法定职责，税务机关未履行的，行政复议申请期限依照下列规定计算：①有履行期限规定的，自履行期限届满之日起计算；②没有履行期限规定的，自税务机关收到申请满60日起计算。

税务机关做出的具体行政行为对申请人的权利、义务可能产生不利影响的，应当告知其申请行政复议的权利、行政复议机关和行政复议申请期限。

14.6.8.2 复议申请前置条件

申请人对纳税行为不服的，应当先向行政复议机关申请行政复议；对行政复议决定不服的，可以向人民法院提起行政诉讼。申请人按照上述规定申请行政复议的，必须依照税务机关根据法律、法规确定的税额、期限，先行缴纳或者解缴税款和滞纳金，或者提供相应的担保，才可以在缴清税款和滞纳金以后或者所提供的担保得到做出具体行政行为的税务机关确认之日起60日内提出行政复议申请。申请人提供担保的方式包括保证、抵押和质押。做出具体行政行为的税务机关应当对保证人的资格、资信进行审查，对不具备法律规定资格或者没有能力保证的，有权拒绝。做出具体行政行为的税务机关应当对抵押人、出质人提供的抵押担保、质押担保进行审查，对不符合法律规定的抵押担保、质押担保，不予确认。

申请人对纳税行为以外的其他具体行政行为不服，可以申请行政复议，也可以直接向人民法院提起行政诉讼。申请人对税务机关做出逾期不缴纳罚款加处罚款的决定不服的，应当先缴纳罚款和加处罚款，再申请行政复议。

14.6.8.3 复议申请的形式

申请人书面申请行政复议的，可以采取当面递交、邮寄或者传真等方式提出行政复议申请。有条件的行政复议机关可以接受以电子邮件形式提出的行政复议申请。对以传真、电子邮件形式提出行政复议申请的，行政复议机关应当审核确认申请人的身份、复议事项。

申请人书面申请行政复议的，应当在行政复议申请书中载明下列事项：①申请人的基本情况，包括公民的姓名、性别、出生年月、身份证件号码、工作单位、住所、邮政编码、联系电话；法人或者其他组织的名称、住所、邮政编码、联系电话和法定代表人或者主要负责人的姓名、职务。②被申请人的名称。③行政复议请求、申请行政复议的主要事实和理由。④申请人的签名或者盖章。⑤申请行政复议的日期。

申请人口头申请行政复议的，行政复议机构应当依照规定的事项，当场制作行政复议申请笔录，交申请人核对或者向申请人宣读，并由申请人确认。

有下列情形之一的，申请人应当提供证明材料：①认为被申请人不履行法定职责的，提供要求被申请人履行法定职责而被申请人未履行的证明材料；②申请行政复议时一并提出行政赔偿请求的，提供受具体行政行为侵害而造成损害的证明材料；③法律、法规规定需要申请人提供证据材料的其他情形。

14.6.8.4 特殊事项处理

申请人提出行政复议申请时错列被申请人的，行政复议机关应当告知申请人变更被申请人。申请人不变更被申请人的，行政复议机关不予受理，或者驳回行政复议申请。

申请人向行政复议机关申请行政复议，行政复议机关已经受理的，在法定行政复议期限内申请人不得向人民法院提起行政诉讼；申请人向人民法院提起行政诉讼，人民法院已经依法受理的，不得申请行政复议。

14.6.9　税务行政复议受理

行政复议申请符合下列规定的，行政复议机关应当受理：①属于规定的行政复议范围；②在法定申请期限内提出；③有明确的申请人和符合规定的被申请人；④申请人与具体行政行为有利害关系；⑤有具体的行政复议请求和理由；⑥符合纳税或担保前置等规定的条件；⑦属于收到行政复议申请的行政复议机关的职责范围；⑧其他行政复议机关尚未受理同一行政复议申请，人民法院尚未受理同一主体就同一事实提起的行政诉讼。

行政复议机关收到行政复议申请以后，应当在五日内审查，决定是否受理。对不符合规定的行政复议申请，决定不予受理，并书面告知申请人。对不属于本机关受理的行政复议申请，应当告知申请人向有关行政复议机关提出。行政复议机关收到行政复议申请以后未按照上述规定期限审查并做出不予受理决定的，视为受理。

对符合规定的行政复议申请，自行政复议机构收到之日起即为受理；受理行政复议申请，应当书面告知申请人。

行政复议申请材料不齐全、表述不清楚的，行政复议机构可以自收到该行政复议申请之日起五日内书面通知申请人补正。补正通知应当载明需要补正的事项和合理的补正期限。无正当理由逾期不补正的，视为申请人放弃行政复议申请。补正申请材料所用时间不计入行政复议审理期限。

上级税务机关认为行政复议机关不予受理行政复议申请的理由不成立的，可以督促其受理；经督促仍然不受理的，责令其限期受理。上级税务机关认为行政复议申请不符合法定受理条件的，应当告知申请人。上级税务机关认为有必要的，可以直接受理或者提审由下级税务机关管辖的行政复议案件。

对应当先向行政复议机关申请行政复议，对行政复议决定不服再向人民法院提起行政诉讼的具体行政行为，行政复议机关决定不予受理或者受理以后超过行政复议期限不做答复的，申请人可以自收到不予受理决定书之日起或者行政复议期满之日起15日内，依法向人民法院提起行政诉讼。依照规定延长行政复议期限的，以延长以后的时间为行政复议期满时间。

行政复议期间具体行政行为不停止执行。但是有下列情形之一的，可以停止执行：①被申请人认为需要停止执行的；②行政复议机关认为需要停止执行的；③申请人申请停止执行，行政复议机关认为其要求合理，决定停止执行的；④法律规定停止执行的。

14.6.10　税务行政复议证据

在行政复议中，被申请人对其做出的具体行政行为负有举证责任。行政复议证据包括以下类别：书证；物证；视听资料；电子数据；证人证言；当事人的陈述；鉴定意见；勘验笔录、现场笔录。

行政复议机关应当依法全面审查相关证据。行政复议机关审查行政复议案件，应当以证据证明的案件事实为依据。定案证据应当具有合法性、真实性和关联性。

行政复议机关应当根据案件的具体情况，从以下方面审查证据的合法性：证据是否符合法定形式；证据的取得是否符合法律、法规、规章和司法解释的规定；是否有影响证据效力的其他违法情形。

行政复议机关应当根据案件的具体情况，从以下方面审查证据的真实性：①证据形成的原因；②发现证据时的环境；③证据是否为原件、原物，复制件、复制品与原件、原物是否相符；④提供证据的人或者证人与行政复议参加人是否具有利害关系；⑤影响证据真实性的其他因素。

行政复议机关应当根据案件的具体情况，从以下方面审查证据的关联性：证据与待证事实是否具有证明关系；证据与待证事实的关联程度；影响证据关联性的其他因素。

下列证据材料不得作为定案依据：①违反法定程序收集的证据材料；②以偷拍、偷录和窃听等手段获取侵害他人合法权益的证据材料；③以利诱、欺诈、胁迫和暴力等不正当手段获取的证据材料；④无正当事由超出举证期限提供的证据材料；⑤无正当理由拒不提供原件、原物，又无其他证据印证，且对方不予认可的证据的复制件、复制品；⑥无法辨明真伪的证据材料；⑦不能正确表达意志的证人提供的证言；⑧不具备合法性、真实性的其他证据材料。行政复议机构依据规定的职责所取得的有关材料，不得作为支持被申请人具体行政行为的证据。

在行政复议过程中，被申请人不得自行向申请人和其他有关组织或者个人收集证据。

行政复议机构认为必要时，可以调查取证。行政复议工作人员向有关组织和人员调查取证时，可以查阅、复制和调取有关文件和资料，向有关人员询问。调查取证时，行政复议工作人员不得少于两人，并应当向当事人和有关人员出示证件。被调查单位和人员应当配合行政复议工作人员的工作，不得拒绝、阻挠。需要现场勘验的，现场勘验所用时间不计入行政复议审理期限。

申请人和第三人可以查阅被申请人提出的书面答复、做出具体行政行为的证据、依据和其他有关材料，除涉及国家秘密、商业秘密或者个人隐私外，行政复议机关不得拒绝。

14.6.11 税务行政复议审查和决定

14.6.11.1 行政复议的审查与审理

行政复议机构应当自受理行政复议申请之日起7日内，将行政复议申请书副本或者行政复议申请笔录复印件发送被申请人。被申请人应当自收到申请书副本或者申请笔录复印件之日起10日内提出书面答复，并提交当初做出具体行政行为的证据、依据和其他有关材料。对国家税务总局的具体行政行为不服申请行政复议的案件，由原承办具体行政行为的相关机构向行政复议机构提出书面答复，并提交当初做出具体行政行为的证据、依据和其他有关材料。

行政复议机构审理行政复议案件，应当由两名以上行政复议工作人员参加。行政复议原则上采用书面审查的办法，但是申请人提出要求或者行政复议机构认为有必要时，应当听取申请人、被申请人和第三人的意见，并可以向有关组织和人员调查了解情况。

行政复议机关应当全面审查被申请人的具体行政行为所依据的事实证据、法律程序、法律依据和设定的权利义务内容的合法性、适当性。

14.6.11.2 行政复议的听证

对重大、复杂的案件，申请人提出要求或者行政复议机构认为必要时，可以采取听证的方式审理。行政复议机构决定举行听证的，应当将举行听证的时间、地点和具体要求等事项通知申请人、被申请人和第三人。第三人不参加听证的，不影响听证的举行。听证应当公开举行，但是涉及国家秘密、商业秘密或者个人隐私的除外。行政复议听证人员不得少于两人，听证主持人由行政复议机构指定。听证应当制作笔录。申请人、被申请人和第三人应当确认听证笔录内容。行政复议听证笔录应当附卷，作为行政复议机构审理案件的依据之一。

14.6.11.3 行政复议申请的撤回

申请人在行政复议决定做出以前撤回行政复议申请的，经行政复议机构同意，可以撤回。

申请人撤回行政复议申请的,不得再以同一事实和理由提出行政复议申请。但是,申请人能够证明撤回行政复议申请违背其真实意思表示的除外。

行政复议期间被申请人改变原具体行政行为的,不影响行政复议案件的审理。但是,申请人依法撤回行政复议申请的除外。

14.6.11.4 对规范性文件的审查

申请人在申请行政复议时,依据规定一并提出对有关规定的审查申请的,行政复议机关对该规定有权处理的,应当在30日内依法处理;无权处理的,应当在7日内按照法定程序逐级转送有权处理的行政机关依法处理,有权处理的行政机关应当在60日内依法处理。处理期间,中止对具体行政行为的审查。

行政复议机关审查被申请人的具体行政行为时,认为其依据不合法,本机关有权处理的,应当在30日内依法处理;无权处理的,应当在7日内按照法定程序逐级转送有权处理的国家机关依法处理。处理期间,中止对具体行政行为的审查。

14.6.11.5 行政复议决定的种类

行政复议机构应当对被申请人的具体行政行为提出审查意见,经行政复议机关负责人批准,按照下列规定做出行政复议决定。

(1)具体行政行为认定事实清楚,证据确凿,适用依据正确,程序合法,内容适当的,决定维持。

(2)被申请人不履行法定职责的,决定其在一定期限内履行。

(3)具体行政行为有下列情形之一的,决定撤销、变更或者确认该具体行政行为违法;决定撤销或者确认该具体行政行为违法的,可以责令被申请人在一定期限内重新做出具体行政行为:主要事实不清、证据不足的;适用依据错误的;违反法定程序的;超越职权或者滥用职权的;具体行政行为明显不当的。

(4)被申请人不按照规定提出书面答复,提交当初做出具体行政行为的证据、依据和其他有关材料的,视为该具体行政行为没有证据、依据,决定撤销该具体行政行为。

行政复议机关责令被申请人重新做出具体行政行为的,被申请人不得以同一事实和理由做出与原具体行政行为相同或者基本相同的具体行政行为;但是行政复议机关以原具体行政行为违反法定程序决定撤销的,被申请人重新做出具体行政行为的除外。行政复议机关责令被申请人重新做出具体行政行为的,被申请人不得做出对申请人更为不利的决定;但是行政复议机关以原具体行政行为主要事实不清、证据不足或适用依据错误决定撤销的,被申请人重新做出具体行政行为的除外。

14.6.11.6 变更决定与驳回决定

有下列情形之一的,行政复议机关可以决定变更:①认定事实清楚,证据确凿,程序合法,但是明显不当或者适用依据错误的;②认定事实不清,证据不足,但是经行政复议机关审理查明事实清楚,证据确凿的。

有下列情形之一的,行政复议机关应当决定驳回行政复议申请:①申请人认为税务机关不履行法定职责申请行政复议,行政复议机关受理以后发现该税务机关没有相应法定职责或者在受理以前已经履行法定职责的;②受理行政复议申请后,发现该行政复议申请不符合行政复议法及其实施条例和本规则规定的受理条件的。上级税务机关认为行政复议机关驳回行政复议申请的理由不成立的,应当责令限期恢复受理。行政复议机关审理行政复议申请期限的计算应当扣除因驳回耽误的时间。

14.6.11.7 行政复议的中止

行政复议期间，有下列情形之一的，行政复议中止。

(1)作为申请人的公民死亡，其近亲属尚未确定是否参加行政复议的。

(2)作为申请人的公民丧失参加行政复议的能力，尚未确定法定代理人参加行政复议的。

(3)作为申请人的法人或者其他组织终止，尚未确定权利义务承受人的。

(4)作为申请人的公民下落不明或者被宣告失踪的。

(5)申请人、被申请人因不可抗力，不能参加行政复议的。

(6)行政复议机关因不可抗力原因暂时不能履行工作职责的。

(7)案件涉及法律适用问题，需要有权机关做出解释或者确认的。

(8)案件审理需要以其他案件的审理结果为依据，而其他案件尚未审结的。

(9)其他需要中止行政复议的情形。

行政复议中止的原因消除以后，应当及时恢复行政复议案件的审理。行政复议机构中止、恢复行政复议案件的审理，应当告知申请人、被申请人、第三人。

14.6.11.8 行政复议的终止

行政复议期间，有下列情形之一的，行政复议终止。

(1)申请人要求撤回行政复议申请，行政复议机构准予撤回的。

(2)作为申请人的公民死亡，没有近亲属，或者其近亲属放弃行政复议权利的。

(3)作为申请人的法人或者其他组织终止，其权利义务的承受人放弃行政复议权利的。

(4)申请人与被申请人依照规定，经行政复议机构准许达成和解的。

(5)行政复议申请受理以后，发现其他行政复议机关已经先于本机关受理，或者人民法院已经受理的。

依照规定中止行政复议，满60日行政复议中止的原因未消除的，行政复议终止。

14.6.11.9 行政赔偿的提出

申请人在申请行政复议时可以一并提出行政赔偿请求，行政复议机关对符合国家赔偿法的规定应当赔偿的，在决定撤销、变更具体行政行为或者确认具体行政行为违法时，应当同时决定被申请人依法赔偿。申请人在申请行政复议时没有提出行政赔偿请求的，行政复议机关在依法决定撤销、变更原具体行政行为确定的税款、滞纳金、罚款和对财产的扣押、查封等强制措施时，应当同时责令被申请人退还税款、滞纳金和罚款，解除对财产的扣押、查封等强制措施，或者赔偿相应的价款。

14.6.11.10 行政复议决定的做出

行政复议机关应当自受理申请之日起60日内做出行政复议决定。情况复杂，不能在规定期限内做出行政复议决定的，经行政复议机关负责人批准，可以适当延期，并告知申请人和被申请人；但是延期不得超过30日。行政复议机关做出行政复议决定，应当制作行政复议决定书，并加盖行政复议机关印章。行政复议决定书一经送达，即发生法律效力。

14.6.11.11 行政复议决定的执行

行政复议机关责令被申请人重新做出具体行政行为的，被申请人应当在60日内重新做出具体行政行为；情况复杂，不能在规定期限内重新做出具体行政行为的，经行政复议机关批准，可以适当延期，但是延期不得超过30日。公民、法人或者其他组织对被申请人重新做出的具体行政行为不服，可以依法申请行政复议，或者提起行政诉讼。

被申请人应当履行行政复议决定。被申请人不履行、无正当理由拖延履行行政复议决定的，行政复议机关或者有关上级税务机关应当责令其限期履行。

申请人、第三人逾期不起诉又不履行行政复议决定的，或者不履行最终裁决的行政复议决定的，按照下列规定分别处理。

（1）维持具体行政行为的行政复议决定，由做出具体行政行为的税务机关依法强制执行，或者申请人民法院强制执行。

（2）变更具体行政行为的行政复议决定，由行政复议机关依法强制执行，或者申请人民法院强制执行。

14.6.12　税务行政复议和解与调解

对下列行政复议事项，按照自愿、合法的原则，申请人和被申请人在行政复议机关做出行政复议决定以前可以达成和解，行政复议机关也可以调解：①行使自由裁量权做出的具体行政行为，如行政处罚、核定税额、确定应税所得率等；②行政赔偿；③行政奖励；④存在其他合理性问题的具体行政行为。行政复议审理期限在和解、调解期间中止计算。

申请人和被申请人达成和解的，应当向行政复议机构提交书面和解协议。和解内容不损害社会公共利益和他人合法权益的，行政复议机构应当准许。经行政复议机构准许和解终止行政复议的，申请人不得以同一事实和理由再次申请行政复议。

调解应当符合下列要求：①尊重申请人和被申请人的意愿；②在查明案件事实的基础上进行；③遵循客观、公正和合理原则；④不得损害社会公共利益和他人合法权益。

行政复议机关按照下列程序调解：①征得申请人和被申请人同意；②听取申请人和被申请人的意见；③提出调解方案；④达成调解协议；⑤制作行政复议调解书。

行政复议调解书应当载明行政复议请求、事实、理由和调解结果，并加盖行政复议机关印章。行政复议调解书经双方当事人签字，即具有法律效力。调解未达成协议，或者行政复议调解书不生效的，行政复议机关应当及时做出行政复议决定。申请人不履行行政复议调解书的，由被申请人依法强制执行，或者申请人民法院强制执行。

14.6.13　税务行政复议指导和监督

各级税务复议机关应当加强对履行行政复议职责的监督。行政复议机构负责对行政复议工作进行系统督促、指导。各级税务机关应当建立健全行政复议工作责任制，将行政复议工作纳入本单位目标责任制。各级税务机关应当按照职责权限，通过定期组织检查、抽查等方式，检查下级税务机关的行政复议工作，并及时向有关方面反馈检查结果。

行政复议期间行政复议机关发现被申请人和其他下级税务机关的相关行政行为违法或者需要做好善后工作的，可以制作行政复议意见书。有关机关应当自收到行政复议意见书之日起60日内将纠正相关行政违法行为或者做好善后工作的情况报告行政复议机关。行政复议期间行政复议机构发现法律、法规和规章实施中带有普遍性的问题，可以制作行政复议建议书，向有关机关提出完善制度和改进行政执法的建议。

省以下各级税务机关应当定期向上一级税务机关提交行政复议、应诉、赔偿统计表和分析报告，及时将重大行政复议决定报上一级行政复议机关备案。行政复议机构应当按照规定将行政复议案件资料立卷归档。行政复议案卷应当按照行政复议申请分别装订立卷，一案一卷，统一编号，做到目录清晰、资料齐全、分类规范、装订整齐。

行政复议机构应当定期组织行政复议工作人员业务培训和工作交流，提高行政复议工作人员的专业素质。行政复议机关应当定期总结行政复议工作。对行政复议工作中做出显著成绩的单位和个人，依照有关规定表彰和奖励。

案例精讲

案例一：

再审申请人丁某某与被申请人国家税务总局北京市税务局（以下简称"市国税局"）税务行政复议一案，不服北京市第二中级人民法院（2016）京02行终1291号行政判决书，向北京市高级人民法院申请再审。北京市高级人民法院于2017年11月24日以（2017）京行申973号行政裁定，指令北京市第二中级人民法院再审本案。

丁某某申请再审称，请求撤销北京市西城区人民法院（2016）京0102行初98号行政判决书和北京市第二中级人民法院（2016）京02行终1291号行政判决，重新审理本案。事实和理由如下：

第一，国家税务总局北京市税务局稽查局（以下简称"市国税局稽查局"）做出京国税稽处〔2015〕JW3号《税务处理决定书》（以下简称"JW3号《税务处理决定书》"）系对"死去"的甲顾问咨询（北京）有限公司（以下简称"甲公司"）做出，该具体行政行为自始无效。2007年11月9日，丁某某出资设立甲公司，该公司类型为自然人独资有限责任公司，丁某某为法定代表人。2012年5月16日，甲公司注销。2015年11月27日，市国税局稽查局做出JW3号《税务处理决定书》，决定对该公司2009年1月1日至2011年12月31日之间的违法行为做出处罚，追缴2009年企业所得税496125元，2010年企业所得税59062.5元，2011年企业所得税1308451.48元，合计追缴税款1863638.98元，并加收滞纳金。市国税局稽查局做出该具体行政行为时，甲公司主体已经"死亡"三年多，在主体已经灭失的情况下，市国税局稽查局做出的处理决定书自始无效。

第二，丁某某是与本案具体行政行为有利害关系的公民，其有权提起本案诉讼。市国税局稽查局送达JW3号《税务处理决定书》时，甲公司主体已经灭失，市国税局稽查局并未写明受送达人是谁。丁某某作为受送达人在《税务文书送达回证》上注明"我是该公司原法人，该公司已注销，我是以个人名义签，然后以个人名义给付钱款并进行复议和诉讼"。可见丁某某是JW3号《税务处理决定书》的实际签收人。丁某某是JW3号《税务处理决定书》项下罚款的实际缴款人。2015年12月1日，丁某某在中国工商银行北京朝阳支行通过其个人账户×××向账号为×××缴纳税款1863638.98元，滞纳金、罚款1383939.16元，总计3247578.14元。丁某某是JW3号《税务处理决定书》的签收人，又是罚款的实际缴纳人，该行政行为对其合法权益已经产生重大影响，甲公司是一人有限公司，丁某某是这家公司唯一的股东，在公司注销的情况下，只能由唯一的股东行使相应的权利。根据《行政诉讼法》第25条"行政行为的相对人以及其他与行政行为有利害关系的公民、法人或者其他组织，有权提起诉讼"之规定，丁某某作为本案利害关系人，有权提起本案诉讼。其提起本案诉讼亦符合《行政诉讼法》第49条之规定。

第三，依据《税务行政复议规则》第44条，丁某某是利害关系人，有权提起行政复议。丁某某是JW3号《税务处理决定书》的签收人，税款、滞纳金的实际缴纳人，其与该具体行政行为有利害关系，其有权依据《税务行政复议规则》第44条之规定提起复议。2015年12月28日，市国税局做出京国税复不受字〔2015〕3号《不予受理行政复议申请决定书》（以下简称"3号《决定书》"）有误。

市国税局答辩称：第一，市国税局做出的3号《决定书》认定事实清楚，适用法律正确，程序合法，并无不当。2015年12月2日，丁某某向市国税局提交《税务行政复议申请书》，请求"确认市国税局稽查局将本案移交公安机关之行政行为不合法。撤销市国税局稽查局做出的京国税稽罚〔2015〕JW2号税务行政处罚决定书。撤销市国税局稽查局做出的JW3号《税务处理决定书》"。经审查,市国税局认为:该行政复议的申请主体资格存疑,需要补正相关材料。市国税局于2015年12月9日向丁某某做出《补正行政复议申请通知书》,要求丁某某就申请人主体问题进行明确。丁某某先后向市国税局提交了《税务行政复议申请书补正书》和《税务行政复议申请书补正书之二》,明确"以个人名义向贵机关提出《税务行政复议申请书》。"经查,丁某某据以提出行政复议申请的JW3号《税务处理决定书》,是市国税局稽查局对甲公司做出的具体行政行为,该具体行政行为并未对丁某某设定任何义务,不存在市国税局稽查局对丁某某做出任何具体行政行为的事实,其复议申请不符合税务行政复议的受理条件。根据《行政复议法》第17条、《税务行政复议规则》第45条第1款的规定,决定不予受理丁某某请求撤销JW3号《税务处理决定书》的申请,于2015年12月28日做出3号《决定书》并邮寄送达给丁某某。

第二,丁某某的诉讼请求及理由没有事实和法律依据,不能成立。首先,丁某某据以提起行政复议申请的事实及理由,是市国税局稽查局对甲公司做出了税务处理决定,这一事实本身已经证明了市国税局稽查局未对丁某某做出任何具体行政行为,未赋予丁某某任何义务。税务机关都是针对处理决定书的处理对象实施的行为,不导致市国税局稽查局做出的税务处理决定对丁某某产生缴纳税款的法律后果,丁某某诉称的其实际缴纳税款的情况,无论是否属实,出于何种动机,与市国税局稽查局做出的税务处理决定都不存在法律上的因果关系。其次,《税收征收管理法》第4条规定:法律、行政法规规定负有纳税义务的单位和个人为纳税人。据此,只要发生了税法规定的纳税义务,就构成税法意义上的纳税人,税务机关就有权对其进行征收管理。本案中,市国税局稽查局查处的纳税人是甲公司,丁某某仅是作为该公司的原法定代表人履行配合税务机关对该公司查处的义务,《税收征收管理法》第57条规定:税务机关依法进行税务检查时,有权向有关单位和个人调查纳税人、扣缴义务人和其他当事人与纳税或者代扣代缴、代收代缴税款有关的情况,有关单位和个人有义务向税务机关如实提供有关资料及证明材料。最后,根据依法行政的原则,行政复议的参加人是由法律、行政法规规定的,对此,复议机关及有关单位和个人均不得改变行政复议的参加人。至于丁某某诉称的"可能减损甲的合法权益也可能减损乙的合法权益"的说法,不具有法律上的意义,市国税局稽查局对甲公司做出税务处理后,由谁实际承担税款,这属于行为人之间的民事法律关系范畴,与税务机关的行政行为无法律上的关系。综上所述,请求法院依法驳回丁某某的再审请求。

北京市第二中级人民法院认为,根据本案查明的事实,甲公司已经于2012年注销,其作为责任主体的法律地位不存在,丁某某作为原公司唯一的股东是该行政行为的利害关系人,具有对处理决定提起行政复议的权利。原一、二审法院以市国税局稽查局做出的JW3号《税务处理决定书》的直接相对人系甲公司而非丁某某,该处理决定亦非直接剥夺、限制丁某某的权利或直接赋予丁某某义务为由,认定丁某某提起的本案行政复议不符合《行政复议法实施条例》第28条第(2)项、《税务行政复议规则》第44条第(4)项的规定,属于适用法律错误,应予纠正。

2018年8月22日,北京市第二中级人民法院依照《最高人民法院关于适用〈中华人民共和国行政诉讼法〉的解释》第119条、第122条之规定,裁定撤销北京市第二中级人民法院(2016)京02行终1291号行政判决及北京市西城区人民法院(2016)京0102行初98号行政判决;该案发回北京市西城区人民法院重审。

本案争议的焦点问题包括以下两个：企业注销以后，税务机关是否还能对其进行调查和处罚？企业注销以后，股东是否可以代表企业进行复议和诉讼？

1. 企业注销以后，税务机关仍可以对其进行调查和处罚

企业注销以后，其主体资格消灭，但并不意味着其本应承担的责任也一并消灭。税收违法行为往往是多年以后才能发现，从发现税收违法行为，到税务机关开展调查并做出处罚决定还有较长一段时间。如认为企业注销以后，所有法律责任一概不需承担，一方面使得相关政府机关会在企业注销环节设置障碍，影响企业顺利及时注销，另一方面也不符合保护国家利益以及其他主体合法利益的原则。因此，企业注销以后，税务机关仍可以对其存续期间的违法行为进行调查和处罚。相关责任可以由企业的股东承担。

2. 企业注销以后，股东是否可以代表企业进行复议和诉讼

企业注销以后，其主体资格消灭。但如此时，税务机关对企业展开调查并进行处罚，股东可以代表企业履行纳税义务并依法代表企业进行复议和诉讼。在允许税务机关对已经注销的企业进行调查和处罚的同时，当然应赋予其相应的救济权，此时，由于企业已经被注销，相应救济权应由实际承担责任的股东来行使。

案例二：

上诉人甘肃省定西市国家税务局稽查局因陇西县甲药业有限公司诉其税务行政处罚一案，不服甘肃省天水市中级人民法院（2016）甘05行初31号行政判决，向甘肃省高级人民法院提起上诉。

一审法院经审理查明，陇西县甲药业有限公司涉嫌虚开增值税专用发票一案，定西市国家税务局稽查局、定西市公安局于2015年12月24日同日分别立案检查、侦查。2015年11月24日，定西市公安局书面向定西市国家税务局告知该案符合刑事立案条件，决定立案。被告定西市国家税务局稽查局对该案调查后，认为涉嫌犯罪，于2016年4月25日将案件材料向定西市公安局进行了移送。在定西市公安局对该案刑事侦查阶段，2016年4月29日，被告定西市国家税务局稽查局对陇西县甲药业有限公司做出定国税稽罚〔2016〕16号税务行政处罚决定，根据《发票管理办法》第37条的规定，对陇西县甲药业有限公司虚开发票的行为，处以50万元的罚款。原告陇西县甲药业有限公司于2016年6月20日向该院提起行政诉讼。

一审法院认为，本案中，定西市公安局对陇西县甲药业有限公司涉嫌虚开增值税专用发票一案，于2015年11月24日立案侦查，并于当日书面向被告进行了告知。《行政执法机关移送涉嫌犯罪案件的规定》第3条规定："行政机关在依法查处违法行为过程中，发现违法事实涉及的金额、违法事实情节、违法事实造成的后果等，根据刑法关于破坏社会主义市场经济秩序罪、妨害社会管理秩序罪等罪规定和最高人民法院、最高人民检察院关于破坏社会主义市场经济罪、妨害社会管理秩序罪等罪的司法解释以及最高人民检察院、公安部关于经济犯罪案件的追诉标准等规定，涉嫌构成犯罪，依法需要追究刑事责任的，必须依照本规定向公安机关移送。"第8条规定："公安机关应当自接受行政执法机关移送的涉嫌犯罪案件之日起3日内，依照刑法、刑事诉讼法以及最高人民法院、最高人民检察院关于立案标准和公安部关于公安机关办理刑事案件程序的规定，对所移送的案件进行审查。认为有犯罪事实，需要追究刑事责任，依法决定立案的，应当书面通知移送案件的行政执法机关；认为没有犯罪事实，或者犯罪事实显著轻微，不需要追究刑事责任，依法不予立案的，应当说明理由，并书面通知移送案件的行政机关，相应退回案卷材料。"第10条规定："行政执法机关对公安机关决定不予立案的案件，应当依法做出处理；其中，依照有关法律、法规或者规章的规定应当给予行政处罚的，应当依

法实施行政处罚。"第 11 条第 3 款规定："依照行政处罚法的规定，行政执法机关向公安机关移送涉嫌犯罪案件前，已经依法给予当事人罚款的，人民法院判处罚金时，依法折抵相应罚金。"第 13 条规定："公安机关对发现的违法行为，经审查，没有犯罪事实，或者立案侦查后认为犯罪事实显著轻微，不需要追究刑事责任，但依法应当追究行政责任的，应当及时将案件移送同级行政执法机关，有关行政执法机关应当依法做出处理。"《行政处罚法》第 7 条第 2 款规定："违法行为构成犯罪的，应当依法追究刑事责任，不得以行政处罚代替刑事处罚。"第 28 条第 2 款规定："违法行为构成犯罪，人民法院判处罚金时，行政机关已经给予当事人罚款的，应当折抵相应罚金。"根据以上规定，对涉嫌犯罪的行为，公安机关立案后，依法应由司法机关做出处理；如公安机关认为犯罪事实显著轻微，不需要追究刑事责任不予立案的，或行政执法机关先予立案调查后在向公安机关移送案件之前，行政执法机关可依法对违法行为做出行政处罚。但本案被告在已知公安机关对陇西县甲药业有限公司涉嫌虚开增值税专用发票一案进行了立案侦查的情况下，依法定程序应等待司法机关对本案的处理结果，再决定是否对该公司做出行政处罚。而本案被告在司法机关对该涉嫌犯罪行为未做出最后处理之前，就对原告陇西县甲药业有限公司做出定国税稽罚〔2016〕16 号税务行政处罚决定，违反了以上法律、法规规定，其处罚程序违法，依法应予以撤销。据此，依照《行政诉讼法》第 70 条第（3）项、第 102 条之规定，判决撤销被告定西市国家税务局稽查局对原告陇西县甲药业有限公司做出的定国税稽罚〔2016〕16 号税务行政处罚决定。

上诉人甘肃省定西市国税局稽查局上诉称，一审判决认定事实不清，适用法律错误，没有综合考虑本案的特殊性。定西市国家税务局与定西市国家税务局稽查局分属不同的执法主体；定西市公安局告知对本案立案的对象是定西市国家税务局，并非上诉人；将本案全案移送定西市公安局的主体是定西市国家税务局，并非上诉人；一审判决认定上诉人已知公安机关对被上诉人涉嫌虚开增值税专用发票一案进行了立案侦查的情况，缺乏书证；上诉人对被上诉人进行税务行政处罚执行的是定西市国家税务局重大税务案件审理委员会的决定，该决定依法应当执行，并且做出予以税务行政处罚决定的时间是在定西市国家税务局移送定西市公安局之前。请求二审予以纠正。

被上诉人陇西县甲药业有限公司未提交书面答辩意见。

二审经审理查明的事实与一审判决认定的事实基本一致，法院予以确认。但一审判决认定被诉行政处罚决定做出的时间为"2016 年 4 月 29 日"有误，应更正为"2016 年 5 月 10 日"。

二审法院认为，本案的主要争议焦点是一审法院判决认定上诉人在公安机关立案后对被上诉人做出行政处罚属于程序违法是否正确。《行政处罚法》第 28 条规定："违法行为构成犯罪，人民法院判处拘役或者有期徒刑时，行政机关已经给予当事人行政拘留的，应当依法折抵相应刑期。违法行为构成犯罪，人民法院判处罚金时，行政机关已经给予当事人罚款的，应当折抵相应罚金。"根据上述规定，对同一违法犯罪行为，原则上只能给予一次人身或者财产罚，不能重复适用。根据国务院《行政执法机关移送涉嫌犯罪案件的规定》第 3 条、第 5 条、第 8 条、第 11 条的规定，如果违法行为已构成犯罪，行政机关不得以行政处罚代替刑事处罚。对当事人的违法行为如何处理，首先应确定其行为的法律性质。如其行为构成犯罪，应由司法机关追究其刑事责任，税务机关作为行政机关对该案不具有管辖权；如其行为系一般行政违法，则应由税务机关依法处理，追究其行政违法责任，予以行政处罚。因此，上诉人在定西市公安局立案后，应等待司法机关做出处理，如司法机关认定被上诉人的行为构成犯罪并对其处以刑罚，上诉人就不应再做行政处罚。税务行政处罚措施被刑罚规定的刑罚措施所吸收，行政处罚与刑罚不应并列适用。如被上诉人的行为不构成犯罪,依照国务院《行政执法机关移送涉嫌犯罪案件的规定》,则公安机关应将案件移交税务机关,税务机关才可追究被上诉人的行政责任,给予行政处罚。本案中上诉人在公安机关立案后尚未做出最后处理的情况下对被上诉人做出行政处罚,违反上述规定。一审判决以其程序违法为由予以撤销,并无不当。上诉人的上诉理由不能成立。

2018年5月24日,甘肃省高级人民法院依照《行政诉讼法》第89条第1款第(1)项之规定,判决驳回上诉,维持原判。二审案件受理费50元,由上诉人甘肃省定西市国家税务局稽查局负担。

本案争议的焦点问题包括以下两个:本案税务机关是否可以在刑事调查过程中做出行政处罚决定?税务机关是否可以先进行行政处罚再移送公安机关?

1. 本案税务机关是否可以在刑事调查过程中做出行政处罚决定

根据国务院《行政执法机关移送涉嫌犯罪案件的规定》,行政机关不可以在刑事调查过程中做出行政处罚决定。但问题的关键是,做出行政处罚决定的税务机关是定西市国家税务局稽查局,而公安机关告知立案的税务机关是定西市国家税务局。定西市国家税务局知道公安机关立案是否能代表定西市国家税务局稽查局也知道公安机关立案?本案税务机关在上诉理由中称,该行政处罚决定是经过定西市国家税务局重大税务案件审理委员会讨论决定的,因此,应当认为定西市国家税务局有违法嫌疑。但根据已知事实,尚难以认定定西市国家税务局稽查局的行政处罚决定违法。

2. 税务机关是否可以先进行行政处罚再移送公安机关

根据国务院《行政执法机关移送涉嫌犯罪案件的规定》第11条的规定似乎可以得出这种结论,即税务机关可以先进行行政处罚再移送公安机关。如简单做出这种结论是不符合《行政执法机关移送涉嫌犯罪案件的规定》的立法精神的。如税务机关在准备做出行政处罚决定时,已经认为纳税人的行为涉嫌犯罪,就只能依法移送公安机关处理,而无权先进行行政处罚,再移送公安机关。只有当税务机关在准备做出行政处罚决定时,根据已经掌握的事实,尚无法认定纳税人的行为涉嫌犯罪,才能做出行政处罚决定。但在做出行政处罚决定后,又发现了一些违法事实,或者税务机关又重新对纳税人的违法行为进行审查,发现其涉嫌犯罪,才能移送公安机关。

>> 疑难问答 YINANWENDA

1. 哪些行业应使用税控收款机?

凡从事商业零售业、饮食业、娱乐业、服务业、交通运输业等适合使用税控收款机系列机具行业,具有一定规模和固定经营场所的纳税人(以下简称"用户"),必须按照规定购置使用税控收款机。具体推行适用行业及"具有一定规模和固定经营场所"的标准,由各省、自治区、直辖市和计划单列市人民政府确定。

● 《国家税务总局 财政部 信息产业部 国家质量监督检验检疫总局关于推广应用税控收款机加强税源监控的通知》(国税发〔2004〕44号)

2. 发票检举奖金可否委托他人代行领取?

检举人或者联名检举的第一署名人不能亲自到税务机关指定的地点领取奖金的,可以委托他人代行领取;代领人应当持委托人的授权委托书、身份证或者其他有效证件以及代领人的身份证或者其他有效证件,办理领取奖金手续。检举人是单位的,可以委托本单位工作人员代行领取奖金,代领人应当持委托人的授权委托书和代领人的身份证、工作证到税务机关指定的地点办理领取奖金手续。

检举人或者代领人领取奖金时，应当在《检举纳税人税收违法行为奖金付款专用凭证》上签名，并注明身份证或者其他有效证件的号码及填发单位。《检举纳税人税收违法行为奖金付款专用凭证》和委托人的授权委托书由税收违法案件举报中心作为密件存档。

3. 检举税收违法行为查补滞纳金可否给予奖励？

《检举纳税人税收违法行为奖励暂行办法》（国家税务总局 财政部第18号令）规定：检举的税收违法行为经税务机关立案查实处理并依法将税款收缴入库后，根据本案检举时效、检举材料中提供的线索和证据翔实程度、检举内容与查实内容相符程度以及收缴入库的税款数额，按照相应标准对本案检举人员计发奖金。检举的税收违法行为经查实处理后没有应纳税款的，按照收缴入库罚款数额依照本办法第六条规定的标准计发奖金。因此，查补的滞纳金不属于计发奖金范围，不能给予检举人奖励。

● 《国家税务总局关于检举税收违法行为查补滞纳金可否给予奖励问题的批复》（税总函〔2015〕196号）

4. 纳税人未申报税款的，其追缴期限是多长？

《税收征收管理法》第52条规定：对偷税、抗税、骗税的，税务机关可以无限期追征其未缴或者少缴的税款、滞纳金或者所骗取的税款。《税收征收管理法》第64条第2款规定的纳税人不进行纳税申报造成不缴或少缴应纳税款的情形不属于偷税、抗税、骗税，其追征期按照《税收征收管理法》第52条规定的精神，一般为三年，特殊情况可以延长至五年。

● 《国家税务总局关于未申报税款追缴期限问题的批复》（国税函〔2009〕326号）

5. 税收优先权是否包括滞纳金？

按照《税收征收管理法》的立法精神，税款滞纳金与罚款两者在征收和缴纳时顺序不同，税款滞纳金在征缴时视同税款管理，税收强制执行、出境清税、税款追征、复议前置条件等相关条款都明确规定滞纳金随税款同时缴纳。税收优先权等情形也适用这一法律精神，《税收征收管理法》第45条规定的税收优先权执行时包括税款及其滞纳金。

● 《国家税务总局关于税收优先权包括滞纳金问题的批复》（国税函〔2008〕1084号）

6. 延期申报预缴税款是否加收滞纳金？

对于纳税人经税务机关批准延期申报，并在核准的延期内办理税款结算，因预缴税款小于实际应纳税额所产生的补税是否应当加收滞纳金的问题，《税收征收管理法》第27条规定，纳税人不能按期办理纳税申报的，经税务机关核准，可以延期申报，但要在纳税期内按照上期实际缴纳的税额或者税务机关核定的税额预缴税款，并在核准的延期内办理税款结算。预缴税款之后，按照规定期限办理税款结算的，不适用《税收征收管理法》第32条关于纳税人未按期缴纳税款而被加收滞纳金的规定。经核准预缴税款之后按照规定办理税款结算而补缴税款的各种情形，均不适用加收滞纳金的规定。在办理税款结算之前，预缴的税额可能大于或小于应纳税额。当预缴税额大于应纳税额时，税务机关结算退税但不向纳税人计退利息；当预缴税额小于应纳税额时，税务机关在纳税人结算补税时不加收滞纳金。当纳税人本期应纳税额远远大于比照上

● 《国家税务总局关于延期申报预缴税款滞纳金问题的批复》（国税函〔2007〕753号）

期税额的预缴税款时,延期申报则可能成为纳税人拖延缴纳税款的手段,造成国家税款被占用。为防止此类问题发生,税务机关在审核延期申报时,要结合纳税人本期经营情况来确定预缴税额,对于经营情况变动大的,应合理核定预缴税额,以维护国家税收权益,并保护真正需要延期申报的纳税人的权利。

7. 纳税人欠税后对税务机关是否有追缴期限的限制?

按照《税收征收管理法》和其他税收法律、法规的规定,纳税人有依法缴纳税款的义务。纳税人欠缴税款的,税务机关应当依法追征,直至收缴入库,任何单位和个人不得豁免。税务机关追缴税款没有追征期的限制。《税收征收管理法》第52条有关追征期限的规定,是指因税务机关或纳税人的责任造成未缴或少缴税款在一定期限内未发现的,超过此期限不再追征。纳税人已申报或税务机关已查处的欠缴税款,税务机关不受该条追征期规定的限制,应当依法无限期追缴税款。

本章小结

税务机关执行应遵守税收法定原则。纳税人的权利受法律保护。税务管理包括税务登记、账簿凭证管理、发票管理以及纳税申报等制度。税款征收包括依法征税、代扣代缴与委托代征、延期纳税与滞纳金、减免税与完税凭证、核定征税与反避税、税收保全与强制执行、税收债权保护、退税与税款追征等制度。税务检查包括管辖、选案、检查、审理、执行等制度。税收法律责任包括偷/逃税、骗税、抗税、逃避追缴欠税、违反税务管理等的法律责任。税务救济包括税务行政复议的机构和人员、范围、管辖、申请人、被申请人、证据、审查和决定、和解与调解等制度。